Study on Legal Issues of Port State Response to Public Health Risks on Ships

港口国应对船舶公共卫生风险法律问题研究

李雯雯 / 著

法律出版社
LAW PRESS·CHINA
北京

图书在版编目（CIP）数据

港口国应对船舶公共卫生风险法律问题研究 / 李雯雯著. -- 北京：法律出版社，2024. -- ISBN 978 -7 -5197 -9265 -7

Ⅰ. D912.1

中国国家版本馆 CIP 数据核字第 20243ST691 号

港口国应对船舶公共卫生风险法律问题研究
GANGKOUGUO YINGDUI CHUANBO GONGGONG WEISHENG FENGXIAN FALÜ WENTI YANJIU

李雯雯　著

策划编辑　田　浩
责任编辑　田　浩
装帧设计　贾丹丹

出版发行　法律出版社
编辑统筹　法商出版分社
责任校对　张翼羽
责任印制　刘晓伟
经　　销　新华书店

开本　710 毫米×1000 毫米　1/16
印张　37.75　　**字数**　486 千
版本　2024 年 9 月第 1 版
印次　2024 年 9 月第 1 次印刷
印刷　北京建宏印刷有限公司

地址：北京市丰台区莲花池西里 7 号（100073）
网址：www.lawpress.com.cn
投稿邮箱：info@lawpress.com.cn
举报盗版邮箱：jbwq@lawpress.com.cn

销售电话：010 -83938349
客服电话：010 -83938350
咨询电话：010 -63939796

书号：ISBN 978 -7 -5197 -9265 -7　　**定价**：158.00 元

凡购买本社图书，如有印装错误，我社负责退换。电话：010 -83938349

序 言

始于2019年年底的新冠疫情引发全球数十艘国际邮轮群体性感染以及港口不同的公共卫生风险应对方式事件，表明全球海上卫生安全进入全方位的博弈时代，继续以个案外交协商的方式解决国际邮轮突发公共卫生事件，不但成本大、效率低，而且容易引发公平、安全和人权保护等法律问题。要从根本上解决海上公共卫生风险应对问题，必须真正构建海上公共卫生法治，即构建人类命运共同体为理念，明确海上公共卫生法治的价值导向和基本原则，建立完善的制度体系，并保障其有效实施。海上公共卫生治理是我国参与国际海洋事务和全球卫生治理的重要手段之一。我国已成为全球第二大邮轮市场，需要加强海上公共卫生治理能力建设，积极参加国际海上公共卫生规则的制定，提升我国在全球海上公共卫生治理中的话语权和影响力。在世界百年未有之大变局和中华民族伟大复兴的战略全局背景下，以总体国家安全观为指导，这一目标具有重要意义。

本书融合了涉外法治、公共卫生法治、海洋法治等内容，是我国首部对港口国应对国际邮轮公共卫生风险的法律治理进行体系性深入研究的著作，开拓了海上公共卫生法治这一新的研究领域。李雯雯博士在本书中，以解决港口国应对船舶公共卫生风险之法律问题为导向，采用价值分析方法、比较研究方法、跨学科研究方法，研究了国际邮轮突发公共卫生事件而存在重大公共卫生风险的情形，在港口国停靠、港口国实施卫生措施的法律规制、邮轮旅客和船员权益保障，以及港口国接受国际邮轮停靠和采取卫生措施的费用负担等法律问题。她提出港口国应对船舶海上公共卫生风险，应当遵循平衡港口国的国家主权与旅客和船员的基本人权，协调港口准入权和船舶航行自由权的原则，考虑到国际邮轮上人员数量多且空间狭窄，因而病毒容易传染和采取卫生措施困难等特殊性，应当在承认港口国享有港口准入权的基础上，建立国际邮轮公共卫生避难准入制度，以保障旅客和船员的生命安全，并对于其提出的观点进行了实证分析。她针对港口国应对船舶海上公共卫生风险法治需考虑综合的因素、遵循的基本原则和观点上的诸多创新，对于完善海上公共卫生法律制度体系、国际海上卫生治理规则以及我国海上公共卫生治理规则及其实施，提供了可靠的理论支撑。

本书是李雯雯博士在我的指导下完成的博士学位论文基础上修改完善而成。她在三年博士研究期间，针对海上公共卫生法治这一前沿领域，在国内外核心期刊发表了 Global Health Governance on Cruise Tourism：A Lesson Learned From COVID - 19、Port States' Responses to Foreign Cruise Ships with COVID - 19 or Other Epidemic Risks、《新冠肺炎疫情期间国际海员换班难的法律问题与应对》、《港口国公共卫生风险评估规则的审视与优化》、《口岸疫情防控中海员换班问题应对：原则与路径》、《比例原则在传染病强制隔离措施中的适用》、《重大疫情防控中国家安全利益与公民权利的协调》等多篇学术论文，并在国际学术会议作主题发言。这些较为丰富的研究成果充分表明她具有运用交叉学科知识，分析并解决海商法等航运法律领域前沿重大复杂问题的能力。希望她以本书的出版为新的起点，继续潜心研究海商法等航运法律领域前沿重要法律问题，不断取得新的研究成果。

海商法是一个具有鲜明特色的涉外法律领域，并且不断有新的重要法律问题出现。中国海商法领域学术研究要取得国际领先地位，希望在于培养和造就一批具有扎实的功底、开阔的视野、敏锐的思维和刻苦进取的精神的年轻学者。相信李雯雯博士会很快成为其中的一员，并不断取得创新性学术研究成果。

是为序。

胡正良

上海海事大学教授、博士生导师、海商法研究中心主任

2024 年 8 月 6 日

前　言

重大海上公共卫生事件不会频繁发生，但一旦发生就会威胁港口国公共卫生安全，危及全球航运供应链和邮轮经济的平稳运行和健康发展。目前，海洋法和国际人权法在海上人权保护方面关注极少，被称为海上人权法律保护的“海盲症”。新冠疫情期间连续数十起载有大量旅客的国际大型邮轮无法靠岸的“幽灵船”事件暴露了“海盲症”下的海上公共卫生治理缺陷。这些事件凸显了海上公共卫生风险的严重性，引发笔者在攻读博士学位期间开始审视如何构建一个更加完善的全球公共卫生安全体系，并以此作为博士毕业论文选题。本书是在笔者博士毕业论文基础上，经过进一步全面和深入的研究而写成。

海商法的一般经验是将成熟和合理的航运习惯上升为法律规则，并运用民法和法理学等一般理论不断完善海商法具体制度。这种特点称为海商法的实践品格。这一品格造就了海商法研究适应航运实践的特点。本书的研究借鉴了此种方法，以人类卫生健康共同体的理念为指导，将海上公共卫生法理论研究与船舶公共卫生风险应对实践紧密结合，从港口国角度探讨如何解决海上公共卫生风险法律问题，以国家主权让渡和人权克减理论为切入点，在维护国家主权与保障海上人权之间探求平衡。

在上述指导思想下，本书第一章提出港口国应对船舶公共卫生风险的一般理论，包括港口国应当遵循的理念、政策导向和基本原则；第二章分析港口国对于存在公共卫生风险的船舶是否享有拒绝其挂靠的权利，以及这一权利应当受到何种限制，并针对国际邮轮的特有公共卫生风险提出构建国际邮轮公共卫生避难准入制度；第三章从法律层面提出港口国对旅客和船员采取卫生措施、尤其是额外卫生措施的规制；第四章结合疫情期间国际邮轮上旅客遣返遭遇困难的实际情况提出旅客遣返的法治化；第五章结合新冠疫情期间船员换班遭遇困难的实际情况提出公共卫生事件暴发期间船员换班难的应对路径；第六章提出港口国应对船舶公共卫生风险产生的巨额费用负担问题的解决方案。

本书聚焦于港口国应对船舶公共卫生风险的法律问题，是我国学界对海上公共卫生法律问题研究的首次尝试，期待为全球海上公共卫生治理体系的深入研究提供一些参考。提请读者在阅读时注意本书中政策类文件的时效性。例如，本书中提及的世界卫生组织“全球疫情情报和反应网络”为长期性项目，而美国疾病控制与预防中心“邮轮新冠疫情计划”中的动态监管模式为应急性项目。后者具有暂时性，相关资料在新冠疫情结束后无法通过网络资源查找。此外，在本书交付出版审查的最后阶段，我国《突发事件应对法》和《国境卫生检疫法》进行了修订。欧盟于 2024 年 5 月 24 日修订了《欧洲议会和理事会关于人员跨境移动规则的联盟法规的第（EU）2016/399 号条例》（简称《申根边境法》，Schengen Borders Code），允许欧洲理事会在发生大规模公共卫生紧急事件时决定实施检测、检疫、隔离、临时旅行限制等卫生措施，并允许海员在发生大规模卫生紧急事件时获得旅行限制豁免，而在该规则修订前的新冠疫情期间，欧盟只就成员国的旅行限制发布不具约束力的建议。这些法律的修订反映出国际社会对海上公共卫生风险问题的持续性关注。后疫情时代下海上公共卫生治理的研究刚刚起步，可以预见本书出版后仍会不断出现新的立法或法律的修改以及新的研究成果。

本书经过多次打磨，但笔者水平有限，难免存在不足之处；在此诚挚欢迎读者提出宝贵意见，并通过邮件 wwli@ shmtu. edu. cn 交流，以便对本书进行修订和完善。

特别感谢笔者的博士研究生导师胡正良教授在本书的撰写过程中给予的精心指导并为本书作序。同时，感谢上海海事大学法学院、上海海事大学海商法研究中心对本书出版的支持，感谢法律出版社编辑田浩先生在本书出版中专业和高效的工作。

李雯雯

2024 年 8 月于上海

法律法规和国际条约简称

全称	简称
《中华人民共和国宪法》	《宪法》
《中华人民共和国海上交通安全法》	《海上交通安全法》
《中华人民共和国行政强制法》	《行政强制法》
《中华人民共和国国境卫生检疫法》	《国境卫生检疫法》
《中华人民共和国突发事件应对法》	《突发事件应对法》
《中华人民共和国传染病防治法》	《传染病防治法》
《中华人民共和国旅游法》	《旅游法》
《突发公共卫生事件应急条例》	《公共卫生应急条例》
《中华人民共和国海员船上工作和生活条件管理办法》	《海员船上工作和生活条件管理办法》
《中华人民共和国国境卫生检疫法实施细则》	《国境卫生检疫法实施细则》
1982 年《联合国海洋法公约》	《海洋法公约》
2005 年《国际卫生条例》	《国际卫生条例》
1948 年《世界人权宣言》	《世界人权宣言》
1974 年《国际海上人命安全公约》	《海上人命安全公约》
1979 年《国际海上搜寻和救助公约》	《搜救公约》
2006 年《海事劳工公约》	《海事劳工公约》

注：本表所涉法律法规和国际条约，除首次出现时使用全称外，在本书其余部分均使用简称。

目　　录

Contents

图表目录

Contents

图目录

表目录

引　　言

一、研究缘起

“全球化的时代也就是全球传染的时代。”[①] 随着经济全球化加速发展，世界各国之间联系日益广泛和密切。[②] 仅 2011—2018 年，世界卫生组织（World Health Organization，WHO）在全球 172 个国家追踪到了 1483 次公共卫生事件，其中包括埃博拉和严重急性呼吸系统综合征（Severe Acute Respiratory Syndrome，SARS，简称非典）等严重公共卫生事件。[③]

公共卫生事件在船舶上时有发生，最典型的就是 2019 年年末暴发的新型冠状病毒疫情（简称新冠疫情）。新冠病毒主要通过飞沫和接触传播，传播能力极强。2020 年 1 月 30 日，世界卫生组织将新冠疫情列为“国际关注的突发公共卫生事件”（Public Health Emergency of International Concern，PHEIC）。2020 年 3 月 11 日，世界卫生组织宣布新冠疫情进入“全球大流行”（pandemic）状态。新冠疫情被认为是“第二次世界大战结

---

① A. Negri，M. Hardt ed.，*Empire*，Harvard University Press，2000，p. 136.

② 参见王灵桂：《推动构建人类命运共同体的行动指南》，载人民网 2021 年 10 月 29 日，http：//theory.people.com.cn/n1/2021/1029/c40531－32268064.html。

③ 参见晋继勇：《全球卫生治理的背景、特点与挑战》，载《当代世界》2020 年第 4 期。

束以来最严重的全球公共卫生突发事件”。截至2022年4月29日，全球范围内已有超6亿人感染新冠病毒，约654万例感染者死亡。[①]

由此产生的问题是，面对船舶公共卫生风险，港口国（Port State）应当如何应对?[②] 2020年后持续的一段时间内，新冠病毒不断出现新变种，自世界卫生组织在2021年5月将变异毒株（B.1.617.2）命名为“德尔塔”（Delta）后，全球范围内又发现新变异毒株（B.1.1.529），世界卫生组织于2021年11月将新变异毒株命名为“奥密克戎”（Omicron）。[③] “德尔塔”和“奥密克戎”都被世界卫生组织列为“需要关注”的高级别严重变异毒株，传染性比早期的新冠病毒更强。基于全球性传染病的强传染性，一些港口国为防止病毒以船舶及船上人员为媒介，沿海上运输传播至本国，对于申请在本国港口停靠的船舶采取严格的边境管控措施。对于海上货物运输，一些港口国仅允许船舶停靠，但禁止船员换班。至于以国际邮轮为代表的海上旅客运输，因其较之于货轮、油轮等从事海上货物运输的船舶而言，人群聚集更加明显，造成疫情境外输入的可能性更大，从而成为各港口国口岸卫生监管的重点对象。世界卫生组织总干事在2020年9月8日召开的“关于应对新冠疫情期间《国际卫生条例》运作的审议委员会”（The Review Committee on the Functioning of the IHR 2005 During the COVID－19 Response）中表示：“有必要研究如何解决船舶暴发新冠疫情这一独特挑战……如此巨大的规模超出《国际卫生条例》

---

① See *Coronavirus Disease* (*COVID－19*) *Pandemic*, WHO, https://www.who.int/emergencies/diseases/novel－coronavirus－2019, Last accessed on Oct.13, 2022.

② 本书中“港口国”一词包括接受国际航行船舶停靠的港口和未接受此类船舶停靠的港口所在国，见引言第五部分的解释和界定。

③ See WHO, *Classification of Omicron* (*B.1.1.529*): *SARS－CoV－2 Variant of Concern*, WHO (Nov.26, 2021), https://www.who.int/news/item/26－11－2021－classification－of－omicron－(b.1.1.529)－sars－cov－2－variant－of－concern.

制定时的设想。"①

基于病毒致死率下降、住院人数和重症监护室收治人数的下降、个人对病毒的免疫力提高三方面的因素，世界卫生组织总干事于日内瓦当地时间2023年5月4日（北京时间2023年5月5日）宣布新冠疫情不再构成"国际关注的突发公共卫生事件"，而成为一种长期性健康问题（ongoing health issue）；相应地，在管理上转变为适用长期管理模式。② 随着疫情蔓延势头被初步遏制，船员换班难的情况有所好转。在海上旅客运输方面，自2020年7月起，欧洲、亚洲和南太平洋部分地区的国际邮轮恢复航行。2021年，美国、加拿大、墨西哥、加勒比等国家和地区的邮轮旅游行业也逐步复苏。国际邮轮协会（Cruise Lines International Association，CLIA）指出，至2022年中期，全球国际邮轮基本恢复疫情暴发前的正常运营状态。③ 然而，船员换班情况好转和海上旅客运输复苏并不意味着未来不会再发生其他公共卫生事件。新冠疫情作为全球大流行性传染病，属于一类典型的公共卫生事件。可以预见，船舶公共卫生风险在较长时间内仍将持续，由此导致的港口国应对船舶公共卫生风险之法律问题具有长期性特征。

① *Interim Progress Report of the Review Committee on the Functioning of the IHR (2005) During the COVID – 19 Response*, WHO (Jan. 12, 2021), https://www. who. int/publications/m/item/interim – progress – report – on – the – functioning – of – the – ihr – 2005 – during – the – covid – 19 – response.

② See *Statement on the Fifteenth Meeting of the IHR (2005) Emergency Committee on the COVID – 19 Pandemic*, WHO (May 5, 2023), https://www. who. int/news/item/05 – 05 – 2023 – statement – on – the – fifteenth – meeting – of – the – international – health – regulations – (2005) – emergency – committee – regarding – the – coronavirus – disease – (covid – 19) – pandemic.

③ See *State of the Cruise Industry Outlook 2021*, CLIA, https://cruising. org/en/news – and – research/research/2020/december/state – of – the – cruise – industry – outlook – 2021, Last accessed on Jan. 30, 2022.

从方法论的角度看，解决港口国应对船舶暴发新冠疫情这一特殊问题有利于解决应对船舶公共卫生风险之普遍性问题。矛盾具有普遍性和特殊性，矛盾的普遍性指矛盾普遍存在于一切事物运动、变化、发展的各个阶段，矛盾的特殊性指事物运动过程中的不同矛盾和矛盾的不同方面均各有其特点。认识矛盾的特殊性对认识矛盾的普遍性具有重要作用：一方面，充分研究矛盾的特殊性，认识不同事物的特殊的本质，才有可能充分地认识矛盾的普遍性，从而归纳总结出诸种事物的共同的本质；另一方面，认识事物的共同本质，是为了更好地研究那些尚未被深入研究过的，或者新出现的具体事物，及人类实践“从特殊到一般，再从一般到特殊”的规律。[①] 因此，研究港口国应对船舶暴发新冠疫情风险的法律问题，从中归纳总结出具有普遍性的规律，对解决港口国应对船舶公共卫生风险的法律问题具有一般意义上的指导作用。

二、研究现状与文献综述

（一）国内研究现状

1. 港口国能否拒绝存在公共卫生风险的船舶停靠问题的研究现状

关于港口国能否拒绝存在公共卫生风险的船舶停靠这一问题的现有研究，可以归纳为以下四种观点：

第一种观点认为，港口国对于存在公共卫生风险的船舶没有接受其停靠的国际法义务，只要港口国在主观上认为船舶存在公共卫生风险，即可拒绝该船舶在本国停靠。[②]

① 参见《毛泽东选集》（第 1 卷），人民出版社 1991 年版，第 304 –308 页。

② 一般而言，船舶停靠的国家被称为“港口国”，未接受船舶停靠的国家仅具备“沿海国”身份。此处为保证行文的一致性和连贯性，采用“港口国”的表述。但在下文介绍或引用他人观点时，为尊重作者表述习惯、避免曲解他人观点，保留原文采用的“沿海国”的表述。

刘晨虹认为，根据1982年《联合国海洋法公约》（以下简称《海洋法公约》）第2条、第19条、第21条、第25条、第33条的规定，沿海国对位于本国毗连区、领海、或内水的船舶，享有管理船上卫生事务的权利。至于船舶卫生事务的管理义务，根据《海洋法公约》第94条的规定，应当由船旗国承担。尤其是《海洋法公约》第25条规定了沿海国的保护权，沿海国基于此种权利可以拒绝船舶停靠。[①] 至于2005年《国际卫生条例》中对于缔约国义务的规定，仅在船舶靠港后开始适用，从而不涉及船舶停靠问题。

首先，一国享有管辖权未必等同于该国仅享有权利，并且认为一国仅享有权利而不承担义务的观点，不太符合法理学中权利义务一致性的通常认识。其次，该观点认为现行国际公约仅规定船舶在公海时由船旗国承担对船舶卫生事务的管理义务，而没有规定船舶在沿海国海域航行时沿海国对船舶卫生事件是否负有应对或管理的义务。事实上，《国际卫生条例》第28条第1款明确就缔约国应对存在公共卫生风险船舶时的船舶停靠问题作出了规定，港口国接受船舶靠港前已经受《国际卫生条例》的调整并承担相应国际义务。

第二种观点认为，港口国如果有证据证明船舶已经暴发疫情，则有权拒绝其在本国港口停靠。

孙思琪和金怡雯认为，位于一国领海或内水的船舶主要由港口国进行属地管辖。基于此种管辖权，结合《国际卫生条例》和港口国国内法的规定，如果船舶已经存在感染等临床迹象，构成《国际卫生条例》第27条第1款规定的“受染交通工具”，港口国可以拒绝该船舶停靠。在程序方面，港口国此种拒绝应当基于个案风险评估，即按照《国际卫生条例》第

---

① 参见刘晨虹：《疫情邮轮的责任困境与海洋法律体系的完善》，载《中国海商法研究》2020年第1期。

43 条第 2 款的规定，遵循科学原则、基于现有科学证据或信息，以及世界卫生组织的指导或建议。至于风险评估结果与港口国拒绝船舶停靠的行为是否具备相称性，属于技术性问题，由世界卫生组织加以认定。①

首先，港口国拒绝船舶停靠应当以船舶已经存在感染等临床迹象为前提这一结论是对《国际卫生条例》第 43 条第 2 款进行解释的结果，具有一定合理性，但在实践操作层面有一定难度。这是因为对于新发传染病而言，港口国的病毒检测能力受到科学技术水平的客观限制，并且有些病毒存在潜伏期，潜伏期内病毒含量较低，从而会影响检测结果的准确性。其次，这一观点认为港口国拒绝船舶停靠的权利在于船舶属于“受染交通工具”，而为证实船舶属于“受染交通工具”，港口国负有对其进行风险评估的义务。但是，《国际卫生条例》第 27 条关于受染交通工具的内容仅规定港口国可以对此类船舶采取消毒、除污、除虫、灭鼠、隔离等卫生措施，并未明确赋予港口国拒绝此类船舶停靠的权利。从体系解释的角度来看，《国际卫生条例》第 28 条第 1 款规定的关于港口国接受船舶停靠的义务仅以《国际卫生条例》第 43 条或其他国际协议的不同规定为例外，至于船舶是否被判定为“受染交通工具”不会对港口国此项义务造成影响。因而，仅以船舶是否属于“受染交通工具”作为港口国能否拒绝船舶停靠的标准不够全面。最后，关于港口国是否已经对特定船舶履行风险评估义务进而能否拒绝该船舶停靠，确实涉及技术性问题。在技术层面为组织成员国提供帮助是世界卫生组织的主要职责之一，但对于风险评估结果与港口国拒绝船舶停靠行为之间是否具备相称性，则属于行政行为合理性判断的范畴，涉及港口国的公共卫生主权。因而对于此种判定是否应当由世界卫生组织作出，仍然存在进一步讨论的空间。考虑到此种判

① 参见孙思琪、金怡雯：《国际邮轮突发公共卫生事件应急管理的法律检视》，载《大连海事大学学报（社会科学版）》2020 年第 5 期。

定会对港口国的公共卫生主权造成干涉，世界卫生组织未必有意愿作出此种判定。

第三种观点认为，港口国负有接受船舶停靠的国际法义务。即使船舶已经确定暴发疫情，港口国也不得仅以船舶暴发疫情为由拒绝其停靠。

吴蔚认为，港口国不得仅因船舶暴发疫情拒绝其在本国港口停靠，这一结论可由三个原因推导出。原因一是《国际卫生条例》第 28 条第 1 款已经明确规定港口国“不应当因公共卫生原因而阻止船舶或飞机在任何入境口岸停靠”。不仅如此，该款还规定“如果入境口岸不具备执行本条例规定的卫生措施的能力，可命令船舶或飞机在自担风险的情况下驶往可到达的最近适宜入境口岸”。据此，即便该港口没有足够的医疗服务能力，港口国也仅得命令该船舶前往本国其他港口停靠，而非拒绝其在本国停靠。原因二是根据《国际卫生条例》和港口制度有关的国际公约，港口国在管理船舶入港时应当遵循必要性、合理性、适当性、平等性和非歧视性五项原则。而港口国仅以公共卫生原因拒绝船舶在本国港口停靠的做法不符合这些原则的要求。原因三是邮轮运营公司与港口国之间存在商业合作合同，港口国通过与邮轮运营公司合作获得了经济利益，故应在船舶暴发疫情时承担相应的救助义务。①

首先，将《国际卫生条例》第 28 条第 1 款解释为即使船舶暴发疫情、港口国也不得拒绝该船舶停靠的观点不够全面。事实上，《国际卫生条例》第 28 条第 1 款第 1 句的完整表述为：“除第四十三条或适用的国际协议另有规定之外，不应当因公共卫生原因而阻止船舶或飞机在任何入境口岸停靠。”据此，对《国际卫生条例》第 28 条的解释应当结合该条例第 43 条关于额外卫生措施的规定，正确认识港口国接受船舶停靠的义务及其实施

① 参见吴蔚：《国际法规则的“邮轮困境”与人类卫生健康共同体建设》，载《亚太安全与海洋研究》2020 年第 4 期。

额外卫生措施的权利。其次，法律规则和法律原则共同构成法律规范。然而这一观点在分析《国际卫生条例》的法律规范时，过于注重法律规则，而对《国际卫生条例》中法律原则的认识不够全面，具体表现为其在论述港口国是否应当接受船舶停靠这一问题时，仅围绕《国际卫生条例》第28条第1款和第43条的规定进行分析。事实上，《国际卫生条例》第3条第4款规定的“国家具有主权权利根据其卫生政策立法和实施法规”表明，《国际卫生条例》以尊重国家主权为原则。港口国如何应对船舶公共卫生风险涉及国家卫生主权，受其国内法指引。因而在《国际卫生条例》框架下分析港口国是否应当接受船舶停靠问题时，还应当考虑港口国国内法。不仅如此，在国际法层面，除《国际卫生条例》外，还有其他国际公约对于船舶停靠问题作出规制。不同公约的价值取向不同，具体规范层面的差异也客观存在。在探究港口国能否拒绝船舶停靠这一问题时，不应仅将《国际卫生条例》作为确定港口国权利和义务的唯一依据。最后，关于港口国的合同义务，其在与邮轮公司的商业合作中获得经济利益，故而应当承担对船舶的救助义务的观点符合“受益者负担”的一般理论。但在合同法律关系中，除法定义务外，合同当事人的义务均来源于合同的约定。除非港口国与邮轮公司的商业合作合同中明确约定港口国在船舶暴发疫情时负有救助义务，否则难以直接依据基本原则和一般理论认为港口国负有在船舶暴发疫情时接受其停靠的合同义务。

第四种观点认为，港口国一般应当接受存在公共卫生风险的船舶停靠，但此种义务存在例外。

彭先伟和吴亚男在《新冠病毒疫情下的邮轮检疫处置问题初探——以国际卫生法为视角》一文中认为，港口国一般应当接受船舶挂靠，即使该船舶存在公共卫生风险，但此种义务以港口不具备卫生能力为例外。结合《国际卫生条例》第28条第1款和第43条的内容可知，港口国可以拒绝存在公共卫生风险的船舶在其港口停靠，但此种拒绝并非基于船舶存在公共卫生风险本身，而在于船舶申请停靠的港口是否具备执行《国际卫生条例》规定的卫生措施的能力。如果某一特定港口的入境口岸不具备执行《国际卫生条例》规定的卫生措施的能力，港口国可以采取拒绝船舶停靠这一“额外的卫生措施”。此外，一国的管辖权与该国某一项具体的国家义务或责任没有直接关联。换言之，即使港口国对船舶享有管辖权，也不能因此推导出港口国负有接受船舶停靠的义务。至于某一特定港口是否具备执行《国际卫生条例》规定的卫生措施的能力，应当由世界卫生组织判断。即一旦某一特定港口被世界卫生组织认证为“国际卫生港口”，则应当认为其具备执行《国际卫生条例》规定的卫生措施的能力，继而应当接受存在公共卫生风险的船舶停靠。以“国际卫生港口”头衔作为判断标准的理论基础在于权责利相统一的原则，此种头衔会为该港口带来较高的经济效益。①

这一观点是对第三种观点的改进，然而仍存在以下两方面不足。首先，各主权国家在国际法框架下负担的义务，源于各国自愿加入的有约束力的国际法律文件，权责利相统一原则并不足以为港口国设定一项具体义务。其次，以“国际卫生港口”头衔作为认定港口国应当接受船舶停靠的标准过于形式化，是一种纯粹基于理论设想的形而上学的做法。事实上，公共卫生事件严重程度不同，港口国应对不同程度风险所需要的核心能力也不同，而“国际卫生港口”的认证基于固定的标准。港口即使满足“国际卫生港口”的认证标准，也未必表明其核心能力足以应对某一特定的公共卫生事件。而且，港口国的核心能力并非稳定不变。例如，新冠疫情期间，“钻石公主”号邮轮和“威士特丹”号邮轮在一个月内相继申请在日本停靠。由于港口国应对大型邮轮公共卫生事件会导致当地相当一部分的

---

① 参见彭先伟、吴亚男：《新冠病毒疫情下的邮轮检疫处置问题初探——以国际卫生法为视角》，载《中国海商法研究》2020 年第 1 期。

医疗资源被占用，日本政府在接受“钻石公主”号邮轮停靠后，未必再有能力应对“威士特丹”号邮轮。因而，以“国际卫生港口”头衔作为认定港口国应当接受船舶停靠的标准不够妥当。

孙婵认为，港口国一般不应当拒绝存在公共卫生风险的船舶停靠，但存在以下两种例外。一是船上出现确诊病例、船舶确已暴发疫情。此时港口国可依据《海洋法公约》第19条或《国际卫生条例》第43条第2款的规定，以船舶停靠对本国公共卫生安全造成的危害真实存在为由，拒绝船舶停靠。换言之，港口国如果没有科学证据证明某一特定船舶存在确诊病例，不得拒绝该船舶停靠。二是港口国自身医疗卫生系统薄弱，入境口岸不具备卫生能力。在此情形下港口国可依据《国际卫生条例》第28条第1款的规定，以“入境口岸不具备执行卫生措施的能力”为由拒绝船舶停靠。尽管港口国在此两种情形下不负有接受船舶停靠的义务，但仍应当按照《海洋法公约》第98条的要求，在海上搜寻与救助方面与周边国家开展国际合作。①

这一观点提出港口国能否拒绝船舶停靠应当同时考虑船上公共卫生情况和港口核心能力两方面因素，对于《国际卫生条例》中船舶停靠规则的认识比较全面，但仍存在一定不足。首先，该观点提出了港口国履行接受船舶停靠义务的两种例外情形，但没有解释二者间的关系。由此产生的问题是，港口国拒绝船舶停靠是否必须同时满足船舶存在确诊病例和港口国自身医疗卫生系统薄弱这两项条件？抑或满足其中一项即可？其次，该观点在论述港口国有权拒绝船舶停靠时引用了《海洋法公约》第19条的无害通过制度，认为船舶可能导致疫情在沿海国领海内扩散属于非无害通过。将无害通过制度作为分析船舶停靠问题的理论基础存在一定的不合理性：一方面，存在公共卫生风险的船舶通过一国领海未必违反该国卫生相

① 参见孙婵：《论邮轮疫情责任主体及风险防控法律机制》，载《中国海商法研究》2020年第3期。

关法律；另一方面，船舶通过是一种动态行为，而船舶停靠是一种静止状态，二者对港口国造成的公共卫生风险程度也不同，港口国应对船舶公共卫生风险的主要矛盾在于港口国是否接受船舶停靠，而非是否允许船舶在通过本国领海后前往其他国家。再次，该观点并未正确理解和把握《国际卫生条例》第28条第1款第2句的含义，该句表述为“如果入境口岸不具备执行本条例规定的卫生措施的能力，可命令船舶或飞机在自担风险的情况下驶往可到达的最近适宜入境口岸”。从文义解释来看，这一法律规范的行为模式为港口国某一港口的入境口岸不具备执行卫生措施的能力，法律后果为港口国命令船舶驶往其他最近适宜入境口岸。根据主权理论，港口国只能决定如何在本国领海和内水区域处置外国籍邮轮，“最近适宜入境口岸”应为港口国境内的其他入境口岸。据此，如果船舶申请停靠港口的入境口岸应对能力不足，港口国可以要求船舶驶往该国其他港口停靠，而不能据此认为港口国在此情形下不负有接受船舶停靠的义务。最后，文中关于医疗卫生系统较为完善的港口国不得拒绝暴发疫情的船舶停靠的观点，以保障船上旅客和船员的基本权利为核心，与第二种观点对比鲜明。但是，关于港口国的医疗卫生系统是否完善的判定，存在主观性较强的问题。判定港口国是否有足够能力应对船舶公共卫生风险，需要在判定主体和判定标准等方面进一步探讨。

综上，第一种观点认为港口国没有义务接受船舶停靠，并且在认定船舶是否存在公共卫生风险时采用主观标准，过于偏重港口国的卫生主权。第二种观点在第一种观点的基础上作出改进，采用有证据证明存在临床迹象的客观标准。第三种观点过于强调港口国在国际社会应当承担的义务。第四种观点在第三种观点的基础上改进，将不具备卫生能力作为履行义务的例外。可见，第二种观点与第四种观点都尝试在港口国行使卫生主权与履行国际法义务之间寻求平衡。不足之处在于此种尝试仅为理论层面的探讨。无论是对于船上公共卫生情况的证明，还是对于港口国入境口岸卫生能力的认定，均涉及公共卫生治理实践。理论可以指导实践，但未必能够代替实践。因而，港口国卫生主权与国际法义务的平衡之理论需要通过具体制度最终落地，增加解决对策在实践中的可操作性。不仅如此，对于国际邮轮而言，船舶能否停靠直接影响到旅客能否下船、接受治疗、返回其本国，因而涉及旅客的基本权利。然而现有研究对于如何平衡港口国主权与旅客基本权利的讨论仍存在进一步深入的空间。

2. 船舶公共卫生风险避难准入制度的研究现状

现有关于船舶避难准入制度的讨论主要围绕海洋污染遇难船进行，而对因公共卫生风险导致遇难的船舶研究较少。此处主要对现有关于传统船舶避难准入制度的研究进行整理。对于沿海国是否有义务接受遇难船舶进入其港口或其他避难地，可以归纳为两种观点：

第一种观点认为，无论是在国际公约抑或国际习惯法方面，沿海国均没有义务接受遇难船舶进入其港口或其他避难地避难。

郭萍和吴胤槟认为，《海洋法公约》、1989 年《国际救助公约》、1974 年《国际海上人命安全公约》（以下简称《海上人命安全公约》）等均强调沿海国有干预或限制船舶进入本国港口的权利，而没有为沿海国设立允许遇难船舶进入该国避难的义务，且遇难船享有“避难权利”尚不构成国际习惯，除非沿海国在双边或多边条约中约定应当接受遇难船舶进入其避难地。此外，先进的救助手段足以保证船员的生命安全，从而将人命救助与财产救助区分开。①

上述观点强调国家主权，侧重保护沿海国利益。但将遇险船人员等同于遇险船船员，似乎没有考虑国际邮轮的特殊情形。在国际邮轮上，旅客

① 参见郭萍、吴胤槟：《遇难船避难准入制度的沿革及对我国的启示》，载教育部人文社会科学重点研究基地、武汉大学国际法研究所主办：《武大国际法评论》第 19 卷·第 1 期，武汉大学出版社 2016 年版。

数量远远大于船员数量，现有救助手段是否足以使沿海国在拒绝提供避难地的前提下保证邮轮上旅客的生命安全，有待商榷。

第二种观点认为，在国际公约方面，沿海国没有接受遇难船舶进入其港口或其他避难地避难的义务，但在国际习惯法方面，沿海国应当为救助人命而许可船舶进入港口和内水避难。

李天生和韩立新认为，在国际公约方面，《海洋法公约》、《海上人命安全公约》、1979 年《国际海上搜寻和救助公约》（以下简称《搜救公约》）赋予沿海国救助、接纳、转移任何在海上遭遇生命危险的人的国际法义务，这一义务导致沿海国对准予船舶进入其港口和内水避难的自主权受到限制。在国际习惯法方面，港口国为了拯救人命应当许可船舶入港，但以救助人命必须与许可船舶入港相结合为前提。但在现代科技条件下，此种义务可以通过直升机、救生船艇履行，因此救助人命与许可船舶入港之间具有可分性，沿海国为救助人命而许可船舶进入港口和内水的基础不复存在。①

李韵依认为，船舶避难规则最根本的法律基础是对生命的保护和救助以及出于人道主义的考量，因而沿海国没有接受遇难船舶入港避难的公约义务，但普遍认可遇难船舶为保全人命进入本国避难的国际习惯法。尤其是国际邮轮上承载了数千名旅客，沿海国难以通过直升机和船舶对病人进行分批转运，且国际邮轮没有条件应对传染性疫情，无法提供隔离、检测和治疗等医疗服务。如果港口国不允许船员和乘客下船，极易导致他们感染病毒甚至死亡。因而国际邮轮在此种情形下有权进入港口国避难。②

---

① 参见李天生、韩立新：《国际法体系下我国对污染遇难船的避难准入问题》，载《法学杂志》2009 年第 12 期。

② 参见李韵依：《“人类卫生健康共同体”视域下邮轮疫情防控的法律应对》，载《广东社会科学》2022 年第 2 期。

上述两个观点具有相似性，均认为国际公约没有规定沿海国应当许可遇难船舶进入其港口避难，但沿海国为拯救人命应当许可船舶入港已经成为国际习惯法。此种观点强调沿海国享有决定是否准予船舶进入其港口和内水避难的自主权，同时这种自主权在救助人命与许可船舶入港之间不可分离时会受到限制，是对第一种观点的折中处理，在一定程度上平衡了沿海国主权和船上人员的基本权利。但是，两个观点之间仍存在细微差异。在第一个观点中，海上人命救助与遇险船舶避难是两种不同制度，而第二个观点将船舶面临危险与人员面临危险均认为是船舶遇难的情形。事实上，对于国际邮轮而言，旅客感染病毒未必就会导致船舶进入遇险状态。

综上，两种观点之间的主要分歧在于，船舶避难准入规则是否具备国际习惯法之属性。但第一种观点显然没有考虑到国际邮轮因公共卫生原因而遇险的情形。新冠疫情的暴发为此种情形下船舶避难准入制度的研究提供了契机。而人员遇险与船舶遇险的差异表明，在讨论构建国际邮轮公共卫生避难准入制度时，有必要在船舶避难准入一般规则的基础上，明确国际邮轮因公共卫生原因进入遇险状态的相关标准。

3. 港口国采取卫生措施合理性的研究现状

对于港口国采取卫生措施的合理性判断，现有研究通过对《国际卫生条例》进行解读，提出了基本一致的判断标准。

徐军华认为，根据《国际卫生条例》第 43 条的规定，合理的额外卫生措施（additional health measures）应当满足以下三项标准：一是要满足“对国际交通造成的限制以及对人员的创伤性或干扰性不应大于可合理采取并能实现适当程度保护健康的其他措施”的对称性原则；二是要基于科学原则和对于人类健康危险的现有科学证据；三是如果不采取该措施会对港口国国内的疫情防控工作造成严重影响。①

郭中元和邹立刚认为，港口国有权在满足并遵循《国际卫生条例》第43条规定的条件及程序的情形下，适度采取额外卫生措施。其中，适度性的判断标准为：有无过度损及国际海空航运便利、是否构成对国际贸易的变相限制、人权的侵犯是否超过必要限度。适度采取额外卫生措施，要求以疫情规模、疫情的国际传播、采取额外卫生措施对国际交通和贸易的影响以及对疫情防控的不利影响为依据，区别风险等级以采取不同程度的卫生措施。②

何田田认为，《国际卫生条例》中缔约国采取卫生措施的依据为“现有科学证据”。在理解“现有科学证据”时，应以科学证据本身的来源与说理、科学证据信息源的范围、科学证据的作出时间、严格的程序要求，以及该条例目的与宗旨的限制这几个要素为方向。③

上述研究均采用了法教义学方法，通过对《国际卫生条例》第43条进行解释，析出国际法框架下合理卫生措施的判定标准。由此确定的判定标准切合《国际卫生条例》第43条的要求。问题在于，港口国采取卫生措施，既涉及国际公共卫生治理问题，也属于其领土内的内部事项，港口国享有公共卫生主权。为了平衡港口国的公共卫生主权及其在《国际卫生条例》框架下的义务，《国际卫生条例》第3条第4款规定“国家具有主权权利根据其卫生政策立法和实施法规。”因而，判断港口国采取卫生措施的合理性，除了考虑《国际卫生条例》的要求，还应当从一国内部事项

---

① 参见徐军华：《国际航空旅行限制措施在“国际关注的突发公共卫生事件”情势下的适用》，载《政法论坛》2021年第2期。

② 参见郭中元、邹立刚：《全球卫生治理视域下〈国际卫生条例〉中额外卫生措施之适用》，载《江淮论坛》2020年第5期。

③ 参见何田田：《“现有科学证据”规则与全球卫生法的完善》，载《中国社会科学院研究生院学报》2020年第6期。

的角度，根据行政法的基本原理，判断港口国实施卫生措施是否符合合理行政原则和港口国法律规定。

4.《国际卫生条例》实施效果的研究现状

对于《国际卫生条例》这一专门性国际法律规范能否有效规制港口国应对船舶公共卫生风险的问题，主要有以下几种观点。

张超汉和冯启伦认为，现有防控突发卫生事件的国际合作机制多以“软法”形式出现，从而导致各国在公共卫生治理活动中各行其是。即便是有约束力的《国际卫生条例》，也仅赋予世界卫生组织要求各国向其报告情况和审查撤销的权利。而且，《国际卫生条例》规定的争端解决机制不涉及对过度卫生措施的补偿问题，无法对明显恶意采取过激行为的国家进行有效制裁，容易使行为国逃避国家责任。①

韩永红和梁佩豪认为，现行国际法体系难以对成员国采取过度限制性措施的行为进行规制。首先，《国际卫生条例》中虽然存在争端解决机制，但不够完善，且《国际卫生条例》中并未规定具体的应对办法，即世界卫生组织无权强迫成员停止采取过度卫生措施；其次，从国际贸易机制的角度考虑，过度限制性措施与 WTO 体系下倡导的自由贸易政策相违背，但由此遭受的损失难以通过 WTO 争端解决程序得到补偿；最后，从国际人权保护机制的角度考虑，《公民权利和政治权利国际公约》作为国际人权领域最具代表性的一项人权公约，规定了四类执行措施，但仍无法充分保证对侵犯人权措施的约束。基于此，为了规制过度限制性措施，有必要通过强化成员提供相关信息的机制，以及对涉及过度限制性措施的争端适用特定的程序予以仲裁这两种途径对《国际卫生条例》进行完善。②

---

① 参见张超汉、冯启伦：《全球卫生合作治理——以重大突发公共卫生事件防控为视角》，载《河北法学》2020 年第 8 期。

② 参见韩永红、梁佩豪：《突发公共卫生事件中过度限制性措施的国际法规制》，载《国际经贸探索》2020 年第 7 期。

龚向前认为，《国际卫生条例》中提及的仲裁可以解决一些国家过度采取额外卫生措施的历史性痼疾，但以会员国自愿接受这一额外义务为前提。且《国际卫生条例》中仅规定了争端解决程序，并未建立强制性争端解决的机构。与之类似的 WTO 争端解决程序又过于冗长，无法解决突发公共卫生事件中所遭受的直接经济损失。相较而言，国际劳工组织虽没有规定类似的争端解决条款，但设有许多强制性争端解决机构，如国际劳工组织内部负责调查或者审查有关违反劳工权利的申诉或请求的某些实体。①

上述观点基本一致认为《国际卫生条例》中规定的争端解决机制不够完善，无法规制港口国过度采取额外卫生措施的行为。对于解决港口国应对船舶公共卫生风险之法律问题，争端解决机制不够完善的问题同样存在。但是，是否有必要对《国际卫生条例》中的争端解决机制进行完善，以强化其执行力，涉及对国家公共卫生主权的限制，需作进一步论证。

5. 中国应对船舶公共卫生风险的研究现状

检视中国采取公共卫生措施的实践，栾晨焕认为，应当完善国际邮轮卫生应急信息沟通机制。未来邮轮突发事件应急体系的重心应该逐渐偏向对话沟通机制的建设，实现风险治理理念下邮轮运输突发事件应急体系的理念变革，即改变以权力为中心的命令式做派，吸纳多元主体参与治理，充分尊重市场的调控机制。②

王小光认为，隔离作为一种限制人身自由的行政强制措施，中国在实施强制隔离观察制度上存在决定主体设置方式不合理和强制实施手段

---

① 参见龚向前：《世卫组织〈国际卫生条例〉争端解决机制研究》，载《武大国际法评论》2020 年第 3 期。

② 参见栾晨焕：《邮轮运输突发事件应急体系及其法制衔接》，载《中国海商法研究》2016 年第 1 期。

法律依据不足等问题。这些问题导致国内一些地方在突发公共卫生事件期间，为实施强制隔离观察制定了异于国家卫生部门发布标准的实施方案。①

孙婵认为，提升中国邮轮港口的卫生应急能力，一是要在邮轮抵达的第一口岸处置疫情，二是要对船上人员分类隔离，三是要建立传染病快速筛查及处置程序，四是要加强海关对邮轮的卫生监管。②

刘晨虹认为，中国的邮轮管理法规体系在入境规范、隔离场所规范等方面存在不足，对于隔离地点等具体做法缺乏相应的指导。③

此外，一如国际航行船舶是各种境外疫情输入的重要防线，国际航空突发公共卫生事件的应对研究也会涉及类似问题。例如，徐军华认为，为有效防控疫情，中国应当积极行使《国际卫生条例》框架下缔约国实施额外卫生措施的权利，合法合理地利用包括旅行限制措施在内的额外卫生措施，提高中国应对突发公共卫生事件的能力。④

（二）国外研究现状

1. 港口国能否拒绝存在公共卫生风险的船舶停靠问题的研究现状

Ted L. McDorman 认为，进入一国领海的外国籍船舶受港口国管辖，一般应当遵守港口国国内法。但存在两项例外情况：一是如果来访船舶是外国政府船舶，可能会出现主权或外交豁免的问题；二是如果船舶不是自愿进港，而是由于紧急情况或天气原因而不得不进港，国际习惯法可能会

---

① 参见王小光：《防疫常态化背景下强制隔离观察的法制完善》，载《行政法学研究》2021 年第 2 期。

② 参见孙婵：《论邮轮疫情责任主体及风险防控法律机制》，载《中国海商法研究》2020 年第 3 期。

③ 参见刘晨虹：《疫情邮轮的责任困境与海洋法律体系的完善》，载《中国海商法研究》2020 年第 1 期。

④ 参见徐军华：《国际航空旅行限制措施在“国际关注的突发公共卫生事件”情势下的适用》，载《政法论坛》2021 年第 2 期。

对港口国对该船舶所享有的权利有所限制。[①]

Natalie Klein 认为，通过《国际卫生条例》第 28 条第 1 款第 1 句规定的“不应当因公共卫生原因而阻止船舶或飞机在任何入境口岸停靠”可知，港口国不能拒绝存在公共卫生风险的船舶停靠。不仅如此，一旦船舶暴发疫情，导致船员患病，无法满足船舶运行的最低要求，还应当认为船舶进入遇险状态。[②]

Andreas Schloenhardt 和 Colin Craig 认为，在对船舶遇险的判定中，触发港口国救援义务的船舶遇险状态是指船舶正在下沉，而不是出现故障。[③]

Aldo Chircop 认为，由于船上人员的安全和船舶本身的安全紧密关联，因此救助和保护遇难船人员的生命就要救助和保护遇难船本身，当然包括准许遇难船舶进入避难地。[④]

在新冠疫情暴发前，海上运输、尤其是国际邮轮旅游行业未曾遭遇如此巨大规模的传染病危机，因而尚未设立普遍认可的国际邮轮公共卫生避难准入标准。上述研究表明，国外学者基本认同船舶遇险等紧急情况下港口国有接受船舶停靠的义务。但是，现有研究对于突发公共卫生事件下船舶遇险状态的认定存在不同观点。

2. 港口国实施船上检疫合理性的研究现状

Eccleston – Turner M. 和 Burci G. L. 认为，港口国要求旅客和船员在船上接受检疫的做法是否符合 2005 年《国际卫生条例》的规定，是否符合

---

① See T. L. McDorman, *Regional Port State Control Agreements: Some Issues of International Law*, 5 Ocean and Coastal Law Journal 207 (2000).

② See N. Klein, *International Law Perspectives on Cruise Ships and COVID – 19*, 11 Journal of International Humanitarian Legal Studies 282 (2020).

③ See A. Schloenhardt & C. Craig, "*Turning Back the Boats*": *Australia's Interdiction of Irregular Migrants at Sea*, 27 International Journal of Refugee Law 536 (2015).

④ See Aldo Chircop, *Living with Ships in Distress—A New IMO Decision – Making Framework for the Requesting and Granting of Refuge*, 3 WMU Journal of Maritime Affairs 31 (2004).

相称性和必要性，仍是一个悬而未决的问题。①

Rebecca K. Brewster 等人认为，实施检测、隔离和关闭船上的公共聚集空间可以减少旅客和船员之间的接触，有助于限制船上疾病的传播。此外，下船后继续实施陆上检疫和日常检测有助于限制旅客与社区成员之间的交往，从而遏制病毒向社区传播。②

Yamahata 和 Shibata 认为，检疫措施可以减少旅客之间疾病的传播，但受环境因素、人为因素和有限的医疗资源的限制，在国际邮轮上对旅客和船员实施检疫措施效果并不理想。③

世界卫生组织认为，虽然检疫或隔离应以何种方式进行并无统一要求，但对于传染性疾病而言，有效的卫生措施应当保证不会进一步加强潜在性的传播。④

劳伦斯认为，国家有权行使公共卫生权力，但应以风险评估和正当法律程序等措施作为保障，确保隔离、检疫等限制自由措施的合法性，从而实现尽可能少的对公民自由造成限制，平衡公众健康与公民自由的关系。⑤

上述研究表明，在判断港口国实施船上检疫是否合理时，船上检疫对

---

① See G. L. Burci & M. Eccleston – Turner, *Preparing for the Next Pandemic: The International Health Regulations and World Health Organization During COVID – 19*, Social Science Electronic Publishing, 2020, p. 7.

② See R. K. Brewster, A. Sundermann & C. Boles, *Lessons Learned for COVID – 19 in the Cruise Ship Industry*, 36 Toxicology & Industrial Health 728 (2020).

③ See Y. Yamahata & A. Shibata, *Preparation for Quarantine on the Cruise Ship Diamond Princess in Japan Due to COVID – 19*, 6 JMIR Public Health and Surveillance (2020).

④ See *Key Considerations for Repatriation and Quarantine of Travellers in Relation to the Outbreak of Novel Coronavirus 2019 – Ncov*, WHO, https://www.who.int/news – room/articles – detail/key – co – nsiderations – for – repatriation – and – quarantine – of – travellers – in – relation – to – the – outbreak – of – novel – coronavirus – 2019 – n – cov/, Last accessed on Mar. 10th, 2022.

⑤ 参见［美］劳伦斯·O. 戈斯廷：《全球卫生法》，翟宏丽、张立新主译，中国政法大学出版社 2016 年版，第 326 页。

控制传染病传播的实际效果是一项重要的评价标准。此外，考虑到检疫措施对个人自由的限制，应当在船上旅客和船员的自由与港口国的公共卫生利益之间寻求平衡。价值平衡为检验港口国实施船上检疫的合理性提供了一种抽象的方法。在实践应用中，港口国实施船上检疫的合理性判断需要根据具体情况进行个案评估。

3.《国际卫生条例》实施效果及争端解决机制的研究现状

早在20世纪60年代末，世界卫生组织官员就曾对缔约国不遵守《国际卫生条例》表示失望。[①]《国际卫生条例》缔约国经常违反其向世界卫生组织通报受《国际卫生条例》约束的疾病暴发的义务，[②] 并对来自暴发疫情的国家的贸易和旅行采取过度措施。[③] 对此，有研究者提出疑问："如果可以不遵守《国际卫生条例》，如果规制被忽视、或者或多或少地被打破，而不让那些偏离规则的人承担任何后果，那么维持规则还有多大意义？"[④]

这种普遍不遵守的情况与《国际卫生条例》的争端解决机制有关。[⑤] 一方面，各国较少使用《国际卫生条例》的争端解决机制。这一争端解决机制只被使用过一次，即1968年土耳其霍乱流行期间，保加利亚和罗马尼亚退回其边境货物，土耳其认为这一做法属于"过度措施"，将该争端提交世界卫生组织总干事解决。最后，该争议在国际检疫委员会的援助下得

---

① See P. Dorolle, *Old Plagues in the Jet Age: International Aspects of Present and Future Control of Communicable Disease*, 23 Chronicle of the World Health Organization 103 (1969).

② See *Infectious Disease - A Global Health Threat.* Report of the National Science and Technology Council, Committee on International Sciences, Emerging, and Technology, Working Group on Emerging and Re-emerging Infectious Disease, 1995.

③ See E. Roelsgaard, *Health Regulations and International Travel*, 28 Chronicle of the World Health Organization 266 (1974).

④ B. Velimirovic, *Do We Still Need the International Health Regulations?* 133 the Journal of Infectious Diseases 478 (1976).

⑤ See D. P. Fidler, *International Law and Infectious Diseases*, Clarendon Press, 1999, p. 68-70.

以解决。[1] 另一方面，世界卫生组织在公共卫生治理的历史进程中经常行使建议权，即提出不具约束力的建议，而不愿制定具有约束力的国际法规则。[2] 即便世界卫生组织成员国经常违反《国际卫生条例》中对待旅行者义务的规定，世界卫生组织也仅偶尔就适当的公共卫生措施发表声明。[3]

上述研究表明，《国际卫生条例》的执行效果不佳，已经成为包括世界卫生组织在内的国际社会公认的现实。至于借助 WTO 争端解决程序强化《国际卫生条例》的争端解决机制的方法，也在经过国际社会的努力后以失败告终。据此，在港口国应对船舶公共卫生风险的问题上，港口国的公共卫生主权成为《国际卫生条例》有效实施的痛点和堵点。

4. 国际邮轮突发公共卫生事件应对情况的研究现状

Fabrizio Bert 等人对 1990 年 1 月至 2013 年 7 月国际邮轮上暴发诺如病毒（Norovirus）感染的情况进行系统性回顾，对此期间的 127 起国际邮轮诺如病毒暴发事件进行分析，发现暴发率逐年大幅上升，提出国际邮轮突发公共卫生事件会对旅客和船员造成严重危害后果，并导致邮轮公司承担高额应对成本，是一个严重的公共卫生问题，有必要从全球治理层面加强国际社会对国际邮轮突发公共卫生事件的预防和控制能力。[4]

Kate A. Ward 等人对一艘挂靠在澳大利亚的国际邮轮暴发大流行流感

---

① See *Sixteenth Report of the Committee on International Quarntine*, Report of WHO A24/B/10, Mar. 1, 1971, p. 123.

② See D. P. Fidler, *Emerging Trends in International Law Concerning Global Infectious Disease Control*, 9 Emerging Infectious Diseases 285（2003）.

③ See D. P. Fidler, *SARS, Governance and the Globalization of Disease*, Palgrave Macmillan, 2004, p. 137.

④ See F. Bert, G. Scaioli & M. R. Gualano et al., *Norovirus Outbreaks on Commercial Cruise Ships: A Systematic Review and New Targets for the Public Health Agenda*, 6 Food and Environmental Virology 67（2014）.

（pandemic influenza）的情况进行研究。该邮轮载有 1970 名旅客和 734 名船员，其中 84 人感染人类甲型 H1N1 流感病毒（H1N1），100 人感染甲型 H3N2 流感病毒（H3N2）。当地公共卫生部门通过媒体、网络和电话要求出现感染症状的旅客自我隔离。研究指出，虽然一些国家会实施隔离和检疫措施应对疫情，但由于公共卫生资源成本较高，很少有港口国通过此种措施控制流感。①

上述研究表明，国际邮轮暴发疫情造成的严重后果使该问题的应对成为邮轮旅游行业持续关注的一项重要议题。但就目前而言，港口国应对船舶公共卫生风险的能力有限，且成本较高。

三、技术路线及主要内容

（一）技术路线

本书将港口国面临的船舶公共卫生风险分为两种类型，一类为船舶普遍存在的公共卫生风险，另一类为国际邮轮特有的公共卫生风险。二者在方法层面存在共性，在具体措施层面又各有侧重。

本书研究港口国应对船舶公共卫生风险的法律问题，以国际公约和港口国国内法为依据，结合国际海洋法、公共卫生法、人权法的一般理论，遵循“发现问题—分析问题—解决问题”的研究逻辑，采用“总—分”的撰写思路，首先提出港口国应对船舶公共卫生风险应当遵循的理念、政策和基本原则，然后分别对港口国应对船舶公共卫生风险中关于船舶挂靠、船员换班、旅客安全、费用负担等的法律问题进行分析，并提出对应的解决方案。技术路线如图 0 -1 所示。

---

① See K. A. Ward, P. Armstrong, J. M. McAnulty et al., *Outbreaks of Pandemic (H1N1) 2009 and Seasonal Influenza A (H3N2) on Cruise Ship*, 16 Emerging Infectious Diseases 1731 (2010).

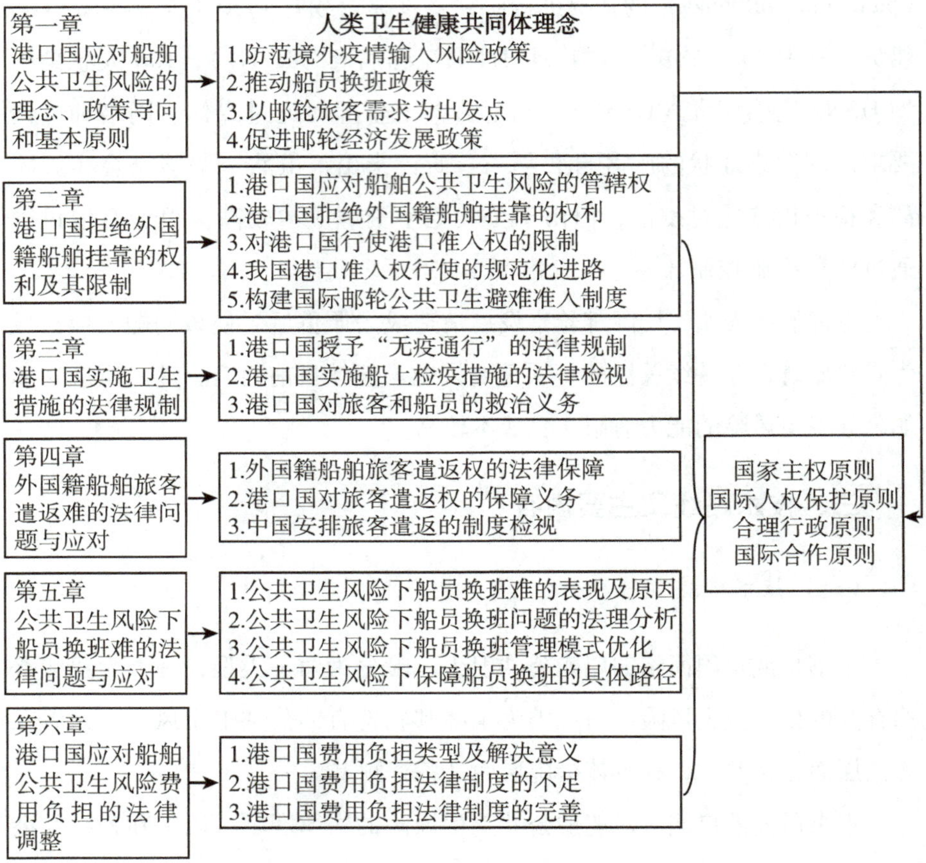

图 0－1　港口国应对船舶公共卫生风险之法律问题研究技术路线

注：该图由作者自制。

（二）主要内容

新冠疫情期间的实践表明，妥善应对船舶公共卫生风险成为各国维系和发展本国航运业的关键。针对港口国应对船舶公共卫生风险，存在以下需要解决的突出问题：一是港口国能否拒绝存在公共卫生风险的船舶进入其港口停靠。拒绝船舶在本国港口停靠，抑或对船舶进行此类活动施加一定限制，均为港口国行使其所享有的港口准入权之体现。然而，关于港口国行使此种权利应受何种限制的问题，《海洋法公约》、《国际卫生条例》、1923 年《国际海港制度公约与规范》和 1965 年《便利国际海上运输公约》的规定各不相同。不同公约对于港口国主权和船舶航行自由各有偏向，体现了公约之间指导理念和价值追求的差异。但就港口国国内法而言，各国普遍倾向于保障本国的港口准入权。在国际公约与国内法规定不一致的情形下，解决疫情期间的船舶停靠问题就需要从理论层面出发，探究如何平衡港口准入权和航行自由原则之间的关系。二是港口国对于存在公共卫生风险的船舶是否负有保障船员换班的义务。换班是船员依据 2006 年《海事劳工公约》享有的权利，同时涉及船员的休息权、遣返权、人身自由等基本权利。通常，安排船员换班是航运公司的义务。但是，疫情对船员换班造成的阻碍超出了绝大多数航运公司的能力范畴，国际船员换班需要港口国的参与。三是港口国应对船舶公共卫生风险中的旅客安全问题，包括港口国在国际邮轮上对旅客进行检疫是否具有合理性，港口国是否应当为旅客提供治疗，是否应当帮助旅客返回其本国。首先，关于船上检疫问题，国际法没有强行性规定，各国立法也存在差异。其次，对于存在公共卫生风险的国际邮轮，《国际卫生条例》第 28 条和第 43 条提供了一套完整的卫生措施制度，但此套制度的实践情况不够理想。例如，虽然《国际卫生条例》规定港口国有义务为旅客提供治疗，但治疗具体如何实施涉及港口国的国家公共卫生主权。最后，考虑到船员职业的特殊性，国际公约和各国国内法明确规定了船员遣返规范。但疫情暴发期间，大批量旅客遣返问题应当如何解决，现行立法尚付阙如，因而存在旅客遣返权保障的法律问题。四是港口国应对船舶公共卫生风险负担的大量费用最终应当由哪方主体负担，目前这一问题不仅存在法律层面的空白，学术理论研究也极少。

为解决上述问题，本书从新冠疫情期间港口国应对船舶公共卫生风险的实际做法出发，基于船舶公共卫生风险的特点，依据国际法和包括中国在内的港口国国内法，结合国际海洋法、公共卫生法、人权法的一般理论，采用价值分析、比较研究、跨学科分析的研究方法，分析并解决港口国应当如何应对船舶公共卫生风险的问题，包括港口国依据国际法和国内法享有的权利和应当履行的义务，并在法律层面对港口国应对实践作出评价，为解决港口国应对船舶公共卫生风险的法律问题提供一般意义上的指导作用。

本书由六个部分组成，除引言部分外，第一章提出港口国应对船舶公共卫生风险的一般方法，包括港口国应当遵循的理念、政策导向和基本原则；第二章分析港口国对于存在公共卫生风险的船舶是否享有拒绝其挂靠的权利，以及这一权利应当受到何种限制，并针对国际邮轮的特有公共卫生风险提出构建国际邮轮公共卫生避难准入制度；第三章从法律层面提出港口国对旅客和船员采取卫生措施、尤其是额外卫生措施的规制；第四章结合疫情期间国际邮轮上旅客遣返遭遇困难这一实际情况提出实现旅客遣返的法治化进路；第五章结合新冠疫情期间船员换班遭遇困难这一实际情况提出公共卫生事件暴发期间船员换班难问题的应对路径；第六章就港口国应对船舶公共卫生风险产生的巨额费用进行梳理，并就费用负担问题提出解决方案。

引言部分总体介绍选题背景、选题意义、研究现状与文献综述、研究内容、研究方法，同时对文中关键词的含义进行界定。

第一章为“港口国应对船舶公共卫生风险的理念、政策导向和基本原则”。第一节提出港口国应对船舶公共卫生风险应当遵循人类卫生健康共同体理念，以及防范境外疫情输入风险、推动船员换班、以邮轮旅客需求为出发点、促进邮轮经济发展这四大政策导向。第二节提出港口国应对船舶公共卫生风险应当遵循国家主权原则、国际人权保护原则、合理行政原则、国际合作原则，阐明这些基本原则的内涵和法理基础，以及这些基本原则如何为港口国应对船舶公共卫生风险提供指导，并协调国家主权原则和国际人权保护原则之间的冲突。

第二章为“港口国拒绝外国籍船舶挂靠的权利及其限制”。第一节分析在船舶的船旗国与港口国不一致时管辖权的冲突，提出港口国对船舶享有管辖权乃其拒绝外国籍船舶挂靠的权利行使之基础。第二节分析港口国能否基于国家主权拒绝外国籍船舶进入本国港口挂靠，结合国际公约和港口国国内法的规定，对于未暴发疫情的外国籍船舶，港口国不应当以公共卫生问题为由拒绝其挂靠；对于已暴发或可能暴发疫情的外国籍船舶，港口国如果不具备相应的应对能力，可以拒绝其挂靠。第三节针对疫情期间一些港口国违反《国际卫生条例》、直接拒绝外国籍船舶挂靠的做法，提出规范港口国港口准入权的行使，提高港口国对船舶公共卫生风险的监测能力。第四节就如何提升中国对船舶公共卫生风险的监管与监测能力进行分析。第五节基于国际习惯法中的船舶避难准入制度和《国际卫生条例》第 28 条和第 43 条的规定，针对国际邮轮搭乘大规模旅客的特殊性提出构建国际邮轮公共卫生避难准入制度的设想。

第三章为“港口国实施卫生措施的法律规制”。第一节分析港口国授予“无疫通行”的法律规制，梳理《国际卫生条例》中“无疫通行”制度的逻辑构造，提出港口国授予“无疫通行”应当遵循合理行政原则，并满足风险评估这一程序要件。第二节以“钻石公主”号邮轮为例，分析港口国实施船上检疫的合法性和合理性，提出将船舶作为检疫设施应当满足的四项条件：一是保证适当的客舱数量，实现个人单独隔离；二是严格控制物品的准备和交付，以免在此过程中发生继发感染；三是根据感染风险程度的差异将邮轮划分为不同区域，在不同区域内严格执行不同的防护要求；四是对邮轮进行彻底的日常清洁。而后提出从公众参与机制和权利救济机制两个方面完善我国船舶卫生检疫制度。第三节分析港口国依据国际公约和国内法负有的对感染病毒的旅客和船员进行救治这一国际法义务。

第四章为“外国籍船舶旅客遣返难的法律问题与应对”。第一节分析国际邮轮上旅客遣返权的法律依据和制度保障，提出在船舶公共卫生风险情形下，遣返困难可能导致旅客迁徙自由和生命健康权遭受侵害。第二节提出港口国保障旅客遣返权的义务来源于国际最低标准待遇，以及国际人权保护原则关于平等保护和不歧视的内在要求。第三节先提出中国安排旅客遣返的法律保障存在的不足，表现为国内立法对于使领馆安排旅客遣返缺乏明确规定，对使领馆安排海外旅客遣返作出明确规定的相关指南和预案没有法律约束力。而后分析并提出如何实现旅客遣返权保障法治化，即以人类卫生健康共同体理念为指导，构建外国籍船舶旅客遣返的合作治理体系，合法运用直升机紧急医疗服务遣返感染病毒的旅客。

第五章为“公共卫生风险下船员换班难的法律问题与应对”。第一节分析公共卫生风险下船员换班难的表现及原因，大量换班需求与有限社会资源之间的矛盾，以及高昂遣返费用与节约企业成本之间的矛盾，导致公共卫生事件暴发期间船舶被港口国拒绝挂靠或者不能及时挂靠、船员被禁止下船或者不能及时上下船、外国籍船员在港口下船后难以遣返。第二节分析公共卫生风险下船员换班问题的法理基础，提出公共卫生风险下外国籍船员换班难现象在理论层面表现为船员生命健康权益与港口国公共卫生利益这两种不同法益之间的冲突，这一冲突的实质仍为国际人权保护原则与国家主权原则之间的冲突。为解决这一问题，港口国保障船员换班应当遵循不歧视原则和国际合作原则。第三节提出公共卫生风险下船员换班管理模式的优化路径，即船员换班管理精细化、在船员换班管理中进行府际合作和公私协作、围绕船员换班开展外交活动。第四节提出公共卫生风险下保障船员换班的具体路径，一是适当限制港口准入权保障船员换班，二是运用风险评估提高船员换班许可决策的科学性，三是要求船员接种疫苗，四是适当豁免船员旅行限制。

第六章为“港口国应对船舶公共卫生风险费用负担的法律调整”。第一节将港口国应对船舶公共卫生风险所支付的费用划分为不同类型，并提出解决港口国费用负担的意义。第二节分析港口国费用负担法律制度的不足，包括费用承担主体不明、港口国垫付费用受偿缺乏保障。第三节分析并提出通过明确费用的负担主体、建立费用受偿的保障机制、确立船旗国责任、发挥非国家行为体的作用四个方面，完善港口国费用负担法律制度。

结语部分总结研究得出的主要结论。

四、研究新颖性及其意义

（一）研究的创新点

本书创新之处主要在于以下三个方面：

第一，为了增加研究的实践意义，本书在解决问题的考虑因素上有所创新。研究港口国应对船舶公共卫生风险的法律问题，传统做法是基于国际公约和各国国内法的规定，而未考虑或未充分考虑国家公共政策在法律执行中的导向作用。本书将研究视角聚焦于港口国的应对，在国际公约和港口国国内立法的基础上，结合中国关于防范境外疫情输入风险、推动船员换班、以邮轮旅客需求为出发点、促进邮轮经济发展的政策导向，创新性地提出港口国应对船舶公共卫生风险的中国路径。

第二，本书在理论观点上有所创新。以往关于港口国在疫情暴发期间是否有权拒绝船舶停靠的研究主要集中于对港口准入权的分析，而对船上旅客和船员的基本权利关注不足。本书认为，应当平衡港口国的国家主权与旅客和船员的基本人权，协调港口准入权和船舶航行自由权。不仅如此，考虑到国际邮轮上人员数量较多的特殊性，应当在承认港口国享有港口准入权的基础上，建立国际邮轮公共卫生避难准入制度，以保障旅客和船员的生命安全。

第三，本书在研究视角上有所创新。关于港口国能否对旅客实施船上检疫措施，现有研究局限在理论层面，即从解释法律规范、分析邮轮设计构造两个方面进行分析，但对船上检疫的效果认定存在一定程度的主观片面性。本书将疫情期间三艘国际邮轮在港口国接受船上检疫的实际效果进行对比，从公共卫生角度探讨国际邮轮能否作为一个适宜的检疫场所，并提炼出将邮轮作为检疫场所应当满足的要件，为判断港口国实施船上检疫措施的合理性提供参考。

（二）研究意义

本书作为应用型研究，倾向于跨学科运用不同研究范式和理论基础。研究港口国应对船舶公共卫生风险之法律问题，既有理论意义，也有实践意义。

就理论意义而言，港口国应对船舶公共卫生风险的应急处置现状反映出国际公共卫生法治研究并未涵盖国际邮轮突发公共卫生事件这一领域。作为一个全新的、特殊的领域，涉海公共卫生法治理论有其独特的理论内涵和理论体系。虽然其派生于传统的国际公共卫生法治理论，但国际邮轮突发公共卫生事件的特殊性，决定了涉海公共卫生法治理论需要以不同于传统的国际公共卫生法治理论的理念、原则和方法进行建构与研究。本书从实际出发，基于新冠疫情暴发以来船舶公共卫生事件治理的实践和现状，针对港口国应对船舶公共卫生风险存在的法律问题，基于国际公共卫生法治的一般性理论和国际邮轮突发公共卫生事件的特点，结合打造人类卫生健康共同体的重大倡议和总体国家安全观重大战略思想，确立构建海上公共卫生法治理论的价值取向和基本原则，开拓船舶公共卫生风险法治作为理论研究的新领域，从而为明确港口国应对船舶公共卫生风险中的权利和义务提供一定的理论基础，进而为弥补海上公共卫生法治理论研究的不足提供参考。

就实践意义而言，法学研究在阐明法律的本质、规律性的基础之上，致力于发现提高法律调整效率的途径和方法，提出具有科学依据的预测，多方面地、直接地服务于法律实践。[①] 本书研究的实践意义主要在于，从全球公共卫生治理的角度出发，在法律层面为港口国应对船舶公共卫生风险、实现全球公共卫生治理现代化提供规范性指引。

经过新冠疫情的冲击，海上运输和邮轮旅游行业发展将更加注重国际层面的协调性，而推进全球公共卫生治理现代化是海上运输和邮轮旅游行业协调发展的内在要求。于中国公共卫生法治而言，外国籍船舶在本国港口挂靠是境外疫情输入的主要途径之一，应对船舶公共卫生风险是国家公共卫生应急管理体系的重要组成部分和重要防线。因此，外国籍船舶突发公共卫生事件应对制度和机制的建立和完善，是中国当前的一项重要任务，事关提高中国应对重大突发公共卫生事件的能力和水平。

研究对促进中国邮轮经济的可持续发展也有一定意义。邮轮旅游行业是邮轮经济的基础和核心。2019 年，全球邮轮旅客近 3000 万，邮轮旅游行业为 180 万人创造了就业机会，为全球经济贡献了 1550 多亿美元的增长。[②] 在中国，邮轮旅游行业自 2006 年起步以来，运输量逐年快速增长，已成为世界第二大邮轮市场和中国海洋经济增长新亮点。然而疫情肆虐对邮轮经济造成了巨大影响。就疫情对中国邮轮旅游市场的影响进行测算，2020 年 7 月母港邮轮复航，游客量较往年减少 78.18 万人次，邮轮公司船票收入损失约为 35.88 亿元，按照一般船上消费占总消费的四分之一计算，

---

① 参见孙国华、朱景文主编：《法理学》，中国人民大学出版社 2023 年版，第 2 页。

② See *State of the Cruise Industry Outlook*：Cruise Line International Association，https：//cruising.org/en/news - and - research/research/2020/december/state - of - the - cruise - industry - outlook -2021，Last accessed on Jan.30，2022.

船上消费损失预估为11.96亿元，合计营运损失为47.84亿元。[①] 及时稳妥地应对船舶公共卫生风险，既关系到国家公共卫生安全，也关系到经济社会大局稳定。

五、研究方法

本书综合运用法学和管理学的研究方法，主要包括价值分析、比较研究、跨学科研究等方法。

（一）价值分析方法

价值分析包括价值认知和价值评价。前者按照实际情况观察和描述特定法律制度所包含的价值准则和价值排序，后者以特定的价值标准和准则对具体法律制度进行判断与取舍。[②] 港口国应对船舶公共卫生风险，同时涉及港口国的主权权益与邮轮上旅客和船员的基本人权。在此情形下，解决国家主权与个人权利之间的冲突，须从国际卫生法中探求隐含的价值倾向，确立其中主权与人权的相应位阶，从而正确理解与适用国际卫生法，并根据实际情况对相关规则提出完善建议。

（二）比较研究方法

比较研究包括宏观比较和微观比较。前者的研究对象是处理法律素材的一般方法；后者是以具体的法律制度为研究对象，围绕特定的法律问题，比较不同法律秩序中用于解决该问题的不同法律规则。[③] 在理论层面，本书采用微观比较的研究方法，将国际卫生法，以及美国、日本等其他主

---

① 参见汪泓主编：《中国邮轮产业发展报告（2020）》，社会科学文献出版社2020年版，第93页。

② 参见张文显主编：《法理学》（第4版），高等教育出版社2011年版，第9页。

③ 参见［德］茨威格特、克茨：《比较法总论》，潘汉典等译，中国法制出版社2017年版，第7－8页。

要航运国家在国际邮轮公共卫生应对方面的法律制度与中国进行比较，并提取可供中国借鉴的先进经验，为完善中国国际邮轮突发公共卫生事件应对方面的立法提供更广阔的视野。同时，比较国际卫生法和中国相关立法，有利于研究中国如何更好地履行国际规则设定的义务。在实践层面，本书将疫情期间三艘国际邮轮接受船上检疫的情况进行对比，探讨国际邮轮能否作为一个适宜的检疫场所，以及如果可行应当满足何种标准。

（三）跨学科研究方法

港口国应对船舶公共卫生风险，不仅是一个法律问题，还涉及公共卫生和人道主义保护等医学和伦理学问题。本书基于国际法学的研究方法，吸收海洋法学、卫生法学、行政法学的研究范式，结合管理科学中的实证分析方法、公共卫生学中的口岸卫生检疫知识和国际航运政策，分析港口国拒绝存在公共卫生风险的船舶挂靠、要求旅客和船员接受船上检疫是否具备合理性。

六、常用专有名词说明

港口国（port State）：从事实层面来看，船舶在某一港口挂靠后，通常将港口所在国称为港口国。如果船舶仅仅通过一国领海或专属经济区等海域，而未在该国港口挂靠，一般不会称呼该国为港口国。因此，在写作中产生了应当使用港口国还是沿海国的困惑，有必要对这一问题进行明确。从法律部门的划分来看，在法律规范和理论研究层面，港口国一词较多出现在海商法相关法律及书目中，而沿海国一词则较多被海洋法相关法律及书目所采用。本书作为一篇海商法方向的著作，虽然运用了一定的海洋法理论，但仍决定在行文中采用“港口国”的概念。为了保障全书的流畅性，本书中“港口国”既指国际航行船舶挂靠的港口所在国，也代指没有或不愿意接受船舶挂靠的国家。需要指出的是，在部分涉及海洋法理论之处，为了保持引用观点的准确性和上下文的连贯性，也可能使用沿海国的概念。

船舶（ship）：《中华人民共和国海商法》将船舶定义为“海船和其他海上移动式装置，但是用于军事的、政府公务的船舶和20总吨以下的小型船艇除外”。本书中的船舶概念是国际航行船舶的简称，但仅限于外国籍船舶。对于港口国而言，船舶包括悬挂本国国旗的船舶和悬挂外国国旗的船舶。通常而言，港口国会允许悬挂本国国旗的船舶进入其港口，因为此时港口国还具备船旗国的身份。这种双重身份会增加港口国接受船舶挂靠的意愿，也会加重港口国责任。这一情形并不会引发较大争议，真正引发争议的问题是港口国应当如何应对暴发疫情的外国籍船舶。因而，本书研究的船舶，是指悬挂非港口国国旗的外国籍船舶。实践中，港口国拒绝暴发疫情的船舶挂靠正是此种情况。

国际邮轮（foreign cruise，international cruise）：国际邮轮一般指国家或地区间航行的邮轮，不论始发港或目的港是否为同一港口。与船舶一样，书中国际邮轮主要指对于港口国而言的外国籍国际邮轮。

船员（crew）：《中华人民共和国海商法》第31条将船员定义为“包括船长在内的船上一切任职人员”。2005年《国际卫生条例》将船员定义为“交通工具上不是乘客的人员”。由于国际公约和国内立法、航运政策在用词上的差异，本书中出现的“国际船员”“国际海员”“海员”均指在国际航行船舶上服务的船员。

旅客（passenger，traveler）：2005年《国际卫生条例》将旅客定义为“进行国际旅行的自然人”。本书中，旅客是指在国际航行船舶上的自然人，不论其国籍是否为港口国。

公共卫生（public health）：公共卫生是保护和改善人民及其社区健康的科学。美国耶鲁大学公共卫生教授温思络（Charles – Edward A. Winslow）将公共卫生定义为：“公共卫生是通过有组织的社区努力来预防疾病、延长寿命、促进健康和提高效益的科学与艺术。这些努力包括：改善环境卫生，控制传染病，教育人们注意个人卫生，组织医护人员提供疾病早期诊断和预防性治疗的服务，以及建立社会机制来保证每个人都达到足以维护健康的生活标准。以这样的形式来组织这些效益的目的，是使每个公民都能实现其与生俱有的健康和长寿权利。”[①] 美国医学研究所（Institute of Medicine，IOM）在其1988年发布的《公共卫生的未来》中将公共卫生定义为“我们作为一个社会为保障人人健康的各种条件所采取的集体行动”。2003年，中国抗击SARS取得初步胜利时，时任中国副总理兼卫生部部长的吴仪同志总结出的公共卫生定义为“组织社会共同努力，改善环境卫生条件，预防控制传染病和其他疾病流行，培养良好卫生习惯和文明生活方式，提供医疗服务，达到预防疾病，促进人民身体健康的目的”。[②] 公共卫生的主要目的在于增进人体健康，预防疾病，改善和创造合乎生理要求的生产环境、生活条件所采取的涉及预防、医疗、保健、康复、健康的个人和社会。[③]

公共卫生法（public health law）：公共卫生法包括国际公共卫生法和国内公共卫生法。国际公共卫生法是我国在与国际社会或其他国际卫生组织间的相关交往关系中，在有关公共卫生领域所接受的具有法律约束力的公共卫生习惯、条约、规则等法律规范的总和，以《国际卫生条例》为代表。[④] 我国公共卫生法主要由传染病防治法、职业病防治法、精神卫生法、母婴保健法四部分构成。针对船舶传染病防治问题，国内传染病防治法律法规主要有6部，分别为2018年《中华人民共和国国境卫生检疫法》（以

---

① Winslow, C. E., *The Untilled Fields of Public Health*, 51 Science 23 (1920).

② 曾光，黄建始、张胜年主编：《中国公共卫生·理论卷》，中国协和医科大学出版社2009年版，第4页。

③ 参见乐虹、赵敏主编：《中国卫生法发展研究》，华中科技大学出版社2020年版，第99页。

④ 参见乐虹、赵敏主编：《中国卫生法发展研究》，华中科技大学出版社2020年版，第105页。

下简称《国境卫生检疫法》）及其2019年实施细则、2013年《中华人民共和国传染病防治法》（以下简称《传染病防治法》）及其1991年实施办法、2024年修订的《中华人民共和国突发事件应对法》（以下简称《突发事件应对法》）、2011年《突发公共卫生事件应急条例》（以下简称《公共卫生应急条例》）。此领域的相关规定还包括2004年《突发公共卫生事件交通应急规定》、2019年修订的《国境口岸卫生监督办法》、2018年修订的《国境口岸突发公共卫生事件出入境检验检疫应急处理规定》、2023年修订的《国际航行船舶出入境检验检疫管理办法》、2023年修订的《出入境邮轮检疫管理办法》、2009年《国际航行邮轮群体性疾病突发事件应急处置技术方案》等行政法规、部门规章和规范性文件，以及《国际卫生港口通用要求》《创建"国际卫生港口"规程》等行业标准。我国在职业卫生、食品卫生等公共卫生的其他领域还有《中华人民共和国职业病防治法》《中华人民共和国食品安全法》等立法，其中《中华人民共和国职业病防治法》是为了预防、控制和消除职业病危害，防治职业病，保护劳动者健康及其相关权益，而《中华人民共和国食品安全法》则是为了保证食品安全，保障公众身体健康和生命安全。

《国际卫生条例》（International Health Regulations）：作为国际法规范，《国际卫生条例》对世界卫生组织所有成员国均具有约束力。《国际卫生条例》旨在帮助成员国预防和应对跨境公共卫生风险，同时又以尽量降低对国际运输和贸易的干扰为目的。在1969年《国际卫生条例》的基础上，于2005年召开的第58届世界卫生大会通过了2005年《国际卫生条例》，该条例最终于2007年在全体成员国之间正式生效。本书将2005年《国际卫生条例》作为分析港口国应对船舶公共卫生风险合法性的主要依据。如无特别说明，本书中《国际卫生条例》均指2005年《国际卫生条例》。

突发公共卫生事件（Public Health Emergency）：突发公共卫生事件的

概念可作广义和狭义两种理解。广义的突发公共卫生事件是指"突然发生，造成或者可能造成社会公众健康严重损害的重大传染病疫情、群体性不明原因疾病、重大食物和职业中毒以及其他严重影响公众健康的事件。"[①] 我国《公共卫生应急条例》第2条规定，突发公共卫生事件是指突然发生，造成或者可能造成社会公众健康严重损害的重大传染病疫情、群体性不明原因疾病、重大食物和职业中毒以及其他严重影响公众健康的事件。本书主要围绕重大传染病疫情进行研究，基本不涉及重大食物和职业中毒事件等其他严重影响公众健康的事件。

狭义的突发公共卫生事件是"国际关注的突发性公共卫生事件"（Public Health Emergency of International Concern，PHEIC）之简称。为作区分，书中将"国际关注的突发公共卫生事件"称为PHEIC。2005年《国际卫生条例》在全球层面创建了PHEIC公共卫生预警和报告机制，并将PHEIC界定为"不同寻常的事件"。[②] 在公共卫生方面，某一不同寻常的事件是否构成PHEIC由世界卫生组织总干事确定。在我国，《突发事件应对法》第3条第2款将突发公共卫生事件分为特别重大、重大、较大和一般这四个不同等级。此种分级标准由国务院或者国务院确定的部门制定，与世界卫生组织对于PHEIC的判定属于两套不同机制。换言之，国内特别重大的突发公共卫生事件并非一定构成PHEIC。本书中"突发公共卫生事件"一词一般作广义理解。

公共卫生风险（public health risk）："公共卫生风险"是指可能发生对人类健康产生不利影响的事件，重点是可能在国际上传播或可能构成严重

① 《突发公共卫生事件》，载中国疾病预防控制中心，https：//www. chinacdc. cn/jkzt/tfggwssj/，最后访问日期：2022年4月18日。

② 《国际卫生条例》第1条规定："'国际关注的突发公共卫生事件'系指按本条例规定所确定的不同寻常的事件：（1）通过疾病的国际传播构成对其他国家的公共卫生危害；以及（2）可能需要采取协调一致的国际应对措施。"

和直接危险的事件。① 本书中的公共卫生风险是指在重大传染病暴发期间，因船舶可能发生突发公共卫生事件导致港口国公共卫生安全面临的风险。在公共卫生领域，存在与公共卫生风险相关的其他三个概念：一是“疾病”（disease），即一种医疗状况的疾病，无论起源或来源如何，对人类造成或可能构成重大伤害；二是“公共卫生事件”（public health event），即疾病的表现或产生疾病可能性的事件；三是 PHEIC。这四者之间的关系如图 0 - 2 所示。

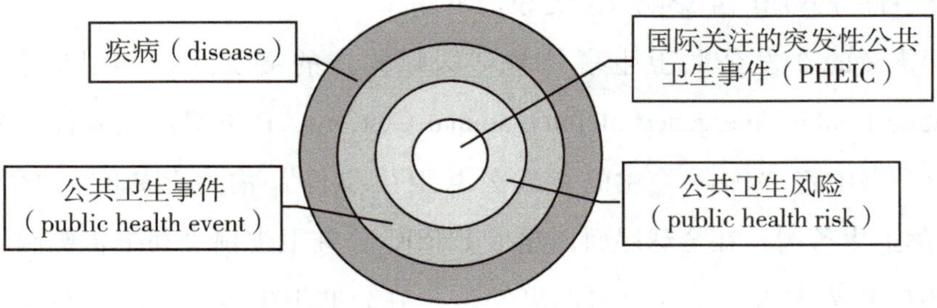

图 0 - 2 突发公共卫生事件及其相关概念的关系

资料来源：See D. P. Fidler, *From International Sanitary Conventions to Global Health Security: The New International Health Regulations*, 2 Chinese Journal of International Law 325 (2005).

传染病（infectious disease）：传染病是指具有传染性的疾病。我国《国境卫生检疫法》第 3 条将传染病分为检疫传染病和监测传染病。前者是指鼠疫、霍乱、黄热病以及国务院确定和公布的其他传染病。后者由国务院卫生行政部门确定和公布。我国 2013 年《传染病防治法》第 3 条将传染病分为甲类、乙类和丙类。其中，甲类传染病是指鼠疫、霍乱；乙类传染病是指传染性非典型肺炎、艾滋病、病毒性肝炎、脊髓灰质炎、人感染高致病性禽流感、麻疹、流行性出血热、狂犬病、流行性乙型脑炎、登

① See D. P. Fidler, *From International Sanitary Conventions to Global Health Security: The New International Health Regulations*, 2 Chinese Journal of International Law 325 (2005).

革热、炭疽、细菌性和阿米巴性痢疾、肺结核、伤寒和副伤寒、流行性脑脊髓膜炎、百日咳、白喉、新生儿破伤风、猩红热、布鲁氏菌病、淋病、梅毒、钩端螺旋体病、血吸虫病、疟疾；丙类传染病是指流行性感冒、流行性腮腺炎、风疹、急性出血性结膜炎、麻风病、流行性和地方性斑疹伤寒、黑热病、包虫病、丝虫病，除霍乱、细菌性和阿米巴性痢疾、伤寒和副伤寒以外的感染性腹泻病。2020 年 1 月 20 日，国家卫生健康委发布公告，将新冠纳入乙类传染病，采取甲类管理。自 2023 年 1 月 8 日起，新冠病毒感染由“乙类甲管”调整为“乙类乙管”。

卫生措施（health measure）：又称干预措施（intervention）。广义的卫生措施是指《国际卫生条例》中规定的“为预防疾病或污染传播实行的程序”。狭义的卫生措施是指《国境卫生检疫法实施细则》和《传染病防治法实施办法》规定的消毒、除鼠、除虫等措施，而不包括隔离、留验和就地诊验等医学措施，即将卫生措施作为卫生处理的下位概念。本书对卫生措施的理解采用广义概念。

额外卫生措施（additional health measure）：额外卫生措施是《国际卫生条例》中的概念。《国际卫生条例》第 43 条第 1 款规定不应妨碍缔约国“按照其国家有关法律和国际法之下的义务执行为了应对特定公共卫生危害或国际关注的突发公共卫生事件而采取的卫生措施”。各港口国通常会在国内法中规定一些比较严格的卫生措施，专门用于应对重大公共卫生事件的暴发。在口岸疫情防控方面，我国 2024 年修订的《国际卫生检疫法》第 36 条规定了暴发重大传染病疫情时经国务院决定可以采取的六项应急处置措施，一是对来自特定国家或者地区的人员实施采样检验，二是禁止特定货物、物品进境出境，三是指定进境出境口岸，四是暂时关闭有关口岸或者暂停有关口岸部分功能，五是暂时封锁有关国境，六是其他必要的应急处置措施。额外卫生措施较其他卫生措施而言，对国际交通造成的限制以及对人员的创伤性或干扰性更大，《国际卫生条例》第 43 条对于缔约国实施此类措施提出了限制条件，港口国政府应当谨慎采取此类措施。

过度卫生措施（excessive health measure）：港口国实施卫生措施应有合理限度，过度卫生措施是指港口国实施的超出必要限度的卫生措施。对于一般卫生措施而言，过度主要是指超过合理限度，违反合理行政原则的要求。对于额外卫生措施而言，过度卫生措施不仅违反合理行政原则，还表现为违反《国际卫生条例》第 43 条的要求，即措施对国际交通造成的限制以及对人员的创伤性或干扰性大于可合理采取并能实现适当程度保护健康的其他措施，以及措施不符合科学原则、没有科学证据和现有信息支持、不符合世界卫生组织的建议等。

挂靠（calling at ports）：我国交通运输部于 2009 年 10 月 19 日印发的《关于外国籍邮轮在华特许开展多点挂靠业务的公告》和海南省人民政府办公厅于 2021 年 9 月 11 日印发的《外籍邮轮在海南自由贸易港开展多点挂靠业务管理办法》（琼府办〔2021〕47 号）是关于外国籍邮轮在我国港口挂靠的代表性法律文件，后者第 9 条规定："各有关港口经营人不得为未经批准开展海南自由贸易港多点挂靠业务的邮轮运输经营人提供停靠和船舶上下客服务。"据此，港口国允许船舶挂靠主要是指允许船舶停靠和船舶上下客。此外，《国际海运条例》第 20 条采用"靠泊"一词表示船舶停靠。本书中采用的"挂靠"概念与停靠、靠泊的意思相近，同时包括船舶上下客的内容。

无疫通行（free pratique）：这一概念采自《国际卫生条例》。《国际卫生条例》第 1 条将船舶"无疫通行"定义为：允许船舶进入港口、船上人员离岸或登岸、船舶卸载货物或储备用品。这一定义将"无疫通行"分为三个部分，前两部分等同于"挂靠"的外延。为了区分挂靠与"无疫通行"，本书中"无疫通行"的概念重点在于允许船上人员离岸或登岸。

检疫（quarantine）：检疫有广义和狭义两种理解。广义的检疫为 2019 年《国境卫生检疫法实施细则》中的检疫，涵盖了查验、隔离、留验、就地诊验等多项措施。狭义的检疫指《国际卫生条例》规定的“限制有嫌疑但无症状的个人或有嫌疑的行李、集装箱、交通工具或物品的活动和（或）将其与其他的个人和物体隔离，以防止感染或污染的可能传播”的卫生措施，与隔离、医学检查等卫生措施存在并列关系，且仅适用于可能感染病毒的人。本书中的“检疫”作狭义理解。

监测（surveillance）：《国际卫生条例》将“监测”定义为“出于公共卫生目的系统地不断收集、核对和分析数据以及及时传播公共卫生信息，以供评估和采取必要的公共卫生应对措施”；《国境卫生检疫法实施细则》将“传染病监测”定义为“对特定环境、人群进行流行病学、血清学、病原学、临床症状以及其他有关影响因素的调查研究，预测有关传染病的发生、发展和流行”。

隔离（isolation）：《国际卫生条例》将“隔离”定义为一种“将病人或受染者或受染的行李、集装箱、交通工具、物品或邮包与其他个人和物体隔离，以防止感染或污染扩散”的卫生措施。《国境卫生检疫法实施细则》将“隔离”定义为“将染疫人收留在指定的处所，限制其活动并进行治疗，直到消除传染病传播的危险”。

核心能力（core capacity）：《国际卫生条例》第 13 条第 1 款规定：“每一缔约国应当按照附件 1 的要求尽速、但自本条例对该缔约国生效之日起不迟于五年，发展、加强和维持快速和有效应对公共卫生危害和国际关注的突发公共卫生事件的能力。”此为港口国应当享有的核心能力。《国际卫生条例》附件一“监测和应对的核心能力要求”表明，核心能力由两部分构成：一是监测、报告、通报、核实、应对和合作能力；二是缔约国指定港口应当具备的核心能力。

第一章　港口国应对船舶公共卫生风险的理念、政策导向和基本原则

良好的国际法治应当符合两方面要求。一方面，国际法规范应导向合理的价值目标。此方面具体表现为，国际法规范应符合一般的伦理、道德要求的理念或思想，若不符合，则人的福利、发展，甚至生存将无法实现，不同文明、不同文化和不同观念之间无法和谐共处，世界无法实现可持续发展。[①] 另一方面，国际法规范应具备妥当的表现形式，不管是法律规则还是法律原则，均应成为国际法规范的重要形式。然而，纵观当今国际法治，处理全球性问题的法律规范仍然分散且不成体系。[②] 一旦出现国际法规则存在不同解释，以及国际法规则没有规定或规定不明的情形，全球性问题将很可能处于无法可依的状态。应对这一问题，较为直接的方法是，基于现有法律规范，依据国际法自身的要求与目的，修订乃至重构一套国际法规范。然而，这一设想在短时间内并不现实。作为法律的基础性原理，法律原则可为法律规则提供基础性、本源性的综合判断标准。[③] 因而，国际法治不仅要依照现有国际法律规则，也应考虑指导规则的原则。

---

① 参见何志鹏：《国际法治论》，北京大学出版社 2016 年版，第 28－33 页。

② 参见何志鹏：《国际法治论》，北京大学出版社 2016 年版，第 28－35 页。

③ 参见张文显主编：《法理学》，高等教育出版社 2018 年版，第 120 页。

港口国应对船舶公共卫生风险是一项重要的全球性问题，在近年来的新冠疫情中，这一问题显得尤为突出。毫无疑问，港口国应对船舶公共卫生风险应当遵循国际法。但是，从新冠疫情暴发以来各港口国应对邮轮疫情的情况中反映出，在国际法治体系中，应对船舶公共卫生风险的国际法规范不够完善。因而，本章旨在运用国际法的理念、政策导向和基本原则作为指导，为世界各港口国应对船舶公共卫生风险提供基础性和本源性的法律原则，以指导、评价具体的国际法规则。

第一节　港口国应对船舶公共卫生风险的理念和政策导向

一、人类卫生健康共同体理念

港口国应对船舶公共卫生风险应当以人类卫生健康共同体理念为指导。下文首先解释港口国应对船舶公共卫生风险为何需要理念指引，而后阐明人类卫生健康共同体理念的基本原理，以及这一理念如何在港口国应对船舶公共卫生风险实践中发挥指导作用。

（一）船舶公共卫生风险应对困境暴露全球卫生治理体系缺陷

1. 全球治理

为了让全球化这一不可避免且不可逆转的客观进程在人类的掌控中前进，国际关系领域的欧洲大陆实务人士和美国学者在20世纪90年代提出了全球治理理论。[①] 俞可平认为，全球治理是指通过具有约束力的国际规

① 参见刘衡：《国际法之治：从国际法治到全球治理》，武汉大学出版社2014年版，第28页。

则解决生态、人权、移民、毒品、走私和传染病等全球性问题。[①] 高飞认为，全球治理是指国际社会共同应对全球性问题的管理体制、规则、方法和行动。[②] 刘凯认为，全球治理是国家层面的治理在国际层面上的延伸和扩展，它主张各国政府、各种国际组织和各国公民为最大限度地增加共同利益而进行民主协商与合作，以健全和发展一整套维护全人类和平、发展、安全、福利、平等和人权的国际政治经济秩序为核心内容，包括处理国际政治经济问题的全球性规则和制度安排，体现出在全球性问题研究中对国家中心范式的超越。[③]

通过对全球治理概念进行整理分析，可以获得以下三点认识：首先，国际治理的对象是已经影响和将要影响全人类的全球性问题，这些问题涉及全球安全、生态环境、国际经济、跨国犯罪和基本人权等，在地理范围上超越一国领土。其次，全球治理的主体多元化，以各国政府和国际组织为主导，还包括非国家行为体。不同治理主体之间是一种合作协商的伙伴关系，而非自上而下的单向指挥命令关系。最后，全球治理需要具有普遍约束力的国际法规则作为治理手段，治理主体应当在国际法框架内参与治理。

2. 全球卫生治理

全球卫生治理（global health governance）是全球治理理论在公共卫生领域的具体运用，20 世纪 90 年代和 21 世纪初为应对新出现和再次出现的传染病所构成的威胁而发展起来。[④] 国际卫生法学者戈斯廷（Lawrence O. Gostin）将全球卫生治理定义为："管理世界人口健康的规则、规范、制度

---

① 参见俞可平：《全球化与政治发展》，社会科学文献出版社 2003 年版，第 7 页。

② 参见高飞：《国际组织与全球治理》，载中国人大网 2021 年 3 月 1 日，http：//www. npc. gov. cn/npc/c2/c30834/202103/t20210301 _310219. html。

③ 参见刘凯：《国家主权自主有限让渡问题研究》，中国政法大学出版社 2013 年版，第 64 –65 页。

④ See David P. Fidler, *SARS*, *Governance and the Globalization of Disease*, Palgrave Macmillan, 2004, p. 132.

和程序的综合。”[①] 我国学者认为，全球卫生治理是一种“国家、国际组织等多元化主体通过建立具有普遍约束力的国际规则，以解决国际公共卫生安全问题的一种全球性治理机制和治理模式”。[②] 本书认为，全球卫生治理体系是一种以应对全球公共卫生危机为目的、由以世界卫生组织为代表的国际组织和各国共同参与、以国际公共卫生法为依据、以多边或单边合作为表现形式的国际合作治理体系。

3. 全球卫生治理的体系缺陷

新冠疫情暴发期间，船舶公共卫生风险应对问题暴露出全球卫生治理体系的缺陷。这些缺陷具体表现在三个方面：体制上，多边治理模式倒退；机制上，全球公共卫生产品供给不足；法制上，国际公共卫生法存在价值冲突。

（1）体制缺陷：多边治理模式倒退

多边主义的公共卫生安全观认为，任何国家都无法通过单独治理的方式保障本国公共卫生安全，而是应当通过多边合作实现全球公共卫生安全。[③] 全球公共卫生治理要求国际社会在应对全球性公共卫生危机时，遵循多边治理模式。[④] 多边治理有利于改善国际法主体在应对全球性公共卫生危机中实施纯粹自利行为的情况，[⑤] 可以有效防范或化解公共卫生危机在全球范围内蔓延的风险。在公共卫生多边治理模式中，世界卫生组织是多边治理体系的核心主体，其他行为体在世界卫生组织的指导和协调下共

---

① ［美］劳伦斯·O. 戈斯廷：《全球卫生法》，翟宏丽、张立新主译，中国政法大学出版社2016年版，第73页。

② 刘晓红：《国际公共卫生安全全球治理的国际法之维》，载《法学》2020年第4期。

③ 参见张乃根：《国际法上的多边主义及其当代涵义》，载《国际法研究》2021年第3期。

④ 参见郝宇彪：《全球卫生治理的困境与中国推动构建人类卫生健康共同体的路径选择》，载《国外社会科学》2021年第4期。

⑤ 参见龚柏华：《“三共”原则是构建人类命运共同体的国际法基石》，载《东方法学》2018年第1期。

同参与全球卫生治理。

然而，新冠疫情期间，公共卫生多边治理模式出现倒退，这种倒退体现在两个方面。一是世界卫生组织在全球公共卫生治理中的核心地位受挫。根据《世界卫生组织组织法》第2条的规定，世界卫生组织在全球公共卫生治理中发挥指挥和协调的作用。但是，一些国家不认可世界卫生组织关于不要在疫情暴发期间实施旅行限制措施的建议①，质疑世界卫生组织建议和指导的科学性。② 二是国家间的公共卫生合作治理框架赋能不足。③ 有学者提出依托二十国集团、金砖合作机制等政府间合作框架推动全球公共卫生治理的建议。④ 在公共卫生合作治理框架内，不同国家拥有共同的公共卫生利益，但这些国家对于如何应对全球性公共卫生危机存在不同的外交政策和利益诉求。⑤ 不仅如此，二十国集团有关公共卫生治理的宣言或倡议缺乏法律约束力，行为监督机制不够完善，问责性不足。⑥ 可见，国际社会在合作解决全球公共卫生问题方面存在诸多短板，国际传染病联防联控机制在一定时期内难以形成。⑦ 由此导致全球公共卫生治理遭遇集体行动困境，多边治理模式倒退。

全球公共卫生多边治理模式倒退的主要原因在于逆全球化思潮兴起，

---

① See Habibi R., Burci G. L. & De Campos T. C. et al., *Do not Violate the International Health Regulations during the COVID-19 Outbreak*, 395 The Lancet 664 (2020).

② 参见李明倩：《新冠肺炎疫情下全球公共卫生治理的改革路径与中国角色》，载《当代世界》2022年第1期。

③ 参见张清敏：《新冠疫情考验全球公共卫生治理》，载《东北亚论坛》2020年第4期。

④ 参见李明倩：《新冠肺炎疫情下全球公共卫生治理的改革路径与中国角色》，载《当代世界》2022年第1期。

⑤ 参见晋继勇、贺楷：《金砖国家参与全球卫生治理的动因、路径与挑战》，载《国际观察》2019年第4期。

⑥ 参见晋继勇：《二十国集团与全球卫生治理》，载《国际问题研究》2020年第3期。

⑦ 参见《抗击新冠肺炎疫情的中国行动》，载中国政府网2020年6月7日，http://www.gov.cn/zhengce/2020-06/07/content_5517737.htm。

单边主义在全球卫生治理中盛行。在百年未有之大变局下，西方国家逆全球化思潮在经济、政治、文化、社会、生态等领域均有所表现。① 一些国家在应对公共卫生危机时存在短视行为，选择采取单边行动，旨在通过关闭国境等措施对抗公共卫生危机在全球范围内的负外部性，而非加入全球公共卫生合作治理。我国在2020年基层代表座谈会上指出："当今世界正经历百年未有之大变局，新冠疫情加剧了大变局的演变，国际环境日趋复杂，经济全球化遭遇逆流，一些国家单边主义、保护主义盛行，我们必须在一个更加不稳定不确定的世界中谋求我国发展。"历史经验表明，以单边主义和短视行为应对全球性公共卫生危机，终究只会适得其反。② 无论是世界卫生组织在全球卫生治理中的核心地位遭受挑战，还是国家间的公共卫生合作治理框架赋能不足，都对全球卫生治理效果造成负面影响，不利于解决船舶公共卫生风险应对问题。

（2）机制缺陷：全球公共卫生产品供给不足

全球公共产品是指由若干国际行为体单独或共同提供、可使国际社会广泛使用和普遍受益的一切物品，其特点在于消费的非竞争性和受益的非排他性。③ 英吉·考尔在界定这一概念时，强调全球公共产品具有极强的普遍性（strong universality）特征。④ 在公共卫生领域，港口国为应对船舶公共卫生风险而准备、使用、提供的药品和疫苗的供给及研发技术、医疗设备、防护物资、医疗专家的建议等都属于全球卫生公共产品。不同全球卫生公共产品的非排他性和非竞争性程度不同。例如，特定疫苗的研发技

---

① 参见董楠、袁银传：《百年未有之大变局下逆全球化思潮的表现、趋势及应对》，载《思想教育研究》2022年第9期。

② See P. Stoeva, *Dimensions of Health Security – A Conceptual Analysis*, Glob Chall, Vol. 4, 2020.

③ 参见刘雨辰：《从参与者到倡导者：中国供给国际公共产品的身份变迁》，载《太平洋学报》2015年第9期。

④ See Inge Kaul, Isabelle Grunberg & Marc A. Stern, *Global Public Goods: International Cooperation in the 21st Century*, Oxford University Press, 1999, p. 509 – 510.

术和知识产权的非排他性弱，最佳治疗实践知识的非排他性强。又如，一国与他国分享疾病治疗方法，不会限制该国对该治疗方法的理解，非竞争性强，但一国将有限的检测试剂和防护用品分配给他国可能会限制该国可用的资源，非竞争性弱。[①]

在目前发展阶段，解决全球性公共卫生危机存在理论和实践两方面问题。在理论方面，全人类共同利益与由国家主权界定的国家利益相矛盾，导致公共卫生治理存在国家主权悖论的困境。在实践方面，不同国家卫生公共产品供给能力差异较大，全球卫生公共产品在数量上难以保证船舶公共卫生风险应对供给需求。

理论层面一旦存在问题，必然不能较好地指导实践。解决上述问题，终究要从解决理论问题入手。从全球公共产品的理论视角对公共卫生安全进行分析，能否解决全球性公共卫生危机的关键在于全球卫生公共产品供应是否充足。[②] 问题在于，全球卫生公共产品具备公共物品的一般特性，容易出现公共物品普遍存在的“搭便车”现象。在全球卫生治理语境下，应对全球公共卫生危机需要大量资金，世界卫生组织在财政资源的获取中过度依赖具有指定用途的自愿捐款，而自愿捐款极易引发“搭便车”现象。[③] 即便在一些区域性多边合作组织内部，成员国在全球公共卫生治理中的“搭便车”行为也时有发生。[④] 新冠疫情暴发初期，世界卫生组织曾向各国募捐 6.75 亿美元，但在较长一段时间内未能实现其预期的

---

① See T. Sandler , G. Daniel, *A Conceptual Framework for Understanding Global and Transnational Public Goods for Health*, 23 Fiscal Studies 195 (2002).

② 参见晋继勇:《公共卫生安全：一种全球公共产品的框架分析》，载《医学与社会》2008 年第 9 期。

③ See Gordon Brown & Daniel Susskind, *International Cooperation during the COVID－19 Pandemic*, 36 Oxford Review of Economic Policy 64 (2020).

④ 参见李雪威、王璐:《上海合作组织参与全球卫生治理：优势、挑战及路径选择》，载《国际问题研究》2020 年第 6 期。

募捐目标。[①] 实践表明，来自一系列有能力捐款的国家的自愿付款仍然“吝啬到最后”（remained miserly to the last）。全球卫生公共产品供给不足还表现为，新冠疫情期间，美国宣布退出世界卫生组织，大幅减少国际公共产品供给。美国这一态度表明，以霸权国家为主导的全球卫生公共产品供给模式已经终结，欧洲一些大国对于公共卫生产品的供给意愿也随之降低，[②] 从而导致了全球公共卫生治理体系陷入了“金德尔伯格陷阱”[③]。

（3）法制缺陷：国际公共卫生法存在价值冲突

应对船舶公共卫生风险突出了国际法的价值困顿。国际法的价值是国际法所能发挥的作用，是国家追求和平共处、人类追求合理生存的一种道德性的体现，也是国际社会制定和评价国际法所依据的标准。[④] 价值判断是指关于法律应该是什么的判断以及内心确定，[⑤] 是一种带有倾向性的抽象社会意识，具有主观性。[⑥] 德国学者普芬道夫认为，国际法的价值包含正义、公平、平等和善意。[⑦] 我国国际法学者认为，国际法的价值包括正义、公平、平等、善意、和谐价值。[⑧]

“在国际事务遇到困境的时候，国际法的价值问题突出水面。”[⑨] 港口

---

① See *US $675 Million Needed for New Coronavirus Preparedness and Response Global Plan*, World Health Organization (Feb. 5, 2020), https://www.who.int/news-room/detail/05-02-2020-us-675-million-needed-for-new-coronavirus-preparedness-and-response-global-plan.

② 参见李雪威、王璐：《上海合作组织参与全球卫生治理：优势、挑战及路径选择》，载《国际问题研究》2020 年第 6 期。

③ 参见晋继勇：《全球卫生治理的“金德尔伯格陷阱”与中国的战略应对》，载《国际展望》2020 年第 4 期。

④ 参见高岚君：《国际法的价值论》，武汉大学出版社 2006 年版，第 19 页。

⑤ 参见葛洪义：《探索与对话：法理学导论》，山东人民出版社 2000 年版，第 46-49 页。

⑥ 参见罗国强：《论自然国际法的基本原则》，武汉大学出版社 2011 年版，第 178 页。

⑦ 参见［德］塞缪尔·冯.普芬道夫：《自然法与国际法》（第 1、2 卷），罗国强、刘瑛译，北京大学出版社 2012 年版，第 15-17 页。

⑧ 参见罗国强：《论当代国际法基本价值之构建》，载《南通大学学报（社会科学版）》2015 年第 1 期。

⑨ 何志鹏：《非常时期的国际法价值——困顿与突破》，载《中国法律评论》2020 年第 4 期。

国应对船舶公共卫生风险，存在港口国公共卫生安全利益与船舶上旅客和船员基本权利之间的冲突：一方面，允许船舶挂靠、船上人员下船，可能导致境外疫情输入，造成公共卫生风险；另一方面，禁止船舶挂靠、禁止旅客和船员下船，可能侵害旅客和船员的生命健康和人身自由等基本权利。因而，应对船舶公共卫生风险既涉及国际社会共同享有的公共卫生利益，又涉及港口国的公共卫生主权。此种悖论突出了国际法的价值困顿，这一困顿的实质为主权与人权何者优先的争论。只要国家间的利益冲突仍然存在，国际法的二元结构就不会消弭，主权本位和人权本位的基本矛盾就会一直存在。

主权本位和人权本位作为国际法价值体系中的一对基本矛盾，由国际法的二元结构导致。[①] 国际法的二元结构是指，国际机制的建立和运行存在两种范式：一是从国家利益出发，以尊重、维护国家尊严为手段，以国家完整、独立为目标，国际机制仅提供一个供各国之间协调合作的平台，国际法相对弱势；二是从全球利益出发，确立共同规范，以约束国家为手段，以世界共同发展为目的，确立一套具有约束力的国际法律制度体系，国际法相对强势。[②] 这两种范式对于国际法重大理论与实践前沿问题提出了不同的解释和解决方案。

（二）全球卫生治理体系缺陷呼唤人类卫生健康共同体理念

如果仅从国家利益出发，坚持主权本位，认为主权高于人权，根本无法解决主权与人权之间的价值冲突。为了解决公共卫生治理的国家主权悖论，需要尽快制定控制新冠疫情的战略和协调机制。[③] 全球公共卫生法治

---

① 何志鹏：《非常时期的国际法价值——困顿与突破》，载《中国法律评论》2020 年第 4 期。

② 参见何志鹏：《国家利益维护：国际法的力量》，法律出版社 2018 年版，第 30 页。

③ See F. S. Wang，C. Zhang，*What to Do Next to Control the 2019 –nCoV Epidemic*，395 Lancet 391 (2020).

需要新的理念引领，更好地应对船舶公共卫生风险、促进航运业健康发展。“打造人类卫生健康共同体”成为推动国际社会共同行动应对船舶公共卫生风险危机的必由之路。“在应对这场全球公共卫生危机的过程中，构建人类命运共同体的迫切性和重要性更加凸显。”因此，在全球新发传染病流行形势严峻的背景下，贯彻人类卫生健康共同体理念成为完善全球卫生治理体系、解决港口国应对船舶公共卫生风险法律问题的现实需要。

1. 人类卫生健康共同体理念在全球卫生治理的确立及意义

人类卫生健康共同体理念是人类命运共同体理念在公共卫生领域的映射。2020 年 3 月，我国就法国发生新冠疫情向法国总统马克龙致慰问电时，首次提出“打造人类卫生健康共同体”的倡议。2020 年 5 月，我国在第 73 届世界卫生大会视频会议开幕式上发表的题为《团结合作战胜疫情 共同构建人类卫生健康共同体》的致辞中指出：“中国始终秉持构建人类命运共同体理念，既对本国人民生命安全和身体健康负责，也对全球公共卫生事业尽责。”此后，我国在 2021 年全球健康峰会、2022 年世界经济论坛视频会议等重大场合重申“秉持人类卫生健康共同体理念”“共同推动构建人类卫生健康共同体”“加快建设人类卫生健康共同体”的倡议。

在全球卫生治理中确立人类卫生健康共同体理念，以全球化背景下各国相互依存的卫生健康共同体为前提。长期以来，国际关系现实主义理论强调权力为国家利益的中心，将政治和军事安全作为国家的核心诉求，着重维护领土生存空间内的不受侵犯的封闭性和物质性利益。[①] 国家利益是国际关系理论与国际法的核心概念。何志鹏认为，国家利益是对国家有正

---

① 参见刘凯：《国家主权自主有限让渡问题研究》，中国政法大学出版社 2013 年版，第 110 页。

向影响的因素。[①] 阎学通认为，国家利益是指一个国家生存和发展的总体利益，包括一切能够满足国家全体人民物质与精神需要的东西。物质上，国家需要安全与发展；精神上，国家需要国际社会的尊重与承认。[②] 进入全球化时代后，各国的国家利益集中体现在经济发展领域，国家间利益出现相互交融性。由此一来，现实主义的国家利益观受到了冲击，各国依自身利益行事或各国谋求自身实力最大化的意义开始模糊，而相互依存对于增进国家利益变得日益重要。[③] 新自由主义理论对全球化时代相互依存与国家利益之间的关系进行了深入分析，认为国家一旦参与国际社会的交往，便会与国际社会产生越来越密切的关联。[④]

国家利益理论的嬗变表明，国家不再是一个个完全封闭的系统，而是互相之间存在千丝万缕的联系，这些联系使传统国际关系中的“国际社会”（international society）成为日益联系紧密的具有相互依存性的“国际共同体”（international community）。[⑤] 根据涉及领域的不同，可以将国际共同体划分为涉及国家权力的共同体和非涉及国家权力的共同体，前者主要有政治共同体、经济共同体、文化共同体、社会共同体、军事共同体等，后者主要包括科学共同体、学习共同体、教育共同体、职业共同体、环境共同体、网络共同体等。进入21世纪后，国际社会发生新变化，人类面临的问题从传统威胁扩散到非传统威胁。传染病流行、恐怖主义、金融危机、跨国犯罪和环境污染被并称为危及国家和世界安全的“非传统威胁”。[⑥]

---

① 参见何志鹏：《国家利益维护：国际法的力量》，法律出版社2018年版，第25页。

② 参见阎学通：《中国国家利益分析》，天津人民出版社1996年版，第10－11页。

③ 参见阎学通：《中国国家利益分析》，天津人民出版社1996年版，第111页。

④ 参见阎学通：《中国国家利益分析》，天津人民出版社1996年版，第111－112页。

⑤ 参见高岚君：《国际法的价值论》，武汉大学出版社2006年版，第133页。

⑥ 参见王宇、杨功焕主编：《中国公共卫生·方法卷》，中国协和医科大学出版社2013年版，第190页。

在国际共同体背景下，这些原本属于一国内部事项的问题转变为全球性问题。全球性问题是指超越传统主权国家管辖权能、涉及全人类的生存和发展的共同问题。除了国家间的经济贸易关系、战争与和平这些传统问题之外，全球性问题还涉及气候变化、环境污染、生物多样性减少和人道主义灾难等。① 这些全球性问题伴随着全球化进程的加速而出现，最大的特点在于超越了国家的主权界限。没有任何一个国家——即使是世界上最强大的国家，可以依靠主权力量单独应对全球性问题。

在公共卫生领域，国际社会共同享有的公共卫生安全利益使得全人类成为休戚与共的卫生健康共同体。具体到海上公共卫生治理问题，新冠等新发和复发传染病危机属于典型的非传统危险。此种危险会对各主权国家及全球公共卫生安全构成严重威胁。例如，在海上运输活动中，一方面，船舶通过多段旅程将隔海相望的各个港口国连结成一个共同体。船舶一旦暴发公共卫生事件，感染病毒的旅客和船员极易成为病毒传播的载体，助长病毒在不同国家和地区的港口间传播。另一方面，从航运行业整体加以分析，受公共卫生事件影响的船舶上的旅客和船员来自不同国家，船上丰富的社会交往活动将港口国、船旗国、旅客国籍国和船员国籍国连结成一个共同体。基于海上运输和病毒传播的国际性特征，船舶公共卫生风险已经成为国际社会面临的共同威胁，港口国、船旗国、旅客国籍国和船员国籍国基于对船舶公共卫生安全享有的共同利益而成为卫生健康共同体。

新冠疫情的暴发加深了国际社会对于全球卫生治理的重视程度。疫情期间，船舶屡遭港口国拒绝挂靠，导致船上旅客和船员的生命安全受到侵害和威胁。关于港口国应当如何应对船舶公共卫生风险这一问题，一些港

---

① 参见俞正樑、陈玉刚、苏长和：《21 世纪全球政治范式》，复旦大学出版社 2005 年版，第 40 页。

口国对申请挂靠的船舶采取了及时有效的应对措施，保障了船上旅客和船员的生命健康权；另一些港口国选择关闭港口，禁止一切船舶挂靠，任由载满各国旅客和船员的船舶在海上四处漂荡。“新冠疫情的发生再次表明，人类是一个休戚与共的命运共同体。”“这场疫情启示我们，我们生活在一个互联互通、休戚与共的地球村里。各国紧密相连，人类命运与共。”以邻为壑、隔岸观火的做法与人类卫生健康共同体理念背道而驰。港口国应对船舶公共卫生风险，应当与解决其他全球性公共卫生危机一样，以人类卫生健康共同体理念为指导。①

2. 人类卫生健康共同体理念的指导作用

（1）价值维度：增进全球公共卫生治理的价值理性

关于港口国应当如何应对船舶公共卫生风险这一问题，国际社会一直存在较大分歧。出现分歧的原因主要在于，国际法本身并没有一个自上而下的价值观构建体系，各国的价值观呈现出零散、不系统甚至相互矛盾的状态。② 在当前追求人类卫生健康共同体的道路上，各国在历史、文化、宗教、民族、政治社会制度、价值观、发展水平和利益需求等方面存在差异，因而无论是在一般认识上，还是在面对各种具体情势时，如何恰当、妥善地运用综合战略和各种具体措施、方法，国际社会都存在不同的意见和主张，尚且没有对全球同质性价值做到最大限度的凝练。③ 这是因为，影响国家价值判断的最根本因素还是国家利益。“国际法声称的普遍价值，不得不存在于国家利益的夹缝之中。”④ 尽管国际法在不同领域和发展阶段

① 参见张超汉、冯启伦：《中国参与全球卫生治理的法理基础、总体成效与完善路径——以突发公共卫生事件应对为视角》，载《国际法研究》2022 年第 1 期。

② 参见罗国强：《论自然国际法的基本原则》，武汉大学出版社 2011 年版，第 183 页。

③ 参见赵洲：《基本人权保护的全球治理——“保护的责任”研究》，法律出版社 2016 年版，第 13 页。

④ 何志鹏：《国家利益维护：国际法的力量》，法律出版社 2018 年版，第 60 页。

追求的目标并不一致,[①] 但从历史的维度观察和审视当代国际社会可以发现，每一个国家都始终是在谋求本国利益的最大化，而很少考虑他国利益和国际社会的整体利益。[②]

面对船舶公共卫生风险，港口国、船舶船旗国、旅客国籍国和船员国籍国等海上运输相关国家基于对船舶公共卫生安全共同享有的利益成为休戚与共的卫生健康共同体。这种相互依存的公共卫生安全关系为人类卫生健康共同体指引全球同质性价值提供了空间，从而缓解了不同国家价值观之间的冲突。解决船舶公共卫生风险等全球性公共卫生危机，应当从维护共同公共卫生安全利益出发，以增进全人类共同的卫生健康利益为核心价值。

2011 年《中国的和平发展》白皮书提出，要以“命运共同体”为新视角，寻求人类共同利益和共同价值的新内涵。在“命运共同体”视角下，国际法的价值目标开始兼顾发展、安全、人权等多元价值。[③] 人类卫生健康共同体理念增进全球公共卫生治理的价值理性，主要在于践行全球健康正义，提升国际法在全球治理中的地位，即正义价值与善治价值。

一是正义价值。在全球卫生治理语境下，正义是构建人类卫生健康共同体的核心伦理价值，构建船舶公共卫生风险应对的正义图景是人类卫生健康共同体构建的价值坐标,[④] 这一正义图景体现为人类健康责任共担和人类健康福祉共享。

首先，正义价值要求港口国、船旗国、旅客国籍国和船员国籍国共同

---

① 参见何志鹏：《国家利益维护：国际法的力量》，法律出版社 2018 年版，第 30 页。

② 参见何志鹏：《国际法哲学导论》，社会科学文献出版社 2013 年版，第 181 页。

③ 参见杨泽伟：《当代国际法的新发展与价值追求》，载《法学研究》2010 年第 3 期。

④ 参见齐峰、朱新光：《全球健康正义的践履与人类卫生健康共同体的构建》，载《广西社会科学》2021 年第 8 期。

承担船舶公共卫生风险的应对责任。结合实践情况来看，港口国应对突发公共卫生事件，尤其是新型传染病，其核心问题在于公共卫生医疗资源供给不足。港口国能否及时提供充足的检测试剂、治疗药物等医疗资源直接关系到其能否有效应对船舶公共卫生风险。正义价值要求由港口国、船旗国、旅客国籍国和船员国籍国共同承担提供全球卫生公共产品的责任，发挥这些主体在增加港口国公共卫生医疗资源供给中的作用。在国际社会层面，除各个国家和世界卫生组织、国际海事组织（International Maritime Organization，IMO）等国际组织外，与海上公共卫生治理相关的非国家行为体也是参与人类卫生健康共同体构建的重要主体。应对SARS疫情、埃博拉疫情和新冠疫情等多次公共卫生事件的实践表明，以国家为主体无法解决全球公共卫生产品的“搭便车”现象，世界卫生组织的核心地位遭遇挑战，而非国家行为体在全球卫生治理中的作用愈加显现。

其次，人类卫生健康共同体理念指引的正义价值还体现为人类健康正义的内涵。人类健康正义旨在实现全人类的自由，保障基本人权。[①] 站在全人类的健康利益的价值基点上，船上旅客和船员的自由和生命健康是他们生存和发展的基本权利，应当得到保障。然而，疫情期间的公共卫生治理实践表明，各国政府倾向于从“国家安全”的角度应对全球性公共卫生危机，将全球性公共卫生安全完全割裂开来，把各国公共卫生安全利益置于对立面的做法严重削弱了全球公共卫生治理的人本价值。一些国家未履行尊重和保障人权的国际法义务，未遵循以人为本的价值观念，尤其是一些国家在公共卫生紧急状态下对人权的过度克减，更加凸显了全球公共卫生治理的价值困顿。“全球利益归根结底是全球人民的利益，全球价值的

① 参见齐峰、朱新光：《全球健康正义的践履与人类卫生健康共同体的构建》，载《广西社会科学》2021 年第 8 期。

根基也在于人的价值。”[①] 实现生命健康权是打造人类卫生健康共同体的价值使命，构建人类卫生健康共同体要求各国在全球公共卫生治理中突破狭隘的国家利益观，遵循人类健康正义的价值理念。

因而，在人类卫生健康共同体理念的指导下，应当以正义之善应对船舶公共卫生风险，在国际公共卫生安全的秩序建立和船舶公共卫生风险应对的制度安排中体现人类健康责任共担、健康福祉共享的正义价值。

二是善治价值。在全球公共卫生治理中，人类命运共同体理念将“治理”提升为“善治”（good governance）的价值指向。人类卫生健康共同体同样遵循这一价值理念，提倡践行多边主义全球公共卫生治理观。善治价值在国际法运行层面表现为“善意遵守”，即国家应当善意遵守国际法。[②] 俞可平在《论国家治理现代化》一文中总结出了善治的十项基本要素：一是合法性（legitimacy），即治理行为被公民自觉认可和服从；二是法治（rule of law），治理活动在规范公民行为的同时不应当侵害其基本权利；三是透明性（transparency），即信息公开性；四是责任性（accountability），治理主体必须履行其职责和义务；五是回应性（responsiveness），即治理过程中应当主动征询公众意见，定期回应公众的问题；六是有效性（effectiveness），通过优化治理体制和治理机制控制治理成本；七是参与度（civic participation / engagement），指公民积极参与公共事务治理，实现还政于民；八是稳定性（stability），稳定的社会政治环境有利于保障公民基本人权和社会经济发展；九是廉洁（cleanness），指治理主体、尤其是政府官员不以权谋私；十是公正（justice），维护弱势群体的基本权利。[③] 根据

① 何志鹏：《国家利益维护：国际法的力量》，法律出版社2018年版，第32页。

② 参见蔡高强、焦园博：《“人类命运共同体”语境下国际法价值理性的增进》，载《北京理工大学学报（社会科学版）》2019年第4期。

③ 参见俞可平：《论国家治理现代化》（修订版），社会科学文献出版社·社会政法分社2015年版，第29－32页。

这十项要素，在善治价值的指引下，行政主体应当最大限度协调好公民之间以及公民与政府之间的利益冲突，保障公民有效地参与行政决策。在国际层面，各国应当遵循《国际卫生条例》，以及国际贸易法、国际人权法等中关于海上公共卫生治理的国际公约。

将善治价值运用在全球公共卫生治理实践的重大难题在于，如何改善缔约国对《国际卫生条例》的遵守情况。《国际卫生条例》是一套以国际合作为取向的技术规范，当缔约国就公约履行问题产生争议时，世界卫生组织将其权限范围限制在技术领域，既不会对争议问题进行裁决，也不会对缔约国不遵守条约义务的行为追究责任、进行制裁。① 因而，对于《国际卫生条例》的解释和执行方面的争端，该条例第 56 条确立了国家间谈判优先与任择强制性仲裁相结合的争端解决方式。实践中，《国际卫生条例》中规定的争端解决机制只被使用过一次，且该争议在国际检疫委员会的援助下最终得以解决。②

一旦国际公约的争端解决机制被束之高阁，缔约国就会大大降低履约意愿。世界卫生组织曾希望认真处理不遵守《国际卫生条例》的历史问题。例如，为了解决过度卫生措施问题，1998 年《国际卫生条例（暂定草案）》纳入了一个新的争端解决机制，即规定仲裁委员会有权解决世界卫生组织成员国之间关于《国际卫生条例》的解释或适用的争端。③ 基于这一机制，缔约国一旦受到非基于科学或不符合公共卫生原则的贸易或旅行

---

① 参见龚向前:《世卫组织〈国际卫生条例〉争端解决机制研究》，载《武大国际法评论》2020 年第 3 期。

② See Sixteenth Report of the Committee on International Quarntine, Report of WHO A24/B/10, Mar. 1 1971, p. 123.

③ 参见世界卫生组织《国际卫生条例》临时草案（1998 年 1 月）（下称 1998 年《国际卫生条例暂定草案》）第 56 条："这项解决争端的规定将适用于所有争端，而不仅仅是涉及限制国际贸易措施的争端。仲裁委员会的提案似乎显然旨在解决无理和过度措施的问题，因为世界卫生组织收集非政府监测信息来源的能力弥补了未通知的问题。"

限制措施，就可以对此类措施提出质疑并请求仲裁委员会作出具有约束力的裁决。[①] 不仅如此，1998 年《国际卫生条例（暂定草案）》第 56 条通过和 SPS 互动，与 WTO 争端解决程序建立联系。根据 SPS，用于阻断传染病传播的卫生措施必须基于风险评估，并有科学证据支持。因此，1998 年《国际卫生条例（暂定草案）》的争端解决机制不仅触发了《国际卫生条例》规定的可能制裁，还通过 SPS 触发了 WTO 争端解决程序。[②] 然而，上述内容在 2005 年 1 月提出的修订草案中均被撤销。[③] 这一结果表明，世界卫生组织通常会尊重成员国的要求，在国际公共卫生治理方面确保成员国主权与世界卫生组织职权之间的平衡，[④] 从而避免过度侵犯国家主权。可见，在全球公共卫生治理过程中贯彻善治价值，将在强化《国际卫生条例》的执行力、改善《国际卫生条例》的遵守情况等方面，面临长期挑战。

（2）实践维度：以解决港口国应对公共卫生风险中的实践问题为导向

人类卫生健康共同体理念与马克思共同体思想之间具有密切联系：后者是前者重要的思想渊源，前者是对后者的继承和发展。[⑤] 在继承方面，人类卫生健康共同体理念继承了马克思共同体思想的价值旨趣，重视全人类的发展，追求人道主义和平等理念。这种对人的终极关怀超越了国家和民族的差异，有利于缓解单边主义对全球公共卫生治理的冲击。在发展方面，人类卫生健康共同体理念突出实践意义。在价值意蕴方面，人类卫生

---

① SPS 还使世界贸易组织成员有机会对世界贸易组织强制性争端解决机制下适用于产品的任何卫生或植物检疫措施提出质疑。SPS 协议，见第 94 条，第 11 条。

② See D. P. Fidler, *International Law and Infectious Diseases*, Clarendon Press, 1999, p. 78.

③ *Review and Approval of Proposed Amendments to the International Health Regulations: Proposal by the Chair*, Report of the WHO, A/IHR/IGWG/2/2, Jan. 24, 2005.

④ *Summary Report of Regional Consultations*, Report of the WHO, A/IHR/IGWG/2, Sep. 14, 2004, para. 8.

⑤ 参见王鹏：《人类命运共同体理念对马克思共同体思想的承继、发展及其当代价值》，载《理论导刊》2020 年第 2 期。

健康共同体理念为当前公共卫生治理的现实问题提供符合时代背景和现实需求的中国方案。例如，马克思主义人民健康观认为，保持一切价值的源泉即劳动能力本身，卫生工作应该维护工人健康权。[①] 在此基础上，人类卫生健康共同体理念强调全面健康观，即既要保障工人在生理、身体层面的健康，也要保障他们在心理、精神、社会适应能力等方面维持一种良好的状态。[②] 在船舶公共卫生风险应对中，此种理念在实践中表现为保障船员在疫情期间的身体和心理健康。2020 年 12 月 1 日，联合国大会第 75 届会议通过了一项名为“开展国际合作应对海员因冠状病毒病（COVID－19）大流行而面临的挑战，支持全球供应链”（决议编号 A/RES/75/17）的决议。该决议指出：敦促会员国指定海员和其他海事人员为关键工作人员（key workers）。[③] 结合人类卫生健康共同体理念的全面健康观，港口国应当采取必要行动，为船员在换班、遣返、获得医疗服务等方面提供便利，船舶船旗国、旅客国籍国和船员国籍国应当提供必要配合。

（3）运行维度：推进全球联动的合作治理体系

在人类卫生健康共同体理念中，“共同体”一词在运行维度上阐明了该理念的实现途径，即以全球联动的合作治理代替各自为政的国家治理。[④] 在人类卫生健康共同体理念的运行维度上，港口国应对船舶公共卫生风险应当建立健全一种全球联动的合作治理体系。全球合作治理由多元主体共同参与，强调船舶公共卫生风险的协同应对。此种治理体系不同于以国家安全为中心的国家治理。在船舶公共卫生风险应对中，港口国并

---

① 参见《马克思恩格斯文集》（第 8 卷），人民出版社 2009 年版，第 229 页。

② 参见张懿、于鸿君：《人类卫生健康共同体理念对马克思主义的原创性贡献》，载《西北民族大学学报（哲学社会科学版）》2022 年第 3 期。

③ 《开展国际合作应对海员因冠状病毒病（COVID－19）大流行而面临的挑战，支持全球供应链》（A/RES/75/17），载 https：//undocs. org/zh/A/RES/75/17，最后访问日期：2023 年 1 月 24 日。

④ 参见胡鞍钢、李兆辰：《人类卫生健康共同体视域下的中国行动、中国倡议与中国方案》，载《新疆师范大学学报（哲学社会科学版）》2020 年第 5 期。

非船舶公共卫生事件中唯一的治理主体，其应当推进全球联动的整体性合作治理。

一是发挥世界卫生组织、国际海事组织等国际组织在全球卫生治理中的领导和协调作用。世界卫生组织在全球公共卫生治理方面具有较大的影响力，有助于在国际层面实现全球公共卫生产品的调度，保障港口国公共卫生产品的可持续供给。国际海事组织主要负责船舶航行安全，船舶公共卫生属于船舶航行安全中的非传统安全，多次吸引国际海事组织的关注。新冠疫情期间，为解决疫情背景下全球性船员换班和航运安全问题，国际海事组织发布了一系列通函。①

二是推动国家间积极开展公共卫生治理领域的多边或双边合作，倡导和创建新兴制度规则，促进国际卫生规则体系重塑，② 提高大国对于全球卫生治理的参与意愿。例如，二十国集团、金砖国家等新兴合作机制以及“一带一路”的国际合作平台在议程设置、机制改革等多个方面影响全球

① 此类通函主要包括：Circular Letter No. 4204 of 31 January 2020, providing information and guidance on the precautions to be taken to minimize risks to seafarers, passengers and others on board ships from the novel coronavirus (COVID - 19); Circular Letter No. 4204/Add. 1 of 19 February 2020, COVID - 19 - Implementation and enforcement of relevant IMO instruments; Circular Letter No. 4204/Add. 2 of 21 February 2020, Joint Statement IMO - WHO on the Response to the COVID - 19 Outbreak; Circular Letter No. 4204/Add. 3 of 2 March 2020, Operational considerations for managing COVID - 19 cases/outbreak on board ships prepared by WHO; Circular Letter No. 4204/Add. 4 of 5 March 2020, ICS Coronavirus (COVID - 19) Guidance for ship operators for the protection of the health of seafarers; Circular Letter No. 4204/Add. 5/Rev. 1 of 2 April 2020, Coronavirus (COVID - 19) - Guidance relating to the certification of seafarers and fishing vessel personnel; Circular Letter No. 4204/Add. 6 of 30 March 2020, Coronavirus (COVID - 19) - Preliminary list of recommendations for Governments and relevant national authorities on the facilitation of maritime trade during the COVID - 19 pandemic; Circular Letter No. 4204/Add. 7 of 3 April 2020, Coronavirus (COVID - 19) - Guidance concerning unforeseen delays in the delivery of ships.

② 参见宋效峰、付冬梅：《全球卫生公共产品供给：中国角色与路径》，载《社会主义研究》2021 年第 1 期。

公共卫生治理进程。又如，在 2016 年 G20 杭州峰会上，中国发布了《二十国集团落实 2030 年可持续发展议程行动计划》，提出在全球卫生等“可持续发展领域”加强政策一致性和政策协调。

三是发挥非国家行为体在全球卫生治理中的作用，优化全球卫生公共产品供给秩序。治理主体多元化是全球公共卫生治理的一个突出特点。非国家行为体又称非国家行为者，是除政府间组织和各国政府以外，全球公共卫生治理中的一个重要主体。

3. 将人类卫生健康共同体与海洋命运共同体相联系

船舶公共卫生风险是一个典型的海上公共卫生治理问题，海上公共卫生治理是全球海洋治理的组成部分。中央于 2019 年提出的海洋命运共同体理念是中国参与全球海洋治理的基本立场与方案，是 2012 年中共第十八大报告提出的“倡导人类命运共同体意识”在海洋领域中的具体实践。海洋命运共同体理念的核心是：“海洋孕育了生命、联通了世界、促进了发展。我们人类居住的这个蓝色星球，不是被海洋分割成了各个孤岛，而是被海洋连结成了命运共同体，各国人民安危与共。”

人类卫生健康共同体不是一个孤立的概念，而是与海洋命运共同体密切联系。构建海洋命运共同体是构建人类卫生健康共同体的重要内容和实践延伸。海运是海洋资源利用的传统方式之一，从 2019 年疫情暴发前到 2021 年 7 月，全球 80% 的国际贸易货物运输通过海运得以实现，中国进出口货物中海运的比例高达 94% 。[①] 国际海洋物流网络内联外通，是开展国际贸易的保障，且国家间海上公共卫生安全相互依存程度极高。疫情期间，船上的旅客或船员下船可能导致疫情跨境传播，涉及很多国家共同享有的海上公共卫生利益。海上公共卫生安全作为非传统海上安全领域，既

① 参见黄琼、何乐舒：《空箱回流难叠加产能过剩隐忧，中国集装箱制造企业如何应对》，载第一财经网 2022 年 1 月 4 日，https：//www. yicai. com/news/101278971. html。

是人类卫生健康共同体价值理念推广的试验场，也是“21世纪海上丝绸之路”建设的重点领域。[1] 基于全球卫生治理的要求，应当将人类卫生健康共同体理念和海洋命运共同体理念相联系，超越对本国狭隘海洋利益的关切，站在全球各国共享海洋资源、共同维护海上公共卫生安全的视角上，实现利用海洋造福人类的目标。

（三）秉持人类卫生健康共同体理念参与全球治理体系建设改革

解决港口国应对船舶公共卫生风险法律问题，应当在人类卫生健康共同体理念的指导下，推动全球卫生治理体系改革。中央在中国共产党第十九次全国代表大会上的报告中强调：“中国秉持共商共建共享的全球治理观”，“积极参与全球治理体系改革和建设”。人类卫生健康共同体理念指导下的全球治理体系改革和建设，遵循共商共建共享的全球治理观，是中国应对全球公共卫生危机的基本路径。下文从应对方案共商、国际规则共建、公共产品共享三个方面，阐述如何秉持人类卫生健康共同体理念参与全球卫生治理体系建设和改革，助力解决港口国应对船舶公共卫生风险问题。

1. 共商船舶公共卫生风险应对方案

应对方案共商是指港口国在应对船舶公共卫生风险时，与船旗国等航运相关国家，连同世界卫生组织、国际海事组织等航运相关国际组织共同商讨船舶公共卫生风险的应对方案，充分发挥国际组织的平台作用，加强船舶公共卫生风险防控和应对方面的经验交流。新冠疫情期间，世界卫生组织曾多次就合作应对公共卫生风险向国际社会发布多项临时性建议，包括各国应当遵守《国际卫生条例》的规定，避免采取非必要的卫生措施，

① 参见杨泽伟：《论“海洋命运共同体”理念与“21世纪海上丝绸之路”建设的交互影响》，载《中国海洋大学学报（社会科学版）》2021年第5期。

避免对国际间旅行和贸易造成过度干扰；各国与世界卫生组织共享疫情信息、公共卫生数据，以及公共卫生风险预防、应对的科学知识和积累的经验；各主权国家应当团结合作，共同阻止新冠疫情的国际蔓延等。[①] 这些倡导和建议与人类卫生健康共同体理念倡导的善治和人权价值不谋而合。除公共卫生风险应对的一般性规定外，世界卫生组织还专门就船舶公共卫生事件的应急管理发布指导和建议，提出《国际卫生条例》国家归口单位（National IHR Focal Points，NFPs）、港口卫生当局、国家及地方卫生主管当局、船舶公司应当响应世界卫生组织的号召，共同参与船舶公共卫生风险的应对。[②] 世界卫生组织为世界各国和航运界不同主体提供的指导，以及其与各国之间在公共卫生知识和经验传递方面的互动，体现了共商在全球卫生治理体系中的要素价值。在此基础上，还可以依托世界卫生大会的磋商机制，制定符合海上公共卫生状况的法律制度，以促使各国切实履行公共卫生风险应对义务、加大对世界卫生组织的政治支持和资源投入，避免因医疗设备、防护物资等卫生公共产品不足导致世界卫生组织在应对船舶公共卫生危机时陷入执行困境。

由于船舶公共卫生风险涉及航运安全问题，国际海事组织也积极组织、参与各成员国共同商讨船舶公共卫生风险的应对方案与策略，发布关于船舶公共卫生风险防控的最新建议。2020 年上半年，全球航运面临公共卫生危机。我国作为国际海事组织 A 类理事国，通过国际海事组织向世界各国分享了积累的大量船舶公共卫生风险预防和应对的经验，积极参与全球卫生治理体系建设。这些经验具体包括：船员在自我隔离期间以及随船

---

① See *A Guide to WHO's Guidance on COVID－19*, WHO (Jul. 17, 2020), https://www.who.int/news－room/feature－stories/detail/a－guide－to－who－s－guidance.

② See *Operational Considerations for Managing COVID－19 Cases/Outbreak on Board Ships*, WHO, https://www.who.int/publications/i/item/operational－considerations－for－managing－covid－19－cases－outbreak－on－board－ships. 25 March 2020, Last accessed on Mar. 4, 2022.

进入境外疫情严重地区时，如何进行预防、发现、处置船舶公共卫生风险，以及如何如何通过心理干预指导缓解自身在面对船舶公共卫生风险时产生的心理压力和无法下船换班导致的不良情绪。国际海事组织曾多次向成员国政府、联系会员、政府间组织和非政府间组织分享中国的船舶公共卫生风险应对经验。例如，国际海事组织曾于2020年3月向成员国分享的中国编制的《新冠肺炎疫情防控期间针对患病海员紧急救助处置指南（V1.0）》，后又于2020年9月分享中国编制的《船舶船员新冠肺炎疫情防控操作指南（V4.0）》。

2.共建港口国应对船舶公共卫生风险的国际法之治

运用国际法调整全球性问题已成为全球化背景下国际法发展的新特点。以人类卫生健康共同体理念为指导，完善全球卫生治理体系，应当整合国际法的价值、完善公共卫生治理法律制度。① “约定必须遵守”（*pacta sunt servanda*）是国际法的重要理论。人类卫生健康共同体和海洋命运共同体理念都要求在解决涉海公共卫生问题时践行依法治海的理念、运用国际社会存在并广泛接受的国际法规则，和平解决国际争端。从人类卫生健康共同体理念出发，国际社会应当采用立法共商、硬法共建、良法共享和法治共进的方法应对船舶公共卫生风险。②

在“国际法之治”模式中，一方面，国际法是调整国际关系和规范国际秩序的体系，这一体系由原则、规则、制度组合而成；另一方面，国际法也是为跨越国界交往提供互动联系的框架，并为这种交往提供追求的价值和目标。③ 本节中的“国际法之治”专指关于应对船舶公共卫生风险的国际实体法。具体到港口国应对船舶公共卫生风险中，是指港口国必须遵

① 人类命运共同体理念下的全球价值观包括国家权力观、共同利益观、可持续发展观和全球治理观。参见曲星：《人类命运共同体的价值观基础》，载《求是》2013年第4期。

② 参见肖永平：《论推动构建人类卫生健康共同体的法治方法》，载《东方法学》2022年第4期。

③ 参见刘衡：《国际法之治：从国际法治到全球治理》，武汉大学出版社2014年版，第32页。

守公共卫生方面的国际公约和其他国际法律文件。

首先,《海洋法公约》是维护海洋秩序、综合规范海洋事务的基本制度。《海洋法公约》作为规范海洋活动的国际公约,规定了港口国和船旗国的管辖权,以及主权国家实施海上救援、互相合作的一般义务。船舶公共卫生风险涉及海上公共卫生安全,属于海洋事务。因而,港口国应对船舶公共卫生风险应当遵循《海洋法公约》的规定。

其次,《国际卫生条例》是专门规范国际公共卫生治理活动的国际公约。《国际卫生条例》对包括 194 个世界卫生组织成员国在内的 196 个国家具有法律约束力,它提供了一个总体法律框架,界定了各国处理全球性突发公共卫生事件的权利和义务。①

《国际卫生条例》是国际社会对于曾经席卷欧洲的致命流行病作出的反应。世界卫生组织宣告成立后,开始出版并定期更新《国际卫生立法汇编》(International Digest of Health Legislation),推动了国家、地区之间公共卫生法制建设的交流与合作。② 1951 年第 4 届世界卫生大会通过《国际公共卫生条例》(International Sanitary Regulations),结束了第二次世界大战前多个卫生条约共存的局面,统一了传染病控制的国际规则。现行《国际卫生条例》于 1969 年 7 月 25 日由第 22 届世界卫生大会通过,替代了 1951 年《国际公共卫生条例》。20 世纪初,霍乱和鼠疫死灰复燃,新型传染性疾病相继出现,而 1969 年《国际卫生条例》的适用范围仅限于霍乱、鼠疫和黄热病这三种传染病,流行性传染病暴发和其他紧急公共卫生风险往往无法预测。于是,加强发现和快速应对传染病威胁和其他突发公共卫生事件的能力成为世界卫生大会的重要议题。③ 2005 年 5 月 23 日,第 58

---

① See *International Health Regulations*, WHO, https://www.who.int/health-topics/international-health-regulations#tab=tab_2, Last accessed on Mar. 4, 2022.

② 参见乐虹、赵敏主编:《中国卫生法发展研究》,华中科技大学出版社 2020 年版,第 290 页。

③ 参见乐虹、赵敏主编:《中国卫生法发展研究》,华中科技大学出版社 2020 年版,第 290-291 页。

届世界卫生大会讨论通过了新修订的《国际卫生条例》。2005 年《国际卫生条例》更加灵活，适用于任何可能成为“国际关注的突发公共卫生事件”的事件。从 2005 年《国际卫生条例》实施后至 2022 年 7 月，世界卫生组织共宣布了 6 次“国际关注的突发公共卫生事件”，分别为 2009 年甲型 H1N1 流感、2014 年脊髓灰质炎疫情、2014 年埃博拉病毒疫情、2016 年寨卡病毒疫情、2019 年新冠疫情和 2022 年猴痘疫情。①

《国际卫生条例》针对防止传染病和其他健康威胁的传播建立了一个全面的新框架，要求成员国既要限制健康风险向邻国的蔓延，也要防止不必要的旅行和贸易限制。② 一方面，港口国被允许为预防和控制全球公共卫生威胁采取卫生措施，如在船舶抵达或离开时进行健康检查和公共卫生旅行限制（public health travel restrictions，PHTR）；另一方面，港口国应当保持国际旅行和贸易尽可能开放，同时保障人的尊严、人权和基本自由，特别是国际旅行者在采取包括检疫或隔离在内的卫生措施期间所受到的待遇，保护国际旅行者免受不合理的卫生措施的侵害。

在人类卫生健康共同体理念中“善治”价值的作用下，港口国作为《海洋法公约》和《国际卫生条例》的缔约国，在应对船舶公共卫生风险时应当履行公约义务。此外，根据《国际法院规约》第 38 条的规定，国际习惯也是规范海上公共卫生治理的重要国际法渊源，在一定条件下对港口国同样具有法律约束力。国际习惯可以被编纂为条约。例如，由《海洋法公约》序言中规定的“本公约所实现的海洋法的编纂和逐渐发展”可知，该公约作为编纂条约载有国际习惯。因此，一些没有批准或加入《海

---

① See *International Health Regulations*（*IHR*），CDC，https：//www. cdc. gov/globalhealth/healthprotection/ghs/ihr/index. html，Last accessed on July. 22，2022.

② See *International Health Regulations*，WHO，https：//www. who. int/health－topics/international－health－regulations#tab＝tab_2，Last accessed on Mar. 4，2022.

洋法公约》的国家,[1] 也必须遵守这些国际习惯。

3. 共享全球卫生公共产品

应对船舶公共卫生风险，不同国家的公共卫生产品供给能力存在差异。减少不同国家在公共卫生事项上的差异是人类卫生健康共同体理念的应有之义。[2] 除疫苗的研发技术、最佳治疗实践知识、检测试剂和防护用品外，公共卫生安全本身也是一种卫生公共产品，而且是全球卫生公共产品。一方面，全球公共卫生安全的受益范围具有全球维度，具有完全非排他性；另一方面，一国的公共卫生安全丝毫不会减损他国的公共卫生利益，具有完全非竞争性，因而公共卫生安全是一种“纯全球卫生公共产品”,[3] 可使国际社会普遍受益。为避免因全球卫生公共产品供给不足导致各国在应对船舶公共卫生风险时陷入困境，应当优化国际社会的公共卫生产品供给模式。基于国际社会共同享有的全球公共卫生安全，全球卫生治理的参与主体应当在全球公共卫生治理模式下积极开展国际合作，在平等、互惠的基础上保障全球卫生公共产品供给。[4]

首先，应当进一步发挥世界卫生组织在全球卫生公共产品供给方面的核心领导地位。一是在费用方面增加直接供给，提高对船舶公共卫生应急反应资金的援助数额，提高其他卫生公共产品的供给质量，缓解港口国应对船舶公共卫生事件的资金和资源紧张问题。二是在评定全球卫生港口时，增加新发和多发传染病的快速检测能力、港口附近医院等公共卫生设施情况，以及每年用于口岸公共卫生核心能力的资金投入和财政预算等指

---

① 例如，美国并非《海洋法公约》的缔约国。

② 参见何丹:《人类卫生健康共同体理念与全球卫生治理体系的完善》，载《国际问题研究》2022 年第 5 期。

③ 参见晋继勇:《公共卫生安全：一种全球公共产品的框架分析》，载《医学与社会》2008 年第 9 期。

④ See G. Brown, D. Susskind, *International Cooperation during the COVID－19 Pandemic*, 36 Oxford Review of Economic Policy 64 (2020); P. Mackie, *Social Justice and Social Responsibility: Towards a Value－base for Global Public Health*, 124 Public Health 620 (2010).

标作为评定标准，从而为判定“国际卫生港口”这一称号赋予现实意义，避免出现新冠疫情期间出现的已经被评定为“国际卫生港口”而事实上无法应对疫情的尴尬情形。

其次，加强全球卫生公共产品供给的国家间合作。公共卫生危机的治理实践表明，一些国家奉行的单边主义已经对国际合作治理造成巨大打击，以霸权国家为主导的全球卫生公共产品供给模式已经终结。加强国际公共卫生合作治理：一是要发挥现有双边和多边治理合作机制在解决全球性公共卫生风险中的作用。中国与其他国家签订的双边公共卫生合作交流国际协议主要有2010年《中华人民共和国卫生部和美利坚合众国卫生与公众服务部关于新发和再发传染病合作项目的谅解备忘录》、2019年《中国卫健委和意大利卫生部卫生领域合作2019—2021年度执行计划》等。多边治理合作机制主要有二十国集团、“全球卫生安全议程”、上海合作组织等。2020年11月10日，上海合作组织成员国元首理事会发布《关于共同应对新冠肺炎疫情的声明》，提出根据2018年6月10日通过的《上合组织成员国元首关于在上合组织地区共同应对流行病威胁的声明》，相互有效支持，在保障公民医疗、社会等需求方面相互协助。[①] 二是要建立专门的突发公共卫生事件应对合作机制。2020年4月15日，东盟与中日韩抗击新冠疫情领导人特别会议发表联合声明，提出设立应对公共卫生突发事件的特别基金，并在重要医疗物资生产供应、诊断工具、个人防护设备和医疗设备供应，以及流行病学科研方面达成合作。[②] 2021年5月12日，中国在“中国＋中亚五国”外长第二次会晤期间，和中亚五国外长发布了《关于共同应对新冠肺炎疫情的联合声明》，提出在疫苗等卫生公共产品供

---

① 参见《上海合作组织成员国元首理事会关于共同应对新冠肺炎疫情的声明》，载中国政府网，http：//www.gov.cn/xinwen/2020-11/11/content_5560425.htm。

② 参见《东盟与中日韩抗击新冠肺炎疫情领导人特别会议联合声明（全文）》，载中国政府网，http：//www.gov.cn/xinwen/2020-04/15/content_5502433.htm。

给方面达成合作。[①]

最后，发挥非国家行为体在全球卫生公共产品供给中的作用。非政府组织、私营部门实体、慈善基金会进行全球性公共卫生产品的跨国供给具体表现为：一方面，通过资助提升世界卫生组织融资的灵活性，解决世界卫生组织融资体系的弊端；[②] 另一方面，进行实物捐赠，以及在产品开发、能力建设等方面与世界卫生组织进行技术合作。2020 年 5 月 27 日，世界卫生组织基金会（WHO Foundation）成立。该基金会独立于世界卫生组织，通过从慈善家、基金会、企业和个人等不同来源处筹集资金，通过向世界卫生组织及该组织的全球合作伙伴网络提供资金以支持全球卫生领域的重大需求，推动实现世界卫生组织“三个十亿”的目标。[③] 在船舶公共卫生风险应对语境下，港口国应当重视非国家行为体在全球卫生公共产品供给中的作用，主动向非国家行为体寻求医疗资源和资金方面的支援和帮助。

二、港口国应对船舶公共卫生风险的政策导向

港口国应对船舶公共卫生风险是一种涉外性较强的全球性问题。一方面，港口国应当遵循国际公约中关于港口国权利和义务的规定；另一方面，船舶突发公共卫生事件的应对还涉及法律以外的利益博弈，即政策问题。例如，港口国拒绝船舶挂靠的背后体现了旅客和船员生命健康权益与

---

① 参见《“中国+中亚五国”外长关于共同应对新冠肺炎疫情的联合声明（全文）》，载中国政府网，http：//www. gov. cn/xinwen/2021 -05/12/content _5606056. htm。

② 参见晋继勇：《新冠肺炎疫情防控与全球卫生治理——以世界卫生组织改革为主线》，载《外交评论（外交学院学报）》2020 年第 3 期。

③ 2018 年 5 月 23 日，世界卫生大会代表通过《2019—2023 年第十三个工作总规划》，该计划提出了三个战略目标：一是确保到 2023 年，全民健康覆盖受益人口新增 10 亿人；二是面对突发卫生事件受到更好保护的人口新增 10 亿人；三是健康和福祉得到改善的人口新增 10 亿人。这三个目标被合称为“三个十亿”目标。

港口国公共卫生利益这两种不同利益的冲突。对此，应当将法律问题和政策问题进行区分，当港口国应对船舶公共卫生风险涉及利益问题时，首先判断其是否落入法律问题的范畴，对于未落入法律问题范畴的利益调整问题则将其视为政策问题。[①] 港口国应对船舶公共卫生风险，不可避免地会使本国公共卫生安全利益遭受影响。且不同港口国在海上运输和邮轮旅游方面的公共政策存在差异，港口国之间的这一差异可能体现在各国国内立法对国际条约的吸收程度和港口国的执法过程中。以港口国应对船舶公共卫生风险的法律问题为研究对象，以中国应当如何解决这一问题作为落脚点，围绕中国航运和邮轮经济政策，提出港口国应对船舶公共卫生风险应当遵循的政策，包括防范境外疫情输入风险、推动船员换班、以邮轮旅客需求为出发点、促进邮轮经济发展这四个政策导向。

（一）防范境外疫情输入风险

国际航行船舶挂靠导致港口国境外疫情输入突出表现在国际邮轮旅游活动中。2012 年，原国家质检总局在“中国首届国际邮轮卫生检疫研讨会”上提出中国应当加强国际邮轮公共卫生风险防控。新冠病毒具有高度传染性。据不完全统计，2020 年至 2022 年，全球共 46 艘邮轮暴发新冠疫情，按公司分布如下：嘉年华邮轮公司（Carnival Cruise Lines）旗下 17 艘，其中嘉年华邮轮 3 艘，公主邮轮 6 艘，歌诗达邮轮 5 艘，荷美邮轮 2 艘，中船嘉年华邮轮 1 艘；皇家加勒比国际游轮公司（Royal Caribbean Cruises）旗下 15 艘，其中皇家加勒比邮轮 9 艘，精致邮轮 4 艘，银海邮轮 2 艘；诺唯真邮轮公司（Norwegian Cruise Line）旗下 4 艘；星梦邮轮公司（Dream Cruises）旗下 1 艘；极光探险邮轮公司（Aurora Expeditions）旗下 1 艘；迪士尼邮轮公司（Disney Cruise Line）旗下 1 艘；地中海邮轮公

---

① 参见江辉：《论立法区分为法律问题与政策问题》，载《清华法学》2018 年第 5 期。

司（MSC Cruise Line）旗下4艘；其余邮轮品牌3艘。在邮轮疫情区域分布上，亚洲3艘、大洋洲7艘、北美洲20艘、南美洲4艘、欧洲8艘（具体如表1－1所示）。

表1－1 全球范围内暴发新冠疫情的国际邮轮

序号	邮轮	发生的国家或地区	感染人数	所属公司
1	“钻石公主”（Diamond Princess）	日本	721	公主邮轮
2	“大西洋”（Ocean Atlantic）	日本	149	中船嘉年华邮轮
3	“世界梦”（World Dream）	中国	8	星梦邮轮
4	“红宝石公主”（Ruby Princess）	澳大利亚	663	公主邮轮
5	“阿塔尼亚”（Artania）	澳大利亚	27	Phoenix Reisen
6	“海洋航行者”（Marine Voyager）	澳大利亚	26	皇家加勒比国际游轮
7	“海洋赞礼”（Ovation of the Seas）	澳大利亚	13	皇家加勒比国际游轮
8	“至尊”（Celebrity Solstice）	澳大利亚	11	精致邮轮
9	“黄金公主”（Golden Princess）	新西兰	2	公主邮轮
10	“海洋绿洲”（Ocean Oasis）	美国	157	皇家加勒比国际游轮
11	“至尊公主”（Grand Princess）	美国	78	公主邮轮
12	“奇迹”（Disney Wonder）	美国	38	迪士尼邮轮

续表

序号	邮轮	发生的国家或地区	感染人数	所属公司
13	“海洋交响”（Symphony of the Seas）	美国	31	皇家加勒比国际游轮
14	“海洋自由”（Freedom of the Seas）	美国	14	嘉年华邮轮
15	“珊瑚公主”（Coral Princess）	美国	12	公主邮轮
16	“赞丹”（Zaandam）	巴拿马	9	荷美邮轮
17	“布雷默”（Braemar）	美国	5	诺唯真游轮
18	“海洋帝王”（Majesty）	美国	2	皇家加勒比国际游轮
19	“尖峰”（Summit）	美国	217	精致邮轮
20	“海洋珠宝”（Jewel of the Seas）	美国	2	皇家加勒比国际游轮
21	“太阳公主”（Sun Princess）	美国	1	公主邮轮
22	“勇气”（Carnival Valor）	美国	1	嘉年华邮轮
23	“无敌”（Celebrity Infinity）	美国	1	精致邮轮
24	“海洋探险者”（Explorer of the Seas）	美国	1	皇家加勒比国际游轮
25	“极乐”（Norwegian Bliss）	美国	1	诺唯真游轮
26	“逍遥”（Norwegian Breakaway）	美国	1	诺唯真游轮
27	“安可”（Norwegian Encore）	美国	1	诺唯真游轮

续表

序号	邮轮	发生的国家或地区	感染人数	所属公司
28	“格雷格·莫蒂默”（Greg Mortimer）	乌拉圭	130	极光探险邮轮
29	“新月”（Eclipse）	阿根廷	76	精致邮轮
30	“探险”（Silver Explorer）	智利	6	银海邮轮
31	“银影”（Silver Shadow）	巴西	1	银海邮轮
32	“炫目”（Costa Luminosa）	意大利	36	歌诗达邮轮
33	“辉宏”（Costa Favolosa）	意大利	6	歌诗达邮轮
34	“布拉马尔女士”（Ms Braemar）	英国	5	福瑞德·奥尔森邮轮
35	“魔幻”（Costa Magica）	意大利	2	歌诗达邮轮
36	“歌剧”（Msc Opera）	希腊	2	地中海邮轮
37	“维多利亚”（Costa Victoria）	意大利	1	歌诗达邮轮
38	“幻想曲”（Msc Fantasia）	葡萄牙	1	地中海邮轮
39	“海洋奥德赛”（Odyssey of the Seas）	荷属库拉索和阿鲁巴	55	皇家加勒比国际游轮
40	“海洋交响乐”（Symphony of the Seas）	美国	48	皇家加勒比国际游轮
41	“康宁斯丹”（Koningsdam）	墨西哥	21	荷美邮轮
42	“嘉年华维斯塔”（Carnival Vista）	加拿大	27	嘉年华邮轮

续表

序号	邮轮	发生的国家或地区	感染人数	所属公司
43	“钻石皇冠”（Costa Diadema）	巴西	68	歌诗达邮轮
44	“地中海辉煌”（Msc Splendida）	巴西	78	地中海邮轮
45	“可德里亚”（Cordelia）	印度	209	Cordelia Cruises
46	“地中海鸿图”（Msc Grandiosa）	意大利	45	地中海邮轮

资料来源：此表由作者根据文献和网络资料整理获得。参见汪泓主编：《中国邮轮产业发展报告（2020）》，社会科学文献出版社2020年版，第23页。

海上运输具有显著的全球化特征，随着世界各国航运经济蓬勃发展，船舶发生重大公共卫生风险事件的挑战激增。面对突如其来的新冠疫情，港口国政府为防止境外疫情输入、保障本国国内的公共卫生安全，纷纷采取严格的出入境管控措施。在中国，中央和地方层面也曾多次提出防范境外疫情输入风险的要求。[①] 最高人民法院、最高人民检察院、公安部、司法部和海关总署于2020年3月联合发布了《关于进一步加强国境卫生检疫工作　依法惩治妨害国境卫生检疫违法犯罪的意见》，再一次强调做好国境卫生检疫工作。[②] 港口国应对船舶公共卫生风险应当严格防范境外疫情输入风险，筑牢境外疫情输入防线，尽最大可能降低病毒从外国籍船舶向

① 原国家质检总局于2009年发布的《关于印发〈国际航行邮轮群体性疾病突发事件应急处置技术方案〉的通知》（国质检卫〔2009〕72号）；原国家质检总局于2016年发布的《出入境邮轮检疫管理办法》（中华人民共和国国家质量监督检验检疫总局令第185号）；地方层面有《深圳市邮轮旅游突发事件应急预案（2017）》。

② 该意见将拒绝执行健康申报、体温监测、医学巡查、流行病学调查等卫生检疫措施，不如实填报健康申明卡，以及出入境交通工具负责人拒绝接受海关卫生检疫或隐瞒疫情的行为列入“妨害国境卫生检疫罪”的危害行为。参见邱超奕：《防范境外疫情输入风险》，载《人民日报》2020年3月17日，第2版。

本国传播的可能性。

（二）推动船员换班

船员在船服务时间由船员劳动合同、劳务合同、上船协议等形式的船员就业协议约定。国际劳工组织（International Labour Organization，ILO）制定的2006年《海事劳工公约》（Maritime Labour Convention，2006）标准A2.5中限定，船员在船服务时间不得超过12个月。《中华人民共和国海员船上工作和生活条件管理办法》（以下简称《海员船上工作和生活条件管理办法》）第32条第6项作了相同限定。国际船员换班包括两方面内容：一是在船上服务时间届满的国际船员下船遣返（repatriation）休假，二是岸上的国际船员上船接替服务。国际船员可能服务于本国船舶，也可能服务于外国籍船舶。新冠疫情暴发期间，全球普遍存在外国籍船舶上超期服务的国际船员换班难的问题。

据统计，全球每月约15万名国际船员需要换班。① 根据2021年3月的报道，全球有20万名国际船员的正常换班因疫情受到影响。② 新冠病毒不断出现新变种，自世界卫生组织在2021年5月将变异毒株（B.1.617.2）命名为“德尔塔”（Delta）后，全球范围内又发现新变异毒株（B.1.1.529），世界卫生组织于2021年11月将新变异毒株命名为“奥密克戎”（Omicron）。“德尔塔”和“奥密克戎”都被世界卫生组织列为“需要关注”的高级别严重变异毒株，传染性比早期的新冠病毒更强，疫情导致的

① 参见国际海事组织第4204号通函件第14号补充件（Circular Letter No. 4204/Add 14 Rev 1）。“Advice via Circular Letter for IMO Member States，Seafarers and Shipping”，载https://www.imo.org/en/MediaCentre/HotTopics/pages/C19CLs.aspx。

② See *Concerns of Rise in Seafarers Impacted by Crew Change Crisis due to New COVID – Variants*, International Chamber of Shipping（Mar. 19，2021），https://www.ics-shipping.org/press-release/concerns-of-rise-in-number-of-seafarers-impacted-by-crew-change-due-to-new-covid-variants/.

国际船员换班难问题持续存在。

在突发公共卫生事件期间保障国际船员换班，对于维护船员正当权益、保障船舶航行安全，以及维持全球供应链的畅通具有重要作用。通常，安排国际船员换班是航运公司的义务。但是，疫情对国际船员换班造成的阻碍在客观上超出了绝大多数航运公司的承受范畴，保障国际船员换班需要国家行政主体的帮助。2020 年 4 月 22 日，交通运输部、外交部、国家卫生健康委员会、海关总署、国家移民管理局和中国民用航空局六部门联合印发《关于精准做好国际航行船舶船员疫情防控工作的通知》（交海明电〔2020〕142 号）。2020 年年初疫情暴发后，中国交通运输部联合劳动保障、边境管理等部门针对国际船员换班出台了一系列规范性文件，促进实现精准防控国际船员疫情，保障国际海上物流供应链畅通，切实维护国际船员合法权益（如表 1－2 所示）。

表 1－2 国内关于推进船员换班的政策文件汇总

序号	文件名称	发文主体	发布日期
1	《关于妥善做好新冠肺炎疫情期间中国籍国际航行船舶在船船员换班安排的公告》	交通运输部、人力资源和社会保障部	2020 年 3 月 12 日
2	《关于疫情防控期间针对伤病船员紧急救助处置的指导意见》	交通运输部、外交部、国家卫生健康委、海关总署、国家移民管理局	2020 年 4 月 12 日
3	《关于精准做好国际航行船舶船员疫情防控工作的通知》	交通运输部、外交部、国家卫生健康委、海关总署、国家移民管理局、中国民用航空局	2020 年 4 月 22 日
4	《关于进一步做好国际航行船舶船员疫情防控工作的通知》	国务院应对新型冠状病毒肺炎疫情联防联控机制综合组	2021 年 12 月 10 日

续表

序号	文件名称	发文主体	发布日期
5	《关于进一步做好国际航行船舶船员疫情防控工作的通知》	交通运输部	2021年12月24日
6	《关于成立国际航行船舶船员换班工作专班的通知》	交通运输部	2021年12月31日
7	《关于做好国际航行船舶船员新冠肺炎疫情远端防控的公告》	交通运输部、外交部、海关总署	2022年1月28日
8	《关于切实做好货运物流保通保畅工作的通知》	国务院办公厅	2022年4月11日
9	《关于进一步做好国际航行船舶船员换班工作的通知》	交通运输部	2022年4月12日

注：此表由作者整理获得。

解决疫情期间国际船员的换班问题，既是贯彻落实国家关于“高度重视疫情期间的船员权益保障工作”的要求，[①] 也是对国际船员“关键工作人员”身份的回应。[②] 表1－2各项政策文件体现了中国政府对国际船员换班问题的重视，一定程度上缓解了国际船员在中国港口换班难的情况。

（三）以邮轮旅客需求为出发点政策

随着世界邮轮经济的发展，邮轮旅游在国际海上运输中占据重要地

① 参见王亦凡：《交通运输部：高度重视疫情期间的船员权益保障工作》，载人民政协网，http：//www.rmzxb.com.cn/c/2020－04－18/2557461.shtml。

② 联合国大会第75届会议文件（A/75/L.37）指出：“敦促会员国指定海员和其他海事人员为关键工作人员。”国际海事组织4204号通函件第35号补充件（Circular Letter No.4204/Add.35/Rev.8）将国际海员列为“关键工作人员”，以期缓解国际海员换班困境。

位。一旦国际邮轮暴发公共卫生事件，应当保障邮轮旅客的基本权益。交通运输部于2014年3月7日印发《关于促进我国邮轮运输业持续健康发展的指导意见》（交水发〔2014〕68号）。该指导意见提出“以人为本，服务经济”“以邮轮旅客需求为出发点”“为旅客创造环境优美、卫生安全、诚信规范的舒适旅游环境”。这些内容体现了以邮轮旅客需求为出发点的政策导向。

以邮轮旅客需求为出发点要求邮轮港口所在地完善港区配套设施、加强医疗救助服务建设，通过提高疫苗接种能力、扩充病床容量等方式提高港口的接待能力，为旅客创造卫生、安全、舒适的旅游环境。我国在应对船舶公共卫生风险中坚持以邮轮旅客需求为出发点。新冠疫情暴发初期，中国天津港和深圳蛇口港分别于2020年1月24日和1月26日接受意大利籍“歌诗达赛琳娜”（Costa Serena）号邮轮和“歌诗达威尼斯”（Costa Venezia）号邮轮挂靠，高效安全地完成了国际邮轮公共卫生事件的应对工作。

在国际邮轮突发公共卫生事件语境下，在邮轮港口获得必要的公共卫生服务是邮轮旅客的基本需求之一。完善邮轮港口周边医疗设施是提升邮轮港口公共卫生服务水平的重要方面。2006年9月，交通运输部发布了《全国沿海港口布局规划》，对沿海邮轮港口群进行了初步布局规划，鼓励沿海城市为邮轮停靠提供必要的硬件基础设施。2018年9月17日，交通运输部等十部门联合制定印发了《关于促进我国邮轮经济发展的若干意见》（交水发〔2018〕122号），将“邮轮旅客年运输量达到1400万人次”作为到2035年我国邮轮经济的发展目标之一。[①]

面对1400万人次的邮轮旅客年运输量，我国在应对船舶公共卫生风险

---

① 参见交通运输部、发展改革委、工业和信息化部、公安部、财政部、商务部、文化和旅游部、海关总署、税务总局、移民局《关于促进我国邮轮经济发展的若干意见》（交水发〔2018〕122号）。

时，应当尽可能确保港口所在地政府配备足够的医疗硬件基础设施，能够保障旅客安全。医疗硬件基础设施直观上体现为邮轮港口附近的医院情况。我国邮轮港口附近医院情况如表 1 –3 所示。

表 1 –3 我国邮轮港口附近医院情况

港口名称	附近医院	距离及车程	10 公里内医院数量/座
上海吴淞口国际邮轮港	上海第九人民医院	4.8 公里 11 分钟	>10
上海港国际客运中心	上海市第一人民医院	2.8 公里 13 分钟	>10
大连国际邮轮中心	大连市友谊医院	2.4 公里 10 分钟	>10
广州南沙邮轮母港	广州市第一人民医院南沙医院	11 公里 21 分钟	1—5
天津国际邮轮母港	天津港口医院	23 公里 27 分钟	1—5
青岛邮轮母港	青岛市市立医院	3 公里 10 分钟	>10
深圳招商蛇口邮轮母港	深圳市蛇口人民医院	3.6 公里 11 分钟	6—10
三亚凤凰岛国际邮轮港	三亚华侨医院	2.7 公里 8 分钟	>10
舟山国际邮轮港	普陀医院朱家尖分院	6.1 公里 11 分钟	1—5
厦门国际邮轮中心	厦门大学附属中山医院本部	4.6 公里 9 分钟	>10
温州国际邮轮港	温州市洞头区人民医院	8.7 公里 16 分钟	1—5

注：数据由笔者根据高德地图显示的数据统计，统计时间截至 2022 年 8 月。“10 公里”为预估距离，实际车程通常会比预估距离更大；“医院”指大型综合医院，不含妇产医院、口腔医院、社区卫生服务中心等小型或专门医院机构。

以上数据表明，位于上海、大连、青岛、三亚、厦门的邮轮母港医疗资源比较充足，而其他城市邮轮港口的公共卫生服务水平仍有进一步提升的空间。

（四）促进邮轮经济发展

促进邮轮经济发展是中国发展邮轮产业的一个重要政策导向。《关于促进我国邮轮经济发展的若干意见》中将“强化邮轮安全发展”作为推进中国邮轮经济发展的主要任务之一。[①] 为贯彻该意见，在地方层面，上海市人民政府办公厅于 2018 年 10 月 8 日印发《关于促进本市邮轮经济深化发展的若干意见》（沪府办发〔2018〕32 号）。厦门港口管理局、厦门市文化和旅游局、厦门市财政局于 2021 年 7 月 5 日印发《关于进一步促进邮轮旅游业发展的扶持意见》（厦港规〔2021〕3 号）。

中国邮轮经济在这次新冠疫情中遭受了严峻打击。以厦门港为例，2019 年，厦门港共接待邮轮 136 艘次，旅客吞吐量 41.37 万人次。2020 年，受新冠疫情影响，全国邮轮港口自 1 月底暂停邮轮运营，厦门港接待邮轮 3 艘次，旅客吞吐量 0.43 万人次。[②] 新冠疫情期间出现的邮轮经济“跳水”现象表明，国际邮轮公共卫生风险现已成为国家发展邮轮经济需要解决的核心问题，建立和完善港口国对于国际邮轮突发公共卫生事件的应对制度具有重要性和迫切性。一旦应对不当，不仅国内公共卫生安全和船上人员的生命健康会遭受严重威胁，国家邮轮经济也会遭受持续性的负面影响。

为了响应促进邮轮经济发展的政策号召，港口国在应对船舶公共卫生

① “强化邮轮安全发展”具体包括加强邮轮停靠口岸的公共卫生核心能力建设，完善邮轮运营安全、旅客群体性公共卫生和重大疫情等突发事件应急预案及相关工作机制。

② 参见厦门港口管理局、厦门市文化和旅游局、厦门市财政局《关于印发进一步促进邮轮旅游业发展扶持意见的通知》（厦港规〔2021〕3 号）。

风险时应当采取更加积极的态度，紧抓邮轮公共卫生情况的监测和预防工作，尽快实现邮轮经济的复苏。此外，为了应对持续低迷的邮轮旅游市场、恢复本国邮轮旅游经济发展，一些港口国采用税收减免优惠政策，间接扶持特殊时期下的邮轮经济发展。例如，针对邮轮实施减免港口规费政策：2020 年 2 月，新加坡海事和港务局宣布，在 2020 年 3 月 1 日至 8 月 31 日期间，对在港口停留 5 日以内的邮轮和载有旅客的邮轮减半收取港口规费。①

第二节　港口国应对船舶公共卫生风险的基本原则

人类卫生健康共同体理念可以为解决国际法理论层面的价值冲突提供指引，但不能直接为港口国应对船舶公共卫生风险提供具体的指导，而是需要从价值层面下沉为基本原则后再发挥指导作用。国际法的基本原则具有概括性和指引性的特点，可用于平衡和补充国际法规则。② 本书以人类卫生健康共同体理念为指导，以国际海洋法、国际卫生法、国际人权法和港口国国内法为依据，结合船舶突发公共卫生事件的特征，港口国应对船舶公共卫生风险应当遵循国家主权原则、国际人权保护原则、合理行政原则和国际合作原则。进一步看，在这些基本原则的具体适用中，国家主权原则和国际人权保护原则之间可能存在冲突。由此产生的问题是：如何对这种紧张关系进行协调？这一问题由本节最后一部分作出回应。

---

① See *Singapore Reduces Passenger Ship Port Charges to Reduce Financial Impact of Covid－19*, Insurance Marine News（Feb. 20，2020），https：//insurancemarinenews. com/insurance－marine－news/singapore－reduces－passenger－ship－port－charges－to－reduce－financial－impact－of－covid－19/.

② 参见何志鹏等：《国际法原理》，高等教育出版社 2017 年版，第 56 页。

一、国家主权原则

国家主权原则是指国家在国际交往中相互尊重国家主权，彼此承认各国在其本国领域内享有按照自己的意志、独立自主地决定对内对外事务的最高权力的国际行为准则。传统国家主权观认为，国家主权原则意味着国家对其领土界限之内的一切人和物都享有最高权力，各主权国家可以通过立法、司法、行政、经济、军事和文化等方式来实施统治，而不存在对主权实体职能加以干涉和限制的力量。[①] 在全球化背景下，国际社会并未打破以国家主权为基本原则的国际社会秩序的建构，但全球性问题的产生使得国际社会的国家主权观有所发展。下文围绕新国家主权观对传统国家主权观的发展，阐明国家主权原则的要义。

（一）传统国家主权观

在国家主权原则中，国家主权作为基石概念，成为展开国际法和国际关系分析的逻辑起点。[②] 国际关系自由主义理论认为，人生而自由，但因自然状态存在诸多不便，个人开始在理性的号召下订立契约、组成政治社会。[③] 自由主义力图通过界定国家活动的范围和个人不可让渡的自然权利来对抗主权国家对个人权利的侵害。为了服务于巩固君主的绝对专制权力，法国政治思想家让·博丹（Jean Bodin）在《主权论》一书中提出了“主权不可分割”的思想，强调国家主权是一种至高无上的绝对权力。[④] 这一思想主要包含两个论断，一是主权权力不可分割，二是主权，尤其是立

① 参见李明倩：《〈威斯特伐利亚和约〉与近代国际法》，商务印书馆2017年版，第193－194页。

② 参见何志鹏：《国际法哲学导论》，社会科学文献出版社2013年版，第204－206页。

③ 参见陈志英：《西方现代性语境下的主权理论研究》，中国社会科学出版社2007年版，第5页。

④ 参见俞可平等：《全球化与国家主权》，社会科学文献出版社2004年版，第2页。

法权，不能与他人共享。[①] 为了论述主权的不可分性，博丹指出："主权的特质就是一种仅适用于拥有主权的君主的品质。如果相反，这种特质可以与臣民共享，那么我们就不能说这种特质是主权的标志。因为就像一顶王冠被打碎，就不能再称之为王冠，一个代表王权的玫瑰图饰被揉碎，也就不能再称其是玫瑰了。所以如果有人致使主权破裂，侵占了作为主权整体的一部分，那么主权的最高权威也就失去了它的璀璨。"[②] 博丹的《主权论》较为系统地论述了近代意义上的主权理论，提出国家主权具有绝对性、永久性、不可让渡性、不可分割性和不受侵犯性。这些特性是国家区别于其他社会政治组织的根本标志。可见，国家主权是民族国家兴起过程中为自身寻找合法性和正当性而创设的词语。[③]

近代意义的国家主权概念在 17 世纪中叶以后随着威斯特伐利亚体系（Westphalian System）的产生而形成。关于《威斯特伐利亚和约》（Peace of Westphalia）起点性历史地位的推断肇始于以英美为代表的西方国际法学界的主流观点，即"《威斯特伐利亚和约》创设了国家主权原则，打破了罗马教皇世界的主权"[④]。"所有的国王都是他自己领土内的皇帝"（rex in regno suoest imperator）这一概念在理论和实践中持续存在了几个世纪。[⑤] 主权国家概念的诞生为全球人类交往提供了一个崭新的模式，人类开始基于主权独立的基本理念，构建以国家为主体、国家与国家之间互动的新规则。[⑥]

---

① 参见［法］让·博丹、［美］朱利安·H. 富兰克林编：《主权论》，李卫海、钱俊文译，北京大学出版社 2008 年版，第 16 页。

② ［法］让·博丹、［美］朱利安·H. 富兰克林编：《主权论》，李卫海、钱俊文译，北京大学出版社 2008 年版，第 97 页。

③ 参见李明倩：《〈威斯特伐利亚和约〉与近代国际法》，商务印书馆 2017 年版，第 185 页。

④ 李明倩：《〈威斯特伐利亚和约〉与近代国际法》，商务印书馆 2017 年版，第 2 页。

⑤ 参见李明倩：《〈威斯特伐利亚和约〉与近代国际法》，商务印书馆 2017 年版，第 188 页。

⑥ 参见［日］小寺彰、岩泽雄司、森田章夫编：《国际法讲义》，梁云祥译，南京大学出版社 2021 年版，第 1 页。

（二）全球性问题对传统国家主权观的挑战

船舶公共卫生风险既是个别国家所面临的国内问题，同时也是全球性问题。一方面，旅客和船员下船可能导致病毒从境外输入港口国，危及港口国的公共卫生利益，而公共卫生利益是国家利益的重要内容；另一方面，国际社会已经明确意识到传染病的流行不仅危及民众的健康，而且其对全球贸易和旅行的影响不利于全球经济发展和社会稳定。港口国应对船舶公共卫生风险时，作为国内问题，任何国家有权按照自己的选择进行管理和处置，不受外部力量的干预；但作为全球性问题，每个国家在处理它们时又必然会受到国际社会和其他国家的影响，必须与国际社会共同担负起全球卫生治理的职责。此时，国家权力的边界在一定程度上开始模糊，[①]由此产生了全球化对传统国家主权观的挑战。

（三）全球化背景下的新国家主权观

目前为止，传统国家主权观在全球化背景下如何发展的问题上，至少出现了九种具有代表性的新国家主权观念，分别是："民族国家终结论""国家主权过时论""国家主权弱化论""国家主权多元论""国家主权强化论""世界政府论""新帝国主义论""新帝国论""全球治理理论"。[②]

"民族国家终结论"认为，全球化正在消除经济空间和政治空间的一致性。这种一致性的日益消失，使民族国家的统治失效。"国家主权过时论"认为，在全球化时代，传统的国家主权已经开始彻底崩溃，现代国家已经失去了单方面实行全面的宏观经济政策的能力。国家主权已经成为一

---

① 参见俞可平等：《全球化与国家主权》，社会科学文献出版社2004年版，第43页。

② 参见俞可平等：《全球化与国家主权》，社会科学文献出版社2004年版，第11－22页。

个过时的概念，国际政治的“后威斯特伐利亚”时代已经来临。“民族国家终结论”和“国家主权过时论”这两种理论都在一定程度上否认了国家主权的存续，尤其是前者更是在主权问题上表现出对传统国家主权观的激烈否定。

相对柔和的“国家主权弱化论”认为，国家主权遭到了全球化的强烈冲击，国家主权已经被严重地削弱了，它不再具有先前的绝对性和至高无上性。这一观点依然肯定国家主权的存在，认为国家主权没有消失，也没有过时，而是依然在国内政治生活和国际事务中处于核心和基础的地位。相反，“国家主权强化论”认为，全球化本身就是国家推动的，这一过程不仅没有改变国家主权的性质、使国家主权弱化或消失，反而使国家主权的属性和功能在全球化时代得到了前所未有的增强。这两种观点都认可传统国家主权观在全球化时代的存续，但对于国家主权的属性和功能的改变方向作出了相反判断。

另一种“国家主权多元论”同样肯定国家主权的存在，但否认传统国家主权观对国家主权至高无上的定性，认为国家主权可以通过分割和让渡的形式发生转移。例如，通过国家间建立协定后，国家不得不遵守各种形式的国际治理，而国际治理中的超国家的国际组织分担了国家的治理权力，国家主权“向上”转移。国家主权发生转移后，国家对于被转移部分仍然享有领土管辖权（territorial jurisdiction）。领土管辖权作为国家主权的主要内容和标志，是指国家基于其领土主权，对其领土内的一切人、物和所发生的事件，以及对在其领域外的本国人行使管辖的排他性权力。[①] 这一观点对国家主权和领土管辖权进行了区分，在国际法理论层面对于主权和管辖权分离的现象作出了解释。但是，对于主权国家依据国际公约承担国际治理义务是否属于主权的转移这一点，值得商榷。

---

① 参见任虎：《领土主权与国际法》，中国政法大学出版社 2018 年版，第 4 页。

还有一些观点将全球化对传统国家主权观的挑战推向极致。“世界政府论”认为，存在一种超越国家和民族的普世价值，这种普世价值奠定了全人类趋向一体化的“世界社会”和“世界模式”的现实基础，因而提出建立一个超越国家之间的“世界政府”。“新帝国主义论”是指西方发达资本主义国家完全无视国家主权的客观存在，在通过全球化过程进行经济扩张和金融垄断的同时，以“主权过时”“国家失效”等名义公开谋求国际霸权，想方设法将其文化价值、政治制度和意识形态推向广大的发展中国家。“新帝国论”认为，全球化使民族国家的主权出现不可逆转地衰落，并导致了一种新的全球秩序、一种新的全球规则和全球结构，最终形成了一种新的主权。这种新的主权形式由一系列国家和超国家的机体构成，是统治全世界的最高权力，被称为“帝国”。① 虽然从宇宙的起源和发展来看，此类“世界大同”的设想具有一定可能性，但就目前而言还远未达到这一目标。

在当代西方的各种新国家主权理论中，最有影响的是全球治理理论。全球治理理论伴随全球化发展而来，其现有理论提出八种不同的治理模式：一是世界政府模式，此种模式的思路是，参照民族国家的政府在世界范围内建立统一的具有等级特征的权威体系。二是国家中心治理模式，此种模式是以主权国家为主要治理主体的代表性治理模式，即主权国家在彼此关注的领域，出于对共同利益的考虑，通过协商、谈判而相互合作，共同处理问题，进而产生一系列国际协议或规制。三是有限领域治理模式，此种模式是以国际组织为主要治理主体的代表性治理模式，指国际组织针对特定经济、环境等领域开展活动，促进相关成员国之间实现对话与合作，谋求实现共同利益。四是世界网络政府模式，此种治理模式从重功能

---

① 参见俞可平等：《全球化与国家主权》，社会科学文献出版社 2004 年版，第 11 –22 页。

而非重权威的新功能主义思路出发，认为各国的法院、管理机构、行政机构、立法机构等功能不同的独立部分可以结成关系密集的网络，通过各功能领域的联合管理，形成具有立法、执法、司法职能的世界网络政府。五是网络治理模式，即在现存的跨组织关系网络中，针对特定问题，在信任和互利的基础上，协商目标与偏好各异的行动者策略而展开合作管理，是以非政府组织为主要治理主体的代表性治理模式。六是“没有政府的治理”模式，在此种治理模式下，民族国家组成的全球政治实体仍是组成全球治理的众多行为体的一部分，但治理的主要行为体并非国家，而是一些在不同领域得到民众支持和服从的行为体。七是世界主义民主模式，此种模式是一个多层次的协作治理体系，治理权威分散在地方、国家、区域、全球等不同层次上，每个层次都形成一个以公民自我管理为主导的自治共同体。八是国际机制治理模式，国际机制强调全球层面的多边合作，其为全球治理提供的基本原则和规范构成了国家行为的外部环境约束，为解决全球性问题提供了一条法治路径。①

全球治理理论伴随全球化发展而来，上述八种治理模式均体现了全球治理中治理主体多元化的特征。治理活动的跨国性、全球性和多元治理主体的参与使得主权国家的权力边界变得模糊，对威斯特伐利亚体系提出的主权绝对、排他干涉的最基本原则造成挑战。可以认为，全球治理理论是对传统国家主权观的继承和发展，其一方面否定国家至上的绝对主权论，另一方面认为以主权国家为基本架构的威斯特伐利亚体系在可预测的一段时间内不会动摇。② 新冠疫情的发生再次表明，人类是一个休戚与共的命运共同体。在公共卫生领域，国际社会共同享有的公共卫生安全利益使得全人类成为休戚与共的卫生健康共同体。国际社会应当积极主动地参与船

① 参见刘衡：《国际法之治：从国际法治到全球治理》，武汉大学出版社2014年版，第2-6页。

② 参见刘衡：《国际法之治：从国际法治到全球治理》，武汉大学出版社2014年版，第31页。

舶公共卫生风险应对，在全球卫生治理中承担责任。

2003 年 5 月，世界卫生大会提出支持扩大全球传染病监测。在威斯特伐利亚体系中，国家行为的一般模式是不向世界卫生组织和其他国家报告疾病事件，但在“非典”暴发时，情况正好相反。尽管各国在 1969 年《国际卫生条例》的规定中不负有向世界卫生组织报告“非典”病例的国际法律义务，但几乎所有受“非典”影响的国家都迅速、持续和透明地向世界卫生组织通报了病例。① 2003 年 3 月 12 日，世界卫生组织发布了第一个 SARS 疫情全球性警报，提醒各国公共卫生当局加强本国的监测和应对能力，预防“非典”在国际间传播。不仅如此，世界卫生组织成员国在“非典”期间两次批准将非政府信息纳入传染病监测的范围。这一政策举措与威斯特伐利亚体系的国家中心主义并不相容，体现了公共卫生向以全球卫生治理为特征的后威斯特伐利亚时期的过渡。② 世界卫生组织通过全球网络打破了威斯特伐利亚体系的不报告模式，加速了全球卫生治理战略的进程，标志着传染病全球监测时代的到来，③ 产生了因循全球治理理论的新国家主权观。

全球治理的核心内容是健全和发展一整套维护全人类安全、和平、发展、福利、平等和人权的新的国际政治经济秩序，并在不同国家间确立一种共同遵守的规则和制度框架，以增进人类共同利益。④ 这一内容体现的精神与人类卫生健康共同体理念的正义价值和善治价值在实质上

---

① See David P. Fidler, *SARS, Governance and the Globalization of Disease*, Palgrave Macmillan, 2004, p. 133.

② See David P. Fidler, *SARS, Governance and the Globalization of Disease*, Palgrave Macmillan, 2004, p. 136.

③ See David P. Fidler, *SARS, Governance and the Globalization of Disease*, Palgrave Macmillan, 2004, p. 135 –136.

④ 参见俞可平：《论国家治理现代化》（修订版），社会科学文献出版社・社会政法分社 2015 年版，第 52 页。

具有一致性。因此，在人类命运共同体理念的指导下，应当因循全球治理理论的新国家主权观。在人类卫生健康共同体理念和新国家主权观的指导下，通过全球卫生治理的方式解决船舶突发公共卫生事件，有利于改善国际法主体在国际交往活动中实施纯粹自利行为的局面，① 可以有效防范或化解重大传染病在全球范围内的蔓延等各种威胁国家非传统安全的风险。

二、国际人权保护原则

船舶暴发疫情不仅涉及国家安全问题，也涉及人权保护问题。根据人类卫生健康共同体的人权价值和以邮轮旅客需求为出发点的政策导向，港口国应对船舶公共卫生风险应当遵循国际人权保护原则，保障船上旅客和船员的基本权利。下文围绕船上旅客和船员的基本权利保护，讨论国际人权保护原则的理论基础，以及这一原则在港口国应对船舶公共卫生风险中如何发挥指导作用，并指出现行国际法规范对于涉海情形下人权保护规定的不足，进而提出相应的解决方案。

（一）国际人权保护的法律框架

1. 国际法关于国际人权保护的一般性规则

迄今为止，国际人权法已经形成了以联合国及其专门机构作为国际人权保护的主要组织形式；以 1948 年《世界人权宣言》（Universal Declaration of Human Rights，UDHR）、1966 年《公民权利和政治权利国际公约》（International Covenant on Civil and Political Rights，ICCPR）和《经济、社会和文化权利国际公约》（International Covenant on Economic，Social and

---

① 参见龚柏华：《“三共”原则是构建人类命运共同体的国际法基石》，载《东方法学》2018 年第 1 期。

Cultural Rights，ICESCR）这三组密切联系的国际法文件为法律基础；由联合国绝大多数成员国共同参与的全球性和区域性的国际人权保护体系。[①]联合国框架下的人权保障机构和国际人权条约的主要监督机构负责提供全球性人权保护，欧洲、美洲、非洲人权保护机构和亚洲次大陆人权保护机构负责提供区域性的国际人权保护。

《联合国宪章》的序言中着重指出了人权保护的重要性，[②] 并在第 1 条将“增进并激励对于全体人类之人权及基本自由之尊重”作为一项宗旨。在具体内容方面，《联合国宪章》第 55 条和第 56 条规定，各国应当在联合国的促进作用下，通过共同合作在全球范围内实现每个人的人权及基本自由。[③] 不仅如此，《联合国宪章》第 13 条和第 62 条分别赋予大会和经济暨社会理事会提出建议的权利，第 68 条和第 76 条还提出通过设立各种委员会、建立国际托管制度的方式监督对国际人权保护的遵行。以上条文体现了《联合国宪章》保护人权的宗旨，但这些原则性规定并未创设各国保护人权的具体义务。在《联合国宪章》之外，《世界人权宣言》对《联合国宪章》中的人权条款进行解释，成为首个对人权问题作出具体规定的国际文件，其对人权的国际承认是人权保护全球化的重要进程。虽然《世界人权宣言》没有法律拘束力，但其帮助各国确立了普遍承认的人权标准，对各国履行保护人权的义务起到指导性作用。在此，将与海上人权保护相关的海洋法公约、海事公约和劳工公约总结如下（见表 1 –4）。

---

① 参见莫纪宏等：《人权法的新发展》，中国社会科学出版社 2008 年版，第 10 –11 页。

② 《联合国宪章》在序言中指出：“重申基本人权，人格尊严与价值”。

③ 《联合国宪章》第 55 条规定：“为造成国际间以尊重人民平等权利及自决原则为根据之和平友好关系所必要之安定及福利条件起见，联合国应促进……全体人类之人权及基本自由之普遍尊重与遵守，不分种族、性别、语言、或宗教。”第 56 条规定：“各会员国担允采取共同及个别行动与本组织合作，以达成第五十五条所载之宗旨。”

表1-4 与海上人权保护相关的国际公约

公约名称		通过日期
人权公约	1.《消除一切形式种族歧视国际公约》 International Convention on the Elimination of All Forms of Racial Discrimination（ICERD）	1965年12月21日
	2.《公民权利和政治权利国际公约》 International Covenant on Civil and Political Rights（ICCPR）	1966年12月19日
	3.《经济、社会和文化权利国际公约》 International Covenant on Economic, Social and Cultural Rights（ICESCR）	1966年12月19日
	4.《消除对妇女一切形式歧视公约》 Convention on the Elimination of All Forms of Discrimination against Women（CEDAW）	1979年12月18日
	5.《禁止酷刑和其他残忍、不人道或有辱人格的待遇或处罚公约》 Convention against Torture and Other Cruel, Inhuman or Degrading Treatment or Punishment（CAT）	1984年12月10日
	6.《儿童权利公约》 Convention on the Rights of the Child（CRC）	1989年11月20日
	7.《保护所有移徙工人及其家庭成员权利国际公约》 International Convention on the Protection of the Rights of All Migrant Workers and Members of Their Families（ICMW）	1990年12月18日
	8.《保护所有人免遭强迫失踪国际公约》 International Convention for the Protection of All Persons from Enforced Disappearance（CPED）	2006年12月20日
	9.《残疾人权利公约》 Convention on the Rights of Persons with Disabilities（CRPD）	2006年12月13日

续表

公约名称		通过日期
海洋法和国际海事组织公约	1.《联合国海洋法公约》 UN Convention on the Law of the Sea（UNCLOS）	1982 年 12 月 10 日
	2.《国际干预公海油污事故公约》 International Convention Relating to Intervention on the High Seas in Cases of Oil Pollution Casualties（INTERVENTION）	1969 年 11 月 29 日
	3.《国际海上避碰规则公约》 Convention on the International Regulations for Preventing Collisions at Sea（COLREG）	1972 年 10 月 20 日
	4.《国际海上人命安全公约》 International Convention for the Safety of Life at Sea（SOLAS）	1974 年 11 月 1 日
	5.《海上旅客及其行李运输雅典公约》 Athens Convention Relating to the Carriage of Passengers by Sea（PAL）	1974 年 12 月 13 日
	6.《海事赔偿责任限制公约》 Convention on Limitation of Liability for Maritime Claims（LLMC）	1976 年 11 月 19 日
	7.《海员培训、发证和值班标准国际公约》 International Convention on Standards of Training, Certification and Watchkeeping for Seafarers（STCW）	1978 年 7 月 7 日
	8.《国际海上搜寻救助公约》 International Convention on Maritime Search and Rescue（SAR）	1979 年 4 月 27 日
	9.《制止危及海上航行安全非法行为公约》 Convention for the Suppression of Unlawful Acts against the Safety of Maritime Navigation（SUA）	1988 年 3 月 10 日
劳工公约	1.《强迫劳动公约》 Forced Labour Convention	1930 年 6 月 28 日
	2.《结社自由及保护组织权公约》 Freedom of Association and Protection of the Right to Organise Convention	1948 年 6 月 9 日

续表

公约名称		通过日期
	3.《组织和集体谈判权利公约》 Right to Organise and Collective Bargaining Convention	1949 年 6 月 1 日
	4.《男女工人同工同酬公约》 Equal Remuneration Convention	1951 年 6 月 29 日
	5.《消除就业和职业歧视公约》 Discrimination（Employment and Occupation） Convention	1958 年 6 月 25 日
	6.《确定允许儿童在海上工作的最低年龄公约》 Convention Fixing the Minimum Age for Admission of Children to Employment at Sea	1973 年 6 月 26 日
	7.《禁止和立即行动消除最恶劣形式的童工劳动公约》 Worst Forms of Child Labour Convention	1999 年 6 月 17 日
	8.《海事劳工公约》 Maritime Labour Convention（MLC）	2006 年 2 月 7 日
	9.《关于渔业部门工作的公约》 Work in Fishing Convention	2007 年 11 月 16 日

资料来源：Flag States and Human Rights，（2018 - 07 - 17）［2022 - 11 - 29］，https：//www. humanrightsatsea. org/sites/default/files/media - files/2022 - 01/HRAS - BRISTOL - UNI - FLAG - STATES - REPORT - 2018. pdf.

2. 国际法关于旅客和船员人权保护的具体规定

港口国应对船舶公共卫生风险，涉及船上旅客和船员的生命权、健康权和迁徙自由的权利。尽管各国对基本人权存在不同规定，但总体而言，各国通常都承认这些权利的保障问题属于国际人权保护的范畴。

首先，港口国应当保障旅客和船员的生命权和健康权。中国加入并批准的《经济、社会和文化权利国际公约》第 12 条和第 2 条规定，[①] 健康权

① 《经济、社会和文化权利国际公约》第 12 条要求缔约国承认“人人有权享有能达到的最高的体质和心理健康的标准”，达到“预防、治疗和控制传染病”的目标，创造“保证人人在患病时能得到医疗照顾的条件”；第 2 条第 2 款规定：“本公约缔约各国承担保证，本公约所宣布的权利应予普遍行使，而不得有例如……国籍……或其他身份等任何区分。”

的保护对象既包括本国公民，也包括在一国境内的外国人。因此，主权国家对人权的国际保护可分为两种情形：一是在本国领土内对外国公民的保护，二是在本国领土外对本国国民的保护。港口国应对船舶公共卫生风险属于第一种情形。在此情形下，港口国应当承担国际法义务，为突发公共卫生事件的外国籍旅客和船员提供医疗服务，保护其健康和生命。例如，根据《国际卫生条例》第 17 条第 4 款中的规定，“额外的卫生措施”的限制性和侵扰性“不应超过能适度保护健康的其他合理的可行措施”。这一规定为 2005 年修订后新加入的内容。[①] 由此可见，2005 年《国际卫生条例》更加注重对旅客健康权的保障。船员的健康权以及获得医疗救治的权利则由国际劳工组织制定的《海事劳工公约》这一保障船员的专门性法律提供法律保障。该公约第 4 条“海员的就业和社会权利”规定了船员享有的核心权利，[②] 具体内容主要由规则 4.1 “船上和岸上医疗” 作出规定。

其次，港口国应当保障旅客的迁移自由。根据迁徙形式的不同，可以将迁徙划分为出境迁徙、入境迁徙和国籍国以外的其他国家间迁徙。[③] 以邮轮旅游活动为例，国际邮轮上的外国籍旅客和船员进入港口国属于向国籍国以外的其他国家间迁徙，而本国籍旅客和船员进入港口国属于入境迁徙。一方面，迁徙自由是个人依据国际人权公约和国内法享有的基本权利。在国际法层面，《公民权利和政治权利国际公约》第 12 条第 2 款规定赋予个人从本国前往其他国家旅行和居住的权利，以及从其他国家回到本

---

① 人权保护相关内容是 2005 年《国际卫生条例》的重点新增内容之一，相关条款包括第 3 条第 1 款、第 23 条第 2 款、第 23 条第 3 款、第 23 条第 4 款、第 23 条第 5 款、第 31 条第 1 款、第 31 条第 2 款、第 32 条、第 43 条第 2 款、第 45 条第 1 款、第 45 条第 2 款、第 45 条第 3 款。其中，第 3 条第 1 款将人权保护原则作为《国际卫生条例》的一项基本原则。

② 《海事劳工公约》第 4 条前 4 款规定：“1. 每一海员均有权获得符合安全标准的安全并受保护的工作场所。2. 每一海员均有权获得公平的就业条件。3. 每一海员均有权获得体面的船上工作和生活条件。4. 每一海员均有权享受健康保护、医疗、福利措施及其他形式的社会保护。”

③ 本句中“出境”和“入境”的“境”是指旅客和船员的国籍国边境。

国的自由。[①]《世界人权宣言》第13条第2款明确规定了个人返回自己国家的权利。[②] 另一方面，迁徙自由受到一定限制。《公民权利和政治权利国际公约》第12条第3款将国家安全、公共秩序和公共卫生作为限制迁徙自由的合理条件。[③] 但是，这些条件并非个人迁徙自由受到限制的充分条件。换言之，限制迁徙自由的行为同样应当受到限制。一方面，为了保护迁徙自由，对迁徙自由的限制必须符合各国宪法的规定；另一方面，对迁徙自由的限制不应当存在不合理歧视。[④]

在国内法层面，作为迁徙自由的遣返权是个人受主权国家宪法和法律保障的一项基本权利。[⑤] 在中国，关于《宪法》是否规定了公民迁徙自由的权利，理论学界存在不同观点。肯定说认为，迁徙自由属于一般行为自由，《宪法》第51条规定了对一般行为自由的限制，通过对该条款进行反对解释可知，《宪法》为一般行为自由提供了空间，可以作为迁徙自由的依据。[⑥] 此外，韩大元认为，迁徙自由可以从《宪法》第33条“尊重和保障人权”的人权条款中解释出来。[⑦] 否定说认为，《宪法》第51条过于宽泛，不能通过合宪性基准的校验，不适用于迁徙自由；“人权条款”仅强调迁徙自由作为基本人权的属性，难以洞悉迁徙自由蕴含的平等价值，因而中国法律存在“迁徙的宪法缺位”。[⑧]

---

① 《公民权利和政治权利国际公约》第12条第1款规定：“在一国领土内合法居留之人，在该国领土内有迁徙往来之自由及择居之自由。”第2款规定：“人人应有自由离去任何国家，连其本国在内。”

② 《世界人权宣言》第13条第2款规定：“人人有权离开任何国家，包括其本国在内，并有权返回他的国家。”

③ 《公民权利和政治权利国际公约》第12条第3款规定：“上列权利不得限制，但法律所规定、保护国家安全、公共秩序、公共卫生或风化，或他人权利与自由所必要，且与本盟约所确认之其他权利不抵触之限制，不在此限。”

④ 参见曾祥华：《对迁徙自由的宪法学思考》，载《政法论丛》2003年第6期。

⑤ 参见王理万：《迁徙自由的规范结构与宪法保障》，载《政治与法律》2017年第4期。

⑥ 参见王理万：《迁徙自由的规范结构与宪法保障》，载《政治与法律》2017年第4期。

⑦ 参见韩大元：《基本权利概念在中国的起源与演变》，载《中国法学》2009年第6期。

⑧ 参见朱全宝、吴传毅：《保障抑或限制：美、德迁徙自由的宪法保障及其启示》，载《北京行政学院学报》2016年第2期。

肯定说以《宪法》第51条之法意，阐明《宪法》关于迁徙自由的规范意旨，采用了体系解释的方法，将《宪法》中各法律规范系属一个整体，符合法律解释的一般方法。至于肯定说将《宪法》中的人权条款解释为包含迁徙自由是否合理，需要明确此种解释是扩张解释还是目的性解释。扩张解释与目的性扩张以“射程理论”和预见可能性为区别标准，即所扩张之含义在文义射程之内、具有预见可能性即为扩张解释，超出文义射程、无预见可能性则为目的性扩张。[①] 扩张解释是法律解释的一般方法，而目的性解释属于法律漏洞的填补，其适用受到限制。人权保护理论认为，旅客遣返涉及迁徙自由，为身体自由之延伸。[②] 不仅如此，从宪法学著作的文章体例结构看，迁徙自由通常被归入人身自由部分。[③] 因而，将《宪法》第37条规定的人身自由解释为包括迁徙自由，符合宪法学理论的通说，为法律解释方法中的扩张解释。尽管“人权条款”仅承认迁徙自由的人权属性，但在港口国应对船舶公共卫生风险语境下，足以认为旅客和船员的迁徙自由存在《宪法》依据。因而，旅客和船员的迁徙自由作为一种宪法性权利，可以通过《宪法》中的“人权条款”和第37条获得保障。

3. 国际人权保护实施机制

莫纪宏等在《人权法的新发展》一书中提出了国际人权保障的七种实施机制：一是在立法层面建立人权保障方面的基本制度，二是在司法层面对遭受人权侵害的主体提供法律救济，三是设立保障人权实现的人权保障委员会等专门机构，四是通过个人申诉程序、由国际性人权机构保障人权实现，五是在国际社会的援助下提高人权保障水准，六是依靠自发形成的非政府组织监督人权的实现，七是在人权相关的教育事业方面促进人权教

① 参见杨仁寿：《法学方法论》（第2版），中国政法大学出版社2013年版，第151、204页。

② 参见蒋银华：《国家义务论——以人权保障为视角》，中国政法大学出版社2012年版，第176页。

③ 参见王世杰、钱端升：《比较宪法》，商务印书馆2010年版，第97页。

育在全世界范围内的普及。[①] 朱力宇和叶传星在《人权法》一书中提出了国际人权保障的三种实施机制，一是国家依据国际条约在国内通过立法和司法保护人权，二是对国家执行条约义务的监督与制裁，三是国际人权保障机构直接保护人权。[②]

国际人权保护的实施机制并非对违反国际人权保护义务的国家施加惩治，而更多是起到对义务履行的监督作用。为了在国际社会层面对人权保障进行监督，《公民权利和政治权利国际公约》第 41 条规定了国家间控诉程序。[③] 公约监督机构有权受理某一缔约国对另一缔约国未履行公约义务的指控，即如果国际人权公约的一个缔约国认为另一个缔约国未履行公约的有关规定，可依该公约规定的程序将事项通知有关公约监督机构。所有国际人权机构都表示，它们有权监督政府有关传染病问题的行动。[④] 然而，国家间指控和和解制度具有任择性，在实践中，一国控告另一国不遵守公约的可能性几乎不存在。[⑤]

除国家间控诉程序外，个人来文及申诉制度也是一种重要的国际人权保障监督方式。这一制度是指缔约成员国的个人声称因条约所载权利遭受侵害而成为受害者，向条文机构提交来文进行申诉的监督制度。联合国人权事务委员会每年都受理大量个人对缔约国提出的控诉并发表意见。[⑥] 这一制度同样具有任择性，并以缔约国承认条约机构有权接受并审查个人来文为前提。

---

① 参见莫纪宏等:《人权法的新发展》，中国社会科学出版社 2008 年版，第 137 -144 页。

② 参见朱力宇、叶传星主编:《人权法》，中国人民大学出版社 2017 年版，第 307 页。

③ 《公民权利和政治权利国际公约》第 41 条第 1 款前 2 句规定:“本盟约缔约国得依据本条规定，随时声明承认委员会有权接受并审议一缔约国指称另一缔约国不履行本盟约义务之来文。依本条规定而递送之来文，必须为曾声明其本身承认委员会有权之缔约国所提出方得予以接受并审查。”

④ 参见龚向前:《传染病控制国际法律问题研究》，法律出版社 2011 年版，第 200 页。

⑤ 参见［美］路易斯·亨金:《权利的时代》，信春鹰等译，知识产权出版社 1997 年版，第 13 页。

⑥ 参见朱力宇、叶传星主编:《人权法》，中国人民大学出版社 2017 年版，第 317 -324 页。

基于上述两种正式的国际人权保护实施机制各自存在一些不足，非政府组织对于监督人权实现的作用在国际人权保护实践中愈发重要。疫情期间，成立于2014年的海上人权组织（Human Rights at Sea，HRAS）等一些海上人权保障机构为保障船员的基本权利在行动和资金方面提供了巨大支持。

（二）国际人权保护原则的法理基础

为了贯彻国际人权保护原则，港口国应当在应对船舶公共卫生风险时，保护船上旅客和船员的基本权利，并且在采取公共卫生措施时不进行不合理的歧视。国际人权保护原则中这一要求的理论基础在于人权的国际保护理论以及国际人权法中的不歧视义务。

1. 人权的国际保护理论

"人权的国际保护主要是指国家按照国际法，通过国际条约或者基于国际习惯，承担国际义务保护基本人权，并在某些方面进行合作与保证及相互监督，禁止非法侵犯这些基本的权利和自由，并促使它们得以实现。"① 国际法理论认为，基本人权具有全球性效力，② 双重公民身份、国际婚姻、儿童国际收养和劳工迁徙等都是人权问题全球化的重要例证。

在国际社会发展早期，人权保护仅为一国内部事项，而非国际性问题。人权保护从国内管辖事项转变为在全球层面发生作用，主要出于以下两方面原因：

一是人权保护需要外部监督和纠正。人权保障是国际法上的对世义务和强行规范的典型代表，大规模且严重的人权侵害是一种国际犯罪。通常而言，保护人权的第一性行为主体为国家，国家拥有警察和军队，可以采

---

① 邵津主编：《国际法》，北京大学出版社2014年版，第371页。

② 参见甘绍平：《人权伦理学》，中国发展出版社2009年版，第299页。

取强制性措施。但同时，国家也是侵害人权的第一性主体。在此意义上，要求国家负担人权保障的职能从根本上违反逻辑，因而人权保障需要借助国际力量实现监督和纠正。普遍性人权条约体现了所有人类生存的最低标准和最高要求，[①] 人权保护在国际法层面具备普遍性价值，需要国际组织之类的可以体现国际社会公共价值并且对公共价值作出担保的机构参与。因此这种监督和纠正来自国际组织及人权条约规定的主体所设立的人权保障监督及其实现系统，而非来自其他平等的主权国家。除了政府间组织外，监督和纠正一国人权问题的另一主体是国际非政府组织。在人权的国际保护进程中，世界范围内出现了大量关注区域安全和发展的社团组织（global civil society）。例如，1975 年《赫尔辛基协定》（Helsinki Accords）签署后，国际社会出现了大量人权组织。1992 年联合国环境与发展大会、国际人口与发展大会以及 1993 年世界人权会议之后，上述社团组织和人权组织也出现了类似的扩张。这些国际非政府组织通过《联合国宪章》第 71 条与包括世界卫生组织在内的政府间组织建立了直接联系。[②]

二是权利和义务具有相对性。“依据一个普遍承认的国际法的习惯规则，每一个国家对于在国外的本国公民享有保护的权利。与这权利相适应的，就是每一个国家对其领土内的外国人有依照某些法律规则和原则给予待遇的义务。”[③] 因而，在处理涉外性事务时，不同主权国家相互间负有国际人权保护的义务。

基于以上两方面原因，国际条约和决议等规范性文件，都将人权问题视为国际关心事项。在此之前，一些国家为了避免因国内人权侵害状况为

---

① 参见甘绍平：《人权伦理学》，中国发展出版社 2009 年版，第 298 页。

② See D. Shelton, *The Oxford Handbook of International Human Rights Law*, Oxford University Press, 2013, p. 120.

③ 《奥本海国际法》（上卷）（第 1 分册），［英］劳特派特修订，石蒂、陈健译，商务印书馆 1971 年版，第 173 页。

国际社会所议论和批评，常常主张人权属于国内管辖事项。在联合国人权委员会和国际人权条约中规定的委员会履行外部监督职能后，一定程度上削减了主权国家在掩盖人权侵害方面制造的障碍。例如，1965 年《便利国际海上运输公约》附件第 2 节第 2.22 条和第 2.24 条关于采取医疗急救和保护公共卫生的措施的规定，以及第 2.23 条关于不得因费用问题停止或耽搁医疗急救的规定，都是将人权保护作为国际事项的体现。在全球卫生治理实践中，欧盟认为全球卫生公益的供给应遵循基本的人权，并提出了通过人道主义卫生救援等方式与国际社会一同应对全球性卫生威胁的卫生治理政策。①

2. 不进行不合理歧视义务

不进行不合理歧视义务在许多国际人权条约中有所体现，如《世界人权宣言》第 1 条和第 2 条，《联合国宪章》的序言和第 1 条，《公民权利和政治权利国际公约》第 2 条、第 3 条和第 26 条，以及《经济、社会和文化权利国际公约》第 2 条、第 3 条和第 12 条。《世界人权宣言》第 2 条的规定也体现了禁止不合理歧视的内容。这一要求原先仅适用于《世界人权宣言》第 2 条中列出的项目，随后扩大了不歧视义务的范围，提出禁止基于性取向、健康状况、身体或精神残疾和年龄对条约中的权利进行歧视。②

从国际法主体义务的角度加以分析，国际人权保护中的不歧视原则要求国际法主体对人权提供平等保护。在法律理论中，通常将平等分为形式上的平等和实质上的平等。考虑到每个人在性别、年龄、健康状况等方面客观存在差异的客观事实，一味追求形式上的平等可能导致结果上的不平等。一般认为，人权平等保护的要求并非机械地拘泥于形式上的平等，而

---

① 参见刘长君、高英彤：《欧盟全球卫生治理战略论析——兼论中国参与全球卫生治理》，载《国际展望》2017 年第 2 期。

② See A. Clapham, *Human Rights: A Very Short Introduction*, Oxford University Press, 2015, p. 86.

是着重于强调实质上的平等，即允许对弱势群体采取特殊的保护措施。“一种区别对待不同的人或群体的做法是可以被允许的还是带有歧视性这一问题，取决于受到区别对待的各方是否处于相似的情况，不平等的对待是否基于合理的和客观的标准，以及这种区别对待是否与特定的情况相称。”① 关于如何理解“合理的和客观的标准”，龚向前认为，不歧视对于传染病控制的核心意义在于，禁止对所有人，尤其是传染病病人或密切接触者等高危人群，作出不合理的和主观的区分，所以并非每种对传染病病人或密切接触者的差别待遇都违反了非歧视的要求。

具体到港口国应对船舶公共卫生风险这一问题上，不歧视义务可能涉及国籍和健康状况方面的内容。国际人权保护原则并非完全禁止在人权保护待遇上作出区分，但任何区分行为都应当具有合法目的。以国籍区分为例，禁止外国人在国家安全部门工作的规定可以被认为是与保护国家安全的目的相称，而要求外国人支付更多学费的规定可能与确保当地纳税人口接受教育的目的相称。② 是否允许船上的旅客和船员下船入境涉及国际法原理中的外国人待遇问题。根据国家主权原则，港口国可以自行决定给予船上人员何种待遇，包括国民待遇、最惠国待遇、互惠待遇和差别待遇。其中，差别待遇是指国家在外国人与本国人之间或在不同国籍的外国人间给予不同的待遇。③ 不进行不合理歧视作为人权保障的基本要求，提出人权保护的义务主体应尽可能保证“相同情况相同对待”④，但同时也允许存在合法的差别待遇，即义务主体可以实施不平等的保护措施，前提是这一做法是为了实现合法目的，且其采取的措施与目的实现之间具有相称性。

---

① ［奥］曼弗雷德·诺瓦克：《民权公约评注：联合国〈公民权利和政治权利国际公约〉》，毕小青、孙世彦等译，生活·读书·新知三联书店2003年版，第46页。

② See A. Clapham, *Human Rights: A Very Short Introduction*, Oxford University Press, 2015, p. 88.

③ 参见何志鹏等：《国际法原理》，高等教育出版社2017年版，第162页。

④ 白桂梅主编：《人权法学》，北京大学出版社2015年版，第30页。

为了实现权利的平等保障、控制传染病传播，龚向前根据公共卫生学原理提出了以下四个条件：一是差别待遇行为应以保护社会公共利益为目的，而非为了照顾少数群体或单个人的利益；二是限制条件的设定必须依据法律规定，且具有科学性；三是设定后的限制条件在具体适用时不能存在差异；四是遭遇歧视待遇的对象必须获得合理的救济和补偿，不能忽视他们的利益。[①] 这四个条件尽可能为非歧视义务的例外适用提供了比较客观的判断标准，据此采取合理的差别待遇并不违反国际人权保护的实质性平等。

（三）国际法对于船上旅客和船员的保护不足

在国际法层面，1965 年《便利国际海上运输公约》规定了关于旅客和船员权利保护的内容，如该公约附件第四节第 4.9 条规定，港口国必须尽可能为旅客和船员提供数量合理且实际可用的医疗设施。对船上旅客和船员提供保护涉及海上人权保护问题，但在现行法框架下，以海洋治理为核心的《海洋法公约》和以传染病防治为核心《国际卫生条例》都存在对海上人权保护不足的问题。

1. 《海洋法公约》缺失对海上人权的保护

2021 年 10 月 15 日，英国议会国际关系和国防委员会（International Relations and Defence Committee）启动了对《海洋法公约》的审查，审查内容包括《海洋法公约》的执行情况及其争端解决机制，以及公约能够在多大程度上适应气候变化、自主海事系统以及海上人权和人类安全领域的新挑战。[②] 2021 年 10 月 20 日，英国议会国际关系和国防委员会邀请了史蒂文·海恩斯（Steven Haines）教授、马尔戈西亚·菲茨莫里斯（Malgosia

① 参见龚向前：《传染病控制国际法律问题研究》，法律出版社 2011 年版，第 237 页。

② See *UN Convention on the Law of the Sea Inquiry Launched*, U. K. Parliament (Oct. 15, 2021), https://committees. parliament. uk/committee/360/international - relations - and - defence - committee/news/158037/un - convention - on - the - law - of - the - sea - inquiry - launched/.

Fitzmaurice）教授和马尔科姆·埃文斯（Malcolm Evans）教授等三位国际海洋法和海洋治理学术专家作为证人提供口头证据，在会议上围绕如何改善海上人权法的执行和现行规范海上安全的法律是否能够应对当代挑战等重要议题进行讨论。在整个口头证据阶段，三位专家都强调，虽然《海洋法公约》具有维护海洋秩序的宪法性地位，但其内容在很大程度上必须结合公约缔结当时的情况加以理解。申言之，尽管《海洋法公约》第一部分至第七部分对海洋划界和各国在不同海洋区域内的管辖权作了详细规定，以及第 11 部分第 136 条为如何根据人类共同遗产原则使用海洋自然资源提供了一般性指导，但《海洋法公约》中几乎没有关于海上人权的适用和遵守方面的规定。海恩斯教授强调，船旗国专属管辖权本身就因可能妨碍对人权的监测和执行而存在弊端，在船舶悬挂方便旗（flags of convenience）的情况下更是如此。① 对于方便旗船舶而言，船旗国管理部门与船舶所有人、船舶管理人、承保人之间相互冲突的法律义务进一步加剧了在海上有效监测和执行人权的挑战。

不仅国际海洋法在海上人权保护领域存在盲区，国际人权法也在很大程度上对海上人权保护视而不见。安娜·佩特里格（Anna Petrig）教授将这一现象称为国际法的“海盲症”（sea blindness），② 新冠疫情期间国际邮轮的遭遇将海上人权保护问题推向了一个新的高度。解决国际法关于人权保护的“海盲症”问题：首先，应当扩大对海上人权的理解，伊丽莎白·马夫罗普卢（Elizabeth Mavropoulou）认为，除了船员和渔民外，海上难

---

① See *UK House of Lords UNCLOS Inquiry. Is the UN Convention on the Law of the Sea Still Fit for Purpose*?, HRAS（Oct. 22, 2021）, https://www.humanrightsatsea.org/news/uk-house-lords-unclos-inquiry-un-convention-law-sea-still-fit-purpose.

② See International Relations and Defence Committee, *Corrected Oral Evidence: UNCLOS: Fit for Purpose in the 21st Century*, in UK Parliament, https://committees.parliament.uk/oralevidence/3126/pdf/, Last accessed on Jan. 30, 2022.

民和移民、海上贩运或强迫劳动的受害者，以及邮轮上旅客的权利都属于海上人权的范畴。① 其次，应当完善海上人权法的适用，明确港口国和船旗国的义务和责任。最后，从长远来看，有必要将《海洋法公约》、国际人权法、难民法和劳动法基准法中关于保护海上人员权利的各项独立制度统一到一项专门的法律制度中。

2.《国际卫生条例》关于国际人权保护的规定存在不足

《国际卫生条例》作为公共卫生治理方面的专门性国际公约，由世界卫生大会根据《世界卫生组织组织法》第 21 条和第 22 条制定，具有法律约束力。最新版的《国际卫生条例》于 2005 年通过，2007 年生效。在以前版本的《国际卫生条例》中，国际人权保护问题处于缺失的状态，经修订的 2005 年《国际卫生条例》对这一缺失的部分进行了补充。② 在 2005 年《国际卫生条例》中，国际人权保护以两种不同的方式表现出来，一是作为《国际卫生条例》的一项指导性原则，③ 二是作为对待旅行者的一项具体义务。《国际卫生条例》第 32 条关于"旅行者待遇"的规定中明确提到了尊重旅行者的人权，④ 第 31 条关于"与旅行者入境有关的卫生措施"的

① See Elizabeth Mavropoulou, *UK UNCLOS Inquiry: Is UNCLOS Fit for Protecting Human Rights at Sea? A Comment*, EJIL: Talk! (Dec. 27, 2021), https://www.ejiltalk.org/uk-unclos-inquiry-is-unclos-fit-for-protecting-human-rights-at-sea-a-comment/, Last accessed on Jan. 30, 2022.

② See G. L. Burci, M. Eccleston-Turner, *Preparing for the Next Pandemic: The International Health Regulations and World Health Organization During COVID-19*, Social Science Electronic Publishing, 2020, p. 7.

③《国际卫生条例》第 3 条第 1 款规定："本条例的执行应充分尊重人的尊严、人权和基本自由。"

④《国际卫生条例》第 32 条规定："在实行本条例规定的卫生措施时，缔约国应当以尊重其尊严、人权和基本自由的态度对待旅行者，并尽量减少此类措施引起的任何不适或痛苦，其中包括：（1）以礼待人，尊重所有旅行者；（2）考虑旅行者在性别、社会文化、种族或宗教方面所关注的问题；以及（3）向接受检疫、隔离、医学检查或其他公共卫生措施的旅行者提供或安排提供足够的食品和饮水、适宜的住处和衣服，保护其行李和其他财物，给予适宜的医疗、以能被听懂的语言（如可能）提供的必要联络手段和其他适当的帮助。"

规定中间接地提到了旅行者的人权保护问题。①

以上关于《国际卫生条例》的规定表明，这一公约为旅行者的人权提供了最低限度的保护。然而，以上规定也暴露出该公约存在的一个问题：由公约对“旅行者”② 作出的定义可知，国际邮轮上的旅客属于旅行者的范畴，但是，对于船员是否属于人权保护的对象，公约的规定并不够明确，至少船员已经超出“旅行者”一词的字面含义范畴。尤其是《国际卫生条例》专门对“乘务员”（crew）的概念作出了界定，③ 从文义解释和体系解释的角度来看，这一做法直接导致的后果是，《国际卫生条例》第32条关于“旅行者的待遇”和第31条“与旅行者入境有关的卫生措施”的规定适用于国际邮轮上的旅客，而不适用于船员。可见，《国际卫生条例》对于船员基本权利的保护存在疏漏。

三、合理行政原则

合理行政原则是行政法的一项基本原则，指行政主体行使行政裁量权应当符合合理性价值要求。④ 港口国应对船舶公共卫生风险，实际上由代表国家行使行政管理权的行政部门作出决定，主要包括港口国卫生行政部门和海事行政部门等。除行政管辖外，船舶公共卫生风险还可能涉及民事纠纷和刑事案件，如因疫情防控产生的旅游服务合同纠纷，以及疫情防控

---

① 《国际卫生条例》第31条第1款规定：“不得将创伤性医学检查、疫苗接种或其他预防措施作为任何旅行者进入某个缔约国领土的条件。但除第三十二条、第四十二条和第四十五条另有规定外，本条例不排除缔约国在以下情况中要求实行医学检查、疫苗接种或其他预防措施或者提供疫苗接种或其他预防措施的证明：（1）必要时确定是否存在公共卫生危害；（2）作为寻求临时或长期居留的任何旅行者入境的条件；（3）按照第四十三条或附件6和7作为任何旅行者入境的条件；或（4）按照第二十三条可予以实行。”

② 《国际卫生条例》第1条规定：“‘旅行者’系指进行国际旅行的自然人”。

③ 《国际卫生条例》第1条规定：“‘乘务员’系指交通工具上不是乘客的人员”。

④ 参见胡建淼主编：《行政法学概要》，浙江工商大学出版社2012年版，第39页。

期间旅客、船员或船公司可能实施的妨害疫情防控的犯罪[①]等，在此不作赘述。

合理行政原则要求行政主体按照法律法规规定的条件、种类和幅度范围作出行政决定，而且这种决定应当符合法律的意图或精神，符合公平正义等法律理性。[②] 对于港口国内部而言，在公共卫生安全领域，任何组织和个人都不得享有超越宪法和法律的特权。公共卫生安全作为非传统安全，在处置过程中应当受到《国家安全法》的约束。《国家安全法》第 83 条规定："在国家安全工作中，需要采取限制公民权利和自由的特别措施时，应当依法进行，并以维护国家安全的实际需要为限度。"港口国应对船舶公共卫生风险，在决定采取何种应对措施时，应当遵循合理行政原则，包括动机合理、措施合理和结果合理。其中，动机合理也称目的合理。1950 年《欧洲保障人权和根本自由公约》（European Convention on Human Rights，以下简称《欧洲人权公约》）第 5 条规定，预防传染病传播是限制个人自由的正当理由。可以认为，港口国为防止传染病通过港口口岸跨境传播而限制旅客和船员个人权利的做法，具备合理动机。

措施合理和结果合理具有较强的理论性，需要通过案例将理论落实到实践层面。下文以欧洲人权法院和美国联邦最高法院的判决为例，说明合理行政原则在公共卫生治理中如何适用，为判断港口国应对船舶公共卫生风险的合理性提供借鉴。

在措施合理方面，欧洲人权委员会指出，关于政府以公共卫生为由在实施限制性措施时侵犯人权的诉讼请求，欧洲人权委员会予以考虑。[③] 根

---

① 例如，"红宝石公主"（Ruby Princess）号邮轮上 2647 名旅客中，有大量旅客未经检测便获准下船，成为澳大利亚较大的感染来源。该邮轮及其运营商澳大利亚嘉年华公司（Carnival Australia）遭到新南威尔士州警方的刑事调查。

② 参见温晋锋、徐国利编著：《行政法学》，科学出版社 2015 年版，第 22 页。

③ See D. P. Fidler, *International Law and Infectious Disease*, Oxford University Press, 1999, p. 177.

据《欧洲人权公约》第5条第1款的规定,[①] 行政主体可以预防传染病传播为目的剥夺个人的自由权利。然而，在欧洲的“D诉英国案”[②] 中，欧洲人权法院认定，英国将外国人D遣返到公共卫生条件差且不可能获得治疗的发展中国家，构成《欧洲人权公约》第3条规定的非人道待遇。[③] 据此，在船舶公共卫生风险中，港口国拒绝接受感染病毒旅客和船员、拒绝为他们提供治疗的行为，可能违反合理行政原则中关于措施合理的要求。

关于结果合理的判断，欧洲人权法院在“Enhorn v. Sweden”案中的裁决，提供了在预防传染病传播背景下政府合理行政的典型范例。在该案中，欧洲人权法院指出，一项正当的拘禁行为应当符合以下三项条件：（1）行政相对人罹患传染病；（2）疾病传播对公众构成威胁；（3）拘禁感染者是最后手段，即拘禁必须与该疾病的严重性（结果）相称。[④] 美国1905年“Jacobson v. Massachusetts”一案也揭示了政府卫生行政权与个人权利之间的关系。[⑤] 美国联邦最高法院引用“社会契约论”进行说理，认为社会拥有权力来保护其自身免受传染病威胁。在该案中，美国联邦最高法院首次考虑了公共卫生背景下的个人请求，表明个人自由并非与传染病控制领域毫不相干；并首次系统陈述了对政府公共卫生权进行限制的必要，即公共卫生措施只有在以符合特定标准的方式实施时才为宪法所允许。[⑥]

综上，根据国家主权原则，港口国基于属地管辖对船舶公共卫生风险

---

① 《欧洲人权公约》第5条第1款规定：每个人都享有自由和人身安全的权利。不得剥夺任何人的自由，除非基于防止传染病蔓延的目的而对某人予以合法的监禁。

② See D. V. United Kingdom, European Court of Human Rights, May 2, 1997.

③ 《欧洲人权公约》第3条规定：“不得对任何人施以酷刑或者是使其受到非人道的或者是有损人格的待遇或者是惩罚。”

④ See Enhorn v. Sweden, E. C. H. R. 56529/00. European Court of Human Rights (2005).

⑤ See Jacobson v. Massachusetts, 197 U. S. 11 (1905).

⑥ See Lawrence O. Gostin, *Public Health Law - Power, Duty, Restraint*, University of California Press, 2000, p. 68 -69.

享有管辖权，港口国对存在公共卫生风险的船舶和船上旅客和船员实施卫生措施享有权利，但港口国实施卫生措施也应当满足合理行政原则的要求。

四、国际合作原则

国际法以解决国际社会出现的各种问题为目的，国际社会并非仅为两个国家之间的关系，而是由多个国家和国际组织组成的共同体。1929 年，西格蒙德·弗洛伊德（Sigmund Freud）在论及人类的进步时曾说过："共同体的力量代替单个人的力量，这标志着人类朝着文明迈出了决定性的一步。"[①] 一方面，国际法作为保障国家利益的工具，以解决国家间的利益冲突为主要目的之一；另一方面，国际法对违反法定义务导致的结果进行事后救济，要求国家为实现国际社会的整体利益承担责任。[②] 国际合作原则与国际法功能的扩展相伴而生，要求国家为促进国际社会整体利益的实现而进行合作。[③] 新功能主义国际关系学说认为合作网络将使国际机制和制度得以形成并逐步加强；而解决非政治性的技术性问题，应当根据实际需求，通过加强合作找到解决问题的方案。[④] 国际合作原则作为全球卫生治理的核心要素，[⑤] 强调人类具有共同的利益和责任，倡导团结合作和负担

---

① 参见［德］巴多·法斯本德、安妮·彼得斯主编：《牛津国际法史手册》（上册），李明倩、刘俊、王伟臣译，上海三联书店 2018 年版，第 67 页。

② 参见［日］小寺彰、岩泽雄司、森田章夫编：《国际法讲义》，梁云祥译，南京大学出版社 2021 年版，第 32 页。

③ 参见［日］小寺彰、岩泽雄司、森田章夫编：《国际法讲义》，梁云祥译，南京大学出版社 2021 年版，第 31 页。

④ 参见［美］詹姆斯·多尔蒂、小罗伯特·普法尔茨格拉夫：《争论中的国际关系理论》，阎学通等译，世界知识出版社 2003 年版，第 550 页。

⑤ 全球卫生治理的核心要素由以下几方面构成：一是在解决公共卫生问题时要去国界化；二是采用跨部门和跨领域的视角来看待和应对公共卫生问题，加强与贸易、经济、外交、环境、农业等部门和领域的合作；三是通过正式或非正式的途径，囊括更多的行为体和参与者。参见邱增辉、蒋祎：《全球卫生治理视域下中亚国家的健康状况及与中国的合作》，载《俄罗斯东欧中亚研究》2020 年第 4 期。

分担，体现了人类卫生健康共同体理念。

下文首先通过法经济学中的博弈论模型，从理论上说明国际合作具有存在于船舶公共卫生风险应对中的可能性。其次，通过整理沿海国家港口检疫制度发展的历史脉络，阐述海上公共卫生治理从各自为营走向合作治理的客观现状。再次，从实践层面提出港口国应对船舶公共卫生风险需要国际合作。最后，根据《国际卫生条例》的规定，明确国际合作原则的指导方向。

（一）“囚徒困境”模型下国际合作的可能性

国际关系的不少领域都面临着冲突与合作的抉择，下文运用数学矩阵对博弈论模型选择的结果进行抽象描述。船舶公共卫生风险情形下，假设甲国为港口国，乙国为旅客国籍国，这两个国家对于国际邮轮上旅客的生命健康权都负有保护义务，但同时都要注重本国公共卫生安全，客观上存在一定利益冲突，因而面临合作与否的抉择。假设在不同选择下每个国家可能获得的收益分别为 -2、0、2、4，博弈结果表现为如表 1-5 所示的矩阵：

表 1-5　囚徒困境博弈矩阵

		乙 合作	乙 不合作
甲	合作	2，2	-2，4
甲	不合作	4，-2	0，0

注：此表为作者自制。

囚徒博弈的解析结果表明，两个国家均选择合作（2，2）与均不合作（0，0）相比，前者可以使两个国家都能获得更高的收益。问题在于，选择合作的一方不能确保对方也选择合作。国际政治现实主义的奠基人汉斯·摩根索将国家利益划分为短期利益和长期利益，短期利益是在特定时期内被民主决策所认可的国家利益，而长期利益将在较长期限内相对保持不变。[①] 在充斥着短视性博弈思维的国际环境中，想要将国家的自我实现与国际社会尚且步履维艰的理想图景统一起来并非易事。只有在各国重视未来的长远利益，从而舍弃一时的不合作所能带来的巨大短期利益时，才有可能出现国家间的合作。

"囚徒困境"模型体现的另一个问题是，该模型假设博弈双方之间无法相互沟通，因而可能出现一方选择合作而另一方不合作的情形。假设甲国合作、乙国也合作，双方均可获得"2"的收益；而一旦甲国合作、乙国不合作，则乙国可以获得"4"的收益，而甲国只能获得"－2"的收益。相反，如果甲国不合作、乙国合作，则可以分别获得"4"和"－2"的收益。即无论对方是否合作，只要一旦出现此种情形，不合作方获得的受益为"4"，而选择合作方获得的受益为"－2"。换言之，无论乙国是否合作，甲国选择不合作的策略回报都比选择合作更高。据此看来，实现国际合作的可能性不大。

但是，国家倾向于不合作的做法与国际社会实践并不符合。这是因为在国际合作的"囚徒困境"模型中，国家间交往具有长期性，国际合作博弈并非一次性博弈，而是在参与者之间重复进行。在此情形下，各个国家在计算回报时开始考虑多个回合的利益，多次互动会带来更大的合作意向。如果目光放得更长远，各国会将未来的回报纳入其通过重复博弈获得的总回报之中，从而选择国际合作。阿克塞罗德（Robert Axelrod）在《合作的演化》一书中运用了"折扣率"（discount parameter）的概念来表达参与者关于未来对当前决策影响的预期，折扣率越大，表明参与者认为未来对于当前的重要性越高，合作的可能性相应越大；反之，折扣参数越

① See Hans J. Morgenthau, *Dilemmas of Politics*, University of Chicago Press, 1962, p. 66.

小，合作的可能性越小。[①]

基于上述分析可知，在不同国家之间存在共同利益的前提下，如果国家在国际交往中更注重自己的长远利益，就会愿意牺牲眼前利益进而选择合作。基欧汉（Robert Keohane）在《霸权之后：世界政治经济中的合作与纷争》一书中指出，为了克服“囚徒困境”博弈中参与者倾向于采取不合作策略的困境，建立并维系国际合作，有必要建立起一套明示或默示的原则、规范、规则和决策程序。这套程序具体应当如何建立，取决于处理其中所涉事项所容许的政策空间（policy space），即除了当前需要处理的事项之外，还应考虑与之相联系的其他事项与该等事项之间的联系的紧密程度如何：如果国家间存在程度较高的事项联系（issue – linkage），则可建立一套机制（regime），一套用以处理当前事项以及日后的其他事项的通行准则；反之，如果程度较低，则只需达成单独的协议（*ad hoc* agreement）即可。[②]

一旦国家间建立了这种机制，国家则较可能从长远的角度出发，通盘考虑不合作对于其未来利益的影响，从而对不合作的行为起到一定的遏制作用。对此，基欧汉提出了两点理由：

“第一，任何机制的建立都需要成本（cost）。而创设机制的成本一旦付出，就无法被恢复，因此又被称为‘沉没成本’（sunk cost）；鉴于其付出之后便无法再被恢复的特性，沉没成本将迫使付出成本的参与者不会轻易地选择不合作的策略，否则，一旦被其他的参与者以不合作的方式报复，短期利用他人的获利将无法补偿其业已支付又无法恢复的成本。第二，机制的存在以较高的事项联系为前提，这意味着，尽管某个采取不合

① 参见饶戈平主编：《国际组织与国际法实施机制的发展》，北京大学出版社 2013 年版，第 59 – 60 页。

② 参见饶戈平主编：《国际组织与国际法实施机制的发展》，北京大学出版社 2013 年版，第 62 – 63 页。

作策略的参与者可以通过利用他人获得较大的短期利益，但是，被利用的其他参与者可以在其他事项上采取不合作的报复措施，事项之间的联系程度足够紧密，采取不合作的策略自然就是一项必须慎之又慎的决策。”[①]

国际关系学认为，无论在学理研究还是在实践操作上，任何将具体的国际法问题的分析脱离对外交政策的考察都是不合适的做法。[②] 国际合作既是解决国际法问题的应当遵守的基本原则，也是国际交往中一种重要的外交策略。从理论层面出发，新自由主义认为国际关系并非处于“零和博弈”状态，合作中的互利互惠具有可能性。[③] 从实践层面出发，国际合作肇始于19世纪的健康和通讯等技术领域，[④] 公共卫生治理同样具有较强的技术性，在国际社会对海上公共卫生安全具有共同利益的前提下，国家间通过信息和技术的持续性互动为国际合作提供了契机。

罗索斯（Roussos）和福西特（Fawcett）将公共卫生合作定义为“为了改善整个社区内与健康相关的各种条件及其成果”；他们指出，公共卫生合作往往具有混合性，其中包括社会规划、社区组织、社区发展和政策宣传等多方面，并且可能会成为社会转变的催化剂，这种合作关系最显著的特点就是在为大众创造健康相关的条件的过程中展开了最广泛的社区参与。[⑤] 国际合作治理在全球公共卫生领域中已经成为一种长期实践，合作内容主要在于保障以疫苗为代表的全球卫生公共产品供应，例如旨在保障全球新冠疫苗供应的“新冠疫苗实施计划”（COVAX）。该项目由世界卫生组织、流行病防范创新联盟（Coalition for Epidemic Preparedness

---

① 饶戈平主编：《国际组织与国际法实施机制的发展》，北京大学出版社2013年版，第63页。

② 参见刘志云：《国家利益视角下的国际法与中国的和平崛起》，法律出版社2015年版，第158页。

③ 参见刘志云：《国家利益视角下的国际法与中国的和平崛起》，法律出版社2015年版，第75页。

④ 参见［美］卡伦·明斯特、伊万·阿雷奎恩－托夫特：《国际关系精要》，潘忠岐译，上海人民出版社2018年版，第207页。

⑤ See Roussos S. T., Fawcett S. B., *A Review of Collaborative Partnerships as A Strategy for Improving Community Health*, 21 Annu Rev Public Health 369 (2000).

Innovations，CEPI）、全球疫苗免疫联盟（Global Alliance for Vaccines and Immunisation，GAVI）主导，包括联合国儿童基金会（United Nations International Children's Emergency Fund，UNICEF）、世界贸易组织（World Trade Organization，WTO）和药品专利池组织（Medicines Patent Pool，MPP）等多个全球合作组织共同参与，在了解疫苗接种的瓶颈、提供紧急业务资金、技术援助等方面发挥作用。①

追求伙伴或合作关系的动机有很多种，但几乎都包含了以下几个方面：组织间的共同利益、利他主义、科技进步或者特定健康产出的提升。②较岸上公共卫生风险而言，海运在全球供应链中的重要地位使得船舶公共卫生风险具有特殊性。这种特殊性体现为船舶公共卫生风险应对与卫生公共产品供给相互影响。一方面，在重大疫情导致的“逆全球化”趋势下，卫生公共产品的巨大消耗是港口国不愿应对船舶公共卫生风险的主要原因；另一方面，保障预防、检测和应对工具及其原材料在疫情暴发期间的正常流转意义重大，而船舶在海上畅通无阻地航行对于稳定全球物流供应链至关重要。国际合作有利于提高全球卫生公共产品产能，保障港口国在全球范围内获得疫苗、药物、诊断工具、医疗器械等各类卫生公共产品，从而增加港口国应对船舶公共卫生风险的意愿和勇气，打破港口国不愿意应对船舶公共卫生风险的局面。港口国积极应对船舶公共卫生风险反过来又可以保障公共卫生产品供给充足，实现全球供应链稳定。基于全球公共卫生合作治理实践和船舶公共卫生风险应对的特殊性，结合阿克塞罗德提出的“折扣率”概念和基欧汉提出的“机制”理论可知，国际社会在应对船舶公共卫生风险这一事项上具有合作的可能性。

---

① See COVAX – *Working for Global Equitable Access to COVID – 19 Vaccines*, WHO, https://www.who.int/initiatives/act – accelerator/covax, Last access on Nov. 29, 2022.

② 参见［美］詹姆斯·郝圣格主编：《当代美国公共卫生：原理、实践与政策》，赵莉、石超明译，社会科学文献出版社2015年版，第224页。

（二）港口检疫制度发展进程：从各自为营到国际合作

在人类发展的历史上，传染病如影随行。病毒传播不受国界的限制，海上运输可能导致传染病跨境传播。港口国口岸检疫制度的产生与 14 世纪中叶暴发的鼠疫，又称“黑死病”，密切相关。鼠疫是一种致命的传染性疾病，因各国间开展贸易往来，病毒通过水手和海运货物沿着贸易路线传播。鼠疫首先在亚洲传播，然后跟随意大利商人通过水路运输抵达欧洲。在 1347 年至 1350 年间，这场鼠疫引发的大流行病导致约 3400 万欧洲人和 1600 万亚洲人死亡。[①]

在早期的公共卫生治理实践中，由于缺乏有效的治疗方法，医生无法治愈瘟疫患者，港口国开始实施检疫制度、控制传染病的传播。1377 年，拉古萨（Ragusa，现在克罗地亚达尔马提亚海岸的杜布罗夫尼克，Dubrovnik）港颁布了一项法令，内容为：“他从瘟疫之地来，必不进入拉古萨（Veniens de locispestiferis non intret Ragusium vel districtum）。”这一法令中出现了“特伦蒂纳”（trentina）的概念。从语言学的角度来看，“特伦蒂纳”源自意大利语“trenta”，即数字 30。“特伦蒂纳”具体体现为以下四方面要求：（1）来自黑死病流行地区的人必须经过 30 日后才能进入拉古萨；（2）拉古萨人不得进入检疫区，否则将受到强迫检疫 30 日的处罚；（3）未被指明为对检疫者负责的臣民不得给他们送去食物，否则将被处以与他们同住 30 日的处罚；（4）没有达到上述规定的人将被处以罚款，并被隔离 30 日。[②] 考虑到 30 日的时间较短，不足以防止疾病的传播，1448 年，威尼斯共和国的主要审议和立法机构威尼斯参议院将检疫期

---

① See S. K. Cohn, *The Black Death: End of a Paradigm*, 107 American History Review 703 (2002).

② See P. P. Bassareo et al., *Learning from the Past in the COVID – 19 Era: Rediscovery of Quarantine, Previous Pandemics, Origin of Hospitals and National Healthcare Systems, and Ethics in Medicine*, 96 Postgraduate Medicine Journal 633 (2020).

限延长至40日。[①] 检疫的英文“quarantine”一词源自意大利语“quaranta”，即数字40。[②] 40日实际上是希波克拉底学派在公元前5世纪已经确定的时间段，在希波克拉底学派的概念框架中，鼠疫等急性疾病会在40日内表现出来，而40日后出现的疾病不可能是急性的，由此可以排除鼠疫。因此，鼠疫的病理学范式为预防措施的固定期限设定了40日的标准。[③] 不仅如此，40日也是同一时期威尼斯共和国为保护沿海城市免受瘟疫传播而设定的检疫时间。

除了确定检疫期限，检疫设施建设也是检疫制度的重点内容。1423年，威尼斯泻湖岛上建立了第一个检疫站（quarantine station，意大利语为“lazaretto”），对明显感染鼠疫或疑似感染鼠疫的人实施检疫。1486年，威尼斯在另一个岛上建立了一所新的检疫站（Lazzareto novo），用于人员和货物的检疫。[④] 进入16世纪后，意大利比萨（Pisa）港和法国马赛（Marseilles）港等其他欧洲国家纷纷效仿上述做法，颁布了检疫法令。[⑤] 在此期间，海上运输业产生了使用健康单（bill of health）证明船舶最后访问港未暴发疾病的航运实践，持有清洁的健康单和目的港所在国签证的船舶，可以不经检疫直接被授予“无疫通行”（free pratique）。[⑥] 至此，各国

---

① See G. F. Gensini, M. H. Yacoub & A. A. Conti, *The Concept of Quarantine in History: From Plague to SARS*, 49 Journal of Infection 257 (2004).

② See G. F. Gensini & M. H. Yacoub & A. A. Conti, *the Concept of Quarantine in History: From Plague to SARS*, 49 Journal of Infection 257 (2004).

③ See G. F. Gensini & A. A. Conti, *The Evolution of the Concept of "Fever" In the History of Medicine: From Pathological Picture Per Se to Clinical Epiphenomenon (And Vice Versa)*, 49 Journal of Infection 85 (2004).

④ See A. A. Conti, *Historical and Methodological Highlights of Quarantine Measures: From Ancient Plague Epidemics to Current Coronavirus Disease (COVID-19) Pandemic*, 91 Acta Biomed 226 (2020).

⑤ See B. Mafart, J. L. Perret, *History of the Concept of Quarantine*, 58 Med Trop 14 (1998).

⑥ See *Bill of Health*, Britannica, https://www.britannica.com/science/bill-of-health, Last accessed on Mar. 12, 2022.

出现公共卫生干预措施和初步卫生管理的雏形。

检疫制度在较大程度上遏制了瘟疫的流行，在严格实施检疫的沿海国，瘟疫暴发率显著低于未实施检疫的国家。[①] 然而，检疫制度在 19 世纪中叶开始暴露弊端：检疫制度在一国内部以及不同国家之间缺乏统一性，各国港口的检疫期限不同，导致旅客的行程延误和不便。[②] 还有一些国家出于政治目的而非卫生原因滥用检疫权力，出于对移民的敌意对不受欢迎的群体实施检疫，如美国卫生官员曾在旧金山瘟疫暴发期间只隔离美籍华人。[③] 由于这些客观事实的存在，港口国口岸检疫制度逐渐演化为一种形式，其构筑防疫封锁线（cordons sanitaires）和控制传染病跨境传播的作用大打折扣。[④]

上述弊端表明，解决传染病跨境传播问题不能采用单边的、仅代表单个国家利益的治理模式。此后，主权国家无论多么无视集体需求、热切追逐自身利益，仍然愿意在保护公共卫生安全这一共同利益方面尝试集体行动。为了解决检疫制度存在的弊端，一些国家提出在国际层面实现检疫标准化的建议。作为回应，法国在 1834 年提议召开一次国际会议，讨论国际检疫标准化问题。[⑤] 直到 1851 年，第一届国际卫生大会在巴黎举行，来自奥地利、法国、英国、葡萄牙、俄罗斯、西班牙、撒丁王国、两西西里王国、教皇国、托斯卡纳、希腊和土耳其 12 国的著名医生和外交家参加了会

① See G. F. Gensini, M. H. Yacoub & A. A. Conti, *The Concept of Quarantine in History: From Plague to SARS*, 49 Journal of Infection 257 (2004).

② See *Bill of Health*, Britannica, https://www.britannica.com/science/bill-of-health, Last accessed on Mar. 12, 2022.

③ 参见［美］劳伦斯·O. 戈斯廷：《全球卫生法》，翟宏丽、张立新主译，中国政法大学出版社 2016 年版，第 157 页。

④ 参见［英］约翰·科根、［英］基思·赛雷特、［英］A. M. 维安：《公共卫生法：伦理、治理与规制》，宋华琳等译，译林出版社 2021 年版，第 70－73 页。

⑤ See K. Maglen, *Politics of Quarantine in the 19th Century*, 290 JAMA 2873 (2003).

议，会议围绕信息共享、国际检疫法规共建、传染病跨境传播共治等内容进行讨论。这次大会未能达成国际条约，但达成了以下一致意见：检疫和卫生措施应通过国际协定加以确定，各主权国家应当尽量减少因措施不统一而造成的额外成本和不合理阻碍。[①] 这一意见成为国际层面标准化检疫措施的开端。

各国不论在政治、经济和社会制度方面有何差异，都应当为了维护国际和平与安全、促进国际经济稳定发展而相互合作。[②] 港口检疫制度作为海上公共卫生治理的一个重要方面，其历史发展表明国际合作治理是应对海上公共卫生风险的不二法门。近年来，我国不断加强公共卫生风险控制和国境卫生检疫领域的国际合作和双边合作，积极配合世界卫生组织开展传染病防治合作，与美国、加拿大、澳大利亚等多个国家签署了传染病防控领域的双边合作协议，如中美两国长期开展中美新发与再发传染病（Emerging Infectious Diseases，EID）合作项目。此外，公共卫生风险可能对一国经济造成不同程度的影响，如果不与其他国家在公共卫生风险控制领域开展合作，一些公共卫生控制手段可能被用作贸易保护手段等其他用途。

（三）国际合作原则在港口国应对船舶公共卫生风险中的必要性

国际社会为了解决共同关心的全球性问题而展现“多边化”进程，国际合作成为全球治理的现实需求。[③]《海洋法公约》在序言中也指出了国际合作对于解决涉海问题的重要性，提出“以互相谅解和合作的精神解决与海洋法有关的一切问题”。具体到港口国应对船舶公共卫生风险问题中，

---

① 参见张勇安：《从以邻为壑到跨国行动：国际组织与全球卫生防疫体系的建立》，载《探索与争鸣》2020 年第 4 期。

② See Vaughan Lowe, *International Law*, Oxford University Press, 2007, p. 110.

③ 参见庞中英：《动荡中的全球治理体系：机遇与挑战》，载《当代世界》2019 年第 4 期。

邮轮活动的国际性特征和港口国的能力限制凸显了国际合作对港口国应对船舶公共卫生风险的重要性。

一方面，港口国应对船舶公共卫生风险需要协商谈判。价值判断的主观性导致国际法规则和各国实体法之间，以及各国实体法之间可能存在冲突。此外，全球治理的利益相关者包括多边组织、国家、民间团体和慈善组织等，国家以外其他主体的参与直接或间接地对国家主权造成不同方面、不同程度的限制。例如，国际组织通常以监视方式提高国家行为的透明度，并通过惩罚不合作者调节国家行为。从而，国家独自发号施令的空间愈加受到限制，国家与全球治理机制中的其他主体协商谈判的必然趋势正在逐步成为现实。① 因而，在全球卫生治理视域下，通过深化国际合作，借鉴域外经验，有利于提升港口国应对邮轮突发公共卫生事件的能力，从而提升港口国邮轮服务水平，促进全球邮轮经济的可持续发展。

另一方面，港口国应对船舶公共卫生风险需要分摊责任。一旦病原体登陆一个新的国家，其传染率取决于病毒的传播途径和当地卫生系统的处置能力。新冠病毒主要通过飞沫和接触传播，传染性极强，国家阻止新冠病毒的传播必须拥有强大的公共卫生应急管理能力。其中，信息传递和成本负担是影响港口国应急管理能力的重要因素。无论是医疗能力和经济能力受限，还是缺乏公共卫生方面的信息，港口国都不可能独立有效地应对船舶公共卫生风险。海上公共卫生安全涉及国际社会的共同利益，在人类卫生健康共同体理念的指导下，为了避免出现国家间责任不均的情形，国际合作原则要求国际法必须建立一个国家承担责任的分摊机制，要求其他国家为那些过度承担责任的国家提供援助。② 在国际合作原则的指导下，

① 参见刘凯：《国家主权自主有限让渡问题研究》，中国政法大学出版社 2013 年版，第 65 页。

② 参见［日］小寺彰、岩泽雄司、森田章夫编：《国际法讲义》，梁云祥译，南京大学出版社 2021 年版，第 32 页。

进行协商谈判、建立健全的责任分摊机制成为港口国应对船舶公共卫生风险的迫切需求。如果缺乏有效的责任分摊机制，港口国很难及时有效地应对船舶公共卫生风险。

“从实践来看，在今天这个主权制度得到国际社会公认以及互相依赖日益紧密的世界，获取经济利益已经不能借助坚船利炮的方式进行巧取豪夺，而只能借助于合作方式寻求共赢。”① 国际社会应当在国际合作原则的指导下，落实可执行的国际合作机制，明确船旗国、旅客国籍国和船员国籍国等相关国家发挥协助作用的具体方式，并以条约、协定或谅解备忘录等方式确定下来，通过协商谈判、分担港口国责任，有效解决船舶公共卫生风险。

（四）《国际卫生条例》对国际合作的具体要求

解决不同时期下的公共卫生问题，不仅需要不同的治理模式，还需要与治理模式相配套的国际卫生法律体系。以《国际卫生条例》为例，1969年版与2005年版《国际卫生条例》关于国际公共卫生事件的治理模式存在明显差异：前者强调主权国家对本国边界的控制权，即各国有权通过限制人员、交通工具、货物出入境的方式阻止病毒输入；后者要求各国提高公共卫生核心能力，积极采取措施应对突发公共卫生事件。②《国际卫生条例》的历史演进表明，国际公共卫生治理模式已从各自为营转变为国际合作。③ 2005年《国际卫生条例》为解决全球性公共卫生问题提供了国际合作的法律框架，港口国应对船舶公共卫生风险应当遵循国际合作原则，采

---

① 刘志云：《国家利益视角下的国际法与中国的和平崛起》，法律出版社2015年版，第178页。

② 参见彭先伟、吴亚男：《新冠病毒疫情下的邮轮检疫处置问题初探——以国际卫生法为视角》，载《中国海商法研究》2020年第1期。

③ 参见曾瑞声：《全球公共卫生治理机制的形成与演变：国家利益——以〈国际卫生条例〉（2005）为例》，暨南大学2012年博士学位论文，第16页。

取国际合作治理模式。

首先，在合作主体方面，《国际卫生条例》第44条提出了国家间合作，以及国家与世界卫生组织合作的要求，以此强调国际合作的重要性。例如，2021年5月21日，二十国集团和各国领导人、国际和区域组织负责人在罗马举行全球健康峰会，会上共同签署《全球健康峰会罗马宣言》（Rome Declaration of Global Health Summit，简称《罗马宣言》）。《罗马宣言》制定了原则和指导性承诺，促进国际社会在突发公共卫生事件应对中进行国际合作，通过现有多边卫生架构增强主权国家的防范、预防、检测和应对疫情的能力，是一种典型的国家间合作。

具体到港口国应对船舶公共卫生风险问题上，国际合作原则要求港口国与利益相关国家和国际组织携手应对船舶公共卫生风险，表现为港口国与邮轮船旗国、旅客国籍国和船员国籍国之间的合作以及港口国与世界卫生组织之间的合作。在国际社会交往中，国际组织为国家间互动提供了框架，扮演着信息收集者、履约监督者、和平解决争端的参与者、履约能力建设的援助者和多边条约修订的推动者等多个角色。[①]《国际卫生条例》十分重视世界卫生组织在国际公共卫生合作治理中的地位。“实现任何有价值的目标都需要领导，而在全球卫生领域，世界卫生组织是提供这种领导的唯一合法机构。”[②] 疫情期间，世界卫生组织提出了不要实施公共卫生旅行限制措施等建议，此类不具有约束力的建议等被称为“软法”（soft law）。船舶公共卫生风险作为全球性问题，其治理同时涉及国际法治和国家法治，即适用的法律规范同时包括国际法和国内法。国际法又包括具有强制约束力的国际公约，以及国际组织的指导和建议等没有强制约束力的

① 参见饶戈平主编：《国际组织与国际法实施机制的发展》，北京大学出版社2013年版，第128－129页。

② ［美］劳伦斯·O. 戈斯廷：《全球卫生法》，翟宏丽、张立新主译，中国政法大学出版社2016年版，第69页。

"软法"。"软法"是相对的概念，必须在具有约束力的"硬法"这一前提下对其予以界定，涵盖但不限于两个以上国家作出的政治宣言、政府间国际组织作出的建议和决议、政府间国际组织和非政府组织确立的行为规范准则（code of conduct）等。[①] 政府间国际组织的建议并非都属于"软法"，世界卫生组织在疫情期间发布的建议之所以属于"软法"，是因为《国际卫生条例》第1条将长期建议和临时建议都定义为"非约束性建议"。[②] 换言之，世界卫生组织有提出建议的权利，但缔约国没有遵循建议为或者不为某些行为的义务。

除了提出建议以外，世界卫生组织还可以为解决《国际卫生条例》中的不确定性问题提供固定的谈判场所，助于形成合作习惯。国际合作进程中可能出现不确定性问题，一旦该问题的严重性达到一定程度，国际合作将被迫停止。多边条约签订并生效后，也可能在执行过程中发生不确定性问题。此种现象主要由以下两方面原因导致：一是存在未决事项或技术性错误，导致条约内容不完整或不清晰；二是现实情况与条约签订时相比存在较大出入，导致条款不宜继续适用。[③] 港口国应对船舶公共卫生风险所面临的情况即为后者。第一，国际邮轮大型化导致船上旅客和船员的总数庞大。例如，2020年4月，挂靠在悉尼港的百慕大籍"红宝石公主"（Ruby Princess）号邮轮上载有2647名乘客和1148名船员，而船上有128人感到不适。在此基础上，有的港口国可能同时需要接受多艘邮轮挂靠。

---

① 参见何志鹏：《国际法治论》，北京大学出版社2016年版，第401－403页。

② 《国际卫生条例》第1条规定："'长期建议'系指世卫组织根据第十六条提出的有关适宜卫生措施的非约束性建议，建议系针对现有的特定公共卫生危害、为防止或减少疾病的国际传播和尽量减少对国际交通的干扰而需要常规或定期采取的措施。""'临时建议'系指世卫组织根据第十五条在应对国际关注的突发公共卫生事件时提出的、有时间限定并建立在特定风险基础上的非约束性建议，以便防止或减少疾病的国际传播和尽量减少对国际交通的干扰。"

③ 参见饶戈平主编：《国际组织与国际法实施机制的发展》，北京大学出版社2013年版，第59－60页。

一旦国际邮轮暴发新冠疫情，可能涉及到数千名不同国籍的旅客和船员。第二，港口国在实施检疫和隔离措施，以及对确诊病例的救治等方面遭遇了新的挑战。面对由此产生的不确定性问题，应当发挥世界卫生组织提供谈判平台的作用，由受到影响的国家在世界卫生组织的安排下共同商讨问题的解决途径。

总之，为保障船舶公共卫生安全，有效解决港口国应对船舶公共卫生风险之法律问题，应当进一步发挥世界卫生组织的领导和协调作用，构筑以世界卫生组织为中心、各国联合治理的现代全球公共卫生治理体系。

其次，在合作事项方面，《国际卫生条例》第 44 条第 1 款规定缔约国应保证尽可能在以下方面相互合作：一是对事件进行检测和评估并采取应对措施；二是提供技术合作和后勤支持或给予方便；三是为促进执行其根据《国际卫生条例》承担的义务动员财政资源；四是为执行《国际卫生条例》制定法律和行政管理规定。全球公共卫生治理需以科技为支撑，具体到船舶公共卫生风险的应对中，传染病监测是国际合作的重点内容。传染病监测系统是国家公共卫生安全保障系统的重要组成部分，监测的作用在于发现病毒，提供与病原体特征有关的重要信息，并跟踪病毒传播轨迹，帮助确认确诊病例及其密切接触者，从而降低疾病的传播风险。传染病监测是劳动力与资源密集型措施。美国和英国等高收入国家拥有完善的健康保护系统，以发现和应对传染病威胁。这些国家有能力追踪接触者，评估疑似病例，并迅速对其进行检测，以便根据检测结果隔离已确定的感染个体，降低疫情传播风险。然而，低收入和中等收入国家的资源有限，在此类国家中，卫生保护基础设施的投资次序较其他卫生优先事项更低，导致传染病监测技术不够发达，传染病通报不够及时、完整。① 一旦暴发疫情

---

① See A. Lee, *Wuhan Novel Coronavirus* (*COVID－19*): *Why Global Control Is Challenging*, 179 Public Health A1 (2020).

的国际邮轮在这些国家挂靠，病毒通过船上人员的活动向港口所在地传播的可能性更大。

最后，在合作路径方面，国际合作中参与者的数量和合作事项较大程度上决定了合作的类型，而不同类型的合作又决定了不同的合作路径。一是参与者数目较多，此种合作难以就实质性内容达成共识，通常采取框架性公约的做法，即先确立合作的基本框架，将实质性的内容留待将来讨论。二是存在一定数量的参与者，且参与者之间已经对合作的实质性内容达成共识。此种合作通常无法达成框架性公约，但少数合作者可以就已经达成共识的部分优先开展合作。三是参与者数量较多，而且参与者之间已经对合作内容达成初步共识，但暂时无法准确预测行为后果。此种情况通常采用软法路径（soft law pathway），即通过可以体现各方在实质性内容上的承诺但拘束力较低的法律文件来进行合作。[①] 国际邮轮公共卫生治理涉及邮轮公司管理、船旗国管理、港口国管理等，尤其是船上人员结构复杂，涉及多个不同国家。因此，就全球范围内的海上公共卫生治理而言，合作参与者数量较多。综合这些因素，比较妥当的合作路径是在《国际卫生条例》这一框架性公约的基础上，采用“软法”的方式就实质性内容达成一致意见。如果具体到某一次船舶公共卫生风险的应对，参与者数量较少，则可以采取双边条约或谅解备忘录的方式达成小范围内的合作。

（五）人类卫生健康共同体理念下船舶公共卫生风险合作应对的发展与展望

尽管公共卫生治理理论和《国际卫生条例》等国际公约不断强调国际合作在全球公共卫生治理中的重要性，但船舶公共卫生治理实践表明，国际合作在港口国应对船舶公共卫生风险中表现不足，合作治理困境凸显。

---

① 参见饶戈平主编：《国际组织与国际法实施机制的发展》，北京大学出版社2013年版，第138页。

公共卫生治理的现实困境促使公共卫生合作治理出现新样态：一是各国际组织不再单独与国家进行合作，而是与其他国际组织共同开展合作，二是非国家行为体在全球公共卫生合作治理中的作用愈发显著。此种新发展在理论上体现为人类卫生健康共同体理念中正义价值所蕴含的责任共担内容。

1. 人类卫生健康共同体理念下国际合作在全球卫生治理中的发展

如前所述，《国际卫生条例》第44条“合作和援助”中规定的国际组织与国家之间的合作，以及国家与国家之间的合作是国际合作的两种传统形式。以新冠疫情为代表的全球性重大公共卫生事件的暴发，滋生出两种国际合作新的形式：一是国际组织之间的合作，二是非国家行为体与国际组织或国家间的合作。

在公共卫生领域，由国际组织共同发起的卫生一体化高级别专家小组是国际组织间合作的典型，例如由联合国粮食及农业组织（Food and Agriculture Organization of the United Natious，FAO）、世界动物卫生组织（World Organization for Animal Health，OIE）、联合国环境规划署（United Nations Environment Programme，UNEP）和世界卫生组织（以下简称四方合作伙伴）共同成立的“同一健康”高级别专家小组（One Health High Level Expert Panel，OHHLEP）。OHHLEP将“同一健康”定义为一种可持续地平衡和优化人类、动物和生态系统健康综合、统一的方法，该方法认为人类、家养和野生动物、植物和生态系统健康之间具有相互依存的紧密联系，动员全社会共同促进福祉，解决对健康和生态系统的威胁，以满足对健康食品、水、能源和空气的集体需求，对气候变化采取行动，并为全球健康的可持续发展作出贡献。[①] 认识到人、动物和生态系统健康之间

---

① See One Health High-Level Expert Panel，Adisasmito WB，Almuhairi S，Behravesh CB，Bilivogui P，Bukachi SA，et al.，*One Health: A New Definition for a Sustainable and Healthy Future*，PLoS Pathog 18（6）：e1010537（2022）.

“卫生一体化”所引起的复杂和多学科问题，OHHLEP 提出应当加强国内和国际各部门及机构之间的协调与跨部门合作，增进国际社会对于大流行疾病出现和传播方面知识的了解，以应对人类健康、动物健康、植物健康、环境健康在全球、区域和国家层面形成的挑战。① 新冠疫情期间，由我国国家卫生健康委员会牵头建立的国务院应对新型冠状病毒感染的疫情联防联控工作机制（简称国务院联防联控机制）即为“同一健康”理论在公共卫生风险应对中的实践。② 2022 年 10 月 17 日，为响应国际社会关于预防未来大流行病和运用“同一健康”方法促进可持续健康的要求，四方合作伙伴制定了《“同一健康”联合行动计划（2022—2026）：共同促进人类、动物、植物和环境的健康》［One Health Joint Plan of Action (2022—2026)：Working Together for the Health of Humans，Animals，Plants and the Environment］。在目的上，该计划旨在创建一个整合系统和能力的框架，支持合作伙伴提供循证科学和政策建议，以便国际社会能够共同更好地预防、预测、发现和应对健康威胁，并最终改善人类、动物、植物和环境健康，促进可持续发展；在内容上，该计划侧重于支持和扩大六个领域的能力：卫生系统的“同一健康”能力、新发及再发的人畜共患流行病、人畜共患地方流行病、被忽视的热带疾病和虫媒病、食品安全风险、抗微生物药物耐药性和环境。③ 面对突发公共卫生事件应对中的信息交流和疫苗研发等技术性难题，国际组织基于“同一健康”策略开展了各

① See *One Health High -Level Expert Panel* (*OHHLEP*), WHO, https://www.who.int/groups/one-health-high-level-expert-panel.

② 参见胡欢、陆家海：《基于同一健康策略应对新发及再发传染病》，载《中山大学学报（医学科学版）》2022 年第 5 期。

③ See *One Health Joint Plan of Action Launched to Address Health Threats to Humans, Animals, Plants and Environment*, WHO (Oct. 17, 2022), https://www.who.int/news/item/17-10-2022-one-health-joint-plan-of-action-launched-to-address-health-threats-to-humans--animals--plants-and-environment.

项公共卫生国际合作治理活动（见表1－6）。

表1－6　2017—2022年国际组织间在公共卫生领域的主要合作

计划名称	参与合作的国际组织	时间
1.《遏止人畜共患结核病路线图》 Roadmap for Zoonotic Tuberculosis	世界卫生组织、联合国粮食及农业组织、世界动物卫生组织、国际结核病和肺病防治联合会	2017年
2.《到2030年消除狗介导狂犬病的新全球战略计划》 （Zero by 30：the Global Strategic Plan to Eliminate Human Deaths from Dog – Mediated Rabies by 2030）	世界卫生组织、联合国粮食及农业组织、世界动物卫生组织、全球狂犬病控制联盟	2018年
3.《提供食品安全和营养科学建议的框架》 FAO/WHO Framework for the Provision of Scientific Advice on Food Safety and Nutrition	联合国粮食及农业组织、世界卫生组织	2018年
4.《帮助各国应对人畜共患病三方合作指南》 A Tripartite Guide to Addressing Zoonotic Diseases in Countries	联合国粮食及农业组织、世界动物卫生组织、世界卫生组织	2019年
5.《预防下一次大流行病：人畜共患疾病以及如何阻断传播链》 Preventing the Next Pandemic – Zoonotic Diseases and How to Break the Chain of Transmission	联合国环境规划署、国际畜牧研究所	2020年
6.《抗微生物药物耐药性多利益相关方伙伴关系平台》 The Antimicrobial Resistance Multi – Stakeholder Partnership Platform	世界卫生组织、联合国粮食及农业组织、世界动物卫生组织、联合国环境规划署	2022年

注：该表由作者通过搜集、整理相关国际组织官方网站资料制作。

除了基于“同一健康”策略开展各项活动，《“同一健康”联合行动计划（2022—2026）》还在理论方面展开深入研究，提出了公共卫生治理领域的改变理论（theory of change，ToC）。该理论运用沟通（communication）、合作（collaboration）、协调（coordination）和能力建设（capacity building）的方法，以消除全球、国家和国家以下各级在技术、协调、合作和体制方面有效实施“同一健康”面对的挑战和障碍为旨趣。[①] 针对如何将“同一健康”方针付诸实践这一问题，改变理论提出了三条具体改变路径：一是政策、立法、宣传和筹资（policy，legislation，advocacy，and financing）路径，包括政策制定、政治意愿、赋能监管框架、投资和部门间治理制度化等方面；二是组织发展、实施和部门整合（organisational development，implementation and sectoral integration）路径，包括在区域和国家一级加强能力发展，社区参与和动员行动，多部门协调、协作和沟通以及部门公平整合以实施“同一健康”；三是数据、证据和知识（data，evidence and knowledge）路径，包括加强科学证据基础、将知识转化为证据数据、技术工具、协议和指南、信息和监督系统。[②] 改变理论认为，“同一健康”是各主权国家、国际组织、利益相关方应当共同承担的责任，治理主体应当重视科学证据，通过合作实现信息和技术共享。治理主体之间的合作应当以公私合作的方式进行，同时打破部门间工作壁垒，实现跨部门合作。以上三条路径可以为船舶公共卫生风险应对的国际合作提供指导。

除政府间组织和各国政府以外，非国家行为体也是全球公共卫生治理中的一个重要主体。根据世界卫生组织 2016 年发布的《与非国家行为者交往的框架》（WHA69.10 号决议），非国家行为体是指不附属于任何国家或公共机构的实体，包括非政府组织、私营部门实体、慈善基金会和学术

---

① See *One Health Joint Plan of Action Working Together for the Health of Humans*, *Animals*, *Plants and the Environment*, WOAH, https://www.woah.org/app/uploads/2022/04/oh-joint-plan-of-action-summary.pdf, Last accessed on Nov. 30, 2022.

② See *One Health Joint Plan of Action (2022—2026): Working Together for the Health of Humans*, *Animals*, *Plants and the Environment* (October 14, 2022), https://apps.who.int/iris/rest/bitstreams/1473175/retrieve. Last accessed on Nov. 30, 2022.

机构。其中，非政府组织为独立于政府之外运作的非营利实体；私营部门实体为工商企业，以及代表或受私营部门实体管理或控制的实体；慈善基金会是资产由捐助者提供、收入用于造福社会之目的的非营利实体；学术机构为通过研究、教育和培训追求和传播知识的实体。[①] 2000 年以来，非国家行为体在全球公共卫生治理中的重要作用逐渐体现出来，世界卫生组织开始注重非政府组织和私营部门实体等非国家行为体的作用。2018 年，《与非国家行为者交往的框架》被纳入世界卫生组织第四十九版《基本文件》中，表明世界卫生组织已经正式承认了这一框架的合法性。[②]

首先，非国家行为体具有民间性和自治性，有利于实现全球公共卫生治理的去国界化，增加全球性公共卫生产品供给。病毒传播不受国界限制，在解决公共卫生问题时，去国界化被认为是全球各国卫生治理的核心要素之一。[③] 去国界化要求治理主体之间通过互动与合作落实跨越国界的集体治理行动，国家作为全球性公共卫生产品最主要的供给主体，难以突破主权的界限。相较而言，非国家行为体一般不受国家在地理范围上的限制，可以突破地缘政治的约束。不仅如此，水平配置资源的非国家行为体和垂直配置资源的政府卫生部门相比，具有行动更加迅速的优势，对于全球性公共卫生危机的早期预防和控制更加有利。[④]

其次，公共卫生领域的学术机构可以为世界卫生组织决策的科学性背书。一旦学术机构与世界卫生组织建立正式关系，就可以参加世界卫生组织理事机构的会议，向世界卫生组织提供其关于技术问题的最新信

---

① 与非国家行为者交往《与非国家行为者交往的框架》实施情况　总干事的报告（EB148/39），2020 年 12 月 23 日。

② 《基本文件：第四十九版》，日内瓦：世界卫生组织，2020 年。

③ 参见邱增辉、蒋祎：《全球卫生治理视域下中亚国家的健康状况及与中国的合作》，载《俄罗斯东欧中亚研究》2020 年第 4 期。

④ 参见张鸿石、李丽：《非政府组织在全球公共卫生治理中的地位和作用》，载《当代世界》2011 年第 4 期。

息和知识，如此一来，可以有效避免世界卫生组织因决策的科学性受质疑而导致的公信力不足，保障世界卫生组织在全球公共卫生治理中的核心地位。

面对全球公共卫生治理在新冠期间遭受的挑战，应当继续发挥非国家行为者在全球公共卫生治理中的作用，实现治理体系和治理能力现代化。

2. 人类卫生健康共同体理念下应对船舶公共卫生风险中的国际合作展望

公共卫生合作能指明港口国应对船舶公共卫生风险的方向，特别是在没有明确解决方案，没有单一主体可以凭借其专业知识、权威或者资源就能够产生巨变的情况下。合作应对船舶公共卫生风险可以更好地利用现有资源，并且可以扩大潜在的合作伙伴，这些潜在伙伴包括基于某些信念而成立的组织、公司，以及涉及教育、公共安全、住房保障甚至交通运输等业务的机构。在人类卫生健康共同体理念的指引下，建立公共卫生合作体系：一是应当建立宣传和鼓励跨部门合作的机制，同时重点开发商业领域的合作；二是要创造跨领域的网络与协作机会；三是应当采用新的网络思维方式，克服看似棘手的阻碍，改善人群健康；四是应建立促进政策措施制定的激励机制，消除不利因素的影响；五是应建立并倡导可持续的长期筹资机制，而不是合同和赠款等短期支持策略；六是投资建立能整合多种数据的信息系统，满足人们的健康需求，并且可以对干预后的效果进行评估。① 船舶公共卫生风险应对的国际合作展望表现为加强国际组织之间的合作，以及进一步发挥非国家行为体的作用。

与船舶公共卫生风险应对相关的国际组织主要有世界卫生组织、国际海事组织、国际劳工组织、国际运输工人联盟（International Transport

① 参见［美］詹姆斯·郝圣格主编：《当代美国公共卫生：原理、实践与政策》，赵莉、石超明译，社会科学文献出版社 2015 年版，第 226－227 页。

Workers' Federation，ITF）等。新冠疫情期间，国际海事组织发布了一系列通函，以解决疫情背景下全球性国际船员换班和航运安全问题。[①] 例如，国际海事组织曾于 2020 年 3 月 27 日发布《面向各国政府和有关国家当局的关于在 COVID－19 大流行期间便利海上贸易的初步建议清单》［Coronavirus（COVID－19）－Preliminary List of Recommendations for Governments and Relevant National Authorities on the Facilitation of Maritime Trade during the COVID－19 Pandemic，Circular Letter No. 4204/Add. 6］，建议认定海员为“关键工人”（key workers），鼓励给予在旅行限制方面为“关键工人”提供豁免，以便利船员登船、离船、过境，方便其遣返和换班。对此，联合国大会第 75 届会议于 2020 年 11 月 24 日通过一项名为“开展国际合作应对海员因冠状病毒病大流行而面临的挑战，支持全球供应链”（A/75/L. 37）的决议，该决议提出“敦促会员国指定海员和其他海事人员为‘关键工人’”。

疫情期间，不同国际组织之间多次开展合作，探讨船舶公共卫生风险

① 此类通函主要包括：Circular Letter No. 4204 of 31 January 2020，providing information and guidance on the precautions to be taken to minimize risks to seafarers，passengers and others on board ships from the novel coronavirus（COVID－19）；Circular Letter No. 4204/Add. 1 of 19 February 2020，COVID－19－Implementation and enforcement of relevant IMO instruments；Circular Letter No. 4204/Add. 2 of 21 February 2020，Joint Statement IMO－WHO on the Response to the COVID－19 Outbreak；Circular Letter No. 4204/Add. 3 of 2 March 2020，Operational considerations for managing COVID－19 cases/outbreak on board ships prepared by WHO；Circular Letter No. 4204/Add. 4 of 5 March 2020，ICS Coronavirus（COVID－19）Guidance for ship operators for the protection of the health of seafarers；Circular Letter No. 4204/Add. 5/Rev. 1 of 2 April 2020，Coronavirus（COVID－19）－Guidance relating to the certification of seafarers and fishing vessel personnel；Circular Letter No. 4204/Add. 6 of 30 March 2020，Coronavirus（COVID－19）－Preliminary list of recommendations for Governments and relevant national authorities on the facilitation of maritime trade during the COVID－19 pandemic；Circular Letter No. 4204/Add. 7 of 3 April 2020，Coronavirus（COVID－19）－Guidance concerning unforeseen delays in the delivery of ships.

的应对方案。例如，2020 年 2 月 21 日，国际海事组织与世界卫生组织联合发布了《关于国际海事组织—世界卫生组织关于应对新冠肺炎疫情的联合声明》（Joint Statement IMO – WHO on the Response to the COVID – 19 Outbreak，IMO 第 4204/Add. 2 号通函），提请注意船旗国当局、港口国当局和有关组织、公司和船长之间的合作，以确保在疫情暴发期间邮轮旅客可以下船和上岸、货物可以装卸、船员可以换班。发挥世界卫生组织和国际海事组织在船舶公共卫生风险应对中的关键作用，有利于走出全球卫生治理逆全球化的阴霾。

上述实践表明，由多个国际组织合作构成的复合型国际组织联盟较单一国际组织更能发挥国际组织在船舶公共卫生风险应对中的领导和指挥作用。但目前的不足之处在于，现有国际组织的领导方式仍以倡议和建议为主。在人类卫生健康共同体理念中善治价值的指引下，国际组织应当通过合作在践行全球公共卫生法治中发挥实际作用。

在非国家行为体方面，非国家行为体作为国际组织承认的合法治理主体，经常与世界卫生组织和国际航运组织在保障航运安全、稳定全球供应链方面进行合作。2020 年 10 月 5 日，国际海事组织向 174 个成员国发布了 Circular Letter No. 4204/Add. 14/Rev. 1 通函件，通函件后附《新冠肺炎疫情期间船员换班和安全旅行的推荐协议框架》［Recommended Framework of Protocols for Ensuring Safe Ship Crew Changes and Travel during the Coronavirus Disease（COVID – 19）Pandemic］，以明确各国政府、船舶所有人、船舶经营人在便利船员换班方面的责任，解决船员超期服务问题。该框架在制定过程中召集了众多航运相关主体，由国际航运工会（International Chamber of Shipping，ICS）、国际运输工人联盟（International Transport Workers' Federation，ITF）、波罗的海国际航运公会（BIMCO）、国际邮轮协会（Cruise Lines International Association，CLIA）、国际船舶经纪人船代协会联合会（Federation of National Associations of Ship Brokers and Agents，FONASBA）、国际港口协会（International Association of Ports and Harbours，IAPH）、国际船长协会联合会（International Federation of Shipmasters' Association，IFSMA）、国际海事承包商协会（International Marine Contractors Association，IMCA）、国际海事雇主理事会（International Maritime Employers' Council，IMEC）、国际干散货船东协会（International Association of Dry Cargo Shipowners，INTERCARGO）、国际渡轮协会（Interferry）、国际船舶管理人协会（Inter Manager）、国际独立油轮船东协会（International Association of Independent Tanker Owners，INTERTANKO）、国际包裹油轮协会（Integrated Pitch Tracking Algorithm，IPTA）、国际船东保赔协会集团（The International Group of P&I Clubs，IG P&I Clubs）、国际航运理事会（World Shipping Council，WSC）共同起草，并考虑了国际航空运输协会（International Air Transport Association，IATA）、国际劳工组织、世界卫生组织的意见。该框架就新冠疫情期间便利船员换班事项向各国政府及其卫生、海关、移民、边境管制、港口和民航等相关部门提出以下六项具体的临时性建议：

（1）将在其管辖范围内的专业海员和海事人员指定为“关键工人”，并为他们提供基本服务，无论其国籍如何；

（2）给予专业海员和海事人员任何必要和适当的国家旅行或行动限制的豁免，以方便他们加入或离开船舶；

（3）接受官方海员身份文件、卸货簿、STCW 证书、海员就业协议和海事雇主的任命书作为海员身份的证明，用于船员变更；

（4）允许专业海员和海事人员在港口下船，并在其境内通行（如前往机场）以进行船员换班和遣返；

（5）对以换班和遣返为目的请求下船的海员实施进行适当的审查、批准；

（6）向船舶和船员提供世界卫生组织关于新冠疫情基本保护措施的建议。

除了国际组织与非国家行为体之间的合作外，港口国应对船舶公共卫生风险，还应当增强与非国家行为体之间的直接合作。例如，海上人权组织是一个倡导保障全球所有海上人民人权的非政府组织。该组织成立于2014年4月，于2015年成为英国慈善委员会注册的慈善机构，旨在提高对海上侵犯人权行为的认识，帮助被虐待受害者及其家人诉诸司法，并倡导制定更有效的法律和政策来保护海上侵犯人权行为的受害者。海上人权组织发布的《日内瓦海上人权宣言》（Geneva Declaration on Human Rights at Sea）和该组织《年度报告（2020—2021）》中讨论了海上人权仲裁倡议、海员被遗弃问题，该组织还发布了《2020年船旗国和人权报告》，并向新西兰政府建议修改其1994年《海上运输法》（the Maritime Transport Act），以便为海员中心提供资金。[①] 此类非政府组织对于海上人权的发展与保护事项具有强烈的参与意愿，但目前主要航运国家对于该组织的关注度不够。海上人权组织是涉及船舶公共卫生风险应对的一个特殊主体，港口国增加与海上人权组织等非国家行为体的合作，有利于更加安全地应对船舶公共卫生风险。

至于合作的方式，一般来说，公共卫生合作存在正式合作关系与非正式合作关系两种类型。非正式合作关系涉及信息的交换、支持以及可能会带来建立正式合作关系的想法和行为；正式合作关系一般以资源共享、专家、资金、员工时间、品牌、共识等为特征。两种类型的合作关系都可以发展到下一个阶段，即合作协议。合作协议可以是正式或非正式的。非正式的合作协议往往基于书面或口头的承诺；而正式的合作协议，通常以特许合同或交易订单的形式来实现资源的交换。正式的合作协议通常会明确界定潜在合作关系的参数，包括利益保护、明确角色与职责、对于其他合

---

① See *Annual Report*, Human Right At Sea (HRAS), https://www.humanrightsatsea.org/sites/default/files/media-files/2022-02/HRAS_ANNUAL_REPORT_2020-2021-YEAR-7%20.pdf, Last accessed on Nov. 28, 2022.

作者的限制（如不要与烟草业合作）、时间限制、权威保证、努力的范围，以及项目或活动的影响。在公共卫生实践活动中存在四种类型的合作协议：一是商业协议，此类通常是指财政上的资源，从交易方到行动方进行单方向流转；二是基础协议，资源通常可以在双方之间自由流转，具有更多互动性，但是双方都要在特定条件下进行操作；三是联盟，通常涉及多个合作伙伴，包括复杂的交换或共享资源、治理的过程，而且需要报告和评估相互的影响；四是合同，内容详尽，会列举出合作的详细目标、具体细节，以及资源交换的程序。①

五、船舶公共卫生风险中主权与人权的冲突与协调

国家主权原则与国际人权保护原则共同作用于船舶公共卫生风险的应对，两个原则各有侧重，但并非各自独立，因具有不同的价值内涵二者可能在指导公共卫生治理实践的过程中发生冲突。协调好这两个原则之间的关系是确定港口国应对外国邮轮突发公共卫生事件中权利和义务的关键。由此产生的问题是，如何对这一冲突进行协调？

（一）国家主权原则与国际人权保护原则之间的冲突

国家主权原则与国际人权保护原则在港口国应对船舶公共卫生风险中产生冲突的原因在于传染病全球化对主权体制的冲击。② 在全球化的影响下，跨境活动的总量增加，而受政府控制和管制的比例却相应减少。一方面，国际组织的权利和义务可以延伸到一国境内；另一方面，国家在其境内的行为需要接受国际监督。这些累积变化的综合效应对国家主权原则

① 参见［美］詹姆斯·郝圣格主编：《当代美国公共卫生：原理、实践与政策》，赵莉、石超明译，社会科学文献出版社 2015 年版，第 224 页。

② 参见龚向前：《传染病控制国际法律问题研究》，法律出版社 2011 年版，第 12 页。

提出了重大挑战。国家主权原则中禁止干预（intervention – proscribing）和国际人权保护原则中应当干预（intervention – prescribing）的要求之间存在着内在的紧张关系。个人作为国际法的主体，根据《联合国宪章》《世界人权宣言》等国际人权保护和人道主义保护国际法承担义务，享有权利。①

“对内最高”与“对外独立”之基本属性构成传统的国家主权观。其中，“对内最高”包括属地最高权（territorial supremacy）与属人最高权（personal supremacy）。“作为国家，对于国家领土内一切人和物行使最高权威的权力，主权就是属地最高权”。②“最高权威”至少包括两个方面的内容：一是对国内事务享有管辖权，二是国家主权具有排他性，一旦发生管辖冲突，属地管辖权居于优先地位。以威斯特伐利亚体系为主导的传统国际法理论认为，人权保护属于一国内部事项，其他国家应当遵循不干涉内政原则。然而，这一观点与自然法理论中的人权观念以及人权保护全球化进程的现实相矛盾。

自然法理论中的人权观念认为，政府并非人民的主宰，在自然法理论中，人权是一种自然法上的权利，哲学家约翰·洛克（John Locke）曾提出“天赋人权”的主张。根据自然法理论中的人权观念，由于人性的弱点和利益冲突的必然性，要实现有秩序的生活就必须要有一定的社会管理和国家管理。管理者进行管理活动需要权力，基于此，个人自愿把自己的一部分权利移交给社会，以实现社会治理功能，而未移交的权利则成为维护个人基本自由的基石，这些自由天然地属于每个人，不受国家的限制与否

① See Dinah Shelton, *The Oxford Handbook of International Human Rights Law*, Oxford University Press, 2013, p. 626.

② 《奥本海国际法》（上卷）（第 2 分册），［英］劳特派特修订，石蒂、陈健译，商务印书馆 1972 年版，第 216 页。

决。[①] 可见，自然法理论的人权观念与以威斯特伐利亚体系为主导的传统国际法理论中关于国家至高无上的观点相矛盾。

从国际法的发展历史来看，人权保护的发展源于人权原理的传播。人权原理指出，个人有权主张对其人权的尊重，因而他们可以就其人权被侵犯而质疑本国政府和外国政府行为的正当性。受战争的残酷性和美国总统罗斯福于1941年进行的“四大自由”谈话的影响，人权原理在国际法历史上向前迈进了一大步，提出国家应当尊重保护人权而不得随意侵犯人权，并应当就国家对个人实施的不当行为在国际场合作出说明。[②] 人权保护问题上升到国际层面意味着国内管辖事项的范围缩小，[③] 人权原理在一定程度上对主权的行使造成限制。如今，在人权全球化背景下，人权问题成为“国际关心的事项”，这表现出人权试图超越主权的势态。国际人权保护的概念更是突出了人权与主权的抗衡，造成了二者间的紧张关系。

全球化背景下，人权保护超出国内管辖之事项的范围，如图1－1所示，国家主权原则的发展趋势在图中表现为线条①，国家的概念明确后，代表国家主权原则的线条①总体呈上升趋势，但受全球化影响，上升趋势逐渐减缓。有学者将这一现象称为“日渐萎缩的国境障壁”。人权保护原则的发展趋势在图中表现为线条②。其中，实线部分是指具有法律约束力的人权法规范，虚线部分是指国际劳工组织等国际组织实施的不具有约束力的法律文件，这些法律文件虽然不具备法律约束力，但具有重要的规范性意义。

---

① 参见高岚君：《国际法的价值论》，武汉大学出版社2006年版，第93－94页。

② 参见［德］巴多·法斯本德、安妮·彼得斯主编：《牛津国际法史手册》（上册），李明倩、刘俊、王伟臣译，上海三联书店2018年版，第68页。

③ 参见龚向前：《传染病控制国际法律问题研究》，法律出版社2011年版，第94页。

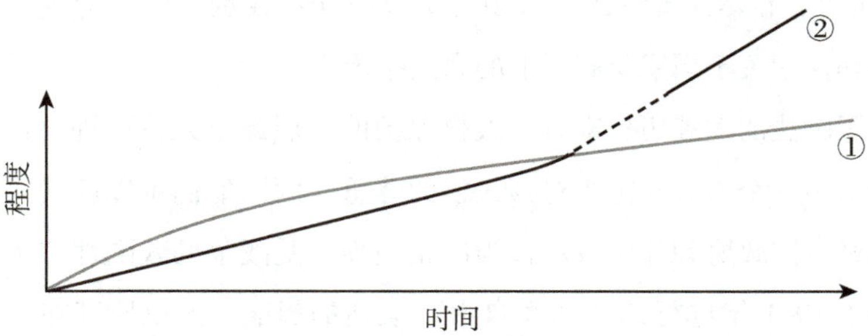

①代表“国家主权原则”
②代表“国际人权保护原则”

图1-1 主权与人权的发展态势

资料来源：参见何志鹏：《人权全球化基本理论研究》，科学出版社 2008 年版，第 238、246 页。

人权与主权的紧张关系在直观上表现为，一些国际条约同时将国家主权与人权保护列为重要的基本原则。例如，《国际卫生条例》第 3 条第 1 款提出尊重人权，第 3 条第 4 款的规定又体现了国家主权原则。① 这一冲突不仅表现在《国际卫生条例》的基本原则中，还表现在具体的权利义务规范中。例如，《国际卫生条例》第 4 条第 1 款要求各缔约国指定或建立“国家归口单位”以便与世界卫生组织联络，② 完成传染病的监测与报告工作。不仅如此，《国际卫生条例》第 5 条第 1 款还对国家监测和应对的核心能力提出了要求。③ 世界卫生组织作为全球卫生治理中的重要主体，其行使职权也会在一定程度上对国家主权造成限制。以上对于国家传染病防

① 《国际卫生条例》第 3 条第 4 款规定：“根据联合国宪章和国际法的原则，国家具有主权权利根据其卫生政策立法和实施法规……”

② 《国际卫生条例》第 4 条第 1 款规定：“每个缔约国应当指定或建立《国际卫生条例》国家归口单位以及在各自管辖行政范围内负责按本条例实施卫生措施的当局。”第 4 条第 2 款第 1 句规定：“《国际卫生条例》国家归口单位应随时能够同根据本条 3 款设立的世卫组织《国际卫生条例》联络点保持联系。”

③ 《国际卫生条例》第 5 条第 1 款规定：“每个缔约国应当根据本条例附件 1 的具体规定尽快，但不迟于本条例在该缔约国生效后五年发展、加强和维持发现、评估、通报和报告事件的能力建设。”

治能力的两方面要求表明，人权保护问题已经超出了一国内部事务。

在1923年突尼斯和摩洛哥国籍法令案中，国际常设法院在如何理解“纯属国内管辖”一词的咨询意见中指出，关于某一事项是否“纯属国内管辖”的判断在原则上是一个相对的问题，依国际关系的发展为转移。受全球化和条约缔结的影响，国内管辖事项的范围缩小，人权问题等一些原本由国内法调整的事项也开始受到国际法的制约。[①] 同理，根据全球治理理论，全球卫生治理既是现实需要，也是大势所趋。在此背景下，港口国是否允许存在公共卫生风险的船舶挂靠以及是否允许旅客和船员下船已经超出了一国内部事项之范畴。因此，本研究中同样存在国家主权原则与国际人权保护原则这一对国际法理论中的典型冲突。

（二）国家主权原则与国际人权保护原则之间的协调

“只要国家还存在，就绝不会有纯粹的国际人权，也不会有完全的国际人权保护制度。”[②] 罗国强认为，国际法的基本原则派生于国际法的价值，[③] 当基本原则之间发生冲突时，可以追溯各基本原则的价值，通过价值的优先顺序决定基本原则的优先顺序。[④] 罗国强提出了五项国际法的价值并对它们进行排序，即“正义 > 公平 > 平等 > 善意 > 和谐”。问题在于，根据他的观点，国家主权原则和国际人权保护原则都派生于平等价值，而同一价值派生出的基本原则之间的冲突问题仍没有被解决。[⑤]

---

① 参见李伯军：《论国际法上“内政”的概念及其发展》，载《法学评论》2009年第2期。

② 何志鹏：《人权全球化基本理论研究》，科学出版社2008年版，第291页。

③ 这里的“基本原则”即本章研究的、作为实在国际法层面的基本原则。

④ 罗国强从自然国际法的角度将国际法渊源分为三个层次，分别是基本原则、一般原则、具体化原则。本书从实在国际法层面展开研究，自然国际法的基本原则即实在国际法的价值，相应地，自然国际法的一般原则即书中所指的基本原则。参见罗国强：《论自然国际法的基本原则》，武汉大学出版社2011年版，第155、177页。

⑤ 参见罗国强：《论自然国际法的基本原则》，武汉大学出版社2011年版，第89、153页。

在实践中，解决国家主权原则与国际人权保护原则之间的冲突，只能就具体情势而论，结合手段、结果等多方面因素进行长期考虑。[①] 突发公共卫生事件作为全人类面对的共同问题，人权要求者和主权操作者之间的对立减少，在此情形下，仍然强调绝对主权会损害国家长远利益，因而在国家利益的驱动下，人权和主权存在协调的可能。[②] 对国家主权原则和国际人权保护原则进行协调，可以根据国家主权让渡理论和人权克减理论，通过国家公共卫生主权让渡和船上旅客、船员的人权克减这两条路径实现。

1. 国家公共卫生主权让渡

理查德·福尔克在《寻求主权与人权的调和》一文中指出："国家主权可能会促进人权的国际保护，也有可能会阻碍人权的国际保护"。[③] 对此，有观点提出，保护人权的国际措施不应干涉国家主权。[④] 理由在于，目前全球化只是发展趋势，主权国家仍是全球治理中的重要主体，主权概念不可抛弃。[⑤]《联合国宪章》中的人权条款[⑥]采用了"促进"一词而非"保护"的概念也表明了国家主权地位的优先性，前者并没有在国际法层面为缔约国创设保护人权的义务，从而避免了保护人权的国际措施干涉国家的主权。此种观点遵循了古典"国家理性"理论，主张国家的利己倾

---

① See Richard Falk, *Sovereignty and Human Rights: The Search for Reconciliation*, 5 Issues of Democracy 29 (2000).

② 参见何志鹏：《人权全球化基本理论研究》，科学出版社 2008 年版，第 252 -253 页。

③ [美] 理查德·福尔克：《寻求主权与人权的调和》，载美国驻华大使馆和领事馆网站，http://www.usembassy-china.org.cn/press/ release/2000/c/human-rights0823.html，最后访问日期：2022 年 3 月 4 日。

④ 参见莫纪宏等：《人权法的新发展》，中国社会科学出版社 2008 年版，第 15 页。

⑤ 参见何志鹏：《人权全球化基本理论研究》，科学出版社 2008 年版，第 256 页。

⑥《联合国宪章》第 55 条规定："为造成国际间以尊重人民平等权利及自决原则为根据之和平友好关系所必要之安定及福利条件起见，联合国应促进……全体人类之人权及基本自由之普遍尊重与遵守，不分种族、性别、语言、或宗教。"

向，强调国家至上的绝对主权论，[①] 符合威斯特伐利亚体系中关于国家对于在其自身司法管辖权范围内的人权保护负首要责任的观点。[②]

反对观点认为，人类卫生健康共同体理论是对国家主权原则的继承和发展。[③] 解决全球性问题，应当突破传统主权理论的绝对性，以恰当的主权让渡对接国际社会治理的现实需求，实现人类卫生健康共同体语境下国际法的“善意遵守”。[④] 主权让渡是指在全球化发展背景下，基于身份主权和权能主权的划分，主权国家为了最大化的国家利益及促进国家间关系的良性互动和国际合作，以国家主权原则为基础，自愿地将国家的部分主权权能转让给他国或国际组织等行使，并保留随时收回所让渡部分主权权能的一种主权行使方式。[⑤]

人权全球化理论认为：“以权力冲突为核心的国际关系状况正在向以复杂的相互依赖关系为特点的世界转变，国际无政府状态正在向更为合作的国际秩序转变。”[⑥] 在全球卫生治理实践中，以联合国为首的国际组织正在承担着越来越大的责任。要使国际组织真正有效地控制和解决这些问题，需要国家让渡出部分主权，将一些原本属于主权范畴的管辖权让与一个由主权国家共同参与并接受其规则的国际组织。[⑦] 主权让渡既是国际法理论的发展，也是实践上对于全球公共卫生治理的回应。

---

① 参见刘凯：《国家主权自主有限让渡问题研究》，中国政法大学出版社 2013 年版，第 197－200 页。

② 参见［美］卡伦·明斯特、伊万·阿雷奎恩－托夫特：《国际关系精要》，潘忠岐译，上海人民出版社 2018 年版，第 368 页。

③ 参见龚柏华：《“三共”原则是构建人类命运共同体的国际法基石》，载《东方法学》2018 年第 1 期。

④ 参见蔡高强、焦园博：《“人类命运共同体”语境下国际法价值理性的增进》，载《北京理工大学学报（社会科学版）》2019 年第 4 期。

⑤ 参见蔡高强、焦园博：《“人类命运共同体”语境下国际法价值理性的增进》，载《北京理工大学学报（社会科学版）》2019 年第 4 期。

⑥ 何志鹏：《人权全球化基本理论研究》，科学出版社 2008 年版，第 278 页。

⑦ 参见刘凯：《国家主权自主有限让渡问题研究》，中国政法大学出版社 2013 年版，第 70 页。

刘凯在《国家主权自主有限让渡问题研究》一书中提出，国家主权作为实现国家利益的工具，存在“身份主权”与“权能主权”的划分,[①] 其中，“权能主权”中的主权权力、主权权利、主权利益为可让渡要素，“身份主权”中的主权身份、主权地位、主权权威为不可让渡要素。[②] 在国家主权具备可让渡要素的前提下，国家公共卫生主权在全球公共卫生治理中的让渡具有可能性和必然性。

一方面，国家主权让渡具有主观可能性。从国际社会来看，国家利益至上仍然是各国外交政策的基本出发点和最终归宿。[③] 根据利益的重要性，可以将国家利益划分为不同层次。最基本的划分方式是将国家利益划分为核心利益和非核心利益，核心利益涉及军事、政治等领域，不可协商；非核心利益涉及经济、环境、生态等领域，在国际社会的共同利益面前可以被修正或牺牲。[④] 类似地，国际关系学者习惯将军事、政治等领域的国际关系视为“高级政治”，而将经济、环境、生态等领域的国际关系视为“低级政治”。公共卫生安全利益作为国家的非核心利益，不容易对国家的军事和政治等领域造成危害，国家间进行合作的可能性较大。

应当注意的是，这种层次划分并没有一个客观尺度，而是一个主观判断。这是因为社会事物瞬息万变，一国在不同历史时期、不同客观条件下，会对利益重要性作出不同认定。不仅如此，国家利益代表国家群体认可的利益，而主流群体的认知也可能被辩驳。[⑤] 国际社会存在多种多样的利益观念和为了维护利益而进行的实践。从国际立法的博弈来说，涉及国

---

① 参见刘凯：《国家主权自主有限让渡问题研究》，中国政法大学出版社 2013 年版，第 84、177 页。

② 参见刘凯：《国家主权自主有限让渡问题研究》，中国政法大学出版社 2013 年版，第 87 页。

③ 参见俞可平等：《全球化与国家主权》，社会科学文献出版社 2004 年版，第 48 页。

④ See Scott Burchill, *The National Interest in International Relations Theory*, Palgrave Macmillan, 2005, p. 167.

⑤ 参见何志鹏：《国家利益维护：国际法的力量》，法律出版社 2018 年版，第 23 -25 页。

家核心利益的“高级政治”合作难度更大。然而，实践表明，作为长期以来依靠霸权机制进行全球治理的美国，在“高级政治”上也主要选择了依靠制度来实现全球治理。[①] 1966 年，美国国家利益委员会发布《美国国家利益报告》,[②] 将国家利益分为至关重要（vital mterests）、极为重要（extremey important mterests）、一般重要（just important mterests）和次要利益（less important or secondary mterests）四个层级。对国家利益划定不同层级的主要作用在于确定国家外交政策原则，国家外交行动在涉及不同层级的利益时会表现出一定差异。具体而言，对于至关重要的国家利益，美国会选择采取单边行动，进入作战准备状态；对于极为重要的国家利益，美国通常在盟国的共同参与下，准备动用武装力量；对于一般重要的国家利益，美国采取个案处理方式，只有在代价和费用较低的情况下才参与军事行动。在美国的主导下，12 个西方国家于 1949 年在美国华盛顿签署《北大西洋公约》，决定成立北大西洋公约组织（North Atlantic Treaty Organization，NATO，以下简称“北约”）。“北约”面对的议题不限于军事威胁，还包括全球恐怖主义、能源安全、全球变暖和疾病传播等多元问题。《美国国家利益报告》将“确保美国盟友的国家安全，促进美国与盟友之间积极合作，共同构建符合美国利益的国际体系”认定为“至关重要的利益”。[③]

通过上述分析可知，国家利益让渡问题在理论上限于非核心利益，但在实践中同时存在核心利益与非核心利益的让渡。这一实践在一定程度上体现了全球治理的成果。尽管在解决全球性问题上存在国家主权的悖论，

---

① 参见刘志云：《国家利益视角下的国际法与中国的和平崛起》，法律出版社 2015 年版，第 170 页。

② America's National Interests：A Reportfrom the Commission on America's National Interests. The Commission on America's National Interest，1996.

③ Ehsan Mehmood Khan. National Interest：Perspectives and Practices. Journal of Contemporary Studies，Vol. 11，2022.

但全球化时代国家利益的增进方式发生改变，技术和安全领域的国家主权让渡有利于增进国家利益。[①] 因此，主权国家存在为了增进本国利益而让渡主权的可能性。可见，为了借助世界力量保障国家安全，各主权国家对于公共卫生利益这一非核心利益具有主观让渡的意愿。退一步说，即使因突发公共卫生事件导致国家的核心利益遭受威胁，需要主权让渡的国际合作也并非完全不可能。

另一方面，国家主权让渡具有客观必然性。国家主权让渡的客观必然性主要表现为世界卫生组织在全球卫生治理中发生的作用。在国际社会发轫之始至随后的数个世纪里，主权国家一直是国际社会的绝对主角。但是，这种不受限的权力在20世纪初开始瓦解，国家也日益在当今国际社会中失去中心和主导地位。首先登场的非国家主体是国家自己的创造物，即政府间组织。它们是代表成员国履行专职的有组织实体。当这些政府间组织被成员国赋予了实质上意味着转移主权的某些方面的权力时，这种事实上的权力就会扩大，由此造成了对主权的侵蚀。[②]

2. 船上旅客和船员的人权克减

根据《布莱克法律词典》的定义，“克减”一词指国际法中的克减条款（derogation clause）。[③] 紧急状态下的权利克减理论认为，当国家或地区进入紧急状态后，公民的基本权利会遭受一定程度的限制。国家为尽快恢复到平时状态临时对公民权利进行限制，被称为紧急状态下的权利克减。国际人权公约对此也有相关规定：《公民权利和政治权利国际公约》在第4条第1款中规定：“如经当局正式宣布紧急状态，危及国本，本盟约缔约国得在此种危急情势绝对必要之限度内，采取措施，减免履行其依本盟约

---

① 参见刘凯：《国家主权自主有限让渡问题研究》，中国政法大学出版社2013年版，第70、110页。

② 参见［德］巴多·法斯本德、安妮·彼得斯主编：《牛津国际法史手册》（上册），李明倩、刘俊、王伟臣译，上海三联书店2018年版，第63－64页。

③ See Bryan A. Garner ed., *Black's Law Dictionary*, Thomson Reuters, 2014, p. 476.

所负之义务。”此外，《欧洲人权公约》第 15 条规定了在国家存续遭受威胁的紧急时期的权利克减，1969《美洲人权公约》第 27 条也规定了发生公共危险等紧急状态下的权利克减。

紧急状态通常是指由严重传染病流行等突发性事件导致社会秩序在一定期间内遭受严重干扰的非正常社会状态。[①] 国家或地区进入紧急状态必须符合以下三个要件：

一是符合客观紧急情势要件。欧洲人权法院（European Court of Human Rights，ECHR）在 1961 年审理的 Lawless v. Ireland 一案中认为，“维持公共安全、健康和秩序的正常措施和限制已严重不足”的情形可以被认定为紧急情势。[②]

二是符合审慎的主观决断要件。[③] 首先，“审慎”说明情势必须符合严重性和必要性的要求。传染病按照严重程度的不同可以分为一般传染病和重大传染病。2003 年非典疫情，2009 年甲型 H1N1 流感疫情，以及 2020 年新冠疫情等事件都表明，重大传染病会对国家经济和社会秩序造成严重打击。其次，“主观决断”说明各国的最高权力机关等有权机关对于判断某一突发性事件是否构成“紧急状态”享有一定的自由裁量权。例如，我国《宪法》第 67 条和第 89 条分别规定全国人民代表大会常务委员会和国务院享有紧急状态的决定权。

三是满足宣告这一形式要件。国家暴发重大传染病并非等同于进入紧急状态，而仅仅是国家进入紧急状态的必要条件。广义上的应急状态包括狭义应急状态、紧急状态和战争状态，紧急状态的后果比狭义应急状态更

---

① 参见江必新：《紧急状态与行政法治》，载《法学研究》2004 年第 2 期。

② See［1961］ECHR 2，para. 56，European Court of Human Rights，Lawless v. Ireland，https：//www. bailii. org/eu/cases/ECHR/1961/2. html，Last accessed on Mar. 12，2022.

③ 参见李卫海：《紧急状态下的人权克减研究》，中国法制出版社 2007 年版，第 50－61 页。

加严重。[①] 通常而言，全国或部分地区进入紧急状态需要各级政府按照《宪法》规定的权限决定并宣布。例如，我国《宪法》第80条规定国家主席享有紧急状态的宣布权。2020年1月30日，世界卫生组织总干事根据《国际卫生条例》第12条的规定，宣布新冠疫情构成“国际关注的突发公共卫生事件”。疫情暴发后，截至2020年3月19日，全球已有43个国家宣布进入紧急状态。[②] 2021年7月21日，中国江苏省曾宣布进入应急响应状态。对于已经宣布进入紧急状态的地区，行政主体可以行使紧急权。否则即使新冠疫情构成突发公共卫生事件，但国家或地方政府未宣布进入紧急状态，或者地方政府随意宣布进入紧急状态，[③] 行政主体都不享有紧急权。

国家或地区一旦进入紧急状态，就会导致政府权力与公民权利的边界发生变化。传染病防治法律规制按照紧急程度的不同可以分为一般状态下的传染病防治法律规制和紧急状态下的传染病防治法律规制，后者又称传染病应急法制。[④] 应急法制理论认为，当国家公共卫生安全受到威胁时，紧急权优先于公民权利。[⑤] 在国家紧急状态下，对于已经宣布进入紧急状态的地区，行政主体可以行使紧急权，紧急权的权力范围可以超过一般法律的规定，限制公民的基本权利。可见，一旦正式宣布紧急状态，行政主体行使紧急权对公民权利造成的侵害更大。与一般行政权力相比，行政主体行使紧急权额外侵害个人权利的行为被认为是紧急状态下的人权克减行为。

在中国，传染病防治法律规制较为特殊，即在立法技术上不区分紧急

---

① 参见胡建淼：《领导干部该知道的应急法律知识》，载《学习时报》2020年3月4日，第3版。

② 参见赵友平：《全球43个国家已宣布进入紧急状态》，载环球网2020年3月19日，https://world.huanqiu.com/article/3xTzQ1xPtDf。

③ 参见丁静：《滥用“战时状态”不利于抗疫大局》，载新华网，http://www.xinhuanet.com/mrdx/2021-01/16/c_139671725.htm。

④ 参见滕宏庆：《紧急宪法：自由与安全的紧急正义》，法律出版社2018年版，第110页。

⑤ 参见韩大元、莫于川主编：《应急法制论》，法律出版社2005年版，第4页。

状态法与一般突发事件应对法，而是采用了紧急状态制度和突发事件应对合并的立法模式：先由《宪法》第 67 条、第 80 条、第 89 条对紧急状态的决定和宣布作了原则性规定，再由《传染病防治法》、《突发事件应对法》和《公共卫生应急条例》等专门性法律和行政法规对突发公共卫生事件的具体制度作出规定。[①] 这些专门性法律和行政法规既适用于紧急状态，也适用于平时状态。

在合并立法模式下，紧急状态下的突发公共卫生事件和一般突发公共卫生事件由相同的法律进行规制，但在具体适用时仍存在差异，这一差异尤其体现在行政主体的权力范围上。例如，《公共卫生应急条例》规定的强制隔离、强制治疗和征收征用等应急处置措施涉及人身权、财产权，限制感染者和有感染嫌疑者的行动自由和健康生活的权利。此外，地方政府为加强防控海上输入疫情，常常会公布旅客和船员的活动轨迹，导致这些主体的隐私权受到侵犯。可见，在紧急状态下，政府权力与公民权利的边界发生了变化，旅客和船员的基本权利遭遇克减。因此，有观点认为，《公民权利和政治权利国际公约》第 4 条[②]的规定表明，一国进入紧急情势且宣告进入紧急状态所形成的法律关系，不属于国际强行法调整的对象，也很难将其划归国际习惯法调整的范畴，因而紧急状态下的人权保护处于人权法学与人权伦理学之间的灰色地带。

不论是否为紧急状态，行政主体为维护国家安全都享有行政紧急权力，即紧急权。应急法制理论认为，当国家公共卫生安全受到威胁时，紧

---

① 参见汪永清：《十届全国人大常委会法制讲座第十三讲　紧急状态法律制度》，载中国人大网 2005 年 2 月 28 日，http://www.npc.gov.cn/npc/c541/200502/2435dad8e4e741929058f50b58a314e2.shtml。

② 《公民权利和政治权利国际公约》第 4 条第 1 款规定："如经当局正式宣布紧急状态，危及国本，本盟约缔约国得在此种危急情势绝对必要之限度内，采取措施，减免履行其依本盟约所负之义务，但此种措施不得只触其依国际法所负之其他义务，亦不得引起纯粹以种族、肤色、性别、语言、宗教或社会阶级为根据之歧视。"

急权优先于公民权利。[①] 在平时状态下，行政主体行使紧急权必须在法律框架内。但在国家紧急状态下，行政主体紧急权的权力范围可以超过一般法律的规定，限制公民的基本权利。在紧急状态下，行政主体紧急权的强制性更大，对公民权利的限制也更大。在常态化疫情防控的要求下，行政主体决定和宣布紧急状态应当严格遵循宪法规定的程序，尤其要注意明确行使紧急权的程序和起止时间。综上，可以认为港口国在紧急状态下可以克减旅客和船员权利，这也是国家主权原则与国际人权保护原则之间进行协调的结果。

① 参见韩大元、莫于川主编：《应急法制论》，法律出版社 2005 年版，第 4 页。

第二章　港口国拒绝外国籍船舶挂靠的权利及其限制

一旦暴发全球性公共卫生风险，港口国考虑到国家公共卫生安全、境外疫情输入风险、疫情应对成本等因素，通常不愿意接受外国籍船舶（甚至无论该船舶是否暴发疫情）在其港口挂靠。例如，新冠疫情在全球范围内持续性蔓延期间，载有 4580 名乘客和 1600 名船员的“地中海传奇”号邮轮，自 2020 年 2 月 23 日从美国迈阿密启程后，多次挂靠港口被拒，最终于 2 月 28 日获准挂靠墨西哥科苏梅尔（Cozumel）港，而船上医疗记录显示，该邮轮上只有一例常见的季节性流感病例，且该患者未曾到过任何受新冠疫情影响的地区。

为了明确疫情期间港口国拒绝暴发疫情的外国籍船舶在本国港口挂靠是否具有合法性，本章围绕以下五方面问题进行分析：一是在外国籍船舶的船旗国与港口国不一致的情况下，明确船舶驶入港口国后的管辖权归属问题；二是在法律规范层面，分析港口国拒绝外国籍船舶在本国港口挂靠的法律依据；三是分析港口国拒绝外国籍船舶在本国港口挂靠的权利是否应当受到限制；四是借鉴域外经验，论证我国港口准入权行使的规范化进路；五是针对新冠疫情期间邮轮挂靠难的典型事例，提出构建国际邮轮公共卫生避难准入制度，推动实现港口国主权与旅客基本权利之间的平衡。

第一节　港口国应对船舶公共卫生风险的管辖权

一、问题的产生

关于港口国对于船舶的管辖权问题：一方面，现行国际海事组织框架下的海事制度对于船旗国和港口国的权责划分不够明确，容易导致船旗国与港口国在船舶公共卫生风险的应对问题上互相推诿。另一方面，《海洋法公约》第33条和第92条将沿海国和船旗国的管辖权按照地理界限进行划分，是一种静态模式。相较而言，船舶不断运动，疫情态势不断变化。生硬地将疫情管控按照地理上的界限割裂开来，不利于船舶公共卫生风险的应对。[①]

一般认为，国家主权包括以下四项基本权力：一是平等权，即国际社会的一切国家在国际法上立于平等地位的权力；二是独立权，即一国有权自由处置本国内部或外部事务而无需接受他国支配的权力；三是自保权，即国家为了实现自由生存及发展，预防或抵抗外来侵犯之权力；四是管辖权，即国家基于其领土主权，对其领土内的一切人、物和所发生的事件，以及对在其领域外的本国人行使管辖的排他性权力。[②] 管辖权又称法权或领土管辖权[③]，在海洋法中主要体现为以下五个方面的内容：领海内的国家安全管辖权、涉海立法管辖权、领海保护权、航运服务收费权和对商船的刑事管辖权。[④]

---

① 参见吴蔚：《国际法规则的“邮轮困境”与人类卫生健康共同体建设》，载《亚太安全与海洋研究》2020年第4期。

② 参见任虎：《领土主权与国际法》，中国政法大学出版社2018年版，第4页。

③ 参见周鲠生：《国际法大纲》，商务印书馆2013年版，第52－60页。

④ 参见袁发强等：《航行自由的国际法理论与实践研究》，北京大学出版社2018年版，第64－65页。

考虑到权利与义务之间的对应关系，讨论港口国是否应当接受外国籍船舶挂靠，应当首先确定该国的管辖权能否及于外国籍船舶。[①] 在外国籍船舶暴发公共卫生事件的语境下，国家主权原则在海上公共卫生治理中面临的一个实践问题是，如何解决港口国和外国籍船舶的船旗国之间的管辖权冲突。港口国与船旗国之间有关船舶航行、资源分配等不同领域的国家利益长期呈现出相互对立的状态。在船舶航行活动中，港口国与船旗国之间常就管辖权问题引发争议。一方面，《海洋法公约》第 2 条第 1 款[②]确认了港口国的主权及于其领海。“国家在本国领土以外，只有在国际习惯法和条约所容许的范围内，作为一种例外，可行使主权；但是在本国领土内，只要不是国际习惯法和条约所禁止的，就可自由行使主权。”[③] 在外国籍船舶享有领海的无害通行权的情形下，一旦外国籍船舶进入港口国的领海或内水，船舶及船上人员均处于港口国的行政与司法管辖之内。因此，外国籍船舶进入港口国领海后，港口国基于属地最高权，可对本国水域内的外国籍船舶行使管辖权。另一方面，根据《海洋法公约》第 94 条第 1 款[④]的规定，船旗国作为船舶登记国，享有保护和管理船舶、确保船舶航行安全的权利和义务。对于国际航行船舶而言，船旗国对船舶的管辖权在整个航程中占据主要地位。

外国籍船舶在公海受船旗国的专属管辖，其一旦进入港口国领海或在港口挂靠后，除在港口国领海享有无害通过（innocent passage）的权利外，船舶及船上旅客和船员均受到港口国的行政和司法管辖。在此过程中，存

---

① 参见孙思琪、金怡雯：《国际邮轮突发公共卫生事件应急管理的法律检视》，载《大连海事大学学报（社会科学版）》2020 年第 5 期。

② 《海洋法公约》第 2 条第 1 款规定：“沿海国的主权及于其陆地领土及其内水以外邻接的一带海域，在群岛国的情形下则及于群岛水域以外邻接的一带海域，称为领海。”

③ 任虎：《领土主权与国际法》，中国政法大学出版社 2018 年版，第 2 -3 页。

④ 《海洋法公约》第 94 条第 1 款规定：“每个国家应对悬挂该国旗帜的船舶有效地行使行政、技术及社会事项上的管辖和控制。”

在港口国和船旗国的管辖权竞合问题。在国际法上，国家行使管辖权的基础包括属地管辖原则、属人管辖原则、保护性管辖原则和普遍管辖原则。不同国家基于不同基础行使管辖权，可能导致两个或多个国家的管辖权同时作用于同一个人或同一事件。在多重管辖权并存的复杂情形下，一国行使管辖权会涉及其他国家的利益。由此产生了两个问题：一是当外国籍船舶进入港口国领海后，船旗国对船舶的管辖权是否消失？二是如果没有消失，港口国与船旗国之间的管辖权竞合的问题应当如何解决？

对于第一个问题，国际公约对于船旗国与港口国之间何者对外国籍船舶享有管辖权的规定含糊不清。在新冠疫情暴发期间，这种模糊性直接导致了管辖权冲突、责任不平衡以及救援义务的不确定性等问题。对此，学界有着三种不同观点：一是船舶在公海及外国领水内应被视为船旗国的浮动领土，船舶应由船旗国管辖，港口国不得干预；二是“除了拥有强制主权权限的国家船舶以外，悬挂外国国旗的船舶，原则上属于港口国的主权范围”①；三是根据英美海商法中的船舶拟人化理论，将船旗国对船舶的管辖理解为属人管辖权的扩大适用，② 同时港口国基于领土主权对位于其领海和内水的船舶也有管辖权，因而船舶在港口国的内水或领海时，分别基于属地原则和属人原则，受港口国和船旗国的双重管辖。③

“浮动领土说”将港口国领水内的外国籍船舶视为船旗国领土，根据这一观点，船上的船旗国领土与水下的港口国领土重叠，这一后果与主权的排他性特征相矛盾，因而难以成立。第二种观点和第三种观点都肯定了港口国对外国籍船舶的管辖权，区别在于是否承认船旗国同时享有对该船舶的管辖权。第二种观点重在揭示船旗国对于军用船舶享有的特殊管辖

① ［德］英戈·冯·闵希：《国际法教程》，林荣远、莫晓慧译，世界知识出版社 1997 年版，第 324 页。

② 参见顾静薇、刘强：《停靠内水外籍船舶的刑事管辖问题——以上海港盗窃外籍船舶案件为视角》，载《法学》2013 年第 5 期。

③ 参见赵建文：《海洋法公约对国家管辖权的界定和发展》，载《中国法学》1996 年第 2 期。

权，但其未能阐明为何船旗国对于私有船舶的管辖权会在船舶进入一国领海后骤然消灭。这一观点是传统国家主权观念发生作用的结果，该观点过度加重了港口国对外国籍船舶的管理义务。第三种观点认为外国籍船舶进入一国领海后，船旗国对船舶的管辖权没有消失，船旗国与港口国的管辖权发生竞合。此种观点避免了船旗国与港口国之间的主权冲突，也不会在逻辑上产生船旗国管辖权骤然消灭的漏洞。其不足之处在于，这一观点没有对管辖权与主权的关系作出实质性认识，不利于协调管辖冲突。在管辖权竞合的情形下，两种管辖权如果同时完全伸张，容易造成混乱。对于多重法律适用于同一交往关系的后果，只能尽量缓解和减少而不可能彻底避免和解除。①

二、港口国领海主权与管辖权的关系

关于主权与管辖权的关系，奥康奈尔（D. P. O' Connell）在《国际海洋法》一书中提出："问题在于管辖权是否源自这片海域的所有权，或独立于它。"② 这一问题旨在探讨主权与管辖权的可分离性，正是此种可分离性为港口国和船旗国提供了管辖权争议的空间。国际法理论通说认为，国家对领土的主权包含对领土的所有权，即国家对领土范围内的一切土地和资源享有占有、使用、收益、处分的永久权利。③ 解决港口国和船旗国之间的管辖权竞合问题，应当明晰港口国领海主权和管辖权的关系。

在当代国际海洋法律制度中，主权国家对其管辖的不同海域享有不同程度的主权。通过分析《海洋法公约》第 2 条第 3 款④的规定可以发现，

---

① See James Crawford, *Brownlie's Principles of Public International Law*, Oxford University Press, 2012, p. 457.

② See D. P. O'Connell, *The International Law of the Sea*, Clarendon Press Oxford, 1982, p. 14 –15.

③ 参见何志鹏等：《国际法原理》，高等教育出版社 2017 年版，第 193 页。

④ 《海洋法公约》第 2 条第 3 款规定："对于领海的主权的行使受本公约和其他国际法规则的限制。"

领海上的活动并非完全属于一国内部事项，而要受到国际公约的约束。此种约束导致国家对领海与内水享有的主权在内容上并非完全一致。国家对于领海享有的权力在性质上是一种管辖权，或称为地域权，而非完整的国家主权。① 管辖权可以被理解为主权国家在事实上的统治，是国家主权的基本属性和具体体现，而国家主权则是超越管辖权的统治权力。② 如果一个国家保留最终处分权而将国内部分领土的管辖权移交他国，他国通过管辖权转让获得对该国部分领土实施统治的权力，此时该国主权和管辖权分离，但交出管辖权的国家仍享有完整的国家主权，而不会因转让管辖权丧失该部分领土的主权。③ 因而，管辖权仅仅是国家主权的体现，而非主权本身。

明确国家主权与管辖权之间的关系后，还需要进一步厘清港口国对进入其领海的外国籍船舶享有何种性质的权力。关于港口国对本国领海的外国籍私船（private vessel）享有何种权力这一问题，张晏瑲认为："沿海国得自由支配其领海，及允许他国国民或船舶在其领海中为特定行为。"④ 这一观点从国际法理论层面承认港口国对于本国领海的外国籍船舶享有支配的权力，符合国家主权原则。周鲠生认为，只有在外国籍私船从事渔业、带运私货等会对外界活动造成干涉的行为时，港口国才享有管辖权。⑤ 这一观点从船舶航行实践出发，从利益法学的角度阐述了无害通过制度的理论基础，在一定程度上缓解了港口国与船旗国之间的管辖权冲突问题。但是，将国家利益受到干涉作为港口国在领海享有管辖权的依据，不符合国

① 参见［日］小寺彰、岩泽雄司、森田章夫编：《国际法讲义》，梁云祥译，南京大学出版社 2021 年版，第 240 页。

② 参见［德］沃尔夫刚·格拉夫·魏智通主编：《国际法》，吴越、毛晓飞译，法律出版社 2002 年版，第 257 页。

③ 参见任虎：《领土主权与国际法》，中国政法大学出版社 2018 年版，第 5 页。

④ 张晏瑲：《海洋治理与海洋法》，台北，五南图书出版股份有限公司 2010 年版，第 220 页。

⑤ 参见周鲠生：《国际法大纲》，商务印书馆 2013 年版，第 101 页。

家主权原则和领海制度的理论基础，甚至可能进一步激发港口国与船旗国之间的管辖权冲突。应当认为，在不涉及国家利益时，港口国不对外国籍船舶行使管辖权是一种弃权行为，港口国放弃对本国领海内外国籍船舶的管辖权可能是出于国际礼让而进行的自我克制。但是，放弃权力不等于不享有权力，尽管二者结果相同，可后者自始不享有权力而缺少放弃的过程，权力主体没有选择的空间。

通过上述分析可知：首先，港口国基于属地最高权对挂靠在本国港口的外国籍船舶享有专属、排他的领土主权，对于进入其领海的外国籍船舶当然享有管辖权。其次，管辖权是国家主权的体现，主权与管辖权具有可分性。船旗国对挂靠在他国港口的本国籍船舶不享有主权，但仍享有一定的管辖权。这种管辖权来自于港口国对不涉及本国利益事项的弃权行为。

三、港口国和船旗国管辖权冲突的协调

尽管国家利益不是确定港口国主权与管辖权关系的标准，却是协调港口国和船旗国管辖权冲突的关键因素。协调此种冲突应当从国家利益出发，结合国际法的理论发展和实际问题，对两种管辖权分别予以限制。

（一）港口国管辖权优先

协调管辖权冲突的最明确、有效的方法就是在涉事国家之间达成协议、缔结多边或双边条约。[①] 在没有缔结条约的情况下，与管辖事项有关

---

① 例如，1963 年《日本和美国领事专约》第 21 条规定：“一、除非经领事官员请求或取得他的同意，接受国行政当局不得干预有关船舶内部管理的任何问题。……二、在不损害接受国行政和司法当局有关有权审理船舶在接受国港口或水面时在该船上所犯的罪行或违法行为，或实施接受国对任何国家在其港口和水面的船舶或对船上的人和财产所适用的法律的情况下，缔约双方的共同愿望是，除经领事官员的请求或同意，接受国的行政当局：（一）不得干预在船上发生的任何事情，但为维护和平和秩序或为了公共卫生或安全的利益者除外。”参见［日］小寺彰、岩泽雄司、森田章夫编：《国际法讲义》，梁云祥译，南京大学出版社 2021 年版，第 175 页。

的国际机构的决定也可以为协调管辖权冲突提供指导。[①] 如果以上两种情况都无法满足，应运用国际法关于管辖权制度的一般理论解决管辖权冲突。

关于管辖权适用的标准，国际法理论采用国家领土和国际公共区域的空间二分法：在国家领土范围内，基于领土主权原则，主权国家可行使属地管辖权；在公海等国际公共区域，根据公海自由原则，港口国不享有领土主权，在这里平行行使的管辖权是基于国籍的属人管辖权和船旗国管辖权。[②] 属地管辖优先是解决管辖权冲突的一般规则。这是因为国家行使管辖权围绕国内法的制定、解释适用和执行展开，如周鲠生将管辖权称为“法权”，并将管辖权划分为立法管辖权、审判管辖权和执行管辖权。主权国家享有的最高法律权威以领土为基础，领土的基本部分是领陆，对于沿海国而言，领土还包括领水，领水由与领土相连的内水和领海两部分构成，港口、海湾和河口均在内水范围内。[③] 其中，港口是指用于装卸货物、上下乘客和船舶停泊并具有各种工程设施的海域。[④] 因此，港口国对于进入本国领海或在港口挂靠的外国籍船舶的管辖权是属地管辖权，相比于外国籍船舶的船旗国管辖权和船上人员的属人管辖权而言，具有优先性。

（二）船旗国应当协助港口国应对船舶公共卫生风险

对于船旗国而言，对悬挂本国旗帜的船舶进行管理控制，既是其享有的权利，也是其应当履行的义务。船旗国管辖在现代国际法理论中的主要

---

① 参见［日］小寺彰、岩泽雄司、森田章夫编：《国际法讲义》，梁云祥译，南京大学出版社 2021 年版，第 175 页。

② 参见［日］小寺彰、岩泽雄司、森田章夫编：《国际法讲义》，梁云祥译，南京大学出版社 2021 年版，第 164 页。

③ See D. Ortolland, J. Pirat, *Geopolitical Atlas of the Oceans*, Technip, 2017, p. 3.

④ 参见何志鹏等：《国际法原理》，高等教育出版社 2017 年版，第 232 页。

作用在于解决船舶和航空器在公海或公海上空时，由于远离其船旗国领域的地理位置而造成的管辖权困境。[①] 可见，船旗国对船舶行使管辖权的重点区域在公海，至于船舶在港口国领水内的并行管辖问题，船旗国管辖的作用不应被夸大。[②]

而且，在实践中，“船旗国中心主义”在国际海事管辖权中发生偏移。[③] 一是距离因素对船舶公共卫生风险应对存在不利影响。船舶在海上航行时，距离船旗国较远，由船旗国对其进行处置不利于及时处置疫情。二是船旗国的监管能力和监管意愿不足，这一情况主要发生在方便旗船舶。在一些国家，船舶易注册、税收负担轻、劳工标准低、法律监管少。很多船舶公司都会选择在这些国家注册船舶。例如，嘉年华邮轮公司拥有全球邮轮市场的最大份额，其邮轮旅客占全球邮轮行业的五分之一。该公司的总部在美国，在纽约证券交易所公开交易，且旗下几乎所有邮轮的母港都在美国，邮轮行程在美国港口启程，最终返回美国。然而，所有的嘉年华邮轮都在巴拿马、巴哈马或马耳他注册。[④] 船舶公司选择悬挂外国国旗而不是所有权和运营所在国的国旗有很多原因，但总的来说，这一做法允许船舶公司通过更少的成本和更少的监管负担有效地运营他们的船舶。具体而言，船舶公司仅需支付低廉的注册费，同时还可以享受税收优惠，而且方便旗允许船舶从全球劳动力市场雇用廉价劳动力，配备来自菲律宾等低工资国家的船员。在方便旗船舶的船旗国，法律体系通常不够完善，

---

① 参见于志刚、李怀胜：《关于刑事管辖权冲突及其解决模式的思考——全球化时代中国刑事管辖权的应然立场》，载《法学论坛》2017 年第 6 期。

② 孙思琪、金怡雯：《国际邮轮突发公共卫生事件应急管理的法律检视》，载《大连海事大学学报（社会科学版）》2020 年第 5 期。

③ 参见张湘兰、郑雷：《论“船旗国中心主义”在国际海事管辖权中的偏移》，载《法学评论》2010 年第 6 期。

④ See A. Tirrell& E. Mendenhall, *Cruise Ships, COVID－19, and Port/Flag State Obligations*, 52 Ocean Development & International Law 225 (2021).

这种形同虚设的船旗国监管导致的后果就是船上医疗条件不佳、食物和清洁饮用水不足、船员超期工作等。尤其是在疫情暴发时，船旗国没有能力对船舶公共卫生事件进行有效处置，且方便旗船舶与船旗国并无真正联系，船旗国不会受到船舶公共卫生风险的直接影响，因而对船舶公共卫生风险的应对意愿不大。①

"船旗国中心主义"在国际海事管辖权中发生偏移的现象在船舶公共卫生风险应对中持续存在。即便如此，船旗国管辖仍在船舶管辖中占据重要地位。船旗国在应对船舶公共卫生风险时更多地承担了船舶证书管理方面的责任。② 协调港口国与船旗国的管辖权冲突，应当遵循国际合作原则，即港口国在应对船舶公共卫生风险时，有权要求船旗国履行国际公约义务，协助悬挂该国旗帜船舶的疫情处置工作，保障外国籍船舶符合其航行国家在公共卫生方面的规范和文件的要求。疫情期间，主权国家与国际组织提出的关于加强船旗国对船舶公共卫生风险管辖的要求或建议，均注重船旗国在船舶管理方面的传统职能。例如，国际海事组织建议各船旗国在疫情期间对船舶航行的各项证书进行延期。③ 在国际海事组织的指导下，很多船旗国出台了相应的船舶与船员证书延期的政策。④

---

① 新冠疫情期间，"布雷玛女士"（MS Breamar）号邮轮因船上有5人确诊感染新冠病毒，被其船旗国巴哈马拒绝停靠。

② See Z. Hu, W. Li, *Global Health Governance on Cruise Tourism: A Lesson Learned from COVID-19*, Front. Mar. Sci., 2022, p. 9.

③ See IMO, *Circular Letter No. 4204/Add. 19/Rev. 3*, IMO, https://info.lr.org/l/12702/2020-06-05/948prz/, Last accessed on Mar. 2, 2022.

④ See Icelandic Transport Authority, *Maritime Notice IMO-1-2020*, Icelandic Transport Authority, https://info.lr.org/l/12702/2020-05-29/93lhhb/, Last accessed on Mar. 2, 2022; Luxembourg Ministry of Economic, *Extraordinary Measures Related to Crew Documents and Ship Certificates in Relation to the COVID-19 Pandemic*, Luxembourg Ministry of Economic, https://info.lr.org/l/12702/2021-09-30/c373nx/12702/16329865031WWnCz9f/002_2020_nCoV_mesures_extraordinaires_updated_17112020.pdf, Last accessed on Mar. 2, 2022.

第二节 港口国拒绝外国籍船舶挂靠的权利

疫情期间，为防止境外疫情输入本国，一些港口国禁止外国籍船舶挂靠或对其挂靠作出严格限制。港口国这一做法体现了国家主权原则，但不符合人类卫生健康共同体理念，因而在国际社会中饱受质疑。本节旨在论述现行国际法框架下港口国是否享有拒绝外国籍船舶挂靠的权利，以及这一权利应当受到何种限制。

一、港口准入权的内涵及意义

（一）港口准入权的内涵

港口国准许或拒绝外国籍船舶进入本国港口的权利，被称为港口准入权。[①] 港口国拒绝外国籍船舶进入及挂靠本国港口，或者对船舶进行此类活动施加一定限制，是港口国行使港口准入权的体现。港口作为船舶的贸易地点，是船上人员和货物上下船的通道，港口大体上对全世界开放，但港口国可以对港口准入设定一定限制。[②] 这是因为，港口属于一国内水的组成部分，内水如同国家的陆地一样，国家对其享有完全的管辖权。一旦外国籍船舶自愿进入一国港口，港口国就对其享有属地管辖权。

国际法院在 1986 年尼加拉瓜军事和准军事活动案的判决中指出："国家主权的基本法律概念延伸到每个国家的领水和领海，沿海国也可

---

① 参见胡斌：《论"港口准入权"滥用对船舶管辖法律制度的冲击》，载《中国海商法研究》2014 年第 4 期。

② See A. Choquet & A. Sam - Lefebvre, *Ports Closed to Cruise Ships in the Context of COVID - 19: What Choices are there for Coastal States?*, 86 Annals of Tourism Research (2020).

以凭借其主权管制船舶在其港口进出。”① 1999年，国际法院对尼加拉瓜案的裁决也支持了这一观点，理由如下：“在评估尼加拉瓜沿海发生的采矿事件的事实时，每个国家都有义务尊重其他国家的领土主权。判断这些采矿行为的法律规则取决于其发生地点。在一国领海或港口埋设水雷受与内水有关的法律管辖，而内水在沿海国的主权范围之内。在这种情况下，沿海国的主权受到影响。沿海国可以凭借其主权管制进入其港口的通道。”

根据《国际法院规约》，国际法院裁决的约束力限于该裁决案件本身，对当事国之间的其他案件和非当事国而言没有法律约束力，② 但可以在其他争议案件中起到帮助查明法律规则的作用。③ 因此，港口国基于领土主权可以选择将本国的内水港口向外国籍船舶开放，也可以拒绝向外国籍船舶开放。④

（二）赋予港口国以港口准入权的意义

赋予港口国港口准入权的重要意义在于，避免外国籍船舶驶入一国领海或在港口挂靠后对该国安全造成严重威胁。通常而言，港口国都认为自己有权拒绝外国籍船舶访问。例如，港口国会以保护本国公共卫生安全、避免海岸遭受污染等原因关闭港口，拒绝装载爆炸物、运载患有传染病的乘客、运输危险货物、不符合检查标准，以及对海上航行造成危害的船舶

---

① See *Militarv and Puramilitary Activities in Und Aguinst Nicaragua*, Nicaragua v. United States of America：Merits，Judgment，I. C. J. Reports 1986，p. 14、p. 111.

② 《国际法院规约》第59条规定：“法院之裁判除对于当事国及本案外，无拘束力。”

③ 《国际法院规约》第38条规定：“法院对于陈诉各项争端，应依国际法裁判之，裁判时应适用……在第五十九条规定之下，司法判例及各国权威最高之公法学家学说，作为确定法律原则之补助资料者……”

④ See R. R. Churchill，A. V. Lowe，*The Law of The Sea*，Juris Publishing，Manchester University Press，1999，p. 62.

进入本国港口。[1]

传统上，港口国行使港口准入权、拒绝外国籍船舶进入本国海域的最主要原因在于船舶可能导致的环境污染风险。[2] 相较而言，接受暴发疫情的外国籍船舶挂靠可能造成的后果更具不确定性，港口国由此遭受的不利影响可能比油类和有毒有害物质污染更大。可见，港口国行使港口准入权有利于缓解其面对疫情大流行承担的巨大压力。疫情期间，港口国拒绝外国籍船舶挂靠、船上旅客和船员下船，主要出于以下三方面原因。

一是船舶暴发传染病的风险较高。

据美国疾病预防与控制中心（Centers for Disease Control and Prevention，CDC）船舶卫生计划（Vessel Sanitation Program，VSP）记载，每一年都会发生邮轮公共卫生安全事件。[3] 其中，胃肠道感染和呼吸道感染的暴发风险分别位列第一和第二。[4] 2000 年 9 月，在悉尼和努美阿之间航行的一艘邮轮上暴发了呼吸道疾病，船上的 1100 多名乘客中，37% 出现了感染症状。[5]

---

① See D. L. Fayette, Louise, *Access to Ports in International Law*, 11 The International Journal of Marine and Coastal Law 1 (1996).

② 例如，2002 年 11 月，希腊经营的载有 77，000 吨重质燃料油的巴哈马籍“威望”（Prestige）号油轮正处于漏油的危险之中。当该油轮通过西班牙附近水域时，西班牙、法国和葡萄牙政府都拒绝其挂靠，因为这些国家声称“威望”号一旦发生漏油事故，将对其当地的生态环境造成巨大破坏。除“威望”号事件外，1971 年，荷兰“斯特拉马里斯”（Stella Marls）号油轮因装载有毒物质而被拒绝进入一些欧洲港口。1980 年，法国塞特港对一艘运载意大利葡萄酒的意大利货船关闭，因为担心会发生法国酿酒商抗议进口外国葡萄酒的事件。1981 年、1984 年和 1985 年，出于安全原因，法国对苏联客船和货船关闭了港口。1985 年，新西兰拒绝让一艘美国核动力船进入其港口。同年，巴拿马拒绝一艘载有放射性物质的英国船舶入境。See D. L. Fayette, Louise, *Access to Ports in International Law*, 11 The International Journal of Marine and Coastal Law 1 (1996).

③ See CDC, *Outbreak Updates for International Cruise Ships*, https://www.cdc.gov/nceh/vsp/surv/GIlist.htm, Last accessed on Jan. 30, 2022.

④ See CDC, *Cruise Ship Travel*, https://www.nc.cdc.gov/travel/page/cruise-ship, Last accessed on Feb. 2, 2022.

⑤ See J. M. Brotherton et al., *A Large Outbreak of Influenza A and B on a Cruise Ship Causing Widespread Morbidity*, 130 Epidemiol Infect 263 (2003).

2009 年 5 月，停靠在澳大利亚的一艘邮轮上同时暴发 2009 年 H1N1 流感和甲型 H3N2 流感。在 1970 名乘客和 734 名船员中，82 人（3.0%）感染了 2009 年 H1N1 大流行病毒，98 人（3.6%）感染了甲型 H3N2 流感病毒，2 人（0.1%）同时感染了两种病毒。[①] 2012 年 2 月，巴西附近海域的“地中海和谐”（MSC Armonia）号邮轮暴发了呼吸道疾病，导致 16 人因严重急性呼吸道感染住院，1 人死亡。[②] 2020 年 3 月 1 日至 9 月 28 日，美国管辖范围内约 82%（102/124）的邮轮暴发了新冠疫情，邮轮上被感染或出现感染症状的旅客和船员达 3689 人，其中 41 人死亡。[③]

严重的新发和复发传染病在船舶上频繁暴发主要存在以下四方面原因。第一，船舶设施的公共性导致船上人员之间经常发生直接或间接接触。以国际邮轮为例，旅客上船后，在封闭或半封闭环境中共用空调系统、公用餐厅、娱乐室、水疗中心和游泳池等公共区域。在这些公共区域，门把手、水龙头、电梯按钮、楼梯扶手、通道扶手以及自助餐的餐具是乘客之间常见的接触面。这些接触面成为病毒在船上人员间传播的媒介，造成旅客之间的直接或间接接触。第二，船舶的运营模式有利于病毒在不同船舶之间传播。感染病毒的船员可能继续工作、生活在船上，并为不同的船舶提供服务。一旦船员感染病毒，病毒就会传播到其他船舶。第三，船上的卫生信息沟通存在缺陷。信息沟通在严重传染病的预防和控制

---

① See K. A. Ward et al., *Outbreaks of Pandemic (H1N1) 2009 and Seasonal Influenza A (H3N2) on Cruise Ship*, 16 Emerg Infect Dis 1731 (2010).

② See S. E. T. Borborema et al., *Molecular Characterization of Influenza B Virus Outbreak on a Cruise Ship in Brazil 2012*, 56 Rev Inst Med Trop Sao Paulo 185 (2014).

③ See *No Sail Order and Suspension of Further Embarkation; Third Modification and Extension of No Sail Order and Other Measures Related to Operations*, CDC (Oct. 5, 2020), https://www.federalregister.gov/documents/2020/10/05/2020-22030/no-sail-order-and-suspension-of-further-embarkation-third-modification-and-extension-of-no-sail#citation-1-p62732.

中发挥着重要作用。然而，海上公共卫生信息传播不够顺畅，船上人员很难意识到传染病传播的实际风险。例如，2020 年 1 月 19 日，悬挂巴哈马旗帜的"世界梦"号邮轮从中国广州出发，船上有 4482 名乘客和 1814 名船员。1 月 24 日，邮轮返回广州后，共有 5 名乘客和 1 名船员被确诊为新冠阳性。[①] 邮轮上的旅客在购买了无线服务后才得知船上暴发疫情的消息，而其他无法使用互联网的旅客并不知道这一情况。[②] 国际邮轮所属的航运公司应该对乘客保持开放和沟通的态度。[③] 第四，船上人员的构成特点有利于传染病的传播，这也是船舶较其他交通工具暴发传染病风险更高的根本原因。在人员规模方面，邮轮大型化导致旅客数量增加，一些大型邮轮载客量超过 5000 人；在人员来源方面，船上旅客通常来自不同的国家，具有不同的免疫和健康状况；在年龄结构方面，典型的邮轮旅客通常是老年人，据统计，51% 的邮轮旅客年龄超过 50 岁。[④] 例如，"钻石公主"号邮轮上乘客的平均年龄为 66 岁，船上 1200 名乘客的年龄超过 70 岁，[⑤] 且一些老年人可能患有慢性疾病，导致并发症。医学专家的研究结果显示，在新冠感染者中，老年人发生感染、住院、并发症发作、死亡的现象占很大

---

① 参见张夕：《一家三口乘邮轮游越南　确诊新冠肺炎并感染亲属》，载《北京青年报》2020 年 2 月 7 日，A6 版。

② 参见李云蝶：《危险无人察觉："世界梦号"豪华邮轮疫情始末》，载《企业观察家》2020 年第 3 期。

③ See B. Liu - Lastres, A. Schroeder, L. Pennington - Gray, *Cruise Line Customers' Responses to Risk and Crisis Communication Messages: An Application of the Risk Perception Attitude Framework*, 58 Journal of Travel Research 849.

④ See A. Smorenberg, E. J. Peters, P. van Daele, E. J. Nossent, M. Muller, *How does SARS - CoV - 2 Targets the Elderly Patients? A Review on Potential Mechanisms Increasing Disease Severity*, 83 Eur J Intern Med 1 (2020).

⑤ See EU Healthy Gateways, *Advice for Health Authorities and Ship Operators Who Have Decided to Suspend Sailings and for the Long - Term Docking of Ships at the Ports of EU/EEA MS During COVID - 19 Pandemic*, https://www.healthygateways.eu/Portals/0/plcdocs/EU_HEALTHY_GATEWAYS_COVID-19_Stationed_ships_18_3_2020_F.pdf?ver=2020-03-20-183254-500, Last accessed on May 20, 2021.

比例。[①] 这一研究结果在“钻石公主”号邮轮上得到了真实体现，具体数据见表2－1。

表2－1 2020年2月5日“钻石公主”号邮轮确诊人数及百分比

年龄组/岁	确诊 病例及百分比	无症状 感染者及百分比	感染 总人数及百分比	船上总人数
0—9	0例（0%）	1人（6%）	1人（6%）	16人
10—19	1例（4%）	1人（4%）	2人（9%）	23人
20—29	18例（5%）	2人（1%）	20人（6%）	347人
30—39	18例（4%）	5人（1%）	23人（5%）	429人
40—49	18例（5%）	7人（2%）	25人（8%）	333人
50—59	27例（7%）	22人（6%）	49人（12%）	398人
60—69	73例（8%）	56人（6%）	129人（14%）	924人
70—79	92例（9%）	136人（13%）	228人（22%）	1015人
80—89	27例（13%）	25人（12%）	52人（24%）	215人
90—99	2例（18%）	0人（0%）	2人（18%）	11人
合计	276例（7%）	255人（7%）	531人（14%）	3711人

资料来源：See NIID, *Field Briefing: Diamond Princess COVID－19 Cases*, https://www.niid.go.jp/niid/en/2019－ncov－e/9407－covid－dp－fe－01.html, Last accessed on Dec. 20, 2021.

预防措施可以在公共卫生工作中实现最大程度的投入产出比。[②] 在传染病预防方面，为了加强对船舶的卫生监管和疾病预防管理，“船舶卫生计划”（VSP）为邮轮公共卫生事件提供了应急管理预案，但这一计划仅限于邮轮上暴发胃肠道疾病的情形。[③] 可见，呼吸道感染疾病在船舶疾病

① See A. Smorenberg, E. J. Peters, P. van Daele, E. J. Nossent, M. Muller, *How Does SARS－Cov－2 Targets the Elderly Patients? A Review on Potential Mechanisms Increasing Disease Severity*, 83 Eur J Intern Med 1 (2020).

② 参见史军：《权利与善：公共健康的伦理研究》，中国社会科学出版社2010年版，第43页。

③ See CDC, *VSP Outbreak Investigations*, https://www.cdc.gov/nceh/vsp/desc/about_investigations.htm, Last accessed on Jan. 20, 2021.

预防管理中未受到足够重视。这一现实预示了一旦暴发严重的呼吸道感染疾病，邮轮旅游行业可能遭受重大冲击。

二是旅客和船员下船可能危及国内公共卫生安全。

2020年3月8日，载有约2700名乘客和1100名船员的百慕大籍“红宝石公主”（Ruby Princess）号邮轮离开悉尼，前往菲奥德兰（Fiordland）（3月11日）、达尼丁（Dunedin）（3月12日）、阿卡罗亚（Akaroa）（3月13日）、惠灵顿（Wellington）（3月14日）和纳皮尔（Napier）（3月15日）。[①] 船上部分乘客在旅途中身体不适，出现呼吸道疾病症状。于是邮轮缩短航程，直接返回悉尼。3月18日，2700名乘客被允许在没有经过病毒检测的情况下直接下船。因此，当地卫生部门发现“红宝石公主”号有乘客和船员感染新冠病毒时，许多人已经通过地铁等公共交通工具回家。3月30日，有440名搭乘过“红宝石公主”号的旅客核酸检测呈阳性，其中有5人死亡。截至4月4日，澳大利亚确诊病例达到5550例。据统计，其中约10%的确诊病例与“红宝石公主”号有关。[②]

“红宝石公主”号并非唯一威胁港口国公共卫生的国际邮轮。在疫情暴发之初，世界卫生组织总干事宣布，在中国境外，有半数以上的新冠确诊病例发生在日本的“钻石公主”号邮轮上。[③] 应对“钻石公主”号事件

---

① See New Zealand Ministry of Health, *COVID – 19 Update on Ruby Princess and Celebrity Solstice Cruises*, https：//www. health. govt. nz/news – media/media – releases/covid – 19 – update – ruby – princess – and – celebrity – solstice – cruises, Last accessed on Dec. 10, 2021.

② See Guardian, *Twelve New Australian Covid – 19 Cases Reported – As It Happened*, https：//www. theguardian. com/australia – news/live/2020/apr/23/australia – coronavirus – live – updates – senate – inquiry – government – scott – morrison – nsw – victoria – queensland – ruby – princess – murphy – latest – news, lastaccessed on Dec. 20, 2021.

③ See Guardian, *Cruise Ship Accounts for More Than Half Of Virus Cases Outside China – As It Happened*, https：//www. theguardian. com/world/live/2020/feb/20/coronavirus – live – updates – diamond – princess – cruise – ship – japan – deaths – latest – news – china – infections, Last accessed on Dec. 20, 2021.

给日本政府的大流行防控工作带来了巨大压力。

统计数据表明，旅客登陆量与港口城市疫情暴发程度存在正相关关系，即在有入境和离境口岸的国家（地区）中，接受旅客越多的国家（地区），国内（地区内）新冠确诊人数越多，如表2-2所示。

表2-2 旅客登陆与城市暴发疫情的关系

国家/地区	旅客数/人	确诊数/例	国家/地区	旅客数/人	确诊数/例
1. 美国	4, 709, 671	609, 516	19. 马来西亚	329, 002	4987
2. 墨西哥	2, 066, 815	5399	20. 新加坡	324, 471	3252
3. 巴哈马	1, 898, 830	49	21. 牙买加	316, 344	105
4. 澳大利亚	990, 197	6416	22. 安提瓜	294, 678	23
5. 加纳利	906, 978	—	23. 阿鲁巴	288, 998	92
6. 新西兰	828, 170	1078	24. 库拉索	287, 688	14
7. 巴西	800, 283	25, 262	25. 多米尼加	281, 210	3286
8. 阿联酋	738, 397	4933	26. 圣基茨和尼维斯	276, 311	14
9. 波多黎各	552, 538	923	27. 洪都拉斯	270, 339	419
10. 意大利	544, 543	162, 488	28. 乌拉圭	255, 931	533
11. 开曼	542, 079	54	29. 日本	251, 677	8100
12. 西班牙	514, 549	172, 541	30. 马丁尼克	250, 879	—
13. 圣马丁岛	505, 762	52	31. 英属维京	248, 096	—
14. 美属维京	496, 695	—	32. 伯利兹	246, 921	18
15. 巴拿马	471, 607	3574	33. 智利	212, 779	7917
16. 巴巴多斯	439, 705	73	34. 伯奈尔	207, 577	4
17. 阿根廷	357, 881	2432	35. 阿曼	199, 333	910
18. 圣卢西亚	334, 828	15	36. 中国	352, 587	83, 747

续表

国家/地区	旅客数/人	确诊数/例	国家/地区	旅客数/人	确诊数/例
37. 马德拉	181, 981	—	62. 特立尼达多巴哥	52, 056	113
38. 哥伦比亚	181, 875	2979	63. 马达加斯加	50, 682	108
39. 挪威	181, 156	6566	64. 海地	50, 490	40
40. 瓜德罗普	175, 440	—	65. 马耳他	46, 237	393
41. 南非	171, 240	2415	66. 秘鲁	42, 583	10, 303
42. 格林纳达	170, 039	14	67. 留尼汪	42, 328	—
43. 哥斯达黎加	147, 621	618	68. 斯里兰卡	37, 861	233
44. 瑞典	135, 060	11, 445	69. 毛里求斯	37, 022	324
45. 英国	134, 451	93, 783	70. 希腊	36, 794	2170
46. 多米尼克	134, 426	16	71. 柬埔寨	35, 527	122
47. 芬兰	129, 600	3161	72. 法属波利尼西亚	34, 680	55
48. 越南	122, 696	274	73. 塞舌尔	33, 220	11
49. 泰国	112, 445	2643	74. 尼加拉瓜	33, 173	12
50. 加勒多尼亚	112, 187	18	75. 纳米比亚	31, 449	16
51. 卡塔尔	109, 429	3428	76. 摩洛哥	31, 205	1888
52. 法国	102, 854	103, 573	77. 亚速尔	29, 081	—
53. 圣文森特	99, 916	12	78. 佛得角	27, 096	11
54. 印度	92, 717	11, 438	79. 特克斯和凯科斯	26, 507	10
55. 德国	83, 264	127, 584	80. 荷兰	25, 053	27, 419
56. 菲律宾	76, 473	5223	81. 印度尼西亚	23, 070	4839
57. 瓦努阿图	72, 502	—	82. 埃及	22, 189	2350
58. 葡萄牙	66, 018	17, 448	83. 巴布亚新几内亚	18, 394	2
59. 巴林	59, 661	1528	84. 厄瓜多尔	17, 714	7603
60. 斐济	57, 190	16	85. 塞浦路斯	17, 313	695
61. 危地马拉	52, 974	180	86. 以色列	16, 264	12, 406

续表

国家/地区	旅客数/人	确诊数/例	国家/地区	旅客数/人	确诊数/例
87. 比利时	15, 967	31, 119	108. 摩纳哥	1826	93
88. 直布罗陀	15, 628	129	109. 法罗群岛	1794	184
89. 百慕大	14, 848	57	110. 冰岛	1794	1720
90. 古巴	13, 314	766	111. 文莱	1582	136
91. 韩国	12, 644	10, 591	112. 所罗门群岛	1400	—
92. 俄罗斯	11, 412	21, 102	113. 圣海伦娜	1200	—
93. 约旦	5086	397	114. 冈比亚	1197	9
94. 福克兰	5060	11	115. 关岛	1010	135
95. 克罗地亚	5036	1704	116. 马绍尔	1010	—
96. 莫桑比克	4615	28	117. 萨摩亚	1000	—
97. 坦桑尼亚	4025	—	118. 萨尔瓦多	702	159
98. 汤加	3716	—	119. 圣马丁	565	—
99. 库克岛	3246	—	120. 曼岛	530	242
100. 加拿大	3197	27, 046	121. 安哥拉	462	19
101. 美属萨摩亚	3000	—	122. 科特迪瓦	462	626
102. 土耳其	2995	65, 111	123. 加纳	462	636
103. 北马里亚纳	2680	13	124. 丹麦	432	6511
104. 塞内加尔	2485	299	125. 蒙特塞拉特	286	11
105. 爱尔兰	2426	11, 479	126. 帕劳	144	—
106. 乌克兰	2310	3372	127. 东帝汶	120	6
107. 肯尼亚	1855	216	总计	26, 471, 816	1, 757, 368

资料来源：See H. Ito, S. Hanaoka & T. Kawasaki, *The Cruise Industry and the COVID－19 Outbreak*, 5 Transportation Research Interdisciplinary Perspectives 100136（2020）.

以上数据表明，在船舶公共卫生事件中，旅客登陆数量与港口国（地区）确诊病例人数存在正相关的关系。在海上运输和邮轮旅游活动中，船舶会经停多个挂靠港。船舶在各港停靠期间都有可能发生人员上下船活动，导致病毒在这些港口之间陆续传播。[①] 尤其新型传染病具有许多不确定性，具体卫生措施的效果尚不清楚，港口国政府面临前所未有的挑战。

三是港口国应对船舶公共卫生风险需要巨大成本。

在新冠疫情期间，港口国接受船舶挂靠，尤其是允许船上的旅客和船员下船，曾导致本国在医疗资源方面遭受巨大的负担。国际航行船舶，尤其是大型国际邮轮承载人员的数量较多。在疫情蔓延期间，一些港口国的公共卫生部门已经不堪重负。据美国华盛顿大学卫生计量与评估研究所（Institute for Health Metrics and Evaluation，IHME）统计，大流行的持续导致包括美国、英国和法国在内的许多国家都发生了重症监护室（ICU）病床短缺的情况。[②] 以美国为例，美国卫生与公众服务部（U. S. Department of Health and Human Services）编制的数据显示，美国总计约有 81, 536 个重症监护室病床。截至 2022 年 2 月 5 日，约有 66, 269 个重症监护室病床被占用，占全国 ICU 总容量的 81. 92%，其中新冠确诊病例占用 ICU 床位 21, 358 个，占比 27. 15%。[③] 一旦发生病毒变异，全国新冠病毒感染率会在全国范围内飙升，病例的快速激增会占用大量的防护、检测、治疗设备，导致港口国的医院床位和其他卫生资源短缺。例如，新变种病毒“奥密克戎”的传播曾导致美国佐治亚州、佛罗里达州、得克萨斯州等六个州的重症监护病房的开放空间降至 10% 以下。[④] 在港口国当地医疗资源供给

---

① See CDC, *No Sail Order and Suspension of Further Embarkation*, https://www.federalregister.gov/documents/2020/03/24/2020-06166/no-sail-order-and-suspension-of-further-embarkation, Last accessed on May 20, 2021.

② See Institute for Health Metrics and Evaluation, *COVID-19 Projections*, https://www.covid19.healthdata.org/united-states-of-america, Last accessed on Jan. 30, 2022.

③ See U. S. Department of Health and Human Services, *Hospital Utilization by Facility*, https://www.protect-public.hhs.gov/pages/hospital-utilization, Last accessed on Feb. 5, 2022.

④ See Joe Walsh, *These 6 States Have Almost No ICU Beds Left As Covid Hospitalizations Soar*, https://www.forbes.com/sites/joewalsh/2021/08/19/these-6-states-have-almost-no-icu-beds-left-as-covid-hospitalizations-soar/?sh=5e2dd7fd6bb5, Last accessed on Aug. 19, 2021.

紧张的情形下，一旦外国籍船舶上出现感染病毒或患有其他严重疾病的旅客，港口国还需要向邮轮上的旅客和船员分配大量医疗资源。如此一来，港口国医疗系统被迫超负荷运作，甚至可能崩溃。例如，“钻石公主”号邮轮上的3700多人在2月获准在日本横滨下船，在此之前，船上旅客被要求在船上接受14日的检疫。其中一个原因是，一些出现感染症状的旅客被送往指定的医疗机构，导致神奈川县的所有病床都被占用。① 暴发疫情的外国籍船舶数量不断增加，海上公共卫生安全受到持续性关注，加上国内疫情蔓延对医疗系统造成的压力，港口国应对船舶公共卫生风险具有挑战性。

二、港口国拒绝外国籍船舶挂靠的法律依据

（一）港口国拒绝外国籍船舶挂靠的国际法依据

首先，《海洋法公约》没有直接规定港口国能否拒绝暴发疫情的外国籍船舶挂靠，但其第2条第1款确认了港口国对其沿海水域的主权，第25条第2款确认了港口国享有对进入其内水、停靠其港口的船舶进行管理的权利。国际法理论认为，一旦外国籍船舶自愿进入一个国家的港口，该船舶就必须遵守港口国批准的国际公约，无论船舶的船旗国是否为国际公约缔约国。② 如果外国籍船舶不符合港口国要求的公共卫生方面的条件，可能会被拒绝进入港口。港口国拒绝外国籍船舶停靠的权利更直接地表现在《海洋法公约》第十二部分，该部分第211条第3款指出了港口国有对进入本国港口的外国籍船舶设置准入条件、甚至拒绝船舶进入其港口的可

---

① See Y. Yamahata & A. Shibata, *Preparation for Quarantine on the Cruise Ship Diamond Princess in Japan due to COVID-19*, 6 JMIR Public Health Surveill (2020).

② See T. L. McDorman, *Regional Port State Control Agreements: Some Issues of International Law*, 5 Ocean and Coastal Law Journal 207 (2000).

能性。

其次，《国际卫生条例》对于港口国能否因船舶公共卫生情况不符合要求而拒绝外国籍船舶在本国港口挂靠，在一般情况下，适用《国际卫生条例》第 28 条第 1 款[①]的规定。根据该款规定，港口国不得因公共卫生原因而拒绝外国籍船舶挂靠，不论船上旅客和船员是否感染或可能感染病毒，也不论感染或可能感染病毒的人数。但如果入境口岸没有能力执行卫生措施，港口国也可以要求外国籍船舶改变航程，或以其他方式拒绝外国籍船舶在本国港口挂靠。其中，“公共卫生理由”一般是指船舶卫生状况不符合港口国的卫生检疫标准。例如，为了防止传染病由国外传入，我国制定了《国境卫生检疫法》。《国境卫生检疫法》第 4 条规定：“入境、出境的人员、交通工具、运输设备以及可能传播检疫传染病的行李、货物、邮包等物品，都应当接受检疫，经国境卫生检疫机关许可，方准入境或者出境。”即使外国籍船舶已经驶入港口国领海，或已经在港口国挂靠，港口国仍然可以依据《国际卫生条例》第 27 条“受染交通工具”第 2 款的规定，要求外国籍船舶离港。[②]

在特殊情况下，适用《国际卫生条例》第 43 条[③]的规定。特殊情况是指“为应对特定公共卫生风险或国际关注的突发公共卫生事件”，此时港

---

① 《国际卫生条例》第 28 条第 1 款规定：“除第四十三条或适用的国际协议另有规定之外，不应当因公共卫生原因而阻止船舶或飞机在任何入境口岸停靠。但是，如果入境口岸不具备执行本条例规定的卫生措施的能力，可命令船舶或飞机在自担风险的情况下驶往可到达的最近适宜入境口岸，除非该船舶或飞机有会使更改航程不安全的操作问题。”

② 《国际卫生条例》第 27 条第 2 款规定：“如果入境口岸的主管当局不具备执行本条要求的控制措施的实力，受染交通工具在符合以下条件的情况下可允许离港：（1）主管当局应当在离港之际向下一个已知入境口岸的主管当局提供第（2）项提及的信息；以及（2）如为船舶，则在船舶卫生控制证书中应当注明所发现的证据和需要采取的控制措施。应当允许任何此类船舶在主管当局监督下添加燃料、水、食品和供应品。”

③ 《国际卫生条例》第 43 条第 1 款规定：“本条例不应妨碍缔约国按照其国家有关法律和国际法之下的义务执行为了应对特定公共卫生危害或国际关注的突发公共卫生事件而采取的卫生措施。”

口国可以拒绝外国籍船舶挂靠。问题在于，对于未暴发疫情的外国籍船舶，港口国能否拒绝其挂靠？在事实层面，港口国仍可能以“应对特定公共卫生风险或国际关注的突发公共卫生事件”为理由拒绝未暴发疫情的外国籍船舶挂靠。考虑到港口国国内可能面临的公共卫生事件应对压力，世界卫生组织通常对此不会过多干涉，而是尽可能尊重国家主权。

最后，1965 年《便利国际海上运输公约》附件第三节“人员的抵离港口”第 3.16.1 条规定，对于申请在本国港口挂靠的外国籍船舶，如果港口国认为该船的到达不会传入或传播检疫疾病，必须授予该船无疫通行证。[①] 这一规定与《国际卫生条例》第 28 条的规定类似，均体现了防止对船舶及船上人员造成不必要延误的宗旨。事实上，《国际卫生条例》第 43 条第 1 款中也规定了，“这些措施对国际交通造成的限制以及对人员的创伤性和干扰性不应大于可合理采取并能实现适当程度保护健康的其他措施”，避免港口国采取的措施对国际交通造成不必要干扰。

综上，《海洋法公约》没有规定明确港口国是否有权拒绝公共卫生事件的外国籍船舶挂靠，但更加倾向于尊重港口国主权；针对性更强的《国际卫生条例》允许港口国在入境口岸不具备应对能力的情况下出于公共卫生原因拒绝外国籍船舶在本国港口挂靠，但对于港口国能否以应对公共卫生事件为由而拒绝未暴发疫情的外国籍船舶在本国港口挂靠，规定得不够明确；对于未暴发疫情的外国籍船舶，《便利国际海上运输公约》明确要求港口国授予船舶“无疫通行证”。

（二）港口国拒绝外国籍船舶挂靠的国内法依据

享有港口准入权的港口国可以设定外国船舶进入本国港口的条件。为

---

① 、1965 年《便利国际海上运输公约》第 3.16.1 条规定：“标准。当旅游船拟到达港口的卫生当局，根据船舶到达前所收到的报告，认为该船的到达不会传入或传播检疫疾病时，公共管理当局必须准许通过无线电发给该船无疫通行证。”

了保护本国公共卫生安全利益，贯彻国家主权原则，港口国通常都会规定本国政府可以在疫情暴发期间拒绝外国籍船舶进入本国港口，还有一些港口国的国内法为本国规范外国籍船舶的港口准入行为设定了权限。

美国《深水港法》（Deepwater Ports Act）第 19 条第 3 款第 2 项规定，在没有协议的情况下，美国可以拒绝外国籍船舶进出本国港口。[①] 为防止新冠疫情境外输入，新西兰于 2020 年 9 月 6 日起生效的《2020 年新冠肺炎公共卫生应对（海上边界）令（第 2 号）修订令》［COVID－19 Public Health Response（Maritime Border）Order（No. 2），2020，以下简称新西兰《海上边界令》］第 9 条规定："除无害通过领海或通过用于国际航行的海峡的过境通道外，禁止外国籍船舶到达新西兰港口。"[②] 上述美国《深水港法》关于港口进出限制的规定和新西兰《海上边界令》关于禁止外国籍船舶到达[③]本国港口的规定表明，港口国有权拒绝外国籍船舶进入本国港口并挂靠。疫情期间港口国对除获得豁免船舶以外的所有外国籍船舶关闭其港口的做法，尽管具有临时性，但也从侧面否认了外国籍船舶进入一国港口的自由。

英国作为传统航运业大国，在国境卫生检疫方面的法律治理体系较为

---

① See Deepwater Ports Act § 19, 32 U. S. C. § 1518 (2022): "Except in a situation involving force majeure, a licensee shall not permit a vessel registered in or flying the flag of a foreign state to call at or otherwise utilize a deepwater port licensed under this chapter unless the foreign state involved, by specific agreement with the United States, has agreed to recognize the jurisdiction of the United States over the vessels registered in or flying the flag of that state and persons on board such vessels in accordance with the provisions of paragraph (1) of this subsection, while the vessel is located within the safety zone."

② 新西兰《海上边界令》第 10 条第 1 款规定："允许船上所有人员皆为新西兰公民的外国籍船到达新西兰。"第 10 条第 2 款规定："允许以下外籍船舶到达新西兰：（1）为装卸货物抵达新西兰的货船；（2）正在卸下捕获物、重新安置或加油、上下船员的渔船；（3）获得外交和贸易部外交许可的外国船舶；（4）总干事根据第 11 条批准抵达新西兰的船舶。"

③ 根据《国际卫生条例》第 1 条中的定义，"交通工具的到达"系指远洋航轮到达或停泊港口的限定地区。

完善。英国关于外国籍船舶公共卫生风险应对和传染病防疫方面的具体规定根据效力从高到低大致可以分为四个位阶：

第一类是经议会通过的成文法。例如，1995 年英国《商船法》虽然并非是直接调整海上公共卫生安全和传染病防疫的法律，但该法对于保障船员的安全、健康和福利提出了要求，其中对与海上公共卫生安全有关的船上供应品保障和淡水安全保障、医疗设施配备等进行了详尽规定。

第二类是经法律授权的国务大臣颁布的具体规章制度。例如，依据 1995 年英国《商船法》颁布的 1997 年英国《商船与渔船（海上健康工作和安全）条例》［The Merchant Shipping and Fishing Vessels（Health and Safety at Work）Regulations］和依据 1984 年英国《公共卫生法》颁布的 2007 年英国《公共健康条例（船舶）》［Public Health（Ships）Regulations］，都对于进出英国港口的船舶如何进行公共健康安全方面的防控进行了规定。英国卫生部曾于 2013 年尝试将《公共健康条例（船舶）》与《公共健康条例（航空器）》合并，同时建议更新某些条款，如地方当局和港口卫生局在健康保护方面的责任，对于可能受到感染或污染的船舶的通知义务、风险评估，信息采集等。该法案目前尚未通过颁布，但考虑到新冠疫情暴发后海上卫生安全引发的诸多新兴问题，该法案预期需要进一步完善。

第三类是主管部门发布的法律指引、行业规范、政策性文件、咨询文件等，包括海事和海岸警备队（Maritime and Coastguard Agency）发布的安全公告（MCA Safety Bulletins）、疫情期间的各类安全指引等。

第四类是英国各个地方当局或港口安全局发布的地区性建议、指引等。英国采用郡县制，除英国中央政府外各个郡（county）的地方政府都可以制定通过此类规定。

目前英国行使港口卫生检疫保障职能的机构包括港口所在地的当局主管部门和港口安全局。英国政府除根据《国际卫生条例》和《船舶公共卫生事件管理手册》的规定进行港口检疫外，英国 1979 年《公共安全（船舶）条例》[Public Health（Ships）Regulations] 还规定，当从某外国港口到达英国的船舶上存在传染病传播的风险时，船长需在到达港口不超过 12 小时内向港口所在地的当局主管部门或港口安全局提交书面报告，将船上疑似感染疾病或死亡的工作人员、乘客或动物的情况如实呈报。此外，经港口当局要求，船长应当签署《海事健康宣言》并提交船上工作人员和乘客的清单及其在英国的地址。而且，未经港口安全局同意，船上人员不得下船。如果船长未履行上述提交报告的义务或擅自允许船上人员离船，将受到港口安全局的处罚。然而，港口安全局如何判定到港船舶是否可以停靠、船上人员是否可以下船，此类问题在国际范围内尚无定论，在英国也存在争议。

在中国，我国 1979 年制定的《对外国籍船舶管理规则》对外籍船舶进出港、航行和停泊作了具体规定，该规则第 8 条①规定了海事管理机构有权要求外国籍船舶返航的五种情形。这五种情形并没有直接指明对暴发疫情的外国籍船舶如何处理，但其中第五项“其他需要禁止航行的情况”作为兜底条款，为要求暴发疫情的外国籍船舶改变航程、驶离本国海域留下了空间。《对外国籍船舶管理规则》第 36 条中专门规定了，“如果船舶来自有疫情的港口，应经过卫生检疫机关卫生处理”。可见，船舶暴发疫情也属于《对外国籍船舶管理规则》重点规范的内容。

关于中国政府有权拒绝暴发疫情的外国籍船舶在本国港口挂靠，更加具有说服力的法律规则应当是《国境卫生检疫法》以及《国境卫生检疫法实施细则》，这两个规范是我国国境卫生检疫领域最为主要的立法。《国境

① 《对外国籍船舶管理规则》第 8 条规定：“船舶有下列情况之一者，港务监督有权在一定期间内禁止其出港或令其停航、改航、返航：一、处于不适航状态；二、违反中华人民共和国的法律或规章；三、发生海损事故；四、未缴付应承担的款项，又未提供适当担保者；五、其他需要禁止航行的情况。”

卫生检疫法》制定的目的在于防止传染病由国外传入或者由国内传出，实施国境卫生检疫保护人体健康，内容包括检疫、传染病检测、卫生监督、法律责任等制度。《国境卫生检疫法实施细则》依据《国境卫生检疫法》制定，详细规定了疫情通报、卫生检疫机关、海港检疫、航空检疫、陆地边境检疫、卫生处理、检疫传染病管理、传染病检测、卫生监督、罚则等内容。《国境卫生检疫法》第6条规定："在国外或者国内有检疫传染病大流行的时候，国务院可以下令封锁有关的国境或者采取其他紧急措施。"《国境卫生检疫法实施细则》第9条规定："在国内或者国外检疫传染病大流行的时候，国务院卫生行政部门应当立即报请国务院决定采取下列检疫措施的一部或者全部：（一）下令封锁陆地边境、国界江河的有关区域；（二）指定某些物品必须经过消毒、除虫，方准由国外运进或者由国内运出；（三）禁止某些物品由国外运进或者由国内运出；（四）指定第一入境港口、降落机场。对来自国外疫区的船舶、航空器，除因遇险或者其他特殊原因外，没有经第一入境港口、机场检疫的，不准进入其他港口和机场。"据此，我国在疫情期间可以关闭本国港口或为外国籍船舶指定第一入境港口。

此外，我国2021年新修订的《海上交通安全法》第91条第1款的规定也赋权海事管理机构禁止外国籍船舶进港或者将其驱逐出港。有观点认为，为了充分发挥港口准入权的效能，应当将"港口安全"理解为包括港口所在地的公共卫生安全。[①] 考虑到《海上交通安全法》第40条[②]新增了公共卫生安全方面的规定，应当认为此种理解具有合理性。因此，对于威胁港口所在地公共卫生安全的外国籍船舶，港口国根据其本国法拒绝外国

① 参见邢厚群：《论国际海洋法治视域下我国海上交通安全立法》，载《社会科学》2021年第6期。

② 《海上交通安全法》第40条规定："发现在船人员患有或者疑似患有严重威胁他人健康的传染病的，船长应当立即启动相应的应急预案，在职责范围内对相关人员采取必要的隔离措施，并及时报告有关主管部门。"

籍船舶挂靠在本国港口，或对其挂靠进行严格限制，具有法律依据。

综上，在公共卫生事件情形中，对于港口国能否拒绝外国籍船舶挂靠，国际公约规定得并不够明确，比较常见的做法是将更多自主权交由缔约国行使；在国内法层面，各港口国较为一致地通过国内立法赋予本国在疫情期间关闭国内港口或者拒绝外国籍船舶在本国港口挂靠的权利。

第三节　对港口国行使港口准入权的限制

上文从国际法和国内法规范以及国家主权原则等方面进行分析，提出港口国有权拒绝外国籍船舶在本国港口挂靠。但是在疫情期间，港口国拒绝外国籍船舶在本国港口挂靠的权利应当受到一定限制。

一、限制港口准入权的必要性

港口国拒绝或限制外国籍船舶进入本国港口是行使港口准入权的体现。但实践中，一些港口国为避免因外国籍船舶挂靠造成疫情传播，不论船舶是否暴发疫情，实行无差别旅行限制政策。例如，2020 年 3 月 14 日，CDC 针对在美国水域运营、能够搭载 250 人以上的邮轮发布了首个《禁止航行令》（No Sail Order）。根据禁航令的要求，邮轮经营人应当按照 CDC 的要求采取疾病预防控制措施，其安排旅客和船员下船应当遵循美国海岸警卫队（United States Coast Guard，USCG）的指示，与 CDC 人员协商，并酌情与联邦、州和地方当局协调。船上人员下船后，除非获得 USCG 和 CDC 的批准，邮轮经营人不得开始或继续运营，不得实施转移泊位、下锚或排放废物等行为，船员不得重新上船。疫情期间，该禁令的有效期分别于 2020 年 4 月 9 日、7 月 16 日、9 月 30 日被延长三次。

还有一些港口国也针对外国籍船舶实施了旅行限制措施。2021 年 2 月

4日，加拿大政府宣布对邮轮旅游实施为期一年的禁令，临时措施定于2021年2月28日结束。[①] 2020年2月7日，日本禁止搭乘邮轮的外国人入境。2020年2月10日，韩国政府决定暂时禁止外国籍船舶入境。2020年3月7日，马来西亚卫生部和交通部联合决定禁止外国籍船舶停泊。2020年3月9日，印度宣布所有港口禁止所有外国籍船舶停靠入境。2020年3月11日，摩纳哥公国禁止一切邮轮停靠其港口以及领海区域。2020年3月13日，新加坡海事与港口管理局（MPA）宣布立即停止所有邮轮的港口停靠。2020年3月14日，新西兰宣布禁止所有邮轮靠岸。2020年3月15日，新加坡禁止过去14天内有意大利、法国、西班牙和德国旅游史的游客入境或过境。澳大利亚、新西兰和太平洋及加勒比地区国家也于2020年3月开始禁止外国籍船舶入境。[②] 南美洲的部分港口也拒绝外国籍船舶进入，包括限制外国籍船舶在巴拿马运河通行等。[③]

这些港口国实施的旅行限制措施导致不断有外国籍船舶被拒绝挂靠的情形出现。在新冠疫情期间，拒绝船舶停靠成为港口国应对船舶公共卫生风险的典型做法。例如，载有1455名乘客和802名船员的“威士特丹”号邮轮，自2020年2月1日启程后，尽管没有感染疫情，仍被菲律宾马尼

---

① See *Government of Canada Announces One – Year Ban For Pleasure Craft and Cruise Vessels*, Government of Canada (Feb. 4, 2021), https://www.canada.ca/en/transport-canada/news/2021/02/government-of-canada-announces-one-year-ban-for-pleasure-craft-and-cruise-vessels.html.

② See *Coronavirus and International Cruises*, Smartraveller (Apr. 23, 2020), https://www.smartraveller.gov.au/news-and-updates/coronavirus-and-international-cruises, Ben Doherty, Dom Phillips, *Coronavirus: Cruise Passengers Stranded as Countries Turn Them Away*, The Guardian, https://www.theguardian.com/world/2020/mar/16/cruise-ships-scramble-to-find-safe-harbour-amid-covid-19-crisis-as-countries-turn-them-away, Last accessed on Mar. 2, 2022.

③ See Diane Taylor, Kate Proctor & Dan Collyns, *Britons on Virus – hit Ship Wait for Panama Canal Green Light*, The Guardian, https://www.theguardian.com/world/2020/mar/29/britons-on-virus-hit-ship-wait-for-panama-canal-green-light, Last accessed on Mar. 2, 2022.

拉（Manila）港、日本石垣（Ishigaki）港、美国属地关岛（Guam）、泰国林查班（Laem Chabang）港等拒绝挂靠，在海上漂泊了13天，[①] 直至2月13日获准挂靠柬埔寨西哈努克（Sihanouk）港。[②] 甚至一些没有暴发疫情的外国籍船舶在请求挂靠时也遭到了港口国拒绝，例如，2020年3月，意大利籍“歌诗达幸运”号邮轮、英国籍“黄金公主”号邮轮和巴哈马籍“挪威宝石”号邮轮的旅客和船员均未出现感染症状，却遭港口国拒绝挂靠。在此期间，受疫情影响，大量国际邮轮长期滞留在海上，无法靠岸，甚至被媒体形容为“幽灵船”。港口国实施的旅行限制措施最终导致国际邮轮在2020年3月中旬在世界范围内自愿停航，成为邮轮旅游行业首次经历的全球范围停航。[③] 港口国应对船舶公共卫生风险的消极态度为邮轮旅游行业复苏敲响了警钟。

疫情期间的实践表明，港口国拒绝外国籍船舶停靠可能导致船上旅客和船员感染病毒的人数和因感染病毒而死亡的人数上涨，还会导致一些患有其他疾病的旅客和船员无法得到救治。如果每一个港口国都以国内公共卫生安全为由，一概拒绝船上有感染者或疑似感染病毒者的外国籍船舶进入港口，会使船上感染病毒的旅客和船员得不到妥善救治，甚至可能引发因传染病暴发导致的人道主义危机，这一后果与国际人权保护原则相悖。为了协调主权与人权之间的冲突，同时恢复邮轮经济健康发展，应当在认可港口国有权拒绝外国籍船舶挂靠的同时，对这一项权利加以一定程度的限制。换言之，在人类卫生健康共同体理念的指导下，港口国行使港口准

① See Shaun Turton, *Westerdam Finally Arrives in Cambodia After 5 Ports Refused*, Nikkei Asia, https：//asia. nikkei. com/Spotlight/Coronavirus/Westerdam – finally – arrives – in – Cambodia – after –5 – ports – refused, Last accessed on Mar. 3, 2022.

② See A. Choquet, A. Sam – Lefebvre, *Ports Closed to Cruise Ships in the Context of COVID – 19: What Choices Are There for Coastal States?*, 86 Annals of Tourism Research 1 (2021).

③ 参见张韵等：《邮轮业的悲伤“逐浪季”：全球停航，三大公司500亿美元市值蒸发》，载每经网，http：//www. nbd. com. cn/articles/2020 –03 –23/1419109. html。

入权应有合理限度。

二、限制港口准入权的理论依据

限制港口准入权的理论依据在于航行自由原则。沿海国在其领海拥有主权，但同时也要尊重国际法框架中的国际航行规则。一方面，沿海国对外国籍船舶享有港口准入权；另一方面，根据航行自由原则，外国籍船舶享有在公海上自由航行的权利。面对船舶公共卫生事件，沿海国在行使港口准入权时，受到外国籍船舶的航行自由原则的限制。

（一）航行自由原则的历史脉络

海洋是分布于地表的巨大盆地中的连绵不绝的咸水水域，靠近陆地的部分为海，远离陆地的部分为洋。[①] 对此，国际法历史上曾发生过“海洋自由（Mare Liberum）论”与“海洋封闭（Mare Clausum）论”的争论，争论的实质为沿海国对海洋的管辖权是否具有排他性。

古代世界认为，海洋超出了国家管辖的范围，沿海国对于近海水域不享有所有权。[②] 罗马法认为，海洋是共有物，可以被自由利用。[③] 然而，这一理解限于罗马国内法，在国际关系中，罗马国家之实践与海洋自由理论并不一致：公元前3世纪，罗马人发动了与其他帝国之间的战争，征服了地中海地区，将其称为“我们的海”（mare nostrum）以示对该海域的主权。[④]《罗得法》（Rhodian Law）中曾提出沿海国可以对近海水域进行规制，但这种规制以航海国家应对海盗的需求为限。进入中世纪后，热那

① 参见徐国栋：《优士丁尼〈法学阶梯〉评注》，北京大学出版社2011年版，第168页。

② 参见［德］巴多·法斯本德、安妮·彼得斯主编：《牛津国际法史手册》（上册），李明倩、刘俊、王伟臣译，上海三联书店2018年版，第239页。

③ 参见［罗马］查士丁尼：《法学总论——法学阶梯》，张企泰译，商务印书馆1989年版，第51页。

④ See Olga Tellegen-Couperus, *A Short History of Roman Law*, Routledge London, 1993, p. 31.

亚、威尼斯、法国、英国、丹麦、瑞典等国家都开始对本国的近海水域主张所有权，要求对利用海洋的活动行使控制的权力，如发放航行许可和控制捕鱼等。[①] 阿尔贝里科·贞提利（Alberico Gentili）在其1598年发表的著作《战争法三卷书》中认为，尽管对海洋所有权的主张不被接受，但应当认可沿海国家出于必要性可以对海域施加特定形式的管理。直到16世纪末，欧洲一些国家在航行和捕鱼问题上纠纷频发，由此进入了“海洋自由论”与“海洋封闭论”的大辩论时代。[②]

17世纪，荷兰法学家格劳秀斯因循罗马法关于“海洋不可被占有”的理论观点，在其1604年所著《捕获法》一书的第12章中指出：“海洋本身及在海洋上的航行权均不能由任何特定一方所独占。”[③] 格劳秀斯将这一章整理为一篇长文，并于1608年以《论海洋自由》（The Freedom of the Seas）为题发表。该文的中心论点为海洋自由，即海洋作为一种公有物不属于任何国家，航行自由是各国及其人民的自然权利。格劳秀斯认为，仅因一国先在海上航行就认为其占有了海洋航线是一种十分荒谬的观点，毕竟“一艘船在海上航行过后，除了激起一阵浪花，并没有留下任何法律权利”。[④] 针对“海洋自由论”的观点，英国法学家塞尔登提出了“海洋封闭论”，他认可沿海国在法律上享有海洋统治权的可能性，主张沿海国对海洋享有排他性的统治权，如许可航行、登陆、设定准入条件（imposing condition of admission）等。[⑤]

---

① 参见［德］巴多·法斯本德、安妮·彼得斯主编：《牛津国际法史手册》（上册），李明倩、刘俊、王伟臣译，上海三联书店2018年版，第359－360页。

② 参见［德］巴多·法斯本德、安妮·彼得斯主编：《牛津国际法史手册》（上册），李明倩、刘俊、王伟臣译，上海三联书店2018年版，第240页。

③ ［荷］雨果·格劳秀斯：《捕获法》，张乃根等译，上海人民出版社2015年版，第233页。

④ 参见［荷］雨果·格劳秀斯：《论海洋自由》，马忠法译，上海人民出版社2020年版，第42页。

⑤ See Pitman B. Potter, *The Freedom of the Seas in History*, Law and Politics, New York, Longmans, Green and Co., 1924, p. 72－73.

进入18世纪后，海洋自由原则为海洋强权所遵循。在格劳秀斯与塞尔登之争（the Grotius – Selden Controversy）的背景下，荷兰法学家宾刻舒克（Cornelis van Bynkershoek）提出了折中说，即近海对于人类而言易于接近和利用，沿海国对于陆地的毗连海域享有主权，但距离海岸越远，权力越弱，越应当适用海洋自由原则。宾刻舒克将折中说归因于经济和地缘政治因素，认为前述对于沿海区域控制的争论，本质上源于海洋大国和沿海国之间的利益冲突：前者的核心利益在于全球贸易和海军能力，后者的核心利益在于国家安全和海洋资源。[①] 不仅如此，宾刻舒克在其1702年发表的《海洋领有论》（Dominion of the Sea）一文中提出，沿海国对于武力所及之处的海水带享有合法控制的权力。博丹认为，对海洋的权力专属于君主，他能对离开海岸远至30里格（league）的海域实施管辖，除非有另一君主的统治所及这片海域更近，这样才能阻却前者的管辖。[②] 在此基础上，意大利学者费迪南德·季里亚尼（Ferdinando Galiani）提出了著名的“大炮射程说”（Cannon Shot Rule）。近代意义上领海的概念由此产生，国际社会对于沿海国对领海享有主权已经基本达成一致意见，并上升为国际习惯。[③]《海洋法公约》将这一惯例确定下来，并将“大炮射程”这一模糊标准改为具体的12海里。[④] 结合《海洋法公约》第2条的规定，沿海国对领海内的外国籍船舶享有管辖权始有明确的国际法依据。

为了调整沿海国与船旗国的法律权益，同时确保船旗国的航行自由和沿海国的和平、安全与秩序，国际法理论在“海洋自由论”和“海洋封闭

---

① See Pitman B. Potter, *The Freedom of the Seas in History*, Law and Politics, New York, Longmans, Green and Co., 1924, p. 188 –189.

② 参见［法］让·博丹、［美］朱利安·H. 富兰克林编：《主权论》，李卫海、钱俊文译，北京大学出版社2008年版，第141页。

③ 参见袁发强等：《航行自由的国际法理论与实践研究》，北京大学出版社2018年版，第4页。

④ 《海洋法公约》第3条规定：“每一国家有权确定其领海的宽度，直至从按照本公约确定的基线量起不超过十二海里的界限为止。”

论”的争论之后确立了领海制度和公海航行自由原则。[①] 公海航行自由原则是指国际航行船舶在公海上享有自由航行的权利。从地理空间上来看，领海制度使得沿海国在污染防治和资源养护等方面的船舶管辖权发生扩张，缩减了海洋自由的空间，对海洋自由形成了限制。但是，公海航行自由原则在近代公海的范围内几乎是绝对规则，并得到海洋强权的保障。[②] 航行自由原则于1958年由《日内瓦公海公约》第2条确定为一项国际法原则，在国际法框架下具有法律约束力。弗朗西斯科·维多利亚（Francisco de Vitoria）将航行自由原则建立在通讯自由的基础之上，格劳秀斯和吉尔贝特·吉代尔（Gilbert Gidel）将航行自由原则建立在商业自由的相关理念之上。[③] 可见，航行自由原则与涉海的贸易、旅行和通信活动密切相关。

（二）航行自由原则限制港口准入权的具体表现

“虽然航行自由原则主要适用于在公海上的航行，但如果进出公海以及在公海不同部分之间的出入权得不到承认，航行自由将是无用和无效的。因此，国际航行船舶在某些受沿海国主权管辖的海域也享有一定的航行权。”为了保障海上航行的连续性，贯彻航行自由原则，外国籍船舶在受沿海国主权管辖的某些海域也享有一定程度的航行权。船舶在非公海水域的航行权来源于沿海国对于国家主权的让渡，这种让渡主要体现在《海洋法公约》第二部分第三节规定的无害通过制度和第三部分第二节规定的过境通行制度中，即沿海国应当认可外国籍船舶具有在本国领海无害通过

---

① 参见［日］小寺彰、岩泽雄司、森田章夫编：《国际法讲义》，梁云祥译，南京大学出版社2021年版，第263页。

② 参见袁发强等：《航行自由的国际法理论与实践研究》，北京大学出版社2018年版，第6－7页。

③ See R. Lapidoth, *Freedom of Navigation – Its Legal History and Its Normative Basis*, 6 Journal of Maritime Law and Commerce 259 (1974).

的权利，以及具有在用于国际通行的海峡过境通行的权利。

首先，《海洋法公约》第 17 条规定了无害通过权，赋予外国籍船舶在他国领海无害通过的权利。依据该公约第 18 条的规定，无害通过权的权利内容是船舶在一国领海中航行，或驶入、驶出内水。再结合该公约第 19 条第 1 款的规定进行理解可知，无害通过制度涉及的空间范围主要涉及沿海国享有主权的领水。一旦外国籍船舶在通过的过程中危害沿海国的公共卫生安全，损害沿海国利益，就不再属于无害通过的范畴，沿海国可以拒绝外国籍船舶通过。[①] 关于外国籍船舶在一国的航行是否应当被认定为无害通过，受到该公约第 19 条第 2 款的限制，该款规定了可以被认定为非无害通过的 12 种情形，其中第 7 种包括违反沿海国卫生方面的国内法。沿海国在其领水上享有的主权权力允许其制定公共卫生方面的法律法规。如果一艘外国籍船舶暴发疫情后，船上的卫生情况和疫情防治管理不符合沿海国的国内法要求，可能会对该国公共卫生安全和其他国家利益造成威胁，沿海国可以认为该外国籍船舶在其领海航行的行为不满足无害通过的条件，从而限制外国籍船舶在其领海的航行自由。

其次，《海洋法公约》第 38 条规定了过境通行权。与无害通过制度不同，《海洋法公约》第 37 条[②]将过境通行制度涉及的空间范围限定为沿海国用于国际航行的海峡。过境通行制度与无害通过制度一样，也是对国家主权原则与航行自由原则进行平衡的结果。一方面，沿海国应当尊重外国籍船舶在其领海无害通过的权利，以及在用于国际通行的海峡过境通行的权利，允许外国籍船舶通过其海峡；另一方面，外国籍船舶有义务不破坏

---

① 《海洋法公约》第 19 条第 1 款规定："通过只要不损害沿海国的和平、良好秩序或安全，就是无害的。这种通过的进行应符合本公约和其他国际法规则。"

② 《海洋法公约》第 37 条规定："本节适用于在公海或专属经济区的一个部分和公海或专属经济区的另一部分之间的用于国际航行的海峡。"

海峡的航行秩序，不对海峡的顺畅交通造成阻碍。

可以认为，国际船舶的航行自由权与沿海国的国家领土主权之间存在着相互协调、相互尊重的关系：一方面，国际船舶通过一国领水时，需要尊重沿海国的海洋主权和其他海洋权益；另一方面，沿海国除了在内水能够行使绝对的主权外，在领海中需要不同程度地为船舶通行提供一定便利，不能对正常的航行活动造成妨害和歧视。[①] 在应对船舶公共卫生事件的语境下，沿海国基于国家主权原则享有港口准入权，对于是否接受暴发疫情的外国籍船舶在本国港口挂靠享有自由裁量权，可以拒绝外国籍船舶在本国港口挂靠。但是，船舶公共卫生风险会导致船上旅客和船员的生命健康遭受威胁，根据国际人权保护原则的要求，应当以航行自由原则限制沿海国的港口准入权。

三、限制港口准入权的法律依据

在人类卫生健康共同体理念中“善治”价值的作用下，港口国应对船舶公共卫生风险应当善意遵守国际习惯法和《国际卫生条例》等国际公约，规范行使港口准入权。

（一）国际习惯法对于港口准入权的限制

出于人道主义和安全原因，国际习惯法认为遇险（in distress）的船舶有权进入任何外国港口。[②] 换言之，港口国应当允许遇险的外国籍船舶进入其港口避险。船舶避险制度一般适用于传统海上风险，即海上航行安全和海洋环境污染的风险。2003 年 12 月 5 日，国际海事组织通过了《为需要援助的船舶提供避难场所的指南》（*Guidelines on Places of Refuge for*

① 参见袁发强等：《航行自由的国际法理论与实践研究》，北京大学出版社 2018 年版，第 73 页。

② See T. Yoshifumi, *The International Law of the Sea*, Cambridge University Press, 2015, p. 260.

Ships in Need of Assistance）的第 A. 949（23）号决议：该指南第 1. 19 条将避难场所定义为一个可以对需要援助的船舶采取行动、稳定船舶状况、减少对航行的危害、保护人类生命和环境的地方。该指南第 1. 12 条指出，其目的在于为成员国政府、船长、航运公司和救助者提供一个框架，使他们能够有效作出反应；在任何特定情况下，船长、航运公司与有关政府当局应当合作评估需要援助的船舶状况。该指南第 3. 4 条指出，建议沿海国努力建立符合该指南的程序，接受援助请求并采取行动，以便酌情批准使用适当的避难所。尽管该指南第 3. 12 条承认，沿海国没有提供避难地点的国际法义务，但是沿海国应当权衡所有因素和风险，并在合理的情况下给予庇护。该指南第 3. 3 条还要求沿海国建立海上援助服务机构（Maritime Assistance Services，MAS）。2003 年 12 月 5 日，国际海事组织第 23 届大会通过了关于海上援助服务的第 A. 950（23）号决议，要求建立海上援助服务的沿海国政府向国际海事组织提供其海上援助服务的详细信息，以便船长和其他有关人员或组织在必要时进行联系。根据国际海事组织第 A. 950（23）号决议，比利时、法国和希腊政府均设立了海上援助服务中心。

在适用范围上，《为需要援助的船舶提供避难场所的指南》仅适用于船舶需要援助、而不涉及船上人员生命安全的情况，但对于船舶因疫情而遇险的认定具有一定参考价值。有观点认为，船上人员遇险属于船舶遇险的一种情形，如船舶在航行途中遭遇风暴或船上人员迫切需要医疗援助，[①] 船员或旅客在船上感染病毒，也可能导致船舶进入遇险状态。[②] 但是对于

---

① Louvain - La - Neuve, Droit de la mer et assistance aux personnesendétresse ［Enligne：https：//uclouvain. be/fr/instituts - recherche/juri/cedie/actualites/droit - de - la - mer - et - assistance - aux - personnes - en - detresse. html］. Consulté le 3 mars 2022.（in France）

② See A. P. Morrison, *Places of Refuge for Ships in Distress：Problems and Methods of Resolution*, Martinus Nijhoff Publishers, 2012, p. 10.

国际邮轮而言，旅客需要治疗和船舶遇险之间的关联性较弱，旅客的治疗需求可以通过邮轮上提供的医疗服务解决，即使暂时无法解决，也不会干扰船舶的正常航行。船舶遇险主要体现为无法满足适航性要求，而对于船舶适航性的判断主要与船员的健康情况有关联。疫情期间，一旦船员严重感染新冠病毒，便无法履行职责，且会危及其生命健康安全。这些船员需要及时得到治疗，同船的其他船员也需要接受检疫、甚至隔离，由此导致船舶正常的配员水平受到影响、船舶适航性无法维持时，可以认为船舶已经遇险。疫情期间，一些外国籍船舶在乘客下船后仍拒绝离开港口，主要是出于保证船员生命健康、保障船舶航行安全的考虑。例如，2020 年 4 月，“红宝石公主”号邮轮停靠在澳大利亚的肯布拉（Kembla）港，虽然船上旅客全部下船，但船员仍留在船上。该船总计 1040 名船员，其中约五分之一表现出感染新冠的症状。①

（二）2005 年《国际卫生条例》对于港口准入权的限制

在公共卫生安全语境下，港口国行使港口准入权受到《国际卫生条例》的限制。《国际卫生条例》第 28 条第 1 款第 1 句规定：“除第四十三条或适用的国际协议另有规定之外，不应当因公共卫生原因而阻止船舶或飞机在任何入境口岸停靠。”该条第 2 款第 1 句规定：“除第四十三条或适用的国际协议另有规定之外，缔约国不应该出于公共卫生理由拒绝授予船舶或飞机‘无疫通行’，特别是不应当阻止它上下乘员、装卸货物或储备用品，或添加燃料、水、食品和供应品。”对于此种规定的理解，有观点

---

① See Jessie Davies, *The Coronavirus Cruise Ship Ruby Princess has Docked at Port Kembla in nsw – This is What the Australian Authorities Will Do Next*, ABC News, https://www.abc.net.au/news/2020-04-06/coronavirus-cruise-ship-ruby-princess-docks-in-australia-in-nsw/12124398, Apr. 6th, 2020, Last accessed on Mar. 3, 2022.

认为，一旦外国籍船舶存在公共卫生风险，港口国便不能拒绝该船舶挂靠或人员上下船。[①] 然而，此种解读不仅是对《国际卫生条例》第 28 条第 1 款的断章取义，而且也忽略了《国际卫生条例》第 43 条关于港口国有条件地采取额外卫生措施的规定。

《国际卫生条例》第 28 条第 1 款对于港口国港口准入权的限制并非是一种绝对限制。考虑到允许暴发疫情的外国籍船舶挂靠后，船上感染病毒的旅客和船员需要与港口国的海关、移民、卫生和海事等主管部门的工作人员发生接触，从而可能将病毒传染给港口国的人员。基于此种风险，港口国可能因不具备相应的处置能力而导致疫情在国内蔓延。[②] 因此，《国际卫生条例》第 28 条第 1 款对于港口准入权的限制存在两种例外：

一是出现第 28 条第 1 款第 2 句规定的“入境口岸不具备执行本条例规定的卫生措施的能力”的情形。此处“能力”一词的含义是《国际卫生条例》第 13 条[③]规定的公共卫生事件应对能力，也即该公约附件一规定的“核心能力”（core capacity）。《国际卫生条例》第 13 条规定，各缔约国应当遵循《国际卫生条例》附件 1 规定的“核心能力要求”（见表 2 – 3），发展、加强和保持其快速有效应对突发公共卫生事件的应急核心能力。据统计，在《国际卫生条例》的 196 个缔约国中，有 104 个国家基本具备预

---

① See N. Klein, *International Law Perspectives on Cruise Ships and COVID – 19*, 11Journal of International Humanitarian Legal Studies 282 (2020).

② 例如，2020 年 3 月 19 日，百慕大籍“红宝石公主”号邮轮抵达澳大利亚悉尼港后，船上 2647 名旅客中有大量未经检测便获准下船，成为澳大利亚较大的感染来源。

③ 《国际卫生条例》第 13 条第 1 款规定：“每一缔约国应当按照附件 1 的要求尽速、但自本条例对该缔约国生效之日起不迟于五年，发展、加强和维持快速和有效应对公共卫生危害和国际关注的突发公共卫生事件的能力。世卫组织应当与会员国协商，发表指导方针以支持缔约国发展公共卫生应对能力。”

防、发现和控制新型传染病暴发的能力。[1] 可见,《国际卫生条例》的缔约国中有45%的缔约国并不具备应对突发公共卫生事件的能力。有的港口虽然具备《国际卫生条例》附件1对核心能力的要求(见表2－4),但如果该港口所在国的国内已暴发严重疫情,或者该港口需要同时或连续接受多艘突发公共卫生事件的外国籍船舶挂靠,便不再具备应对外国籍船舶或者更多外国籍船舶的能力。在港口国不具备或不再具备应对外国籍船舶公共卫生事件能力的情形下,如果仍要求港口国接受外国籍船舶挂靠,不但不利于保障外国籍船舶上旅客和船员的安全,而且会对港口国的公共卫生安全造成不利后果,从而既不符合国家主权原则,也不符合国际人权保护原则。据此,即使外国籍船舶因国际船员或旅客感染病毒而进入遇险状态,但如果沿海国不具备此种核心能力,仍可以拒绝该船舶挂靠。结合《国际卫生条例》第28条第2款的规定,当港口国的应对能力不足时,外国籍船舶进入港口国的目的应限于添加燃料、水、食物和供应品。这一规定体现了国家主权原则与国际人权保护原则之间的平衡。

表2－3 IHR对监测和应对的核心能力要求

所在层次/区域	核心能力要求
社区、基层(local)	(1)监测本国异常涉疫疾病、死亡事件; (2)向基层或中层卫生保健人员或机构报告临床描述、实验室结果、危险的来源和类型、人患病例和死亡人数、影响疾病传播的条件和所采取的卫生措施; (3)立即采取初步控制措施
中间层(intermediate)	(1)确认所报告事件状况,并支持或采取额外控制措施; (2)立即评估报告事件; (3)若事件紧急,则向国家级机构报告所有重要信息

[1] See N. Kandel, S. Chungong, A. Omaar, J. Xing, *Health Security Capacities in the Context of COVID－19 Outbreak: an Analysis of International Health Regulations Annual Report Data from 182 Countries*, 395 The Lancet 1047 (2020).

续表

所在层次/区域	核心能力要求
国家（national）	（1）48 小时内评估紧急事件所有报告； （2）根据评估结果是否为法定通报事件，决定是否向世界卫生组织报告； （3）迅速决定为预防国内和国际传播必须采取的控制措施； （4）通过专业人员，对样品的检测分析和后勤援助提供支持； （5）提供必须的现场支持，以补充当地的调查； （6）与高级卫生官员和其他官员建立直接业务联系，以迅速批准和执行遏制和控制措施； （7）与其他有关政府部委建立直接联系； （8）以现有最有效的通讯方式与医院、诊所、机场、港口、陆地过境点、检验室和其他关键的业务领域联系，以便传达从世界卫生组织收到的关于在缔约国本国领土和其他缔约国领土上发生的事件的信息和建议； （9）制定、实施和保持国家突发公共卫生事件应急计划，包括建立多学科/多部门小组以应对可构成国际关注的突发公共卫生情况的事件； （10）24 小时执行上述措施

注：此表由作者根据《国际卫生条例》附件 1 制作。

表 2－4　IHR 对指定机场、港口和陆地过境点的核心能力要求

时间要求	核心能力要求
随时	（1）能利用当地适宜的医疗服务，以使患病的旅行者得到迅速的诊治，并调动足够的医务人员、设备和场所； （2）能调动设备和人员，以便将患病的旅行者运送至适当的医疗设施； （3）配备受训人员检查交通工具； （4）开展检查项目，确保使用入境口岸设施的旅行者拥有安全的环境； （5）制定切实可行的计划并提供受训人员，以控制入境口岸及其附近的媒介和宿主

续表

时间要求	核心能力要求
应对可能构成国际关注的突发公共卫生情况的事件时	（1）对突发公共卫生事件采取适当的应对措施，制定和坚持突发公共卫生事件应急预案，包括在相应的入境口岸、公共卫生和其他机构和服务部门任命协调员和指定联系点； （2）评估和诊治受染的旅行者或动物，为此与当地医疗和兽医机构就其隔离、治疗和可能需要的其他支持性服务作出安排； （3）提供与其他旅行者分开的适当场地，以便对嫌疑受染或受染的人员进行访视； （4）对嫌疑旅行者进行评估，必要时进行检疫，检疫设施最好远离入境口岸； （5）采取建议的措施，对行李、货物、集装箱、交通工具、物品或邮包进行灭虫、灭鼠、消毒、除污，或进行其他处理，包括适当时在为此目的特别指定和装备的场所采取这些措施； （6）对到达和离港的旅行者采取出入境控制措施； （7）调动专用设备和穿戴合适个人防护服的受过培训的人员，以便运送可能携带感染或污染的旅行者

注：此表由作者根据《国际卫生条例》附件1制作。

二是出现《国际卫生条例》第43条第1款适用的情形。由于突发公共卫生风险的危害严重程度显著高于一般公共卫生问题，依据《国际卫生条例》第43条第1款的规定，港口国为了应对外国籍船舶突发公共卫生事件，有权“按照其国家有关法律和国际法之下的义务”，采取该条例中“原本禁止使用”的措施，又称“额外的卫生措施”，这种措施包括该条例第28条第1款所禁止的拒绝外国籍船舶挂靠。

拒绝外国籍船舶挂靠是一种额外卫生措施。《国际卫生条例》修订期间，一些成员国曾要求在采取额外卫生措施方面保持灵活性，妥协的结果是，由港口国确定船舶到港是否会对其国内公共卫生安全造成威胁，且港口国可以灵活采取额外卫生措施，但港口国采取此类措施应当向世界卫生组织提交科学证明。① 据此，如果没有船舶到港会导致疾病传播的科学证明，港口国仍不能拒绝该船舶挂靠。

此外，港口国依据《国际卫生条例》第43条第1款拒绝外国籍船舶挂靠还应当满足第43条第2款②的条件，即港口国政府采用此种措施对人员造成的侵害要比接受外国籍船舶挂靠等其他可行措施小。这一规定体现了合理行政原则中措施合理的要求。虽然《国际卫生条例》没有对此处“人员”的范围作限定性解释，但应当认为至少包括船舶上被采取额外卫生措施的旅客和船员。问题在于，这一要求在实践中对于突发公共卫生事件的外国籍船舶而言很难满足。这是因为如果港口国拒绝外国籍船舶挂靠，无疑会迫使船舶继续寻找其他国家港口挂靠，从而耽误对船上已经感染病毒人员的救助，并导致感染病毒人员的数量持续增加，不利于保护船上旅客和船员的生命健康。虽然《国际卫生条例》第3条第4款规定“国家享有主权权利根据其卫生政策立法和实施法规”，但《国际卫生条例》在价值取向上同样注重国际人权保护。因此，对于突发公共卫生事件的外国籍船舶，港口国不能仅以船舶暴发疫情为由，拒绝其在本国港口挂靠。然而，新冠疫情等突发公共卫生事件期间，一些港口国拒绝未暴发疫情的外国籍船舶挂靠、不对船舶公共卫生风险和本国公共卫生能力进行评估就“一刀切”的做法，违反了《国际卫生条例》第28条第1款的规定，不符合《国际卫生条例》第43条规定的额外卫生措施的情形，过于强调国家主权原则，违反了合理行政原则。

综上，在港口国能否拒绝外国籍船舶挂靠这一核心问题上，一是不能忽视港口国应对船舶公共卫生风险的实际能力，二是要考虑允许外国籍船

① See *Review and Approval of Proposed Amendments to the International Health Regulations: Explanatory Notes*, Report of WHO Document A/IHR/IGWG/4, Oct. 7, 2004, p. 13.

② 《国际卫生条例》第43条第1款规定：“……对国际交通造成的限制以及对人员的创伤性或干扰性不应大于可合理采取并能实现适当程度保护健康的其他措施。”

舶挂靠可能导致港口国发生境外疫情输入或为港口国的国内疫情防治带来负面影响。为了满足这两方面的要求，一方面，港口国不能以存在公共卫生威胁为由拒绝没有公共卫生风险的外国籍船舶在本国港口挂靠；另一方面，对于突发公共卫生事件的外国籍船舶，应当根据港口国应对特定邮轮突发公共卫生事件的实际能力，确定港口国采取公共措施的内容和程度。

（三）《国际海港制度公约与规范》对于港口准入权的限制

1923 年《国际海港制度公约与规范》（Convention on the International Regime of Maritimes Ports）中的《国际海港制度规约》第 2 条规定："除互惠原则和第 8 条第 1 款规定的保留外，各缔约国保证在处于其主权或权力之下的海港，就自由进入港口、使用港口和充分享受港口对船舶、其所载货物和旅客所提供的有关航海和商业活动的利益方面，给予每一其他缔约国的船舶以与本国或任何别国平等的待遇。"据此，该公约强调外国籍船舶享有自由平等进出港口的权利。《国际海港制度公约与规范》及其附件《国际海港制度规约》作为规范港口准入的专门性国际公约，要求港口国允许遇难和躲避风暴或其他不可抗力的船舶进入其港口挂靠，① 但该公约的批准国家数量不多。实践中，各国大多通过国内法或双边的友好通商、航海条约规定外国船舶入港制度。《国际海港制度公约与规范》倾向于保障外国籍船舶自由进出港口的权利，但缔约国数量少，因而该公约只在缔约国之间适用和执行。

① 《国际海港制度公约与规范》主要提出以下几方面的要求：（1）开放港口不得实施歧视待遇；（2）外国商船应遵守港口国法律；（3）对于遇难和躲避风暴或其他不可抗力的船舶，应准其入港、停泊；（4）军舰入港条件各国可以自行规定。

第四节　我国港口准入权行使的规范化进路

根据前文分析可知，港口国在拒绝外国籍船舶挂靠之前，应当在个案中分析港口国核心能力与疫情传播风险，对船舶上具有发热症状的人员健康情况、船舶正常配员水平可能受到影响的程度，以及挂靠港当地实施检疫、隔离和治疗所需要的医疗条件进行科学评估，再作出是否允许挂靠的决定。换言之，港口国在疫情期间行使港口准入权，既要对外国籍船舶上的公共卫生情况进行准确评估，也要考虑港口国的核心能力，基于实际情况作出科学决策。因而，规范港口国行使港口准入权，应当从完善港口国口岸公共卫生监管制度、提高港口国港口口岸公共卫生风险监测能力两个方面实现。下文围绕我国口岸公共卫生监管和监测现状，参考域外经验，结合《国际卫生条例》的要求，提出完善我国口岸公共卫生监管制度的路径，以及提升我国口岸公共卫生监测能力的具体办法。

一、完善我国口岸公共卫生监管制度

（一）我国港口口岸卫生监管制度的缺陷

监管主要指行政主体对船舶公司应对公共卫生风险行为的管理。目前我国的卫生监管部门包括国家卫生健康委员会和地方各级卫生健康委员会，执法职责主要包括监督管理公共卫生、医疗服务，开展药品使用监测工作，进行临床综合评价和短缺药品预警，组织开展食品安全检验和风险监测评估，监督指导医疗机构评审评价，负责计划生育管理、服务和人口检测以及职业安全健康监督管理，查处卫生违法行为，承担卫生行政复议、卫生行政应诉等工作。海关总署负责对依法设在各个国境口岸的国境

卫生检验检疫机关进行管理，负责对于出入境人员、运输工具、行李、货物等进行卫生检验检疫、传染病检测与卫生处理工作。至于突发公共卫生事件的应急管理，根据《突发事件应对法》以及其他相关立法的规定，国务院是突发公共卫生事件应对工作的最高行政领导机关，地方各级人民政府是本行政区域内突发事件应对工作的行政领导机关。我国首先应当建立突发公共卫生事件的应急预案体系，国务院制定国家突发公共卫生事件总体应急预案。突发公共卫生事件发生后，国务院卫生行政主管部门负责向社会发布突发事件的信息，必要时也可授权省、自治区、直辖市人民政府卫生行政主管部门向社会发布本行政区域内的突发事件信息。应急预案启动后，突发公共卫生事件发生地的人民政府有关部门，应当根据预案规定的职责要求，服从突发事件应急处理指挥部的统一指挥，采取有关的控制措施。

我国现行关于口岸卫生检疫的立法主要包括《国境卫生检疫法》、2019 年修订的《国境口岸卫生监督办法》和《国境卫生检疫法实施细则》，由海关总署发布、2023 年修订的《出入境邮轮检疫管理办法》。但是上述法律、行政法规和部门规章并不能很好地满足港口口岸的卫生监管需求，此种不足主要体现为以下三个方面：

一是现有规定对国际邮轮的针对性不够，导致适用效果不佳。在中国，出入境邮轮检疫监管行为由《国境卫生检疫法》及其实施细则、《传染病防治法》及其实施办法、《公共卫生应急条例》、《国境口岸卫生监督办法》、《出入境邮轮检疫管理办法》等法律法规做出规范。这些法律法规大多出台较早，而中国邮轮旅游行业的起步较晚。除《出入境邮轮检疫管理办法》，其他法律法规均适用于所有国际航行船舶，未区分货船和邮轮。《出入境邮轮检疫管理办法》全文仅有 45 个条文，《国际航行船舶出入境检验检疫管理办法》全文仅有 38 个条文，二者在内容上均有欠详尽，而且未能考虑国际邮轮因载客人数庞大而较易引发传染病的特殊情形。由于缺乏针对性，一些检疫监管方法可以有效防治传染病在货船上传播，却不能较好地适用于邮轮。例如，《国境口岸卫生监督办法》第11条规定，船舶在必要时应当安排临时隔离室。从公共卫生的角度来看，隔离室应当具备阻断病毒传播的效果，而对于承载数千名旅客的大型邮轮而言，为每一位感染或可能感染病毒的旅客安排隔离室，将他们与无感染症状的健康旅客区分开，不具备可行性。此外，2009年7月14日，原国家质量监督检验检疫总局等五部门曾联合出台了《甲型H1N1流感口岸卫生检疫流程及操作规范》（国质检通联〔2009〕307号），以期在甲型H1N1流感期间实现对口岸卫生的有效监管。然而，当时的中国邮轮旅游市场尚处于最初的起步阶段，该操作规范对于邮轮港口口岸卫生监管的效用不明显。事实上，中国直到2010年3月才成立了国际邮轮卫生检疫工作组。[①]

二是现有规定注重于规范船舶公司的行为，而关于卫生检疫机关权利和义务的规定存在不足。《出入境邮轮检疫管理办法》第6条第8项规定，突发公共卫生事件应对工作机制由邮轮运营方负责建立并运行。该管理办法第31条规定，海关应当建立突发公共卫生事件的应急处置机制，在邮轮公司应对船舶公共卫生风险中发挥指导和协调作用。据此，该管理办法提出了船舶公共卫生风险的两种应对机制，分别是由邮轮公司建立的“应对工作机制”和由海关建立的“应急处置机制”。两种独立的机制将外国籍船舶突发公共卫生事件的应对和处置人为地割裂开来，一旦两种机制间发生矛盾，不利于公共卫生问题的解决。新冠疫情期间的实践表明，船舶突发公共卫生事件的应对远远超过船舶公司的应对能力范围，甚至可能超出港口国政府的能力范畴。在此背景下，海关如何发挥指导和协调作用，才能确保船舶公司及时有效地应对船舶突发公共卫生事件，是一个有待

① 参见吴宇、陈阳：《质检总局：我国加强国际邮轮公共卫生风险防控》，载中国政府网，http://www.gov.cn/jrzg/2012-10/25/content_2251222.htm。

解决的实践问题。解决这一问题是使该管理办法第31条规定落地的必然要求。

三是现行口岸卫生监管制度注重事后监管，对风险预防和卫生监测的重视程度不够。例如，《国境口岸突发公共卫生事件出入境检验检疫应急处理规定》第3章“应急准备”部分主要围绕制定出入境检验检疫制定应急预案、开展技能培训和应急演练等方面作出规范，即注重应对能力的提升，而对预防的重视不够。此外，该规定第4章“报告与通报”部分仅关注重大、紧急的疫情信息报告，而对疫情常态化防控的关注不够。从风险预防的角度出发，实现疫情防控常态化，需要进一步提高港口口岸卫生监测能力。

2020年10月后，一些国家和地区陆续启动复航计划，以恢复邮轮经济的发展。为保证复航计划顺利进行，欧盟、美国都发布了相关规范指南。例如，欧盟“健康门户”联合行动于2020年2月3日发布了预防和控制COVID－19的建议，描述了如何确保早期发现船上首例COVID－19疑似病例及其密切接触者以及在岸上设施隔离的措施。[①] 美国CDC发布了《禁航令期间减缓邮轮船员感染COVID－19的临时指导意见》，以协助邮轮公司预防、发现和医治COVID－19确诊和疑似病例，确保在恢复邮轮客运业务之前为船员提供健康和安全保护，降低疫情传播的风险。[②] 在目前我国没有更加明确的规范和操作指南的情形下，适当借鉴域外邮轮港口

---

① See EU Healthy Gateways Joint Action Preparedness and Action at Points of Entry, *Interim Advice for Preparedness and Response to Cases of 2019 – nCoV Acute Respiratory Disease at Points of Entry in the European Union（EU）/EEA Member States（MS）Advice for Ship Operators for Preparedness and Response to the Outbreak of 2019 – nCoV Acute Respiratory Disease*（Version 2），Feb. 3，2020.

② See *Interim Guidance for Mitigation of COVID – 19 Among Cruise Ship Crew During the Period of the No Sail Order*, https：//www. cdc. gov/quarantine/cruise/management/interim – guidance – no – sail – order. html, Last accessed on Apr. 3，2022.

口岸卫生监管经验对于提高我国监管和监测能力大有助益。

（二）美国港口口岸卫生监管经验及对我国的借鉴

1. 美国国境卫生检疫法律规制体系

美国作为联邦制国家，根据联邦主义思想建立了联邦和州两个层级的立法体系，联邦法与州法在各自的系统内有效运作。美国《宪法》第1条第8款规定了联邦国会的立法权限，虽然其中并未明确提及公共卫生事项，但该款第1项赋予联邦国会对于税收和公共福利（tax and general welfare）的立法权，第3项赋予联邦国会对于州际贸易（interstate commerce）的立法权，因而美国国会对于公共福利及州际贸易领域的公共卫生事项享有立法权。

根据美国《宪法》第十修正案，各州主要行使保护、维持、促进公众的健康、安全、伦理和公共福利的监督权。因此，除联邦政府外，各州在口岸公共卫生检疫领域扮演着重要的角色。根据美国《宪法》的授权，美国国会制定了诸多涉及公共卫生的法律：1944年《公共卫生服务法》作为联邦层面的公共卫生治理的基础性法律，目前仍然适用。其他法律包括1974年《灾害救助法》，1988年修订为《灾害救助与紧急援助法》（又名“斯塔福德法案”），2000年再次修订为《灾难减除法》，以及1976年《全国紧急状态法》等。2001年“9·11”事件后，美国在公共卫生应急反应机制的法律基础和设计流程方面开展了规模较大的优化升级，先后制定了多部法律，包括2001年《州紧急卫生权示范法》、2002年《公共卫生安全和生物恐怖威胁防止和应急法》、2003年《天花应急处理人员防护法》等。此类法律推动了涉及公共卫生突发事件的一系列联邦法与州地方性法律、法规互相补充和完善，形成了较为成熟的法律文本和制度设计。此类法律和制度也使得美国的公共卫生体系在应对SARS疫情期间表现可圈可点。在这方面，美国法律体系和制度的健全值得我国借鉴。

美国联邦层面涉及口岸公共卫生检疫的规则主要集中于美国法典（U. S. Code）第42编“公共健康与福利”（The Public Health and Welfare）中，其中第6章“公共健康服务”（Public Health Service）第7节“检验检疫”（Part G）部分明确规定了传染病防治措施，包括禁止从特定地方入境及进口，以避免传染病传播；隔离地点、场所及港口；执行官及其他官员的隔离检疫责任；健康证明书；违反隔离检疫法规的处罚以及隔离检疫官遵守行政程序；等等。从保护他人安全的角度出发，联邦法律特别强调对于传染病患者行动迁徙自由的限制，针对传染病患者可以采取逮捕、拘留、检测等强制措施。美国作为实行判例法的国家，除联邦法律外，联邦法院的判例也体现出了为避免他人接触传染性疾病，可以通过检疫限制个人自由，并通过判例（*Gibbons v. Ogden*，*City of New York v. New St. Mark's Baths*）确定了隔离检疫的程序。关于禁止患有传染病的船员登船、船舶饮用水标准、预防艾滋病的抗逆转录病毒的药品配备标准等相关规定，散见于美国法典第46编“航运”（Shipping）中。此外，联邦政府的各个部门，如卫生和福利部及其下属的疾病预防与控制中心、国土安全部及其下属的海关边防署、劳工部及其下属的职业安全与健康署、内政部，以及军方背景的美国海岸警卫队，也通过制定行政法规（regulation），发布行政命令（order）、指南导则（guidance）、政策（policy）、通知（notice）、公告（bulletin）等形式，规定了对于船舶及海上移动平台的卫生和安全的检查、毒品检测、针对传染病采取的隔离措施和报告、工作场所的准备等具体内容。此外，美国法典第19编详细规定了海关的责任（Custom Duties），第46编“航运”第70021章亦规定了船舶进入美国港口的条件。美国农业部以行政法规的形式规定了对进出口动物和动物制品的管制；卫生和福利部、海岸警卫队可要求船舶代表提前至少15天向疾控中心报告船上的生病或身故的船员或旅客的情况。

美国联邦层面最为主要的公共卫生机构是美国卫生和福利部（Department

of Health and Human Services），其下设机构包括作为全国公共卫生工作的领导机构的疾病预防与控制中心（Centers for Disease Control and Prevention）、食品与药物管理局（Food and Drug Administration），以及其他相关从事卫生健康工作的机构。除卫生和福利部外，联邦政府的其他部门也承担健康卫生相关的职责：农业部（Department of Agriculture）负责发布膳食指南、确保食品安全、针对设定和推行有机食物标准的全国项目进行管理；环境保护署（Environmental Protection Agency）负责保护美国国民避免遭受健康和环境的风险；劳工部（Department of Labor）下设的职业安全和健康署（Occupational Safety and Health Administration）负责监督工作场所的安全和健康问题。

上述美国联邦政府机构依据行政法律设立，活动由《公共卫生服务法》授权。至于美国各州和地方层面的公共卫生机构设置则较为复杂，大致可以分为以下四类：一是传统的公共卫生机构，主要负责监管公共卫生和基层医疗，职责主要限于提高或保护社会公众的整体健康状况；二是超级公共卫生机构，负责监管公共卫生、基层医疗、药物滥用和精神卫生领域，管理服务工作由联邦药物滥用治疗与预防整体补助金和社区精神卫生健康服务整体补助金提供资金支持；三是超级卫生机构，负责监管公共卫生、基层医疗体系和州的医疗补助计划；四是综合型机构，负责监管公共卫生、基层医疗、药物滥用、精神卫生、医疗补助计划以及其他的公共事业。此外，美国国土安全部（Department of Homeland Security）及其下属的海关边防署（U. S. Customs and Border Protection）、内政部（Department of Interior）、美国军队所属的海岸警卫队（Coast Guard）也会对港口、海上船只、海上平台的公共卫生安全进行执法、监管。

在州立法的层面，各州对于应对公共卫生事件的法律规定虽然不尽相同，但基本上都制定了与《州紧急卫生权示范法》（The Model State Emergency Health Powers Act）类似的法律，赋予各州政府对抗传染病和生物恐怖主义袭击、采取强制医疗措施的权力。此类规定对于位于该州行政管辖权范围内的海水、海岸、船舶、海上移动平台同样适用。

2. 美国国境卫生检疫监管实践

下文对 CDC 国际邮轮新冠防控发布的各项计划和指南进行介绍，为加强中国港口口岸卫生监管和监测能力提供参考。

首先，CDC 对港口口岸卫生监管设定了一种动态监管模式，此种监管模式的特点在于根据突发公共卫生事件的发展情况确定了不同的监管标准。2020 年 10 月 30 日，CDC 发布邮轮有条件航行令（Conditional Sailing Order，CSO），作为获得或保留在美国水域从事邮轮运营的许可条件，以实现分阶段恢复邮轮客运业务。① 该框架允许邮轮在采取必要预防措施以减轻风险的前提下航行，同时继续禁止未能实施此类预防措施的邮轮航行。此种做法相较于禁航令而言更加灵活，有利于公共卫生管理成熟的邮轮公司提前恢复邮轮客运业务。② 为了避免国际邮轮被拒绝挂靠的普遍情形再次发生，一些邮轮公司根据 CSO 制定了船上健康和安全措施，并按期进行调整。大部分邮轮公司要求船员和乘客在上船前接种疫苗，且乘客和船员的新冠检测结果必须呈阴性。

自 2022 年 1 月 15 日起，CSO 框架的临时延期和修改均已过期，不再有效。随之，CDC 与邮轮公司和其他利益相关者协调后，决定将 CSO 过渡到自愿计划，即建议在美国水域运营的邮轮选择参加“CDC 邮轮新冠疫

---

① See *Framework for Conditional Sailing and Initial Phase COVID – 19 Testing Requirements for Protection of Crew*, https：//www. federalregister. gov/documents/2020/11/04/2020 – 24477/framework – for – conditional – sailing – and – initial – phase – covid – 19 – testing – requirements – for – protection – of, Last accessed on Apr. 3, 2022.

② See *Framework for Conditional Sailing and Initial Phase COVID – 19 Testing Requirements for Protection of Crew*, https：//www. federalregister. gov/documents/2020/11/04/2020 – 24477/framework – for – conditional – sailing – and – initial – phase – covid – 19 – testing – requirements – for – protection – of, Last accessed on Apr. 3, 2022.

情计划”（CDC's COVID－19 Program for Cruise Ships）。[①] CDC 为参与该计划的邮轮建立了调查阈值，将调查阈值作为对邮轮进行调查的依据，并通过设立颜色编码系统，赋予各邮轮不同的颜色状态，为旅客出行提供直观的信息参考。[②] 为监测邮轮卫生情况，CDC 要求各邮轮每天提交“新冠大流行期间增强的数据收集表格”（Enhanced Data Collection During COVID－19 Pandemic Form，简称“EDC 表格”）。[③] 参与该计划的邮轮应当每天提交监测数据，CDC 根据近 7 日的监测数据确定每艘邮轮的颜色状态：绿色状态指该邮轮近期确诊病例数量为 0；黄色状态指该邮轮报告的确诊病例人数低于 CDC 调查阈值；橙色状态指该邮轮报告的确诊病例人数接近 CDC 调查门槛；红色状态指该邮轮报告的确诊病例人数等于或高于 CDC 调查阈值，CDC 即将对其采取公共卫生措施；灰色状态适用于在美国水域运营但未参加该计划的外国籍邮轮，CDC 不承认此类邮轮的卫生规章，无法确定其卫生状态，从而无法确定应当对其采取何种卫生措施。对于红色状态的邮轮，CDC 将从邮轮上获取更多信息，如确诊病例的暴露史、密切接触者的详细信息、船上接种新冠疫苗的旅客比例以及船上的医疗能力等。[④] 对于灰色状态的邮轮，一旦邮轮上暴发新冠疫情，CDC 可能会对其发布禁航令，要求其留在港口，直到疫情得到解决。

其次，CDC 推动邮轮公司和地方政府在船舶公共卫生风险的监管方面达成合作。2022 年 3 月 18 日，CDC 发布了《CDC 针对在美国水域运营邮

① See *CDC COVID－19 Orders for Cruise Ships*, https://www.cdc.gov/quarantine/cruise/covid19－cruiseships.html, Last accessed on Apr. 24, 2022.

② See *Cruise Ship Color Status*, https://www.cdc.gov/quarantine/cruise/cruise－ship－color－status.html, Last accessed on Apr. 24, 2022.

③ See *Technical Instructions for Mitigation of COVID－19 Among Cruise Ship Crew*, https://www.hhs.gov/guidance/document/technical－instructions－mitigation－covid－19－among－cruise－ship－crew－0, Last accessed on Apr. 24, 2022.

④ See *Cruise Ship Color Status*, https://www.cdc.gov/quarantine/cruise/cruise－ship－color－status.html, Last accessed on Apr. 24, 2022.

轮的 COVID – 19 计划下外国籍邮轮运营商与港口和当地卫生当局签订的协议的技术说明》（Technical Instructions for a Foreign – Flagged Cruise Ship Operator's Agreement with Port and Local Health Authorities under CDC's COVID – 19 Program for Cruise Ships Operating in U. S. Waters，以下简称《本地协议的技术说明》）。《本地协议的技术说明》的协议主体为邮轮公司、港务局、港口所在地卫生部门。港务局和当地卫生部门应当明确可以安全下船的最大邮轮数量，以及最大乘客和船员人数。具体而言，各方应考虑允许多艘邮轮运营是否会导致必要医疗用品不足，或压垮当地公共卫生、港务局、医院和其他应急响应人员应对国际邮轮暴发疫情的能力。如果港口所在地的公共卫生资源不足以充分应对暴发疫情的国际邮轮，各方应共同考虑是否需要暂时中止或撤销协议。

美国邮轮港口口岸卫生的监管模式可以从以下三个方面给我国提供经验借鉴。首先，港口口岸卫生监管采取动态的监管模式有利于在保证公共卫生安全的前提下尽快实现邮轮复航，实现国家邮轮经济的复苏。其次，加强船舶公司与当地政府部门之间的合作，对于提高船舶公共卫生风险应对能力、降低境外疫情输入风险而言十分重要。最后，与美国港口口岸卫生的监管模式相比，中国港口口岸卫生监管存在监管灵活性不足和公私合作不足的问题。因而，在防范境外疫情输入风险政策的指导下，中国出入境检验检疫应急指挥体系应当贯彻《突发事件应对法》第 5 条提出的“预防为主、预防与应急相结合”原则，在口岸卫生监管工作中协调好预防与应急的关系。综上，港口口岸卫生监管应当从提高口岸检疫部门对船舶公共卫生情况识别的灵活性，促进船舶公司与港务局、港口所在地卫生部门之间的合作治理，推进船舶公共卫生风险防控常态化三个方面作出改进。

（三）欧盟港口口岸卫生监管经验及对我国的借鉴

欧盟是在包括《欧洲联盟条约》（即《马斯特里赫特条约》）在内的四

项条约的基础之上建成的欧洲共同体。欧盟成员国通过各项条约在欧盟内部加强经济和政治领域内的政府间合作；目前欧盟有 27 个成员国，包括奥地利、比利时、保加利亚、克罗地亚、塞浦路斯、捷克共和国、丹麦、爱沙尼亚、芬兰、法国、德国、希腊、匈牙利、爱尔兰、意大利、拉脱维亚、立陶宛、卢森堡、马耳他、荷兰、波兰、葡萄牙、罗马尼亚、斯洛伐克、斯洛文尼亚、西班牙、瑞典。除上述四项条约对于欧盟成员国具有强制法律效力外，根据《欧洲联盟条约》的授权，欧盟颁布了一系列的欧盟法律，形式包括法规（regulations）、指令（directives）以及决定（decision）等，部分欧盟法律对于成员国具有强制力。一些欧盟机构如欧盟委员会（European Commission）也会针对一些具体事项公布相关指导（guidance）等文件。

根据《欧洲联盟运作条约》，欧盟成员国向欧盟让渡部分权力，从而赋予欧盟在某些领域的事项上，在不同程度上具有制定欧盟法律、颁布欧盟政策的权力。这些事项具体分为“专属权力事项”（exclusive competences）、“共享权力事项”（shared competences）、“辅助权力事项”（supporting competences）和“特别角色事项”（special competences）。欧盟在港口口岸卫生监管领域已有多年专项研究，公共卫生既属于欧盟与各成员国政府的“共享权力事项”，又属于“辅助权力事项”，反映了欧盟与各成员国在公共卫生领域权力划分的复杂性。而外国籍船舶公共卫生风险的复杂性决定了其风险应对中必然涉及其他欧盟权力事项，例如运输便是欧盟的“共享权力事项”之一。

根据《欧洲联盟运作条约》，欧盟成员国向欧盟让渡的部分权力中，包括对公共卫生领域进行统筹协调的权力。欧盟的整个公共卫生体系，包括其中的涉海部分，均是根植于该条约第 168 条的规定，据此欧盟有权通过制定欧盟政策和活动以提高公共卫生、预防疾病和健康威胁以及促进相关领域的科学研究。各成员国签署的欧盟条约，在欧盟范围内具有凌驾于国内法的超级效力，能够直接在欧盟国家内适用。因而，该条约第 168 条的适用不依赖于通过国内法转化。目前欧盟已经通过推动制定卫生产品和服务相关的欧盟法律和标准，以辅助各成员国政府落实欧盟在公共卫生领域的目标。

欧盟现有两个办事机构（agency）在欧洲的公共卫生治理体系中扮演主要角色，即欧洲疾病控制中心（European Centre for Disease Prevention and Control，ECDC）和欧洲药品管理局（European Medicines Agency，EMA），二者都是为辅助各成员国政府推进公共卫生领域工作而专门设立。其中，欧洲疾病控制中心自2004年创立以来主要负责欧盟因经济一体化和成员国边界开放而日渐凸显的公共卫生治理合作以及传染病的预防，在诸如H5N1型禽流感病毒疫情和新冠疫情中起到重要作用。目前，欧盟港口口岸卫生监管主要发展出以下几方面成果。

1. SHIPSAN 系列联合行动

针对海上公共卫生治理存在的各国治理体系、卫生标准存在差异等问题，欧盟在其《2008—2013年健康项目》中引进了专门的财务机制，以确保对于欧盟新增目标的支持，保障相关行动的可持续发展以及各成员国对于相关行动的重视。基于此背景，欧盟自2008年起开展了一系列联合行动（European Joint Action）项目，分别是SHIPSAN（2006—2008年）、SHIPSAN TRAINET（2008—2011年）和EU SHIPSAN ACT（2013—2016年）。这些成果的针对性较强，对于实践中具体规则的制定指导作用明显。

SHIPSAN（2006—2008年）项目通过对于各成员国的海上公共卫生治理开展调查，发现如下问题：一是负责机构及权力划分不尽明确，同一国家内部可能出现多个政府部门和机构（至多达到五个）均有权进行卫生检测工作的情况，且相关部门彼此之间的角色与责任划分并不明确；二是各国公共卫生检疫相关部门之间缺乏有效信息共享和沟通协调的机制；三是卫生检疫的实务操作惯例在不同欧盟国家之间、甚至是同一国家的不同港口之间存在差异明显；四是执行《国际卫生条例》以及船舶卫生证书的颁发存在困难。这些问题同样值得我国引以为戒。

基于 SHIPSAN（2006—2008 年）项目的调研结果，欧盟开启了第二个项目 SHIPSAN TRAINET（2008—2011 年）并开展了相关培训项目，推出了《欧盟客船卫生标准及传染病监测指南》以及网上信息交流系统等。

EU SHIPSAN ACT（2013—2016 年）项目于 2013 年 2 月正式启动至 2016 年结项，项目成果除研究报告外，还涉及建立一体化的卫生检疫项目机制，发布海上运输相关卫生事件处理指南，建立信息共享系统（SIS），加强对船员与港口卫生检疫人员的培训，以及开发针对单个货船的职业病与公共卫生的在线风险评估工具等。

作为一系列的联合行动，上述三个项目是一个整体，而非三个独立的项目。EU SHIPSAN ACT（2013—2016 年）项目的成果是对前两个项目范围的扩大与具体措施的补充，具体体现在以下五个方面：一是船舶类型的扩大，从仅适用于客船扩大至全部类型的船舶；二是目标的扩大，从不包括职业健康考量的传染病控制扩大至全部健康隐患，并提供针对货船的职业病风险评估工具；三是卫生检疫程序的完善；四是培训机制的丰富与细化，尤其是开展符合《国际卫生条约》检疫证书的培训等；五是监测机制的加强，从建立沟通机制到 SHIPSAN 信息系统的使用。

2. EU4Health 计划

针对新冠疫情中暴露出来的公共卫生治理问题，欧盟委员会于 2020 年 5 月 28 日提出了全新的《2021—2027 年健康项目》并将其命名为“EU4Health”。欧盟计划通过该项目全面提高欧盟在公共卫生政策方面推进政策实行及辅助成员国的作用，该项目资金预计是 2014 年至 2020 年资金（约 4.5 亿欧元）的 25 倍。EU4Health 项目的目标是后新冠疫情时期的复苏，其重点在于加强卫生系统的复原力并促进卫生领域的创新。该项目也预期将弥补新冠疫情期间暴露的治理漏洞，为有效应对未来可能出现的重大跨境健康威胁而进一步增强欧盟的准备和有效应对能力。此项计划对于欧盟海上公共卫生治理体系的影响值得持续关注和研究。

3. 欧盟港口口岸卫生监管法律及评价

目前欧盟公共卫生治理体系中没有专门关于港口口岸公共卫生的欧盟法律或者欧盟办事机构，但不可忽视的是，现行欧盟法律中已有基于船员权益保护等立法目的而制定的欧盟法律，相关规定涉及船员工作时间（欧盟指令 Directive 1999/63/EC）、船上医疗（欧盟指令 Directive 92/29/EEC）等方面。此外，在船上食品安全方面，除 SHIPSAN 系列行动确定的标准外，关于食品安全的欧盟法律［Regulation（EC）No. 178/2002］也有所涉及。虽然缺乏体系化的治理框架，但现行欧盟法律确实为港口口岸公共卫生监管提供了一定的法律依据。

值得注意的是，涉及船员权益保护的欧盟法规属于欧盟基于《欧洲联盟运作条约》第 153 条而有权制定欧盟法律的“工作安全和健康”领域，欧盟办事机构（European Agency for Safety and Health at Work，EU－OSHA）负责工作安全和健康领域事务。

4. 新冠疫情期间欧盟及其成员国的应对措施

欧盟国家中有众多具有影响力的航运国家，如希腊、荷兰、德国等；同时也有众多重要港口，如荷兰鹿特丹港、德国汉堡港、比利时安特卫普港等。新冠疫情期间，欧盟各成员国大多采取了自欧盟成立以来最为严格的边境管控措施，直接导致了服务合同到期的船员无法被遣返、船员上岸医疗难以得到保证等问题。值得注意的是，欧盟在此次新冠疫情期间的作用并不理想，其统筹协调的职能与各国政府采取的应对措施之间出现很多摩擦，其背后的法律问题值得关注。

新冠疫情在欧洲大规模暴发后，意大利和西班牙首当其冲，其他欧盟国家也相继颁布了许多应急性的法律。以西班牙为例，自 2020 年 3 月 14 日宣布进入紧急状态后，已颁布超过 250 部法律文件；西班牙同时还采取了一些规范性措施，并对相关法律条文和相关义务进行了增补和暂时性废除，导致部分条文之间存在矛盾，对于实际有效实施法律产生了不利影响。

截至2020年7月，根据国际运输工人联合会的数据，虽然欧盟对于成员国提出了统一和协同的要求，但此类要求只是采用指引、指导等“软法”的形式。因此，欧盟各成员国的国内法和政策在船员换班、短期上岸等方面并无统一的法律。除德国、西班牙外，其他国家大多不允许非欧盟成员国国籍的船员换班，甚至不允许船员短期上岸。

二、提高我国港口口岸公共卫生风险监测能力

（一）监测在应对船舶公共卫生风险中的重要地位

通过上文分析可知，港口国合法行使港口准入权拒绝外国籍船舶挂靠，应当通过风险评估提前确定船舶是否暴发疫情。公共卫生理论认为，可测量性是解决问题的前提，而这种测量往往始于公共卫生监测。公共卫生监测是风险评估的关键工具，即为了防治控制传染病和其他健康问题持续进行系统的收集、分析、解释，并交流健康数据。这一过程包括不断进行系统地收集、分析和解释具体的卫生数据，将这些数据及时传播给负责预防和控制疾病或伤害的人员，并定期评估所传播数据的使用效果。[①] 根据世界卫生组织的定义，监测是指持续系统地搜集、整理和分析数据，并及时传播公共卫生信息，以便在必要时进行评估和应对。[②] 公共卫生监测是风险评估的基础，[③] 港口国评估外国籍船舶的公共卫生风险，需要通过公共卫生监测加以实现。监测的主要作用在于对挂靠或申请挂靠本国水域

① 参见［英］Ross C. Brownson等主编：《循证公共卫生》，余小瑛、袁恒乐主译，人民卫生出版社2019年版，第12页。

② See WHO, *Guidance Document for the State Party Self - Assessment Annual Reporting Tool*, WHO, https://www.score.tools.who.int/fileadmin/uploads/score/Thumbnails/C - thumbs/SPAR_Guidance_document.pdf, Last accessed on Mar.3, 2022.

③ See R.K. Brewster, A. Sundermann, *Lessons Learned for COVID - 19 in the Cruise Ship Industry*, 36 Toxicology & Industrial Health 728 (2020).

的外国籍船舶的公共卫生状态进行观察与记录。实施监测是防范境外疫情输入风险的政策要求，有效的公共卫生监测系统可以建立或加强疾病监测系统及早期预警机制，确保早期报告病例，监测疾病趋势，以便及时发现疫情暴发并作出反应，对于防治传染病暴发和蔓延、保障旅客和船员生命健康、确保港口国公共卫生安全至关重要。①

港口国监测外国籍船舶公共卫生，主要围绕以下五个方面进行：一是评估船上旅客和船员的健康状况，以及可能影响健康状况的因素；二是监测与公共卫生风险相关的事件和趋势；三是规划、实施、监测和评估健康项目和政策；四是整理监测信息和财务信息；五是开展船舶公共卫生风险研究。② 在监测过程中，合理行政原则要求行政主体在应对外国籍船舶公共卫生风险时采取合理措施。一旦不能及时发现外国籍船舶上的传染病，就可能因没有采取合理的卫生措施而导致传染病在外国籍船舶上迅速蔓延，船上大量旅客和船员受到病毒的感染。港口国应当对外国籍船舶的公共卫生情况进行强制性监测，并保障外国籍船舶疫情监测的时效性。为规范港口准入权、贯彻合理行政原则，响应防范境外疫情输入风险和促进邮轮经济发展的政策号召，提高中国港口口岸的监测能力。

（二）《国际卫生条例》对港口国监测能力的要求

根据人类卫生健康共同体理念，港口国应对外国籍船舶公共卫生事件不仅是卫生问题，也是经济问题，更是国家和全球的安全问题。《国际卫生条例》各缔约国一致认为，早期发现和应对疾病可以降低传播率，减轻

---

① See WHO, *Surveillance in Emergencies*, WHO, https://www.who.int/emergencies/surveillance, Last accessed on Mar. 3, 2022.

② 参见［英］Ross C. Brownson 等主编：《循证公共卫生》，余小瑛、袁恒乐主译，人民卫生出版社 2019 年版，第 133 页。

对健康和社会的负面影响。[①] 为了在全球范围内对传染病进行强制性监测、预警及控制，2005 年《国际卫生条例》针对突发公共卫生事件监测作出以下几点重要改变：一是扩大了监测及报告疾病和公共卫生事件的范围，国境检疫疾病由鼠疫、黄热病及霍乱三种传染病扩大为需全球协调应对的突发公共卫生事件；二是在附件 1 中对世界卫生组织各成员国的疾病监测能力及应对能力提出明确要求，以确保《国际卫生条例》的实施；三是规范了可能构成突发公共卫生事件的评估及通报程序，要求世界卫生组织各成员国及时评估突发公共卫生事件，并按规定向世界卫生组织通报，及时核实信息，确保世界卫生组织有权认定某一特定事件是否构成突发公共卫生事件。[②]

规范港口准入权的重点在于提高港口国在《国际卫生条例》框架下的核心能力，尤其是监测能力的要求。《国际卫生条例》第 4 条和第 5 条要求港口国通过国家归口单位进行公共卫生监测，向世界卫生组织和其他国家分享具有国际意义的公共卫生信息。《国际卫生条例》第 6 条要求港口国向世界卫生组织履行报告义务。港口国履行报告义务后，应当继续与世界卫生组织保持沟通，提供与报告事项有关的具体准确的公共卫生信息，必要时应当提出其在应对船舶公共卫生风险时的困难和需求。《国际卫生条例》附件 2 要求缔约国在入境口岸建立监测系统，通过实验检测确认疫情，为公共卫生事件的风险评估和行政决策提供信息，实现传染病暴发的早期预警。此外，港口国还应当按照世界卫生组织的要求，对已通报的潜在公共卫生风险进行核实，提供确认事件状态的信息。港口国向世界卫生组织履行报告和核实义务，有利于世界卫生组织及时向其他缔约国提供信息，确定该事件是否构成“国际关注的突发公共卫生事件”，并向港口国

---

① See *Alert*, *Response*, *and Capacity Building under the International Health Regulations* (*IHR*), WHO, http://www.who.int/ihr/elibrary/en/, Last accessed on Mar. 3, 2022.

② 参见王宇、杨功焕主编：《中国公共卫生·方法卷》，中国协和医科大学出版社 2013 年版，第 190 页。

提供适当的指导、咨询和帮助。

（三）与港口口岸公共卫生风险监测能力相关的评价指标

公共卫生监测作为一种核心能力，是国家公共治理体系的核心构成要素。[①] 公共卫生监测系统包括六项核心内容，即侦查、登记、确认、报告、分析、反馈。[②] 为了指导缔约国发展公共卫生监测等核心能力，世界卫生组织发布了《缔约国自评年度报告（SPAR）工具指导文件》（Guidance Document for the State Party Self – Assessment Annual Reporting Tool），以便缔约国对其应对国际疾病威胁和其他健康风险的能力进行自我评估，并将结果发送给世界卫生组织。根据该指导文件，与公共卫生监测直接相关的核心能力包括实验室、监测、入境口岸三方面的能力。SPAR 工具为这三类核心能力提供了评估指标，如表 2 – 5 所示。

表 2 – 5　与公共卫生监测有关的核心能力类型及评估指标

编号	核心能力类型	评估指标
能力 1	实验室	样本的移交和运送系统
		获得实验室检测能力以应对重点疾病
能力 2	监测	预警功能：基于指标和事件的监测
		事件管理机制（核实、风险评估、分析、调查）
能力 3	入境口岸	指定港口始终存在的核心能力等级要求
		入境口岸有效的公共卫生应对

资料来源：此表由作者根据世界卫生组织发布的《缔约国自评年度报告工具指导文件》制作，载 WHO，https：//apps. who. int/iris/bitstream/handle/10665/272438/WHO – WHE – CPI – 2018. 17 – chi. pdf，最后访问日期：2022 年 3 月 12 日。

---

① 参见郭凤林、顾昕：《国家监测能力的建构与提升——公共卫生危机背景下的反思》，载《公共行政评论》2020 年第 3 期。

② See M. A. Connolly, *Communicable Disease Control in Emergencies: A Field Manual*, WHO, https: //apps. who. int/iris/bitstream/handle/10665/96340/9241546166 _ eng. pdf? sequence = 1, Last accessed on Mar. 3, 2022.

首先，实验室能力作为监测、防范和应对能力的组成部分，是指一国通过国内或合作中心等国际参考机构的实验室对样本进行实验室分析，开展检测、调查和应对。检验检疫人员完成采样后，需将样品送至实验室以获取检测信息。实验室的数据结论是检验检疫执法的依据，也是检验检疫的基础。[①] 在《国际卫生条例》的缔约国中，有62个国家检测能力优秀，76个合格，还有10个国家检测能力较弱。[②] 港口国加强检测和实验室能力建设，有利于保证检测的及时性和结果的可靠性，贯彻合理行政原则的要求。2020年12月30日，中国国家卫生健康委员会发布《医疗机构新型冠状病毒核酸检测工作手册（试行第二版）》，对技术人员、标本采集、标本管理、实验室管理、核酸检测结果反馈等十项实验室能力提出基本要求。具体到外国籍船舶公共卫生风险语境中，实验室能力体现在快速检测、识别船上旅客和船员是否携带某种传染病病毒的能力。提高检测效率，可以加快风险识别进程，减少对旅客和船员权利的侵害。自2010年以来，中国在早期发现潜在传染病暴发和快速检测可疑病例方面取得了较大进展，监测能力显著提升。[③] 目前，中国的实验室监测能力已经能够确保为每一位在中国港口挂靠的外国籍船舶上的旅客和船员提供快速有效的核酸检测服务。

其次，关于中国入境口岸的核心能力，据中国口岸协会统计，全国现

---

① 参见毕玉国等：《染疫船舶实施应急处置的探讨》，载《中国国境卫生检疫杂志》2008年第6期。

② See N. Kandel, S. Chungong, A. Omaar, J. Xing, *Health Security Capacities in the Context of COVID－19 Outbreak: An Analysis of International Health Regulations Annual Report Data From 182 Countries*, 395 The Lancet 1047 (2020).

③ See J. M. Montgomery et al., *Ten Years of Global Disease Detection and Counting: Program Accomplishments and Lessons Learned in Building Global Health Security*, 19 BMC Public Health 510 (2019).

有75个海港口岸，各海港包含多个港区。[①] 2021年，海关总署对全国口岸的公共卫生核心能力进行考核，认定全国在2020年度共有123个水运口岸已经具备《国际卫生条例》框架下的公共卫生核心能力。[②] 在新冠疫情期间，“歌诗达赛琳娜”（Costa Serena）号和“歌诗达威尼斯”（Costa Venezia）号邮轮分别挂靠在我国天津港和蛇口港，在24小时内完成旅客健康检查和检测，高效化解了邮轮疫情危机。

（四）提高我国港口口岸公共卫生风险监测能力的具体路径

我国曾指出：“要把增强早期监测预警能力作为健全公共卫生体系当务之急，完善传染病疫情和突发公共卫生事件监测系统。”现阶段提高我国港口口岸的监测能力，应当着眼于提升搜集、评估疫情信息的能力和效率，同时在监测中提高获得疫情信息的准确性与时效性。

首先，依据《出入境邮轮检疫管理办法》第27条和第28条的规定，如果船舶存在公共卫生风险，邮轮公司或其代理人应当向口岸海关报告。[③] 报告内容主要包括船舶航行路线和途径港口的卫生情况等船舶卫生信息，以及有关船上旅客和船员的身体健康状况的信息。外国籍船舶疫情申报工作通常由船舶代理公司进行，在船舶疫情信息的收集过程中，疫情信息自船方传送至邮轮代理公司，再传递至港口国检验检疫机构，这一做法难以

---

① 参见中国口岸协会网站，http：//www. caop. org. cn/kaifangkouan/yunshufangshi/shuiyunkouan/，最后访问日期：2022年3月3日。

② 参见中华人民共和国海关总署：《关于发布2020年度〈国际卫生条例（2005）〉口岸公共卫生核心能力达标情况的公告》，载中华人民共和国海关总署2021年4月13日，http：//wss. customs. gov. cn/wss/kahxnljs/3788456/index. html。

③ 《出入境邮轮检疫管理办法》第28条规定：“突发公共卫生事件报告内容应当包括：（一）事件的基本情况，包括启运港、靠泊港和沿途寄港、停靠日期、病名或者主要症状、总人数、患病人数、死亡人数等；（二）患病人员的监测日志、医疗记录和调查记录等；（三）邮轮上所采取的应急处置措施及所取得的效果；（四）法律法规要求的其他信息和资料。”

保证信息的传递效果。[①] 相较而言，由检验检疫机构直接与船上医务人员联系，更能保证疫情信息的准确性和时效性。

其次，我国搜集、评估疫情信息应当积极与世界卫生组织和其他国家合作，充分利用全球公共卫生监测网络。一方面，世界卫生组织在船舶公共卫生风险监测中具有特殊地位，因为世界卫生组织享有直接从各国接收和交流信息的权利。在传染病监测方面，世界卫生组织鼓励所有国际社会、非政府组织以及世界各地的政府机构采取行动，快速采集数据，共享公共卫生信息，并公开报告疫情数据和研究结果。此外，世界卫生组织还聚集各国政府和非政府组织，通过了解、量化、共享信息，帮助港口国尽早确定外国籍船舶公共卫生风险，并根据正确的公共卫生信息快速作出反应。[②] 为了有效捕捉到世界各地传染病暴发的苗头，世界卫生组织要求各成员国递交传染病综合监测方面的常规报告。世界卫生组织在2000年4月建立了全球疫情警报和反应网络（Global Outbreak Alert and Response Network，GOARN），根据传染病控制的需求，从多渠道采集公共卫生信息，快速认证、反馈信息，以确保实现对公共卫生风险的全球控制。全球疫情警报和反应网络遵循“国际疫情警报和反应指导原则”，建立了操作协议来规范远程物流、安全和通信，以达到快速动员的目的。110家技术机构与非政府组织之间形成一种技术协作网络，通过大量专家提供技术咨询及技术援助，提倡、扶持、推广由技术专家团体在正式国家渠道之外培养起来的合作习惯。GOARN的目标是与世界卫生组织联合起来，使国际社会能有效使用各方面的公共卫生资源，在应对传染病的威胁

---

① 在一次染疫嫌疑船舶的应急处置事件中，因船舶代理机构向出入境检验检疫局预报船舶信息时申报有误，造成了疫情传播风险。参见于滢泉等：《一艘疟疾染疫嫌疑船舶的应急处置》，载《中国国境卫生检疫杂志》2017年第3期。

② See *Managing the COVID－19 Infodemic*，WHO，https：//www.apps.who.int/iris/rest/bitstreams/1302999/retrieve，Last accessed on Mar.3，2022.

中作出有效反应，减少传染病对国家和全球公共卫生安全的威胁。根据《国际卫生条例》第11条的规定，我国可以充分利用国际合作机制，要求世界卫生组织与中国分享全球疫情警报和反应网络捕获的国际航行船舶及船上人员的卫生和健康信息。

另一方面，很多国家都有法定传染病报告系统。例如，所有开往美国的国际客运运输工具都应当在抵达前24小时向美国检疫局报告船上任何伴有某些发热症状的病例名单。名单上的疾病主要是除急性胃肠炎外可能构成突发公共卫生事件的疾病，如流感、非典、鼠疫等。[①] 又如，"欧盟邮轮卫生标准法"（EU SHIPSAN ACT）是由欧盟委员会根据2008—2013年国家卫生计划资助的欧洲联合行动，负责处理传染病等健康威胁对海上运输的影响，并支持执行2005年《国际卫生条例》，来自24个欧洲国家的33个合作伙伴参加了该行动。[②] "欧盟邮轮卫生标准法信息系统"（EU SHIPSAN ACT Information System，SIS）负责履行以下职能：（1）建立通信网络平台，促进船舶—港口、港口—港口、港口—国家当局的通信网络平台；（2）根据《国际卫生条例》为在欧盟航行的所有类型船舶记录和签发船舶卫生证书的信息系统；（3）建立根据《欧洲客船卫生标准和传染病监测手册》（European Manual for Hygiene Standards and Communicable Disease Surveillance on Passenger Ships）进行检查的数据库。港口国可以通过世界卫生组织法定传染病报告系统获取其他国家的有用信息，提高本国对于外国籍船舶公共卫生风险的监测能力。

最后，提高我国港口口岸的监测能力，还应当利用大数据和人工智能

---

① See Division of Global Migration Health（DGMH），CDC，https：//www.cdc.gov/ncezid/dgmq/focus - areas/quarantine.html? CDC _ AA _ refVal = https%3A%2F%2Fwww.cdc.gov%2Fncezid%2Fdgmq%2Fquarantine - fact - sheet.html，Last accessed on Mar.3，2022.

② See *EU SHIPSAN ACT Information System（SIS）- DEMO Version*，Shipsan，https：//sis.shipsan.eu/，Last accessed on Mar.3，2022.

技术，发挥算法治理在公共卫生领域的重要作用。[①] 具体实现路径为，要求挂靠在本国港口邮轮上的旅客和船员主动填报行程，海事、检疫、海关等主管部门负责检查船舶靠港记录和船舶医疗日志、搜集疫情信息，通过掌握外国籍船舶上旅客和船员的行程和健康情况等方面的信息，实现公共卫生信息的大数据积累。将外国籍船舶的行程轨迹和船上人员的身体健康情况等信息载入机器学习模型后，机器学习模型可以识别和预测外国籍船舶挂靠导致的境外疫情输入概率等重要信息，通过合理算法评估外国籍船舶在中国港口挂靠的安全性。

第五节　构建国际邮轮公共卫生避难准入制度

船舶避难准入是指当船舶遭遇海难等事故、需要援助时，请求进入附近港口或其他地方避难，港口国根据实际情况判断是否同意为该遇难船舶提供避难地（places of refuge）。[②] 现行国际公约中没有直接规定港口国有义务给予遇难船舶避难准入，涉及船舶避难准入问题的法律文本主要包括《海洋法公约》和1969年《国际干预公海油污事故公约》，国际法关于船舶避难准入制度的基本框架由国际海事组织关于避难地的指导性建议[③]、1989年《国际救助公约》（International Convention on Salvage，1989）和

---

① 参见唐林垚：《公共卫生领域算法治理的实现途径及法律保障》，载《法学评论》2021年第3期。

② 参见郭萍、吴胤槟：《遇难船避难准入制度的沿革及对我国的启示》，载教育部人文社会科学重点研究基地、武汉大学国际法研究所主办：《武大国际法评论》第19卷·第1期，武汉大学出版社2016年版。

③ See IMO, *Guidelines on Places of Refuge for Ships in Need of Assistance*, Resolution A.949 (23), IMO, https://wwwcdn.imo.org/localresources/en/KnowledgeCentre/IndexofIMOResolutions/AssemblyDocuments/A.949 (23).pdf, Last accessed on Mar. 12, 2022; see also IMO: *Maritime Assistance Services*, Resolution A.950 (23), IMO, https://wwwcdn.imo.org/localresources/en/KnowledgeCentre/IndexofIMOResolutions/AssemblyDocuments/A.950 (23).pdf, Last accessed on Mar. 12, 2022.

2002 年欧盟《船舶航行监测指令》及其 2009 年修改建议（the European Union vessel traffic monitoring and information system, Directive 2002/59/EC as amended by Directive 2009/17/EC）共同构成。这些文件都是在 1999 年 "Erika" 号油轮溢油事故、2001 年 "Castor" 号油轮溢油事故以及 2002 年 "Prestige" 号油轮溢油事故的基础上产生的。2009 年 4 月，国际海事委员会（Committee Maritime International, CMI）向国际海事组织法律委员会提交关于避难地的报告中也指出，"需要帮助的船舶"（ship in need of assistance）是指可能失去船舶或货物或导致环境或航行危害的船舶。

国际邮轮较货轮等其他类型船舶不同，邮轮上载有众多旅客，且船员数量也较其他类型船舶更多。一旦国际邮轮无法停靠，可能引发严重的人权受侵害问题。新冠疫情暴发造成全球范围内国际邮轮无法停靠，大量旅客因此被困于海上并遭遇生命危险。因此，有必要讨论国际邮轮公共卫生避难准入制度的构建，包括该制度构建的必要性与可行性。国际邮轮公共卫生避难准入制度专门用于解决国际邮轮存在公共卫生风险情形的邮轮挂靠问题。针对这一比较新颖的问题，国际法理论中尚且没有较为成熟的观点。本节内容作为一个新的尝试，首先从理论层面分析构建国际邮轮公共卫生避难准入制度的必要性，以及国际邮轮因遭遇公共卫生风险进入一国港口具有正当性，其次从实践层面探讨国际邮轮遇险的特殊性及其认定问题，并提出港口国给予国际邮轮公共卫生避难准入的条件。

一、构建国际邮轮公共卫生避难准入制度的必要性

现行国际法规则关于船舶公共卫生治理的重点在于分配船旗国和港口国的管辖权，但对于人权的保护不够重视。[①] 通常情况下，一旦船舶遭遇

---

① 参见吴蔚：《国际法规则的"邮轮困境"与人类卫生健康共同体建设》，载《亚太安全与海洋研究》2020 年第 4 期。

紧急情况，船长可以作出反应并决定采取何种措施以保障国际邮轮上旅客和船员的生命安全。但在新冠疫情期间，一些港口国宣布关闭港口，以至于频繁出现国际邮轮，尤其是暴发疫情的国际邮轮被港口国拒绝挂靠，甚至滞留在海上的现象（见表2-6）。还有一些国际邮轮为了寻找可供停靠的港口，不得不更改或取消原先预定的行程。

表2-6 全球范围内受新冠疫情影响的国际邮轮靠港被拒事件

序号	邮轮	所属公司	停靠港所在国家或地区	出现状况
1	“威士特丹”（Westerdam）	荷美邮轮	菲律宾、中国台湾、日本、韩国、关岛、泰国	申请挂靠被拒
2	“地中海传奇”（MSC Meraviglia）	地中海邮轮	牙买加、开曼群岛、墨西哥	申请挂靠被拒
3	“太阳公主”（Sun Princess）	公主邮轮	留尼旺岛、马达加斯加	申请挂靠被拒
4	“炫目”（Costa Luminosa）	歌诗达邮轮	牙买加	申请挂靠被拒
5	“辉宏”（Costa Favolosa）	歌诗达邮轮	维尔京群岛	申请挂靠被拒
6	“海洋航行者”（Marine Voyager）	皇家加勒比国际游轮	瓦努阿图、阿喀里多尼亚	申请挂靠被拒
7	“绯红女巫”（Scarlet Lady）	维珍邮轮	纽约	申请挂靠被拒
8	“抒情”（MSC Lirica）	地中海邮轮	印度芒格洛尔港	申请挂靠被拒
9	“海洋奥德赛”（Odyssey of the Seas）	皇家加勒比国际游轮	荷属库拉索和荷属阿鲁巴	申请挂靠被拒
10	“康宁斯丹”（Koningsdam）	荷美邮轮	墨西哥	申请挂靠被拒

资料来源：此表由作者根据文献和网络资料整理获得。参见汪泓主编：《中国邮轮产业发展报告（2020）》，社会科学文献出版社2020年版，第91页。

以荷兰籍“赞丹”号邮轮为例，该邮轮于2020年3月7日从阿根廷布宜诺斯艾利斯启程，原定于3月21日结束在智利的航行。当时，船上共载有1243名旅客和586名船员，其中许多人是老年人，船上人员希望在智利蓬塔阿雷纳斯（Punta Arenas）下船，但遭遇拒绝。随后，由于该邮轮上有数十人出现感染症状，该邮轮接连被若干拉丁美洲国家拒绝进入港口，并被拒绝通过巴拿马运河。3月28日，一部分没有感染病毒的健康旅客被转移到该邮轮的姐妹船“鹿特丹”号邮轮上，其他人则继续留在船上，等待船舶通过巴拿马运河。这两艘邮轮希望通过巴拿马运河前往佛罗里达州，并获得停靠许可。3月28日当晚，巴拿马政府表示出于“人道主义原因”推翻之前阻止他们通过运河的决定，船舶最终在3月29日通过巴拿马运河。[①] 在此期间，船上旅客和船员的健康状况恶化。截至3月30日早上，“赞丹”号邮轮上有76名旅客和117名船员出现感染症状，其中8人核酸检测呈阳性。运营该邮轮的荷兰美国邮轮公司（Holland America Cruise Lines）总裁奥兰多·阿什福德（Orlando Ashford）在3月30日表示，除非各国现在加紧行动，允许救援，否则会使“生命处于危险之中”。当日，佛罗里达州州长罗恩·德桑蒂斯（Ron DeSantis）回应道，船上的许多人都不是佛罗里达人，[②] 他不希望看到非佛罗里达人被“扔”到佛罗里达州南部，占用当地医院目前剩余的33%的床位，耗用当地宝贵的医疗资源。[③]

---

① See Diane Taylor, Kate Proctor, Dan Collyns, *Britons on Virus – Hit Ship Wait for Panama Canal Green Light*, Guardian, https://www.theguardian.com/world/2020/mar/29/britons-on-virus-hit-ship-wait-for-panama-canal-green-light, Last accessed on Mar. 3, 2022.

② 据统计，“赞丹”号邮轮上有304名美国籍旅客，228名英国籍旅客和116名籍澳大利亚旅客。See Patrick Greenfield, Erin McCormick, *Cruise Operator Says Lives Are At Risk on Zaandam As Nations "Turn Their Backs" on Ship*, Guardian, https://www.theguardian.com/world/2020/mar/31/cruise-ship-chief-zaandam-and-rotterdam-passengers-left-to-fend-for-themselves-covid-19-crisis, Last accessed on Mar. 3, 2022.

③ See Patrick Greenfield, Erin McCormick, Florida governor, *Sick Passengers on Cruise Ship Cannot be "Dumped" Here*, https://www.theguardian.com/world/2020/mar/30/florida-governor-ron-desantis-cruise-ship-coronavirus-zaandam, Last accessed on Mar. 3, 2022.

在此情况下，港口国为了维护本国公共利益造成对个人权利的过度侵害，不符合国际人权保护原则和合理行政原则的要求。

疫情期间，一些港口国明确禁止任何外国籍国际邮轮挂靠，并建议这些国际邮轮向它们的船旗国的寻求援助。2020 年 3 月，美国海岸警卫队告知附近水域悬挂外国国旗的国际邮轮，做好无限期滞留在海上的准备，或寻求美国以外的国家的帮助。理由在于，当地医疗保健系统正不堪重负，如果一艘国际邮轮不得不将船上人员安排上岸接受医疗护理，一切都由船舶所有人自行负责，包括从安排疏散到雇用私人救护车，并确保为患者安排医院的床位。[①] 但是，海岸警卫队发布的公告还表示，由于医院容量有限，佛罗里达州、波多黎各、佐治亚州和南卡罗来纳州等地可能很难找到任何可以接收新冠感染者的设施。上述要求适用于任何运载超过 50 人的船舶。该公告还特别列出了在巴哈马群岛注册的邮轮，嘉年华和皇家加勒比等许多大型邮轮公司的船舶都在该地注册。

在拒绝外国籍邮轮在本国港口挂靠的同时，一些港口国同意本国籍邮轮进入港口。例如，载有 1 位新冠确诊病例的意大利籍“科斯塔·维多利亚”（Costa Victoria）号邮轮和载有 36 位确诊病例的意大利籍“科斯塔·鲁米诺萨”（Costa Luminosa）号邮轮于 2020 年 3 月驶向意大利，并在意大利医疗保健系统已经因新冠疫情而超负荷运转的情形下被当地接受挂靠，原因在于她们是悬挂意大利国旗的船舶。[②] 本章第一节对于国际邮轮进入一国领海后港口国和船旗国之间的管辖冲突问题进行了分析。尤其对

---

① See Coast Bill Chappell, *Guard Tells Cruise Ships with COVID – 19 Cases to Stay Away from U. S. Ports*, NPR (Apr. 1, 2020), https://www.npr.org/sections/coronavirus – live – updates/2020/04/01/825205607/coast – guard – tells – cruise – ships – with – covid – 19 – cases – to – stay – away – from – u – s – ports.

② See The Maritime Executive Staff, *Two Costa Cruise Ships With COVID – 19 Cases Head for Italy*, The Maritime Executive, https://www.maritime – executive.com/article/two – costa – cruise – ships – with – covid – 19 – cases – head – for – italy, Last accessed on Mar. 3, 2022.

于方便旗船舶而言，船旗国的监管能力弱、监管意愿低。然而，方便旗现象在邮轮旅游行业非常普遍，巴拿马和巴哈马是全球邮轮业中比较受欢迎的注册地。实践中，被拒绝挂靠的国际邮轮大部分都悬挂方便旗。

通过上述国际邮轮在疫情期间挂靠的实际情况可知，邮轮旅游行业普遍存在的方便旗现象仍会导致今后继续出现国际邮轮被港口国拒绝挂靠的问题。构建国际邮轮公共卫生避难准入制度可以解决因邮轮无法挂靠导致旅客和船员无法下船、健康旅客和感染病毒的旅客在船上无法彻底隔离的问题，在全球范围内有效降低国际邮轮上旅客和船员的死亡率。基于此，应当根据人类卫生健康共同体理念和国际人权保护原则，设想构建国际邮轮公共卫生避难准入制度，解决疫情期间国际邮轮滞留在海上无法挂靠的问题，并在保护船上人员生命安全与保护港口国公共卫生安全的两难处境中找到平衡点。

二、国际邮轮公共卫生避难的正当性

（一）符合国际人权保护原则

根据国家主权原则，进入一国领海的外国籍船舶受港口国管辖，应当遵守港口国的法律法规。然而，港口国行使港口准入权存在两项例外：一是如果来访船舶是外国政府船舶，可能会出现主权或外交豁免权的问题。二是如果船舶不是自愿进港，而是由于紧急情况或天气原因而不得不进港，国际习惯法可能会对港口国的港口准入权有所限制。[①] 有国家在判例中践行了这一观点，1853 年的克里奥尔案承认了船舶享有进出港口国的权利："正在航行的'克里奥尔'（Creole）号船舶受到美国法律和国

① See T. L. McDorman, *Regional Port State Control Agreements: Some Issues of International Law*, 5 Ocean and Coastal Law Journal 207 (2000).

际法的管辖和保护，她在海洋中自由航行的权利不容置疑。作为自由航行权的延申，她有权在遇险或任何不可避免的必要情况下寻求庇护或进入友好国家的港口。”[①] 国际邮轮因船上暴发疫情而进入一国港口应当被认定为非自愿进入他国港口的情形，此时港口国行使港口准入权应当受到限制。

2022 年 3 月 1 日，具有里程碑意义的《日内瓦海上人权宣言》发布。为了保护所有生活在海上、在海上工作和穿越海洋的人的人权，该宣言提出海上人权保护应当遵循四个基本原则：一是人权具有普适性，人权适用于海上，且与陆上适用人权并无二致；二是所有海上人员都有权享有其人权，不加区别，一视同仁；三是无任何明确海事原因可否认海上人权；四是在海上，必须尊重依据条约法和国际惯例法确立的所有人权。在海洋上发生的侵犯人权事件的典型表现有：人权暴力犯罪及对生命和安全的威胁，性动机犯罪，渔业中的奴工和劳役，违反海上劳工权利，对海员和海事工作者福利的威胁，被遗弃海员、儿童的权利，不规范混合移民和人口贩卖等。国际邮轮的大型化和全球性突发公共卫生事件暴发的结合共同促成了海上人权保护的新议题，即暴发疫情的国际邮轮上旅客和船员的人权保护问题。

对于国际邮轮而言，海上人命安全是船舶航行应当关注的重要因素。然而，2001 年“坦帕”（Pesant）案表明，各国对于港口国是否具有救助海上人命的义务存在过争议。“坦帕”号是一艘挪威货轮，有 400 多名难

---

① *Commission Established Under the Convention Concluded between the United States of America and Great Britain on 8 February 1853 Case of The Enterprise v. Great Britain*, *Opinions of The Commissioners and Decision of The Umpire*, *Mr. Bates*, *Dated 23 December 1854*; *Case of The Hermosa v. Great Britain*, *Decision of The Umpire*, *Mr. Bates*; *And Case of The Creole v. Great Britain*, *Decision of The Umpire*, *Mr. Bate*, Reports of International Arbitral Awards, Dec. 23, 1854, XXIX, p. 26 –53.

民在澳大利亚协调的救援行动中登船。当时，澳大利亚政府命令船长拒绝接受这些难民。船长拒绝服从这一命令，导致澳大利亚军队登船。[①] 受这一事件影响，《海上人命安全公约》在2004年作出了修正。[②] 该公约第33条第1款第2项确定了对确保获救人员上岸负有主要责任的国家，即对援助活动所在的搜救区域负有责任的缔约国政府应当准许被救援的幸存者从救援船上岸，并把他们送至安全地点。[③] 修正后的《海上人命安全公约》体现了国际社会的人道主义关怀，符合国际人权保护原则的要求。面对外国籍船舶公共卫生风险，港口国面临优先保障本国境内公民健康还是优先保障航运畅通的选择。根据国家主权原则，各港口国有权自行选择，即港口国有权拒绝外国籍船舶进入其水域或从其水域撤离，以避免可能发生的健康风险。但是，一旦外国籍船舶上有遇险人员等待救助，港口国的前述选择权应当受限。[④] 港口国在处理本国领土内的公共卫生问题时，应当为其领海上暴发疫情的国际邮轮提供援助，这也正是国际邮轮为避险进入一国港口的正当理由。

（二）符合防范境外疫情输入风险政策

建立国际邮轮公共卫生避难准入制度有利于促进港口国邮轮疫情防控

---

① See A. Choquet, A. Sam – Lefebvre, *Ports Closed to Cruise Ships in the Context of COVID – 19: What Choices Are There for Coastal States?*, 86 Annals of Tourism Research, 2021.

② 2009年《海上人命安全公约》第33条第1款第2项规定，“缔约国政府应协调合作，确保对提供援助让海上遇险人员上船的船舶的船长免除其义务，让其在此后以最低程度偏离船舶原定航线，但对船长免除本条规定的义务不得进一步危及海上人命安全”。

③ 根据国际海事组织第2004年MSC. 167（78）号关于海上获救人员待遇的指令，安全地点（a place of safety）“是救援行动被视为终止的地点。这也是一个幸存者的生命安全不再受到威胁，以及他们在食物、住所和医疗等方面的基本需求可以得到满足的地方。此外，这是一个可以为幸存者的下一个或最终目的地安排交通的地方”。See *Guidelines on The Treatment of Persons Rescued at Sea*, Reports of IMO Resolution MSC. 167（78）, Mar. 3rd, 2022.

④ See A. Choquet, A. Sam – Lefebvre, *Ports Closed to Cruise Ships in the Context of COVID – 19: What Choices Are There for Coastal States?*, 86 Annals of Tourism Research, 2021.

体系的完善，建立邮轮公共卫生风险防控的长效机制。国家健康风险的防范能力与本国城市规划直接相关，[①] 避难地可将城市规划与本国疫情防控体系建设进行有机结合，降低疫情境外输入风险。疫情期间，港口国需要对境内邮轮的处置方案进行决策。考虑到便利国际交通的要求，港口国的决策时间十分有限。这一限制可能导致决策工作的失误和卫生措施的疏忽，如新冠疫情期间，一些港口国政府在处置染疫邮轮时，许可未接受健康检查的旅客下船，导致严重后果。[②] 若将邮轮安置于避难地，港口国政府便有充分时间对邮轮疫情处置方案进行决策，并采取尽可能周全的卫生措施，从而将邮轮疫情对国内公共卫生安全的影响维持在可控范围内，符合合理行政原则的要求。

建立国际邮轮公共卫生避难准入制度的另一个好处是，将染疫邮轮安排在避难地可以减少对国际交通造成的干扰。港口码头容量有限，港口国采取卫生措施时，邮轮长时间占用泊位会造成港口拥挤，也不符合便利国际交通原则。[③]

---

① 参见世界卫生组织:《从流感和非典事件中汲取的社会科学启迪》，载世界卫生组织网，https://opendocs. ids. ac. uk/opendocs/bitstream/handle/20. 500. 12413/14326/Chinese _ Social _ Science _ Lessons _ Learned _ Influenza _ summary. zh. pdf? sequence =133&isAllowed =y，最后访问日期:2022 年 3 月 3 日。

② 新冠疫情期间，挂靠在澳大利亚悉尼港的“红宝石公主”号超 600 人感染新冠，由此导致的关联病例约占澳大利亚确诊人数总量的 10%。

③ 在美国，如果国际港口拒绝邮轮进入时，旅客会被带入安全港（safe harbour）。See *To Reduce Risks Under COVID –19 Emergency US Coast Guard Oversees Disembarkation of 250, 000 from Cruise Ships Medevac'd 31*, Harbour Master, https://www. harbourmaster. org/News/reduce – risks – under – covid – 19 – emergency – us – coast – guard – oversees – disembarkation – 250000 – cruise, Last accessed on Mar. 3, 2022. 瑞典规定了 8 个检疫港（quarantine port），检疫港有义务接受疑似暴发传染病的船舶，但可实施限制人员上下船的措施。See *COVID – 19 Related Actions and Measures – Information from the Swedish Transport Agency As Regards Shipping*, Swedish Transport Agency, https://www. transportstyrelsen. se/globalassets/global/nyhetsarkiv/sjofart/sta – guidance – letter – covid – 19. pdf, Last accessed on Mar. 3, 2022.

三、国际邮轮遇险的特殊性及其认定

（一）国际邮轮遇险的特殊性

国际邮轮上的医疗设施有限，并且很难实现感染者和未感染者之间的有效隔离。一旦国际邮轮暴发疫情，会导致船上旅客和船员的生命健康安全遭受严重威胁。国际邮轮因暴发疫情进入遇险状态与传统避难制度中的船舶遇险存在以下三方面的区别。

首先，对于传统意义上的船舶遇险，救助船上人员和允许船舶进入港口之间并不存在必然联系，而国际邮轮获得救助与允许船舶挂靠之间存在密切联系。

《搜救公约》中对"遇险"的概念作出了解释，[①] 即遇险通常是指明显威胁船上人员安全的情况，或对船舶、货物或船员造成损失的危险。但是，港口国接受遇险船舶挂靠的义务随着时间的推移而演变，在某些意义上已经失去了明确性。"预防原则"（precautionary principle）作为引导国家在有效实现条约目的的谈判过程中进行国际合作的一项原则，就如何协调国家间相互对立的利益与国际社会整体利益明确了一个标准，即"考虑到有可能发生一些不可能恢复的严重后果，因此就不能以缺乏科学性证据为借口不采取预防措施"[②]。在传统避难制度中，根据风险预防原则，港口国有权拒绝可能污染当地环境或危害社区公共卫生的船舶入境。以往遇险船舶因排放污染物被港口拒绝入境的实践做法，导致遇险船舶进入港口避难的权利和港口国接受遇险船舶挂靠的义务遭受质疑。不仅如此，有观点

---

① 《搜救公约》第 1.3 条第 11 款规定，遇险阶段是指有理由确信船舶或人员有严重和紧急危险而需要立即救援的情况。

② 参见［日］小寺彰、岩泽雄司、森田章夫编：《国际法讲义》，梁云祥译，南京大学出版社 2021 年版，第 31 页。

认为，在现代科技条件下，可通过直升机等先进救援手段对人命进行单独救助，因而人命救助与船舶入港相分离，传统船舶避难权的性质已经发生变化。[①] 港口国拒绝可能污染海洋环境的遇险船舶进入本国港口避难，原因在于对船员进行救助和允许船舶挂靠之间可以进行区分，船员可以在不将船舶驶入港口的情况下获得救助。[②]《海上人命安全公约》和《搜救公约》明确要求港口国为保障海上人命安全向遇险船舶提供救助，但这些公约并不要求港口国提供避难地。可见，港口国提供救助与提供避难地之间存在区别，即便认为港口国有义务为国际邮轮上的旅客提供救助，也没有义务安排避难地。

但是，对于国际邮轮而言，船上通常搭载数百甚至数千名乘客及船员。在流行病高传染率与邮轮大型化的结合下，染疫旅客多则可达数百甚至更多人，直升机难以完成旅客的批量救援任务。尤其是在大量船员被感染的情况下，采用直升机对船员进行单独救援，而将旅客滞留在港外邮轮的做法不切实际。因而，在国际邮轮存在公共卫生风险的情况下，港口国给予邮轮避难准入对于保障旅客生命安全举足轻重，邮轮入港与人命救助不可分离。正是因为无法将向乘客和船员提供救助与允许船舶挂靠割裂，建立国际邮轮公共卫生避难准入制度才成为救治涉疫邮轮上旅客和船员的最后一根“救命稻草”。

其次，现有关于避难地的讨论主要涉及对港口国海洋环境的污染问题，并不涉及人命安全。允许暴发疫情的国际邮轮在本国港口挂靠，可能导致疫情境外输入，威胁港口所在地居民的生命健康。船舶避难准入制度

① 参见李天生、韩立新：《国际法体系下我国对污染遇难船的避难准入问题》，载《法学杂志》2009年第12期。

② See A. Chircop, *The Customary Law of Refuge for Ships in Distress*, in Aldo E. Chircop & O. Linden eds., Places of Refuge for Ships: Emerging Environmental Concerns of a Maritime Custom, Martinus Nijhoff, 2006, p. 226.

不涉及人命安全，主要是出于“如果仅仅涉及遇难船舶人员安全，沿海国一般会倾情相助，提供避难地”的认识。[①] 但是，实践表明，面对新冠疫情这样的全球大流行级别的传染性疾病，一些港口国为防范境外疫情输入风险，不再愿意慷慨相助，即前述认识在实践中已经发生变化。

最后，事故发生时间和溢油损害后果超出人类主观能动性的控制范围，港口国无法进行预判和预防，只能事后补救。相较而言，船舶暴发公共卫生事件更具有可预测性。

港口国在无法预知损害后果的情况下，拒绝给予污染遇难船舶避难准入实乃人之常情。然而，在公共卫生安全治理方面，《世界卫生条例》的缔约国中有 104 个国家基本具备预防、发现和控制新型传染病暴发的能力。[②] 可见，对于《世界卫生条例》框架下的国际卫生港口而言，国际邮轮公共卫生风险可控程度较污染遇难船舶更高。如此一来，传统避难准入制度的主要矛盾便不复存在。

（二）港口国对于国际邮轮遇险状态的认定

以上三方面差异使人们无法确定国际习惯法中的避难准入制度是否适用于国际邮轮存在公共卫生风险这一新的情况。由于疫情暴发没有明确的遇险阈值，港口国在决定是否允许国际邮轮进港时享有很大的自由裁量权。从人道主义角度来看，港口国应当允许暴发疫情的国际邮轮进入其港口并挂靠，而不是要求其前往其他港口国。

---

① 参见郭萍、吴胤桢：《遇难船避难准入制度的沿革及对我国的启示》，载教育部人文社会科学重点研究基地、武汉大学国际法研究所主办：《武大国际法评论》第 19 卷 · 第 1 期，武汉大学出版社 2016 年版。

② See N. Kandel, S. Chungong, A. Omaar, *Health Security Capacities in the Context of COVID－19 Outbreak: An Analysis of International Health Regulations Annual Report Data From 182 Countries*, 395 The Lancet 1047 (2020).

但是，考虑到病毒可能通过国际邮轮传播到本国境内，危害本国的公共卫生安全，港口国可能会将船只保持在较高的遇险阈值，以此作为自我保护的手段。港口国通常也有充分的理由将遇险的阈值设定在一个很高的标准，例如有观点认为，触发港口国救援义务的船舶遇险状态是指船舶正在下沉，而不是出现故障。[①] 但是不管动机如何，任何将暴发新冠疫情的国际邮轮排除在遇险范围外的解释似乎都违背了避难准入制度的精神。[②] 在国际邮轮存在公共卫生风险的情形中，一旦船员因感染病毒或其他原因无法履行职责导致船舶无法维持适航性，应当确定国际邮轮进入遇险状态。具体而言，国际邮轮因疫情暴发进入遇险状态通常是指船员患病，以致无法满足船舶运行的最低船员要求，危及船舶整体安全的情况。在遇险情况得到缓解之前，邮轮不宜继续在海上航行。[③] 如果将可能导致溢油污染的遇难船舶认为是阻碍避难准入制度理论发展的"吊车尾"，国际邮轮公共卫生避难准入应为指导该理论前进的"领头羊"。

四、构建国际邮轮公共卫生避难准入制度的理论困境与突破

（一）"保护的责任"理论及其运用的可能性

"冷战"结束后，一些国家和地区的内部矛盾开始显现，卢旺达、索马里、前南斯拉夫境内出现大规模屠杀。尤其是1999年科索沃事件后，人道主义干预问题凸显，西方国家所倡导的人道主义干预难以在国际社会层面达成共识。面对国际社会严峻的人道主义危机，联合国前秘书长安南呼

---

① See A. Schloenhardt, C. Craig, "*Turning Back the Boats*": *Australia's Interdiction of Irregular Migrants at Sea*, 27 International Journal of Refugee Law 536 (2015).

② See A. Tirrell, E. Mendenhall, *Cruise Ships*, *COVID – 19*, *and Port/Flag State Obligations*, 52 Ocean Development & International Law 225 (2021).

③ See N. Klein, *International Law Perspectives on Cruise Ships and COVID – 19*, 11 Journal of International Humanitarian Legal Studies 282 (2020).

吁国际社会采取措施进行人道主义干预。西方国家借此推行人权外交，将“人道主义干预”作为干预他国内政的依据。21 世纪初，国际法逐渐渗入国内事务，人权问题进一步受到国际社会关注，“保护的责任”（Responsible to Protect）理论由此诞生。“保护的责任”是指国家有责任保护本国国民免于遭受可避免的大规模屠杀、强奸、饥饿等灾难，如果该国没有能力或者不愿意履行此种责任，应当由国际社会作为代替，从预防、反应、重建三个方面保护、援助处在危险中的人民。[①] 截至目前，暂无国际公约对“保护的责任”作出专门性规定，但相关国际法律文件已有十余个。

通说认为，首个相关国际法律文件是加拿大“干预和国家主权国际委员会”（International Commission on Intervention and State Sovereignty，ICISS）在 2001 年 12 月发布的《保护的责任：来自干预和国家主权委员会报告》（简称《保护的责任》报告），该报告提出“保护的责任”理论：如果该国家不愿意或者没有能力承担保护责任，则由国际社会对其国民提供保护。[②] 据此，“保护的责任”由两个维度构成：一方面，主权国家应提升其保护本国国民人权的意愿及能力；另一方面，国际社会中的其他行为体也可通过适当的方式介入一国人权保护问题。

文件二是时任联合国秘书长安南任命的“威胁、挑战和改革问题高级别小组”于 2004 年 12 月向第 59 届联合国大会提交的《一个更安全的世界：我们的共同责任》（A More Secure World – Our Shared Responsibility）报告。该报告认为，一方面，国家主权的概念“显然含有国家保护其人民福祉之义务，以及向国际社会履行义务之义务”；另一方面，“保护公民免受人道灾难的涂炭被明确界定为各国政府应尽之责任，如当事国无力或不

---

① 参见何志鹏：《保护的责任：法治黎明还是暴政重现?》，载《当代法学》2013 年第 1 期。

② See *The Responsibility to Protect*, GSDRC, https://gsdrc.org/topic-guides/international-legal-frameworks-for-humanitarian-action/challenges/the-responsibility-to-protect/, Last accessed on Mar. 3, 2022.

愿履行，则经由联合国安理会授权，国际社会得采取集体保护反应”。

文件三是安南于 2005 年 5 月，在第 59 届联合国大会上发布的《大自由：实现人人共享的发展、安全与人权》（In Large Freedom ：Towards Development，Security and Human Rights for all）报告。该报告重申了主权国家所具有的保护公民权利、使其免受暴力和侵略危害的责任，以及联合国在实施“保护的责任”过程中所负的责任。

文件四是第 60 届联合国大会于 2005 年 9 月以第 60/1 号决议的形式通过的《2005 年世界首脑会议成果》（World Summit 2005）。该文件指出，如果国家当局无法保护其人民免遭灭绝种族、战争罪、族裔清洗和危害人类罪之害，则由国际社会承担此项责任。此内容基本认可了“保护的责任”理论，为国际社会履行国际援助和及时果断反应的责任提供依据，同时也对“保护的责任”的实施范围作出限定。

文件五是时任联合国秘书长潘基文于 2009 年在第 63 届联合国大会上所作的《履行保护的责任》（Implementing the Responsibility to Protect）报告。作为潘基文发布的首个明确以“保护的责任”为主题的报告，该报告提出了“保护的责任”的“三大支柱”，即“国家保护的责任”“国际援助和能力建设”“及时果断的反应”。这“三大支柱”与“保护的责任”中的预防、重建、保护责任逐一对应。该报告认为应当通过明确“保护的责任”实施的具体程序、标准和限度等内容，将保护的责任的构想付诸实际，同时防止“保护的责任”理论被曲解或滥用。

文件六是潘基文于 2010 年作出的《预警、评估及保护的责任》（Early Warning，Assessment and the Responsibility to Protect）报告。该报告重点提到了如何使联合国建立起对危机的预警、评估及反应的能力，阐释了国际社会承担“保护的责任”的具体途径。

文件七是潘基文于 2011 年作出的《区域和次区域安排对履行保护的责任的作用》（The Role of Regional and Subregional Arrangements in

Implementing the Responsibility to Protect）的报告。该报告侧重关注区域和次区域组织的重大作用，认为全球及区域之间的充分合作对“保护的责任”的实施极其重要。

文件八是潘基文于2012年所做的《保护的责任：及时果断的反应》（Responsibility to Protect：Timely and Decisive Response）报告。该报告对“保护的责任”的第三个支柱的各方面进行了评估，并探讨了具体的实施战略，包括如何利用《联合国宪章》及伙伴关系进行负责任的保护。

文件九是潘基文于2013年7月发表的《保护的责任问题：国家责任与预防》（Responsibility to Protect：State Responsibility and Prevention）报告。作为潘基文发表的以“保护的责任”为主题的第五篇专题报告，该报告重申了“各国有责任保护其人民免遭灭绝种族、战争罪、族裔清洗和危害人类罪及其煽动活动之害”，而且在“各国明显未能保护其民众的情况下，预防工作还需要国际社会通过援助或行动进行参与”。

文件十是2014年的《履行我们集体的责任：国际援助与保护的责任》（Fulfilling Our Collective Responsibility：International Assistance and the Responsibility to Protect）报告。该报告概述了国家、区域和国际行为体能够在哪些方面协助各国履行其责任，重点关注了2009年联合国秘书长关于履行保护的责任的第一次报告中所提到的第二个支柱，并为国际社会加强这个支柱提出具体的建议。此后，“保护的责任”成为避免脆弱群体遭受最严重国际罪行和违法行为的核心内容。

前述文本在“保护的责任”这一问题上均强调国际社会对于人权保护实施过程中的补充作用。对于“保护的责任”理论，我国目前的基本立场是在适当约束的前提下，有条件地支持国际社会介入地区秩序和大规模人道危机问题。① 现有理论研究的争议主要在于“保护的责任”是否等同于

① 参见陈拯、朱宇轩：《中国政府与“保护的责任”辩论：基于安理会相关辩论发言的分析》，载《当代亚太》2015年第5期。

人道主义干预：肯定观点认为，虽然强调主权国家和国际社会对于保护人权的区别责任，但其理论内核依旧是允许外部力量特别是大国不经主权国家同意对其采取军事行动，“保护的责任”理论与西方国家倡导的人道主义干预相比，仅措辞不同而无实质性差异。[①] 不仅如此，“保护的责任”将关注重点从国家主权与人道主义干预关系之间的争议转移至保护人权，借助道义为人道主义干预行动的合法性做铺垫，并最终达到减少政治批判的根本目的。[②] 因此，“保护的责任”作为掩护，使以后的人道主义干预行动更具合法性。[③] 而否定观点认为，二者之间存在显著差异。“保护的责任”理论可以有效缓解人道主义干预规范中存在的国家主权与国际人权保护之间的冲突[④]，标志着国际社会中的发达国家和发展中国家在人道主义干预问题上已经达成一定共识，意味着“新干涉主义”模式的人道主义干预规范已经被国际社会摒弃。[⑤] 不仅如此，从内容来看，“保护的责任”以承认国家主权为前提，外延上包括“权利的主权”和“责任的主权”两个方面，而非人道主义干预提出的“人权高于主权”的论调；并且“保护的责任”较人道主义干预而言增加了预防和重建两部分内容。[⑥]

不可否认，保护本国公民人权是主权国家应当履行的责任。1993 年 3 月29 日至 4 月 2 日，亚洲各国代表在泰国曼谷共同举行了维也纳世界人权大会亚洲区域筹备会，会议通过了《非政府组织曼谷人权宣言》（以下

---

① 参见颜海燕：《保护的责任解析》，载《西部法学评论》2010 年第 1 期。

② 参见邱美荣、周清：《“保护的责任”：冷战后西方人道主义介入的理论研究》，载《欧洲研究》2012 年第 2 期。

③ 参见黄海涛：《人道主义干涉的历史进程评析》，载《国际论坛》2012 年第 4 期。

④ 参见黄超：《框定战略与“保护的责任”规范扩散的动力》，载《世界经济与政治》2012 年第 9 期。

⑤ 参见汪舒明：《“保护的责任”与美国对外干预的新变化——以利比亚危机为个案》，载《国际展望》2012 年第 6 期。

⑥ 参见蒋琳：《保护的责任：利比亚问题的国际法实践研究》，载《黑龙江省政法管理干部学院学报》2011 年第 5 期。

简称《曼谷宣言》)。《曼谷宣言》作为一项重要的区域性国际人权文书，阐述了“冷战”后亚洲国家与广大发展中国家在人权国际合作问题上的基本立场，贯彻了《联合国宪章》中保护和尊重人权的原则。2012 年 11 月18 日，参加东盟国家峰会的东盟十国领导人共同签署了《东盟人权宣言》，体现出东盟在建立亚洲区域性人权机制方面作出的努力。据此，国际邮轮上旅客和船员的国籍国应当承当保障其公民基本权利的首要责任。

但同时，人权受保护也是国际社会和平安全的前提。“尽管保护人权的主要责任在于国家，但说到底，人权还必须由一种超越国家秩序之上的法律秩序来加以保护。需要有一种更高一级的法律秩序，以便依照它对国家秩序加以评判。”[①] 实践中，应对 2008 年缅甸“纳尔吉斯”风灾（Cyclone Nargis）时，一些国家表示“保护的责任”不适用于自然灾害，东盟提出运用“保护的责任”应当以缅甸政府同意为前提，积极协调缅甸政府和国际组织的力量，在灾难应对中援引国际援助。[②] 比较来看，“保护的责任”理论亦可为国际邮轮避难准入制度提供解释路径。一些港口国出于人道主义接受了暴发疫情的国际邮轮在本国挂靠，[③] 另一些港口国为保护本国公共卫生安全，拒绝国际邮轮停靠。但是，人类卫生健康共同体理念和国际人权保护原则都要求旅客和船员的生命健康安全得到保护。基于此，在船舶公共卫生风险情形下，旅客和船员需要国际社会对其人权之保护承担补充性和辅助性的责任。

---

① ［加］约翰·汉弗莱:《国际人权法》，庞森等译，世界知识出版社 1992 年版，第 5 页。

② 参见宋婉贞:《规范争论与东盟对“保护的责任”的不同应对》，载《东南亚研究》2020 年第 6 期。

③ 在“布雷玛女士”号遭遇多次拒靠后，古巴政府出于“人道主义关切”和“共同努力应对和遏制快速蔓延的大流行疫情”的需要，接受了该船舶的靠泊。参见《紧急！多艘游轮仍被困海上，至少 3 艘出现确诊病例》，载航运在线，https://www.namsdiscount.com/html/2020-03-18/A6648DF0A9C4282F6.shtml。

（二）以“保护的责任”构建国际邮轮公共卫生避难准入制度的理论困境

以“保护的责任”理论作为构建国际邮轮公共卫生避难准入制度的理论依据比较合适，根据保护主体的不同，对旅客和船员的人权保护可以分为旅客和船员国籍国对其国民的保护，以及国际社会对旅客和船员人权的保护。但是，以“保护的责任”构建国际邮轮公共卫生避难准入制度，存在以下五方面的理论困境。

一是在适用范围方面，《保护的责任》报告将“保护的责任”的适用范围限定为“大规模屠杀，强奸，饥饿”，不涉及公共卫生领域。因而构建国际邮轮公共卫生避难准入制度存在理论困境。

二是“保护的责任”理论解释空间较大，可能在现实事件中被一些西方发达国家曲解和滥用。[①]“保护的责任”理论并不对主权国家已经不能或不愿履行保护责任的认定作出说明，国际社会也难以就一国无力或者不愿承担保护的责任的情形设定出一种可以普遍适用的客观标准。实际行动表明，各国对于“保护的责任”的态度从根本上还是以本国利益为出发点，选择性地接受这一理论。例如，东盟在应对 2008 年缅甸“纳尔吉斯”风灾时强调运用“保护的责任”应当以缅甸政府同意为前提，却又在 2012 年罗兴亚难民（Rohingya refugees）危机中以忽视、模糊的方式质疑“保护的责任”。[②] 一旦“保护的责任”被一些国家出于政治性目的进行曲解和滥用，则有较大可能会成为一国干涉他国内政的工具。

三是对于“保护的责任”是否具有法律约束力存在争议。肯定说认为，在人道主义干预问题上，发达国家和发展中国家已经就“保护的责任”达成共识；不仅如此，国际刑事法院的司法实践和国际人道干预行动

① 参见曲星：《联合国宪章、保护的责任与叙利亚问题》，载《国际问题研究》2012 年第 2 期。

② 参见宋婉贞：《规范争论与东盟对“保护的责任”的不同应对》，载《东南亚研究》2020 年第 6 期。

的实践做法促使“保护的责任”已经成为一种国际习惯。[①] 而否定说认为，“保护的责任”未被列入具有强制约束力的国际条约，目前国际社会与“保护的责任”相关的文本多为纲要性意见，不具有强制约束力，“保护的责任”仍处于正在形成的国际法规范的过程中，[②] 尚不构成法律渊源。

四是“保护的责任”理论难以在制度层面落实。如果“保护的责任”具有国际法依据，能够得到国际社会的集体认同，违反“保护的责任”就应该接受制裁或面临其他相应的法律后果；否则，保护责任的法律规范属性将会遭到广泛的质疑，只能作为“软法”或者政治原则来看待。[③]

五是“保护的责任”不能从根源上解决人权受侵害问题。“保护的责任”侧重于解决严重的人权问题本身，而人权问题从根源上产生于不公正的国际政治经济秩序，此为“保护的责任”所不能解决的问题。

（三）构建国际邮轮公共卫生避难准入制度理论困境的突破

尽管“保护的责任”未被列入具有强制约束力的国际条约，其是否构成国际习惯法也存在争议，但“保护的责任”已经构成《国际法院规约》第38条第1款中所规定的“一般法律原则”。[④] 国际法一般原则的形成取决于“国家同意”，人权公约表明各缔约国对于履行人权保护义务的认同，前述关于“保护的责任”的相关报告也表明尊重和保护人权的观念已经在国际社会获得普遍认同，一般法律原则可在没有确切国际法渊源的情况下

---

① 参见李杰豪、龚新连：《“保护的责任”法理基础析论》，载《湖南科技大学学报（社会科学版）》2007年第5期。

② 参见杨永红：《从利比亚到叙利亚——保护责任走到尽头了?》，载《世界经济与政治论坛》2012年第3期。

③ See Carsten Stahn, *Responsibility to Protect, Political Rhetoric or Emerging Legal Norm?*, American Journal of International Law (1): 31, 2007.

④ 参见史晓曦：《保护的责任：全球治理视野下的国际法规范演化》，社会科学文献出版社2019年版，第99-100页。

作为国际法院裁判依据的补充。[①]

在将“保护的责任”定性为一般法律原则的基础上，可以考虑将其适用范围扩大至国际邮轮公共卫生风险的应对。事实上，全球公共卫生带来的挑战与《保护的责任》报告中“大规模屠杀、强奸、饥饿”等罪行相比有过之而不及。1918 年发生的流感大流行（pandemic），导致 5000 万人至 1 亿人死亡，并造成严重的社会和经济混乱。[②] 现在，保险公司仍将大流行视为极端风险因素，危险性在经济萧条和恐怖主义之上。[③] 迄今为止，世界卫生组织共宣布了 7 次“国际关注的突发公共卫生事件”。其中，甲型 H1N1 流感大流行造成约 18，500 人死亡，模型研究表明实际死亡人数超过该数字的 15 倍。[④] 新冠疫情期间，美国、意大利、西班牙、波兰等多个国家曾宣布进入（公共卫生）紧急状态。一方面，突发公共卫生事件存在极端风险，可能对一国政治、经济、社会造成严重后果；另一方面，国际邮轮普遍悬挂方便旗，船旗国对国际邮轮公共卫生风险的监管能力和监管意愿不足。基于这两方面的因素，“保护的责任”应当适用。建议以此次新冠疫情为契机，将突发公共卫生事件列入“保护的责任”适用范围，为国际邮轮避难准入制度的构建提供实现路径。

应当注意的是，在国家主权方面，国家主权的对外独立性表明港口国可自由决定给予旅客和船员何种待遇。而在现行立法对国际邮轮避难准入

① 参见马秋意：《国际法渊源问题探析》，载《人民法院报》2022 年 8 月 19 日，第 8 版。

② See P. Niall, A. S. Johnson & Juergen Mueller, *Updating the Accounts: Global Mortality of the 1918－1920 "Spanish" Influenza Pandemic*, 76 Bull. Hist. Med. 105 (2002).

③ See Towers Watson, *Extreme Risks——Insurance Sector Survey 2013*, Thinking Ahead Institute, https://www.thinkingaheadinstitute.org/content/uploads/2020/11/Extreme－risks－insurance－sector－survey－2013－1.pdf, Last accessed on Mar. 3, 2022.

④ See F. S. Dawood, A. D. Iuliano, *Estimated Global Mortality Associated with the First 12 Months of 2009 Pandemic Influenza a H1N1 Virus Circulation: A Modelling Study*, 12 Lancet Infectious Diseases 687 (2012).

没有明确规定的情况下，一旦将“保护的责任”理论扩大适用至突发公共卫生事件，可能导致港口国负担治疗、收容等其他额外义务。为了避免“保护的责任”被曲解或滥用，应当以国家主权为底线，尽可能避免“保护的责任”受到西方人权价值观的影响和主导，成为一些西方国家谋求其战略利益等方面的工具。[①]

构建国际邮轮避难准入制度，还应当注意区分“避难地”（place of refuge）和“避难港”（ports of refuge）。“避难港”一词在航运实践中广泛存在，但尚未正式出现在《海洋法公约》、《海上人命安全公约》、1990 年《国际油污防备、反应和合作公约》（International Convention on Oil Pollution Preparedness, Response and Co－operation, OPRC 1990）等与船舶避难有关的国际公约中。“港口”一词也具有特定的含义。例如，我国《港口法》第 3 条第 1 款规定：“本法所称港口，是指具有船舶进出、停泊、靠泊，旅客上下，货物装卸、驳运、储存等功能，具有相应的码头设施，由一定范围的水域和陆域组成的区域。”两者相比较来看，“避难港”的地理区域范围小于“避难地”。在国际邮轮存在公共卫生风险的情形中，国际邮轮并非必须停靠在一国港口才可实现避难目的，如也可以停靠在港口外的锚地，因而采用“避难地”的概念更加适宜。

五、国际邮轮公共卫生避难准入条件

“保护的责任”仅将国际社会提供的人权保护作为补充性保护，而不能突破一国之主权。如果港口国确实没有能力对国际邮轮执行必要的卫生措施，可根据《国际卫生条例》第 28 条第 1 款的规定命令邮轮在自担风险的情况下驶往可到达的最近适宜入境口岸，即港口国享有国际邮轮避难准入的最终决定权。根据国家主权原则，暴发疫情的国际邮轮进入港口国

① 参见赵洲：《“保护的责任”与宽容、多元的价值秩序》，载《北方法学》2013 年第 2 期。

避难应满足一定条件，否则港口国可以拒绝该邮轮进入本国水域避难。

（一）通过港口国的风险评估

风险评估作为口岸公共卫生风险应对的核心，是指“用于将某一事件归入对人类健康的特定风险的收集、评估和记录信息的系统过程”。[①] 风险评估旨在为有效的风险应对提供基于证据的信息和分析，[②] 有利于促进港口国正确认识风险，提高风险应对能力，优化应对措施的科学性和有效性。[③] 国际海事组织《为需要援助的船舶提供避难场所的指南》附件二“与避难地有关的风险评估指南”（Guidelines for the Evaluation of Risks Associated with the Provision of Places of Refuge）中指出，风险评估应当考虑环境与社会因素，包括船上人员的安全和事件对公共安全的威胁等。在邮轮突发公共卫生事件的情形，港口国对邮轮进行风险评估的首要考虑因素是邮轮上旅客和船员的健康状况。在《世界卫生条例》的缔约国中，有104个国家基本具备预防、发现和控制新型传染病暴发的能力。[④] 港口国可以根据船上人员感染病毒的数量和严重程度判断本国港口是否具备处置该邮轮的能力。《国际卫生条例》第28条第1款规定，“如果入境口岸不具备执行本条例规定的卫生措施的能力，可命令船舶或飞机在自担风险的情况下驶往可到达的最近适宜入境口岸”。据此，如果邮轮申请挂靠的港口

---

① *Handbook for Management of Public Health Events on Board Ships*, WHO（Jan. 1, 2016）, https：//www. who. int/publications/i/item/handbook – for – management – of – public – health – events – on – board – ships.

② 参见国家标准化管理委员会：《风险管理 风险评估技术：规则4.1（GB – T 27921 –2011）》，中国标准出版社2012年版，第1页。

③ 参见刘志欣：《风险规制视域下我国政府应急管理回应模式研究》，上海交通大学出版社2018年版，第60页。

④ See N. Kandel, S. Chungong, A. Omaar, J. Xing, *Health Security Capacities in the Context Of COVID – 19 Outbreak：An Analysis of International Health Regulations Annual Report Data from 182 Countries*, 395 The Lancet 1047（2020）.

不具备处置邮轮疫情的能力，港口国可命令邮轮停靠指定可到达的最近适宜分港口。

根据国家主权原则，港口国只能决定如何在本国领海和内水区域处置外国籍邮轮，因而“最近适宜入境口岸”只能是港口国内的其他港口，港口国不可命令国际邮轮驶往其他国家的港口。如果本国所有港口都不具备相应的处置能力，说明邮轮的健康状况没有通过港口国的风险评估，港口国可以拒绝接受该邮轮挂靠。至于风险评估的内容，可以参考《为需要援助的船舶提供避难场所的指南》第3.9条提出的14项分析因素：

（1）有关船舶的适航性，特别是浮力、稳定性、推进和发电手段的可用性、停靠能力等；

（2）货物的性质和状况，储存物，燃料，特别是危险品；到避难所的距离和估计运输时间；

（3）船长是否还在船上；

（4）船上其他船员和/或打捞人员及其他人员的数量，以及对人为因素，包括疲劳的评估；

（5）有关国家要求需要援助的船舶采取行动的法律权力；

（6）有关船舶是否已投保或未投保；

（7）如果船舶有保险，确定保险人，以及可用的责任限额；

（8）船长和公司同意沿海国/船东的建议，继续航行或被带到避难地；

（9）所需的财务担保的规定；

（10）船长或船舶公司已经签订的商业打捞合同；

（11）关于船长和/或救助人的意图的信息；

（12）指定该公司在有关沿海国的代表；

（13）附录2中确定的风险评估因素；

（14）已经采取的任何措施。

在此基础上，结合突发公共卫生事件的特性，还应当重点评估国际邮轮旅客和船员的数量和健康情况、国际邮轮途径挂靠港的公共卫生情况。同时要考虑港口国本身的医疗能力，避免造成港口国当地医疗资源供给紧张。2022 年 11 月，国际海事组织海上安全委员会（Maritime Safety Committee，MSC）第 106 次会议批准了对《为需要援助的船舶提供避难场所的指南》的修订本。此次修订认识到，在迅速变化的全球海洋领域，已经出现了各种组织、操作和技术的发展。世界各地在处理需要援助的船舶情况方面取得了越来越多的经验，并为准则的修订提供了参考。修订后的准则旨在为沿海国、船长、运营者、救助者以及其他相关方提供一个操作框架的基础，即当船舶需要援助并寻求避难场所时如何处理并做出决定。除其他变化外，还提出了一个关于媒体信息和管理的新章节，建议各国在其行政部门中纳入处理信息的能力，以管理需要援助、寻求避难地的船舶。①

（二）向港口国提供必要担保

国际邮轮驶入港口国避难会产生一定费用，暴发疫情的国际邮轮进入港口国避难应满足的另一项条件是由船舶所有人或经营人提供相应担保，这一点已经在国际社会达成共识。《为需要援助的船舶提供避难场所的指南》第 3.14 条规定："沿海国的行动并不妨碍公司或其代表被要求采取措施，以安排需要援助的船舶前往避难地。一般来说，如果避难地是一个港口，将要求提供以港口为受益人的担保，以保证支付其业务可能产生的所有费用，如保障业务的措施、港口费、引航费、拖船费、停泊业务、杂费等。"

---

① See *Maritime Safety Committee（MSC 106），2 - 11 November 2022*，IMO，https：//www. imo. org/en/MediaCentre/MeetingSummaries/Pages/MSC - 106. aspx，Last accessed on Apr. 19，2022.

通常而言，邮轮公共卫生风险管理由邮轮运营方负责。例如，我国《出入境邮轮检疫管理办法》第 6 条第 8 项规定，邮轮运营方负责建立并运行邮轮公共卫生安全体系，包括我国突发公共卫生事件应对工作机制。这一义务具体包括了邮轮公共卫生风险管理产生的费用和责任。因而，应当由船舶所有人或经营人向港口国主管部门提供银行、保险公司等金融机构或者船东互保协会提供的担保，担保范围为船舶公共卫生风险处置过程中可能产生的费用和责任。[①] 对于担保能否作为港口国给予国际邮轮避难准入的决定性条件存在较大争议，对此，国际海事委员会在关于避难地的草案中提供了三种备选方案。[②] 根据方案一，如果国际邮轮满足进入避难地的其他条件，而仅仅缺少保险证明、担保书或其他财务担保，港口国政府无权以船舶未提供担保为由，拒绝国际邮轮进入避难地。根据方案二，船舶所有人不能提供担保并不免除港口国的评估义务，如果港口国决定拒绝给予邮轮避难准入，必须证明该决定的正当性。根据方案三，船舶所有人向港口国提供担保的条件为港口国决定是否给予邮轮避难准入的决定性因素，若不满足此项条件，港口国政府可以此为由拒绝邮轮进入。

无论采用何种方案，船舶遇险通常由声称遇险的船舶承担存在遇险情况以及符合避难条件的证明责任。为了保证国际邮轮能够在遇险情形下顺利进入一国港口，国际邮轮应当证明自身符合港口国设定的船舶遇险标准，并符合通过评估和提供担保的准入条件。

---

① 费用主要指港口国在邮轮疫情的防控与处置工作中因采取卫生措施而产生的费用；责任指因邮轮疫情处置活动产生的对第三人的责任，例如日本政府处置“钻石公主”号时，一名检疫人员因此受到感染，由此产生的治疗费用应由船舶所有人补偿。

② See *Report Submitted by the CMI to the IMO Legal Committee in April 2009*, Comitemaritime, https://comitemaritime.org/work/places-of-refuge/, Last accessed on Mar. 3, 2022.

第三章 港口国实施卫生措施的法律规制

《国际卫生条例》规定了港口国应对船舶公共卫生风险可以采取的卫生措施。这些卫生措施也被称为公共卫生干预行动，实施对象包括外国籍船舶本身以及船上的旅客和船员。《国际卫生条例》第43条还专门规定了额外卫生措施制度。这些卫生措施在通常情况下被禁用，故被称为额外卫生措施。依照《国际卫生条例》第43条第1款的规定，港口国可以依照国内法的规定对暴发疫情的外国籍船舶实施额外卫生措施。① 额外卫生措施分为两类：一是可产生与世界卫生组织的建议相比同样或更大程度健康保护的卫生措施；二是《国际卫生条例》第23条第2款、第25条、第26条、第27条第1款、第28条第1款和第2款、第30条、第31条第1款第3项、第31条第2款第3项和第33条规定禁止使用的卫生措施。典型的额外卫生措施主要有拒绝授予外国籍船舶“无疫通行”，以及要求旅客和船员接受检疫或隔离。额外卫生措施在对个人权利的侵害程度等方面与常规的卫生措施不同，行政主体实施额外卫生措施受到更多限制。一方面，重大传染病的致死率较高，采取公共卫生措施有利于控制传染病流行，体现了国际人权保护原则；另一方面，公共卫生管理涉及国内公共卫生主

---

① 《国际卫生条例》第43条第1款将额外卫生措施定义为“缔约国按照其国家有关法律和国际法之下的义务执行为了应对特定公共卫生危害或国际关注的突发公共卫生事件而采取的卫生措施”。

权，根据国家主权原则，港口国有权在国际公约的约束空间内自主决定如何实施这些卫生措施。

疫情期间，一些港口国要求旅客和船员在船上接受检疫，尤其是在国际邮轮上接受检疫，导致感染人数激增，造成了严重后果。国外有观点认为，港口国此种做法是否符合《国际卫生条例》的规定，是否具有相称性和必要性，仍是悬而未决的问题。[①] 这些做法涉及《国际卫生条例》第28条第2款规定的“无疫通行”[②] 制度，以及第23条第3款和第31条第2款第3项规定的检疫和隔离制度。针对港口国对待旅客和船员的实践做法，本章第一节和第二节分别分析港口国拒绝旅客和船员下船，以及实施船上检疫措施的合法性和合理性，第三节分析港口国对旅客和船员的救治义务，并提出在现行法律框架下对港口国实施上述卫生措施进行规范的建议。

第一节　港口国授予“无疫通行”的法律规制

一、港口国拒绝授予“无疫通行”引发的思考

高传染率流行病与船舶大型化的结合，结果可能是一艘船舶上数百名旅客和船员染疫。本节第二章第二节中提到，2020年2月至3月，很多港口国以疫情暴发为由拒绝旅客和船员下船。例如，2月“钻石公主”号邮轮在日本横滨港挂靠初期，旅客和船员被禁止下船，最终导致3711名旅客

---

① See G. L. Burci, M. Eccleston – Turner, *Preparing for the Next Pandemic: The International Health Regulations and World Health Organization During COViD – 19*, Social Science Electronic Publishing, 2020, p. 7.

② 根据《国际卫生条例》第1条的定义，对于船舶而言，“无疫通行”系指允许船舶进入港口、离岸或登岸、卸载货物或储备用品。

和船员中，染疫率高达19%。[①]

对于存在公共卫生风险的外国籍船舶，港口国授予“无疫通行”有利于旅客和船员及时下船，在岸上采取检疫措施，并对确诊病例或疑似病例提供医疗援助，保障旅客和船员的健康乃至生命安全。这也是国际人权保护原则的直接体现。此外，根据国家主权原则，港口国对挂靠本国港口的外国籍船舶及船上人员享有属地管辖权，有权在其加入的《国际卫生条例》、《海洋法公约》和其他国际条约限定的范围内，依据国内法控制和管理挂靠本国港口的外国籍船舶及船上旅客和船员，包括允许或拒绝授予外国籍船舶“无疫通行”。由此产生的核心问题是，港口国是否应当允许外国籍船舶“无疫通行”？尤其在有旅客或船员感染病毒的情况下，港口国是否仍然应当允许外国籍船舶“无疫通行”？如果港口国拒绝向外国籍船舶授予“无疫通行”，应满足哪些条件？

二、《国际卫生条例》中“无疫通行”制度的逻辑构造

根据《国际卫生条例》第28条第2款[②]的规定，港口国授予外国籍船舶“无疫通行”的义务同时受到《国际卫生条例》第43条的规制。《国际卫生条例》第43条规定，在特殊情形下，港口国有权“按照其国家有关法律和国际法之下的义务”采取其他条文禁止使用的卫生措施。其中，特殊情形限于两种，一是发生“特定公共卫生危害”，二是存在突发公共卫生事件。因而，“无疫通行”制度的逻辑构造由适用第28条第2款的一般情形和适用第43条的特殊情形两部分构成（见图3-1）。

---

① 参见《“钻石公主”号船员开始分批下船接受14天隔离》，载海事服务网2020年2月28日，https://www.cnss.com.cn/html/ylsc/20200228/334534.html。

② 《国际卫生条例》第28条第2款规定：“除第四十三条或适用的国际协议另有规定之外，缔约国不应当出于公共卫生理由拒绝授予船舶或飞机‘无疫通行’；特别是不应当阻止它上下乘员……”

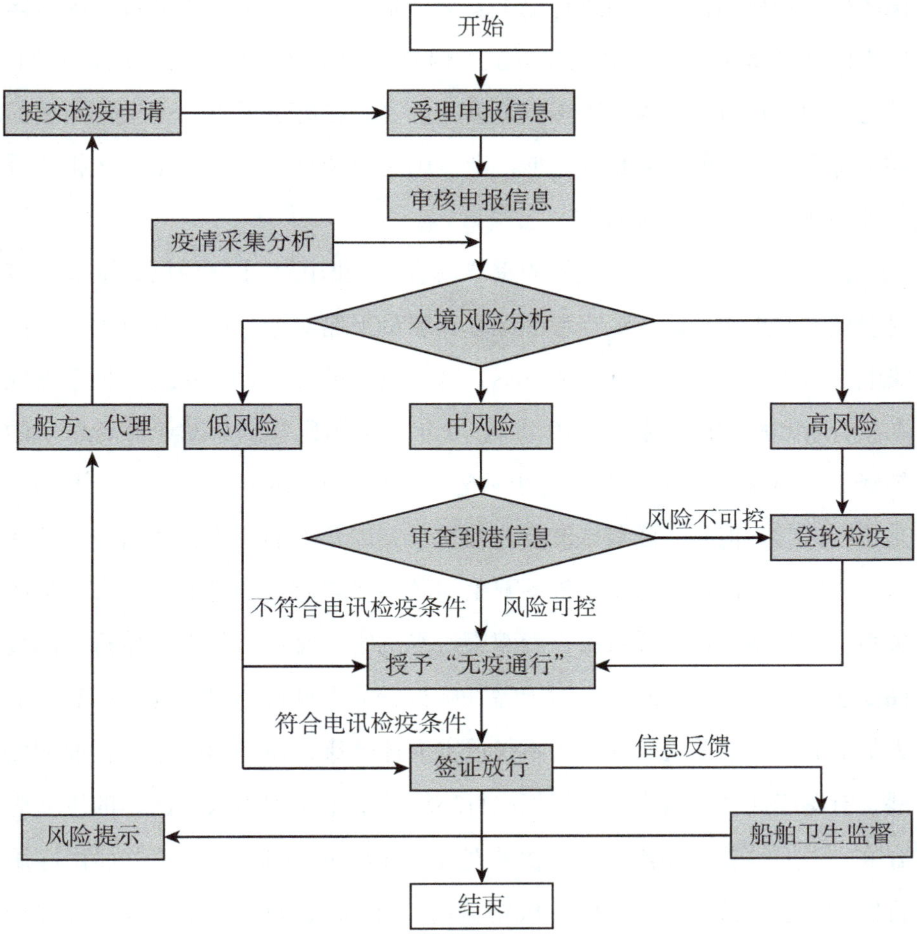

图 3-1　一般情形下港口国向船舶授予“无疫通行”的基本流程

资料来源：参见许剑鸣、钱保元、张洪元：《基于无疫通行理论的船舶入境检疫查验体系研究与风险分析》，载《口岸卫生控制》2015 年第 6 期。

在一般情形即外国籍船舶未暴发疫情、无公共卫生风险的情形下，港口国应当按照《国际卫生条例》第 28 条第 2 款的规定授予外国籍船舶“无疫通行”。港口国授予外国籍船舶“无疫通行”的过程为：船舶公司或其代理人提交“海事健康声明”（Maritime Health Declaration），而后港口国海事管理机构根据声明进行卫生安全评估。如果评估结果通过，港口国应当向外国籍船舶颁发检疫许可证。但是，对于暴发疫情的外国籍船舶，转为适用《国际卫生条例》第43条的规定。在此情形下，一旦外国籍船舶不符合港口国的卫生检疫标准，港口国有权依据国内法或国际法拒绝授予外国籍船舶“无疫通行”。

公共卫生主权是国家主权的重要内容，根据国家主权原则，港口国应对船舶公共卫生风险，应当考虑旅客和船员下船对港口国公共卫生安全的影响。对于旅行医学（emporiatrics）这一概念的认识，起初人们把重点放在旅行者和医学的关系上，20世纪70年代美国医学词典对于旅行医学的解释是：emporos（作为旅客外出乘船的人）和tratrike（医学），合起来就是旅行医学。但是，随着旅游行业的发展，以及人们对旅行医学研究的深入，人们发现国际旅行中出现的卫生问题很多与旅行环境的卫生有密切的关系，如环境被污染导致旅行者健康遭受危害、交通工具上和旅行地的食品变质和病媒昆虫引起传染病传播、旅行者的不良行为对当地人群和从业人员的影响。这些现象和行为不仅侵害人体健康，而且影响旅游行业的发展。有鉴于此，一些专家开始把旅行环境的卫生也列为旅行医学的重要内容之一。原世界卫生组织美洲办事处主任Beorge Alleyne在第二届国际旅行医学大会上强调：“人们一般把旅行卫生或旅行医学与访问者或旅行者的健康联系起来。但我建议我们也必须注意旅行环境的卫生以及旅行者对东道国卫生状况的影响。”因此，研究港口国应对外国籍船舶的公共卫生风险，还应当考虑港口国允许旅客和船员下船对港口所在地社区居民的影响。[①]《国际卫生条例》第43条的规定体现了这一内容，下文对此展开论述。

① 参见许华、张晓斌、张继军：《国内外旅行医学新进展》，载阳纪成主编：《92北京国际旅行卫生研讨会文集》，北京医科大学、中国协和医科大学联合出版社1992年版，第61页。

三、《国际卫生条例》第43条的激活要件

《国际卫生条例》第28条第2款规定，港口国授予外国籍船舶“无疫通行”的义务受到第43条的约束。虽然《国际卫生条例》第43条赋予了港口国实施额外卫生措施的权力，但该条为缔约国行使这一权力设定了限制性的前提条件。换言之，只有满足《国际卫生条例》第43条规定的条件，港口国拒绝授予外国籍船舶“无疫通行”的权力才被激活。

根据《国际卫生条例》第43条的规定，港口国拒绝授予“无疫通行”必须满足表3-1中归纳的条件。

表3-1 实施额外卫生措施的条件

条款	内容
第43条第1款	1. 与世界卫生组织的建议相比可以实现更高程度的保护；
	2. 符合《国际卫生条例》的相关规定；
	3. 对国际交通造成的限制以及对人员的创伤性或干扰性不应大于可合理采取并能实现适当程度保护健康的其他措施；
第43条第2款	1. 科学原则；
	2. 现有科学证据和来自世界卫生组织的信息；
	3. 世界卫生组织的指导和建议；
第43条第3款	向世界卫生组织提供采取此类措施的公共卫生依据和有关科学信息；
第43条第4款	在世界卫生组织的要求下重新考虑对此类措施的执行；
第43条第5款	在实施48小时内向世界卫生组织报告此类措施及其卫生方面的理由；
第43条第6款	在3个月内对这种措施进行复查；
第43条第7款	与受到措施影响的缔约国协商并找到共同接受的解决方案。

注：此表由作者根据《国际卫生条例》第43条的规定制作。

总结来看，港口国拒绝授予外国籍船舶“无疫通行”，应当证明其行为符合以下三方面要求：

第一，港口国拒绝授予“无疫通行”的行为不会对国际交通造成过度干扰，且不会对船上旅客和船员的生命健康造成过度侵犯。

在国际交通环境和旅客健康状况方面，相较于其他可行办法，拒绝授予“无疫通行”应当满足对国际交通造成的限制和干扰较低，且对船上旅客和船员的生命健康造成的侵犯较低的条件。然而，一旦外国籍船舶上的旅客和船员感染病毒或其他传染性疾病，授予船舶“无疫通行”是港口国及时有效地向感染者和疑似病例提供医疗援助的先决条件，对于保护船上所有人员的健康和安全能够发挥重要作用。不仅如此，港口国在具备应对能力的情形下拒绝授予外国籍船舶“无疫通行”，可能会阻碍其他相关国家采取卫生措施，因而此种做法与授予“无疫通行”相比，无法达到上述“实现更大程度的健康保护”的要求。

第二，港口国拒绝授予“无疫通行”应当符合科学原则。

根据《国际卫生条例》对科学原则作出的解释，科学的决策应来源于实际情况，并符合法律规定。[①] 在公共卫生治理领域，科学原则体现为循证医学（Evidence－Based Medicine，EBM）。循证医学的理念于1992年正式提出，《循证医学：医学实践教学的新模式》一文标志着循证医学正式诞生。[②] 文章指出，循证医学不再强调将直觉、非系统临床经验和病理生理学原理作为临床决策的充分依据，而是将研究证据、临床技能及病人的价值观三者整合起来，进行治疗决策。循证医学发展初期主要关注临床医学领域的问题，21世纪后，循证医学开始运用于公共卫生领域，并在逐步

① 《国际卫生条例》第1条规定，“‘科学原则’系指通过科学方法了解的公认基本自然法则和事实”。

② See Gordon Guyatt, John Cairns, David Churchill, et al., *Evidence－Based Medicine Working Group Evidence－Based Medicine: A New Approach to Teaching the Practice of Medicine*, 17 JAMA. 2420 (1992).

成熟后发展为循证科学，帮助解决公共卫生决策方面的科学性问题。[①] 国外有学者基于循证医学的定义提出了循证医学的五项核心要素：一是公共卫生决策应当基于现有最佳证据；二是根据具体问题决定所需证据的类型；三是证据的认定应当使用流行病学和医学统计学方法；四是只有可用于公共卫生决策的证据才是有用证据；五是跟踪后续效果持续开展评估。[②] 2015 年世界卫生组织在应对埃博拉疫情时强调，各缔约国实施卫生措施应当以证据为基础。2020 年 1 月 30 日，世界卫生组织宣布新冠疫情构成突发公共卫生事件后，又一次强调证据在公共卫生风险应对中的重要作用。[③] 据此，港口国在作出决策前，应当采用科学方法了解外国籍船舶上的公共卫生情况，包括是否暴发疫情以及感染病毒的人数等。不仅如此，港口国还应当考虑国内的医疗资源和处置能力。[④] 科学原则要求港口国通过科学方法掌握这些基本事实，并将这些事实作为拒绝授予“无疫通行”的科学证据。

第三，港口国拒绝授予“无疫通行”应当考虑世界卫生组织的建议。

《国际卫生条例》赋予了世界卫生组织向缔约国提出建议的权力，包括提出临时建议和长期建议。其中，临时建议是世界卫生组织针对突发公共卫生事件这一特殊情形发布的建议。《国际卫生条例》第 18 条第

① 参见谢瑜：《循证医学概念演进的哲学启示》，载《科学技术哲学研究》2011 年第 2 期。

② 参见刘鸣：《十年纷争十年发展——正确理解循证医学的临床实践》，载《国外医学（脑血管疾病分册）》2003 年第 1 期。

③ *Updated WHO Advice for International Traffic in Relation to the Outbreak of the Novel Coronavirus 2019 – nCoV*, WHO (Jan. 24, 2020), https://www.who.int/news-room/articles-detail/updated-who-advice-for-international-traffic-in-relation-to-the-outbreak-of-the-novel-coronavirus-2019-ncov.

④ 参见胡正良、李雯雯：《新冠肺炎疫情期间国际海员换班难的法律问题与应对》，载《中国海商法研究》2022 年第 1 期。

1 款[①]规定，世界卫生组织可以针对受感染者向缔约国发布不必采取特定卫生措施的建议。例如，新冠疫情暴发期间，世界卫生组织并不支持缔约国实施旅行限制措施。2020 年 1 月，世界卫生组织总干事在《〈国际卫生条例〉突发事件委员会关于新型冠状病毒的声明》中表示："没有理由采取不必要地干扰国际旅行和贸易的措施。世界卫生组织不建议限制贸易和人员流动。"[②] 2020 年 2 月，世界卫生组织提出："证据表明，严重干扰国际交通的旅行限制措施在疫情控制阶段开始时可能具有公共卫生依据，因为它们可能使受影响的国家能够实施持续的应对措施，并使未受影响的国家能够获得时间启动和实施有效的防范措施。然而，这种限制的持续时间不应过长，而应与公共卫生风险相称，并随着形势的发展定期重新考虑。"[③] 其中，相称性要求在不同疫情控制阶段采取不同措施，体现了合理行政原则的要求。不仅如此，世界卫生组织还表示："入境筛查几乎没有什么好处，同时需要耗费相当多的资源。如果在旅行前、旅行中或旅行后出现呼吸系统疾病的症状，我们鼓励旅行者就医并与他们的医疗保健提供

---

① 《国际卫生条例》第 18 条第 1 款规定："世卫组织针对人员向缔约国发布的建议可包括以下意见：不必采取特定的卫生措施；审查在受染地区的旅行史；审查医学检查证明和任何实验室分析结果；需要做医学检查；审查疫苗接种或其他预防措施的证明；需要接种疫苗或采取其他预防措施；对嫌疑者进行公共卫生观察；对嫌疑者实行检疫或其他卫生措施；对受染者实行隔离并进行必要的治疗；追踪与嫌疑或受染者接触的人员；不准嫌疑或受染者入境；拒绝未感染的人员进入受染地区；进行出境检查并（或）限制来自受染地区的人员出境。"

② See *WHO Director – General's Statement on IHR Emergency Committee on Novel Coronavirus (2019 – nCoV)*, WHO, https://www.who.int/director – general/speeches/detail/who – director – general – s – statement – on – ihr – emergency – committee – on – novel – coronavirus – (2019 – ncov), Last accessed on Mar. 10, 2022.

③ See *Key Considerations for Repatriation and Quarantine of Travellers in Relation to the Outbreak of Novel Coronavirus 2019 – nCoV*, WHO, https://www.who.int/news – room/articles – detail/key – considerations – for – repatriation – and – quarantine – of – travellers – in – relation – to – the – outbreak – of – novel – coronavirus – 2019 – ncov/, Last accessed on Mar. 10, 2022.

者分享旅行史。”[①]

不论是长期建议还是临时建议，世界卫生组织的建议对于缔约国而言均不具有法律约束力。事实上，大多数《国际卫生条例》条款更多地只是作为各国政府的指导方针，世界卫生组织规范港口国应对外国籍船舶方面的权力十分有限。世界卫生组织与其他国际组织一样，其权力来源于主权国家的自愿让渡。一旦国家不愿意让渡权力，就会造成世界卫生组织权力的减损，导致其在解决外国籍船舶突发公共卫生事件时发挥的作用极其有限。但是，没有法律拘束力不等于没有法律效果。[②] 由《国际卫生条例》第 43 条第 2 款可知，世界卫生组织的建议是港口国实施额外卫生措施时应当考虑的重要因素，同时也会对判断措施的合理性产生重大影响。

通过上文分析可知，如果港口国没有证据证明旅客或船员下船会导致疫情输入、对港口所在地公共卫生造成威胁，港口国不得依据《国际卫生条例》第 28 条第 2 款的规定拒绝授予船舶“无疫通行”。但是，如果外国籍船舶暴发疫情，且有证据证明拒绝授予“无疫通行”是符合科学原则的最佳可行方案，港口国则可以依据《国际卫生条例》第 43 条的规定，拒绝授予船舶“无疫通行”。一旦港口国决定拒绝授予外国籍船舶“无疫通行”，其应当向世界卫生组织报告这一决定及决策依据。《国际卫生条例》第 43 条的规定只有在符合以上条件时才适用。港口国如果无法证明符合上述条件，则不得拒绝旅客和船员上下船，无论船上是否暴发疫情，也不论感染人数有多少。港口国授予外国籍船舶“无疫通行”有利于及时对感染或可能感染病毒的旅客和船员提供医疗援助，保障旅客和船员的健康乃至

---

① See *WHO Advice for International Travel and Trade in Relation to the Outbreak of Pneumonia Caused by a New Coronavirus in China*, WHO, https://www.who.int/news-room/articles-detail/who-advice-for-international-travel-and-trade-in-relation-to-the-outbreak-of-pneumonia-caused-by-a-new-coronavirus-in-china, Last accessed on Mar. 10, 2022.

② 参见韩燕煦：《条约解释的要素与结构》，北京大学出版社 2015 年版，第 42 页。

生命安全。需要注意的是，根据《国际卫生条例》第42条的规定，港口国应当以透明和无歧视的方式实施卫生措施。换言之，港口国不得带有歧视性地拒绝授予外国籍船舶“无疫通行”，尤其是不得通过公共卫生措施对国际贸易进行变相限制。

四、港口国授予“无疫通行”的规范化

港口国授予或不授予外国籍船舶“无疫通行”是一种行政决策。为了使决策符合《国际卫生条例》的要求，应当保证决策的规范化。为实现这一目标，应当遵循合理行政原则，并在决策中进行风险评估。

（一）决策原则：合理行政原则

港口国实施额外卫生措施，应当在其加入的《国际卫生条例》、《海洋法公约》和其他国际条约规定的范围内，依据国内法控制和管理挂靠本国港口的外国籍船舶及船上旅客和船员，包括允许或拒绝外国籍船舶“无疫通行”，并在允许“无疫通行”后对船舶、船上旅客和船员采取其他卫生处置措施。行政主体在决定采取何种卫生措施时，应当遵循合理行政原则。在港口国应对船舶公共卫生风险时，合理行政原则具体表现为以下三个方面的要求：

第一，动机合理。港口国政府采取措施时，应当以保护外国籍船舶上旅客和船员的生命健康以及港口国国内的公共卫生安全为目的。

第二，措施合理。港口国政府应当在保护外国籍船舶上旅客和船员生命健康以及国内公共卫生安全的同时，尽可能避免对船舶航行造成不必要的干扰，或对旅客和船员的尊严、自由等基本权利造成不必要的侵害。如果存在两种或者多种可以保护公共卫生安全的应对措施以供选择，港口国应当选择最符合这一目标的措施。

第三，结果合理。港口国采取卫生措施所维护的公共利益不应小于对

个人权利造成的侵害。公共卫生不同于临床医学，前者更注重保护群体利益而非个人利益。因而，对公共卫生措施进行伦理评价的首要评价标准应当是拟采取的措施能否保护群体的健康和安全。① 换言之，港口国采取应对措施所维护的公共卫生安全利益不应小于对外国籍船舶上旅客和船员个人权利造成的侵害。

（二）决策程序：风险评估

通常而言，港口国向有旅客或船员感染病毒的外国籍船舶授予“无疫通行”，旨在安排船上人员下船并采取公共卫生措施，而船上人员被直接遣送回国的情况较少。因此，港口国应对船舶公共卫生风险时，如果不具备相应的处置能力，应当允许其基于国家主权原则拒绝授予外国籍船舶“无疫通行”。根据科学原则和循证医学的要求，港口国在授予外国籍船舶“无疫通行”前，应当对外国籍船舶进行风险评估，并将评估结果作为制定政策的依据，由此制定的政策被称为“循证政策”（Evidence – Based Policy，EBP）。循证政策强调运用经过科学程序与实证方法检验的“证据”作为制定政策的依据，是近年来西方发达国家兴起的一种比较前沿的公共政策理论。② 基于港口国海上公共卫生治理实践，建议在国内法或国

---

① 参见王春水、翟晓梅、邱仁宗：《试论公共卫生伦理学的基本原则》，载《自然辩证法研究》2008年第11期。

② 英国是循证政策的重要倡导者，1999年3月，英国布莱尔政府在公布的《现代化政府政策白皮书》中指出：“政府制定政策应当基于证据，而非迫于短期压力。” See *White Paper: Modernising Government*, http://www.archive.officia-l-docu-ments.co.uk/document/cm43/4310/4310.htm, Last accessed on Mar. 10, 2022. 1999年9月，英国政府内阁办公室发布了《21世纪的专业政策制定》文件，该文件提出了制定专业政策需要的8项核心能力，其中第4项为“使用证据”的能力，即“政策制定者应当从大量信息源中筛选出最佳证据，并在政策制定初期让利益相关者参与政策的制定”。See Strategic Policy Making Team Cabinet Office, *Strategic Policy Making Team Cabinet Office: Professional Policy Making for The Twenty First Century*, https://dera.ioe.ac.uk/6320/1/profpolicymaking.pdf., Last accessed on Mar. 10, 2022. 参见张云昊：《循证政策的发展历程、内在逻辑及其建构路径》，载《中国行政管理》2017年第11期。

际条约中明确规定风险评估的程序和可以作为证据的因素，以便港口国更好地遵守《国际卫生条例》第 28 条第 2 款中关于授予船舶“无疫通行”的规定。

现有研究局限于在理念和原则层面为缔约国实施额外卫生措施提供指引，① 抑或从事后规制层面提出增强《国际卫生条例》的强制力以促进缔约国履约，② 而对于证据如何在风险评估中发挥作用的研究不够深入，③ 导致风险评估的理论与实践存在隔阂。公共卫生是一门以证据为基础的学科，④ 以科学证据为依据的思维在医学领域被称为“循证”（evidence – based）思维。⑤ 下文将构建风险评估的运作流程，即应当以何种信息作为评估的证据，以及如何分析这些证据以评估口岸公共卫生输入风险，将风险评估理论运用至港口国口岸公共卫生风险应对实践。

为了将风险评估理论运用于公共卫生风险应对实践，有学者设计了风险评估的基本框架（图 3 – 2），阐明如何收集、整合、评估与特定风险决策有关的所有证据，为风险评估各步骤提供详细指导。

---

① 参见郭中元、邹立刚：《全球卫生治理视域下〈国际卫生条例〉中额外卫生措施之适用》，载《江淮论坛》2020 年第 5 期。

② 参见刘雁冰、马林：《〈国际卫生条例〉在新冠疫情应对中的困境与完善》，载《西北大学学报（哲学社会科学版）》2021 年第 4 期。

③ See Oliver, K., Innvar, S., Lorenc, T., Woodman, J., Thomas, J., *A Systematic Review of Barriers to and Facilitators of the Use of Evidence by Policymakers*, BMC Health Services Research, Vol. 14: 1, p. 1 – 12 (2014).

④ See Lawrence O. Gostin, *Public Health Law: Power, Duty, Restraint*, University of California Press, 2016, p. 18.

⑤ 参见何田田：《“现有科学证据”规则与全球卫生法的完善》，载《中国社会科学院研究生院学报》2020 年第 6 期。

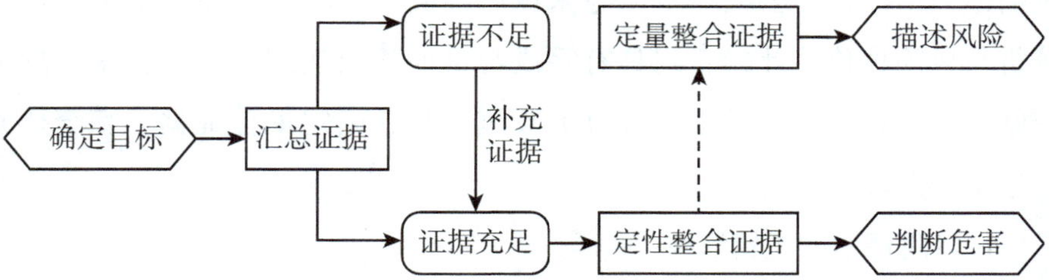

图 3-2 风险评估的基本框架

资料来源：See Krewski D, Saunders - Hastings P, Baan R A, et al. , *Development of an Evidence - Based Risk Assessment Framework*, ALTEX - Alternatives to Animal Experimentation, Vol. 39：4, p. 667 - 693 (2022).

在该框架中，第一步是收集整合与口岸公共卫生风险相关的所有证据。根据证据数量的不同，评估环境可以分为证据匮乏、证据有限、证据充足三种不同情形。证据匮乏表明现有证据不足以支持有意义的评估，通常需要在评估前继续收集证据。一旦现有证据足以支持评估工作，下一步是采用定量分析、定性分析以及半定量分析的方法分析现有证据，以评估外国籍船舶是否会对港口所在地公共卫生安全造成威胁。其中，定性分析是将口岸公共卫生输入风险确定为高、中、低不同等级；定量分析是以具体数值表示发生风险的概率和风险等级；半定量分析利用数字评级量表来测量风险发生的可能性及其后果。

将风险评估理论转化为实践，应当对基本框架进行填补，确定评估的具体路径。风险评估流程分为风险识别、风险分析、风险评价三个步骤。① 在本书语境下，风险识别即确定风险来源，口岸公共卫生风险基本来源于外国籍船舶及船上人员；风险分析是指分析风险后果、社会接受度、口岸核心能力，以便确定突发公共卫生事件的等级；风险评价是根据风险分析过程中获取的信息确定风险等级，并预判即将采取何种卫

① 参见国家标准化管理委员会：《风险管理 风险评估技术：规则 4.1（GB - T 27921 - 2011）》，中国标准出版社 2012 年版，第 1 页。

生措施。由于口岸公共卫生风险来源已经确定，因而需要特别关注风险分析与风险评价。此二者间具有手段与目的的天然逻辑关联，是一段紧密联系的过程。这一过程可细分为收集信息、确定最佳证据、综合研判三个不同阶段。

1. 风险评估的逻辑演绎

从信息到证据是风险评估的基础逻辑，[①] 信息获取是风险评估的前提。1999 年，英国布莱尔政府公布了《现代化政府白皮书》（Modernizing Government）以及《21 世纪的专业政策制定》（Professional Policy Making for the Twenty – first Century），标志着政府运用风险评估手段制定卫生政策的开端。[②]《21 世纪的专业政策制定》指出：“证据的原始成分（raw ingredient）是信息，高质量的政策制定必须依赖高质量的信息。”[③] 高质量的信息可以作如下两个层面的理解。

首先，信息是证据的主要来源，良好的风险评估应当基于足够的信息。《21 世纪的专业政策制定》第 7.1 部分指出，行政决策的信息来源包括专家知识、国内外研究成果、现有统计数据、对利益相关者的咨询、对先前政策的评估、新研究成果等，此外还有来自互联网的二手资料等。作出公共卫生决策需要关于健康问题的严重程度及其可能趋势的独立、客观的公共卫生信息。[④] 2020 年 12 月，世界卫生组织出台了《2019 冠状病毒

① 参见高鹏飞、吴琼：《科学与决策的协同：新型政府循证决策模式构建与逻辑延伸》，载《领导科学》2021 年第 6 期。

② See J. O. Parkhurst, S. Ettelt, B. Hawkins, *Evidence Use in Health Policy Making: An International Public Policy Perspective*, Palgrave Macmillan, 2018, preface p. 5.

③ See Strategic Policy Making Team Cabinet Office, *Professional Policy Making for the Twenty First Century*, https://dera.ioe.ac.uk/6320/1/profpolicymaking.pdf, Last accessed on June 3, 2022.

④ See C. J. Murray, A. D. Lopez, *Evidence – based Health Policy—Lessons from the Global Burden of Disease Study*, 274 Science 740 (1996).

病（COVID－19）背景下对国际旅行采取基于风险的方法的考虑因素》。[1] 该文件作为新冠疫情期间的临时指导文件，提出了国际旅行的风险评估方法，即港口国根据现有数据，定期进行系统性全面风险评估，评估内容包括：（1）出发国和目的地国的流行病学情况。（2）国家之间的旅行量。（3）发现和护理病例及其接触者的公共卫生和卫生服务的能力和绩效，其中包括目的地国的旅行者。（4）为控制新冠疫情在出发国和目的地国蔓延而采取的公共卫生和社交措施，以及表明这些措施有效减少传播的现有证据。（5）背景因素，包括经济影响、人权和采取措施的可行性等。[2] 在港口国应对外国籍船舶公共卫生风险的语境下，港口国政府需要搜集的信息包括疫情特性（例如病毒的传播途径和潜伏期）、船舶卫生信息、人员数量及健康情况、港口国卫生安全态势、港口国医疗资源状况、先前应对经验、专家咨询意见等。船舶在抵达口岸前，应当将航海健康申报单、寄港清单、医疗日志等文件交由港口国卫生官员核验，核验内容包括船舶经停信息、船员体温监测记录、船上人员用药记录、废弃物卫生状况等。这些信息是港口国用于风险评估的重要信息。

其次，良好的公共卫生决策依赖于高质量信息，高质量强调信息的可靠性。[3] 循证公共卫生理论认为，遵循最佳证据进行科学治理是应对疫情的有效手段，应当明智地使用最佳证据来做出关于社区和人群在健康保

---

① See *Considerations for Implementing a Risk－Based Approach to International Travel in the Context of COVID－19：Interim Guidance*，WHO，https：//apps. who. int/iris/handle/10665/337858，Last accessed on June. 3，2022.

② See *Considerations for Implementing a Risk－Based Approach to International Travel in the Context of COVID－19：Interim Guidance*，WHO，https：//apps. who. int/iris/handle/10665/337858，Last accessed on June. 3，2022.

③ See *Coronavirus：Three Things All Governments and Their Science Advisers Must Do Now*，579 Nature 319（2020）.

护、疾病预防、健康维持和健康促进方面的决定。[①] 高质量信息可以为公共卫生决策提供最佳证据。[②] 目前，入境船舶卫生检疫申报逐渐由纸质申报转变为电子申报，后者更加方便快捷，但仍存在瞒报、谎报、漏报的可能性。错误申报不利于港口国对船舶卫生风险进行正确评估。港口国应对疫情不仅需要收集大量信息，还要对已获取信息进行解读和归纳，验证并评价这些信息的真实性，从中筛选出可靠性强的信息作为确定应对措施的证据。

证据是指支撑一个意见或建议的真实有效的事实或信息资料群。在法律上，证据通常以目击者描述、警方证词、专家意见和法医学报告等形式出现；而在公共卫生领域，证据主要包括流行病学定量数据、项目或政策评价结果，以及用于判断情况的定性资料。[③] 在公共卫生治理中，证据有利于帮助决策者了解公共卫生问题的严重程度、原因和后果，从而进行循证决策。[④] 循证决策是行政主体通过科学方法收集、运用证据进行决策的过程。[⑤] 循证公共卫生决策的目的是用循证医学的理念和证据处理和解决群体的公共卫生问题，即慎重、准确和明智地应用现有最佳研究证据，同时根据当地实际情况和民众的服务需求，制定出切实可行的卫生政策。为了使公共卫生措施达到最佳效果，理想状况下的公共卫生决策总是应当依据科学证据，然而在实际工作中，公共卫生工作人员的决策往往基于短期

---

① 参见［英］罗斯·布朗森主编：《循证公共卫生》，余小瑛、袁恒乐主译，人民卫生出版社2019年版，第2页。

② See T. R. Frieden, *The Future of Public Health*, 18 N Engl J Med Overseas Ed 1748 (2015).

③ 参见［英］罗斯·布朗森主编：《循证公共卫生》，余小瑛、袁恒乐主译，人民卫生出版社2019年版，第3页。

④ See A. L. Buffardi, S. Njambi - Szlapka, *Questions for Future Evidence - informed Policy Initiatives: Insights from the Evolution and Aspirations of National Immunization Technical Advisory Groups*, 18 Health Res Policy Sys 40 (2020).

⑤ 参见温锋华等：《城市突发公共卫生事件的循证治理机制研究》，载《中国管理科学》2023年第1期。

的需求和认识，而缺乏系统规划和最佳证据。[①] 好在近十年中，循证公共卫生决策受到了国际社会和国家卫生部门越来越广泛的关注。[②] 运用证据进行决策是风险评估的高阶逻辑。[③] 港口国进行风险评估，不仅要将信息转变为证据，还要将证据科学地运用于决策。

在风险评估中，通过收集信息获得的证据仅仅是一种初步证据，并非所有初步证据都会应用于评估，而是要从中筛选出用于决策的最佳证据。筛选最佳证据首先要对初步证据进行分级处理。2002 年，美国弗吉尼亚大学的格兰达吉（Grandage）教授提出了证据金字塔模型[④]，即将不同证据划分为不同等级，证据等级越高，有效性和可信度也越高，在公共卫生决策中所占的比重越大。[⑤] 港口国应对船舶公共卫生风险，应当优先选择高等级证据作为研判的最佳证据。根据证据金字塔模型，与船舶和船上人员卫生信息相关的原始数据优先于专家意见，专家意见优先于其他二手资料。

对初步证据进行分级处理的下一步是运用证据。循政决策并非纯粹的科学活动。循证政策专家布莱恩·W. 海德（Brian W. Head）提出了循证决策的三个维度，分别是政策维度、科学维度、实践维度。[⑥] 也有观点直

---

① 参见［英］罗斯·布朗森主编：《循证公共卫生》，余小瑛、袁恒乐主译，人民卫生出版社 2019 年版，第 1 页。

② See A. L. Buffardi, S. Njambi – Szlapka, *Questions for Future Evidence – informed Policy Initiatives: Insights from the Evolution and Aspirations of National Immunization Technical Advisory Groups*, 18 Health Res Policy Sys 40 (2020).

③ 参见高鹏飞、吴琼：《科学与决策的协同：新型政府循证决策模式构建与逻辑延伸》，载《领导科学》2021 年第 6 期。

④ See K. K. Grandage, D. C. Slawson, A. F. Shaughnessy, *When Less is More: A Practical Approach to Searching for Evidence – Based Answers*, 3 Journal of the Medical Library Association 298 (2002).

⑤ 金字塔模型从塔尖至塔底依次为系统评价、试验研究、准实验研究、非实验研究、案例研究和权威意见。

⑥ See B. W. Head, *Three Lenses of Evidence - Based Policy*, 67 Australian Journal of Public Administration 1 (2008).

接将决策者的政治判断、信念和价值观与科学研究成果、早期经验、专家知识共同列为证据。[①] 两种观点都承认了决策者价值偏好在循证决策中的作用。港口国应对外国籍船舶公共卫生风险，是一种综合科学证据和价值偏好，通过成本计算作出的利益选择。珍妮．莫伯格（Jenny Moberg）等人提出了公共卫生决策的 EtD 框架（Evidence to Decision Framework），清晰地阐述了从证据到决策的形成路径。根据 EtD 框架，港口国运用证据应当依次考虑以下七项标准：（1）待决问题是否为优先事项；（2）可能产生何种预期效果与不良影响；（3）预期效果是否大于不良影响；（4）证据的可靠性；（5）资源投入与“成本—效益”分析；（6）决策的公平性；（7）利益相关者的接受程度。[②]

首先，在港口国公共卫生和卫生保健资源有限的环境下，尤其是在港口国国内也暴发严重的公共卫生事件时，确定优先事项是一项比较艰巨的任务。行政主体和业内专家在确定公共卫生领域的优先事项时，通常以本国公共卫生战略目标为指导。例如，美国在公共卫生服务方面建立了四类 2020 年总体健康目标：一是消除可预防的疾病、伤残、伤害和过早死亡；二是达到卫生公平，消除差距，改善所有群体的健康；三是创造促进身体健康的自然环境；四是促进每一生命阶段的健康发育和健康行为。[③] 控制港口口岸公共卫生风险是消除可预防疾病、改善群体健康的重要手段。基于此，应对船舶公共卫生风险应当作为优先考虑的事项。

其次，在资源投入与“成本—效益”分析方面，经济评估是一种有效

---

① 参见周志忍、李乐：《循证决策：国际实践、理论渊源与学术定位》，载《中国行政管理》2013 年第 12 期。

② See J. Moberg, A. D. Oxman, S. Rosenbaum, H. J. et al., *The GRADE Evidence to Decision (EtD) Framework for Health System and Public Health Decisions*, 1 Health Research Policy and Systems 1 (2018).

③ 参见［英］罗斯·布朗森主编：《循证公共卫生》，余小瑛、袁恒乐主译，人民卫生出版社 2019 年版，第 48 页。

的分析方法。经济评估通过比较成本和收益确定最有效的稀缺资源配置方式，换言之，即判断一种干预措施能否以合理的成本换取可能的收益。经济评估的第一要素是视角的选择，港口国评估公共卫生措施的成本和效能时，应当以整体性视角，分别从船上旅客和船员、保险公司、船公司、社会公众、本国纳税人等不同角度进行经济评估。经济评估的第二要素是对成本的识别和衡量。公共卫生风险可能在一定时期内长期存续，时间的延续性会导致港口国在识别和衡量成本时遭遇困难，并间接导致一些难以识别的潜在成本。经济评估的第三要素是对利益的认同和衡量，包括港口国采取公共卫生措施对旅客和船员健康状态的改善以及死亡率的降低。然而，能否改善健康状况是一个比较难测量的项目。经济评估的第四要素是成本与效益的比较。如果将成本放在天平的一边，将利益放在天平的另一边，在港口国应对船舶公共卫生风险时，天平的一边是表现为货币的成本，而另一边是无法用金钱衡量的健康结果。在此情况下，无法判断天平应当向哪一边倾斜。对此，有观点认为，最好的评估方法不是把成本和利益放在天平的两边，而应当考虑“经济评估比”，“经济评估比”是成本增量与效益增量的比值。在经济评估中，成本费用可以分为直接成本和间接成本。前者主要包括劳工成本、供应成本、办公成本，后者主要有时间和旅行成本、治疗费用、避免治疗成本、避免生产力损失成本。这些成本的测量单位都是货币，因而健康的改善也必须以货币的方式呈现，即健康改善计量指标。医学研究中，常见的健康改善计量指标有修正生命年、残疾—修正的生命年、健康等价年和质量修正生命年等。①

在 EtD 框架的七项检验标准中，前六项标准的判定体现了决策者价值偏好的作用。这是因为，良好的公共卫生决策不仅依赖于可靠的经验数据

① 参见［英］罗斯·布朗森主编：《循证公共卫生》，余小瑛、袁恒乐主译，人民卫生出版社 2019 年版，第 72 页。

和科学证据，还依赖于合理的伦理推理（ethical reasoning），即决策者的价值判断。[①] 港口国进行风险评估时，本国政府的价值偏好会影响其对证据的选择。世界卫生组织《2019 冠状病毒病（COVID－19）背景下对国际旅行采取基于风险的方法的考虑因素》就将“背景因素”作为评估的标准之一。[②] 决策者的经济背景、接受风险的意愿、伦理决策等均是影响决策者价值偏好的重要因素。[③] 在港口国应对疫情的语境下，港口国进行风险评估时，除了公共卫生数据和专家知识的科学判断外，本国政府的价值偏好也会影响其对证据的选择。

应当注意，在公共卫生领域，决策的政策维度意味着任何给定的决策都可能涉及多个相互竞争的利益，而利益冲突可能导致证据被战略性地用于追求政治目标。[④] 例如，英国政府曾于 2015 年积极推进烟草制品标准化包装（Standardised Packaging）政策，即通过在包装上使用图形健康警告减少本国烟草使用，烟草公司为保障自身利益，通过伪造、滥用证据阻止这一公共卫生政策的实施。[⑤] 循证决策要求港口国在决策过程中紧紧围绕

---

① See T. Campos－Rudinsky, E. Undurraga, *Public Health Decisions in the COVID－19 Pandemic Require More Than "Follow the Science"*, 5 Journal of Medical Ethics 296 (2021).

② 参见《2019 冠状病毒病（COVID－19）背景下对国际旅行采取基于风险的方法的考虑因素》，载世界卫生组织网，https://apps.who.int/iris/bitstream/handle/10665/337858/WHO－2019－nCoV－Risk－based_international_travel－2020.1－chi.pdf，最后访问日期：2022 年 4 月 18 日。

③ See R. M. Olalekan, A. G. Raimi, T. C. Adias, *"Silent Pandemic": Evidence－Based Environmental and Public Health Practices to Respond to the COVID－19 Crisis*, in Science－Based Approaches to Respond to COVID and Other Public Health Threats. London, United Kingdom: IntechOpen, 2021 [Online]. Available: https://www.intechopen.com/chapters/78709, doi: 10.5772/intechopen.100204.

④ See J. Parkhurst, *The Politics of Evidence: From Evidence－Based Policy to the Good Governance of Evidence*, Taylor & Francis, 2017, p. 66－68.

⑤ See Ulucanlar S., Fooks G. J., Hatchard J. L., Gilmore A. B., *Representation and Misrepresentation of Scientific Evidence in Contemporary Tobacco Regulation: A Review of Tobacco Industry Submissions to the UK Government Consultation on Standardised Packaging*, PLoS Med, Vol. 11 (3), e1001629 (2014).

公共卫生信息等科学证据，尽可能避免因决策者价值偏差导致狭隘的工具理性。①

除体现决策者价值偏好的六项标准外，EtD 框架的第七项标准强调利益相关者的接受程度，表明循证决策不能以纯粹的科学技术排除公众参与。② 为避免出现技术官僚的后果，港口国在风险评估中，尤其是在早期经验、专家知识、需求者期望之间出现明显矛盾的情况下，应当考虑专家对船舶公共卫生风险的评估意见和传染病预防和治疗方面的专业知识，以及旅客、船员在获得药物、急救或其他帮助方面的期望，进行综合研判。③

然而，实践中，一些港口国并未平衡好自身价值偏好与旅客和船员接受程度之间的关系，而是在应对口岸公共卫生输入风险时通常优先考虑本国公共卫生利益。例如，日本政府曾于 2020 年 2 月 4 日接受暴发疫情的"钻石公主"号邮轮在横滨港挂靠，但在 2 月 6 日拒绝"威士特丹"号邮轮在相同港口挂靠，且后者并未发现有旅客或船员感染病毒。显然，"威士特丹"号邮轮可能造成的公共卫生危害较"钻石公主"号邮轮更小，日本政府却拒绝"威士特丹"号邮轮挂靠，难以满足《国际卫生条例》第 43 条规定的港口国适用额外卫生措施的条件。对此，一种解释是"钻石公主"号邮轮载有 1285 名日本籍旅客，而"威士特丹"号邮轮仅载有 5 名日本籍旅客。④ 日本政府在决定是否授予船舶"无疫通行"时将本国籍旅

① 参见王学军、王子琦：《从循证决策到循证治理：理论框架与方法论分析》，载《图书与情报》2018 年第 3 期。

② 参见郁俊莉、姚清晨：《从数据到证据：大数据时代政府循证决策机制构建研究》，载《中国行政管理》2020 年第 4 期。

③ 参见冯佳昊、陈安：《基于循证决策理念的智库证据分级与决策路径建构》，载《中国科技论坛》2022 年第 5 期。

④ See Sun, S. & Zhao, L., *Legal Issues and Challenges in Addressing the Coronavirus Outbreak on Large Cruise Ships: A Critical Examination of Port State Measures*, Ocean & Coastal Management, Vol. 217, 105995 (2022).

客数量作为一种政治因素体现了决策者的价值判断，[①] 表明该国在具有涉外性的口岸公共卫生治理中具备强烈的主权意识。但同时，国际公共卫生事项也与船上人员的利益直接相关。根据公共卫生决策的 EtD 框架，港口国决定是否授予船舶“无疫通行”还应当考虑旅行者和船员的期望。“威士特丹”号等一系列邮轮被拒绝挂靠事件表明，在公共卫生决策的综合研判中，政治因素通常占据核心位置，船上人员的期望通常不被重视。尽管行政决策客观上不免受到政治因素的影响，[②] 但过于重视此种因素而忽视船上人员的期望，将导致风险评估拘于形式。由此产生的问题是，港口国如何兼顾本国卫生安全利益和船上人员的期望？

2022 年 1 月，美国在《国际卫生条例》的拟议修正案中提出，在《国际卫生条例》第 18 条新增第 4 款：“在根据《国际卫生条例》，包括根据第 43 条实施卫生措施时，缔约国应该在考虑到相关国际法的情况下，根据预防疾病传播的循证措施，及时解决旅行者遣返问题”。[③] 据此，有必要进一步推进风险评估在港口国应对公共卫生输入风险时发挥作用，否则港口国采取卫生措施的合理性可能因缺乏必要证据而遭受质疑。对于港口国国内法而言，解决前述问题，应当完善本国风险评估规则，坚持以维护国家主权为价值目标，同时平衡好本国的公共卫生风险预防需求和船上人员下船、获得救治的期望。

对于海上货物运输，除考虑国家公共卫生安全和船上人员期望外，还应当考虑航运物流畅通对于维护全球供应链稳定、实现国家经济高质量发

---

① See Ulrich, M. R., *Law and Politics, An Emerging Epidemic: A Call for Evidence – Based Public Health Law*, American Journal of Law & Medicine, Vol. 42 (2 –3), p. 256 –283 (2016).

② 参见邹东升、陈昶：《“循证式”重大行政决策社会稳定风险评估建构》，载《电子政务》2019 年第 12 期。

③ 世界卫生组织：《加强世卫组织对突发卫生事件的防范和应对　对〈国际卫生条例（2005）〉的修正案》（A75/18），2022 年 1 月 20 日于日内瓦。

展的重要作用。港口国如何在保障口岸公共卫生安全的同时保障航运物流畅通？这一问题作为涉外公共卫生法治的特有问题，多次在实践中对港口国造成困扰，却又长期被忽视。事实上，这一问题涉及国家经济利益与安全利益之衡量，证据运用在一定程度上会体现决策者的价值判断，应当归入 EtD 框架中“某一卫生措施可能产生何种预期效果与不良影响”的内容。港口国可通过在国内法中明确解决涉外公共卫生问题的价值取向、完善风险评估规则使这一问题得到解决。

综上所述，港口国应对船舶公共卫生风险的风险评估的逻辑演绎可以概括为“收集信息—验证筛选—综合研判”三个步骤，如图 3－3 所示。其中，综合研判的标准不仅可以在执法层面指导行政主体评估风险，也可以在司法层面用于对行政主体履行风险评估义务这一具体行政行为的审查，即依据此种标准审查风险评估证据是否充足。

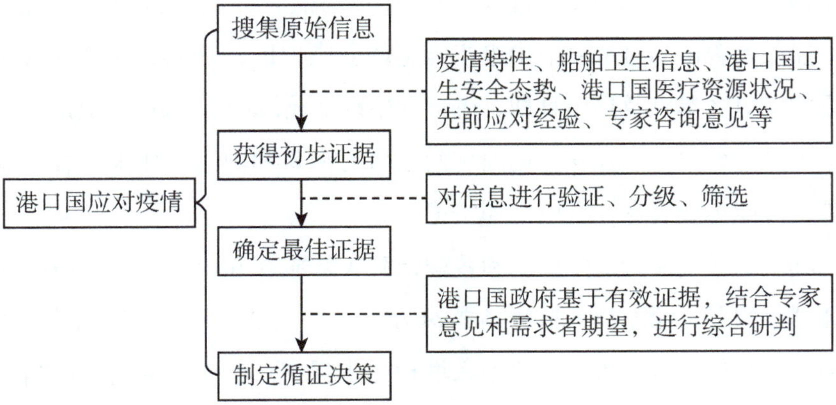

图 3－3 港口国应对船舶公共卫生风险的风险评估的逻辑演绎

注：该图由作者自制。

为更加清楚地阐明上述流程，下文将港口国运用风险评估方式授予船舶“无疫通行”带入上述运作流程进行检验。在信息收集阶段，港口国应当评估船舶卫生状况，获取船舶途经挂靠港、船上人员最近一段时间内的旅居史、船上是否有人员出现发热症状等信息。在确定最佳证据时，应当对已收集的零散信息进行去伪和加工，转化为证据。在综合研判阶段，除证明船舶公共卫生和船上人员健康情况的证据外，港口国还应当考虑船舶是否具备单独隔离条件、港口国是否有足够的能力为船上所有人员提供检疫场所，并结合挂靠港当地的医疗资源情况、船公司和船上人员的意愿进行综合研判，评估拒绝授予船舶“无疫通行”能否达到保障公共卫生安全等预期的社会效果。

2. 风险评估的考虑因素

风险评估考虑的因素应当围绕船舶挂靠对于港口国的疫情输入风险来确定。首先，通过溯源管理确定国际邮轮上的旅客或船员是否来自高风险国家。为此，需要了解船舶起运港或航行期间挂靠的港口所在国是否为高风险国家。这一信息可以通过船舶的航海健康申报单获得。根据《国际卫生条例》附件 8 的要求，船长应当如实填写航海健康申报单，其内容包括：船舶是否访问过世界卫生组织确定的受染地区，开航后或最近四周内停靠的港口名单以及离岸日期，航行开始以来或最近 30 天内上船的船员或其他人员的名单，以及在此期间访问的所有港口和国家。如果旅客和船员感染或可能感染病毒，也应当如实记录。

其次，通过流行病学调查和核酸检测了解旅客和船员最近一段时间的身体健康状况。船舶预计抵达口岸 24 小时前，船公司或其在当地的代理人应当向检验检疫机构申报，填报入境检疫申报书。船舶靠港前，应当在最先抵达口岸的指定地点接受检疫，办理入境检验检疫手续，提交航海健康申报单、船员名单、旅客名单，并应检验检疫人员的要求提交交通工具卫生证书、预防接种证书、健康证书以及航海日志。检验检疫机构根据实际情况确定具体的检疫方式。根据《国际航行船舶出入境检验检疫管理办法》第 9 条和第 12 条，以及《出入境邮轮检疫管理办法》第 14 条和第 15 条的规定，船上有来自检疫传染病疫区的病人、感染检疫传染病的病人、疑似感染检疫传染病者的，应当实施锚地检疫；如旅客或船员需要救治，或者外国籍船舶首次入境且公共卫生体系风险不明，可以实施随船检疫。检疫期间，检疫人员根据实际需要进行登轮检疫，了解船上人员的身体状况、查看健康申报、查阅邮轮医疗日志，并完成核酸检测取样工作。除这些信息外，旅客和船员的疫苗接种情况对于评估公共卫生风险有重要意义。[①] 外国籍船舶上的旅客和船员是否已按照港口国或者世界卫生组织的疫苗接种要求完成疫苗接种，应当作为考虑是否许可外国籍船舶挂靠的一个重要因素。

风险评估完成后，根据《国际卫生条例》第 6 条的规定，港口国负有向世界卫生组织报告的义务。因此，港口国拒绝或决定授予外国籍船舶"无疫通行"后，应当继续与世界卫生组织保持沟通，提供与报告事项有关的具体准确的公共卫生信息，必要时提出其在应对船舶公共卫生风险时的困难和需求。此外，港口国应当按照世界卫生组织的要求，对已通报的潜在突发公共卫生事件进行核实，提供用于确认事件状态的信息。港口国履行报告和核实义务，有利于世界卫生组织及时向其他缔约国提供信息，确定该事件是否构成突发公共卫生事件，并向港口国提供适当的指导、咨询和帮助。

（三）口岸公共卫生输入风险对我国风险评估规则的挑战

目前我国公共卫生治理方面的法律法规主要有 6 部，分别为《国境卫生检疫法》及其 2019 年实施细则、2013 年《传染病防治法》及其 1991 年实施办法、2007 年《突发事件应对法》、2011 年《应急条例》、2006 年《国家突发公共卫生事件应急预案》（以下简称《应急预案》）、2006 年

① 参见胡正良、李雯雯：《新冠肺炎疫情期间国际海员换班难的法律问题与应对》，载《中国海商法研究》2022 年第 1 期。

《国家突发公共事件总体应急预案》（以下简称《总体应急预案》）。其中，《突发事件应对法》第5条规定，“国家建立重大突发事件风险评估体系”；《应急条例》第26条规定，“卫生行政主管部门应当组织专家对突发事件进行综合评估”；《总体应急预案》规则3.3.2规定：“要对特别重大突发公共事件的起因、性质、影响、责任、经验教训和恢复重建等问题进行调查评估。”在此基础上，《应急预案》构建起一套疾病预防控制机构主导的“定级评估—综合评估—后期评估”的专家评估体系。①

此外，风险评估的具体规则散见于原卫生部2012年《突发事件公共卫生风险评估管理办法》（以下简称《风险评估办法》）、2006年《国家突发公共事件医疗卫生救援应急预案》。在上述法律法规和技术标准的支撑下，我国已经建立起比较完善的风险评估制度。

2021年7月30日，巴拿马籍“弘进”（Grand Progress）轮从菲律宾出发，所有船员为中国籍国际海员。因船上多名船员出现发热症状，被原定目的港（江苏如皋港）拒绝停靠，致使该轮身体不适的船员滞留在海上，9日后才在浙江舟山港获得救助。② 按照风险评估的要求，原定目的港如皋港在拒绝该轮挂靠前，应当对该轮上具有发热症状的船员的健康情况、该轮正常配员水平可能受到影响的程度，以及如皋港当地可能对该轮船员实施检疫、隔离和治疗所需要的医疗条件进行科学评估，再作出是否允许该轮挂靠的决定。③ 仅因为外国籍船舶可能对当地公共卫生安全造成威胁、没有足够的科学证据进行支持就决定拒绝该轮挂靠的行为，缺乏合法性基础。

---

① 参见《应急预案》规则4.2.2（2）、规则4.2.2（8）、规则5.1。

② 参见杨雪：《“弘进轮”舟山获救背后：国际航运船员“下船难”困局》，载新京报网2021年8月14日，https：//www.bjnews.com.cn/detail/162886676114509.html。

③ 参见胡正良、李雯雯：《新冠肺炎疫情期间国际海员换班难的法律问题与应对》，载《中国海商法研究》2022年第1期。

风险评估是公共卫生应急管理的重要环节，对有效防范和应对突发公共卫生事件具有重要意义。[①] 在新冠疫情这场大考中，我国应对口岸公共卫生输入风险的实践做法暴露出风险评估法律规范不完善和实施效果不佳的问题。疫情期间，国家发展改革委于2020年紧急下达中央预算内投资5亿元，为口岸疫情防控提供专项支持，[②] 基本满足了口岸公共卫生治理需求。但不能否认，我国风险评估规则有待完善。

1. 理念冲击和制度缺陷

口岸公共卫生输入风险对我国风险评估规则的挑战主要在于冲击了公共卫生法治理念，体现为对国家主权、风险预防、航运特殊性关注不够。

一是公共卫生法治理念对国家主权的关注不够，没有区分涉外性公共卫生事件与非涉外性公共卫生事件。外国籍船舶公共卫生事件具有明显的涉外性。然而，除《国境卫生检疫法》外，《突发事件应对法》和《传染病防治法》等国内主要公共卫生法律规范在立法价值层面对国家安全的考虑不够，在制度设计上没有体现出对涉外公共卫生事件的特别关注。

二是应急管理理念对事前预防的重视程度不够。研究公共卫生治理应当从社会和经济两个层面展开。[③] 在社会层面，事前预防有利于保障公众的健康和生命安全；在经济层面，预防疫情暴发相比于事后实施隔离、治疗等卫生措施治理成本更低，且疫情暴发会对当地经济发展造成冲击。因而，应对突发公共卫生事件相较于应对其他突发事件更加需要事前预防。然而，《突发事件应对法》并未给予公共卫生事件足够的关注。事实上，不仅《突发事件应对法》，我国目前的应急法治理念总体上对风险预防的

---

① 2012年《突发事件公共卫生风险评估技术方案（试行）》前言部分。

② 参见《国家"十四五"口岸发展规划》，载海关总署，http://www.customs.gov.cn/customs/302249/zfxxgk/zfxxgkml34/3896488/index.html，最后访问日期：2022年10月2日。

③ 参见张守文：《公共卫生治理现代化：发展法学的视角》，载《中外法学》2020年第3期。

重视程度不够，应急管理制度在设计上轻事前预防。[①] 正因如此，风险评估在船舶公共卫生风险应对中的作用没有被充分发挥。

三是公共卫生法治理念对航运领域的特殊性关注不够。应对船舶公共卫生风险，一方面要尽可能降低此种风险，另一方面要考虑疫情导致的供应链紧张问题，因而行政主体在进行风险评估时，既要注重保障公共卫生安全，也要保障航运畅通，兼顾国家安全利益和经济利益。

前述理念冲击凸显出我国风险评估规则存在适用情形不明、行政主体职权交叉、义务履行的审查和监督机制空白的制度缺陷。

一是风险评估在何种情形下适用以及口岸公共卫生风险的定级问题。《突发事件应对法》第 3 条将公共卫生事件分为特别重大、重大、较大和一般四级。应对口岸公共卫生风险应当分级管理。然而，关于风险评估的适用情形，现行法律法规至少存在以下三种不同规定：第一种，风险评估在特别重大的情形下适用；[②] 第二种，风险评估在重大突发公共卫生事件中适用；[③] 第三种，风险评估在各级公共卫生事件中均应当适用。[④] 公共卫生风险的等级确认会在客观上影响公众对事件的接受程度和政府的应对措施。[⑤] 此种适用情形的法律规范冲突，是完善我国风险评估规则首先需要解决的问题。前述“弘进”轮在江苏如皋港被拒绝挂靠，而后挂靠于浙江舟山港，表明我国各港口对于口岸公共卫生风险等级没有明确清晰的判定标准，导致风险评估在实践中效果不佳。

---

① 参见钟雯彬：《〈突发事件应对法〉面临的新挑战与修改着力点》，载《理论与改革》2020 年第 4 期。

② 《应急预案》第 3.3.2 条。

③ 《突发事件应对法》第 5 条。

④ 《应急条例》第 26 条和《突发事件公共卫生风险评估管理办法》第 8 条。

⑤ 参见刘志欣：《风险规制视域下我国政府应急管理回应模式研究》，上海交通大学出版社 2018 年版，第 67 页。

二是行政主体的职权交叉问题。在我国，外国籍船舶公共卫生输入风险由靠泊码头所在地的各口岸监管单位共同负责综合研判，包括海关、边检、卫健、港口，以及船舶所在港口的地方疫情防控指挥办等。现行法律法规关于风险评估义务的履行主体，至少存在以下三种不同规定。第一种是《突发事件应对法》第20条规定的各级人民政府。第二种是《应急条例》第26条规定的政府卫生行政主管部门。第三种是《国境卫生检疫法》第15条规定的国境卫生检疫机关。实践中，疫情应对通常由国家卫生健康委、公安部、工业和信息化部、海关总署、移民局、民航局等部门合作完成，此外，海事、海关、边检等直属查验机构联合地方政府部门建立联合防控工作机制。[①] 可见，我国公共卫生治理实践采用整体性治理路径，即不同职能部门共同治理、中央和地方共同治理。整体性治理的本意在于提升治理能力和行政效率，降低行政成本。[②] 然而，上述规范冲突导致多头执法，不同主体分别对船舶公共卫生风险进行评估，各自决策意见不统一，进而导致治理碎片化，无法体现整体性治理的优势。

三是风险评估义务履行的审查和监督机制空白。由于卫生措施可能侵害私主体权益，而保障私主体权益正是风险评估的重要作用之一。建立审查与监督机制对于保障行政相对人权益十分重要。[③] 但是，我国目前并没有关于行政主体履行风险评估义务的审查与监督机制。

《全国人大常委会2022年度立法工作计划》将"强化公共卫生法治保障"作为年度立法修法工作的重点。风险评估是公共卫生治理的重要组成部分，完善风险评估规则是强化公共卫生法治保障的必然要求。港

---

① 参见《国家"十四五"口岸发展规划》，载海关总署，http://www.customs.gov.cn/customs/302249/zfxxgk/zfxxgkml34/3896488/index.html，最后访问日期：2022年8月2日。

② 参见王敬波：《面向整体政府的改革与行政主体理论的重塑》，载《中国社会科学》2020年第7期。

③ See Hunt P., Backman G., *Health Systems and the Right to the Highest Attainable Standard of Health*, Health Hum Rights, Vol. 10: 1, p. 81-92 (2008).

口国应对口岸公共卫生输入风险事关国家总体安全。下文以总体国家安全观为指导，针对前述理念冲击和制度缺陷，提出我国风险评估规则的完善路径。

2. 我国风险评估规则之理念提升

一是坚持国家主权原则。外国籍船舶公共卫生治理具有涉外性。总体国家安全观强调必须坚持国家利益至上，坚决维护国家主权利益、安全利益、发展利益，以人民安全为宗旨，统筹自身安全和共同安全。因而，我国行政主体运用风险评估手段制定循证决策，应当强化内外有别的底线思维，以维护国家主权、保障国家利益为首要目标。

二是坚持风险预防原则。提高口岸公共卫生安全治理水平，应当推动公共卫生安全治理模式向事前预防转型。强化公共卫生法治保障，应当坚决贯彻预防为主的工作方针。事前预防存在损害预防与风险预防两种不同理论。二者都坚持预防为主，前者指运用既有知识和经验提前采取措施以避免可预见的损害，而非事后补救；后者针对损害结果难以确定的情形，强调“安全好过后悔”（better safe than sorry），认为对于一旦发生将严重危害民众健康和生命、造成社会经济巨大损失的卫生事件，如果能够合理怀疑相关行为存在风险，应当立刻将风险扼杀在萌芽状态。[①] 考虑到外国籍船舶公共卫生输入风险的涉外性，风险预防原则更加符合保障国家公共卫生主权的要求。根据该原则，如果对外国籍船舶公共卫生风险产生合理怀疑，即可拒绝该船舶挂靠，而无须证明此种风险实际存在。此外，风险预防原则的确立使得风险评估与公共卫生事件分级的关系得以明确，即通过风险评估判定事件等级，并启动相应级别的行动，而非仅在重大或特别重大公共卫生事件中才适用的风险评估。

三是坚持科学原则。科学性是确保卫生措施合法性的前提，尽管风险

---

① 参见金自宁：《风险视角下的突发公共卫生事件预警制度》，载《当代法学》2020 年第 3 期。

评估通常在科学不确定的情形下适用，但仍应当以科学证据为依据。① 科学原则要求行政主体在评估外国籍船舶公共卫生输入风险时运用科学方法、依据科学证据。② 在评估外国籍船舶公共卫生输入风险时，科学性贯穿于以下三个步骤：一是判断船舶是否发生了威胁公共卫生安全的风险，二是评估卫生措施对降低风险的效用，三是判断实施卫生措施带来的收益是否足以使限制个人权利的措施具备合法性。③ 可见，科学原则要求目的与手段、成本与收益之间应当合比例，与前述国家主权原则和风险预防原则的价值目标存在一定差异。《国际卫生条例》第 43 条第 2 款提出的科学原则在《应急条例》中得到了充分贯彻。④ 行政主体进行风险评估时，应当以科学证据为依据，既要履行国际法义务，也要保障国家公共卫生主权，平衡好科学原则与国家主权原则、风险预防原则之间的关系。

3. 我国风险评估规则之制度优化

一是加强口岸公共卫生事件分级分类治理。首先，应当注重突发公共卫生事件与其他突发事件的差异。前者适用风险预防原则，对公共卫生风险的判断采用合理怀疑标准。其次，应当注重口岸公共卫生与境内公共卫生在治理方式上的差异，前者应当在公共卫生治理中关注航运的特殊性，考虑船员保护问题，尤其是中国籍船员在外国籍船舶工作的情形。根据科

① 参见李筱永：《公共卫生法治的制度逻辑》，载《医学与哲学》2021 年第 11 期。

② See Zhang, X., Wang, C., *Prevention and Control of COVID－19 Pandemic on International Cruise Ships: The Legal Controversies*, Healthcare, Vol.9: 3, p.281 (2021).

③ See Gostin L. O., *Jacobson v. Massachusetts at 100 Years: Police Power and Civil Liberties in Tension*, American Journal of Public Health, Vol.95: 4, p.576－581 (2005).

④ 《突发公共卫生事件应急条例》第 6 条明确“公共卫生治理应当开展科学研究”，第 15 条要求“科学分析、综合评价监测数据”，第 31 条提出要“发挥科学研究机构在突发事件应对中的作用，集中力量开展科学研究工作”。此外，《突发事件公共卫生风险评估管理办法》第 1 条提出“科学研判突发事件公共卫生风险”，第 4 条明确“突发事件公共卫生风险评估应当遵循科学循证的原则”。

学原则的要求，应当参考《应急条例》第 15 条关于分类应对的规定，① 制定专门适用于船舶公共卫生事件的分级标准，解决不同法律规范间的分级冲突问题。世界卫生组织西太平洋区域办事处（the WHO Regional Office for the Western Pacific，WPRO）的事件管理支持小组为船舶公共卫生风险评估提供了可供参考的风险等级判定标准（见表 3－2），可为我国完善风险评估制度提供参考。

表 3－2　船舶公共卫生风险等级判定

船舶公共卫生情况			风险等级
船舶暴发疫情	船上有确诊病例		很高
	船上曾经有确诊病例		高
船舶未暴发疫情	船上人员出现感染症状		中
	船上人员无症状	航程时间短于检疫期	低
		航程时间长于检疫期	很低

资料来源：See *Risk Assessment for Ships*, https：//covid－19. moh. gov. my/garis－panduan/garis－panduan－kkm/Appendix _6 _ －_COVID _ ship _ risk _ assessment. pdf, Last accessed on Dec. 2, 2022.

与此相关的一个问题是，如何理解《国家突发公共事件医疗卫生救援应急预案》第 2 条规定的医疗卫生救援事件分级与《突发事件应对法》第 3 条规定的突发公共卫生事件分级之间的关系？与《突发事件应对法》的规定一样，《国家突发公共事件医疗卫生救援应急预案》第 2 条将医疗卫生救援事件分为四个不同等级，但分级标准有所不同，后者在考虑突发公共卫生事件等级的同时，还将伤亡人员数量和事故辐射区域作为重要考虑因素。

风险评估理论认为，突发事件等级是风险发生概率和损害程度二者的

① 《突发公共卫生事件应急条例》第 15 条第 1 句规定：“监测与预警工作应当根据突发事件的类别，制定监测计划，科学分析、综合评价监测数据。”

函数，同一等级所对应的影响区域和损害程度大致相同；但2005年美国卡特里娜飓风事件表明，等级较低的突发事件也可能导致严重后果。[①] 在船舶暴发疫情的情形下，对于货轮而言，伤亡人数通常不会超过船员总人数，事故辐射区域也基本固定。因而，即使船舶已经暴发了严重的疫情，但仍可能适用较低的响应标准，从而不利于对船员的救治。由于船上环境特殊，从风险预防原则出发，一旦船上有确诊病例，船上其他所有人员均应视为确诊病例的密切接触者。同理，如果船上有人员出现发热等感染症状，应将其视为疑似病例。

二是强化领导体制。口岸公共卫生风险涉及国家安全，具有高度复杂性，需要调动政府、政府部门和各直属查验机构。根据现行法律法规，各级政府、卫生行政主管部门、国境卫生检疫机关均负有风险评估义务。有观点认为，我国公共卫生风险评估各项矛盾的源头在于管理体制错综复杂导致的职权冲突和多头执法问题。[②] 建设综合协调型的口岸公共卫生风险评估体制，应当强化领导体制，确立牵头抓总的行政主体。依据《突发事件应对法》第8条的规定，突发事件应急指挥机构负责组织、协调、指挥突发事件应对工作。实践中，应对口岸公共卫生输入风险的指挥、协调工作通常由联防联控机制负责。据此，可以根据实际需要确立由联防联控机制负责风险评估的领导与指挥工作。并且按照职权法定原则的要求，在法律中对此作出明确规定。

三是提高获取信息的能力。应对外国籍船舶公共卫生输入风险，尤其是新型传染病的暴发，通常需要对疫情的发展态势作预判，而证据的有效性和科学性直接影响预判的准确性。为促进缔约国开展风险评估，世界

---

① 参见刘志欣：《风险规制视域下我国政府应急管理回应模式研究》，上海交通大学出版社2018年版，第67页。

② 参见钟开斌：《“一案三制”：中国应急管理体系建设的基本框架》，载《南京社会科学》2009年第11期。

卫生组织曾在其2012年发布的《突发公共卫生事件快速风险评估》(Rapid Risk Assessment of Acute Public Health Events）中指出，证据将直接影响风险评估的可信度。[①] 港口国应对口岸公共卫生输入风险时，如何获得全面的信息并从海量信息中提取到高质量信息成为信息获取的一大难题。

首先，世界卫生组织的信息来源较广，包括政府机构、《国际卫生条例》国家归口单位、世界卫生组织办事处、新闻媒体和其他组织或伙伴。[②] 世界卫生组织在港口国信息获取中的另一重要作用在于帮助排除错误信息。世界卫生组织在《2022—2023年规划预算方案》中提出，排除虚假和错误信息，支持各国进一步开发和采用具有成本效益的循证干预措施。[③] 其次，与其他国家进行信息共享的常用方法是设置数据可视化面板，对外发布经过整理的实时卫生监测数据。截至2020年3月25日，约57%的国家（110个）发布了有关新冠疫情的信息，而约43%的国家（83个）没有发布。但截至2020年4月8日，约87%的国家（167个）已在其门户网站中发布了有关新冠疫情的信息和指导。[④] 此种做法可以帮助船舶了解挂靠港卫生情况，提前决定是否挂靠。最后，应对卫生安全挑战涉及广泛的公共和私人行为者，除政府间组织外，还有民间社会组织、慈善基金会、私营企业等。世界卫生大会在2016年5月通过的《非国家行为者交往的框架》中将此类主体定义为“非国家行为者”。这些非国家行为者可以

① WHO, Rapid Risk Assessment of Acute Public Health Events, Geneva: WHO, 2012.

② 世界卫生组织《国际卫生条例（2005）》实施情况年度报告：总干事的报告。Geneva: WHO, 2020.

③ 世界卫生组织《国际卫生条例（2005）》实施情况年度报告：总干事的报告。Geneva: WHO, 2020.

④ See *U. N. Digital Technologies Critical in Facing COVID－19 Pandemic*, https: //www. un. org/development/desa/en/news/policy/digital－technologies－critical－in－facing－covid－19－pandemic. html, Last accessed on Aug. 2, 2022.

在全球卫生治理中发挥国际联合监管作用，其提供证据的能力甚至超越主权国家。[①] 我国应当与这些非国家行为者建立更加密切的联系，获得非国家行为者在提供科学证据方面的支持，从而完善我国公共卫生信息网络建设。

四是确立风险评估义务履行的审查与监督机制。《国际卫生条例》关于风险评估义务履行的审查规则主要由两部分组成。一部分是缔约国自我审查，依据《国际卫生条例》第 43 条第 6 款的规定，缔约国执行卫生措施后，应当在三个月内对已经执行的措施进行复查。另一部分是世界卫生组织审查，依据《国际卫生条例》第 54 条第 2 款的规定，由卫生大会定期对《国际卫生条例》的实施情况进行审查。根据《国际卫生条例》和《缔约国自评年度报告工具指导文件》，港口国风险评估义务的履行情况应当接受审查。[②]

在我国，为了促进行政主体履行风险评估义务，应当确立风险评估义务履行的审查规则。审查内容主要包括口岸公共卫生风险定级和卫生措施预判的合理性。在审查模式上，可以将风险评估义务履行情况的审查划分为即时审查和事后审查两类。一旦发生重大或特别重大的公共卫生事件，应当就行政主体是否基于证据评估风险进行即时审查。同时，考虑到风险应对的迫切性，即时审查可以采取形式审查的方式，即仅要求行政主体提供制定决策所依据的现有科学证据或现有信息，例如外国籍船舶的航海健康申报单、寄港清单、医疗日志等文件的副本，而不对这些证据的确定性和完整性进行审查。由此，基本足以应对世界卫生组织的事后审查。

---

① 参见何田田：《“现有科学证据”规则与全球卫生法的完善》，载《中国社会科学院研究生院学报》2020 年第 6 期。

② See International Health Regulations (2005): State Party Self - Assessment Annual Reporting Tool, Second Edition, Geneva: WHO, 2021.

在确定审查模式后，还应确定审查标准和审查主体。依据《国际卫生条例》第43条第2款的规定，现有科学证据应当符合充分性的要求。为保证审查标准的一致性，我国行政主体制定循证决策依据的证据也应当满足这一标准。审查风险评估是否合理，可以参考国际公共卫生法学者戈斯廷（Gostin）提出的评估卫生措施应当考虑的七项标准：（1）传播风险是否显著；（2）对行动自由的限制有多严格；（3）强制程度如何；（4）受限制人群的规模多大；（5）可能产生哪些社会、政治和经济影响；（6）卫生行政部门如何监控被隔离人员的健康状况并满足他们的基本需求；（7）利益和负担是否公平分配。[①]

在传播风险方面，流行病按照不同流行程度可以划分为地方性流行病（endemic）、流行病（epidemic）、全球性流行病（pandemic）三种类型，传播风险依次增高。[②] 新冠疫情作为全球性流行病，传播风险很高。船上人员如果感染病毒，下船可能导致病毒跨境传播。[③]《国际卫生条例》附件二提出了“为评估和通报可能构成国际关注的突发公共卫生事件而适用决策文件的实例”，为港口国评估公共卫生风险提供指导。该附件列出了评估时应当考虑的四项标准：（1）事件的公共卫生影响是否严重；（2）事件是否不寻常或意外；（3）是否有国际传播的严重危险；（4）是否有限制国际旅行或贸易的严重危险。如果满足其中两项标准，说明传播风险较大，港口国应当向世界卫生组织报告。在对行动自由的限制方面，检疫期间、检疫地点、检疫条件的差异均会影响限制程度。例如，岸上检疫较船上检

---

① See Lawrence O. Gostin, *Public Health Law: Power, Duty, Restraint*, University of California Press, 2016, p. 417.

② See Lawrence O. Gostin, *Public Health Law: Power, Duty, Restraint*, University of California Press, 2016, p. 347.

③ See Zhang, X., Wang, C., *Prevention and Control of COVID－19 Pandemic on International Cruise Ships: The Legal Controversies*, Healthcare, Vol. 9: 3, p. 281 (2021).

疫限制更小，单人单舱较多人同舱限制更小，房间有窗较房间无窗限制更小。港口国应当尽可能选择对行动自由限制较少的方式实施检疫。在受限制人群的规模方面，对邮轮旅客实施检疫，受限制人群的规模较大。在社会影响方面，疫情暴发会导致医疗需求的激增，医院需要更多的工作人员、床位和设备。[①] 此外，船上人员可能患有慢性疾病缺乏药物，或受伤需要急救。因而，港口国对船上人员实施检疫等卫生措施，应当结合疫情传播风险、措施对船上人员的限制和强制程度、船上旅客和船员的数量及其健康状况、挂靠港所在地的医疗资源、措施可能产生的社会影响等因素进行综合研判。

至于审查主体，《应急预案》规则6.1.4规定："国家建立统一的卫生执法监督体系。"规则4.2.5规定，由卫生监督机构承担卫生监督和执法稽查职责。问题在于，风险评估工作由卫生行政部门组织实施，而卫生监督机构受卫生行政部门领导。这种行政主体间下级对上级的内部监督容易导致监督流于形式。解决这一问题，应当由国家监察机制介入，由监察部门作为审查主体可以保证审查中立。依据《监察法》第11条第1款的规定，监察委员会应当对公职人员依法履职情况进行监督检查。国务院安委会在2013年11月15日发布的《进一步加强生产安全事故应急处置工作的通知》（安委〔2013〕8号）中指出，监察部门对应急处置工作负有指导义务。可见，监察部门已经介入应急处置工作，应当强化监察权在公共卫生应急处置领域的积极作用。

此外，促进行政主体履行风险评估义务还应当建立外部监督机制。风险具备双重属性，包括客观的技术性风险和主观的构建性风险。技术性风险评估面对客观事实，依靠专家理性；构建性风险评估涉及价值和认识

---

① See Lawrence O. Gostin, *Public Health Law: Power, Duty, Restraint*, University of California Press, 2016, p. 417 -419.

论，体现公众的价值观。[①] 21世纪的公共卫生依赖于良好的科学素养、有效的沟通和公众对行政主体的信任。[②] 在对港口国运用风险评估应对外国籍船舶公共卫生风险的监督与评价机制中，科学性和民主性是两项重要的评价标准。[③]

科学性是确保应对措施合法性的前提，港口国应当采用科学方法进行风险评估。[④] 港口国进行风险评估时，科学性的判断分别体现在以下三个步骤：一是判断船舶是否发生了威胁公共卫生安全的风险，二是评估卫生措施对降低风险的效用，三是判断采取卫生措施带来的收益是否足以使限制个人权利的措施具备合法性。[⑤] 突发公共卫生事件的科学不确定性导致不同国家对证据科学性和有效性的认定存在较大差异。[⑥] 新冠疫情期间，一些港口对外国籍船舶公共卫生事件的应对意愿较低，直接宣布关闭船舶入境口岸，无视航海健康申报单、寄港清单、医疗日志等船舶卫生证明。[⑦] 来自公共卫生领域的专家的意见可用于审查港口国决策的科学性，确保风险评估的科学性。基于此，应当邀请公共卫生领域的专家审查风险评估的科学性，弱化不同港口对于证据科学性和有效性认定的差异，避免

① 参见林鸿潮、彭浩：《社会稳定风险评估的法律机制研究》，中国法制出版社2021年版，第47页。

② See Mariner, W. K., Annas, G. J., Glantz, L. H., *Jacobson v. Massachusetts: It's not Your Great – Great – Grandfather's Public Health Law*, American Journal of Public Health, Vol. 95: 4, p. 581 –590 (2005).

③ See O. G. Lawrence, F. Wiley, *Public Health Law: Power*, University of California Press, 2016, p. 189.

④ See Zhang, X., Wang, C., *Prevention and Control of COVID – 19 Pandemic on International Cruise Ships: The Legal Controversies*, Healthcare, Vol. 9: 3, p. 281 (2021).

⑤ See Gostin, L. O., *Jacobson v. Massachusetts at 100 Years: Police Power and Civil Liberties in Tension*, American Journal of Public Health, Vol. 95: 4, p. 576 –581 (2005).

⑥ See Suk, J. E., *Sound Science and the New International Health Regulations*, Global Health Governance, Vol. 1: 2 (2007).

⑦ See Hu Z. & Li W., *Global Health Governance on Cruise Tourism: A Lesson Learned from COVID – 19*, Frontiers in Marine Science (2022).

经验导向型决策。通过专家意见实现外部监督还体现在司法审查中。一般认为，行政主体承担对于所采取的措施的合法性的初步证明责任（initial burden of proof），包括提供有关公共卫生威胁的证据，例如病毒的感染率和致死率等，以及所采取的措施对于降低公共卫生风险的好处通常超过其负担。① 公共卫生领域的专家可以为循证医学的证据质量提供专业鉴定。

除专家意见外，公众参与也是强化外部监督机制的重要途径。公众信任是公共卫生应对措施有效的关键，缺乏信任可能会导致公众抗拒卫生措施，从而加剧疾病传播的风险。② 因而，港口国应对外国籍船舶公共卫生风险，应当获得公众，尤其是行政相对人的信任。当行政主体认为其行为、做法或政策违反一般的道德考虑时，他们有责任为政策提供公共理由，并在可能的情况下向包括权利受侵犯者在内的公众解释和辩护其侵权行为。③

风险评估依赖于良好的科学、良好的沟通和公众对行政主体的信任。④ 综上，我国应当建立由监察部门参与的风险评估义务履行审查规则，建立以专家意见和公众参与为核心的外部监督机制，保证行政主体在证据使用和综合研判中的科学性和民主性。

---

① See Abbott A. L., *A Summary of Florida's Law of Quarantine of Persons and Public Health Law Reform Issues*, Florida Public Health Review, Vol. 2, p. 10 –16 (2005).

② See Ulrich, M. R., *Law and Politics, An Emerging Epidemic: A Call for Evidence – Based Public Health Law*, American Journal of Law & Medicine, Vol. 42 (2 –3), p. 256 –283 (2016).

③ See Childress J. F., Faden R. R., Gaare R. D. et al., *Public Health Ethics: Mapping the Terrain*, *Journal of Law*, Medicine & Ethics Vol. 30, p. 170 –178 (2002).

④ See Mariner, W. K., Annas, G. J., Glantz, L. H., *Jacobson v. Massachusetts: It's not Your Great – Great – Grandfather's Public Health Law*, American Journal of Public Health, Vol. 95: 4, p. 581 –590 (2005).

（四）《国际卫生条例》下风险评估规则的审视与重构

1. 规范港口国风险评估义务履行之模式选择

外国籍船舶公共卫生风险应对问题是国际公共卫生法治领域的典型问题。[①] 在国际法治领域，国际法的制度供给存在两种模式，分别为以国际条约为主要表现形式的“硬法”和没有法律拘束力的“软法”。[②] 规范港口国风险评估义务之履行，在模式选择上应当考虑以《国际卫生条例》为代表的国际公共卫生法治现状。

《国际卫生条例》未设强制性争端解决机构，而是采取专家管理路径，由具备卫生专业知识的专家组成的突发事件委员会、审查委员会等机构就《国际卫生条例》所涉争端提供公共卫生方面的技术性意见。[③]《国际卫生条例》的专家管理路径在一定程度上体现出了对国家公共卫生主权的尊重，与《国际卫生条例》第 3 条第 4 款关于“国家具有主权权利根据其卫生政策立法和实施法规”的规定相呼应。在港口国履行风险评估义务方面，《国际卫生条例》第 43 条第 2 款的规定同样体现了这一特点。该款规定，缔约国采取额外卫生措施应当基于现有科学证据；如果现有科学证据不足，也可以基于现有信息和世界卫生组织的指导或建议。其中，“不足”一词表明，现有科学证据应当具备充分性，而现有信息无须满足充分性要求，仅要求信息与措施之间具备客观联系、措施与目的之间存在合理性即可。[④]

---

① See Hu, Z., Li, W., *Global Health Governance on Cruise Tourism: A Lesson Learned from COVID-19*, Frontiers in Marine Science (2022).

② 参见石静霞：《“一带一路”倡议与国际法——基于国际公共产品供给视角的分析》，载《中国社会科学》2021 年第 1 期。

③ 参见龚向前：《世卫组织〈国际卫生条例〉争端解决机制研究》，载《武大国际法评论》2020 年第 3 期。

④ 参见何田田：《“现有科学证据”规则与全球卫生法的完善》，载《中国社会科学院研究生院学报》2020 年第 6 期。

合理性并非一种明确标准，评判者在判断现有信息是否符合合理性标准时，其主观意识不免导致判断结果与客观实际发生偏差，而这种偏差难以被证实和纠正。正因如此，国外有学者认为，港口国在新冠疫情暴发期间采取的卫生措施是否符合相称性和必要性，是一个悬而未决的法律问题。[①]一旦现有信息的判断标准落入合理性判断这一主观裁量范畴，港口国应对外国籍船舶公共卫生风险问题就会进入公共卫生治理的主权悖论，即解决全球性公共卫生问题不再以国家为中心，却又在实质上受到国家主权的束缚。[②] 此种束缚又反过来作用于《国际卫生条例》的修订，导致国际社会对完善《国际卫生条例》争端解决机制的多次努力均以失败告终。[③] 此种相互作用关系表明，完全以“硬法”模式规范港口国风险评估义务之履行不具备可实现性。

事实上，世界卫生组织在公共卫生治理的历史进程中经常行使建议权，即提出不具约束力的建议，而不愿制定具有约束力的国际法规则。[④]为帮助缔约国更好地履行《国际卫生条例》中的义务，世界卫生组织通常会以发布指南的方式向缔约国提供建议和帮助。在新冠疫情大流行期间，世界卫生组织利用全球信息和专家经验将证据转化为有效的疫情应对政策,[⑤] 发布了关于海上交通口岸新冠疫情监测的技术指南，以及数百种科学简报、技术报告、风险通报等技术和业务的指导和工具，以反映最新的

---

① See G. L. Burci, M. Eccleston - Turner, *Preparing for the Next Pandemic: The International Health Regulations and World Health Organization During COVID - 19*, Social Science Electronic Publishing, 2020, p. 7.

② 参见刘凯：《国家主权自主有限让渡问题研究》，中国政法大学出版社2013年版，第64-65页。

③ See D. P. Fidler, *International Law and Infectious Diseases*, Clarendon Press, 1999, p. 78.

④ See Fidler, D. P., *Emerging Trends in International Law Concerning Global Infectious Disease Control*, Emerging Infectious Diseases, Vol. 9: 3, p. 285 (2003).

⑤ 参见世界卫生组织：《加强世卫组织突发卫生事件防范和应对，总干事的报告》，载世界卫生组织2022年1月11日，https://apps.who.int/gb/ebwha/pdf_files/EB150/B150_15-ch.pdf。

科学证据。[①] 此类提供建议的指南通常具备“软法”性质，由各缔约国根据本国实际情况参照适用。

基于以上两方面因素，为港口国履行风险评估义务提供新的指导，尤其是技术性指导，应当以“软法”模式为主。此外，对于《国际卫生条例》中已经规定的内容，由于缔约国已经在该公约的制定及修订过程中进行了详尽讨论并同意接受《国际卫生条例》的约束，可以认为缔约国愿意就既定规则所涉及的权利、义务内容继续讨论。因而，对现有规则的改进也可以考虑通过对《国际卫生条例》的修订实现。

2. 规范港口国履行风险评估义务之具体路径

为促进缔约国履行风险评估义务，世界卫生组织曾于 2012 年发布《突发公共卫生事件快速风险评估》（Rapid Risk Assessment of Acute Public Health Events）。[②] 该指南的主体部分由全危害策略与《国际卫生条例》、公共卫生事件风险评估步骤、控制措施、风险沟通、监督与评价五部分组成。对于如何判断卫生措施的合理性，该指南从防控效果和不良后果两方面为控制措施划分等级，提出评价措施后果时应当考虑社会影响、伦理问题、经济影响、政治影响等四方面内容。此外，该指南将公共卫生事件的“确认”（confirmation）定义为通过收集证据核实信息的准确性并得出结论的过程，并指出证据将直接影响风险评估的可信度。

该指南丰富了风险评估义务的内容，在实践层面为港口国应对外国籍船舶公共卫生风险时履行风险评估义务提供指导。但新冠疫情的应对实践表明，《国际卫生条例》和《突发公共卫生事件快速风险评估》关于港口

---

① 参见世界卫生组织：《突发公共卫生事件：防范和应对，世卫组织在突发卫生事件领域的工作，总干事的报告》，载世界卫生组织 2021 年 1 月 13 日，https：//apps. who. int/gb/ebwha/pdf _ files/EB148/B148 _17 – ch. pdf。

② WHO，*Rapid Risk Assessment of Acute Public Health Events*，WHO/HSE/GAR/ARO/2012. 1，https：//apps. who. int/iris/rest/bitstreams/67090/retrieve，Last visited on June 3，2022.

国履行风险评估义务的相关规定存在待改进及完善之处。

一是细化风险评估义务履行的审查规则。如本书第 219 页所述，《国际卫生条例》关于风险评估义务履行的审查规则主要由两部分组成：其一是缔约国自我审查，其二是世界卫生组织审查。世界卫生组织的审查较缔约国的自我审查更加客观，但定期审查更适用于未发生重大突发公共卫生事件的时期，其作用在疫情暴发时期不够显著。《国际卫生条例》第 3 条指出应当“充分尊重人的尊严、人权和基本自由”。在港口国面对外国籍船舶公共卫生风险时，其是否履行风险评估义务对于尊重船上人员的权利和自由具有重要意义。如果不进行即时审查，而是经过一段时间后再审查，则无法实现《国际卫生条例》第 3 条的目的。因而，增设即时审查制度更有利于促使港口国在应对外国籍船舶公共卫生风险时履行风险评估义务。

即时审查的重要性还可以通过《国际卫生条例》第 43 条第 5 款的规定证明。该款规定，如果额外卫生措施会对国际交通造成明显干扰，缔约国应当在实施 48 小时内向世界卫生组织报告，报告内容为采取了何种措施以及采取该措施的卫生理由。然而，此款规定存在不足，即该规定未要求缔约国报告第 43 条第 2 款规定的现有科学证据或现有信息。这一缺陷导致港口国应对外国籍邮轮突发公共卫生事件时，风险评估的义务被淡化。

基于此，建议修改《国际卫生条例》第 54 条第 2 款的规定，在定期审查的基础上增加即时审查制度；或者修改《国际卫生条例》第 43 条第 5 款的规定，要求缔约国在 48 小时内不仅要向世界卫生组织报告其所采取的措施及理由，还要提交决策所依据的现有科学证据或现有信息。

二是为港口国获取信息提供技术性指导。风险评估以证据为核心，从信息到证据的逻辑演进表明，可靠性强的高质量信息才可以作为证据。在港口国应对外国籍船舶公共卫生风险时，如何获得全面信息并从海量信息中提取到高质量信息成为证据获取的一大难题。为规范港口国履行风险评估义务，结合《突发公共卫生事件快速风险评估》，下文从信息获取的技术和渠道两方面提出指导和建议。

首先，在信息获取的技术方面，运用大数据技术获取信息。港口国应对外国籍船舶公共卫生风险，尤其是新型传染病的暴发，通常需要对疫情的发展态势作预判，而证据的有效性和科学性将直接影响预判的准确性。大数据技术作为一种科学手段，其核心优势在于数据的收集与分析，即筛选出有价值的信息为循证决策提供高质量证据。[①] 通过大数据技术对信息的即时捕捉，可以保障信息收集的及时性和信息本身的真实性；对于群体性问题，大数据技术还可以快速发现信息中蕴含的规律，预测事件的发展态势。[②] 中央网络安全和信息化委员会于2021年12月印发的《"十四五"国家信息化规划》明确将"公共卫生应急数字化建设"列为国家信息化优先建设项目。面对航运数字化转型和公共卫生信息化发展，我国应当推进船舶公共卫生领域的数字场景建设。例如，将船上人员的行程轨迹和身体健康情况等信息输入机器学习模型，机器学习模型可以识别受影响人员的感染风险概率。此外，一些大型邮轮可载超6000名旅客，港口国应对此种邮轮疫情涉及群体利益，属于群体性热点问题。因而，港口国应当改进获取证据的技术手段，在信息到证据的转化过程中，运用大数据技术获取全面、真实的信息，发挥算法治理在公共卫生领域的作用。

疫情的大规模暴发和防控常态化加快了公共卫生风险应对由经验驱动向数字技术驱动的转型，港口国应当发挥大数据技术在监测中的作用。监

---

① 参见高鹏飞、吴琼：《科学与决策的协同：新型政府循证决策模式构建与逻辑延伸》，载《领导科学》2021年第6期。

② 孙丽岩：《行政决策运用大数据的法治化》，载《现代法学》2019年第1期。

测是公共卫生政策制定的基础，应对公共卫生风险需要良好的监测系统。[①] 以中国为例，SARS疫情暴发后，中国建立了传染病与突发公共卫生事件监测信息系统。[②] 新冠疫情暴发后，中国政府网站专门建立了“新冠肺炎疫情防控服务专区”板块，公布国内各地的疫情防控政策措施和疫情实时数据，包括新增感染人数和疫苗接种人数。[③] 2021年3月5日，国民经济和社会发展计划草案提请十三届全国人大四次会议审查，草案提出要“完善传染病疫情和突发公共卫生事件监测系统”。[④] 新冠疫情期间，美国疾病控制与预防中心发布的临时指导方针也将船舶卫生监测作为疫情应对的重要议题。[⑤]

制定循证卫生决策需要定期更新全球和区域卫生信息，以及国家和国家以下各级的同等信息。[⑥] 港口国将大数据技术作为获取证据的手段，不仅可以提高监测效率，还可以实现卫生信息共享。

其次，在信息获取的渠道方面，拓宽信息获取渠道。科学的风险评估应当基于科学数据，并要求专业人员使用科学方法分析数据；然而，病毒

① See Pearce, N., Vandenbroucke, J. P., VanderWeele, T. J., Greenland, S., *Accurate Statistics on COVID－19 Are Essential for Policy Guidance and Decisions*, American Journal of Public Health, Vol. 110: 7, p. 949－951 (2020).

② See Liu, W. Y., Chuang, Y. C., Liu, T. J., Chien, C. W., Tung, T. H., *Insights from the Comparisons of Sars－Cov And COVID－19 Outbreaks: The Evidence－Based Experience of Epidemic Prevention in China*, Medicine, Vol. 100: 6, e24650 (2021).

③ 参见《新冠肺炎疫情防控服务专区》，载中央人民政府网，http://www.gov.cn/fuwu/zt/yqfkzq/index.htm，最后访问日期：2022年7月2日。

④ 《中国计划完善传染病疫情和突发公共卫生事件监测系统》，载中国新闻网，https://www.chinanews.com.cn/gn/2021/03－05/9425199.shtml。

⑤ See CDC, *Guidance for Cruise Ships on the Mitigation and Management of COVID－19*, CDC, https://www.cdc.gov/quarantine/cruise/management/interim－guidance－no－sail－order.html, Last visited on June 3, 2022.

⑥ See Murray, C. J. & Lopez, A. D., *Evidence－based Health Policy—Lessons from the Global Burden of Disease Study*, Science, Vol. 274: 5288, p. 740－743 (1996).

在检测、感染和传播方面具有一定的隐蔽性和科学不确定性。[①] 尤其对于新型传染病，潜伏期、感染率、致死率、传播方式未知。在现有科学证据不确定的情形下，获得足够的公共卫生信息是港口国进行风险评估的基础。这一目标可以通过拓宽信息获取渠道的方式实现。制定循证卫生决策需要定期更新全球和区域卫生信息。[②]《应急条例》第 7 条规定："国家鼓励、支持开展突发事件监测、预警、反应处理有关技术的国际交流与合作。"自 2010 年以来，国际社会愈加关注公共卫生信息在公共卫生政策中的作用。[③] 港口国拓宽信息获取渠道应当充分发挥世界卫生组织、其他国家和非国家行为体的作用。

依据《国际卫生条例》第 4 条和第 11 条的规定，港口国的国家归口单位应当与世界卫生组织联络点进行沟通，快速、全面地搜集世界卫生组织监测到的公共卫生信息，以及其他缔约国向世界卫生组织报告的信息，从而更好地发现、监测和预测突发卫生事件。

三是完善风险评估的监督与评价机制。《突发公共卫生事件快速风险评估》最后一部分提出缔约国履行风险评估义务后应当及时记录评估结论，并根据记录情况对风险评估进行监督和评价。由于卫生措施可能侵害私主体权益，建立监督与评价机制对于保障行政相对人权益十分重要。[④] 因而有必要完善《突发公共卫生事件快速风险评估》的监督与评价机制，

---

① See Zhang, X., Wang, C., *Prevention and Control of COVID – 19 Pandemic on International Cruise Ships: The Legal Controversies*, Healthcare, Vol.9: 3, p. 281 (2021).

② See Murray, C. J. & Lopez, A. D., *Evidence – based Health Policy—Lessons from the Global Burden of Disease Study*, Science, Vol.274: 5288, p. 740 –743 (1996).

③ See Chan M, Kazatchkine M, Lob – Levyt J, et al., *Meeting The Demand for Results and Accountability: A Call for Action on Health Data from Eight Global Health Agencies*, PLoS Medicine, Vol.7: 1, e1000223 (2010).

④ See Hunt P, Backman G., *Health Systems and the Right to the Highest Attainable Standard of Health*, Health Hum Rights, Vol.10: 1, p. 81 –92 (2008).

包括明确评价标准、建立外部监督机制。

第二节　港口国实施船上检疫措施的法律检视

国境卫生检疫是港口国的国境卫生检疫机关实施传染病检疫、检测和卫生监督等活动的总称，以船舶为典型的交通工具以及船载的集装箱等运输设备是国境卫生检疫的主要对象。国境卫生检疫法律制度涵盖卫生检疫、出入境检疫、传染病检测、卫生监督、卫生处理、检疫应急处理等事项。自从2020年3月11日世界卫生组织宣布新冠疫情进入“全球大流行”（pandemic）状态后，有的港口国为防范境外疫情输入风险，基于国家主权原则，延迟港口通关，强制要求旅客在船上接受检疫措施，此种措施又被称为“海上隔离”。船上检疫措施饱受争议，体现出国际邮轮在国境卫生检疫方面的特殊性未能受到立法者的充分考虑。在这些事例中，日本政府对于“钻石公主”号邮轮上旅客和船员的处置最为典型，导致国际邮轮旅游业面临前所未有的压力。船舶出入国境卫生检疫不限于客运船舶，还包括货运船舶的卫生检疫。例如，大连地区船舶运输的冷藏海产品所在环境检出新冠病毒，进而引发码头仓库操作人员感染。

下文首先对检疫制度作基本介绍，然后以“钻石公主”号为例，分析港口国实施船上检疫措施的合法性，并提出实施合理的船上检疫措施应当满足的必要条件。

一、检疫制度的产生与发展

传染病防治涉及公共卫生主权，属于国家内部事项，主权国家对于保护与促进国内公共卫生安全享有绝对权力。然而，长期的公共卫生实践证明，国家管制其公共卫生的能力正受到经济全球化进程的侵蚀，一国政府已经无法单独应对公共卫生威胁。[①] 公共卫生主权让渡是经济全球化背景下全球卫生治理的必然结果，符合事物客观发展规律。这一客观规律可以通过港口国口岸检疫制度的发展演进体现出来。

由于交通工具的日益发达，国际旅游者感染病毒后于潜伏期内可到达世界上任何一个国家或地区，形成新的病毒发源地。早在14世纪，人们就利用检疫来防止瘟疫等跨境传播。[②] 1798年夏天，黄热病在美国东部海港流行，纽约、费城和波士顿等城市有5000人死于黄热病。当时，黄热病在美国东部海港反复肆虐，且恶性程度越来越高，严重危害了国家公共卫生安全。人们普遍认为黄热病是由海员和移民带至东海岸城市的，因而一旦有国际航行船舶入港，港口便会对船员实施检疫和隔离。大量船员在港口登陆时已经感染病毒，港口所在社区没有能力为这些船员提供治疗服务。作为对海员治疗需求的回应，时任美国总统约翰·亚当斯（John Adams）于1798年7月16日签署了《病残海员救济法》（An Act for the Relief of Sick and Disabled Seamen），该法案规定，“为若干港口医院或相关医疗机构的病残船员提供临时救助和生活费，如果港口没有医疗机构，直接由国家财政部拨款”，以应对诸如天花、伤寒等疫病，特别是黄热病在东部海港流行的问题。该法案授权从海员的工资中每月扣除20美分，专门用于资助生病和残疾海员。当时的公共卫生观念极其简单，检疫隔离是预防与控制从国外远航返回的船员引起传染病暴发最有效的措施。因为船员在港口登陆时通常已感染疾病且缺乏家庭关怀，这对港口所在社区是一个重负。1793—1806年，黄热病对东海岸造成了巨大威胁，人们的公共卫生意识因此得到了很大提升，公共卫生的应对方法成为当地预防传染病的重要措

① 参见龚向前：《传染病控制国际法律问题研究》，法律出版社2011年版，第12页。

② See Heymann, L. David et al., *Global Health Security: The Wider Lessons from the West African Ebola Virus Disease Epidemic*, 385 The Lancet 1884 (2015).

施。在应对传染病疫情时，缺乏明确的传染病理论指导成为疾病控制的主要障碍。例如，在此期间，接触传染理论和瘴气理论各执一端，接触传染理论强调环境控制，通过检疫隔离感染者、烟熏房屋、消毒感染者用过的器物来控制传染病的蔓延；而瘴气理论是在处理城市中发臭的垃圾、污秽物的过程中发展起来的，该理论强调清扫街道、清除城市中的垃圾。美国《宪法》未将保护公民健康列入联邦政府的管控范围，而是规定由各州对本州公民的健康负责。因此，不同的州颁布了不同的法规，授权当地公共卫生委员会利用治安权实行检疫和消毒杀菌（接触传染理论的防控措施）、清除垃圾和清洁街道（瘴气理论的防控措施）。1799 年 2 月，国会通过了《对〈病残海员救济法〉的补充法》（An Act in Addition to "An Act for the Relief of Sick and Disabled Seamen"）。该法案规定，每月从每个海军军官、海员和海军陆战队员的工资中抽取 20 美分，这些人应获得与原法案中提到的相同的福利和好处。同时，国会还通过了《建立海军医院的法》（An Act Establishing Navy Hospitals）。该法案允许将从海员那里收取的资金用于采购和建立医院，海军医院服务部（Marine Hospital Service）应运而生。[①] 1878 年，美国《国家检疫法》（Quarantine Act）赋予海军医院服务部全国检疫权。由此，美国口岸公共卫生检疫制度基本成型。[②]

日本自 1962 年以来对国际航行船舶开展海港检疫，曾多次查出输入性霍乱患者或病毒携带者。1963 年即从来自国外的 10 艘船舶及 1 架飞机中查出轻症患者 16 例。[③] 1976 年 7 月 9 日，日本"三高丸"（Santaka Maru）

---

① See *1798 John Adams – "An Act of the Relief of Sick and Disabled Seamen"*, http://www.stateoftheunionhistory.com/2016/02/1798-john-adams-act-of-relief-of-sick.html, Last accessed on Oct. 10, 2022.

② 参见［美］詹姆斯·郝圣格主编：《当代美国公共卫生：原理、实践与政策》，赵莉等译，社会科学文献出版社 2015 年版，第 8 页。

③ 参见魏承毓：《旅行与霍乱》，载阳纪成主编：《92 北京国际旅行卫生研讨会文集》，北京医科大学、中国协和医科大学联合出版社 1992 年版，第 32 页。

号油轮驶离菲律宾棉兰老岛返日。归途中在16名船员中先后查出稻叶型埃尔托霍乱患者6人，而当时日本境内并未出现此种病例。[①] 随着旅行卫生服务的迅速发展，世界卫生组织提出“作一个健康的旅行者”的口号。许多国家的卫生工作者认为，保障旅行者健康是防止疾病在国家间传播、保障各国人民健康的积极措施，也是促进国际交往、贸易和旅游的有效手段。在20世纪初期，发达国家中负责口岸卫生的卫生检疫部门积极开展旅游门诊、健康咨询、旅行预防接种等业务。[②] 2005年，新修订的《国际卫生条例》对检疫制度作出进一步完善。检疫适用的“疾病”进一步扩大，系指“对人类构成或可能构成严重危害的任何疾病或病症，无论其病因或来源如何”。《国际卫生条例》第18条、第31条和第32条规定了检疫的具体实施。在美国，检疫站负责对疾病清单中的法定检疫疾病进行检疫。此外，还有一些可能造成公共卫生风险但未列入清单的疾病，如麻疹、腮腺炎、风疹和水痘等。港口检疫站的工作人员对此类病人进行监测，以评估公共卫生风险并采取适当的应对措施。[③]

然而，使用检疫和其他措施来控制流行病一直存在争议，因为这些策略引发了政治、道德和社会经济问题，并被要求在公共利益和个人权利之间取得谨慎的平衡。在一个越来越容易受到传染病影响的全球化世界中，历史视角可以帮助澄清检疫措施的必要性。法国在1834年提议召开一次国际会议，讨论国际检疫标准化问题。[④] 1851年，第一届国际卫生大会在巴黎举行，来自奥地利、法国、英国、葡萄牙、俄罗斯、西班牙、撒丁王

---

① 参见魏承毓：《旅行与霍乱》，载阳纪成主编：《92北京国际旅行卫生研讨会文集》，北京医科大学、中国协和医科大学联合出版社1992年版，第32页。

② 参见许华、张晓斌、张继军：《国内外旅行医学新进展》，载阳纪成主编：《92北京国际旅行卫生研讨会文集》，北京医科大学、中国协和医科大学联合出版社1992年版，第61页。

③ See CDC, *History of Quarantine*, CDC, https://www.cdc.gov/quarantine/historyquarantine.html, Last accessed on Mar. 10, 2022.

④ See K. Maglen, *Politics of Quarantine in the 19th Century*, 290 JAMA 2873 (2003).

国、两西西里王国、教皇国、托斯卡纳、希腊、土耳其12个国家的著名医生和外交家参加了会议。会议围绕疾病在国家间传播的限制和预防、信息共享、国际检疫法规等内容进行讨论。这次大会未能达成国际条约，但确立了检疫措施标准化的原则，即检疫和卫生措施应通过国际协定加以确定，尽量减少因措施不一而造成的额外成本和不合理阻碍。[①] 19世纪中期至20世纪中期举办了一系列国际卫生会议，签署了大量以传染病防治为目的的国际条约，见表3－3。

表3－3 19—20世纪的主要卫生会议及国际公约

年份	卫生会议及国际公约
1815	通过海上交通与鼠疫、霍乱与黄热病控制的公约与规则
1859	巴黎国际公共卫生大会通过简化1851年公约与规则的公约
1874	维也纳国际公共卫生大会通过《关于建立传染病常设国际委员会的公约》
1881	华盛顿国际公共卫生大会通过《关于建立常设国际卫生通知机构的公约》
1887	里约热内卢检疫会议通过1887年《里约热内卢公约》
1892	威尼斯国际公共卫生大会通过1892年《国际公共卫生公约》
1893	德累斯顿国际公共卫生大会通过1893年《国际公共卫生公约》
1894	巴黎国际公共卫生大会通过1894年《国际公共卫生公约》
1897	威尼斯国际公共卫生大会通过1897年《国际公共卫生公约》
1903	在巴黎签署《国际公共卫生公约》，1912年修订
1905	在华盛顿签署《泛美卫生公约》
1907	通过《关于建立国际公共卫生办事处的罗马协定》
1923	国际联盟通过《成立国联常设国际卫生组织计划》
1924	华盛顿泛美公共卫生会议通过《泛美卫生法典》
1926	通过1926年《国际公共卫生公约》，后于1933年、1938年和1944年修订

① 参见张勇安：《从以邻为壑到跨国行动：国际组织与全球卫生防疫体系的建立》，载《探索与争鸣》2020年第4期。

续表

年份	卫生会议及国际公约
1933	通过《国际航空航海公共卫生公约》，后于1944年修订
1934	通过《取消卫生清单国际协定》和《取消卫生清单领事签证国际协定》

资料来源：See A. A. Moll, *The Pan American Sanitary Bureau: Its Origin, Development and Achievements*, 19 Boletín de la Oficina Sanitaria Panamericana（OSP）1219（1940）.

上述会议及国际公约对于增加对传染病的科学认识、协调各国检疫制度发挥了重要作用。其中，比较重要的是1892年第七届国际公共卫生大会通过的《国际公共卫生公约》（International Sanitary Convention，ISC）。1902年，泛美卫生局作为20世纪成立的第一个国际组织，将检疫和疾病控制问题推向全球舞台。1907年《关于建立国际公共卫生办事处的罗马协定》创设了国际公共卫生署（the Office international d'Hygiène Publique，OIHP），作为中立组织收集流行病学的资料并针对检疫制度展开研究。2年后，20多个国家加入该组织。1948年，世界卫生组织成立，取代了国际公共卫生署。

19世纪末，瘟疫又一次在全球各沿海国家的港口城市蔓延。[①] 瘟疫大流行的反复发生再一次凸显了检疫制度的弊端。这一时期积累的最显著经验在于，各国开始依据传染病学原理对检疫制度进行协调，限制采取过度的检疫措施。1903年《国际公共卫生公约》首次提出不应超出公约规定而采取更严格的卫生检疫措施。1911年，另一次国际瘟疫会议在沈阳举行，中国、日本、美国、英国、法国、德国、意大利、奥匈帝国、荷兰、俄罗斯和墨西哥11个国家的流行病学家和科学家参加了会议。[②] 伍连德作为会

① See B. Bramanti, K. R. Dean, L. Walløe, N. Chr. Stenseth, *The Third Plague Pandemic in Europe*, 286 Proc Biol Sci 1901（2019）.

② See Z. Ma, Y. Li, *Dr. Wu Lien Teh, Plague Fighter and Father of the Chinese Public Health System*, 7 Protein Cell 157（2016）.

议主席，向各国分享了瘟疫通过飞沫传播的理念，并提出采取隔离患者、管制交通、佩戴口罩等科学手段阻止瘟疫传播。[①]

进入20世纪后，检疫制度适用的传染病种类不断增加，1926年，斑疹伤寒和天花与三种历史性检验疾病（鼠疫、霍乱和黄热病）一起被认定为“检疫疾病”（quarantining diseases）。[②] 1969年《国际卫生条例》将“检疫疾病”定义为“受《国际卫生条例》规制的疾病”（diseases subject to the regulations），系指霍乱、鼠疫和黄热病。同期，医学技术取得突破性进展。抗生素和疫苗接种对于防治传染病、保障公众生命健康权起到巨大作用。海上运输对港口国港口城市的公共健康威胁降低，鼠疫被认为是“过去的问题”（a problem of the past）。[③] 于是，一些地方关闭检疫站。20世纪70年代，美国检疫站的数量从55个减少到8个。[④] 直到2003年，非典肺炎疫情在春季暴发。在没有针对性疫苗的情况下，为了避免疫情从境外输入、降低公共卫生风险，各国开始恢复对检疫的重视，限制海上人员或货物流动。[⑤] 从2004年至2007年，美国检疫站的数量从8个增加到20个。[⑥] 此后，检疫措施再次成为港口国控制境外疫情输入的重要工具。

在我国，港口检疫制度伴随航运卫生事业的发展而逐渐成熟。早期航

---

① 参见王雨濛：《庚戌鼠疫与“伍氏口罩”的诞生——兼及其历史渊源》，载《南开学报（哲学社会科学版）》2021年第4期。

② See World Health Organization: *International Sanitary Regulations*, 1966, recited from: See G. F. Gensini, M. H. Yacoub, A. A. Conti, The Concept of Quarantine in History: From Plague to SARS, 49 Journal of Infection 257 (2004).

③ See Christian A. Devaux, *Small Oversights that Led to the Great Plague of Marseille (1720 - 1723)*, Lessons from the past, Vol. 14, p. 169 - 185 (2013).

④ See CDC, *U. S. Quarantine Stations*, CDC, https://www.cdc.gov/quarantine/quarantine-stations-us.html July 24, 2020, Last accessed on Mar. 10, 2022.

⑤ See M. Zambon, K. G. Nicholson, *Sudden Acute Respiratory Syndrome*, 326 British Medical Journal 669 (2003).

⑥ See CDC, *U. S. Quarantine Stations*, CDC, https://www.cdc.gov/quarantine/quarantine-stations-us.html July 24, 2020, Last accessed on Mar. 10, 2022.

运卫生系统贯彻“预防为主”的卫生工作方针，在港口当地组建航运卫生防疫站，调配专职人员、建立防疫制度、制定防疫措施，并根据航运特点有计划、有步骤地进行航运卫生和防疫工作。以长江流域航运卫生事业的创建和发展为例，1952 年 10 月，长江航务管理局正式成立卫生处，下设卫生防疫科，而后宜昌、重庆等地的港口医疗卫生机构随之建立。但是，长江航务管理局没有防疫机构和专业技术人员，客班轮船发现传染病后无法采取措施，旅客沿途下船，导致传染病沿途传播。为解决客运导致的传染病问题，卫生主管部门要求长江航运管理局加强防疫工作，严防传染病通过水路传播。1960 年 7 月 14 日，长江航务管理局批准成立长江卫生防疫站，该防疫站成为长江上第一所卫生防疫专业机构。而后的一年内，长江卫生防疫站开始加强疫情管理工作，建立了针对传染病或疑似传染病的隔离消毒制度，我国航运防疫工作开始走向正轨。1981 年，长江航运全线卫生工作以传染病防治为重点，加强船舶交通检疫，在上海、南京、芜湖、九江、武汉设检疫点，配合当地防疫部门开展检疫工作。①

二、船上检疫的合法性分析

公共卫生事件暴发期间，各国医疗资源紧缺。船舶在港口挂靠期间，一些港口国会要求旅客和船员在船上完成检疫，以免过度占用港口所在地的公共卫生资源。对于存在公共卫生风险的外国籍船舶，国际法对于港口国能否要求旅客和船员在船上完成检疫没有明确规定。港口国要求旅客和船员在船上完成检疫的做法体现了国家主权原则，但仍应确保船上检疫措施具备合法性。下文以日本政府对“钻石公主”号邮轮上的旅客和船员实施船上检疫措施为例，分析日本政府这一行为是否符合其国内法要求。

---

① 参见桑汉元主编：《长江航运卫生史料》，长江航运史编写委员会 1992 年版，第 76、77、100 页。

2020年1月20日，“钻石公主”号邮轮从日本横滨港出发，在日本鹿儿岛、日本冲绳及其他国家港口停留，计划于2月3日返回横滨。在这一趟航程中，一名旅客于1月25日在某港口下船。这名旅客自1月23日以来一直咳嗽，并于2月1日被确诊感染新冠病毒。2月3日，该轮按照预定计划抵达日本横滨港，但是由于一名旅客在某港口下船后被发现感染病毒，日本政府禁止船上旅客和船员下船，并采取了锚地检疫的方法，安排检疫人员上船。在2月3日至4日，检疫人员通过问卷调查了解了所有旅客和船员的健康状况。由于新冠是一种新发传染病，当地检测能力有限，因而只对有症状的旅客、船员及其密切接触者实施了新冠病毒检测。2月5日，检测结果显示有1人确诊。于是，该轮上的旅客和船员被要求留在船上，接受为期14日的检疫。此时，该轮上共有来自57个国家的2666名旅客和1045名船员。[①] 2月11日，当地获得了足够的检测试剂，开始对船上全部人员进行检测。检测结果呈阳性的旅客被转移到岸上医疗机构，其他旅客被认定为密切接触者后检疫期限重新起算。一些患有其他非传染性疾病的旅客仍被要求留在船上接受检疫，而船员在邮轮停靠期间始终留在船上，没有下船。检疫开始后，有感染症状的船员被要求留在房间内接受检疫，而其他船员继续履行为旅客送餐等日常职责。

日本内阁于1月28日通过了政令，将新冠列为“检疫传染病”，适用日本《检疫法》的规定。根据该法第14条第1款第2项的规定，检疫所长对于来自疫区的船舶或航行途中暴发疫情的船舶可以实施留验。[②] 由于

---

① See Jimi Hanako, Gaku Hashimoto, *Challenges of COVID – 19 Outbreak on the Cruise Ship Diamond Princess Docked at Yokohama, Japan: A Real – World Story*, 2 Global Health & Medicine 63 (2020).

② 留验一词又被翻译为扣留，与检疫意思相同，均指对可能感染病毒的人员进行隔离。例如2019修订的《国境卫生检疫法实施细则》第2条规定：《国境卫生检疫法》和本细则所称“留验”指将染疫嫌疑人收留在指定的处所进行诊察和检验。

“钻石公主”号邮轮上一名提前下船的旅客被确诊感染新冠病毒，因而该船属于在航程途中出现检疫传染病患者的船舶，适用日本《检疫法》第14条的规定。由于新冠病毒具有高度传染性，邮轮环境又极其适合病毒传播，日本政府在检测能力有限的情形下，要求“钻石公主”号上可能感染病毒的旅客和船员接受检疫符合本国法律的规定。尤其是，“钻石公主”号邮轮停靠在横滨港时，船上感染病毒的人数大于日本国内的感染人数，这会对日本国内公共卫生安全造成一定威胁。事实上，大多数国家的国内法都规定了应对感染风险较高的入境人员实施检疫。[①]

问题在于，日本政府要求“钻石公主”号邮轮上的旅客和船员在船上接受14日的检疫，将检疫地点安排在船上是否符合其本国的法律规定。日本是四面环海的岛国，国内物资补给主要依靠海上运输。同时，日本国土狭小、人口密集，在防止传染病越境蔓延和国内扩散方面承受着很大的风险的压力。日本历史上曾经暴发过大规模的西班牙大流感、麻风、肺结核等当时不可治愈的传染病，因医疗资源有限，法律保障体系不完备，不仅患者受到严重歧视，造成人道主义灾难，而且疾病夺去了数百万人的生命。此类惨痛的教训促使日本通过近百年的时间创建了以《传染病预防和传染病患者医疗相关法律》和《检疫法》为基础的、较为完整的传染病防控法律体系。

明治政府早在1890年便已制定了《传染病预防法》。该法经过多次修改，直到1998年被废除为止，一直在预防、处理流行性传染病方面发挥着积极作用。1998年10月，日本将三部传染病相关法律即《传染病预防法》《性病预防法》《艾滋病预防法》汇编为《传染病预防和传染病患者医疗

① 例如，《国境卫生检疫法》第7条规定：“入境的交通工具和人员，必须在最先到达的国境口岸的指定地点接受检疫。除引航员外，未经国境卫生检疫机关许可，任何人不准上下交通工具，不准装卸行李、货物、邮包等物品。具体办法由本法实施细则规定。”

相关法律》（下称《传染病法》）。此后，针对2003年的SARS疫情、2008年H5N1型禽流感和新型禽流感在世界蔓延，以及2012年的中东呼吸综合征（MERS）和H7N9型禽流感，日本对于《传染病法》进行了多次修改，并按照传染性和致死率等将传染病分为五类。第一类指传染性和感染后症状严重程度均极度危险的传染病；第二类指传染性和感染后症状严重程度均较高的传染病；第三类指传染性和感染后症状严重程度均非特别危险，但如果从事特定职业将会造成集体感染的传染病；第四类指基本没有人传人但可能通过动物、食物传染给人的传染病；第五类指国家需要针对其出现、动向实施调查，并向民众和医疗从业者公开必要信息的传染病。

日本于1951年加入世界卫生组织并于同年制定了《检疫法》。该法第1条规定为防止日本国内不常见的传染病病原体通过船舶进入日本，预防船舶发生的传染病可采取必要措施。该法规定了“检疫传染病”的传染病名称，以及检疫的程序和针对不同传染病的应对办法。依据该法规定，日本检疫所在机场、港口发现疑似感染病例时，有权命令相关人员接受检查和诊断，如拒不配合将受到法律处罚。新冠疫情暴发后，日本政府于2020年1月28日正式将新冠列为《传染病法》上的“指定传染病”和《检疫法》上的“检疫传染病”。这是自2014年中东呼吸综合征疫情后，日本再次将一种新型传染病列为“指定传染病”。日本检疫所可参照危险程度较高的第一类至第三类传染病采取应对措施；可以针对患者和疑似感染者采用建议或强制住院、限制就业，以及要求入境人员接受检查等措施。如果出现邮轮上的旅客和船员等被感染的情况，日本可以决定在入境时采取强制患者住院的“隔离”措施以及要求疑似感染者在指定设施观察的“扣留”措施。此外，新冠的医疗费适用公费负担制度，适用对象为国内所有人，包括外国游客。

首先，日本政府将检疫地点安排在船上的重要原因在于港口所在地不足以容纳船上所有旅客和船员。日本厚生劳动省东京检疫所的资料显示，日本为准备奥运会曾经预测在邮轮上出现传染病的情况，但日本为此准备的医疗接纳能力仅为一年 1200 人左右，因而不具备接受“钻石公主”号邮轮上多达 3600 名的旅客和船员同时下船就医隔离的条件，否则会导致病毒在国内扩散的极大风险。《检疫法》第 14 条第 2 款明确规定，一旦出现检疫所设备不足、无法采取检疫措施的情况，应当由检疫所长向船长说明理由，要求船舶转移到其他港口接受检疫。①

其次，《检疫法》第 16 条之一第 1 项对检疫地点作出了规定，即检疫地点通常应当为指定医疗机构。如果发生紧急情况或不可抗力的情形，也可以送往其他医院或诊所。对于船上检疫的情形，该项明确规定，在船上进行检疫必须征得船长同意。② 据此，在“钻石公主”号事件中，日本政府在未征得船长同意的情形下，强制性要求旅客和船员在船上检疫的做法并不符合日本国内法的规定。

三、船上检疫措施的合理性审查

对船上人员实施检疫的目的在于防止可能感染病毒的旅客或船员将所感染的病毒传染给他人。但是，一项权利能否得到实施还必须与其他权利取得平衡，③ 而检疫措施会对个人自由权利造成极大侵犯。以公共健康之名对个人自由权利的限制或侵犯，不应当脱离自由权利之价值精神的伦理审视。④ 将可能感染病毒的旅客和船员安排在船上接受检疫，同样应当接

① 日本《检疫法》第 14 条第 2 款规定：“因检疫站等设施不足，必须采取前款第 1 项至第 5 项或第 8 项所列措施时，检疫站站长可指示船长等将船舶转向另一检疫港或检疫机场，并说明理由。”

② 日本《检疫法》第 16 条之一第 1 项规定：“第 14 条第 2 款第 1 项规定的扣留是指，在规定的时间内，委托特定传染病指定医疗机构或第 1 种传染病指定医疗机构进行住院治疗。但是，在紧急情况下或不可抗拒的情况下，可以委托特定传染病指定医疗机构或第 1 种传染病指定医疗机构以外的检疫所长认为合适的医院或诊所进行住院治疗。另外，也可以在征得船长的同意后在船上收容。”

③ 参见史军：《权利与善：公共健康的伦理研究》，中国社会科学出版社 2010 年版，第 51 页。

④ 参见史军：《权利与善：公共健康的伦理研究》，中国社会科学出版社 2010 年版，第 78 页。

受合理性审视。

下文选取疫情期间三个船上检疫的案例作为研究样本，从实际效果层面探讨港口国将船舶作为检疫场所是否具备合理性，即港口国实施船上检疫是否符合合理行政原则的要求。

（一）案例一："钻石公主"号邮轮上的检疫措施

国外有研究人员使用 SEIR 模型对"钻石公主"号邮轮接受检疫的效果进行建模分析，得出以下结论：日本政府将确诊患者转移到医院、要求船上旅客和船员接受检疫的卫生措施，可以在 2 月 19 日之前阻止 2307 例新增病例，船上人员最终感染率预计为 17%。相较而言，如果不对该轮实施任何卫生措施，船上人员感染率预计达到 79%，换言之，与不实施任何卫生措施相比，日本政府采取的卫生措施大大降低了该轮的感染率。然而，通过建模分析得出的另外一个重要结论是，如果日本政府在 2 月 3 日首次发现疫情当日让所有旅客和船员离开船舶，可以防止更多的旅客和船员被感染。假设提前撤离船上所有人员，预计最终只有 76 人被感染。① 然而实际上，该轮最终感染人数达 721 人，其中 13 人死亡。② 这一数字与模型计算出的 17% 相近。可见，确诊病例数的下降意味着检疫干预措施可以减少旅客之间的传播。

但是，受环境条件、人为因素和有限的医疗资源的限制，在国际邮轮上对旅客和船员实施检疫措施效果并不理想。③ 一方面，由于邮轮的性质

① See Rocklöv Joacim, Henrik Sjödin, Annelies Wilder – Smith, *COVID – 19 Outbreak on the Diamond Princess Cruise Ship: Estimating the Epidemic Potential and Effectiveness of Public Health Countermeasures*, 27 Journal of Travel Medicine, Vol 27: 3 (2020).

② 参见孙思琪、金怡雯：《国际邮轮突发公共卫生事件应急管理的法律检视》，载《大连海事大学学报（社会科学版）》2020 年第 5 期。

③ See Y. Yamahata, A. Shibata, *Preparation for Quarantine on the Cruise Ship Diamond Princess in Japan due to COVID – 19*, 6 JMIR Public Health Surveill (2020), doi: 10.2196/18821.

和“钻石公主”号的条件，旅客之间共享客舱不可避免，船上旅客不可能单独接受检疫。因此，检疫期即将结束时，大多数传播似乎主要发生在船员之间或客舱内。虽然世界卫生组织对于检疫或隔离应以何种方式进行并无统一指导，但对于传染性疾病而言，有效的卫生措施应当保证不会进一步加强潜在的传播。[①] 邮轮上空间狭小、舱室紧密相连，很多邮轮客房没有可开启的外窗。[②] 船上空调和通风系统多数未配备空气净化装置。因此，实施船上检疫存在明显的弊端：一是极易导致群聚感染进而加速疫情传播；二是船上医疗水平受限，很难为患有其他疾病的旅客提供药物和及时周全的医疗服务；三是检疫期限较长，会对旅客造成较大的行动限制和精神压迫，严重影响旅客身心健康。不仅如此，邮轮旅客总体年龄偏大，[③] 部分旅客可能患有其他慢性疾病。在此情形下，船上检疫既不满足行为与结果之间的合比例性，也难以从根本上实现隔离目的，违反了合理行政原则。

另一方面，“钻石公主”号上的一些船员为了维持船舶运营，在检疫期间继续为旅客提供必要的服务，导致这些船员并未像旅客一样完全隔离。这也是船员感染病毒的直接原因。据统计，最早确诊的 20 名船员中，

---

① See *Key Considerations For Repatriation and Quarantine of Travellers in Relation to the Outbreak of Novel Coronavirus 2019 – Ncov*, WHO, https://www.who.int/news – room/articles – detail/key – co – nsiderations – for – repatriation – and – quarantine – of – travellers – in – relation – to – the – outbreak – of – novel – coronavirus – 2019 – n – cov/, Last accessed on Mar. 10, 2022.

② 邮轮舱房的种类繁多，不同邮轮品牌对于各个等级的舱房采用的名称也不尽相同，但通常仅有等级较高的带有阳台的舱房以及套房才有可以开启的外窗，此类舱房一般位于邮轮上层建筑的两侧，且在所有舱房中所占比例较小。

③ 据统计，51%的邮轮旅客年龄在 50 周岁以上。以“至尊公主”号为例，2020 年 3 月 9 日，该船挂靠在美国奥克兰港时，船上旅客年龄中位数为 66 周岁，有 1200 名旅客年龄超过 70 周岁。See *No Sail Order and Other Measures Related to Operations*, CDC, https://www.cdc.gov/quarantine/pdf/signed – manifest – order _031520.pdf., Last accessed on Mar. 10, 2022.

有15名为食品服务人员。[①] 日本国立感染症研究所在一份以“钻石公主”号邮轮为研究对象的报告中指出：“为了维持船舶的运营，一些船员在隔离期仍在提供必要、有限的服务，导致船员并未像旅客一样保持隔离状态。”[②] 下文以“钻石公主”号上两位船员的感染经历为例进行说明。

甲为一名在“钻石公主”号上工作的35岁女性船员，在船上担任餐厅服务员，2月7日开始出现感染症状，表现为喉咙干燥和轻微咳嗽。期间，她与其他女性共用一间浴室，并在发热症状出现好转后继续工作。2月9日，船员甲接受核酸检测。2月12日，船员甲的核酸检测结果呈阳性后，被转移至日本千叶县的朝日综合医院。乙为一名在“钻石公主”号上工作的27岁男性船员，在船上担任厨房清洁工，2月8日开始出现感染症状，表现为发烧（38.6℃）、喉咙痛和咳嗽。2月9日，船员乙接受核酸检测。2月12日，船员乙的核酸检测结果呈阳性后，被转移至朝日综合医院。船员乙在出现感染症状后至转送医院前，在船上正常工作。[③] 正是因为船员必须持续为旅客提供服务，导致在继发感染病例中，确诊船员与确诊旅客的比例从2020年2月6日的1∶15、2020年2月10日的3∶7增加到2020年2月14日的1∶1。[④] 对此，日本公共卫生专家表示：“虽然‘钻石公主’号上船员的发病率不断上升，已经达到了一个较高的数值，但船员需要为接受检疫的旅客提供送餐服务以及维持船舶继续运营，要求船员

① See Kakimoto Kensaku et al., *Initial Investigation of Transmission of COVID - 19 Among Crew Members During Quarantine of a Cruise Ship—Yokohama, Japan, February 2020*, 69 Morbidity and Mortality Weekly Report 312 (2020).

② See NIID, *Field Briefing: Diamond Princess COVID - 19 Cases*, NIID, https://www.niid.go.jp/niid/en/2019 - ncov - e/9407 - covid - dp - fe - 01.html, Last accessed on Mar. 10, 2022.

③ See Arashiro Takeshi, Keiichi Furukawa, Akira Nakamura, *COVID - 19 in 2 Persons with Mild Upper Respiratory Tract Symptoms on A Cruise Ship, Japan*, 26 Emerging Infectious Diseases 1345 (2020).

④ See NIID, *Field Briefing: Diamond Princess COVID - 19 Cases*, NIID, https://www.niid.go.jp/niid/en/2019 - ncov - e/9407 - covid - dp - fe - 01.html, Last accessed on Mar. 10, 2022.

在船上继续服务是一个高度政治化的决定。”① 因此，基于国际人权保护原则和合理行政原则的要求，此种情形下不应在国际邮轮上对可能感染病毒的旅客和船员采取检疫措施和进行公共卫生观察，尤其不应长时间采取这些措施。

（二）案例二：“大西洋海岸”号邮轮上的检疫措施

与“钻石公主”号邮轮不同，停靠在日本长崎的一艘邮轮有效完成了船上检疫。2020 年 4 月 19 日，巴哈马籍“大西洋海岸”（Costa Atlantica）号邮轮向长崎市公共卫生中心报告，船上有发热的船员。② “大西洋海岸”号已经在长崎停靠了 3 个月，船上只有船员，没有旅客。船上 623 名船员在进入日本时都已完成检疫，但为了防止传染病传播，根据当地公共卫生政策的要求，船员在非必要情况下不得离开船舶。自 3 月 22 日始，邮轮公司要求体温高于 37.1℃ 的船员隔离在船上的单人房间。为了预防继发感染，自 4 月 19 日始，每个不需要工作的船员都被隔离在单人房间，且不允许离开房间。核酸检测结果为阴性且没有感染症状的船员负责为其他人提供膳食及收集衣物，并保证不会与被隔离船员直接接触。“大西洋海岸”号暴发疫情时，最初考虑的措施是尽快疏散所有船员。然而，长崎市没有足够的医疗设施和住所为这 623 名船员提供隔离或检疫的场所。5 月 3 日后，核酸检测呈阴性的船员被许可下船。自 5 月 14 日始，核酸检测呈阴性的船员被许可下船并被遣返回国，总计 495 名船员下船并离开日本，其中

---

① See Takuya Yamagishi, Hajime Kamiya, KensakuKakimoto, Motoi Suzuki, TakajiWakita, *Descriptive Study of COVID – 19 Outbreak among Passengers and Crew on Diamond Princess Cruise Ship*, *Yokohama Port*, *Japan*, *20 January to 9 February 2020*, 25 Eurosurveillance 23 (2020).

② See NIID, *Outbreak of Novel Coronavirus Disease (COVID – 19) on A Cruise Ship Docked in Nagasaki City*: *Preliminary Interim Report*, 2020, NIID, https://www.niid.go.jp/niid/en/2019 – ncov – e/2484 – idsc/9650 – covid19 – 14 – 200323 – e – 2.html, Last accessed on Mar. 10, 2022.

3 人确诊感染新冠。5 月 31 日，载有 126 名健康船员的“大西洋海岸”号邮轮出发前往菲律宾马尼拉。[①]

“大西洋海岸”号邮轮与“钻石公主”号邮轮存在较大区别。首先，“钻石公主”号邮轮兼备旅客和船员，而“大西洋海岸”号邮轮只有船员。“大西洋海岸”号邮轮的客舱房间处于空闲状态，可以保证船员隔离时一人一间房。此种隔离模式对于“钻石公主”号上的旅客和船员而言不具备现实性。不仅如此，多数船员比较年轻，身体素质较好，而邮轮旅客大多年龄较高，并患有其他慢性疾病。其次，由于检测试剂匮乏，“钻石公主”号上的旅客和船员只能分批进行检测。检测结果呈阳性的旅客被送往医疗机构，并对其临床病程进行跟踪；检测结果呈阴性的旅客，在下船前接受 14 日的检疫。然而，“大西洋海岸”号邮轮上的船员同时接受检测，最大限度地降低了船员之间继发感染的风险。相较而言，无法实现快速检测是“钻石公主”号检疫失败的一个重要原因。[②] “大西洋海岸”号挂靠在日本长崎港时，船上没有旅客，仅载有 623 名船员，日本政府将症状较轻的感染病毒的旅客、船员和密切接触者安排在船上检疫或隔离，由于邮轮有条件为健康船员提供通风性良好的房间，可以实现检疫或隔离的目的，因而具有合理性。

（三）案例三：“阿尔塔尼亚”号邮轮上的检疫措施

2019 年 12 月 21 日，“阿尔塔尼亚”（MS Artania）号邮轮从德国汉堡出发，开始进行为期 6 个月的世界旅行，并于 2020 年 3 月 25 日抵达西澳

---

① See Maeda Haruka et al., *Epidemiology of Coronavirus Disease Outbreak among Crewmembers on Cruise Ship*, *Nagasaki City*, *Japan*, *April 2020*, 27 Emerging Infectious Diseases 2251 (2021).

② See Eiichiro Sando, Konosuke Morimoto, Shinji Narukawa, Katsumi Nakata, *COVID－19 Outbreak on the Costa Atlantica Cruise Ship: Use of A Remote Health Monitoring System*, 28 J Travel Med (2021).

大利亚州弗里曼特尔（Fremantle）港。“阿尔塔尼亚”号邮轮载有12个国家的832名旅客（年龄范围7—89岁）和30个国家的503名船员（年龄范围23—61岁）。船舶抵达后，该船的医疗团队向当地卫生当局报告有2名旅客在2020年3月14日从澳大利亚悉尼下船，返回德国后新冠检测为阳性，另有15名旅客和10名船员在3月21日至25日期间发烧或有轻度呼吸道症状。这些人立即被隔离在船舱内，经检测有5名旅客和2名船员感染新冠病毒。同一天，另外2名非因疫情原因离开邮轮的人也被检测出感染新冠病毒。此后，“阿尔塔尼亚”号开始暴发疫情。

截至4月3日，832名旅客中共有28名确诊感染新冠病毒，503名船员中有30名出现感染症状并确诊感染新冠病毒。当地卫生部门开始对船上人员实施检疫措施。检疫期间，船上人员单独呆在房间内，只有在核酸检测呈阳性或因其他医疗原因等才能下船。在此期间有39人下船，其中21人出现症状且核酸检测结果呈阳性，剩余18人为密切接触者。这些密切接触者核酸检测结果呈阴性。在检疫措施进行到第13天时，清关检测过程中又发现2名无症状感染者。于是，所有人员下船后被要求进行为期14日的陆上检疫。2020年4月18日，载有403名船员和8名旅客的“阿尔塔尼亚”号离开弗里曼特尔，返回其在德国不来梅港的母港。航行期间，56名船员被遣返送回至印度尼西亚雅加达，236名船员被遣返送回至菲律宾马尼拉，1名船员被遣返送回至埃及开罗。2020年6月8日，“阿尔塔尼亚”号抵达德国，没有船员表现出体温升高或急性呼吸道感染症状。①

相较于“钻石公主”号的经历，“阿尔塔尼亚”号邮轮上实施的检疫

---

① See Tudor A. Codreanu, Sera Ngeh, Abigail Trewin, Paul K. Armstrong, *Successful Control of an Onboard COVID-19 Outbreak Using the Cruise Ship as A Quarantine Facility, Western Australia, Australia*, 27 Emerging Infectious Diseases 1279 (2021).

措施较为成功。通过对不同情景下船上检疫的影响因素进行分析，可以认为，在有些情况下，邮轮可以作为进行大规模检疫行动的合适环境。因为，邮轮上的住宿空间较大，设备比较齐全，可以使一定数量的人员舒适地完成14日的检疫。相较而言，将船员和旅客转移到岸上的替代方案会在转移感染者的过程中花费相当大的成本，并导致病毒在岸上传播的额外风险。"阿尔塔尼亚"号邮轮的经验表明，港口国将邮轮作为大规模检疫的地点，应当满足个体隔离的独立性、避免感染者与未感染者之间接触的要求。这些要求具体表现为以下三个方面：一是邮轮有充足的房间数量，可以为每一位接受检疫的旅客或船员提供单人居住的条件。在"阿尔塔尼亚"号邮轮上，感染病毒或患有其他疾病的旅客被安排下船治疗，从而为船上旅客提供了基本充足的房间，保证了有效隔离的居住条件。如果房间数量不足，无法为所有接受检疫的人员提供单人间，应当对房间内的人员定期进行检测，尽早将可能感染病毒的旅客与健康旅客分开，保证共同居住的旅客均处于健康状态。二是严格限制船员的活动范围，使用非与他人共享的设施。对于需要向旅客提供服务的船员，应当严格规范食物的准备和交付工作。在邮轮暴发疫情的情形下，控制船员活动可以通过船上监控的方式实现。据了解，"阿尔塔尼亚"号邮轮上的工作区域无法通过闭路电视实现监控，船员自行活动违反了检疫要求，导致在检疫进行到第13天时发现两名船员感染新冠病毒。① 三是将活动区域根据病毒传播状况划分为不同的区域。例如，"阿尔塔尼亚"号邮轮旁边的码头和相邻的码头大楼因为没有暴发疫情，被标记为绿色区域。在"阿尔塔尼亚"号邮轮上，进入舷梯后，楼梯间和通往小屋的走廊被认为具有较

① See Tudor A. Codreanu, Sera Ngeh, Abigail Trewin, Paul K. Armstrong, *Successful Control of an Onboard COVID –19 Outbreak Using the Cruise Ship as A Quarantine Facility, Western Australia, Australia*, 27 Emerging Infectious Diseases 1279 (2021).

低的感染风险，被标记为黄色区域，作为缓冲区。船上各个受病毒污染的区域以及船员工作区和旅客接受检疫的房间被标记为红色区域。不同区域的防护要求不同，进入绿色区域不需要佩戴个人防护装备，但进入黄色区域需要戴外科口罩和手套。在红色区域内，有不同级别的个人防护要求，见表3－4。

表3－4 邮轮暴发新冠疫情时控制区个人防护装配（PPE）隔离设施要求

人员类别	地点/活动	PPE要求
所有船员	本人舱室	无要求
	舱室阳台	外科口罩
	取餐、舱室垃圾处理	外科口罩、手套、2米安全距离
重要船员	一般作业区日常任务	外科口罩、手套、2米安全距离（因工作需要除外）
	一般作业区外紧急任务	特卫强套装、外科口罩、2米安全距离（因工作需要除外）
医疗团队	在船电话健康检查	外科口罩、手套、2米安全距离
	舱室实地查访	N95口罩、防护眼镜、防渗衣和手套
外包商	闭路监控平台、安保巡查、送餐	外科口罩、手套、2米安全距离
	垃圾处理	防渗透C级防护服、呼吸面罩和防护眼镜

资料来源：See Tudor A. Codreanu, Sera Ngeh, Abigail Trewin, Paul K. Armstrong, *Successful Control of An Onboard COVID－19 Outbreak Using the Cruise Ship as A Quarantine Facility*, *Western Australia*, *Australia*, 27 Emerging Infectious Diseases 1279 (2021).

通过实施上述公共卫生措施，“阿尔塔尼亚”号邮轮较为有效地帮助完成了对船上旅客和船员的检疫工作。据统计，船舶隔离前，503名船员中有30人核酸检测结果为阳性，占比6.0%；隔离期间，441名船员中有21人核酸检测结果为阳性，占比4.8%，并有一名42岁的男性船员死亡；

隔离结束时，有30名旅客和51名船员总计81人核酸检测结果为阳性，其中有3名旅客和1名船员死亡。① 相较而言，“钻石公主”号船上人员数量多，检疫时无法实现一人一舱。此外，虽然“钻石公主”号也划分了清洁区域和感染区域，但实际执行过程中，并没有严格按照要求执行，且个人也没有按照不同等级的要求做好防护。2020年2月18日，日本神户大学传染病学教授岩田健太郎在探访“钻石公主”号邮轮后，指出了该邮轮在传染病防控方面存在较大缺陷，包括在实际执行中忽视安全区域和危险区域，没有专业人员负责感染控制工作等。

在港口国医疗资源有限的情况下，将船舶作为检疫设施，具有明显的经济和安全优势，符合合理行政原则中目的合理和措施合理的基本要求，因而可以考虑将船上检疫作为一种合理选择。但是，如果船上检疫安排不妥当，就会发生类似“钻石公主”号邮轮的悲剧，造成不合理后果，导致违反合理行政原则。通过对“大西洋海岸”号邮轮和“阿尔塔尼亚”号邮轮的经验进行总结，在合理行政原则的要求下，将船舶本身作为检疫设施应当确保满足以下四项条件：一是保证适当的客舱数量，实现个人单独隔离；二是严格控制食物的准备和交付，以免在此过程中发生继发感染；三是根据感染风险程度的差异将邮轮划分为不同区域，在不同区域内严格执行不同的防护要求；四是对邮轮进行彻底的日常清洁。

四、我国船舶卫生检疫制度的法律检视及制度完善

（一）我国船舶卫生检疫制度的法律检视

在我国，关于能否对存在公共卫生风险的外国籍船舶实施船上检疫这

① See Tudor A. Codreanu, Sera Ngeh, Abigail Trewin, Paul K. Armstrong, *Successful Control of An Onboard COVID-19 Outbreak Using the Cruise Ship as A Quarantine Facility*, *Western Australia*, *Australia*, 27 Emerging Infectious Diseases 1279 (2021).

一问题，由《国境卫生检疫法实施细则》《出入境邮轮检疫管理办法》《国际航行邮轮群体性疾病突发事件应急处置技术方案》作出规定。

首先，《国境卫生检疫法实施细则》第95条规定，为预防疫情境外输入，可以要求实施船上检疫，但船上检疫必须由船长提出或由旅客请求并经船长同意后，再经卫生检疫机关同意。应注意，《国境卫生检疫法实施细则》第95条仅适用于检疫，而不包括隔离。该实施细则仅规定隔离地点为“指定的处所”，但未对这一概念作出解释。从目的解释的角度出发，依据该实施细则第2条和第5条的规定，被隔离者在指定的处所内，一是可以接受治疗，二是能够消除传染病传播，不会使其他人遭受感染风险。据此，如果船舶满足此种要求，则可以作为隔离地点，否则不可安排感染病毒的旅客或船员在船上隔离。从目前港口国应对新冠疫情的实践来看，这两项要求较难满足，甚至在船上隔离反而会对船舶上传染病的传播起到不必要的促进作用。

其次，《出入境邮轮检疫管理办法》第32条规定，经邮轮公司申请、海关同意，可以在邮轮上实施隔离留验。其中，留验与检疫具有相同的意思，适用于可能感染病毒的旅客或船员。据此，该管理办法认可船上隔离和船上检疫。

最后，原国家质检总局于2009年2月24日印发的《国际航行邮轮群体性疾病突发事件应急处置技术方案》（国质检卫〔2009〕72号）在第三部分第3条“船上人员处置”第5款“检疫措施”中规定，根据排查结果确定隔离方式，判定为检疫传染病及按甲类管理的传染病病人，应立即移交指定卫生机构予以隔离治疗，即必须进行医院隔离。三种不同效力级别的法律文件都对船上检疫和隔离作出了规范，如表3-5所示。

表 3-5　我国现行立法关于船上隔离或检疫的规定

法律文件（效力级别）	申请主体	批准主体	船上进行
《国境卫生检疫法实施细则》（行政法规）	1. 船长 2. 旅客提出，船长同意	卫生检疫机关	检疫：√ 隔离：×
《出入境邮轮检疫管理办法》（部门规章）	邮轮公司	海关	检疫：√ 隔离：√
《国际航行邮轮群体性疾病突发事件应急处置技术方案》（规范性文件）	可以船上隔离，但检疫传染病及按甲类管理的传染病必须在医院隔离		

注：此表由作者根据我国现行相关法律文件整理。

通过对比，可以发现现行立法存在规定不一致的问题。首先，对于能否实施船上隔离，《出入境邮轮检疫管理办法》认为可以实施，而《国境卫生检疫法实施细则》和《国际航行邮轮群体性疾病突发事件应急处置技术方案》仅允许有条件地实施船上隔离。根据这些条件，暴发新冠疫情的国际邮轮不能实施船上隔离。其次，对于能否实施船上检疫，《出入境邮轮检疫管理办法》和《国境卫生检疫法实施细则》都明确规定了经批准实施，但申请主体和批准主体存在一定差异。《国际航行邮轮群体性疾病突发事件应急处置技术方案》仅规定了隔离，未涉及检疫。对此，至少存在两种不同解释：一是该规范性文件对检疫制度不作规范；二是该文件对检疫和隔离未作区分，"隔离"一词在该规范性文件中同时指代检疫和隔离。考虑到该规范性文件以应对群体性疾病突发事件为目的，而检疫措施是应对群体性疾病突发事件的重要措施之一，尤其是该文件规定"密切接触者，根据情况采取必要隔离措施"，而对密切接触者采取物理上的隔离属于检疫措施，因而第二种解释更为合理。换言之，《国际航行邮轮群体性疾病突发事件应急处置技术方案》规定的"隔离"一词应当指物理上的隔离，而非特指对病毒感染者实施的隔离措施。根据此种解释，对于未感染病毒的旅客或船员，应当适用该技术方案关于隔离的一般规定，即允许船上检疫。至于船上隔离由当事人申请还是由行政主体安排，该技术方案未作规定。

检疫与隔离都涉及对个人自由的限制，但检疫与隔离不同，前一措施的实施对象为可能感染病毒的人员，后者的对象为确定感染病毒的人员。检疫对象的社会危害性小，相对而言遭受的侵害就更大。国际人权保护原则要求港口国在实施检疫措施时应当尤其注意保护实施对象的个人权利。合理行政原则也要求行政行为的结果合理，即对个人的侵害和对公共卫生的保护之间成比例。因而，国境卫生检疫行为应当注重对个人权利的保障，平衡旅客和船员的权利和公共卫生安全利益。为实现这一目的，对于感染病毒的旅客，应当安排下船隔离，以便后续治疗；对于可能感染病毒的旅客，是否实施船上检疫，根据以旅客需求为出发点的政策导向，应当在决策过程中参考旅客的意见。

（二）船舶卫生检疫中国家安全利益与公民权利的冲突及协调

船舶暴发公共卫生事件具有突发性和高度危险性。为保障国家公共卫生安全，避免感染病毒的患者与健康人接触，《行政强制法》第19条规定国家机关在紧急情况下有采取即时强制措施的权力。例如，发生重大传染病时，国家有权采取区域封锁的措施控制传染病传播。[①] 一旦正式宣布进入紧急状态，行政主体行使紧急权力对公民权利造成的侵害更大。例如，《应急条例》规定的强制隔离、强制治疗、征收征用等应急处置措施涉及人身权、财产权，限制感染者和有感染嫌疑者的行动自由、健康生活权利。

---

① 参见于沛霖、夏红编著、法律出版社法规中心编:《中华人民共和国行政强制法配套解读》，法律出版社2012年版，第71页。

政府行使紧急权力对公民权利的限制包括正当限制和非正当限制。正当限制是指行政主体在法律框架下，按照比例原则的要求，对公民权利进行限制。例如，各国代表在起草《公民权利和政治权利国际公约》第12条第3款关于迁徙自由的限制规定时，特别讨论了一种限制个人权利的典型情形，即国家为了阻止传染病传播，可以采取检疫措施，限制人们进入受病毒污染的区域、对健康造成极大危险的区域，以及对保障公共卫生极为重要的区域。①

不正当限制包括不合法限制和不合理限制。前者主要表现为行政主体行使紧急权力时存在过失，如泄露受检疫人员的隐私，对疑似病例检疫不当导致交叉感染。② 后者是指在重大疫情严防严控的要求下，行政主体行使紧急权力对公民权利的限制超出合理限度。

行政应急法治化要求行政主体在限制公民权利时遵循合理行政原则。合理行政旨在控制行政裁量权，要求兼顾提升行政效能与减少权利侵害，是制约政府行政应急权力、保障公民权利的最基本原则。然而，新发传染病的不确定因素较多，行政决策缺乏相对充分的信息和相对确定的事实，导致行政主体在重大疫情防控中难以遵循合理行政原则。③ 一旦政府行使紧急权力存在过失或者超过必要限度，公民权利就会成为国家安全利益的牺牲品。

国家处于安全状态是主权国家存续与发展的前提，只有在国家主权完整的大前提下，公民个人权利才能得到保障。在国家安全领域，尤其是国家传统安全领域，立法的价值取向在军事安全与公民权利之间应当向前者

---

① 参见［奥］曼弗雷德·诺瓦克：《民权公约评注》（上），毕小青、孙世彦主译，三联书店2003年版，第213页。

② 参见王桢：《我国强制医疗隔离制度的理论基础、现存问题与解决对策》，载《学术交流》2020年第8期。

③ 参见戚建刚、易君：《灾难性风险行政法规制的基本原理》，法律出版社2015年版，第210－211页。

倾斜。然而，国家公共卫生安全主要涉及国家非传统安全领域。维护国家安全利益的实质就是维护统治阶级的利益，就国内重大疫情防控而言，维护国家公共卫生安全与保障公民健康权具有相同的利益指向和价值目标：国家整体公共卫生安全利益可视为个人生命健康权利的集合，保护公民的整体健康就是保护国家公共卫生安全。因此，在船舶卫生检疫实施过程中，可以并且应当兼顾国家安全利益与公民权利，协调好二者间的关系。

规范国家权力和公民权利之间的关系是应急法治的重要内容。法的价值取向指导具体的法律制度，重大疫情防控的制度建设在一定程度上受到国家公共卫生安全立法的价值取向的影响。面对国家安全利益与公民权利，美国国家安全立法更加倾向于控制政府权力，通过规范行政程序保护公民权利免受行政权力滥用的侵害；俄罗斯国家安全立法更倾向于提高行政效能，对于个人权利的重视程度不够。[①] 我国应当以协调国家安全利益与公民权利为价值取向，指导公共卫生安全立法，完善船舶卫生检疫制度。

（三）完善船舶卫生检疫中的公众参与机制

公众参与公共卫生风险防控是国家治理对于科学治理和民主治理的必然要求。[②] 一方面，公众参与有利于提高公共卫生风险防控的科学性。在公共卫生管理领域，公共卫生风险防控的科学性主要通过循证治理实现，即以经过科学程序与实证方法检验的证据作为制定政策的依据。[③] 公共卫生风险循证治理周期分为循证防控期、循证预警期、循证控制期、事后循

① 参见李竹：《国家安全立法研究》，北京大学出版社2006年版，第174－175页。

② 参见江国华、梅扬：《重大行政决策程序法学研究》，中国政法大学出版社2018年版，第67页。

③ 参见张云昊：《循证政策的发展历程、内在逻辑及其建构路径》，载《中国行政管理》2017年第11期。

证重建期。[①] 在循证防控期，各地疾病控制预防机构对公众开展流行病学调查和常见病原微生物检测，获得循证证据。对于重大疫情，尤其是新发传染病的应对，循证证据是循证治理的核心和基础。公共卫生事件暴发期间，循证证据主要通过旅客和船员获得。例如，公众配合政府溯源管理，在流行病学调查中主动上报流动人员信息，积极参与核酸检测。一旦有旅客或船员瞒报、谎报行程信息或检测结果，将会影响风险评估的结果，降低船舶公共卫生风险防控的科学性。

另一方面，公众参与有利于提高船舶公共卫生风险防控的民主性。马克思主义国家学说是确保人民群众在国家治理中的主体地位的基本依据。[②] 坚持人民主体地位，就是要充分发挥人民群众在国家治理中的主体作用，将人民群众作为国家公共卫生治理的根本力量来源。[③] 民主政治理论认为，民主的本质就是公众参与，公众参与是行政权力运行的起点。[④] 在船舶公共卫生风险防控中，不能一味要求公众服从政府的命令。尤其是在政府角色从管理型政府向服务型政府转变的时代，公共治理理论兴起，公众也可以扮演治理者的角色。增强公民国家安全意识，实现民主治理，有利于国家治理体系和治理能力的现代化建设。

在重大公共卫生风险防控中，公众参与往往起到支撑和决定性作用。[⑤] 一方面，公众通过自我治理的方式参与疫情防控，有利于落实群防群控、社会防控。例如，公众在参与重大疫情防控的过程中，积极响应政府号

---

① 参见温锋华等：《城市突发公共卫生事件的循证治理机制研究》，载《中国管理科学》2023 年第 1 期。

② 参见牛先锋：《确保人民群众在国家治理中的主体地位》，载《学习时报》2020 年 4 月 24 日，第 1 版。

③ 参见王敏：《重大疫情防控背景下公众参与治理的多维动力与行动路径》，载《理论研究》2020 年第 3 期。

④ 参见江国华、梅扬：《重大行政决策程序法学研究》，中国政法大学出版社 2018 年版，第 69 页。

⑤ 参见王虎峰：《公众参与重大传染病治理的经验启示》，载《人民论坛》2020 年第 23 期。

召，主动实行居家隔离，配合注射疫苗，外出时主动出示防疫二维码并佩戴口罩。另一方面，公众通过政府主导下的协同治理参与疫情防控，有利于整合应急资源。例如，截至2020年6月18日17时，中国红十字会总会机关和中国红十字基金会共接受用于新冠疫情防控的社会捐赠款物249,307万元。[①]

公众参与机制的具体内涵包括公众参与沟通、公众参与决策、公众参与监督。[②] 船舶公共卫生风险防控具有较强的技术性和专业性，公众主要通过沟通和监督两种途径参与重大疫情防控。

首先，在公众参与沟通这一环节中，旅客和船员有权要求港口国政府履行信息公开义务，权利来源为宪法和法律赋予的知情权。[③]《突发事件应对法》第44条、《应急条例》第25条、《国家突发公共事件总体应急预案》第3部分都规定了各级政府和部门发布预警信息的义务。其次，根据《宪法》第41条的规定，公民有权对国家机关和国家工作人员提出批评和建议。据此，公民在重大疫情防控决策的制定和实施过程中享有监督的权利。[④]

信息沟通有助于培养公众的公共理性，将船上人员对于新发传染病的认知从感性向理性方向引导。如果疫情信息不公开，容易造成社会恐慌，政府公信力下降。在船舶公共卫生风险防控中，公众参与沟通不仅表现为政府公开疫情信息，还表现为政府主动向公众征求意见。公众参与沟通的组织形态分为感染或可能感染病毒的公众以及受政策影响的公众。不同的组织形态适用不同的沟通方式。以检疫措施为例，对于接受检疫者及其家

---

① 参见《中国红十字会总会接受使用新型冠状病毒肺炎疫情防控社会捐赠款物动态》，载中国红十字会网2020年6月19日，https://www.redcross.org.cn/html/2020-06/71791.html。

② 参见马忠、尚清清：《抗击新冠肺炎疫情的公众参与问题研究》，载《中州学刊》2020年第3期。

③ 参见韩大元、莫于川主编：《应急法制论》，法律出版社2005年版，第69页。

④ 参见宋筱婷：《应急决策法制化研究》，知识产权出版社2014年版，第147页。

属可深入基层开展民意调查，由接受检疫者所在地居委会以召开座谈会等方式开展调研。对于检疫地点附近的居民，可以通过网络征求意见的方式，开通意见发布渠道。港口国政府收到意见后应当及时反馈，保证公众参与的积极性。

（四）完善船舶卫生检疫中的权利救济机制

合法行政行为或违法行政行为对公民权利造成损害时，国家应当承担行政补偿或赔偿责任。[①] 以德国为代表的大陆法系国家在行政补偿制度中提出了特别牺牲理论，即公民为维护公共利益遭受特别损害后，国家应向其提供特别牺牲补偿。[②] 特别牺牲补偿强调牺牲的非正当性，即与其他人的一般牺牲相比，某一具体行政行为在无特别理由的情形下对个别人造成了更大的侵害。

相较而言，我国现行立法关于特别牺牲补偿的规定不够完善，主要表现为没有关于侵犯公民人身权的补偿的规定。《宪法》第 10 条第 3 款和第 13 条第 3 款分别规定，国家可以对土地或公民的私有财产实行征收或者征用，并给予补偿。这一规定整体上承认了特别牺牲补偿，但仅为剥夺财产权的补偿。《突发事件应对法》第 12 条和第 61 条分别规定了对剥夺财产权进行补偿，以及事后恢复与重建中作为社会福利的补偿，但没有规定关于限制公民人身权利的特别补偿。事实上，《突发事件应对法》本身也没有关于人身权利限制的规定。然而，《应急条例》第 33 条、第 40 条、第 41 条、第 42 条分别规定了突发事件应急处理指挥部、卫生行政主管部门、县级以上地方政府、医疗卫生机构实施检疫措施的权力，但仍未规定相应的行政补偿。《传染病防治法》规定了医疗机构、县级以上地方政府实施

---

① 参见窦衍瑞：《行政补偿制度的理念与机制》，山东大学出版社 2007 年版，第 30 页。

② 参见薛刚凌主编：《行政补偿理论与实践研究》，中国法制出版社 2011 年版，第 64 页。

检疫措施的权力，并在第 41 条第 2 款规定地方政府应当向被检疫人员提供生活保障，工作单位应当向被检疫人员支付工作报酬。但这些规定只是对被检疫人员提供基本生活保障，不属于对侵犯公民人身权的补偿。

（五）完善重大疫情防控中的行政补偿制度

首先，应当扩大行政补偿的适用范围。在重大疫情防控中扩大行政补偿的适用范围：一是要增加关于接种疫苗对公民生命健康权的侵害的特别牺牲补偿。例如，公民为响应国家号召，在地方社区劝导和安排下接受疫苗注射，后因此造成终身残疾。在此案例中，疫苗注射对多数人造成的损害并无较大差别，本身并不会导致行政补偿。对于因注射疫苗导致终身残疾的个别人，因其遭受的侵害较其他人更大，国家应当给予其行政补偿。[①]二是要增加关于检疫措施对公民人身自由权的侵害的特别牺牲补偿。在船舶公共卫生风险防控中，行政机关会对可能感染病毒的公民实施检疫措施。此种检疫作为《行政强制法》第 19 条规定的即时强制措施，会对公民人身自由权造成限制。由于被检疫者在国家总人口中仅占极小一部分，根据特别牺牲理论，国家应当对在重大疫情防控中被采取检疫措施的公民给予行政补偿。[②]

关于检疫措施，有两种特殊情形的检疫尤其需要注意。一是在疫情暴发初期采取的检疫措施。新发传染病的不确定因素较多，当事人实际接受检疫的期限可能比病毒潜伏期长得多。二是对疑似病例的密切接触者、次密切接触者，甚至次次密切接触者的隔离。这类人感染病毒的可能性逐级降低，在严防严控的要求下，一些港口所在地的政府仍会要求其接受检疫。在此情形下，检疫措施会使接受检疫者遭受巨大的染疫风险，而对于

---

① 参见窦衍瑞：《行政补偿制度的理念与机制》，山东大学出版社 2007 年版，第 161 页。

② 参见薛刚凌主编：《行政补偿理论与实践研究》，中国法制出版社 2011 年版，第 75 页。

保障国家公共卫生安全的作用较小。[①] 这两种情形下尤其应当注意合理行政原则的适用，合理安排检疫期限和检疫地点，并对其遭受的更大侵害进行补偿。

其次，应当明确行政补偿的方式和标准。其中，侵犯生命健康权的补偿标准可以参考《国家赔偿法》第34条的规定，侵犯人身自由权的赔偿标准可以参考《国家赔偿法》第33条的规定。此外，当事人的特别牺牲补偿通常不包括间接损失和精神损失。[②]

最后，现行立法关于行政赔偿缺乏具体程序和救济途径。行政赔偿争议的解决方式包括行政复议和行政诉讼。《行政复议法》《行政诉讼法》没有关于行政补偿救济的规定。《最高人民法院关于适用〈中华人民共和国行政诉讼法〉的解释》第1条规定，公民对行政机关及其工作人员的行政行为不服属于行政诉讼的受案范围。行政补偿行为可以认定为行政机关及其工作人员的行政行为。问题在于，该司法解释第1条第2款第3项将行政指导行为排除在了受案范围外。根据强制性程度不同，对公民采取的检疫措施可以分为三类，从弱到强依次为自愿检疫、一般性检疫、强制检疫。[③] 一般性检疫是公民响应政府号召，接受当地社区安排进行居家隔离、集中隔离、留验，应当认定为行政指导行为。例如，2009年7月原卫生部印发的《甲型H1N1流感轻症患者居家隔离治疗管理方案（试行版）》就“居家隔离”作出指导。根据前述规定，因一般性检疫产生行政纠纷，不属于行政诉讼的受案范围。

从船舶公共卫生事件暴发初期的紧张状态到可控状态，有必要对检疫等船舶公共卫生风险防控中减损旅客和船员权利的卫生措施进行反思。不

---

① 参见高秦伟：《传染病防控中的隔离措施》，载《中外法学》2020年第3期。

② 参见韩大元、莫于川主编：《应急法制论》，法律出版社2005年版，第363页。

③ 参见李凌云、陈杰：《疫情防控中强制隔离措施的理解与适用》，载《学术交流》2020年第8期。

论是紧急状态下对公民权利的克减，还是平时状态下对公民权利的限制，都应当遵循合理行政原则，协调好国家安全利益和公民权利。具体而言，应通过完善公众参与机制和权利救济机制，构建服务型政府，将船舶公共卫生风险防控由传统管理模式改为现代治理模式，实现国家公共卫生安全治理体系和治理能力现代化。

第三节　港口国对旅客和船员的救治义务

一、港口国救治旅客和船员的国际法义务

港口国对外国籍船舶进行风险评估后，应当根据评估结果对邮轮上确诊或可能感染病毒的旅客和船员采取卫生措施。港口国为感染病毒的旅客和船员提供适当的治疗对于保障旅客和船员的生命健康权尤为重要。根据国际人权保护原则，外国籍船舶上感染病毒的旅客和船员下船后，如果未被遣返至其国籍国，港口国应当对其提供必要的治疗。

港口国的这一义务在《国际卫生条例》中体现为三个方面。一是该条例第 18 条规定，世界卫生组织可针对受染者向缔约国发布进行必要治疗的建议。二是《国际卫生条例》第 32 条规定，缔约国应当为旅行者提供适宜的医疗（appropriate medical treatment）。三是《国际卫生条例》附件 1 第二部分“指定机场、港口和陆地过境点的核心能力要求”中指出，缔约国应对突发公共卫生事件，应当具备对受染者进行治疗的能力。

根据上述规定可以得出结论：《国际卫生条例》要求港口国对外国籍船舶上感染病毒的旅客提供适宜的医疗。至于具体的医疗方案如何安排，涉及国家的公共卫生主权，应当由港口国依据其国内法确定。此处所称适宜的医疗，是指保护旅客健康所需的，且在港口国能力范围之内可行的医疗。但是，《国际卫生条例》第 1 条对“旅行者”（traveller）和“乘务员”

（crew）分别作出了定义，因而《国际卫生条例》第 31 条和第 32 条的规定不适用于船员。换言之，根据《国际卫生条例》，港口国对外国籍船舶上感染病毒的船员没有实行隔离并进行必要的治疗的义务，尽管一些船舶上的船员多达数百人甚至上千人。然而，这些船员应当受到与旅客同等的保护。2020 年 3 月 19 日，“红宝石公主”号邮轮抵达澳大利亚悉尼港，在 13 名接受核酸检测的人员中，有 3 名旅客和 1 名船员确诊感染新冠病毒。3 名受感染的旅客被送往医院接受治疗，该名受感染的船员则与余下船员一同留在船上。4 月 6 日，该邮轮获准挂靠在悉尼附近的肯布拉（Kembla）港，此时船上已有 22 名船员感染新冠病毒，另有约 200 名船员出现感染症状。[①] 这一实例说明了船员与旅客在医疗救治方面享受同等待遇的重要性。可见，《国际卫生条例》针对“乘务员”的规定存在不足。

虽然《国际卫生条例》没有规定港口国对船员的治疗义务，但这一要求在其他国际公约中有所体现。一是根据 1965 年《便利国际海上运输公约》附件第 2 节“船舶抵达、逗留和离开”第 2.22 条和第 2.24 条的规定，港口国的公共卫生当局应当对生病或受伤人员采取医疗急救和保护公共卫生的措施，其中“人员”包括旅客和船员；二是根据专门针对船员权益保障的《海事劳工公约》规则 4.1，港口国应当履行保护海员健康并确保其迅速得到船上和岸上医疗服务的义务。

二、港口国救治旅客和船员的国内法义务

港口国国内法通常也会对救治感染病毒的旅客和船员作出规定。在中国，《出入境邮轮检疫管理办法》第 29 条提出，应对外国籍船舶公共卫生风险，应当遵循优先救治的原则。《国际航行邮轮群体性疾病突发事件应

---

① See *Ruby Princess Crew Begins Debarking in Australia*, MarineLink, https://www.marinelink.com/news/ruby－princess－crew－begins－debarking－477822, Last accssed on Apr. 22, 2020.

急处置技术方案》在第一部分第3条“处置原则”中规定了病人救治优先原则，并将这一原则落实在具体规定中。例如，该技术方案在第三部分第3条“船上人员处置”中规定了紧急救治，即立即将重症病人从邮轮移交卫生机构治疗。上述规定体现了国际人权保护原则和以邮轮旅客需求为出发点的政策目标。据此，对于重症旅客等需要立即医治者，港口国应当立刻安排救治。当然，港口国在履行这一义务时，也要遵循国家主权原则和维护国家公共卫生安全利益的价值取向。《出境入境管理法》第21条第1款规定：“外国人有下列情形之一的，不予签发签证：……（二）患有严重精神障碍、传染性肺结核病或者有可能对公共卫生造成重大危害的其他传染病的；……”这一规定与《国际卫生条例》第3条第4款的规定实质上相一致，均体现了国家主权原则。因而，港口国有权决定如何履行对旅客和船员的救治义务。

第四章　外国籍船舶旅客遣返难的法律问题与应对

国际公法对于遣返（removal or deportation）作出的定义是“主权国家将违反本国法律的外国人遣返出境的行为，包括禁止入境（exclusion）、限期离境（departure）、驱逐出境（deportation）”①。此种遣返主要适用于难民遣返和战俘遣返。然而，在外国籍船舶旅客遣返（repatriation）的语境中，遣返是港口国帮助外国籍旅客返回其国籍国的救援手段，同时也是国籍国在本国公民面对传染病危机时采取的一种撤侨行动。在他国遭遇公共卫生危险时获得遣返是旅客依法享有的基本权利。然而，这一权利在外国籍船舶存在公共卫生风险的情形下难以得到保障。面对这一现实，有必要分析旅客遣返困难的原因及其本质，运用国际法理论中的人类卫生健康共同体理念、国际人权保护原则、国际合作原则，提出遣返难问题的应对策略。

第一节　外国籍船舶旅客遣返权的法律保障

遣返是国籍国和港口国帮助旅客从港口国返回其国籍国的行为。港口

---

① 王强军:《利用遣返实现境外追逃问题研究》，载《法学评论》2013 年第 6 期。

国保障船上人员的遣返权，是对国际人权保护原则的贯彻。遣返作为个人享有的一项基本权利，受国际法和各国国内法保障。至于船员遣返，考虑到海上劳工的特殊性，由针对船员权益保障的专门性国际公约和国内法进行规范。

一、旅客遣返权的法理基础

（一）作为迁徙自由的遣返权

迁徙权是个人依据国际人权公约和国内法享有的基本权利。根据迁徙形式的不同，可以将迁徙划分为出境迁徙、入境迁徙和国籍国以外的其他国家间迁徙。[①] 迁徙自由在海上运输活动中具体表现为旅客选择旅游目的地的自由，以及船员选择工作地点的自由。遣返作为迁徙自由的一种被动形态，是国籍国和港口国帮助旅客从港口国返回其国籍国的行为，属于入境迁徙。在国际法层面，《世界人权宣言》第13条第2款明确规定了个人返回自己国家的权利。[②]

在国内法层面，作为迁徙自由的遣返权是个人受主权国家宪法和法律保障的一项基本权利。[③] 在中国，关于《宪法》是否规定了公民的迁徙自由，理论界存在不同观点。肯定说认为，迁徙自由属于一般行为自由，《宪法》第51条规定了对一般行为自由的限制，通过对该条款进行反向推理可知，《宪法》为一般行为自由提供了空间，可以作为迁徙自由的依据。[④] 此外，韩大元认为，迁徙自由可以从《宪法》第33条“尊重和保障

---

① 本句中“出境”和“入境”的“境”是指旅客和船员的国籍国边境。

② 《世界人权宣言》第13条第2款规定：“人人有权离开任何国家，包括其本国在内，并有权返回他的国家。”

③ 参见王理万：《迁徙自由的规范结构与宪法保障》，载《政治与法律》2017年第4期。

④ 参见王理万：《迁徙自由的规范结构与宪法保障》，载《政治与法律》2017年第4期。

人权”的人权条款中解释出来。[①] 否定说认为，《宪法》第51条过于宽泛，不能通过合宪性基准的校验，不适用于迁徙自由；人权条款仅强调迁徙自由作为基本人权的属性，难以洞悉迁徙自由蕴含的平等价值，因而中国法律存在“迁徙自由的宪法缺位”。[②]

肯定说以《宪法》第51条之法意阐明《宪法》关于迁徙自由的规范意旨，采用了体系解释的方法，将我国现行法律体系中涉及迁徙自由的宪法和法律视为一个整体，符合法律解释的一般方法。至于肯定说将《宪法》中的人权条款解释为包含迁徙自由是否合理，需要明确此种解释是扩张解释还是目的性解释。扩张解释与目的性扩张以“射程理论”和预见可能性为区别标准，即所扩张之含义在文义射程之内、具有预见可能性为扩张解释，超出文义射程、无预见可能性为目的性扩张。[③] 扩张解释是法律解释的一般方法，而目的性解释属于法律漏洞的填补，适用受到限制。人权保护理论认为，旅客遣返涉及迁徙自由，为身体自由之延伸。[④] 不仅如此，从宪法学著作的体例结构看，迁徙自由通常被归入人身自由部分。[⑤] 因而，将《宪法》第37条的人身自由解释为包括迁徙自由符合宪法学理论的通说，为法律解释方法中的扩张解释。尽管人权条款仅承认迁徙自由的人权属性，但在旅客遣返的语境下，足以认为旅客要求遣返的权利存在《宪法》依据。因此，旅客的遣返权是一种宪法性权利，可以通过《宪法》中的人权条款和第37条予以保障。

---

① 参见韩大元：《基本权利概念在中国的起源与演变》，载《中国法学》2009年第6期。

② 参见朱全宝、吴传毅：《保障抑或限制：美、德迁徙自由的宪法保障及其启示》，载《北京行政学院学报》2016年第2期。

③ 参见杨仁寿：《法学方法论》（第2版），中国政法大学出版社2013年版，第151、204页。

④ 参见蒋银华：《国家义务论——以人权保障为视角》，中国政法大学出版社2012年版，第176页。

⑤ 参见王世杰、钱端升：《比较宪法》，商务印书馆2010年版，第97页。

（二）旅客遣返权的法律依据

“人民为国家构成要素之一，从而国家不得将国民排斥于国家疆域之外。”① 旅客的遣返权源于国家主权原则下国家尊重和保护国民人权的要求。天赋人权和社会契约理论认为，国家存在的正当性来源于公民权利的让渡，这一关系构建了国家人权保障义务的逻辑起点。② 根据社会契约理论，人权保障是国家权力的本质与来源，人们交出权利、服从国家管理的原因在于希望获得国家对其自由和权利的保障。③ 作为契约的对等义务，国家应当以强势的公权力为本国公民的自由与权利提供保障。一旦国家不再履行保护公民自由和权利之职能，其正当性便不复存在。在此基础上，洛克（John Locke）认为，人们在社会契约中仅交出部分权利，而仍保留生命、自由、财产等自然权利。④ 遣返权作为身体自由的延伸，是一种比较典型的自然权利。⑤ 进一步假设，一旦国际邮轮暴发公共卫生事件，旅客的生命健康可能受到威胁。在港口国医疗资源有限的情形下，对旅客而言，获得遣返回到其熟悉的环境是脱离危险的主要方式。“保护的责任”理论将主权与国家对本国国民的保护义务紧密联系在一起，认为主权的涵义之一在于国家权力当局保护国民的安全与生命以及增进其福利。⑥ 主权国家负有保护本国公民生命健康权的义务，无论旅客是否感染病毒，允许他们回到国籍国接受治疗或检疫与禁止他们入境相比，更有利于其身体和心理健康的恢复与调整。

---

① 参见蒋银华：《国家义务论——以人权保障为视角》，中国政法大学出版社2012年版，第177页。

② 参见蒋银华：《国家义务论——以人权保障为视角》，中国政法大学出版社2012年版，第67页。

③ 参见蒋银华：《国家义务论——以人权保障为视角》，中国政法大学出版社2012年版，第124页。

④ 参见［英］洛克：《政府论》（下篇），叶启芳、瞿菊农译，商务出版社1964年版，第80页。

⑤ 参见杨小敏：《论迁徙自由权与国家主权和公民身份的共生关系——以美国和欧盟为例》，载《当代法学》2011年第3期。

⑥ 参见张爱宁：《国际人权法的晚近发展及未来趋势》，载《当代法学》2008年第6期。

二、旅客遣返权的制度保障

通常情况下，旅客的遣返权主要由邮轮公司保障，但面对全球性突发公共卫生事件，邮轮公司能力有限，船上人员的遣返权需要国籍国和港口国共同保障。国籍国和港口国在遣返权保障中发挥的作用不同，前者发挥主要作用，后者发挥辅助作用。国籍国履行这一义务可以通过属人管辖和领事保护制度实现。属人管辖权是国家主权原则的体现，主权国家可以通过属人管辖发挥主权的域外效力。[①] 强调以国民为载体的国家利益观认为，应当将域外国民权益作为国家利益加以保护；主权国家基于国民共同体成员的身份而拥有对境外国民加以保护的权力，即国籍国对域外国民负有国家安全供给义务。[②] 为了突出国民安全保护的重要性，国际政治理论提出了“人的安全”的概念，并认为国家安全与人的安全之间存在手段与目的之关系，前者为手段，后者为目的，二者并不矛盾，甚至相互支持。[③] 这一观点改变了以国家为主体的传统安全观，反映了一种新安全观。

在船舶发生公共卫生风险的情形下，遣返困难可能导致旅客的生命健康权遭受侵害。根据属人管辖原则，旅客国籍国可以向位于他国境内的本国公民提供领事保护。领事保护是指“当派遣国国民在居留国受到不法侵害或因其他原因处于困境时，派遣国的外交和领事官员，在国际法许可的范围内，通过与其居留国进行交涉，甚至包括采取抗议等方式来维护其权益，或提供其他必要的协助”[④]。领事保护是主权国家维护其海外利益的重

① 参见黎海波：《海外中国公民领事保护问题研究（1978—2011）：基于国际法人本化的视角》，暨南大学出版社2012年版，第38－39页。

② 参见刘莲莲：《国家海外利益保护机制论析》，载《世界经济与政治》2017年第10期。

③ 参见柳建平：《安全、人的安全和国家安全》，载《世界经济与政治》2005年第2期。

④ 黎海波：《海外中国公民领事保护问题研究（1978—2011）：基于国际法人本化的视角》，暨南大学出版社2012年版，第35页。

要工具。“海外利益就是指一个国家的利益跨越地域限制而在其他主权国家内的一种利益存在，本质是国家利益的海外延伸。”①

在《维也纳领事关系公约》和国际人权公约的推动下，领事保护制度进一步发展。海外公民人身安全保护和人道主义待遇是领事保护的重要内容。② 疫情期间，国籍国主要通过包机撤离的方式为本国籍国民提供领事保护。包机撤离是指受各国边境管控措施的影响，在部分公民滞留其他国家、难以顺利回国的情形下，国籍国政府通过包机的方式将他们安全接回国内的行为。③ 在船舶暴发公共卫生事件的情形下，派遣国即旅客国籍国，国籍国在港口国的使领馆应当提供帮助。因此，国籍国应当为位于港口国的本国公民提供领事保护，将滞留在港口国的旅客遣返回国。

上文将国籍国对旅客的遣返定性为领事保护，此处有必要将领事保护与外交保护这一对相似概念进行区分。在国际法层面，领事保护与外交保护分别由《维也纳领事关系公约》与《维也纳外交关系公约》进行规范。二者均为派遣国保护本国公民的法律制度，但在代表对象上存在显著差异：《维也纳领事关系公约》第 5 条关注的是保护、帮助及协助派遣国及其国民的利益，而《维也纳外交关系公约》采用代表派遣国的表述。④ 除了代表对象上的差异，领事保护与外交保护的区别还表现为，外交保护以穷尽当地救济手段为前提，公民不可以放弃派遣国的保护，而领事保护相反。⑤ 在船舶暴发公共卫生事件的情形下，一些旅客拒绝搭乘国籍国提供的包机遣返回国，体现了领事保护的非强制性。

---

① 李涛：《中国海外利益》，国际文化出版公司 2014 年版，第 13 页。

② 《维也纳领事关系公约》第 5 条第 1 款第 1 项规定：“于国际法许可之限度内，在接受国内保护派遣国及其国民——个人与法人——之利益”。

③ 参见陈奕平、许彤辉：《新冠疫情下海外中国公民安全与领事保护》，载《东南亚研究》2020 年第 4 期。

④ 参见何田田：《领事保护之概念辨析和中国领事保护法律的完善》，载《宁夏社会科学》2021 年第 4 期。

⑤ 参见刘鹏、曹云华：《一个涉外风险管理的分析框架——中国海外公民的风险评估》，载《太平洋学报》2013 年第 9 期。

第二节　港口国对旅客遣返权的保障义务

一、港口国保障旅客遣返权的意义

（一）国籍国难以独立安排旅客遣返

国际邮轮一旦暴发疫情，旅客遣返回国的要求就会变得十分苛刻。例如，“钻石公主”号暴发疫情后，美国、韩国、加拿大、英国都安排包机前往日本横滨开展对本国籍旅客的遣返活动，但以未感染病毒或无感染症状作为遣返的前提条件。又如，2021 年 12 月 20 日，百慕大籍“玛丽女王 2”（Queen Mary 2）号邮轮停靠美国布鲁克林港（Brooklyn）。该轮从英国南安普顿出发，轮上载有 1473 名乘客，绝大多数来自美国和英国。因该轮暴发疫情，后续航程被取消，未完全接种新冠疫苗的英国籍旅客不得搭乘该轮返回英国。[①] 歌诗达邮轮公司曾尝试将船员按照国籍分组，通过公司内部邮轮转运完成遣返。但这一做法发生交叉感染的风险较高，效果不够理想。[②] 可见，疫情期间，暴发疫情的国际邮轮上旅客遣返存在困难。如果仅由国籍国履行安排旅客遣返的义务，大量旅客，尤其是感染病毒者的遣返权将无法得到保障，不符合国际人权保护原则。

（二）旅客健康与国籍国公共卫生安全之间的矛盾

全球性传染病具有高度传染性，各国政府为防止境外疫情输入、保障

---

① See *Cunard's Queen Mary 2 Cruise Ship Arrives in New York City with 10 Passengers with COVID*, https：//www. usatoday. com/story/travel/cruises/2021/12/21/passengers – covid – transatlantic – cunard – cruise/8987956002/, Last accessed on Jan. 30, 2022.

② 参见杨子怡：《因疫情而滞留的最后一批邮轮旅客终于回家，但仍有大量船员困在“海上监狱”》，载凤凰网旅游网 2020 年 6 月 10 日，https：//travel. ifeng. com/c/7xBSNWfZkP2。

本国国内的公共卫生安全，采取了严格的出入境管控措施。据此，解决旅客遣返难题的首要任务是确保遣返过程的安全性，尽最大可能降低遣返过程中发生病毒传播的风险，减少国籍国公共卫生安全遭受的侵害。旅客生命健康权益与国籍国公共卫生利益这两种不同法益之间的冲突，其实质是国际人权保护原则与国家主权原则之间的冲突。具体表现如下：

一方面，不遣返会侵害旅客的生命健康权。一旦船上暴发疫情，国际邮轮上大量旅客的生命健康权将会受到威胁。另一方面，旅客回国可能导致国籍国境外疫情输入，对国籍国公共卫生安全造成严重威胁。实践中，旅客遣返困难较多发生在国际邮轮已经暴发疫情的情形下。面对较高的境外疫情输入风险，一些国籍国出于对本国公共卫生安全利益的保护，拒绝遣返感染病毒的旅客。例如，为了防止具有传染性或潜在传染性的旅行者进入美国境内，美国疾病控制与预防中心（CDC）决定，对于“钻石公主”号邮轮上的美国公民和居民，在新冠病毒检测呈阳性者不再具有传染性、检测呈阴性者不再有传染风险之前，不允许他们前往美国。① 美国政府于2月16日安排“钻石公主”号邮轮上的美国籍旅客遣返，但剥夺了有发热、咳嗽或其他症状的美国籍旅客的遣返权。②

二、港口国保障旅客遣返权义务的来源及体现

个人权利的实现依赖于国家义务的履行。国家义务可以分为尊重、保护和给付三个层次。③《世界人权宣言》第13条第2款规定：“人人有权离

---

① See A. M. Medley, B. J. Marston, M. Toda, et al., *Use of US Public Health Travel Restrictions during COVID – 19 Outbreak on Diamond Princess Ship, Japan, February – April 2020*, 27 Emerging Infectious Diseases, 2021, p. 710 –718.

② 参见陈思众：《美国深夜撤离钻石公主号上侨民，英国乘客：我们的政府毫无动静》，载东方新闻网2020年2月17日，https://j.eastday.com/p/1581898070015405。

③ 参见龚向和、刘耀辉：《基本权利的国家义务体系》，载《云南师范大学学报（哲学社会科学版）》2010年第1期。

开任何国家”，“并有权返回他的国家”，据此，可以认为，旅客遣返权的义务主体包括港口国和国籍国，前者负有允许外国籍旅客离开本国的义务，后者负有允许本国籍旅客返回本国的义务。通常而言，对于旅客获得遣返的权利，港口国负有尊重义务，但在必要时，港口国基于国际人权保护原则也负有保护和给付义务。

（一）港口国保障旅客遣返权义务的来源

港口国保障旅客遣返权的义务主要来源于外国人待遇理论。国际法理论关于如何确定外国人待遇存在两种对立的主张：一是由发达国家提出的国际最低标准主义，主张对外国人的待遇应当达到国际最低标准；二是由发展中国家提出的国民待遇标准主义，主张东道国对待外国人应当与对待本国国民一致。[①] 这一争议体现出不同国家在人权保护方面存在价值差异。然而，贯彻国际人权保护原则需要在国际法层面确定人权保护的国际共同标准。这种标准应当能够体现出国际社会对于人权问题共同的价值判断和价值取向。

从历史角度来看，国际最低标准待遇发源于18世纪，源于君王对侵犯其海外臣民的行为施加报复这一古老的实践。[②] 国际最低标准待遇强调国家可以像对待本国公民一样对待外国人，然而这一标准不应低于最低限度的文明标准。[③] 但在全球化背景下，国民待遇已经成为国际经济交往的基本原则。[④] 基于国际社会在人权领域存在的共同利益，普遍性人权观成为

---

① 参见黎海波：《海外中国公民领事保护问题研究（1978—2011）：基于国际法人本化的视角》，暨南大学出版社2012年版，第42-43页。

② 参见［德］巴多·法斯本德、安妮·彼得斯主编：《牛津国际法史手册》（上册），李明倩、刘俊、王伟臣译，上海三联书店2018年版，第328-329页。

③ ［德］巴多·法斯本德、安妮·彼得斯主编：《牛津国际法史手册》（上册），李明倩、刘俊、王伟臣译，上海三联书店2018年版，第328页。

④ 参见黎海波：《海外中国公民领事保护问题研究（1978—2011）：基于国际法人本化的视角》，暨南大学出版社2012年版，第42页。

国际人权法的基石。在此背景下，曾令良提出："一个国家尊重人权的义务在正常情况下适用于对外国人的待遇。"[①] 这一观点体现了国民待遇原则，符合《联合国宪章》和《世界人权宣言》关于人权普遍性的规定，也与国际人权保护原则关于平等保护和不歧视的内在要求相符合。

（二）港口国尊重旅客遣返权的体现

港口国给予旅客国民待遇，符合国际人权保护原则的要求。但是，外国籍船舶暴发疫情通常为大规模突发公共卫生事件，数千名邮轮旅客可能来自数十个国家。逐一帮助各个国家的旅客遣返需要投入巨大的财力、物力和人力。历史经验表明，政府的努力如果仅针对某一类型的疾病，其最终效果具有短暂性和一次性，不仅会导致资源的巨大浪费，也不可能建立起长期有效、覆盖广泛的防疫网络。[②] 一旦新型传染病袭来，又将造成大量的资源消耗和不尽如人意的防疫效果。如此循环往复，会对国家发展造成严重打击。因此，保障旅客遣返的义务对于港口国而言负担过重，在实践层面不具备可行性。

面对外国籍船舶上人员遣返的问题，港口国的尊重义务主要是一种消极义务，表现为对旅客获得遣返的认同和容忍，在国籍国安排旅客遣返时不作干预和妨碍。但港口国这一义务在资源供给方面也表现出积极性。例如，2022 年 4 月，欧盟健康门户联合行动（EU Healthy Gateways Joint Action）发布了《针对 COVID - 19 大流行的游轮运营指南》（Guidelines for Cruise Ship Operations in Response to the COVID - 19 Pandemic），提出邮轮母港应当有运营国际航班的机场，以便在必要时遣返乘客。[③] 足够的

---

① 曾令良主编：《21 世纪初的国际法与中国》，武汉大学出版社 2005 年版，第 16 页。

② 参见陆忠伟主编：《非传统安全论》，时事出版社 2003 年版，第 424 -425 页。

③ See EU Healthy Gateways Joint Action，*Guidelines for Cruise Ship Operations in Response to the COVID - 19 Pandemic* 4th edition. Apr. 2022.

交通资源是确保旅客遣返的重要保障。在疫情常态化防控时期，港口国在交通资源供给方面发挥着巨大作用，从而将尊重义务转化为保护和给付义务。根据国际合作原则，港口国应当与旅客国籍国共同商讨，协商解决疫情期间国际邮轮上旅客的遣返问题。

第三节　我国安排旅客遣返的制度检视

一、我国安排旅客遣返的法律保障及不足

船舶公共卫生风险属于重大传染病导致的海外安全事故，由此导致的旅客无法遣返会对海外旅客安全造成威胁。海外旅客的人身安全涉及主权国家的海外利益。关于国家海外利益的保护，国际法理论认为，国家主权具有一定的域外效力，一旦本国公民的合法权益在其他国家受到非法侵害，国籍国有权根据国家主权原则提供保护。[①] 在船舶发生公共卫生风险的情形下，一些旅客因各国的公共卫生旅行限制政策无法回国。中国作为旅客国籍国，应当通过领事保护制度，行使属人管辖权，安排中国籍旅客遣返，实现对本国海外利益的保障。

在国际法层面，中国有关领事保护的法律文件主要由《维也纳领事关系公约》和中国与其他国家缔结的双边领事关系条约及协定组成。[②] 其中，现行有效的双边领事关系条约30余项，协定6项。[③] 中国与其他国家缔结的双边领事关系条约及协定存在数量和内容上的不足。在数量上，截至

① 参见孙南翔：《我国海外突发事件应急机制构建探析》，载《学术探索》2015年第8期。

② 参见何田田：《领事保护之概念辨析和中国领事保护法律的完善》，载《宁夏社会科学》2021年第4期。

③ 数据来源：北大法宝。

2024年4月，与中国建立外交关系的国家达到183个[①]，远远超过已经缔结的条约或协定。条约或协定以书面形式确立国家间权利和义务，更有利于实现领事保护的法治化。因而，应当进一步增加中国与其他国家的双边领事关系条约及协定的数量。在内容上，中国与其他国家缔结的双边领事关系条约及协定对旅客遣返问题的针对性不足。以1980年签订的《中华人民共和国和美利坚合众国领事条约》为例，依据《中华人民共和国和美利坚合众国领事条约》第37条第1款第4项的规定，领事官员有权遣返船长或船员。[②] 但关于旅客遣返的问题，《中华人民共和国和美利坚合众国领事条约》未作规定，仅在第39条第1款规定了领事官员对旅客进行抢救的义务。[③] 首先，从文义解释的角度来看，能否将抢救解释为包含遣返，在法律解释层面上存在不确定性。其次，《中华人民共和国和美利坚合众国领事条约》第39条仅在船舶受到损伤的情况下适用，而船舶公共卫生风险与船舶受损并无直接关联。可以认为，《中华人民共和国和美利坚合众国领事条约》没有对旅客遣返作出规定。类似地，1999年签订的《中华人民共和国和澳大利亚领事协定》和2014年签订的《中华人民共和国和大韩民国领事协定》等多个条约和协定均未对遣返事项作出规定。

在国内法层面，中国领事保护的对象在改革开放前主要为华侨，领事保护行为在当时又被称为“护侨”。[④] 因而关于领事保护，《宪法》只在第

---

① 参见《中华人民共和国与各国建立外交关系日期简表》，载中国领事服务网2023年10月29日，https://www.fmprc.gov.cn/web/ziliao_674904/2193_674977/200812/t20081221_9284708.shtml。

② 《中华人民共和国和美利坚合众国领事条约》第37条第1款第4项规定：领事官员遵照接受国的法律有权采取让船长或船员进医院治疗或将其遣返本国有关的步骤。

③ 《中华人民共和国和美利坚合众国领事条约》第39条第1款规定：“如果派遣国的船只在接受国的内水或领海上失事、搁浅或遭受任何其他损伤，接受国主管当局应尽快通知领事馆，并通知为抢救旅客、船只、船员和货物所采取的措施。”

④ 陈奕平、许彤辉：《新冠疫情下海外中国公民安全与领事保护》，载《东南亚研究》2020年第4期。

50条规定了对华侨权利的保护。[①]《突发事件应对法》作为应对突发事件的专门法律，其在第1条明确了保护人民生命财产安全、维护国家安全的立法目的，但该法未涉及突发公共卫生事件下其他国家公民的遣返权保护问题。作为《突发事件应对法》的配套规定，《国家突发公共事件总体应急预案》第3.2.2条规定，境外突发事件由中国驻当地使领馆会同国务院有关部门和地方人民政府组织救援。[②]从文义解释的角度来看，救援包括在公共卫生旅行限制的情形下安排境外旅客遣返。该应急预案虽然弥补了立法缺陷，但只能暂时性替代法律发挥作用。在法律层面，中国领事保护工作受2023年《领事保护与协助条例》调整。根据该法第15条的规定，驻在国发生重大传染病疫情，驻外外交机构应提供协助。依据《旅游法》第82条的规定，中国籍旅客在境外遭遇危险，可以请求港口国使领馆提供协助和保护，但此种协助和保护限于其职责范围。[③]使领馆的职责范围主要依据中国与其他国家缔结的双边领事关系条约及协定确定，如上文所述，多数条约和协定未对遣返事项作出规定。

通过对上述海外应急管理法律文件的分析可知，国内立法仅规定使领馆在驻在国发生重大传染病疫情时对在外中国公民的协助义务，但对于如何安排旅客遣返，规定不够明确。

二、中国安排旅客遣返的法治化进路

相较于实践中社会问题的突发性而言，法律需要大量的理论积累，具

① 《宪法》第50条规定："中华人民共和国保护华侨的正当的权利和利益，保护归侨和侨眷的合法的权利和利益。"

② 《国家突发公共事件总体应急预案》第3.2.2条第2款规定："在境外发生涉及中国公民和机构的突发事件，我驻外使领馆、国务院有关部门和有关地方人民政府要采取措施控制事态发展，组织开展应急救援工作。"

③ 《旅游法》第82条第2款规定："中国出境旅游者在境外陷于困境时，有权请求我国驻当地机构在其职责范围内给予协助和保护。"

有滞后性。在外国籍船舶暴发公共卫生事件的背景下，直接针对旅客遣返问题提出修改法律和创设法律的建议不具备足够充分的理论依据和实践基础。因而，下文从实践出发，以人类卫生健康共同体理念为指导，根据国际合作原则和国家主权原则提出解决遣返问题的具体建议，为我国安排旅客遣返问题的法治化提供参考。

（一）以人类卫生健康共同体理念为指导

我国在港口国的使领馆应当履行为中国籍旅客遣返提供帮助的义务。在涉外突发公共卫生事件法治不够完善的背景下，我国解决旅客遣返问题应当遵循人类卫生健康共同体理念。首先，在目的上，人类卫生健康共同体理念承载着丰富的人权内涵，结合国际人权保护原则，应当以尊重和保护旅客依法享有的遣返权为目的。其次，在方式上，人类卫生健康共同体理念强调全人类的共同利益，因而港口国的国家利益不容忽视，国籍国安排旅客遣返应当遵循国家主权原则，尊重港口国主权，遵守当地法律法规。最后，在手段上，人类卫生健康共同体理念将“善治”作为全球公共卫生治理的思想引领，以及治理能力提升的发展方向。[①]“善治”追求一种可协商、可对话的治理模式，强调通过商谈提高治理的科学性和可接受性。[②] 这一要求与国际合作原则相符合。综上，根据人类卫生健康共同体理念，我国应当尊重并保护旅客依法享有的遣返权，并在国际法和国内法的限度内，通过友好协商的方式解决国际邮轮上旅客的遣返问题。

人类卫生健康共同体理念既重视对旅客的权利保障，也注重尊重港口国的国家安全和公共卫生利益。流行性疾病的暴发会间接影响港口国经济

---

① 参见周银珍：《全球变局下中国方案：“人类命运共同体”构建研究》，载《新疆大学学报（哲学·人文社会科学版）》2021 年第 3 期。

② 参见谢晖：《COVID－19，透过“唯一知”“知无涯”看治理原则——基于“哈贝马斯命题”的思考》，载《学术界》2020 年第 7 期。

的整体发展，并引发其他社会性问题。[①] 对于港口国医疗资源充足而国籍国医疗资源短缺的情形，可以在双方友好协商的前提下，由港口国安排感染病毒的旅客在本国接受治疗。但是，港口国对外国籍旅客进行救治会占用本国医疗资源。尤其是重症患者需要占用重症监护室，可能导致港口国患有其他严重疾病需要住院治疗的病人无法获得救助。[②] 不仅如此，大流行将不可避免地导致工作人员感染。在意大利，近9%的新冠确诊病例出现在医护人员中。在上述双重作用下，港口国的医疗卫生系统可能瘫痪。[③] 如果港口国医疗资源不足，没有能力为外国籍旅客提供治疗，或不愿意接受外国籍旅客，国籍国应当积极履行其对本国籍公民的保护义务，与港口国友好协商后将本国籍旅客遣返回国。在合作形式上，以条约和协定的形式明确突发事件应急机制的预警和协调事项，可以为开展海外公民保护提供合法性基础。[④] 为了实现旅客遣返法治化，我国基于港口国和国籍国的双重身份，[⑤] 应当积极推动与其他国家之间的领事磋商，并就旅客遣返事项与这些国家缔结双边条约或协定，在旅客遣返过程中形成合力，践行人类卫生健康共同体理念。

（二）构建外国籍船舶旅客遣返的合作治理体系

“传染病大流行不分国界或意识形态，需要整个国际社会的合作与团

---

① 参见陆忠伟主编：《非传统安全论》，时事出版社2003年版，第424页。

② See I. Martin－Loeches，Y. Arabi，G. Citerio，*If Not Now，When? A Clinical Perspective on the Unprecedented Challenges Facing Icus During The COVID－19 Pandemic*，47 Intensive Care Med，2021.

③ See E. Livingston，K. Bucher，*Coronavirus Disease 2019（COVID－19）in Italy*，323 JAMA 1335（2020）.

④ 孙南翔：《我国海外突发事件应急机制构建探析》，载《学术探索》2015年第8期。

⑤ 对于中国籍旅客和船员而言，中国为国籍国；对于滞留在中国的外国籍旅客和船员而言，中国为港口国。

结，需要加强与联合国，特别是与世界卫生组织的合作。”① 尤其对于国际邮轮上旅客遣返问题而言，解决这一问题涉及国籍国属人管辖权和港口国属地管辖权的冲突。构建外国籍船舶旅客遣返的合作治理体系，应当遵循国际合作原则。

船舶公共卫生风险涉及海上非传统安全，国际合作原则要求各个国家践行多边主义的全球治理理念，共同应对海上非传统威胁。据此，港口国、国籍国、船旗国在旅客遣返工作中应当加强沟通和信息交流。欧盟委员会在2020年4月8日发布的《海员、乘客和船上其他人员的健康保护、遣返和旅行安排指南》（Guidelines on Protection of Health，Repatriation and Travel Arrangements for Seafarers，Passengers and Other Persons on Board Ships）中指出：“对于悬挂欧盟成员国旗帜的船舶，船旗国应允许乘客在其港口下船。这些船旗国应当为邮轮经营者安排遣返和提供适当医疗服务提供支持。如果船旗国无法容纳船舶，则应协助邮轮经营者与其他欧盟成员国或第三国作出适当安排。这些安排应尽量减少船舶在海上停留的时间，同时为遣返提供良好的医疗基础设施和交通资源。此类安排应包括便利船舶挂靠、乘客下船、对疾病监测和治疗。”根据欧盟委员会的建议，船旗国应当加强与港口国的沟通，协商解决旅客遣返等事项。遣返事项的国际合作治理还应当积极发挥世界卫生组织的作用，以世界卫生组织为中心，形成多边治理框架，推动国家间集体行动，② 在外国籍船舶旅客遣返方面实现决策共商、规则共建、资源共享，推进国家间互动，建立良性国际关系。

国际邮轮上旅客遣返的主要难题在于各国政策不协调。构建外国籍船

---

① *European Parliament Resolution of 17 April 2020 on EU Coordinated Action to Combat the COVID－19 Pandemic and Its Consequences* [*2020/2616*（*RSP*）]，https：//www. europarl. europa. eu/doceo/document/TA－9－2020－0054＿EN. html，Last accessed on Jan. 30，2022.

② 参见刘晓红：《国际公共卫生安全全球治理的国际法之维》，载《法学》2020年第4期。

舶旅客遣返的合作治理体系有利于实现政策间协调。以欧盟为例，欧盟委员会关于适用“临时旅行限制”的声明包含一些例外情况，例如不适用于“需要国际保护或存在其他人道主义原因的人员”，但各国在实践中并未适用这些例外规定。[①] 针对成员国之间旅行限制措施不够协调的情况，欧盟议会在2020年4月17日通过了《关于欧盟抗击COVID－19大流行的协调行动及其后果的决议》（EU Coordinated Action to Combat the COVID－19 Pandemic and Its Consequences），“敦促会员国在限制旅行或实行和延长国内边界管制时，认真评估这些措施在解决公共卫生问题上的效果之后，依据现行法律规定，即2016年《申根边境法》（Schengen Borders Code）[②]、2004年《行动自由指令》（Freedom of Movement Directive）、2007年《欧洲联盟基本权利宪章》（Charter of Fundamental Rights of the European Union），只采取必要、协调和相称的措施；强调边界管制和行动限制必须保持相称性和例外性，一旦认为可行，应尽快重新确立所有行动自由”[③]。此种区域性合作框架可以为构建人员遣返的国际合作治理机制提供一定参考。在合作内容上，除了协调国家间公共卫生旅行限制措施外，国籍国和港口国还可就转机政策、国际防疫健康码互认和疫苗接种互认等内容进行协商。

---

① See *European Commission*, *COVID－19: Temporary Restriction on Non－Essential Travel to the EU*, https://eur－lex.europa.eu/legal－content/EN/TXT/HTML/?uri=CELEX:52020DC0115&from=EN, Last accessed on Jan.30, 2022.

② 依照《申根边境法》（Schengen Borders Code），一国在“存在重大威胁”的情况下可以对申根区内部边界实施为期6个月的管制，经欧盟委员会（European Commission）同意后可继续延长。参见《中东欧国家周报》，载中国社会科学院欧洲研究所网，http://ies.cass.cn/chinacee/zdo_cbw/zdo_zb/202101/P020210105510577367779.pdf，最后访问日期：2022年4月1日。

③ See *European Parliament Resolution of 17 April 2020 on EU Coordinated Action to Combat the COVID－19 Pandemic and Its Consequences* [*2020/2616*（*RSP*）], https://www.europarl.europa.eu/doceo/document/TA－9－2020－0054_EN.html, Last accessed on Jan.30, 2022.

（三）旅客遣返权保障法治化的具体路径

为了更好地保护中国籍旅客的遣返权，我国驻外使领馆应当针对旅客遣返问题建立领事保护应急机制，这一机制应当包括成立应急小组、制定应急预案、确定联络方案、收集疫情信息、开展应急交涉、实施遣返六项内容，[①] 实现船舶公共卫生风险情形下的领事保护快速反应和处理。其中，处理旅客遣返的一个主要问题是，国籍国在国际法和港口国国内法的框架内，应当以何种方式进行遣返，换言之，如何实现旅客遣返的法治化。

1. 包机遣返旅客的法治化

疫情期间，国籍国一般采用包机的方式遣返本国籍旅客。例如，菲律宾政府为“钻石公主”号邮轮上本国籍的531名船员和7名旅客提供包机遣返，包含57名确诊且未治愈者。[②] 又如，韩国政府派出“空军3号”，安排“钻石公主”号邮轮上本国籍的4名旅客、2名船员及1名日籍家属遣返。[③] 据此可知，国籍国主要以军用和民用航空器安排本国籍旅客遣返。

对于港口国与国籍国如何合作遣返国际邮轮上的旅客的问题，国家主权原则提出了两方面要求。一方面，港口国应当尊重国籍国的国家主权，避免对外国籍旅客的遣返权造成不合理侵害。另一方面，国籍国安排旅客遣返应当尊重港口国的国家主权，在国际法和港口国国内法的框架内完成遣返行为。在国家主权原则的要求下，我国应当如何安排旅客遣返，可以

① 参见黎海波：《海外中国公民领事保护问题研究（1978—2011）：基于国际法人本化的视角》，暨南大学出版社2012年版，第94页。

② 《菲律宾确定2月25日将从“钻石公主”号撤侨》，载央视新闻网2020年2月24日，http：//m.news.cctv.com/2020/02/24/ARTIQIWj312t3NYIZHQ4d34n200224.shtml。

③ 参见丁洁芸：《韩赴日撤侨专机今晨返抵首尔　回韩人员将接受14天隔离观察》，载环球网2020年2月19日，https：//world.huanqiu.com/article/9CaKrnKpszu。

从两个方面作出解释：一是我国作为国籍国，安排在其他国家的中国籍旅客遣返，应当尊重港口国主权；二是我国作为港口国，安排挂靠本国的国际邮轮上的外国籍旅客遣返，应当在国家间互相尊重主权的前提下进行，既要尊重外国籍旅客的遣返权，也要反对侵害本国公民遣返权。

国际法理论对于旅客遣返权利保障的研究不多。[①] 相较而言，国际关系学者对此问题的研究更加深入。遣返在国际关系学中对应的概念为撤侨，是一种非常态领事保护手段。撤侨以保护公民生命安全为首要目的，能够最大程度地保护本国公民的生命安全，是海外公民风险管理中最彻底的风险管理方法之一。[②] 例如，"美国先后与多个国家签订了《永久部队地位协定》，对美军人员的法律地位、出入境管理、损害赔偿、刑事管辖等内容进行规范，为美军执行海外撤侨任务铺平了法律道路"。从美国的经验来看，军队可以在维护海外利益方面发挥巨大作用。[③] 但在船舶公共卫生风险语境下，安排军用航空器遣返旅客存在一定不合理性。

首先，军用航空器属于军事资源，使用军用航空器撤侨涉及武装撤侨，而武装撤侨主要适用于大规模武装冲突或政治动乱。[④] 武装撤侨的法律基础为"保护的责任"理论。但是，根据《保护的责任》报告，"保护的责任"具有严格的适用限制，仅适用于防止和应对种族灭绝罪、战争罪、危害人类罪和族裔清洗罪，至少就目前而言不适用于突发公共卫生事件。因而，对旅客不具备开展武装撤侨的合法性基础。不仅如此，虽然"保护的责任"这一概念被纳入联合国高级别世界首脑会议的成果文件，

---

① 在中国知网以"遣返"为主题进行检索，国际法论文总体数量较少，且多围绕非法移民遣返和难民遣返展开。

② 参见刘鹏、曹云华：《一个涉外风险管理的分析框架——中国海外公民的风险评估》，载《太平洋学报》2013 年第 9 期。

③ 参见李涛：《中国海外利益》，国际文化出版公司 2014 年版，第 105－106 页。

④ 参见李伯军：《论我军开展武装撤侨行动的法律问题》，载《法治研究》2012 年第 12 期。

并由大会第60/1号决议通过，但联合国大会的决议并不具有法律约束力，“保护的责任”在法律效力上具有不确定性。[①] 因此，使用军用航空器遣返邮轮旅客不符合国家主权原则的要求。其次，实施撤侨的方式应当符合合理行政原则，例如，涉及战争军事行动可以开展武装撤侨行动。而因突发公共卫生事件等原因需要遣返，应当使用民用航空器。只有在港口国不愿或不能保障中国籍旅客的生命健康权的前提下，才可以开展武装撤侨行动。相较而言，通过民用航空器实现撤侨，更能体现对港口国主权的尊重。在实践中，我国政府也较多采用民用航空器作为遣返工具。[②]

2. 合法运用 HEMS 行动遣返感染病毒的旅客

疫情期间，一些国家重症监护病床不足，需要跨区域转移新冠确诊患者。一旦患者所在地周边城市医疗资源短缺，则需长途运输。为了满足长途运输的需求，一些国家启动了直升机紧急医疗服务（Helicopter Emergency Medical Services，HEMS）行动，[③] 见表4-1。在英国，HEMS已经发展得比较成熟。这一服务的主要特征在于，在机组人员中额外加入医生和其他护理人员，使直升机成为“空中救护车”（air ambulances）。[④] HEMS可以转移感染病毒的旅客。除英国外，荷兰、瑞士等多个国家都尝试

① See *The Responsibility to Protect*, https://gsdrc.org/topic-guides/international-legal-frameworks-for-humanitarian-action/challenges/the-responsibility-to-protect/, Last accessed on Jan. 30, 2022.

② 参见《中国政府决定派民航包机接滞留海外的湖北特别是武汉公民回家》，载中国政府网，http://www.gov.cn/xinwen/2020-01/31/content_5473318.htm。

③ See E. J. Spoelder, M. C. T. Tacken, G. J. van Geffen, et al., *Helicopter Transport of Critical Care COVID-19 Patients in the Netherlands: Protection Against COVID-19 Exposure-A Challenge to Critical Care Retrieval Personnel in a Novel Operation*, 29 Scandinavian Journal of Trauma, Resuscitation and Emergency Medicine, 2021.

④ See J. Jeyanathan, D. Bootland, A. Al-Rais, et al., *Lessons Learned from the First 50 COVID-19 Critical Care Transfer Missions Conducted By A Civilian UK Helicopter Emergency Medical Service Team*, 30 Scandinavian Journal of Trauma, Resuscitation and Emergency Medicine, 2022.

过这一做法，并证明在确保个人防护装备（personal protective equipment，PPE）供应充足的前提下，[①] 使用直升机运送确诊患者的做法具有安全性和可行性。[②]

表4-1　不同国家新冠病人转运情况

国家	执行机构	具体转运条件
德国	德国武装部队	固定翼飞机（空客 A310 救援机、A400M）：供氧/非供氧病人和担架；开放式机舱、有防护的医护人员
	德国飞行救助队	直升机（H145）：仅对供氧病人；有防护的医护人员；即关隔离舱
	德国汽车协会	直升机（H145）：仅对供氧病人；有防护的医护人员
瑞士	瑞士空中救援队	固定翼飞机（CL650）：隔离舱
		直升机（H145、AW109）：有防护的医护人员；隔离舱
	马特航空	直升机（贝尔 429）：有防护的医护人员
	冰川航空	
奥地利	奥地利汽车、摩托车及自行车协会	仅以陆运方式运输确诊病例
意大利	南蒂罗尔	仅以陆运方式运输确诊病例
	托斯卡纳毕加索汽车	直升机（AW169）：有防护的医护人员
法国		优先通过陆运方式运输确诊病例

① See P. P. Bredmose, M. Diczbalis, E. Butterfield, et al., *Decision Support Tool and Suggestions for the Development of Guidelines for the Helicopter Transport of Patients with COVID-19*, 28 Scandinavian Journal of Trauma, Resuscitation and Emergency Medicine, 2020.

② See E. J. Spoelder, M. C. T. Tacken, G. J. van Geffen, et al., *Helicopter Transport of Critical Care COVID-19 Patients in the Netherlands: Protection Against COVID-19 Exposure - a Challenge to Critical Care Retrieval Personnel in A Novel Operation*, 41 Scandinavian Journal of Trauma, Resuscitation and Emergency Medicine, 2021.

续表

国家	执行机构	具体转运条件
西班牙		优先通过陆运方式运输确诊病例
英国		优先通过陆运方式运输确诊病例
波兰		仅以陆运方式运输确诊病例
匈牙利		仅以陆运方式运输确诊病例
罗马尼亚		仅以陆运方式运输确诊病例
斯洛伐克		仅以陆运方式运输确诊病例
捷克		仅以陆运方式运输确诊病例
挪威	挪威航空救援队	直升机（H145、AW139）：封闭隔离舱
	挪威皇家空军	直升机（海王、贝尔412）：封闭隔离舱
瑞典		优先通过陆运方式运输确诊病例
丹麦		优先通过陆运方式运输确诊病例
荷兰		直升机（H145）：有防护的医护人员

资料来源：See Albrecht R.，Knapp J.，Theiler L.，et al.，*Transport of COVID－19 and Other Highly Contagious Patients by Helicopter and Fixed－wing Air Ambulance：A Narrative Review and Experience of the Swiss Air Rescue Rega*，28 Scandinavian Journal of Trauma，Resuscitation and Emergency Medicine，2020.

目前，各国 HEMS 主要适用于本国境内。事实上，这一服务对于解决国际邮轮上旅客遣返问题也十分有帮助。国籍国可以在患者隔离病房（patient isolation unit，PIU）和个人防护装备供应充足的前提下运送新冠和其他高度传染性疾病的患者，[①] 以双边或区域间合作缓解港口国医疗资源压力。欧盟议会认为，应当为将病人从一个成员国的饱和医院运送到另一

① See R. Albrecht，J. Knapp，L. Theiler，et al.，*Transport of COVID－19 and Other Highly Contagious Patients by Helicopter and Fixed－Wing Air Ambulance：A Narrative Review and Experience of the Swiss Air Rescue Rega*，*28 Scandinavian Journal of Trauma*，Resuscitation and Emergency Medicine，2020.

个仍有医疗能力的国家提供便利。[①] 并且，如果欧盟成员国的应对能力不足以应对严重跨境健康威胁，应当适用“欧盟民事保护机制”（EU Civil Protection Mechanism，UCPM），由其他成员国给予援助。[②] 从实践来看，澳大利亚曾在实施公共卫生旅行限制期间，通过 HEMS 实现对新冠病毒感染者的跨境遣返。[③] 我国可以与其他国家互相许可运用 HEMS 遣返感染病毒的旅客或船员，减少转移时间，并通过协定或谅解备忘录将协商内容确定为纸面文件，从而将国家间旅客遣返的合作纳入法治轨道，使我国在船舶公共卫生风险情形下遣返旅客的行为具备正当性。

① See *EU Coordinated Action to Combat the COVID－19 Pandemic and Its Consequences*, European Parliament Resolution 2020/2616（RSP）. Apr. 17, 2020, para. 7.

② 参见张磊：《欧盟应对新冠肺炎疫情机制及其局限》，载《国际论坛》2020 年第 4 期。

③ See Pracher F., Agarwal S., Goldrick P., et al., *Repatriation of A Critically Ill Coronavirus Disease 2019－Positive Patient Across Closed Borders*, Air Medical Journal, 2022（3）: 41.

第五章　公共卫生风险下船员换班难的法律问题与应对

在国际航行船舶上服务的船员的换班包括两方面内容：一是在船上服务时间届满的船员下船遣返（repatriation）休假，二是岸上的船员上船接替服务。船员可能服务于本国船舶，也可能服务于外国籍船舶。据统计，全球每月约有15万名船员需要换班。[①] 可见，一旦船舶暴发公共卫生事件，港口国有较大可能发生外国籍船舶上超期服务的船员换班难的问题。

公共卫生事件暴发期间，保障船员换班对于维护船员正当权益、保障船舶航行安全，以及维持全球供应链的畅通具有重要作用。2021年12月10日，国务院应对新型冠状病毒肺炎疫情联防联控机制综合组《关于进一步做好国际航行船舶船员疫情防控工作的通知》发布，提出要“精准做好国际航行船舶船员疫情防控，保障国际海上物流供应链畅通，切实维护船员合法权益”。通常，安排船员换班是航运公司的义务。但是，船舶公共卫生风险对船员换班造成的阻碍超出了绝大多数航运公司的能力范畴，保障船员换班需要国家行政主体的参与。2020年年初疫情暴发后，我国交通运输

---

① 参见国际海事组织第4204号通函件第14号补充件（Circular Letter No. 4204/Add. 14 Rev. 1）。

部联合劳动保障、边境管理等部门针对船员换班出台了一系列规范性文件,[①] 体现了我国政府对船员换班问题的重视，一定程度上缓解了船员在中国港口换班难的情况。相对而言，外国籍船员在港口换班难的问题较本国船员更加突出。下文主要讨论的是公共卫生事件暴发期间外国籍船舶上船员换班难的问题，并以外国籍船员换班难问题为重点。

第一节　公共卫生风险下船员换班难的表现及原因

一、公共卫生风险下船员换班难的表现

船员换班可分为三个环节：一是船舶挂靠港口，二是船上船员下船和岸上替班船员上船，三是下船的外国籍船员遣返回国。疫情期间，与这三个环节相对应，船员在港口换班受阻体现在三个方面：一是船舶被港口国拒绝挂靠或者不能及时挂靠，二是船舶靠港后船员被禁止下船或者不能及时上下船，三是外国籍船员在港口下船后难以遣返。

（一）船舶被港口国拒绝挂靠或者不能及时挂靠

疫情期间，为防控病毒通过挂靠本国港口的外国籍船舶输入，很多国家通过行使港口准入权，禁止外国籍船舶挂靠或者对其挂靠作出严格限制，体现了沿海国对国家主权的行使。例如，巴拿马籍“港通 19”（Gang Tong 19）轮上两名中国籍国际海员患病数月，2021 年 8 月中旬申请挂靠深圳蛇口港换班遭到拒绝，后在他地完成换班。巴拿马籍“楼兰缅因州”

① 《交通运输部、人力资源社会保障部关于妥善做好新冠肺炎疫情期间中国籍国际航行船舶在船船员换班安排的公告》《交通运输部、外交部、国家卫生健康委等关于精准做好国际航行船舶船员疫情防控工作的通知》《交通运输部、外交部、国家卫生健康委等关于疫情防控期间针对伤病船员紧急救助处置的指导意见》等。

（Lowlands Maine）轮于2021年6月28日从美国卡拉玛港出发，7月16日抵达舟山，船上21名中国籍国际海员计划在江阴港下船休假，但考虑到南京疫情可能影响下船，船员申请在舟山港换班休假，但遭拒绝。

（二）船员被禁止下船或者不能及时上下船

允许船员为换班而上下船，是港口国履行《国际卫生条例》规定的授予外国籍船舶“无疫通行”的义务的体现。但是疫情期间，大量外国籍船舶上的外国籍船员虽未感染病毒，仍无法在很多港口国港口下船换班。

针对外国籍船员换班问题，2020年3月23日，中华人民共和国海事局副局长杨新宅在国务院联防联控机制新闻发布会上表示，对于14天内有疫情严重国家停留史的外国籍船员，原则上不安排换班。[①] 2020年3月30日，交通运输部国际合作司在国务院联防联控机制新闻发布会上表示，所有外国籍船舶不得在中国换班外国籍船员。[②] 2021年11月22日，中华人民共和国海事局发布的《船舶船员新冠肺炎疫情防控操作指南（V8.0）》（以下简称《疫情防控操作指南（V8.0）》）中提出了分区分级防控的建议，即高风险地区应当“严控登陆，不更换船员”，中风险地区“原则上不更换船员”。可见，疫情期间外国籍船舶上的外国籍船员基于“无疫通行”制度享有的上下船权利因港口国为防控疫情而施行的严格管控措施而难以得到保障。

不仅外国籍船员存在下船换班难的问题，中国籍船员也存在下船换班难的实例。2021年7月30日，巴拿马籍“弘进”轮从菲律宾出发，原定

① 参见《四部门第二次联袂介绍防境外疫情输入有关情况》，载海事局网2020年3月23日，https：//www.msa.gov.cn/html/HDJL/zxft/20200323/A0B7CD98-B3D3-4170-ACF6-0615BBAAB1B6.html。

② 参见张若婷：《交通部：目前34个口岸开通货运，外籍船员不得在中国换班》，载澎湃新闻网2020年3月30日，https：//www.thepaper.cn/newsDetail_forward_6757050。

目的港为江苏如皋港，所有船员为中国籍船员。因船上多名船员出现发热症状，被目的港拒绝停靠，致使该轮航行途中滞留舟山海域，船员就换班发出求助，引发社会舆论的广泛关注。经过逐级上报，舟山市政府最终于8月8日对该轮及船员采取了核酸检测、闭环转运、接受治疗、集中隔离的紧急救助措施。①

疫情期间，港口国拒绝船舶挂靠、船员上下船的主要原因均源于疫情防控工作，具体包括以下三方面内容。首先，换班的船员可能成为病毒跨国传播至港口国的媒介。面对这种境外疫情输入风险，包括中国在内的大多数港口国采取了严格的疫情防控措施。港口国为了在船员下船前确定其是否感染病毒，需要对船上船员进行核酸检测，并对检测结果进行分析，而此种检测只有在船舶到港、卫生检疫人员登船后才能进行，存在一定的技术复杂性，并需要一定的时间。在这种严防严控疫情境外输入的政策之下，船员下船换班申请往往受到严格审查，无形中增加了政府部门的行政成本。有时，卫生检疫部门和其他政府主管部门出于严防严控和节约行政成本的考量，甚至对船员下船换班申请简单地一拒了之。其次，船员换班会占用港口国的医疗资源，包括为港口一线人员提供合格的防护装备，为船员提供有效的检测试剂和适当的隔离场所，以及对感染病毒的船员进行治疗等。最后，一些航运公司因船上疫情防控措施不到位，船员到港后核酸检测呈阳性者数量较多，被港口国政府部门执行换班熔断机制。对于被采取熔断措施的航运公司，其管理的船舶上的外国籍船员在熔断期间在港口国不得换班；熔断期结束后，对其船舶上外国籍船员的换班申请加强审核。换言之，外国籍船员在熔断期间难以下船。

---

① 参见杨雪：《"弘进轮"舟山获救背后：国际航运船员"下船难"困局》，载新京报网2021年8月14日，https：//www.bjnews.com.cn/detail/162886676114509.html。

（三）外国籍船员在港口下船后难以遣返

疫情暴发后，很多国家和地区对有疫情严重地区旅居史的人员实施旅行限制措施，导致外国籍船员为换班而入境港口国受到较大限制，进一步造成外国籍船员的遣返困境。即使已经入境，外国籍船员仍要按照换班地疫情防控的要求接受检疫、隔离。2021 年 5 月 11 日《新型冠状病毒肺炎防控方案（第八版）》发布，要求对入境人员实施 14 天的隔离医学观察，有的港口城市甚至对入境的船员规定了更高的隔离要求。不仅如此，外国籍船员从下船至抵达遣返目的地可能途经第三国，因而可能经受两个甚至多个国家的旅行限制措施，进而因两次甚至多次隔离使遣返更加困难。基于上述外国籍船员遣返难的现实，为避免其在港口国长期滞留，港口国甚至将遣返困难作为不允许外国籍船舶停靠本国港口和外国籍船员下船换班的考量因素之一。

二、公共卫生风险下船员换班难的原因

（一）大量换班需求与有限社会资源之间的矛盾

船员换班所需社会资源主要包括医疗资源和交通资源。首先，船员换班需要充足的医疗资源作为安全保障，包括为港口一线人员提供合格的防护装备，为换班船员提供有效的检测试剂和适宜的隔离场所等。例如，自 2020 年 9 月 1 日起，新加坡海事及港务管理局在丹戎巴葛码头（Tanjong Pagar Terminal）设立船员便利中心。该中心设置了现场医疗中心、检测和收容地点。其次，船员换班需要充足的交通资源。然而，多国政府为避免疫情境外输入，选择暂停国际航班，关闭边境、港口和机场，导致国家间通行的交通资源急剧减少。[①] 在此情况下，有限的社会资源难以满足船员

---

① 参见李雯雯：《口岸疫情防控中海员换班问题应对：原则与路径》，载《口岸卫生控制》2021 年第 6 期。

的换班需求。

（二）高昂遣返费用与节约企业成本之间的矛盾

在公共卫生事件暴发期间，成本与费用之间的矛盾在船员换班方面表现得最为典型。船员换班费用通常由航运企业承担。从企业管理的角度而言，降低企业成本费用是航运企业在成本管控方面的重要目标。船员成本是企业成本费用的重要组成部分，属于航运企业的固定运营成本。新冠疫情期间，受各国旅行限制政策的影响，一些航运公司不得不将船舶分流到极少数允许船员换班的港口，并需要通过包机的方式帮助船员抵达换班目的地。这一过程可能会增加数十万美元的成本。不仅如此，每一名船员在换班过程中都需要进行多次核酸检测和长期隔离，由此产生的费用导致船员换班成本巨幅上涨。以海岬型干散货船为例，自 2020 年 1 月开始，船员换班成本每日增加 10%，到 7 月中旬，该笔费用已经高达 3144 美元。① 另有一家航运公司为更换 18 名船员而支付了 82 万美元的费用。②

第二节　公共卫生风险下船员换班问题的法理分析

前述船员换班三个环节中存在的困难在法律上相应地表现为三个问题：一是在船舶挂靠方面，港口国行使港口准入权是否应有合理限度，二是船员基于“无疫通行”制度享有的上下船权利如何得以保障，三是外国

① See *Ship Operating Costs Rise During Crew Change Crisis*, https：//gcaptain. com/ship - operating - costs - rise - during - crew - change - crisis/, Last accessed on Jan. 30, 2022.

② See Michelle Wiese Bockmann, *Crew Change Costs Shipowner $820, 000, Says ICS*, https：//lloydslist. maritimeintelligence. informa. com/LL1133432/Crew - change - costs - shipowner - 820000 - says - ICS, Last accessed on Jan. 30, 2022.

籍船员遣返权如何得以保障。下文以传染病防治中有关船员权利保障的国际条约和法律规定为依据，运用公共卫生理论和行政管理理论，结合疫情期间船员在中国换班的实际情况，分析上述三方面法律问题并提出应对措施。其中，问题一与问题二在实质上具备相似性，船舶挂靠和船员上下船困难的根本矛盾均为船员生命健康权益与港口国公共卫生利益这两种不同法益之间的冲突问题，因而将此二者合并分析。

一、港口国港口准入权与船员上下船权利之法益衡量

针对疫情期间外国籍船员上下船权利之保障问题，存在船员生命健康权益与港口国公共卫生利益这两种不同法益之间的冲突，其实质是国际人权保护原则与国家主权原则之间的冲突。具体表现如下：

一方面，港口国基于国家主权原则，为了防止外国籍船舶挂靠和船员换班造成境外疫情输入，不授予外国籍船舶“无疫通行”，会导致在船上超期服务的船员无法换班。船上医疗条件有限，通常没有针对传染病的检测试剂和治疗药物，也无法实现有效隔离。一旦船上暴发疫情，船上所有船员的生命健康会受到威胁。无法上下船也会对船员心理健康造成严重不良影响，产生紧张、焦虑等负面情绪。负面情绪会导致机体免疫功能下降，不利于抵抗传染性强的疾病。甚至，在船上超期服务的船员因无法换班，虽然没有感染病毒，却出现了不少患上精神疾病或自杀的案例。这种结果不利于国际人权保护原则的贯彻。

另一方面，港口国基于国际人权保护原则，允许疫情期间外国籍船舶挂靠和船员换班，可能导致境外疫情输入，对港口国公共卫生安全造成严重威胁。2020 年 9 月 16 日，利比里亚籍“帕特里夏奥登道夫”（Patricia Oldendorff）号货轮从菲律宾马尼拉港出发抵达伊朗黑德兰港后，有 18 名船员被确诊为新冠。疫情期间，发生了多起挂靠中国港口的外国籍船舶上船员感染新冠病毒的情形。2020 年 3 月 17 日晚，挂靠宁波港的丹麦籍

“古杰多马士基”（Gjertrud Maersk）号货轮的22名船员中有1名确诊为新冠，另有4名无症状感染者。6月26日，挂靠宁波港的巴拿马籍“MSC Flavia”号货轮有11名船员被确诊为新冠。7月17日，挂靠青岛港的巴拿马籍“希特林”（Citrine）号货轮有1名船员确诊。9月23日，挂靠大连港的利比里亚籍“圣地亚哥”（San Diego）号货轮有2名船员确诊，另有2名无症状感染者。可见，疫情期间允许外国籍船舶挂靠和船员换班可能导致境外疫情输入的风险，不符合港口国公共卫生利益。

港口国应对疫情期间船员换班的行动，本质上是由代表国家行使行政管理权的行政部门作出的，涉及港口国卫生行政部门和海事行政部门等。这些行政主体在决定是否允许外国籍船舶挂靠、授予“无疫通行”时，需要协调船员生命健康权与港口国公共卫生利益的冲突。解决这两种不同法益之间的冲突，应当遵循合理行政原则。在决定是否允许外国籍船舶挂靠、授予“无疫通行”时，需以保护船员生命健康和港口国国内的公共卫生安全为目的，尽可能避免对国际航运秩序造成不必要的干扰，或对船员的尊严、人权和自由造成不必要的侵害，从而使港口国采取的措施所维护的公共利益与外国籍船舶上船员的生命健康权等权利保持一定的均衡关系。

上述实例中，港口国拒绝或限制外国籍船舶进入本国港口，是港口国行使港口准入权的体现。如果不加限制地允许公共卫生事件暴发期间外国籍船舶挂靠和船员换班，不利于国家主权原则的贯彻。但是，港口国若以国内公共卫生安全为由，一概拒绝船上有感染病毒或疑似感染病毒船员的外国籍船舶进入港口，从而使船员得不到妥善救治，则与国际人权保护原则、合理行政原则相悖。可见，港口国行使港口准入权应有合理限度。基于上述分析，解决公共卫生事件暴发期间外国籍船员换班难问题，应当兼顾国家主权原则和国际人权保护原则，而实现这一目标需要借助利益衡量的手段。利益衡量理论认为，不同利益的价值秩序在同一时代、同一社会存在基本共识。如果利益之间的价值秩序较为抽象，应当在具体案件中进行个案式利益衡量。据此，港口国在决定是否接受外国籍船舶挂靠或授予“无疫通行”时，应当在个案中比较港口国突发公共卫生事件应对的核心能力与授予外国籍船舶“无疫通行”可能给港口国带来的疫情输入风险，遵循合理行政原则，基于实际情况作出合理决策。

二、公共卫生风险下保障船员遣返权之法律依据

船员作为海上劳工，承担特殊的海上风险。遣返权是船员的一项核心权利，表现为船员在国外港口下船后，享有被安排回到本国的权利。针对海上劳工权益保障，国际劳工组织制定的《海事劳工公约》等国际公约对船员遣返作出了专门规定。《海事劳工公约》规则 2.5 的规定为船员遣返权之权利来源。《海事劳工公约》规则 2.5 规定，海员有权利得到遣返并无须承担费用。在此基础上，《海事劳工公约》标准 A2.5 规定，船员在船服务时间不得超过 12 个月。《海员船上工作和生活条件管理办法》第 32 条第 6 项作了相同限定。《海事劳工公约》导则 B2.5 规定了船员遣返权的具体内容，包括遣返情形，遣返费用，遣返方式，以及成员国在安排船员遣返过程中应当履行的援助、通知、医治和照料等义务。

中国是《海事劳工公约》的成员国，并以行政法规和部门规章的形式规定了船员的遣返权。由国务院制定、2007 年 9 月 1 日起施行的《船员条例》第 27 条至第 30 条分别规定了船员的遣返情形、遣返地点、遣返费用，以及遣返权受到侵害时的救济途径。由交通运输部制定、2013 年 7 月26 日起施行的《海员船上工作和生活条件管理办法》第六章专章规定了国际船员的遣返权。

除了国际公约和国内立法，船员遣返权的权利来源还包括船员与用人单位之间签订的劳动合同。例如，中国海员建设工会和中国船东协会分别代表中国船员和中国船东达成了《中国船员集体协议（A 类)》。协议第

41 条、第 45 条、第 47 条至第 51 条和第 53 条具体规定了海员遣返情形、遣返费用、遣返地点和遣返方式等内容。

疫情期间，外国籍船员顺利遣返受制于港口国严格的出入境政策。首先，外国籍船员下船后，如果不能直接从下船地点封闭转运至机场乘飞机出境或换乘下船地港口的其他船舶出境，则需要按照港口国入境防疫要求进行隔离。而且，如前所述，船员在遣返途中可能需要两次甚至多次隔离。其次，各国旅行限制政策受疫情严重程度变化的影响较大，愿意对船员实施旅行限制豁免的国家屈指可数。[①] 多国政府为避免疫情境外输入，选择暂停国际航班，关闭边境、港口和机场。一些国家即使没有暂停国际航班，航班数量也大为减少，出现一票难求的情形。自疫情暴发以来，进出中国的国际航班便是这种情形。因此，外国籍船员即使下船，也难以及时返回本国，很可能需要在港口国或者中间途经的国家滞留较长时间。

三、港口国保障船员换班应当遵循不歧视原则

是否允许船员换班涉及国际法原理中的外国人待遇问题。根据国家主权原则，港口国可以自行决定给予外国籍船员何种待遇，包括国民待遇、最惠国待遇、互惠待遇和差别待遇。其中，差别待遇是指国家在外国人与本国人之间或在不同国籍的外国人之间给予不同的待遇。[②] 不歧视原则作为人权保障的基本原则，要求“相同情况相同对待”[③]。

---

① 丹麦、法国、德国、希腊、印度尼西亚、荷兰、挪威、菲律宾、沙特阿拉伯、新加坡、阿联酋、英国和美国表示，同意对国际海员实施旅行限制豁免，并通过增加商业航班数量的方式使海员遣返顺利进行。See CHAMBERS S: Thirteen Countries Sign Crew Change Pact, https: //splash247.com/12 – countries – sign – crew – change – pact.

② 参见何志鹏等:《国际法原理》，高等教育出版社 2017 年版，第 162 页。

③ 白桂梅主编:《人权法学》（第 2 版），北京大学出版社 2015 年版，第 30 页。

不歧视原则在《世界人权宣言》[①]、《联合国宪章》中的人权条款[②]、全球性人权条约[③]中都有体现。例如，《经济、社会和文化权利国际公约》第 12 条要求缔约国承认“人人有权享有能达到的最高的体质和心理健康的标准”，达到“预防、治疗和控制传染病”的目标，创造“保证人人在患病时能得到医疗照顾”的条件；第 2 条第 2 款规定：“本公约缔约各国承担保证，本公约所宣布的权利应予普遍行使，而不得有例如……国籍……或其他身份等任何区分。”具体到船员换班语境中，不歧视原则要求港口国不对同一国际航行船舶上的不同国籍船员采取差别待遇，例如仅允许本国籍船员换班而不允许外国籍船员换班。

疫情期间，中国和很多其他港口国的船员换班政策主要针对本国籍船员，很多外国籍船员在港口国港口无法换班或者无法及时换班。根据不歧视原则，一国既要允许本国籍船员换班，也要最大限度地允许外国籍船员换班。因此，保障疫情期间外国籍船员换班，不仅是履行《海事劳工公约》等国际条约规定的义务，也是国际人权保护原则的要求。

四、港口国保障船员换班应当遵循国际合作原则

合作治理以解决问题为导向，旨在提供临时性的解决方案，具有较高的灵活性，可以尽快回应科学、技术的进展。[④] 国际合作主要表现为国家与国家之间或国家与地区之间的合作，包括全球性合作、区域性合作和双边合作。《海事劳工公约》贯彻了国际合作原则，其导则 B4.3.11 建议各

---

① 《世界人权宣言》第 1 条和第 2 条。

② 《联合国宪章》序言和第 1 条。

③ 《公民权利和政治权利国际公约》第 2 条、第 3 条和第 26 条，《经济、社会和文化权利国际公约》第 2 条和第 3 条，《儿童权利公约》第 2 条，《残疾人权利公约》第 5 条等。

④ 参见［美］朱迪·弗里曼：《合作治理与新行政法》，毕洪海、陈标冲译，商务印书馆 2010 年版，第 45 页。

成员国之间在船员的健康保护和事故预防方面进行合作。《突发事件应对法》第15条、《应急条例》第7条均规定，应对突发公共卫生事件应当积极开展国际交流与合作。

应对疫情期间船员换班难问题，港口国与外国籍船舶的船旗国、船员的国籍国之间需要合作，实现信息和资源共享，协调行动。并且，为了发挥国际组织的作用，港口国需要与负责指导和协调联合国系统内国际卫生安全的世界卫生组织、负责国际航运安全的国际海事组织、负责国际劳工权利保护的国际劳工组织，以及国际航运方面的民间组织进行合作，充分利用国际组织的指导和建议、分享全球疫情警报和海员卫生健康信息。

遵循国际合作原则，对于应对疫情期间船员换班难问题具有以下两方面的突出作用。

一是有利于对《国际卫生条例》等国际条约作出一致性解释。国际条约在各国的实施往往存在一定差异，各缔约国对条约规范的不同理解会导致条约在各国的适用差异。多边或双边合作机制有利于增加国际条约适用的确定性和可预见性。根据作出解释的缔约国的范围不同，条约解释可以分为全体、部分和个别缔约国的解释。其中，全体缔约国的共同解释具有普遍约束力；单个缔约国的解释仅具有拘束其本国的法律效力，对于其他缔约国没有法律拘束力；部分缔约国的共同解释可以拘束作出解释的缔约国。[①] 缔约国通过达成谅解备忘录等形式，可以对国际条约的有关规定达成一致性理解，据以共同采取行动。谅解备忘录不具有法律约束力，但因其具有私密性和灵活性，在外交、援助、交通等国际关系领域被广泛适用。[②] 为确保海上航行安全，亚太地区19个国家和地区达成了《东京备忘

① 参见韩燕煦：《条约解释的要素与结构》，北京大学出版社2015年版，第41－43页。

② 参见［英］安托尼·奥斯特：《现代条约法与实践》，江国青译，中国人民大学出版社2005年版，第35－46页。

录》，以提高合作成员在港口国对船舶海上航行安全监控方面的区域协调水平。[①]《国际卫生条例》第2条指出，《国际卫生条例》的目的是“以……避免对国际交通和贸易造成不必要干扰的适当方式预防、抵御和控制疾病的国际传播”；第31条第1款允许缔约国“必要时确定是否存在公共卫生危害”；附件一第二部分要求缔约国具备“对嫌疑旅行者进行评估，必要时进行检疫”的能力。其中，“不必要”和“必要”是带有弹性的表达，存在较大的解释空间。缔约国可通过达成谅解备忘录等方式，实现对《国际卫生条例》的统一理解并采取统一行动，在港口国应对疫情期间船员换班难问题时可以参照。

二是有利于弥补《国际卫生条例》和《海事劳工公约》存在的约束力不足的问题和制度漏洞。面对传染病传播可能造成的公共卫生甚至社会经济危害，主权国家往往不愿过多地受到国际条约的拘束。[②] 疫情期间，一些国家实施的公共卫生措施明显超出《国际卫生条例》所允许的限度，主要表现为：没有遵循世界卫生组织关于不实施旅行限制的建议，以及采取《国际卫生条例》第43条规定的额外卫生措施时未遵循“循证风险评估”（evidence – based risk assessment）的要求。[③] 基于国际关系的考量，主权国家遵循国际条约确定的原则，建立良好的合作机制，可以弥补条约约束力的不足。国际条约是国际社会妥协的产物，在制度设计上往往存在漏洞。针对疫情期间船员换班难问题，《海事劳工公约》关于船员遣返的规定中，没有规定旅行限制对船员的豁免。疫情期间，如果港口国采取的旅行限制措施不对船员进行适当豁免，《海事劳工公约》规则2.5规定的船员

---

① 参见钱媛媛：《21世纪海上丝绸之路背景下亚太地区港口国监控的区域协调问题研究》，载《中国海商法研究》2016年第2期。

② 参见龚向前：《传染病控制国际法律问题研究》，法律出版社2011年版，第38页。

③ See Habibi R., Burci G. L., De Campos T. C. et al., *Do not Violate the International Health Regulations during the COVID – 19 Outbreak*, 395 The Lancet 664 (2020).

遣返权就无法得到保障。对此，国际海事组织、国际民航组织（International Civil Aviation Organization，ICAO）和国际劳工组织在2020年5月22日发布的《关于在新冠肺炎背景下将海员、海事人员、渔船船员、近海能源业从业人员、航空人员、航空货物供应链人员、机场和港口服务提供者指定为关键工作人员以及在机场和港口对更换工作人员实行简化手续的联合声明》中指出："无论国籍如何，应当免除船员旅行限制，取消阻止船员在港口下船的限制，并在必要时为紧急遣返提供便利。"① 此种建议性文件以解决问题为导向，可以填补条约的漏洞，具有较强的实用性，也体现出相关国际组织之间在应对疫情期间船员换班难问题上的合作。

第三节 公共卫生风险下船员换班管理模式优化

一、船员换班管理精细化

为统筹推进疫情防控工作，保障船员的生命健康权，2020年4月22日，交通运输部、外交部、国家卫生健康委、海关总署、国家移民管理局和中国民用航空局联合发布了《关于精准做好国际航行船舶船员疫情防控工作的通知》，指出船员疫情防控管理应当精细化。对船员进行精细化管理，要求港口所在地政府在解决船员换班问题时，将管理工作内容类型化，并针对各类工作内容采用专业的管理手段，达到更加优质的管理效果。②

---

① See A Joint Statement on Designation of Seafarers，Marine Personnel，Fishing Vessel Personnel，Offshore Energy Sector Personnel，Aviation Personnel，Air Cargo Supply Chain Personnel，and Service Provider Personnel at Airports and Ports as Key Workers，and on Facilitation of Crew Changes in Ports and Airports in the Context of the COVID－19 Pandemic，https：//www.itfglobal.org/sites/default/files/node/news/files/ICAO－IMO－ILO_JointStatement.pdf，Last accessed on Aug.8，2020.

② 参见麻宝斌：《社会正义与政府治理：在理想与现实之间》，社会科学文献出版社2012年版，第163页。

管理精细化的具体实现路径为管理过程细节化，即分阶段管理船员遣返活动，确保各阶段的公共卫生安全，构建船员遣返的全链条疫情风险防控体系。船员遣返管理活动可以划分为前期准备阶段、中期处置阶段和后期跟踪阶段三个阶段。

在前期准备阶段，海事管理机构应当收集与疫情相关的准确信息。2020 年 9 月 24 日发布的交通运输部、海关总署、外交部《关于加强国际航行船舶船员疫情防控的公告》指出，换班船员应当持有核酸检测阴性证明。船舶航行路线、途经港口的卫生情况和船员近期健康状况等相关信息是决定船员能否获得遣返以及遣返工作如何进行的重要因素。

中期处置阶段涉及的主要环节有：准许船员下船、组织海员入境、为海员安排核酸检测、要求其在指定隔离点接受隔离。地方政府和主管部门应当采用全流程闭环式疫情防控管理模式，即在港口、车站、机场等场所之间安排专车接送，实现“点对点”直达运输。在此期间，还应当利用“健康码”等信息化技术记录船员的行动轨迹和健康状况，筑牢海上疫情输入防线。

在后期跟踪阶段，一是要对遣返前期和中期工作进行复盘，二是要对结束遣返的船员进行必要监控。首先，各部门应当就其统计的船员健康和行程等公共信息进行整理、报告，并与其他部门共享，以达到新冠疫情联防联控机制的要求。其次，新冠病毒有大约 10 日至 14 日的潜伏期，对于部分感染病毒的船员，可能因病毒处于潜伏期被放松监管而成为病毒传播的媒介。因此，在遣返工作的后期跟踪阶段，一旦船员出现异常，应当立刻报告，从而弥补前期疫情防控的监管漏洞。

二、在船员换班管理中进行府际合作

根据属地管理原则，船员遣返工作由港口所在地的地方人民政府负责。下文以上海市为例，阐述如何增强船员遣返管理的跨部门合作。

根据上海市新冠疫情防控工作领导小组交通口岸管理组制定的《进一步加强境外来沪船舶船员健康管理要求》，船员在上海港口的遣返流程如图5-1所示。

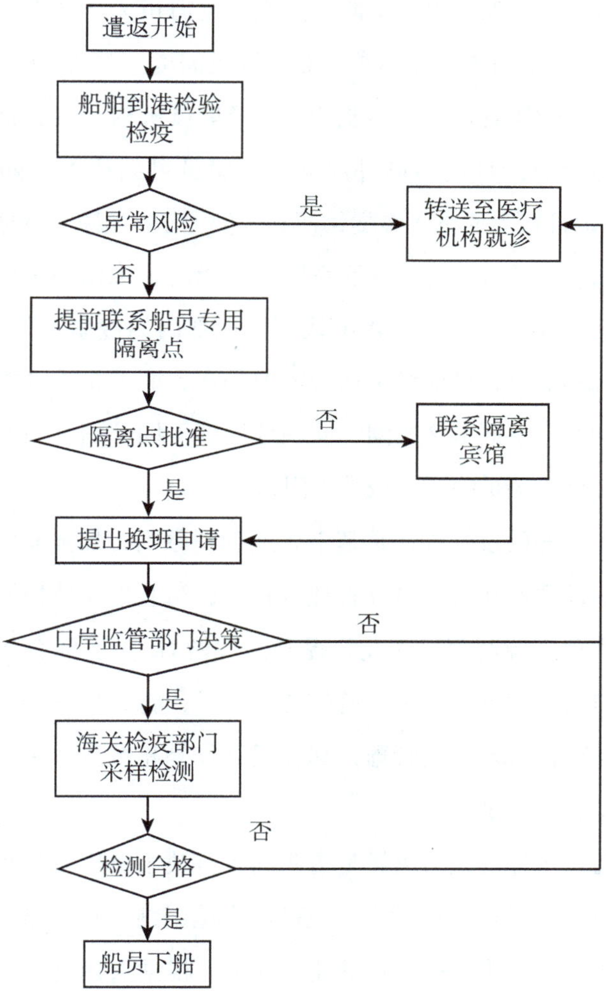

图5-1 上海港口船员遣返流程示意

注：该图由作者自制。

以上流程在当地船员遣返工作部署中发挥了巨大的作用，但在实践运行中难免发生问题。首先，按照流程，海关检疫部门采样检测后，如果检测结果合格，应当允许船员下船。但实践中，一些部门不认可海关检疫部门的检测结果，要求船员重复检测。其次，上海市为境外来沪船员仅提供4个专用隔离点，共计627个床位，难以满足需求。对此，《进一步加强境外来沪船舶船员健康管理要求》指出："经船员机构、航运企业或船舶代理与相关区防控管理部门协商并经同意，船员可到相关区隔离点进行隔离。"这一规定旨在为船员隔离提供便利，但关于"相关区防控管理部门"的规定不够明确，导致航运企业联系隔离宾馆时，难以确定协商主体与批准主体。最后，存在各部门互相不认可其他部门的健康评价体系的情形，相同健康状态的船员，可能海关认为需要隔离，而卫生检疫机关认为无须隔离。疫情期间，不同地区之间、同一地区的不同部门之间互不认可核酸检测结果，亦会对船员换班造成严重阻碍。

解决以上问题的较好方式是基于属地管理原则，加强府际合作，实现协同型政府，即政府在公共事务管理过程中，与其他主体协同行动，优化治理结构，实现资源利用最大化，提升治理能力。[①] 府际合作的治理模式要求加强港口所在地地方人民政府的统一领导，将条块整合与属地管理相结合，实现责任连带与系统管理，其实现路径是相关行政主体在明确权力边界的基础上，打破部门壁垒。

明确各行政主体的权力边界是指明确各行政主体应对何种管理任务享有执法权。首先，根据《国境卫生检疫法实施细则》第4条，在国境卫生检疫方面，卫生检疫机关有权批准船员入境。根据《国境卫生检疫法实施细则》，海关配合卫生检疫机关，完成船员携带物品出入境的放行工作。

---

① 参见唐钧：《政府风险管理：风险社会中的应急管理升级与社会治理转型》，中国人民大学出版社2015年版，第159页。

换言之，海关不得因卫生原因拒绝船员入境。其次，根据《国境卫生检疫法实施细则》第96条，实施隔离措施的行政主体仍为卫生检疫机关；根据《海关法》第2条，海关主要负责监管运输工具、货物、物品。

在明确各行政主体的权力边界的前提下，还应当打破部门壁垒。根据属地管理原则，遣返港口所在地人民政府应当在当地交通运输、外事、民航、海关、边检、口岸查验、卫生健康等多个政府职能部门之间进行协调。首先，当地人民政府应当根据本地公共卫生状况和卫生管理水平，建立一套当地各部门共同认可的健康评价体系。其次，应当建立信息共享机制。例如，海事管理机构在前期准备阶段收集的信息，应当与其他相关部门进行横向传递，实现信息共享与整合。最后，对于船员遣返过程中发生的重大疑难问题，地方政府应当联系相关管理部门进行协同决策。

三、在船员换班管理中加强公私协作

《关于精准做好国际航行船舶船员疫情防控工作的通知》指出，为保障船员在疫情期间有序换班，要严格落实航运企业的主体责任。各国边境政策随本国疫情严重程度变化。受此影响，航运公司不得不将船舶专门安排至极少数允许船员下船的港口，或通过包机帮助船员从港口国抵达遣返目的地。期间，船员需要经过多次核酸检测和长期隔离。这些活动产生的费用导致船员遣返成本巨幅上涨，上涨的成本是造成遣返困境的主要原因之一。

疫情期间，航运企业依靠自身力量难以为继，在此情形下应当整合社会公共资源，加强公权力部门与民间部门或私人的合作，通过资源互补实现社会效用最大化。[①] 为保证船员有序换班，港口所在地人民政府应当基于属地管理原则，配合航运企业安排船员换班。首先，当地政府可鼓励港

---

① 参见徐信贵：《政府公共警告的法律问题研究》，法律出版社2014年版，第57页。

口企业降低港口费用。例如，菲律宾卡宾平港（Capinpin Port）出台政策，对于更换船员的船舶减半收取港口费用。[①] 其次，当地政府可以鼓励航空公司适当增加运力。疫情期间，一些航空公司削减运力或暂停航班，而搭乘国际航班是船员抵达遣返目的地的最主要方式。对此，国际航运工会（International Chamber of Shipping，ICS）和国际航空运输协会（International Air Transport Association，IATA））呼吁各国政府为遣返船员指定一定数量的机场，确保遣返工作顺利进行。[②] 以上做法可有效降低航运企业遣返成本，解决国际交通资源短缺问题。

四、围绕船员换班开展外交活动

疫情期间，我国的船员换班政策主要针对国际航行船舶上中国籍船员在中国境内港口换班。与此同时，还有大量中国籍船员在境外陷入换班困境。这些船员的生命健康权也应受到重视。《关于精准做好国际航行船舶船员疫情防控工作的通知》指出："对于身处困境并强烈请求安排回国的中国籍船员，可研究以适当方式稳妥安排。"疫情期间，出现了以外国港口为中转站的新型换班模式。例如，2020 年 5 月 25 日，中远海运"室女座"轮与"比利时"轮同靠荷兰鹿特丹港，"比利时"轮上 8 名超期服务的中国籍船员登上"室女座"轮，顺利遣返回国。此种换班模式可以较好满足纯海外航线上的中国籍船员的换班需求。

至于其他无法换班的中国籍船员，我国有必要依据国际合作原则，开

---

① See Liza Almonte，*Capinpin Port Fees cut in Half for Ships Undertaking Crew Change*，https：//www. portcalls. com/capinpin – port – fees – cut – in – half – for – ships – undertaking – crew – change/，Last accessed on Aug. 8，2020.

② See Jasmina Ovcina，*ICS，ITF Call for Urgent Action on Facilitating Crew Changes*，https：//www. offshore – energy. biz/ics – itf – call – for – urgent – action – on – facilitating – crew – changes/，Last accessed on Aug. 8，2020.

展以便利船员换班为中心的外交活动。具体协商内容为，各方对现行的入境政策做出适当调整，给予船员旅行限制豁免，并请求港口国允许我国驻当地使领馆对身处困境的中国籍船员进行救助或治疗。相应地，我国可为该国提供防护设备、检测试剂等医疗资源，以能力为导向帮助他国缓解医疗资源不足的问题。

第四节　公共卫生风险下保障船员换班的具体路径

《2020 年中国船员发展报告》的数据显示，截至 2020 年年底，我国海船船员共计 808, 183 人，其中国际航行海船船员 592, 998 人。疫情全球性暴发以来，中国在国际海员换班方面作了很大的努力并取得了很大成绩。根据《厦门海事局 2021 年第二季度暨上半年水上交通安全形势分析报告及第三季度安全监管工作意见》，自 2020 年 3 月 9 日至 2021 年 6 月，厦门港完成外国籍国际海员换班 30 批次、168 人次。另外，经作者向上海市交通委员会调研，上海港每月完成外国籍海员换班 2 到 3 批次，每批次 20 人左右，对于感染病毒的国际海员，按照 2020 年 4 月 12 日发布的交通运输部、外交部、国家卫生健康委等《关于疫情防控期间针对伤病船员紧急救助处置的指导意见》安排救助，有效处置核酸检测结果为阳性的国际海员近30 人。上述努力和成绩体现了中国遵循海洋命运共同体理念和前述基本原则。然而，在应对疫情期间外国籍船舶上国际海员换班难问题方面，中国和其他港口国仍须完善应对措施。

一、适当限制港口准入权保障船员换班

港口国在疫情期间行使港口准入权，既要对外国籍船舶上国际海员的健康情况进行准确评估，也要考虑港口国应对突发公共卫生事件的核心能

力。但是，在没有充分证据证明外国籍船舶上国际海员已感染或可能感染病毒时，不能拒绝该船舶挂靠。就前述“弘进”轮事件而言，原定目的港如皋港在拒绝该轮挂靠前，应当按照《国际卫生条例》第 43 条的要求，对该轮上具有发热症状的国际海员的健康情况，该轮正常配员水平可能受到影响的程度，以及如皋港当地对该轮海员实施检疫、隔离和治疗所需要的医疗条件进行科学评估，再作出是否允许挂靠的决定。换言之，不进行这种评估而单纯从避免外国籍船舶上国际海员可能给当地公共卫生安全带来的威胁考虑，就决定拒绝挂靠，有违《国际卫生条例》的规定，也不符合合理行政原则，并且当外国籍船舶上有外国籍国际海员感染或可能感染病毒时，还不符合国际人权保护原则。

《国际卫生条例》第 43 条规定港口国在满足第 1 款列明的以下两个条件时，作为额外卫生措施，可拒绝外国籍船舶挂靠，或拒绝授予外国籍船舶“无疫通行”。

一是存在“国际关注的突发公共卫生事件”（public health emergencies of international concern），简称突发公共卫生事件。依据该条第 1 款的规定，港口国为了应对外国籍船舶突发公共卫生事件，有权“按照其国家有关法律和国际法之下的义务”，采取《国际卫生条例》中原本禁止使用的措施，又称“额外卫生措施”。这种措施包括《国际卫生条例》第 28 条第 1 款所禁止的拒绝外国籍船舶挂靠、第 28 条第 2 款所禁止的拒绝授予外国籍船舶“无疫通行”。2020 年 1 月 30 日，世界卫生组织将新冠疫情列为突发公共卫生事件。突发公共卫生事件带来的危害的严重程度显著高于一般公共卫生问题。因而，对于暴发疫情的外国籍船舶，可适用《国际卫生条例》第 43 条的规定。

二是禁止国际海员下船“对国际交通造成的限制以及对人员的创伤性（invasive）或干扰性（intrusive）不应大于可合理采取并能实现适当程度保护健康的其他措施”。换言之，禁止国际海员下船的条件之一是：港口国政府采用此种措施对国际海员造成的侵害要比允许船员下船等其他可行措施小。然而，这一条件对于暴发疫情的外国籍船舶而言很难满足。这是因为，如果港口国禁止外国籍船舶上的船员下船，无疑会迫使船舶前往其他国家的港口挂靠，从而耽误对已经感染病毒的船员的救助，以及导致感染病毒的船员数量增加，从而不利于保护船员的生命健康。

上述第二个条件实质上体现了合理行政原则的要求，即港口国政府决定是否采取额外卫生措施时，应当证明其采取的措施实现了目的与手段之间的平衡。《国际卫生条例》第 43 条第 2 款规定，判断是否执行第 1 款规定的额外卫生措施，即是否符合上述两个条件时，应当遵循科学原则，以科学证据、现有信息、世界卫生组织的指导或建议为依据。其中，遵循科学原则，以科学证据、现有信息为依据，要求港口国进行“循证风险评估”；以世界卫生组织的指导或建议为依据，要求港口国考虑世界卫生组织不采取旅行限制措施的建议。①

综上，港口国在决定是否允许外国籍船舶挂靠、是否允许感染或可能感染病毒的船员下船和岸上船员上船替代时，应当在个案中比较港口国核心能力与疫情传播风险，基于实际情况作出科学决策。

二、运用风险评估提高船员换班许可决策的科学性

港口国政府允许外国籍船舶上船员换班是一种行政许可行为。根据行政许可理论，行政许可的内容是国家一般禁止的活动，即在一般禁止的前提下，对于符合特定条件的行政相对方解除禁止使其享有特定的资格和权

---

① See *WHO Advice for International Travel and Trade in Relation to the Outbreak of Pneumonia Caused by A New Coronavirus in China*, WHO, https://www.who.int/news-room/articles-detail/who-advice-for-international-travel-and-trade-in-relation-to-the-outbreak-of-pneumonia-caused-by-a-new-coronavirus-in-china, Last accessed on Jan. 10, 2020.

利。[①] 港口国政府主管部门在疫情期间对外国籍船舶上船员换班的许可，属于事前监督的行政管理方式，具有预防公共卫生危险的重要功能，属于公共政策实施的范畴，因而运用风险评估具有应然性，有利于保障决策的科学化，是合理行政原则的要求。同时，运用风险评估是兼顾国家主权原则和国际人权保护原则，平衡港口国的公共卫生利益和船员的生命健康利益这两种法益的需要。

港口国对外国籍船舶上船员换班进行风险评估，应当综合考虑外国籍船舶上船员对于港口国的疫情输入风险以及港口所在地的疫情处置能力这两方面因素。

一是应当考虑外国籍船舶上船员对于港口国的疫情输入风险。首先，通过溯源管理确定外国籍船舶上船员是否来自高风险国家。为此，要了解船舶起运港或航行期间挂靠的港口所在国是否为高风险国家。这一信息可以通过船舶的航海健康申报单获得。根据《国际卫生条例》附件八的要求，船长应当如实填写航海健康申报单，其内容包括：船舶是否访问过世界卫生组织确定的受染地区；开航后或最近四周内停靠的港口名单以及离岸日期；航行开始以来或最近30天内上船的船员或其他人员的名单以及在此期间访问的所有港口和国家。如果船上的船员或旅客已感染或可能感染病毒，也应当如实记录。

其次，通过流行病学调查和核酸检测了解船员最近一段时间的身体健康状况。船员是否感染病毒是影响换班决定的最重要因素。2020年9月24日发布的交通运输部、海关总署、外交部《关于加强国际航行船舶船员疫情防控的公告》指出，换班船员应当持有核酸检测阴性证明。疫情期间，向中国海事管理机构申请换班的船员需要提交核酸检测结果呈阴性的证明。在中国，核酸检测结果呈阴性和个人防护措施到位，是船员换班的

---

① 参见李林、吕吉海等:《中国海上行政法学探究》，浙江大学出版社2013年版，第56页。

最低标准。新加坡、韩国、荷兰等其他一些港口国也对船员换班提出了核酸检测等要求。为了保障换班地的公共卫生安全，当地政府联防联控机制建立了工作专班。被允许挂靠的外国籍船舶靠港后，港口所在地海关将会同当地卫健委联合进行登船检疫，完成船员核酸检测工作。不仅如此，船员的疫苗接种情况对于其健康状况的判断有重要意义。没有接种疫苗、只接种一针疫苗、已接种两针疫苗和已接种加强针的船员造成疫情境外输入的可能性由强至弱。因而，外国籍船舶上船员是否已按照中国或者世界卫生组织的疫苗接种要求完成疫苗接种，是中国政府部门考虑是否允许外国籍船舶挂靠、船员换班的一个重要因素。

最后，应当了解航运公司对船员的管理情况，即承担船员换班疫情防控主体责任的航运公司所制定的船员换班离船计划，以及对于在船工作船员疫情防控要求的落实情况。这些情况与判断船员是否感染病毒有关，从而关系到外国籍船舶上船员对于港口国的疫情输入风险。对外国籍船员在中国港口换班进行评估时，还应当核查航运公司是否已对外国籍船员的遣返行程进行妥善安排。外国籍船员遣返需要在下船后搭乘国际航班，如果因疫情导致中国没有相应的国际航班，外国籍船员换班的风险则相对较大。

二是港口所在地的疫情处置能力。疫情处置能力主要是指《国际卫生条例》规定的核心能力中的应对能力。如果有确切证据证明外国籍船舶上船员已经感染或者疑似感染病毒，而港口所在地公共卫生资源紧缺、疫情处置能力弱，港口国可以拒绝授予外国籍船舶“无疫通行”或者指定其前往该国其他港口挂靠。反之，则应当授予外国籍船舶“无疫通行”，允许船员换班。根据海关总署公布的《〈国际卫生条例（2005）〉口岸公共卫生核心能力建设达标口岸名单》，2020 年度全国共有 123 个水运口岸具备《国际卫生条例》框架下的公共卫生核心能力。

为了指导缔约国发展公共卫生监测等核心能力，世界卫生组织发布了

《缔约国自评年度报告（SPAR）工具指导文件》，以便缔约国对其应对国际疾病威胁和其他健康风险的能力进行自我评估，并将结果发送给世界卫生组织。根据该指导文件，与公共卫生监测直接相关的核心能力包括实验室能力、监测能力、入境口岸核心能力三方面的能力。其中，实验室能力作为监测能力的组成部分，是指一国通过国内或合作中心等国际参考机构的实验室对样本进行分析，检测、调查和应对疫情的能力。具体到外国籍船舶上船员换班，实验室能力体现在港口国快速检测识别船员是否携带新冠病毒的能力。换班的船员核酸检测结果呈阴性是防止境外疫情输入的最基本要求，而提高核酸检测效率可以加快船员换班进程，减少对船员换班权利的侵害。我国的核酸检测能力能够确保为申请换班的船员提供快速有效的核酸检测服务。

三、要求船员接种疫苗

在防止境外疫情输入成为外国籍船舶上船员换班的主要障碍的背景下，要求船员接种疫苗有利于在达到最大换班成功率的同时，实现对港口国公共卫生的威胁最小化，从而平衡港口国公共卫生利益与船员个人生命健康权益。

2021年11月，全球海事论坛（Global Maritime Forum）发布的《海王星宣言船员换班指标》（The Neptune Declaration Crew Change Indicator）显示，2021年8月至11月，船员的疫苗接种率分别为15.3%、21.9%、31.1%、41%。这一数据与同期超期服务的船员数量呈负相关：2021年8月至11月，超期服务船员的比例分别为9.0%、8.9%、7.9%、7.1%。[①] 国

① *The Neptune Declaration Crew Change Indicator*, https://www.globalmaritimeforum.org/content/2021/11/Neptune-Declaration-Crew-Change-Indicator-November-2021.pdf, Last accessed on May 21, 2023.

际航运协会、国际海事组织、国际劳工组织、世界卫生组织等有关国际组织认可为船员接种疫苗的必要性，并多次呼吁优先为船员接种疫苗。

据统计，国际上已有 31 个国家和地区为船员提供疫苗接种服务。①《疫情防控操作指南（V8.0）》在“境外疫情防范”部分指出：航运公司应当加强与中国船东协会的对接，推动国际航行船舶船员的疫苗接种工作，提高疫苗接种比例，对新上船的中国籍船员努力做到“应接尽接”。中国港口已经有为外国籍船员接种新冠疫苗的实例。②

应当对在中国换班的外国籍船员作出接种疫苗的强制性要求。此种要求符合《国际卫生条例》第 31 条第 1 款的规定，即缔约国为在必要时确定是否存在公共卫生危害，或适用《国际卫生条例》第 43 条，可以将疫苗接种或提供疫苗接种证明作为个人进入本国领土的条件。这一要求既是国家主权原则的体现，也符合国际人权保护原则。为此，船员应当在中国获得接种疫苗的资格，并在上船前接种已在中国获批接种的疫苗。《疫情防控操作指南（V8.0）》首次提出了“先接种再上船”的原则，并要求“尽量安排接种完加强针疫苗的船员上船”。

四、适当豁免船员旅行限制

根据国家主权原则，一国没有准许外国人入境的义务。港口国有权自行决定实施旅行限制措施，限制感染病毒的外国籍船员入境。但是，对于同一国际航行船舶上的不同国籍的船员，在外国籍船员未感染病毒的情况下，仅允许中国籍船员换班而不允许其他国籍的船员换班的行为，不符合“相同情况相同对待”的要求，从而违反了不歧视原则。适当豁免船员旅

---

① See NAMMA, *COVID – 19 Vaccines for Seafarers*, NAMMA, http://namma.org/vaccines/, Last accessed on Jan. 24, 2022.

② 参见本刊讯：《我国港口首次为外籍船员接种新冠疫苗》，载《中国航务周刊》2021 年第 37 期。

行限制，是贯彻不歧视原则兼顾国家主权原则与国际人权保护原则的体现，有利于解决外国籍船员换班难尤其是遣返困难的问题。

《关于进一步做好国际航行船舶船员疫情防控工作的通知》提出，“在境内港口换班下船船员按照入境人员进行管理”，实施“14 日集中隔离 + 7 日居家健康监测”的隔离政策。这一规定对于外国籍船员换班缺乏针对性。外国籍船员为了换班而入境港口国或从港口国离境，其与在港口国长期居留的外国人虽同为出入境，但前者可能给港口国带来的疫情输入危害后果更小，因为前者在国内停留时间更短，行程更简单，可控性更高。根据外国籍船员在港口国的停留时间、地点等因素作不同对待，作出适当的旅行限制豁免，具有合理性和必要性。因此，有必要在目前《关于进一步做好国际航行船舶船员疫情防控工作的通知》的基础上，增加外国籍船员换班管理方面的内容，即对于核酸检测为阴性、身体状况正常、已经接种疫苗的外国籍船员，应当在审查核实后允许其出入境。

在这方面，国际上已有先例。例如，《新西兰海上边界令》第 17 条第 1 款规定，乘船抵达新西兰的人员，应当在船上或指定地点进行至少 14 天的检疫或隔离。但对于申请换班的船员，第 26 条作出豁免规定：船舶到达新西兰后，对于希望搭乘飞机或船舶离开新西兰的船员，如果他们希望搭乘的国际航班没有在其下船的同一天起飞，卫生部医务人员或卫生防护官员必须将这些人转移到管理设施内，直到隔离或检疫完成，或国际航班起飞。第 27 条还规定，计划从新西兰上船换班的船员到达指定安全机场后，应当在合理可行的情况下尽快上船、离开新西兰；如果船舶未在合理可行的情况下尽快离开新西兰，卫生部医务人员或卫生防护人员可将该船员转移至隔离或检疫地点完成检疫或隔离，直到船舶离港。换言之，如果外国籍船员在新西兰下船后立即出境，或者入境新西兰后立即上船，则完全免受 14 天的检疫或隔离的限制；即使不能立即出境或上船，检疫或隔离的时间也只是以在新西兰实际停留的时间为准。又如，德国也允许在本国换班的外国籍船员直接在机场和港口之间往返，而无强制隔离或检疫要求。① 这些国家的做法值得借鉴，对于仅在我国过境、下船后前往遣返目的地或者入境后上船的船员，我国可以适当缩短对这些船员采取检疫、隔离措施的期限，便利疫情期间外国籍船员换班。在这方面，中国可以与其他国家达成谅解备忘录，互相给对方国家在船员换班方面提供适当的旅行限制豁免。

综上，船员换班难问题的实质是港口国公共卫生利益和船员个人生命健康权益之间的冲突问题。解决这一问题应当遵循海洋命运共同体理念，以及国家主权原则、国际人权保护原则、不歧视原则、合理行政原则和国际合作原则，并解决国家主权原则和国际人权保护原则之间可能存在的冲突，平衡港口国的公共卫生利益和船员的健康利益这两种法益。对暴发疫情的外国籍船舶，中国可以拒绝授予“无疫通行”，但应当满足《国际卫生条例》第 43 条规定的采取额外卫生措施的条件。应对船员换班难问题，须进行风险评估，并为此目的提高搜集、评估外国籍船员疫情信息的能力和效率。我国可以将船员按照我国或者世界卫生组织的疫苗接种要求完成疫苗接种作为外国籍船员上下船的条件。同时，应当在出入境许可和检疫等方面授予船员适当的旅行限制豁免。

① See Federal Ministry of Transport and Digital Infrastructure, Maritime labour law (MLC) /crew/ crew change, https://www.deutsche-flagge.de/en/coronavirus/mlc, Last accessed on Oct. 20, 2021.

第六章　港口国应对船舶公共卫生风险费用负担的法律调整

港口国应对船舶公共卫生风险会产生大量费用，主要产生于港口国所采取的卫生措施。产生费用，自然引发费用的负担问题，包括所负担费用的种类和费用负担的主体。在港口国实施卫生措施的过程中，就费用种类而言，涉及对船舶和船上人员实施卫生措施的费用以及安排旅客遣返的费用；就费用负担主体而言，往往涉及港口国、船舶经营者、船舶中个人三方面主体。其费用应当如何分配，在现有理论研究中还未见详论。

下文从港口国卫生措施费用负担存在的法律问题出发，讨论港口国应对船舶公共卫生风险时，采取卫生措施产生的费用负担问题及其解决对策。下文中，港口国指港口国有关当局，包括港口国行政机关、港口国法律法规授予行政职权的组织和机构，以及港口国行政机关通过行政委托代行港口国口岸疫情防控事务的组织和机构；船舶经营者指在船舶营运过程中，与船员、旅客发生民事法律关系的船舶经营主体，可能为船舶的所有人或经营人；船舶中个人指船上的船员和旅客。需要说明的是，虽然港口国应对船舶公共卫生风险所产生的检疫、隔离和治疗等费用带有民事法律关系色彩，但在港口国应对船舶公共卫生风险的过程中，港口国根据公法实施的行为，会对船舶经营者和船舶中个人产生一定影响。因而，对于港口国应对船舶公共卫生风险这一公法性质较强的议题，就民事主体间费用负担进行讨论也有一定价值。

第一节　港口国费用负担类型及解决意义

一、港口国费用负担类型

国际社会对于如何应对暴发疫情的船舶，尤其是大型邮轮并无既往经验可借鉴，导致港口国在费用承担及成本回收方面存在许多不确定性。[①]下文从港口管理、卫生措施和人员遣返四个方面，分析港口国应对船舶公共卫生风险产生的费用负担类型。

第一类是向港口经营人支付停泊费和港口作业包干费等费用。

船舶享受港口提供的服务应当支付费用，港口国通常会就本国港口收费制定法律法规和其他规范性文件。在我国，交通运输部和国家发展改革委于2019年3月13日修订印发的《港口收费计费办法》（交水规〔2019〕2号）第28条规定，停靠在港口码头的船舶应当支付停泊费。《港口收费计费办法》第32条规定了两种免收停泊费的情形，即船舶因港口原因或特殊气象原因在港内留泊，无须支付停泊费。船舶暴发公共卫生事件不属于这两种情形，不适用此规定，而应依据原卫生部于1983年发布的《实施〈中华人民共和国国境口岸卫生监督办法〉的若干规定》第10条的规定，即因卫生处理导致的船舶延误而产生的损失和费用，由船舶经营者承担。因而，如果按照港口国检疫要求，船舶需要接受检疫，船舶经营者应当按期支付停泊费。除停泊费外，根据《港口收费计费办法》第35条的

---

① See V. A. Mouchtouri, M. Dirksen – Fischer, C. Hadjichristodoulou, *Health Measures to Travellers and Cruise Ships in Response to COVID – 19*, 27 Journal of Travel Medicine 43 (2020).

规定，获得港站使用等服务的船舶经营者应当向港口经营人支付港口作业包干费。受疫情影响，一些港口国的港口因运营和维护成本的增加而提高了港口的收费标准。例如，新加坡宣布将于2023年1月1日起，对于为上下乘客而在新加坡停留一日或更短时间的船舶，上调港口规费。①

第二类是向卫生检疫机构和医疗机构支付的医学检查、检疫隔离、医疗救治等卫生措施的费用。

根据《国际卫生条例》第32条第3项的规定，港口国对旅客实施检疫、隔离、医学检查等卫生措施时，应当提供或安排提供足够的食品和饮水、适宜的住处和衣服，采取适当的医疗措施。至于由此产生的费用，《国际卫生条例》第40条第1款规定，港口国向非寻求临时或长期居留的旅行者实施检疫、隔离和医学检查，不得收取费用；第40条第2款规定，港口国采取其他有益于旅行者的措施，可以收取费用。港口国国内法通常对采取卫生措施应当如何收费作出细致的规定。在我国，根据2018年修正的《国境卫生检疫法》第26条的规定，国境卫生检疫机关对船舶实施卫生检疫后，应当按照国家规定收取检疫费用。根据原卫生部等于1990年发布的《国境卫生检疫收费管理办法》第1条和第2条的规定，卫生检疫机构对船舶进行卫生监督和卫生处理，对船上人员实施传染病检疫和监测，应当根据实际消耗和技术难度确定收费标准、收取检疫费。如果港口所在地检疫能力不足，需要跨城市提供卫生检疫服务，依据《国境卫生检疫收费管理办法》第7条②的规定，除常规检疫费用外，还应当额外支付卫生

---

① See *Revision in Port Dues Rates in the Port of Singapore*, Singapore MPA, https://www.mpa.gov.sg/web/portal/home/media-centre/news-releases/detail/80bfcaf3-5c3f-4457-9932-83c3e323b7c8, Last accessed on Apr. 9, 2021.

② 《国境卫生检疫收费管理办法》第7条规定："卫生检疫人员离开口岸卫生检疫所（站）的所在地，到外地进行检疫、监测、监督、卫生处理，外出预防接种、体检、检验，除按规定标准收费外，被检单位或个人应免费提供交通工具和住宿……"

检疫人员的交通费、住宿费和劳务费。如果船上旅客和船员感染病毒，港口国应当安排病毒感染者下船接受治疗。医疗机构对船舶上外国籍旅客和船员提供医疗救治服务，应当依据原卫生部于1982年发布的《国境卫生检疫收费办法》第5条[①]的规定，执行专门的收费标准。

第三类是安排船员和邮轮旅客遣返的费用。

遣返费用主要包括将外国籍旅客和船员从港口运送至机场等出发地，再通过陆路、航空、水路等运输方式将旅客和船员送回遣返目的地产生的费用。《海事劳工公约》标准A4.2规定，在船员被妥善遣返前，船舶经营者应当支付医疗费用，包括治疗费用以及药品、设备和膳宿费用，直到船员康复。《海事劳工公约》标准A2.5规定，如果船舶经营者没有能力安排船员遣返并负担其费用，船旗国应当承担这一责任。新冠疫情的实践表明，在船舶暴发公共卫生事件情形下，受距离因素和港口国旅行限制措施的影响，由船旗国安排船员遣返难度较大。在此情形，依据《海事劳工公约》标准A2.5的规定，港口国可以安排船员遣返，并要求船旗国补偿此笔费用。

第四类是港口国采取预防措施的费用。

联合国教科文组织下设的世界科学知识与技术伦理委员会对预防原则（the precautionary principle）作出的定义是：当人类活动可能导致科学上合理但不确定的道德上不可接受的伤害时，应采取行动避免或减少这种伤害。[②] 预防原则早先出现在环境法中，《里约环境与发展宣言》（Rio Declaration）原则15提出："为了保护环境，各国应根据它们的能力广泛

① 《国境卫生检疫收费办法》第5条规定："对出入国境的外籍人员的医疗服务项目，按照外国人的'医疗收费标准'执行。"

② UNESCO World Commission on the Ethics of Scientific Knowledge and Technology（COMEST），The Precautionary Principle，World Commission on the Ethics of Scientific Knowledge and Technology（COMEST）（UNESCO，2005）.

采取预防性措施。凡有可能造成严重的或不可挽回的损害的地方，不能把缺乏充分的科学肯定性作为推迟采取防止环境退化的费用低廉的措施的理由。”而后这一原则出现在公共卫生领域。公共卫生学者认为，科学可以增加知识，但不能在突发公共卫生事件中提供确定性；在科学不确定的情形下，决策者必须根据现有信息作出决策，谨慎行事，而预防原则使决策者能够在科学不确定并有可能造成伤害时采取预防措施。① 风险预防原则在公共卫生事件的费用负担中主要表现为为规避公共卫生危机中潜在风险而支付的费用。例如，为了应对新冠患者激增的可能性，港口国支付额外增加的护理人员费用以及救护车、床位、药品、器械、实验室建设等费用。对于此类费用，由于国际公约和各国立法均无相关规定，港口国缺乏相应的请求权基础，基本无法获得赔偿。

二、解决港口国费用负担的意义

在卫生经济学（healtheconomics）中，决策者对公共卫生事项作出决策主要有四种卫生经济分析与评价方法，分别为成本（最小）分析（cost－minimization analysis，CMA）、成本效果分析（cost－effectiveness analysis，CEA）、成本效用分析（cost utility analysis，CUA）和成本效益分析（cost－benefit analysis，CBA）。② 无论采取何种方法，均意味着港口国在进行公共卫生决策时，需要考虑积极投入的成本和消极减少的收益，权衡卫生措施的成本和收益。对于一国内部而言，卫生事业经费投入与国家公共卫生

---

① Edwards R. T.，Lawrence C. L.，“What You See is All There is”：The Importance of Heuristics in Cost－Benefit Analysis（CBA）and Social Return on Investment（SROI）in the Evaluation of Public Health Interventions. Appl Health Econ Health Policy，2021 Sep.；19（5）：653－664.

② 美国国家卫生与临床优化研究所（The National Institute for Health and Care Excellence，NICE）. *Guide to the Methods of Technology Appraisal 2013*；2013，http：//www. nice. org. uk/article/pmg9/resources/non－guidance－guide－to－the－methods－of－technology－appraisal－2013－pdf。

安全之间呈正相关关系，经费投入者也是经济效益享有者。但在港口国应对船舶公共卫生风险时，船上旅客和船员获得生命健康安全的保障，船舶公司因此节约大量经济支出，仅港口国因此遭受不利——港口国应对船舶公共卫生风险大幅增加了港口国所在地政府的行政成本，包括高额的治疗和处置费用、投入本已紧张的医疗资源。对此，大多数港口国缺乏应对经验，能否收回应对成本存在不确定性。① 而且，港口国应对暴发大流行传染病的船舶，存在难以估测的公共卫生危害后果。可见，港口国作为经费投入者，并非主要受益者，甚至是受威胁者。根据亚当·斯密的经济人假设，港口国的行为动机来源于获取最大利益，在实践中表现为拒绝应对船舶公共卫生事件，从而达到付出最小成本、获得最大的安全和经济利益的效果。在此背景下，解决港口国卫生措施费用负担的法律问题具有三方面意义：

第一，减轻港口国应对船舶公共卫生风险的资金压力。一方面，港口国政府在应对船舶公共卫生风险的过程中，其卫生系统往往需要付出巨大的额外成本和资源。② 在美国，治疗一位新冠感染者需要花费约 3045 美元，住院时将增加到 14, 366 美元。③ 另一方面，新冠疫情暴发期间，世界

---

① See EU Healthy Gateways, Advice for Health Authorities and Ship Operators Who Have Decided to Suspend Sailings and for the Long - Term Docking of Ships at the Ports of EU/EEA MS During COVID -19 Pandemic, https://www.healthy gateways.eu/Portals/0/plcdocs/EU_HEALTHY_GATEWAYS_COVID -19_Stationed_ships_18_3_2020_F.pdf? ver =2020 -03 -20 -183254 -500, Last accessed on May 20, 2021.

② See Herlyn Kaur, James Carmody, *Coronavirus Cruise Ship Artania Could Swamp WA Hospitals with COVID -19 Cases, WA Premier Fears*, ABC News, http://www.abc.net.au/news/2020 -04 -02/fears -artania -cruise -ship -coronavirus -cases -may -swamp -wa -system/12113690, Last accessed on Mar. 8, 2022.

③ See Bartsch S. M., Ferguson M. C., McKinnell J. A., O'Shea K. J., Wedlock P. T., Siegmund S. S., et al., *The Potential Health Care Costs And Resource Use Associated With COVID -19 In The United States*, Health Aff. (Millwood). 2020; 39: 927 -35.

各国本就在本国疫情防治工作中负担着沉重的医疗费用。港口国在应对船舶公共卫生风险时，很可能陷于资金紧张的艰难处境。[①] 统计数据表明，我国在2020年1月至3月总计支出常规医疗费用21.5亿元；其中，住院治疗支出约9.5亿元，药品支出约7亿元。[②] 美国在2020年4月1日至12月31日期间，总计收治247,590名需要住院的成年新冠患者，患者平均住院时间为6天，平均住院费用约11,267美元。[③] 解决港口国的资金问题，可在很大程度上纾解港口国应对船舶疫情的压力，对港口国顺利应对船舶疫情、保障港口国公共卫生安全具有重要意义。

第二，提高港口国对于卫生公共产品的供给意愿。针对某一次全球性公共卫生危机的药品和疫苗的供给及研发技术、医疗设备、防护物资、医疗专家的建议等均属于卫生公共产品。新冠疫情暴发加剧了“逆全球化”浪潮、降低了国家间对公共卫生治理的合作意愿，[④] 导致全球卫生公共产品供给不足。这也正解释了为何柬埔寨首相在2020年2月18日向前来拜会的美国驻柬大使表示“允许‘威士特丹’号邮轮入境停靠是人道主义救援”。考虑到卫生公共产品已经成为疫情期间紧缺的应急资源，港口国是否愿意提供卫生公共产品成为能否解决船舶公共卫生危机的关键。为鼓励港口国保障旅客和船员的生命健康安全，应当为港口国提供补偿。

第三，明确港口国为应对船舶疫情的卫生措施费用负担，可帮助船舶经营者明确疫情中自身所面临的法律风险，促使其提前做好预防措施和准

---

① 参见彭先伟、吴亚男：《新冠病毒疫情下的邮轮检疫处置问题初探——以国际卫生法为视角》，载《中国海商法研究》2020年第1期。

② See Jin H., Wang H., Li X., et al., *Economic Burden of COVID – 19, China, January – March, 2020: A cost – of – illness Study*, Bulletin of the World Health Organization, 2021, 99 (2): 112.

③ See Ohsfeldt R. L., Choong C. K., Mc Collam P. L., Abedtash H., Kelton K. A., Burge R., *Inpatient Hospital Costs for COVID – 19 Patients in the United States*, Adv Ther. 2021 Nov.; 38 (11): 5557 –5595.

④ 参见吴士存：《全球海洋治理的未来及中国的选择》，载《亚太安全与海洋研究》2020年第5期。

备工作。并且，使船舶经营者通过民事手段适当分散和化解风险，从而使船舶经营者减少其在民事责任甚至潜在行政责任方面的顾虑，在一定程度上对促进航运行业健康发展具有重要意义。

第二节　港口国费用负担法律制度的不足

一、费用承担主体不明

首先，在卫生措施费用负担方面，根据《国际卫生条例》第 40 条“针对旅行者的卫生措施收费”和第 41 条“对行李、货物、集装箱、交通工具、物品或邮包的收费”的规定，港口国只能收取四项费用：（1）对寻求临时或长期居留的旅客采取检疫、隔离等公共卫生措施的费用；（2）对非寻求临时或长期居留的旅客采取治疗措施的费用；（3）对船舶、物品或邮包采取卫生措施的费用；（4）对船员采取卫生措施的费用。《国际卫生条例》第 40 条还规定，所收取费用应与事先公布的价目表相符，且不超过提供服务的实际成本。然而，关于收取费用的对象，该条除规定第（4）项费用向船舶所有人或经营人收取外，没有规定港口国向何者收取其他三项费用。

对于外国籍船舶而言，由于船上绝大多数旅客的国籍国非港口国，其旅行的目的不是在港口国寻求临时或长期居留，因而属于第（1）项的费用很少。而对于非寻求临时或长期居留的旅客采取的检疫、隔离等公共卫生措施，港口国不能收取费用，但《国际卫生条例》不阻止港口国寻求“向有关保险来源收取的费用”。然而，这一规定较为模糊，此种保险补偿应指依据港口国的国内法可以获得的保险补偿。目前，中国和大多数国家并没有此种保险制度。其结果是，港口国不能向旅客本人、船旗国或旅客国籍国收取其对绝大多数旅客采取公共卫生措施的费用，而在港口国应对船舶公共卫生风险的费用支出中，此种费用所占比重往往最大。因而，对于港口国应对船舶公共卫生风险的费用支出，并没有全面贯彻受益者负担原则，港口国不能要求船舶所有人或经营者承担所有的合理应对费用，从而不利于鼓励港口国采取积极应对措施。

不同于旅客在船感染疾病的情形，船员在船感染疾病，可依照《海事劳工公约》规则4.1“船上和岸上医疗”的规定，由船旗国和港口国提供健康保护和医疗。因治疗疾病产生费用的，可依照《海事劳工公约》规则4.2“船东的责任”的规定，由船东承担相应的责任。① 同时，又依照《国际卫生条例》第40条第5款第1项，港口国可向船舶经营者收取对船员采取卫生措施产生的费用。因而港口国对船员采取卫生措施产生的费用的负担主体相对较为明确，但对旅客采取卫生措施产生的费用如何负担并不明确。

综上所述，就港口国可收取的对旅客采取的检疫、隔离和治疗措施产生的费用而言，法律并未规定承担该费用的主体；就港口国原本不可收取但可向“有关保险来源收取”的费用而言，法律并未明确何为“有关保险来源”。

其次，在遣返费用负担方面，邮轮旅客遣返费用的负担主体不够明确。明确旅客遣返费用的负担主体，应当根据邮轮经营者与旅客之间的合同，结合邮轮经营者的保险条款确定。然而，由于邮轮经营者资金周转和国际结算时间差等原因，邮轮经营者可能无法立即支付旅客的遣返费用。在此情形下，为确保遣返的及时性，港口国可能会对遣返费用进行垫付。考虑到船员特殊的职业身份，船员遣返费用的负担属于保障船员遣返权的

---

① 《海事劳工公约》规则4.1第1款规定：“各成员国应确保在悬挂其旗帜船舶上的所有海员均被保护其健康的充分措施所覆盖，并且他们在船上工作期间能够得到迅速和适当的医疗。”该规则第2款规定：“按本规则第1款所提供的保护和医疗原则上不由海员支付费用。”该规则第3款规定：“各成员国应确保在其领土内的船舶上需要紧急医疗的海员能够使用成员国的岸上医疗设施。”

重要内容，《海事劳工公约》和各国国内法已经对此事项作出比较完善的规定。相较而言，现行国际公约和国内法关于国际邮轮上旅客遣返费用的负担问题尚付阙如。

二、港口国垫付费用受偿缺乏保障

港口国应对船舶公共卫生风险往往耗资甚巨。即使已经确定各项费用的负担主体，如何保障垫付费用得以受偿，同样是各港口国在应对船舶疫情时普遍面对的严峻问题。现实中，若暴发疫情的船舶的经营者为单船公司，或者没有位于港口国的营业场所或派出机构，则采取上述卫生措施所产生的费用将难以受偿。①

《国际卫生条例》第 40 条第 5 款虽规定港口国可从船舶经营者收取用于船员的费用以及从有关保险来源收取费用，但并未规定可采取何种措施保障港口国得以收取该类费用，尤其是对邮轮旅客采取卫生措施产生的费用。港口国对邮轮旅客采取卫生措施产生的费用主要包括出入境检疫费用以及对感染病毒的旅客实施隔离和治疗的费用。前者属于船舶入境检疫费用，应当由邮轮经营者承担；后者属于对旅客有利的医护服务费用，邮轮经营者通常会与旅客约定此笔费用由旅客自行承担。例如，《皇家加勒比国际游轮乘客票据合同》第 4 条“医疗护理和其他个人服务”约定，邮轮旅客应当支付包括任何紧急医疗护理费等在内的医护服务的费用，如果邮轮经营者帮旅客垫付了此笔费用，可以要求旅客偿还。

不同于对旅客采取卫生措施产生的费用，港口国对船员采取卫生措施产生的费用的受偿有较为完善的保障机制，原因在于船舶经营者对船员的

---

① See Herlyn Kaur, James Carmody, *Coronavirus Cruise Ship Artania Could Swamp WA Hospitals with COVID –19 Cases*, *WA Premier Fears*, ABC News, http://www.abc.net.au/news/2020 –04 –02/fears –artania –cruise –ship –coronavirus –cases –may –swamp –wa –system/12113690.

责任在国际法中有较为明确的规定。[①] 2018 年《经修正的 2006 年海事劳工公约》规则 4.2 "船东的责任" 旨在确保在因就业而产生的疾病、受伤或死亡导致的经济后果方面对船员予以保护。该公约法标准 A4.2 第 1 款a 项规定，船东应当对源于船员在船工作的疾病承担费用。该款 b 项又规定，船东应当就上述费用提供财务担保，形式包括社会保障计划、保险（强制责任保险）和基金（国家设立的专项资金）。[②] 而对于旅客在船期间感染疾病的情形，法律缺乏类似规定。

第三节 港口国费用负担法律制度的完善

一、明确船舶公共卫生风险应对费用的负担主体

就港口国可收取的对旅客采取卫生措施的费用而言，法律未明确规定负担主体。根据船舶公共卫生事件所涉主体，港口国、船舶经营者和旅客本人均可能成为该费用的负担主体。具体由何者承担，应当在明确该部分费用性质的基础上，根据实际情况判断费用的负担主体。

在社会成本分摊活动中，"谁受益，谁负担" 是明确费用负担主体的普遍原则。受益者负担理论是一种由归责 "事由" 导出归责 "主体"，进

① See Karen N. Scott, *Regulating Shipping in Response to COVID – 19*, 5 Asia – Pacific Journal of Ocean Law and Policy 351 (2020).

② 2018 年《经修正的 2006 年海事劳工公约》标准 A4.2 第 1 款 a 项规定："对于在其船上工作的海员，船东应有责任对海员从开始履行职责之日起到其被视为妥善遣返之日期间所发生的或源自这些日期间的就业的疾病和受伤承担费用"。标准 A4.2.1 第 1 款 b 项规定："船东应提供财务担保，保证对海员因工伤、疾病或危害而死亡或长期残疾的情况提供国家法律或海员就业协议或集体协议所确定的赔偿"。标准 A4.2.2 第 2 款规定："标准 A4.2.1 第 1 款 b 项所规定的财政担保制度可采取社会保障计划、保险或基金或其他类似安排的形式。成员国应当经与相关船东组织和海员组织协商后，确定财政担保制度的形式。"

而对接承担归责“责任”的主体的理论。[①] 受益者负担原则在环境法学和税法学中多有体现，并以环境税为典型。在港口国应对船舶公共卫生风险的情境下，根据受益者负担理论，明确对旅客采取卫生措施的费用负担主体应当首先确定这一措施的受益对象，而后由受益者负担此笔费用。

一方面，在港口国疫情防控的过程中，实施检测、检疫等公共卫生措施表明港口国还处于不确定旅客是否染疫的阶段。若此时不对旅客采取任何医疗措施，则港口国的公共卫生安全将遭受不确定因素造成的威胁，缺乏相应保障。此时，港口国采取疫情防控措施有利于降低公共卫生风险，但会对行政相对人的权利造成一定侵害，尤其是检疫措施会限制行政相对人的人身自由。因而，从行政法律制度出发，港口国实施的检测、检疫等公共卫生措施属于避免危害发生，防止危害扩大的行政强制措施，受益对象主要为公众，而非被采取措施的个人。因而该部分费用属于实施行政强制措施产生的费用。《行政强制法》第 25 条第 3 款第 3 句规定：“检测、检验、检疫或者技术鉴定的费用由行政机关承担。”但该规定的适用对象限于物品，而不适用于个人。根据行政法原理，如无法律特别规定，实施行政强制措施产生的费用一般应当由作出行政行为的行政机关自行承担。疫情期间，在确定此类费用的负担主体时，一定程度上也会受到国家政策的影响。

另一方面，与对旅客进行检测、检疫等公共卫生措施相比，港口国对非寻求临时或长期居留的旅客采取治疗措施，通常是在确定旅客染疫之后。此时旅客已经受到港口国的控制，造成病毒传播、威胁港口国公共卫生安全的可能性较小，且治疗措施的主要受益者为旅客本人。因而，港口国对染疫的旅客采取治疗措施超出了维护港口国公共卫生安全的范畴。该

---

① 参见叶金育：《环境税整体化研究——一种税理、法理与技术整合的视角》，法律出版社 2018 年版，第 86 页。

部分费用从性质上更接近旅客在疾病治疗过程中产生的医疗费用，产生于民事法律关系。

根据《国际卫生条例》第 41 条第 1 款的规定，港口国对船舶、物品或邮包采取卫生措施的费用和《国际卫生条例》第 40 条第 1 款规定的港口国不可收取的费用应由港口国自行承担。但《国际卫生条例》第 40 条第 5 款第 2 项的规定为港口国收取该费用提供了法律依据。根据对该规定的文义解释，该条例允许港口国向“有关保险来源”收取《国际卫生条例》第40 条第1 款规定的不可收取的费用，同时也并未排斥港口国向有关保险来源收取港口国可以收取的费用。

港口国向有关保险来源收取邮轮旅客公共卫生措施费用的法理基础并不明确。通常而言，责任保险赔付遵循“先付原则”。保险事故发生后，当被保险人存在对第三人的债务并且清偿完毕后，保险人始得支付保险赔偿。但在特定情形中，经被保险人或第三人请求，保险人可直接向第三人支付保险赔偿。

目前，邮轮经营者几乎没有例外地加入了船东保赔协会（Protection and Indemnity Club，P&I Club），由后者承保邮轮经营中产生的费用和责任风险。以美国嘉年华邮轮集团为例，该公司的保赔保险由挪威嘉德保赔协会（Gard）、汽船保赔协会（Steamship Mutual）、联合王国保赔协会（UK P&I Club）承保。以联合王国保赔协会 2020 年保险条款［Rules 2020 for UK（Europe）］为例，该条款规则二第 1 条“对船员以外的人的责任”（liability to persons other than seamen）C 项和第 3 条“船员疾病和死亡”（illness and death of seamen）分别规定了旅客和船员疾病和死亡的赔偿责任。尤其是，第 16 条“检疫费用”（quarantine expenses）规定，因船上暴发传染病而产生的检疫、消毒、港口费用属于承保范围。

因此，作为第三人的港口国独立于邮轮经营者与保赔协会的保赔保险关系之外。当港口国对邮轮经营者享有因保险事故而发生的债权时，港口国就有直接向保赔协会收取费用的机会。因而，港口国要求邮轮经营者承担所有的合理应对费用具有可行性，即邮轮经营者可通过保赔协会的赔偿承担此种费用，也即由保赔协会在承保范围内代替邮轮经营者承担。港口国对船舶和旅客采取卫生措施，帮助邮轮经营者承担了部分船舶管理职能。根据受益者负担原则，港口国可要求邮轮经营者承担合理的应对费用。

除卫生措施费用外，就港口国可收取的对旅客遣返的费用而言，法律同样未明确规定负担主体。欧盟《针对 COVID - 19 大流行的邮轮运营指南》提出，如果旅客购买了保险，则由保险公司负担旅客的遣返费用，否则邮轮经营者应当安排旅客遣返。然而，在疫情全球暴发期间，邮轮经营者难以应对不同国家实施的旅行限制措施，从而无法妥善安排旅客遣返。实践中通常由旅客国籍国政府出面，前往港口国参与本国旅客的遣返工作。旅客国籍国与港口国均负担安排旅客遣返的义务，但义务的具体内容不同，国籍国保障旅客遣返权的义务不仅是不干涉的消极义务，更是保护和给付的积极义务。其中，保护性强调国籍国以积极作为的方式保护个人权利、安排本国籍旅客遣返；给付性体现在国籍国为旅客遣返提供交通资源和医疗资源，解决大量遣返需求与有限社会资源之间的矛盾。以新冠疫情为代表的突发公共卫生事件激活了国家对国民的安全供给义务。如果国籍国无法履行此种义务，港口国可以代为履行，但国籍国应当向港口国支付因此垫付的费用。

二、建立港口国公共卫生风险应对费用受偿的保障机制

为保障港口国向船舶经营者请求支付因应对船舶公共卫生风险而对旅客采取检疫、隔离和治疗等卫生措施以及安排遣返的合理费用得以实现，有必要建立费用受偿的保障机制。保障机制具体应当如何建立，总体上存在强制责任保险和港口国专项资金两种模式。

（一）设立船舶公共卫生事件强制责任保险

船舶公共卫生事件强制责任保险，是指依照法律规定，船舶经营者必须向合法设立、资信可靠的保险人投保以其船舶依法应当承担的应对船舶公共卫生事件的卫生措施及遣返等费用为保险标的的保险。港口国任何用于船舶公共卫生事件应对、属于船舶经营者应当负担的费用，均可直接向责任保险人提出索赔。

船舶公共卫生事件强制责任保险具有如下优点：

一是该强制责任保险以及相应的直接诉讼制度突破了责任保险中先付原则与合同相对性原则的局限，很大程度上可保证船舶经营者在不支付或无力偿付港口国船舶疫情应对卫生措施费用时，港口国能够得到及时、充分的补偿。

二是强制责任保险制度可促使船舶经营者更为积极地进行疫情防控工作。

三是有利于与其他海事法律制度统一。强制责任保险制度广泛应用于油污责任、残骸打捞清除责任和旅客人身损害赔偿责任中，有较为丰富的实践经验和较为广阔的应用前景。

但是，强制责任保险制度存在如下局限：

一是强制责任保险制度只有在大多数国家认同和国际上普遍接受的前提之下，才能发挥其应有作用。其中，保险人在该项制度中扮演着重要角色。没有保险人参与，有关赔偿制度在实践中将不具有可行性。然而，保赔协会对船舶疫情卫生措施强制责任保险制度并无明确表态，强制责任保险制度在此情况下能否施行存疑。

二是强制责任保险仍只解决港口国应对船舶公共卫生事件的事后补偿问题，难以解决港口国由于应急资金存在缺口而难以事先垫付资金，以致于难以及时、有效实施卫生措施的问题。

综上所述，强制责任保险制度虽能较好地解决港口国费用受偿的问题，但从可操作性上看，在国际上普遍认同这种制度之前，该制度难以发挥应有作用。

（二）设立船舶公共卫生事件专项资金制度

船舶公共卫生事件专项资金制度是指为保证港口国应对船舶公共卫生风险、采取卫生措施，通过一定途径募集一定数额的资金，由港口国专项管理，用于支付各种港口国应对船舶公共卫生风险而产生的费用。

与强制责任保险相比，船舶公共卫生事件专项资金制度具有如下优势：

一是专项资金制度可以克服强制责任保险制度的局限性。国际认同是强制责任保险制度的局限之一，若无国际认同，强制责任保险制度将无法发挥其应有作用。但港口国应对船舶公共卫生事件实质上是应对本国所辖领海、内水和港口内的船舶上发生的疫情。专项资金制度的实施不需要国际认同，可根据一国实际需要实施，从而避免强制责任保险需要国际认同的前提条件。

二是专项资金制度的实施基本不受国际立法影响，港口国可根据其实际情况，按照船舶吨位、费率等征收一定数额的费用，设立专项资金。

三是专项资金可与船舶港务费用一同征收，避免给港口国带来额外负担。强制责任保险制度则需要配合签发有关证书，并进行监督检查。

世界卫生组织同样建立了突发事件应急基金，并且在第74届世界卫生大会上在建立突发公共卫生事件应急基金方面取得实质性进展。[①] 因而，

---

① 参见世界卫生组织第74届世界卫生大会：《世卫组织在突发卫生事件领域的工作》，载世界卫生组织2021年5月5日，https：//apps. who. int/gb/ebwha/pdf _ files/WHA74/A74 _ 9Add1 – ch. pdf。

通过专项资金的形式解决港口国应对船舶公共卫生风险的费用受偿问题相对强制责任保险制度而言较为现实可行。

此外，保障港口国费用受偿还可通过与船舶经营者以合作的方式进行，例如船舶经营者与挂靠港的管理部门之间签订特别协议。美国在疫情期间不乏接收和处置船舶疫情的实践，在与船舶经营者合作处置船舶疫情方面的实践经验较为丰富，且有相对完善的制度规范，因而美国关于该方面的经验具有相对较高的参考价值。以美国疾病控制与预防中心（CDC）发布的《本地协议的技术说明》为例，该规则要求邮轮经营者向美国港务局以及港口所在地卫生部门提供以下协议：一是邮轮经营者与其他运输企业订立的协议。为了减少旅客与港口工作人员的接触，减少联邦、州、地方政府和美国海岸警卫队的负担，邮轮经营者应当依靠补给船、备用船、航空器等商业资源，在海上完成不可避免的医疗运送。二是邮轮经营者与岸上医疗机构订立的医疗协议。邮轮经营者应当为感染或可能感染病毒的旅客和船员提供紧急医疗运输服务，将他们从船上运送至岸上医疗机构。邮轮经营者还应当与具有足够医疗资源的多个岸上医疗机构建立联系，确保有足够的床位来满足潜在的重症监护和非重症监护需求，以及必要时为旅客提供适当的临床评估。三是邮轮经营者与岸上居住设施提供者订立的住房协议。邮轮经营者应当确保岸上有可用的、符合隔离和检疫条件的居住设施，以便对感染或可能感染病毒的旅客进行隔离和检疫。①

三、明确船旗国对于卫生措施费用的责任

《海事劳工公约》为港口国和船旗国规定了不同义务，其标准 A4.1 要

① See Technical Instructions for a Foreign - Flagged Cruise Ship Operator's Agreement with Port and Local Health Authorities under CDC's COVID - 19 Program for Cruise Ships Operating in U. S. Waters, https://www.cdc.gov/quarantine/cruise/instructions - local - agreements.html, Last accessed on Apr. 24, 2022.

求船旗国向在其船舶上工作的海员或在外国港口下船的海员提供健康保护和医疗，并承担治疗费用。相应地，该公约规则 5.2 规定了港口国促进船旗国履约、推进国际合作的义务。其在港口国、船旗国和船东之间的责任划分，指明了一条重新分配风险和激励船旗国的途径，即为因暴发疫情而遇险的船舶提供援助。

增加船旗国作为卫生措施费用的负担主体，从而降低港口国应对船舶公共卫生风险的成本，可能是港口国应对船舶疫情时较为可行的方案。目前学界对该问题只在船旗国向因涉嫌违法而被拘留的船长和船员提供援助的背景下，对船旗国对船舶的责任进行了有限的探讨。[①] 但是，在船舶公共卫生事件情形下由船旗国提供援助的问题仍然悬而未决。

导致这一问题的主要原因在于方便旗现象在航运尤其是邮轮旅游行业广泛存在。方便旗制度降低了船舶对抗海上公共卫生风险的能力，具体表现为以下若干方面：一方面，由于存在船舶国籍登记制度，方便旗制度主要使船旗国和海运业产生较大收益，因而港口国几乎没有向悬挂方便旗的遇险船舶提供援助的意愿。另一方面，悬挂方便旗的船舶通常意义上并非代表船旗国利益，因而船旗国也缺乏援助意愿，从而使港口国也同样采取不援助的对等措施。此外，方便旗制度对船舶疫情防控方面的监管存在削弱作用。尽管国际海事组织为船舶的设计、建造、设备和人员配备制定了统一的规则，但船旗国在执行与疾病相关的法律方面仍有很大的回旋余地，例如报告疾病或进行健康筛查。方便旗制度允许船舶经营者通过注册监管较为松懈的国家的方便旗的方式来规避监管。

---

① See Aldo Chircop, Olof Linden & Detlef Nielsen, *Characterising the Problem of Places of Refuge for Ships*, in Chircop and Linden eds, Places of Refuge for Ships: Emerging Environmental Concerns of a Maritime Custom, MartinusNijhoff, 2006, p. 164.

基于方便旗制度存在的上述弊端，许多学者提出废除方便旗制度。[①]较为常见的建议是严格定义船旗国与船舶之间关系的“真正联系”要求。例如，在某些国家，只有注册在该国的公司才能合法拥有船舶，悬挂该国国旗。其他选择包括船长和船员的国籍要求，或规定船舶运营对经济落后国家的最小经济贡献。然而事实上，此类提议在缺乏国际认同的情况下不具有可行性。1986年《联合国船舶登记条件公约》（United Nations Convention on the Registration of Ships）在通过后未能生效，仅有15个国家批准。由于开放登记制度在国际习惯法和国际海洋法规范中都根深蒂固，[②]维持该制度的同时对船旗国施加更多义务，从而使船旗国负担更多的责任，令方便旗制度失去其本来的目的，可能更具可行性。

结合船舶公共卫生事件的实际情况，通过建构国际合作机制，使船旗国对悬挂其国旗的船舶的公共卫生事件应对费用负责，是解决该问题较为直接的方式。虽然在突发公共卫生事件的情形下，船舶可能与船旗国相隔万里，船旗国无法策应。特别是考虑到方便旗制度在邮轮经营业中普遍存在的现象，要求船旗国支付卫生措施费用在实践中存在困难。但若要求船旗国也承担部分费用，港口国应对国际邮轮公共卫生事件的意愿可能会更强烈。

同时，令船旗国对港口国卫生措施费用承担责任，将使方便旗的签发变得愈发困难，条件愈发苛刻。并且，船旗国实施预防船舶出险的安全管理措施、船旗国实施监督检查措施等，有助于提高船舶公共卫生治理水平。若船旗国也成为港口国卫生措施费用的负担主体，在疫情中，船旗国

---

① See Francisco J. Montero Llacer, *Open Registers: Past, Present and Future*, 27 Marine Policy 513 (2003); Brian Baker, *Flags of Convenience and the Gulf Oil Spill: Problems and Proposed Solutions*, 34 Houston Journal of International Law 687 (2012).

② See Edwin H. Anderson, *The Nationality of Ships and Flags of Convenience: Economics, Politics, and Alternatives*, 21 Tulane Maritime Law Journal 139 (1996).

将要求船舶尽可能采取完备的防疫措施。

对于由此产生的支出，船旗国可以通过提高登记费用的方式抵消潜在的责任费用支出。船旗国的卫生措施费用责任在一定程度上将成为一种实施“真正联系”的形式，以便在与疫情有关的应急处置中行使有效的管辖权和控制权，这种责任将在船旗国和船舶之间形成较为紧密的联系。

然而，《海事劳工公约》标准 A4.1 仅提供了一种可供解决港口国费用负担问题的参考方向，但没有提供一个可供执行的具体方案。换言之，现行国际公约并未赋予船旗国承担卫生措施费用这一具体义务。在未来的立法中，这一内容建议由公共卫生专门领域的公约进行调整。2021 年 12 月 1 日，世界卫生大会同意启动一项全球进程，即根据《世界卫生组织组织法》起草和谈判世界卫生组织预防、防范和应对大流行的公约、协定或其他国际文书，以加强对大流行的预防、防范和应对。起草和谈判世界卫生组织预防、防范和应对大流行的公约、协定或其他国际文书的政府间谈判机构第一次会议提出，将筹资作为贯穿大流行预防、防范、应对和恢复各大领域的战略主题之一，考虑中的筹资方式是在国际合作的基础上设立一个国际社会、经济和卫生基金，用于援助因疫情大流行而受到伤害的社区和社会。[①] 疫情期间，船舶公共卫生事件是导致社区和社会遭受卫生威胁的主要原因。对于涉海公共卫生治理，将船旗国列为基金的缴纳者从而为港口国提供资助，符合该文书和国际合作原则的要求。

在实践操作中，上述文书还强调加强世界卫生组织与其他国际组织间的合作。疫情期间，国际海事组织和国际劳工组织等国际组织都积极关注

---

① *Draft Annotated Outline of A WHO Convention, Agreement or Other International Instrument on Pandemic Prevention, Preparedness And Response*, Report of the Intergovernmental Negotiating Body To Draft And Negotiate A Who Convention, Agreement Or Other International Instrument On Pandemic Prevention, Preparedness And ResponseDocument A/INB/1/12, Jun. 14, 2022, p. 11, 14, 16.

全球航运业疫情防控。国际海事组织与海事活动利益相关者关系密切，并且对海事国际立法发挥着重要作用，因而可以考虑在国际海事组织的框架下促进船旗国承担其在费用负担方面的责任。在制定更严格的有关船旗国义务的法律时，应发挥国际海事组织的关键作用。由于《国际卫生条例》已经要求港口国为旅客提供基本医疗服务，因此可以修改《国际卫生条例》第40条的规定，协调船旗国与港口国就旅客卫生措施费用的分配。同时，由国际海事组织落实合作机制的运行。① 事实上，由国际海事组织直接处理医疗责任问题并根据其规则确定船旗国义务可能更有效。由于国际海事组织仅能制定“准立法”（quasi－legislative）性质文件，且《海洋法公约》赋予了它平衡沿海国利益和国际航行权的权力，国际海事组织的上述行动属于其职权范围。② 尤其是国际海事组织法律委员会专门负责管理“与船舶运营有关的责任和赔偿问题，包括损害、污染、乘客索赔和沉船清除”③，使其成为海洋治理规则的制定机构，对海上公共卫生治理采取行动。

四、发挥非国家行为体在船舶公共卫生事件费用负担中的作用

病毒传播不受国界限制，在解决公共卫生问题时，去国界化被认为是全球各国卫生治理的核心要素之一。④ 去国界化要求治理主体之间通过互

---

① See Andrew Tirrell, Elizabeth Mendenhall, *Cruise Ships*, *COVID－19*, *and Port/Flag State Obligations*, 52 Ocean Development & International Law 225 (2021).

② See Erik J. Molenaar, *Port and Coastal States*, in Donald R. Rothwell, Alex G. Oude Elferink, Karen N. Scott, et al., eds, The Oxford Handbook of the Law of the Sea, Oxford University Press, 2017, p. 429.

③ See *IMO Legal Committee*, IMO, http://www.imo.org/en/KnowledgeCentre/IndexofIMOResolutions/Legal－Committee－(LEG), Last accessed on Mar. 9, 2022.

④ 参见邱增辉、蒋祎：《全球卫生治理视域下中亚国家的健康状况及与中国的合作》，载《俄罗斯东欧中亚研究》2020年第4期。

动与合作落实跨越国界的集体治理行动。在全球卫生治理模式下，维护公共卫生安全可使国际社会普遍受益，而全球卫生公共产品具备公共物品的一般特性，当各国普遍不愿遵守国际法而将船舶拒之门外，港口国接受船舶入境停靠成为人道主义救援时，极易引发“搭便车”现象。[①] 为避免此种现象出现，应当在保护者与直接受益者之间的市场补偿机制之外建立国际组织补偿机制，即通过世界卫生组织建立船舶公共卫生事件费用负担的国际合作机制，负担应对船舶公共卫生风险所需的大量资金。然而，世界卫生组织却在财政资金的获取中过度依赖具有指定用途的自愿捐款。

面对上述现实，建立港口国费用负担的非市场补偿机制应当充分发挥非国家行为体在船舶公共卫生风险应对中的作用。非国家行为体具有民间性和自治性，有利于实现全球公共卫生治理的去国界化，增加全球性卫生公共产品供给。国家作为全球性卫生公共产品最主要的供给主体，难以突破主权的界限。相较而言，非国家行为体一般不受国家在地理范围上的限制，可以突破地缘政治的约束。不仅如此，水平配置资源的非国家行为体和垂直配置资源的政府卫生部门相比，具有行动更加迅速的优势，对于船舶公共卫生危机的早期预防和控制更加有利。[②] 非政府组织、私营部门实体、慈善基金会等非国家行为体为港口国提供补偿可以通过卫生公共产品的跨国供给实现，具体表现为为港口国提供实物捐赠，并在产品开发、能力建设等方面与港口国进行技术合作。

---

① See Gordon Brown, Daniel Susskind, *International Cooperation During the COVID－19 Pandemic*, 36 Oxford Review of Economic Policy 64 (2020).

② 参见张鸿石、李丽:《非政府组织在全球公共卫生治理中的地位和作用》，载《当代世界》2011 年第 4 期。

结　语

本书依照国际海洋法、国际卫生法、国际人权法理论和原则以及包括中国在内的港口国国内法的要求，结合船舶公共卫生风险的国际性特征，提出港口国应对船舶公共卫生风险应当以人类卫生健康共同体理念为指导，遵循国家主权原则、国际人权保护原则、合理行政原则和国际合作原则。国家主权原则和国际人权保护原则之间在一定程度上会产生冲突，应当从部分让渡国家公共卫生主权、克减旅客和船员的非核心权利这两个方面协调好二者间的关系。

根据《国际卫生条例》等国际公约的规定，以及国家主权原则与国际人权保护原则平衡的原理，港口国应当以科学证据作为拒绝国际航行船舶挂靠的前提，港口国可以通过全球公共卫生监测网络提高对船舶公共卫生情况的监测能力，将收集到的公共卫生信息作为决策的科学证据。

关于港口国是否应当接受船舶挂靠或授予“无疫通行”这一问题，根据国际公约的规定和合理行政原则的要求，在船舶不存在公共卫生风险的一般情形下，港口国应当按照《国际卫生条例》第 28 条第 1 款的规定接受国际邮轮挂靠并授予“无疫通行”；对于存在公共卫生风险的船舶，港口国有权依据国内法或国际法拒绝国际邮轮挂靠或授予“无疫通行”。

通过对疫情期间三艘国际邮轮接受船上检疫的情况的对比可知，港口国实施有效的船上检疫应当符合以下四项要求：一是保证适当的客舱数量，实现个人单独隔离；二是严格控制食物的准备和交付，以免在此过程中发生继发感染；三是根据感染风险程度将邮轮划分为不同区域，在不同区域内严格执行不同的防护要求；四是对邮轮进行彻底的日常清洁。

在保障国际邮轮上旅客的遣返权方面，应当遵循国际法理论中的人类卫生健康共同体理念、国际人权保护原则和国际合作原则，构建外国籍船舶上旅客遣返的合作治理体系，实现遣返权保障的法治化。

在船员换班方面，即使船舶存在公共卫生风险，港口国仍应当为船员换班提供条件。在方法层面，一是要建立船员换班的精细化管理方法，二是要加强船员换班管理合作，包括纵向府际合作和横向公私协作，三是基于国际航行船舶的国际性特征开展船员换班外交活动。在具体路径层面，一是要适当限制港口准入权，二是通过风险评估提高船员换班许可决策的科学性，三是要求船员接种疫苗，四是豁免船员旅行限制。

最后，鉴于港口国应对船舶公共卫生风险会产生大量费用，针对港口国费用负担过重的问题，根据国际合作原则，港口国宜设立船舶公共卫生风险专项资金，与船旗国协商解决旅客卫生措施和船员遣返的费用分配问题。

参考文献

一、中文文献

（一）专著类

［1］汪泓主编：《中国邮轮产业发展报告（2020）》，社会科学文献出版社 2020 年版。

［2］张文显主编：《法理学》（第 4 版），高等教育出版社 2011 年版。

［3］［德］茨威格特、［德］克茨：《比较法总论》，潘汉典等译，中国法制出版社 2016 年版。

［4］胡德胜主编：《法学研究方法论》，法律出版社 2017 年版。

［5］孙国华、朱景文：《法理学》，中国人民大学出版社 2014 年版。

［6］［美］劳伦斯 · O. 戈斯廷：《全球卫生法》，翟宏丽、张立新主译，中国政法大学出版社 2016 年版。

［7］何志鹏：《国际法治论》，北京大学出版社 2016 年版。

［8］刘凯：《国家主权自主有限让渡问题研究》，中国政法大学出版社 2013 年版。

［9］高岚君：《国际法的价值论》，武汉大学出版社 2006 年版。

［10］王宇、杨功焕主编：《中国公共卫生 · 方法卷》，中国协和医科大学出版社 2013 年版。

［11］俞正樑、陈玉刚、苏长和：《21世纪全球政治范式》，复旦大学出版社2005年版。

［12］葛洪义：《探索与对话：法理学导论》，山东人民出版社2000年版。

［13］罗国强：《论自然国际法的基本原则》，武汉大学出版社2011年版。

［14］［德］塞缪尔·冯·普芬道夫：《自然法与国际法（第1、2卷）》，罗国强、刘瑛译，北京大学出版社2012年版。

［15］何志鹏：《国家利益维护：国际法的力量》，法律出版社2018年版。

［16］阎学通：《中国国家利益分析》，天津人民出版社1996年版。

［17］何志鹏：《国际法哲学导论》，社会科学文献出版社2013年版。

［18］刘衡：《国际法之治：从国际法治到全球治理》，武汉大学出版社2014年版。

［19］俞可平：《全球化与政治发展》，社会科学文献出版社2003年版。

［20］赵洲：《基本人权保护的全球治理——“保护的责任”研究》，法律出版社2016年版。

［21］乐虹、赵敏主编：《中国卫生法发展研究》，华中科技大学出版社2020年版。

［22］何志鹏、孙璐、王彦志、姚莹：《国际法原理》，高等教育出版社2017年版。

［23］李明倩：《〈威斯特伐利亚和约〉与近代国际法》，商务印书馆2017年版。

［24］陈志英：《西方现代性语境下的主权理论研究》，中国社会科学出版社2007年版。

［25］俞可平等：《全球化与国家主权》，社会科学文献出版社2004年版。

[26]［法］让·博丹、［美］朱利安·H. 富兰克林编：《主权论》，李卫海、钱俊文译，北京大学出版社2008年版。

[27]［日］小寺彰、［日］岩泽雄司、［日］森田章夫编：《国际法讲义》，梁云祥译，南京大学出版社2021年版。

[28] 莫纪宏等：《人权法的新发展》，中国社会科学出版社2008年版。

[29] 朱力宇、叶传星主编：《人权法》，中国人民大学出版社2017年版。

[30] 龚向前：《传染病控制国际法律问题研究》，法律出版社2011年版。

[31]［美］路易斯·亨金：《权利的时代》，信春鹰等译，知识产权出版社1997年版。

[32] 邵津主编：《国际法》，北京大学出版社2014年版。

[33] 甘绍平：《人权伦理学》，中国发展出版社2009年版。

[34]《奥本海国际法（上卷）（平时法）第2分册》，［英］劳特派特修订，石蒂、陈健译，商务印书馆1971年版。

[35]［奥］曼弗雷德·诺瓦克：《民权公约评注》，毕小青、孙世彦等译，三联书店2003年版。

[36] 白桂梅主编：《人权法学》，北京大学出版社2015年版。

[37] 刘志云：《国家利益视角下的国际法与中国的和平崛起》，法律出版社2015年版。

[38] 史军：《权利与善：公共健康的伦理研究》，中国社会科学出版社2010年版。

[39]［美］卡伦·明斯特、［美］伊万·阿雷奎恩-托夫特：《国际关系精要》，潘忠岐译，上海人民出版社2018年版。

[40]［美］詹姆斯·多尔蒂、［美］小罗伯特·普法尔茨格拉夫：《争论中的国际关系理论》，阎学通等译，世界知识出版社2003年版。

［41］饶戈平主编：《国际组织与国际法实施机制的发展》，北京大学出版社 2013 年版。

［42］［英］约翰·科根、［英］基思·赛雷特、［英］A. M. 维安：《公共卫生法：伦理、治理与规制》，宋华琳等译，译林出版社 2021 年版。

［43］［德］巴多·法斯本德、［德］安妮·彼得斯主编：《牛津国际法史手册》（上册），李明倩、刘俊、王伟臣译，上海三联书店 2018 年版。

［44］何志鹏：《人权全球化基本理论研究》，科学出版社 2008 年版。

［45］李卫海：《紧急状态下的人权克减研究》，中国法制出版社 2007 年版。

［46］滕宏庆：《紧急宪法：自由与安全的紧急正义》，法律出版社 2018 年版。

［47］韩大元、莫于川主编：《应急法制论》，法律出版社 2005 年版。

［48］袁发强等：《航行自由的国际法理论与实践研究》，北京大学出版社 2018 年版。

［49］［德］英戈·冯·闵希：《国际法教程》，林荣远等译，世界知识出版社 1997 年版。

［50］［德］沃尔夫刚·格拉夫·魏智通：《国际法》，吴越、毛晓飞译，法律出版社 2002 年版。

［51］任虎：《领土主权与国际法》，中国政法大学出版社 2018 年版。

［52］张晏瑲：《海洋治理与海洋法》，台北，五南图书出版股份有限公司 2010 年版。

［53］周鲠生：《国际法大纲》，商务印书馆 2013 年版。

［54］徐国栋：《优士丁尼〈法学阶梯〉评注》，北京大学出版社 2011 年版。

［55］［荷］雨果·格劳秀斯：《捕获法》，张乃根等译，上海人民出版社 2015 年版。

［56］［荷］雨果·格劳秀斯：《论海洋自由》，马忠法译，上海人民出版社2020年版。

［57］胡建淼主编：《行政法学概要》，浙江工商大学出版社2012年版。

［58］温晋锋、徐国利编著：《行政法学》，科学出版社2015年版。

［59］谢庆奎、杨宏山：《府际关系的理论与实践》，天津教育出版社2007年版。

［60］麻宝斌：《社会正义与政府治理：在理想与现实之间》，社会科学文献出版社2012年版。

［61］李林、吕吉海等：《中国海上行政法学探究》，浙江大学出版社2013年版。

［62］韩燕煦：《条约解释的要素与结构》，北京大学出版社2015年版。

［63］［英］安托尼·奥斯特：《现代条约法与实践》，江国青译，中国人民大学出版社2005年版。

［64］［美］詹姆斯·郝圣格主编：《当代美国公共卫生：原理、实践与政策》，赵莉等译，社会科学文献出版社2015年版。

（二）期刊论文类

［1］吴蔚：《国际法规则的“邮轮困境”与人类卫生健康共同体建设》，载《亚太安全与海洋研究》2020年第4期。

［2］彭先伟、吴亚男：《新冠病毒疫情下的邮轮检疫处置问题初探——以国际卫生法为视角》，载《中国海商法研究》2020年第1期。

［3］孙思琪、金怡雯：《国际邮轮突发公共卫生事件应急管理的法律检视》，载《大连海事大学学报（社会科学版）》2020年第5期。

［4］刘晨虹：《疫情邮轮的责任困境与海洋法律体系的完善》，载《中

国海商法研究》2020 年第 3 期。

［5］李天生、韩立新：《国际法体系下我国对污染遇难船的避难准入问题》，载《法学杂志》2009 年第 12 期。

［6］郭萍、吴胤槟：《遇难船避难准入制度的沿革及对我国的启示》，载教育部人文社会科学重点研究基地、武汉大学国际法研究所主办：《武大国际法评论》第 19 卷 · 第 1 期，武汉大学出版社 2016 年版。

［7］李韵依：《“人类卫生健康共同体”视域下邮轮疫情防控的法律应对》，载《广东社会科学》2022 年第 2 期。

［8］孙婵：《论邮轮疫情责任主体及风险防控法律机制》，载《中国海商法研究》2020 年第 3 期。

［9］栾晨焕：《邮轮运输突发事件应急体系及其法制衔接》，载《中国海商法研究》2016 年第 1 期。

［10］徐军华：《国际航空旅行限制措施在“国际关注的突发公共卫生事件”情势下的适用》，载《政法论坛》2021 年第 2 期。

［11］郭中元、邹立刚：《全球卫生治理视域下〈国际卫生条例〉中额外卫生措施之适用》，载《江淮论坛》2020 年第 5 期。

［12］何田田：《“现有科学证据”规则与全球卫生法的完善》，载《中国社会科学院研究生院学报》2020 年第 6 期。

［13］张超汉、冯启伦：《全球卫生合作治理——以重大突发公共卫生事件防控为视角》，载《河北法学》2020 年第 8 期。

［14］刘长君、高英彤：《欧盟全球卫生治理战略论析——兼论中国参与全球卫生治理》，载《国际展望》2017 年第 2 期。

［15］韩永红、梁佩豪：《突发公共卫生事件中过度限制性措施的国际法规制》，载《国际经贸探索》2020 年第 7 期。

［16］龚向前：《世卫组织〈国际卫生条例〉争端解决机制研究》，载《武大国际法评论》2020 年第 3 期。

［17］王小光：《防疫常态化背景下强制隔离观察的法制完善》，载《行政法学研究》2021 年第 2 期。

［18］罗国强：《论当代国际法基本价值之构建》，载《南通大学学报（社会科学版）》2015 年第 1 期。

［19］何志鹏：《非常时期的国际法价值——困顿与突破》，载《中国法律评论》2020 年第 4 期。

［20］杨泽伟：《论“海洋命运共同体”理念与“21 世纪海上丝绸之路”建设的交互影响》，载《中国海洋大学学报（社会科学版）》2021 年第 5 期。

［21］蔡高强、焦园博：《“人类命运共同体”语境下国际法价值理性的增进》，载《北京理工大学学报（社会科学版）》2019 年第 4 期。

［22］肖永平：《论推动构建人类卫生健康共同体的法治方法》，载《东方法学》2022 年第 4 期。

［23］刘晓红：《国际公共卫生安全全球治理的国际法之维》，载《法学》2020 年第 4 期。

［24］龚柏华：《“三共”原则是构建人类命运共同体的国际法基石》，载《东方法学》2018 年第 1 期。

［25］张勇安：《从以邻为壑到跨国行动：国际组织与全球卫生防疫体系的建立》，载《探索与争鸣》2020 年第 4 期。

［26］庞中英：《动荡中的全球治理体系：机遇与挑战》，载《当代世界》2019 年第 4 期。

［27］江必新：《紧急状态与行政法治》，载《法学研究》2004 年第 2 期。

［28］顾静薇、刘强：《停靠内水外籍船舶的刑事管辖问题——以上海港盗窃外籍船舶案件为视角》，载《法学》2013 年第 5 期。

［29］赵建文：《海洋法公约对国家管辖权的界定和发展》，载《中国

法学》1996 年第 2 期。

［30］张湘兰、郑雷：《论“船旗国中心主义”在国际海事管辖权中的偏移》，载《法学评论》2010 年第 6 期。

［31］胡斌：《论“港口准入权”滥用对船舶管辖法律制度的冲击》，载《中国海商法研究》2014 年第 4 期。

［32］刘长霞：《遇难船舶避难准入法律问题研究》，载《中南大学学报（社会科学版）》2014 年第 1 期。

［33］李天生、韩立新：《国际法体系下我国对污染遇难船的避难准入问题》，载《法学杂志》2009 年第 12 期。

［34］陈梁、陈亚芹：《不再涉及人命安全的遇难船舶沿海国避难的法律问题》，载《中国海商法年刊》2007 年。

［35］谢瑜：《循证医学概念演进的哲学启示》，载《科学技术哲学研究》2011 年第 2 期。

［36］刘鸣：《十年纷争十年发展——正确理解循证医学的临床实践》，载《国外医学（脑血管疾病分册）》2003 年第 1 期。

［37］江辉：《论立法区分为法律问题与政策问题》，载《清华法学》2018 年第 5 期。

［38］胡正良、李雯雯：《新冠肺炎疫情期间国际海员换班难的法律问题与应对》，载《中国海商法研究》2022 年第 1 期。

［39］王春水、翟晓梅、邱仁宗：《试论公共卫生伦理学的基本原则》，载《自然辩证法研究》2008 年第 11 期。

［40］张云昊：《循证政策的发展历程、内在逻辑及其建构路径》，载《中国行政管理》2017 年第 11 期。

［41］毕玉国等：《染疫船舶实施应急处置的探讨》，载《中国国境卫生检疫杂志》2008 年第 6 期。

［42］于滢泉、张宝敏、顾奖等：《一艘疟疾染疫嫌疑船舶的应急处

置》，载《中国国境卫生检疫杂志》2017 年第 3 期。

［43］王雨濛：《庚戌鼠疫与“伍氏口罩”的诞生——兼及其历史渊源》，载《南开学报（哲学社会科学版）》2021 年第 4 期。

［44］蔡英辉、胡晓芳：《法政时代的中国“斜向府际关系”探究——建构中央部委与地方政府之多元行政主体间关系》，载《理论导刊》2008 年第 3 期。

［45］何精华：《府际合作治理：生成逻辑、理论涵义与政策工具》，载《上海师范大学学报（哲学社会科学版）》2011 年第 6 期。

［46］刘云甫、朱最新：《论区域府际合作治理与区域行政法》，载《南京社会科学》2016 年第 8 期。

［47］杨治坤：《府际合作纠纷的法理阐释与解决路径》，载《学术研究》2019 年第 11 期。

［48］黄建洪：《应对重大突发公共事件中的纵向府际协调探析》，载《苏州大学学报（哲学社会科学版）》2012 年第 2 期。

［49］朱最新：《区域合作视野下府际合作治理的法理界说》，载《学术研究》2012 年第 9 期。

［50］王旭：《重大传染病危机应对的行政组织法调控》，载《法学》2020 年第 3 期。

［51］王晨光：《疫情防控法律体系优化的逻辑及展开》，载《中外法学》2020 年第 3 期。

［52］宋华琳：《权利保障视角下的基本医疗卫生立法》，载《求是学刊》2020 年第 1 期。

［53］《我国港口首次为外籍船员接种新冠疫苗》，载《中国航务周刊》2021 年第 37 期。

［54］钱媛媛：《21 世纪海上丝绸之路背景下亚太地区港口国监控的区域协调问题研究》，载《中国海商法研究》2016 年第 2 期。

［55］李凌云、陈杰：《疫情防控中强制隔离措施的理解与适用》，载《学术交流》2020 年第 8 期。

［56］赵宏：《疫情防控下个人的权利限缩与边界》，载《比较法研究》2020 年第 2 期。

［57］虞浔：《传染病强制隔离治疗的法律规制》，载《江汉论坛》2021 年第 5 期。

［58］胡建淼：《关于〈行政强制法〉意义上的“行政强制措施”之认定——对 20 种特殊行为是否属于“行政强制措施”的评判和甄别》，载《政治与法律》2012 年第 12 期。

［59］高秦伟：《传染病防控中的隔离措施》，载《中外法学》2020 年第 3 期。

［60］谢立斌：《论国务院的职权立法权》，载《政法论坛》2018 年第 6 期。

［61］王贵松：《行政活动法律保留的结构变迁》，载《中国法学》2021 年第 1 期。

［62］金健：《论应急行政组织的效能原则》，载《法学家》2021 年第 3 期。

［63］肖尤丹：《新冠肺炎疫情对公共卫生应急法治的重大挑战及对策建议》，载《中国科学院院刊》2020 年第 3 期。

［64］赵成珍、梁循、王军礼：《传染病类突发公共卫生事件风险评估与应对》，载《中国流通经济》2020 年第 5 期。

［65］陈越峰：《突发事件应对中的最大保护原则——以公开劫持人质事件处置为例》，载《行政法学研究》2012 年第 1 期。

［66］代海军：《突发事件的治理逻辑及法治路径——以新冠肺炎疫情防控为视角》，载《行政法学研究》2021 年第 2 期。

［67］曲星：《人类命运共同体的价值观基础》，载《求是》2013 年第

4 期。

［68］杨泽伟：《当代国际法的新发展与价值追求》，载《法学研究》2010 年第 3 期。

［69］曾祥华：《对迁徙自由的宪法学思考》，载《政法论丛》2003 年第 6 期。

［70］李伯军：《论国际法上“内政”的概念及其发展》，载《法学评论》2009 年第 2 期。

［71］邢厚群：《论国际海洋法治视域下我国海上交通安全立法》，载《社会科学》2021 年第 6 期。

［72］唐林垚：《公共卫生领域算法治理的实现途径及法律保障》，载《法学评论》2021 年第 3 期。

［73］晋继勇：《全球卫生治理的背景、特点与挑战》，载《当代世界》2020 年第 4 期。

［74］谢晖：《COVID－19，透过“唯一知” “知无涯”看治理原则——基于“哈贝马斯命题”的思考》，载《学术界》2020 年第 7 期。

［75］朱全宝、吴传毅：《保障抑或限制：美、德迁徙自由的宪法保障及其启示》，载《北京行政学院学报》2016 年第 2 期。

［76］张曙光：《国家海外利益风险的外交管理》，载《世界经济与政治》2009 年第 8 期。

［77］龚向和、刘耀辉：《基本权利的国家义务体系》，载《云南师范大学学报（哲学社会科学版）》2010 年第 1 期。

［78］李雯雯：《口岸疫情防控中海员换班问题应对：原则与路径》，载《口岸卫生控制》2021 年第 6 期。

［79］韩大元：《基本权利概念在中国的起源与演变》，载《中国法学》2009 年第 6 期。

［80］何田田：《领事保护之概念辨析和中国领事保护法律的完善》，

载《宁夏社会科学》2021 年第 4 期。

［81］杨小敏：《论迁徙自由权与国家主权和公民身份的共生关系——以美国和欧盟为例》，载《当代法学》2011 年第 3 期。

［82］王理万：《迁徙自由的规范结构与宪法保障》，载《政治与法律》2017 年第 4 期。

［83］周银珍：《全球变局下中国方案："人类命运共同体"构建研究》，载《新疆大学学报（哲学·人文社会科学版）》2021 年第 3 期。

［84］陈奕平、许彤辉：《新冠疫情下海外中国公民安全与领事保护》，载《东南亚研究》2020 年第 4 期。

［85］刘鹏、曹云华：《一个涉外风险管理的分析框架——中国海外公民的风险评估》，载《太平洋学报》2013 年第 9 期。

（三）论文集与会议录类

［1］许华、张晓斌、张继军：《国内外旅行医学新进展》，载阳纪成：《92 北京国际旅行卫生研讨会文集》，1992：61。

［2］魏承毓：《旅行与霍乱》，载阳纪成：《92 北京国际旅行卫生研讨会文集》，1992：32。

（四）学位论文类

［1］曾瑞声：《全球公共卫生治理机制的形成与演变：国家利益——以〈国际卫生条例〉（2005）为例》，暨南大学 2012 年博士学位论文。

（五）报纸类

［1］胡建淼. 领导干部该知道的应急法律知识［N］. 学习时报，2020－03－04，第 3 版。

（六）电子资源类

［1］王灵桂：《推动构建人类命运共同体的行动指南》，载人民网 2021 年 10 月 29 日，https：//theory. people. com. cn/n1/2021/1029/c40531 - 32268064. html。

［2］张韵等：《邮轮业的悲伤“逐浪季”：全球停航，三大公司 500 亿美元市值蒸发》，载每日经济新闻网，http：//www. nbd. com. cn/articles/2020 - 03 - 23/1419109. html。

［3］《抗击新冠肺炎疫情的中国行动》，载中国政府网，http：//www. gov. cn/zhengce/2020 - 06/07/content _5517737. htm。

［4］理查德 · 福尔克：《寻求主权与人权的调和》，http：//www. usembassy - china. org. cn/press/ release/2000/c/human - rights0823. html。

［5］赵友平：《全球 43 个国家已宣布进入紧急状态》，载环球网 2020 年 3 月 19 日，https：//world. huanqiu. com/article/3xTzQ1xPtDf。

［6］汪永清：《十届全国人大常委会法制讲座第十三讲：紧急状态法律制度》，http：//www. npc. gov. cn/npc/c541/200502/2435dad8e4e741929058f50b58a314e2. shtml。

［7］中国口岸协会，“开放口岸”，http：//www. caop. org. cn/kaifangkouan/yunshufangshi/shuiyunkouan/。

［8］中华人民共和国海关总署：《关于发布 2020 年度〈国际卫生条例（2005）〉口岸公共卫生核心能力达标情况的公告》，载海关总署 2021 年 4 月 13 日，http：//wss. customs. gov. cn/wss/kahxnljs/3788456/index. html。

［9］世界卫生组织：《从流感和非典事件中汲取的社会科学启迪》，https：//opendocs. ids. ac. uk/opendocs/bitstream/handle/20. 500. 12413/14326/Chinese _ Social _ Science _ Lessons _ Learned _ Influenza _ summary. zh. pdf？ sequence = 133&isAllowed = y。

[10]《钻石公主号船员开始分批下船接受 14 天隔离》，载海事服务网 2020 年 2 月 28 日，https：//www. cnss. com. cn/html/ylsc/20200228/334534. html。

[11]《交通运输部：高度重视疫情期间的船员权益保障工作》，载人民协网，http：//www. rmzxb. com. cn/c/2020 – 04 – 18/2557461. shtml。

[12]《四部门第二次联袂介绍防境外疫情输入有关情况》，载海事局 2020 年 3 月 23 日，https：//www. msa. gov. cn/html/HDJL/zxft/20200323/A0B7CD98 – B3D3 – 4170 – ACF6 – 0615BBAAB1B6. html。

[13]《交通运输部　海关总署　国家移民管理局关于暂停部分航运公司所属船舶在我境内实施外国籍船员换班的通知》，载交通运输部网，https：//xxgk. mot. gov. cn/2020/jigou/haishi/202107/t20210702 – 3611046. html。

[14]《中国疾控中心：中国有一系列疫苗在世卫组织“紧急使用清单”认证过程中》，载中国新闻网，http：//www. chinanews. com/gn/2021/05 – 14/9477473. shtml。

[15] 诸葛奕东、刘继波：《浙江舟山已保障超 4 万名船员顺利换班》，载中国水运网 2021 年 7 月 8 日，http：//www. zgsyb. com/news. html？aid = 596610。

[16] 高飞：《国际组织与全球治理》，载中国人大网 2021 年 3 月 1 日，http：//www. npc. gov. cn/npc/c30834/202103/0d2a4aaaf5e7405b8bcce8135af07c90. shtml。

[17] 黄琼、何乐舒：《空箱回流难叠加产能过剩隐忧，中国集装箱制造企业如何应对》，载第一财经网 2022 年 1 月 4 日，https：//www. yicai. com/news/101278971. html。

[18] 丁静：《滥用“战时状态”不利于抗疫大局》，载新华网，http：//www. xinhuanet. com/mrdx/2021 – 01/16/c _139671725. htm。

二、外文文献

（一）专著类

［1］ Shelton D. , *The Oxford Handbook of International Human Rights Law*, Oxford University Press, 2013.

［2］ Clapham A. , *Human Rights: A Very Short Introduction*, Oxford University Press, 2015.

［3］ Morgenthau H. J. , *Dilemmas of Politics*, University of Chicago Press, 1962.

［4］ Burchill S. , *The National Interest in International Relations Theory*, Palgrave Macmillan, 2005.

［5］ Garner B. A. , *Black's Law Dictionary*, Thomson Reuters, 2014.

［6］ Ortolland D. , Pirat J. , *Geopolitical Atlas of the Oceans*, Technip, 2017.

［7］ Yoshifumi T. , *The International Law of the Sea*, Cambridge University Press, 2015.

［8］ Morrison A. P. , *Places of Refuge for Ships in Distress: Problems and Methods of Resolution*, Martinus Nijhoff Publishers, 2012.

［9］ Devaux C. A. , *Small Oversights That Led to the Great Plague of Marseille* (1720 - 1723): *Lessons from the Past*, Volume 14, 2013.

［10］ Lowe V. , *International Law*, Oxford University Press, 2007.

［11］ Crawford J. , *Brownlie's Principles of Public International Law*, Oxford University Press, 2012.

［12］ D. P. O'Connell. , *The International Law of the Sea*, Clarendon Press Oxford, 1982.

［13］ Churchill R. R. , Lowe A. V. , *The Law of the Sea*, Juris Publishing, Manchester University Press, 1999.

（二）期刊论文类

［1］ Klein N. , *International Law Perspectives on Cruise Ships and COVID－19*, Journal of International Humanitarian Legal Studies, 2020, 11：282－294.

［2］ Bert F. , Scaioli G. , Gualano M. R. , et al. , *Norovirus Outbreaks on Commercial Cruise Ships：A Systematic Review and New Targets for the Public Health Agenda*, Food and Environmental Virology, 2014, 6：67－74.

［3］ Ward K. A. , Armstrong P. , McAnulty J. M. et al. , *Outbreaks of Pandemic（H1N1）2009 and Seasonal Influenza A（H3N2）on Cruise Ship*, Emerging Infectious Diseases, 2020, 16：1731－1737.

［4］ McDorman T. L. , *Regional Port State Control Agreements：Some Issues of International Law*, Ocean and Coastal Law Journal, 2000, 5：207－226 .

［5］ Brewster R. K. , Sundermann A. , Boles C. , *Lessons Learned For COVID－19 in the Cruise Ship Industry*, Toxicology & Industrial Health, 2020, 36：728－735.

［6］ Wang F. S. , Zhang C. , *What to Do Next to Control the 2019－Ncov Epidemic*, Lancet, 2020, 395：391－393.

［7］ Cohn S. K. , *The Black Death：End of a Paradigm*, American History Review, 2002, 107：703－737.

［8］ Bassareo P. P. , Melis M. R. , Marras S. et al. , *Learning from the Past in the COVID－19 Era：Rediscovery of Quarantine, Previous Pandemics, Origin of Hospitals and National Healthcare Systems, and Ethics in Medicine*,

Postgraduate Medicine Journal, 2020, 1140: 633 – 638.

[9] Gensini G. F., Yacoub M. H., Conti A. A., *The Concept of Quarantine in History: From Plague to SARS*, Journal of Infection, 2004, 49: 257 – 261.

[10] Conti A. A., *Historical and Methodological Highlights of Quarantine Measures: From Ancient Plague Epidemics to Current Coronavirus Disease (COVID – 19) Pandemic*, Acta Biomed, 2020, 91: 226 – 229.

[11] Mafart B., Perret J. L., *History of The Concept of Quarantine*, Med Trop, 1998, 58: 14 – 20.

[12] Maglen K., *Politics of Quarantine in the 19th Century*, JAMA, 2003, 290.

[13] Lee A., *Wuhan Novel Coronavirus (COVID – 19): Why Global Control Is Challenging*, Public Health, 2020. doi: 10. 1016/j. puhe. 2020. 02.001.

[14] Falk R., *Sovereignty and Human Rights: The Search for Reconciliation*, Issues of Democracy, 2000, 5: 29 – 35.

[15] Tirrell A., Mendenhall E., *Cruise Ships, COVID – 19, and Port/Flag State Obligations*, Ocean Development & International Law, 2021, 52: 225 – 230.

[16] Choquet A., Sam – Lefebvre A., *Ports Closed to Cruise Ships in the Context of COVID – 19: What Choices Are There for Coastal States?*, Annals of Tourism Research, 2020: doi: 10. 1016/j. annals. 2020. 103066.

[17] Zhang X., Wang C., *Prevention and Control of COVID – 19 Pandemic on International Cruise Ships: The Legal Controversies*, Healthcare, 2021, 9: 281.

[18] Fayette D. L., Louise., *Access to Ports in International Law*, The

International Journal of Marine and Coastal Law, 1996, 11: 1 – 22.

[19] Lapidoth R., *Freedom of Navigation – Its Legal History and Its Normative Basis*, Journal of Maritime Law and Commerce, 1974, 6: 259 – 272.

[20] Kandel N., Chungong S., Omaar A. et al., *Health Security Capacities in the Context of COVID – 19 Outbreak: an Analysis of International Health Regulations Annual Report Data from 182 Countries*, Lancet, 2020, 295: 1047 – 1053.

[21] Montgomery J. M., Woolverton A., Hedges S. et al., *Ten Years of Global Disease Detection and Counting: Program Accomplishments and Lessons Learned in Building Global Health Security*, BMC Public Health, 2019, 19: 510.

[22] Schloenhardt A., Craig C., "*Turning Back The Boats*": *Australia's Interdiction of Irregular Migrants at Sea*, International Journal of Refugee Law, 2015, 27: 536 – 572.

[23] Niall P., Johnson A. S., Mueller J., *Updating the Accounts: Global Mortality of the 1918 – 1920 "Spanish" Influenza Pandemic*, Bull. Hist. Med, 2002, 76.

[24] Guyatt G., Cairns J., Churchill D. et al., *Evidence – Based Medicine: A New Approach to Teaching the Practice of Medicine*, JAMA, 1992, 17: 2420 – 2425.

[25] Heymann, David L., Al E., *Global Health Security: The Wider Lessons from the West African Ebola Virus Disease Epidemic*, Lancet, 2015, 385: 1884 – 1901.

[26] Bramanti B., Dean K., Walløe L., *The Third Plague Pandemic in Europe*, Proc Biol Sci, 2019, 286.

［27］ Ma Z. , Li Y. Wu Lien Teh. , *Plague Fighter and Father of the Chinese Public Health System*, Protein Cell, 2016, 7.

［28］ Zambon M. , Nicholson K. G. , *Sudden Acute Respiratory Syndrome*, British Medical Journal, 2003, 326.

［29］ Hanako J. , Hashimoto G. , *Challenges of COVID – 19 Outbreak on the Cruise Ship Diamond Princess Docked At Yokohama, Japan: A Real – World Story*, Global Health & Medicine, 2020, 2.

［30］ Yamagishi T. , Kamiya H. , Kakimoto K. et al. , *Descriptive Study of COVID – 19 Outbreak Among Passengers and Crew on Diamond Princess Cruise Ship, Yokohama Port*, Japan, 20 January to 9 February 2020 ［J/OL］. Euro Surveillance, 2020, https://doi. org/10. 2807/1560 – 7917. ES. 2020. 25. 23. 2000272.

［31］ Hu Z. , Li W. , *Global Health Governance on Cruise Tourism: A Lesson Learned from COVID – 19*, Frontiers in Marine Science, 2022.

［32］ Kensaku K. , *Initial Investigation of Transmission of COVID – 19 Among Crew Members During Quarantine of a Cruise Ship—Yokohama, Japan, February 2020*, Morbidity and Mortality Weekly Report, 2020, 69.

［33］ Haruka M. , *Epidemiology of Coronavirus Disease Outbreak among Crewmembers on Cruise Ship, Nagasaki City, Japan, April 2020*, Emerging Infectious Diseases, 2021, 27.

［34］ Sando E. , Morimoto K. , Narukawa S. et al. , *COVID – 19 Outbreak on the Costa Atlantica Cruise Ship: Use of a Remote Health Monitoring System*, Travel Med, 2021, 28: doi: 10. 1093/jtm/taaa163.

［35］ Codreanu T. A. , Ngeh S. , Trewin A. et al. , *Successful Control of an Onboard COVID – 19 Outbreak Using the Cruise Ship as a Quarantine Facility, Western Australia, Australia*, Emerging Infectious Diseases, 2021, 27.

［36］ Scott K. N. , *Regulating Shipping in Response to COVID – 19*, Asia – Pacific Journal of Ocean Law and Policy, 2020, 5.

［37］ Llacer F. J. M. , *Open Registers: Past, Present and Future*, Marine Policy, 2003, 27.

［38］ Anderson E. H. , *The Nationality of Ships and Flags of Convenience: Economics, Politics, and Alternatives*, Tulane Maritime Law Journal, 1996, 21.

［39］ Habibi R. , Burci G. L. , Campos D. et al. , *Do Not Violate the International Health Regulations During the COVID – 19 Outbreak*, Lancet, 2020, 395.

［40］ Fayette D. L. , *Access to Ports in International Law*, The International Journal of Marine and Coastal Law, 1996, 11.

［41］ Brown L. F. , *The Freedom of the Seas in History*, Law and Politics, 1924.

［42］ Rocklöv Joacim, Henrik Sjödin, WilderSmith A. , *COVID – 19 Outbreak on the Diamond Princess Cruise Ship: Estimating the Epidemic Potential and Effectiveness of Public Health Countermeasures*, Journal of Travel Medicine, 2020, 27 (3).

［43］ WHO, *Public Health Round – up*, Public health round – up Bull, 2020, 11: 729 – 730.

［44］ Brotherton J. M. , Delpech V. C. , Gilbert G. L. et al. , *A Large Outbreak of Influenza A And B on a Cruise Ship Causing Widespread Morbidity*, Epidemiol Infect, 2003, 130: 263 – 271.

［45］ Borborema S. E. T. , Silva D. B. B. , Silva K. C. O. et al. , *Molecular Characterization of Influenza B Virus Outbreak on a Cruise Ship in Brazil 2012*, Rev Inst Med Trop Sao Paulo, 2014, 56: 185 – 189.

［46］ Liu – Lastres B. , Schroeder A. , Pennington – Gray L. , *Cruise*

Line Customers' Responses to Risk and Crisis Communication Messages: *an Application of the Risk Perception Attitude Framework*, Journal of Travel Research, 2018, 58: 849 – 865.

[47] Smorenberg A., Peters E., Daele P. V. et al., *How does SARS – CoV – 2 Targets the Elderly Patients? A Review on Potential Mechanisms Increasing Disease Severity*, Eur J Intern Med, 2020, 83: 1 – 5.

[48] Yamahata Y., Shibata A., *Preparation for Quarantine on the Cruise Ship Diamond Princess in Japan due to COVID – 19*, JMIR Public Health Surveill, 2020, 6.

（三）论文集与会议录类

[1] Burci G. L., EcclestonTurner M., *Preparing for the next Pandemic*: *The International Health Regulations and World Health Organization during COVID – 19*, Yearbook of International Disaster Law, 2020: 7.

[2] Chircop A., Linden O., Nielsen A. D., *Characterising the Problem of Places of Refuge for Ships*, Aldo E. Chircop, O. Linden., Places of Refuge for Ships: Emerging Environmental Concerns of a Maritime Custom, Martinus Nijhoff, 2006.

[3] Chircop A., *The Customary Law of Refuge for Ships in Distress*, Aldo E. Chircop, O. Linden., Places of Refuge for Ships: Emerging Environmental Concerns of a Maritime Custom, Martinus Nijhoff, 2006.

[4] Molenaar E. J. Port and Coastal States, Donald R. Rothwell, Alex G. Oude Elferink, Karen N. Scott, et al., *The Oxford Handbook of the Law of the Sea*, Oxford University Press, 2017.

（四）电子资源类

［1］CLIA.，*State of the Cruise Industry Outlook*，https：//cruising. org/en/news – and – research/research/2020/december/state – of – the – cruise – industry – outlook – 2021.

［2］WHO. Coronavirus Disease（COVID – 19）［EB/OL］.［2022 – 01 – 30］. https：//www. who. int/emergencies/diseases/novel – coronavirus – 2019.

［3］CDC. COVID – 19 Orders for Cruise Ships［EB/OL］.［2022 – 01 – 30］. https：//www. cdc. gov/quarantine/cruise/covid19 – cruiseships. html.

［4］Government of Canada. Government of Canada Announces One – Year Ban for Pleasure Craft and Cruise Vessels［EB/OL］.［2022 – 01 – 30］. https：//www. canada. ca/en/transport – canada/news/2021/02/government – of – canada – announces – one – year – ban – for – pleasure – craft – and – cruise – vessels. html.

［5］CDC. Outbreak Updates for International Cruise Ships［EB/OL］.［2022 – 01 – 30］. https：//www. cdc. gov/nceh/vsp/surv/GIlist. htm.

［6］CDC. Cruise Ship Travel［EB/OL］.［2022 – 01 – 30］. https：//wwwnc. cdc. gov/travel/page/cruise – ship.

［7］EU Healthy Gateways. Advice for Health Authorities and Ship Operators Who Have Decided to Suspend Sailings and for The Long – Term Docking of Ships at the Ports of EU/EEA MS During COVID – 19 Pandemic［EB/OL］.［2022 – 01 – 30］. https：//www. healthygateways. eu/Portals/0/plcdocs/EU _HEALTHY _GATEWAYS _COVID – 19 _Stationed _ships _18 _3 _2020 _F. pdf? ver = 2020 – 03 – 20 – 183254 – 500.

［8］NIID. Field Briefing：Diamond Princess COVID – 19 Cases［EB/

OL]. [2022 -01 -30]. https://www. niid. go. jp/niid/en/2019 - ncov - e/9407 - covid - dp - fe -01. html.

[9] CDC. Available VSP Outbreak Investigations [EB/OL]. [2022 -01 -30]. https://www. cdc. gov/nceh/vsp/desc/about _ investigations. htm.

[10] Guardian. Twelve New Australian Covid -19 Cases Reported - as it happened [EB/OL]. [2022 - 01 - 30]. https://www. theguardian. com/australia - news/live/2020/apr/23/australia - coronavirus - live - updates - senate - inquiry - government - scott - morrison - nsw - victoria - queensland - ruby - princess - murphy - latest - news.

[11] CDC. No Sail Order and Suspension of Further Embarkation [EB/OL]. [2022 -01 -30]. https://www. federalregister. gov/documents/2020/03/24/2020 - 06166/no - sail - order - and - suspension - of - further - embarkation.

[12] Institute for Health Metrics and Evaluation. COVID -19 projections [EB/OL]. [2022 - 01 - 30]. https://covid19. healthdata. org/united - states - of - america? view = cumulative - deaths&tab = trend.

[13] U. S. Department of Health and Human Services. Hospital Utilization by Facility [EB/OL]. [2022 -01 -30]. https://protect - public. hhs. gov/pages/hospital - utilization.

[14] Joe Walsh. These 6 States Have Almost No ICU Beds Left As Covid Hospitalizations Soar [EB/OL]. [2022 - 01 - 30]. https://www. forbes. com/sites/joewalsh/2021/08/19/these -6 - states - have - almost - no - icu - beds - left - as - covid - hospitalizations - soar/? sh =919fb276bb58.

[15] WHO. Classification of Omicron (B. 1. 1. 529): SARS - CoV -2 Variant of Concern [EB/OL]. [2022 - 01 - 30]. https://www. who. int/news/item/26 -11 -2021 - classification - of - omicron - (b. 1. 1. 529) -

sars – cov – 2 – variant – of – concern.

［16］ CDC. International Health Regulations（IHR）［EB/OL］.［2022 – 01 – 30］. https：//www. cdc. gov/globalhealth/healthprotection/ghs/ihr/index. html.

［17］ WHO. International Health Regulations［EB/OL］.［2022 – 01 – 30］. https：//www. who. int/health – topics/international – health – regulations #tab = tab _2.

［18］ U. K. Parliament. UN Convention on the Law of the Sea Inquiry Launched［EB/OL］.［2022 – 01 – 30］. https：//committees. parliament. uk/committee/360/international – relations – and – defence – committee/news/158037/un – convention – on – the – law – of – the – sea – inquiry – launched/.

［19］ HRAS. UK House of Lords UNCLOS Inquiry. Is the UN Convention on the Law of the Sea still fit for purpose［EB/OL］.［2022 – 01 – 30］. https：//www. humanrightsatsea. org/news/uk – house – lords – unclos – inquiry – un – convention – law – sea – still – fit – purpose.

［20］ International Relations and Defence Committee. Corrected oral evidence：UNCLOS：fit for purpose in the 21st century［EB/OL］.［2022 – 01 – 30］. https：//committees. parliament. uk/oralevidence/3126/pdf/.

［21］ Elizabeth Mavropoulou. UK UNCLOS Inquiry：Is UNCLOS Fit for Protecting Human Rights at Sea? A Comment［EB/OL］.［2022 – 01 – 30］. https：//www. ejiltalk. org/uk – unclos – inquiry – is – unclos – fit – for – protecting – human – rights – at – sea – a – comment/.

［22］ WHO. Interim Progress Report of the Review Committee on the Functioning of the IHR（2005）During the COVID – 19 Response［EB/OL］.［2022 – 01 – 30］. https：//www. who. int/publications/m/item/interim – progress – report – on – the – functioning – of – the – ihr – 2005 – during – the –

covid – 19 – response.

［23］ The Commission on America's National Interest. America's National Interest［EB/OL］. ［2022 – 01 – 30］. https：//www. belfercenter. org/sites/default/files/legacy/files/americas _ interests. pdf.

［24］ Yimou Lee, Ben Blanchard. Taiwan Bans International Cruise Ships from Docking［EB/OL］. ［2022 – 01 – 30］. https：//www. reuters. com/article/us – china – health – taiwan/taiwan – bans – international – cruise – ships – from – docking – idUSKBN2000AL.

［25］ Smart Traveller. Coronavirus and International Cruises［EB/OL］. ［2022 – 01 – 30］. http：//www. smartraveller. gov. au/news – and – updates/coronavirus – and – international – cruises.

［26］ Ben Doherty, Dom Phillips. Coronavirus: Cruise Passengers Stranded as Countries Turn Them Away［EB/OL］. ［2022 – 01 – 30］. http：//www. theguardian. com/world/2020/mar/16/cruise – ships – scramble – to – find – safe – harbour – amid – covid – 19 – crisis – as – countries – turn – them – away.

［27］ Diane Taylor, Kate Proctor and Dan Collyns. Britons on Virus – hit Ship Wait for Panama Canal Green Light［EB/OL］. ［2022 – 01 – 30］. http：//www. theguardian. com/world/2020/mar/29/britons – on – virus – hit – ship – wait – for – panama – canal – green – light.

［28］ IMO. Circular Letter No. 4204/Add. 19/Rev. 3［EB/OL］. ［2022 – 01 – 30］. https：//info. lr. org/l/12702/2020 – 06 – 05/948prz/.

［29］ Icelandic Transport Authority. Maritime Notice IMO – 1 – 2020［EB/OL］. ［2022 – 01 – 30］. https：//info. lr. org/l/12702/2020 – 05 – 29/93lhhb/.

［30］ Luxembourg Ministry of Economic. Extraordinary measures related to crew documents and ship certificates in relation to the COVID - 19 Pandemic [EB/OL]. [2022 - 01 - 30]. https://info. lr. org/l/12702/2021 - 09 - 30/c373nx/12702/16329865031WWnCz9f/002 _ 2020 _ nCoV _ mesures _ extraordinaires _ updated _ 17112020. pdf.

[31] Louvain - La - Neuve. Droit de la mer et assistance aux personnesendétresse [EB/OL]. [2022 - 01 - 30]. https://uclouvain. be/fr/instituts - recherche/juri/cedie/actualites/droit - de - la - mer - et - assistance - aux - personnes - en - detresse. html.

[32] Jessie Davies. The Coronavirus Cruise Ship Ruby Princess Has Docked at Port Kembla in nsw - This Is What the Australian Authorities Will Do Next [EB/OL]. [2022 - 01 - 30]. http://www. abc. net. au/news/2020 - 04 - 06/coronavirus - cruise - ship - ruby - princess - docks - in - australia - in - nsw/12124398.

[33] WHO. Guidance Document for the State Party Self - Assessment Annual Reporting Tool [EB/OL]. [2022 - 01 - 30]. https://score. tools. who. int/fileadmin/uploads/score/Thumbnails/C - thumbs/SPAR _ Guidance _ document. pdf.

[34] WHO. Surveillance in Emergencies [EB/OL]. [2022 - 01 - 30]. https://www. who. int/emergencies/surveillance.

[35] WHO. Alert, Response, and Capacity Building under the International Health Regulations (IHR) [EB/OL]. [2022 - 01 - 30]. http://www. who. int/ihr/elibrary/en/.

[36] WHO. Managing the COVID - 19 Infodemic [EB/OL]. [2022 - 01 - 30]. https://apps. who. int/iris/rest/bitstreams/1302999/retrieve.

[37] CDC. Quarantine and Border Health Services [EB/OL]. [2022 - 01 - 30]. https://www. cdc. gov/ncezid/dgmq/focus - areas/quarantine.

html? CDC _ AA _ refVal = https% 3A% 2F% 2Fwww. cdc. gov% 2Fncezid% 2Fdgmq% 2Fquarantine – fact – sheet. html.

[38] EU Shipsan Act Information System. EU Shipsan Act Information System [EB/OL]. [2020 – 01 – 30]. https://sis. shipsan. eu/.

[39] M. A. Connolly. Communicable Disease Control in Emergencies: A Field Manual [EB/OL]. [2022 – 01 – 30]. https://apps. who. int/iris/bitstream/handle/10665/96340/9241546166 _ eng. pdf? sequence = 1.

[40] Patrick Greenfield, Erin McCormick. Cruise Operator Says Lives Are at Risk on Zaandam as Nations "Turn Their Backs" on Ship [EB/OL]. [2022 – 01 – 30]. https://www. theguardian. com/world/2020/mar/31/cruise – ship – chief – zaandam – and – rotterdam – passengers – left – to – fend – for – themselves – covid – 19 – crisis.

[41] Patrick Greenfield, Erin McCormick, Florida governor. Sick Passengers on Cruise Ship Cannot be "Dumped" Here [EB/OL]. [2022 – 01 – 30]. https://www. theguardian. com/world/2020/mar/30/florida – governor – ron – desantis – cruise – ship – coronavirus – zaandam.

[42] Shaun Turton. Westerdam Finally Arrives in Cambodia After 5 Ports Refused [EB/OL]. [2022 – 01 – 30]. https://asia. nikkei. com/Spotlight/Coronavirus/Westerdam – finally – arrives – in – Cambodia – after – 5 – ports – refused.

[43] Coast Bill Chappell. Guard Tells Cruise Ships With COVID – 19 Cases To Stay Away From U. S. Ports [EB/OL]. [2022 – 01 – 30]. https://www. npr. org/sections/coronavirus – live – updates/2020/04/01/825205607/coast – guard – tells – cruise – ships – with – covid – 19 – cases – to – stay – away – from – u – s – ports.

[44] The Maritime Executive Staff. Two Costa Cruise Ships With COVID –

19 Cases Head for Italy [EB/OL]. [2022 - 01 - 30]. https://www.maritime - executive.com/article/two - costa - cruise - ships - with - covid - 19 - cases - head - for - italy.

[45] Harbour Master. To Reduce Risks Under COVID - 19 Emergency US Coast Guard Oversees Disembarkation of 250,000 from Cruise Ships Medevac'd 31 [EB/OL]. [2022 - 01 - 30]. https://www.harbourmaster.org/News/reduce - risks - under - covid - 19 - emergency - us - coast - guard - oversees - disembarkation - 250000 - cruise.

[46] Swedish Transport Agency. Covid - 19 Related Actions and Measures - Information from the Swedish Transport Agency as Regards Shipping [EB/OL]. [2022 - 01 - 30]. https://www.transportstyrelsen.se/globalassets/global/nyhetsarkiv/sjofart/sta - guidance - letter - covid - 19.pdf.

[47] GSDRC. The Responsibility to Protect [EB/OL]. [2022 - 01 - 30]. https://gsdrc.org/topic - guides/international - legal - frameworks - for - humanitarian - action/challenges/the - responsibility - to - protect/.

[48] Towers Watson. Extreme Risks - Insurance Sector Survey 2013 [EB/OL]. [2022 - 01 - 30]. https://www.thinkingaheadinstitute.org/content/uploads/2020/11/Extreme - risks - insurance - sector - survey - 2013 - 1.pdf.

[49] CMI. Report Submitted by the CMI to the IMO Legal Committee in April 2009 [EB/OL]. [2022 - 01 - 30]. https://comitemaritime.org/work/places - of - refuge/.

[50] WHO. WHO Director - General's Statement on IHR Emergency Committee on Novel Coronavirus (2019 - nCoV) [EB/OL]. [2022 - 01 - 30]. https://www.who.int/director - general/speeches/detail/who - director -

general – s – statement – on – ihr – emergency – committee – on – novel – coronavirus – (2019 – ncov).

[51] WHO. Key Considerations for Repatriation and Quarantine of Travellers in Relation to the Outbreak of Novel Coronavirus 2019 – nCoV [EB/OL]. [2022 – 01 – 30]. https://www.who.int/news – room/articles – detail/key – considerations – for – repatriation – and – quarantine – of – travellers – in – relation – to – the – outbreak – of – novel – coronavirus – 2019 – ncov/.

[52] WHO. WHO Advice for International Travel and Trade in Relation to the Outbreak of Pneumonia Caused by a New Coronavirus In China [EB/OL]. [2022 – 01 – 30]. https://www.who.int/news – room/articles – detail/who – advice – for – international – travel – and – trade – in – relation – to – the – outbreak – of – pneumonia – caused – by – a – new – coronavirus – in – china.

[53] Strategic Policy Making Team Cabinet Office. Strategic Policy Making Team Cabinet Office: Professional Policy Making For The Twenty First Century [EB/OL]. [2022 – 01 – 30]. https://dera.ioe.ac.uk/6320/1/profpolicymaking.pdf.

[54] CDC. History of Quarantine [EB/OL]. [2022 – 01 – 30]. https://www.cdc.gov/quarantine/historyquarantine.html.

[55] CDC. U. S. Quarantine Stations [EB/OL]. [2022 – 01 – 30]. https://www.cdc.gov/quarantine/quarantine – stations – us.html.

[56] NIID. Outbreak of Novel Coronavirus Disease (COVID – 19) on a Cruise Ship Docked in Nagasaki City: Preliminary Interim Report, 2020 [EB/OL]. [2022 – 01 – 30]. https://www.niid.go.jp/niid/en/2019 – ncov – e/2484 – idsc/9650 – covid19 – 14 – 200323 – e – 2.html.

[57] Herlyn Kaur, James Carmody. Coronavirus Cruise Ship Artania Could Swamp WA Hospitals with COVID - 19 Cases, WA Premier Fears [EB/OL]. [2022 - 01 - 30]. http://www.abc.net.au/news/2020 - 04 - 02/fears - artania - cruise - ship - coronavirus - cases - may - swamp - wa - system/12113690.

[58] ICS. Concerns of Rise in Seafarers Impacted by Crew Change Crisis Due to New COVID - variants [EB/OL]. [2022 - 01 - 30]. https://www.ics - shipping.org/press - release/concerns - of - rise - in - number - of - seafarers - impacted - by - crew - change - due - to - new - covid - variants.

[59] Sam Chambers. Thirteen Countries Sign Crew Change Pact [EB/OL]. [2022 - 01 - 30]. https://splash247.com/12 - countries - sign - crew - change - pact/.

[60] Global Maritime Forum. The Neptune Declaration [EB/OL]. [2022 - 01 - 30]. https://www.globalmaritimeforum.org/content/2021/11/Neptune - Declaration - Crew - Change - Indicator - November - 2021.pdf.

[61] NAMMA. COVID - 19 Vaccines for Seafarers [EB/OL]. [2022 - 01 - 30]. http://namma.org/vaccines/.

[62] Federal Ministry of Transport and Digital Infrastructure. Maritime Labour Convention (MLC) /Crew/Crew Change [EB/OL]. [2022 - 01 - 30]. https://www.deutsche - flagge.de/en/coronavirus/mlc.

[63] Krystal Chia. Ship Operating Costs Rise During Crew Change Crisis [EB/OL]. [2022 - 01 - 30]. https://gcaptain.com/ship - operating - costs - rise - during - crew - change - crisis/.

[64] Michelle Wiese Bockmann. Crew Change Costs Shipowner $820,000, Says ICS [EB/OL]. [2022 - 01 - 30]. https://lloydslist.maritimeintelligence.informa.com/LL1133432/Crew - change - costs - shipowner - 820000 - says -

ICS.

[65] Britannica. Bill of Health [EB/OL]. [2022 - 01 - 30]. https：//www. britannica. com/science/bill - of - health.

[66] European Court of Human Rights. Lawless v. Ireland [EB/OL]. [2022 - 01 - 30]. https：//www. bailii. org/eu/cases/ECHR/1961/2. html.

[67] International Court of Justice. Nicaragua v. United States of America [EB/OL]. [2022 - 01 - 30]. https：//www. icj - cij. org/public/files/case - related/70/6505. pdf.

附件一　2005 年《国际卫生条例》（中英对照版）

International Health Regulation (2005)
2005 年《国际卫生条例》

世界卫生大会 2005 年 5 月 23 日第 58.3 号决议通过并开放给各国签字、批准和加入，于 2007 年 6 月 15 日生效。

PART I—DEFINITIONS, PURPOSE AND SCOPE, PRINCIPLES AND RESPONSIBLE AUTHORITIES

第一编——定义、目的以及范围、原则和负责当局

Article 1 Definitions

第一条　定义

1. For the purposes of the International Health Regulations (hereinafter "the IHR" or "Regulations"):

1. 适用于《国际卫生条例》（以下统称"IHR"或"条例"）：

"affected" means persons, baggage, cargo, containers, conveyances, goods, postal parcels or human remains that are infected or contaminated, or carry sources of infection or contamination, so as to constitute a public health risk;

“受染”系指受到感染或污染或携带感染或污染源以至于构成公共卫生危害的人员、行李、货物、集装箱、交通工具、物品、邮包或骸骨;

“affected area” means a geographical location specifically for which health measures have been recommended by WHO under these Regulations;

“受染地区”系指世卫组织依据本条例明确建议采取卫生措施的某个地理区域;

“aircraft” means an aircraft making an international voyage;

“飞机”系指进行国际航行的航空器;

“airport” means any airport where international flights arrive or depart;

“机场”系指国际航班到达或离开的任何机场;

“arrival” of a conveyance means:

(a) in the case of a seagoing vessel, arrival or anchoring in the defined area of a port;

(b) in the case of an aircraft, arrival at an airport;

(c) in the case of an inland navigation vessel on an international voyage, arrival at a point of entry;

(d) in the case of a train or road vehicle, arrival at a point of entry;

交通工具的“到达”系指:

(1) 远洋航轮到达或停泊港口的限定地区;

(2) 飞机到达机场;

(3) 国际航行中的内陆航行船舶到达入境口岸;

(4) 火车或公路车辆到达入境口岸;

“baggage” means the personal effects of a traveller;

“行李”系指旅行者的个人物品;

“cargo” means goods carried on a conveyance or in a container;

“货物”系指交通工具或集装箱中运载的物品；

“competent authority” means an authority responsible for the implementation and application of health measures under these Regulations;

“主管当局”系指根据本条例负责执行和采取卫生措施的当局；

“container” means an article of transport equipment:

(a) of a permanent character and accordingly strong enough to be suitable for repeated use;

(b) specially designed to facilitate the carriage of goods by one or more modes of transport, without intermediate reloading;

(c) fitted with devices permitting its ready handling, particularly its transfer from one mode of transport to another; and

(d) specially designed as to be easy to fill and empty;

“集装箱”系指一种运输设备：

(1) 具有永久特性，相当坚固，适于反复使用；

(2) 专门设计，便于以一种或多种运输方式运送货物，而无须中途重新装货；

(3) 安装了便于操作的设备，特别是便于集装箱从一种运输方式转为另一种运输方式；以及

(4) 专门设计得便于装货和腾空；

“container loading area” means a place or facility set aside for containers used in international traffic;

“集装箱装卸区”系指为装卸用于国际运输的集装箱而专门开辟的地点或设施；

“contamination” means the presence of an infectious or toxic agent or matter on a human or animal body surface, in or on a product prepared for consumption or on other inanimate objects, including conveyances, that may constitute a public health risk；

“污染”系指在人体或动物身体表面、在消费产品中（上）或在其他无生命物体（包括交通工具）上存在可以构成公共卫生危害的传染性病原体或有毒因子或物质；

“conveyance” means an aircraft, ship, train, road vehicle or other means of transport on an international voyage；

“交通工具”系指用于国际航行的飞机、船舶、火车、公路车辆或其他运输工具；

“conveyance operator” means a natural or legal person in charge of a conveyance or their agent；

“交通工具运营者”系指负责管理交通工具的自然人或法人，或其代理；

“crew” means persons on board a conveyance who are not passengers；

“乘务员”系指交通工具上不是乘客的人员；

“decontamination” means a procedure whereby health measures are taken to eliminate an infectious or toxic agent or matter on a human or animal body surface, in or on a product prepared for consumption or on other inanimate objects, including conveyances, that may constitute a public health risk；

“除污”系指采取卫生措施消除在人体或动物身体表面、在消费产品中（上）或在其他无生命物体（包括交通工具）上存在可以构成公共卫生危害的传染性病原体或有毒因子或物质的程序；

“departure” means, for persons, baggage, cargo, conveyances or goods, the act of leaving aterritory；

“离开”系指人员、行李、货物、交通工具或物品离开领土的行动；

“deratting” means the procedure whereby health measures are taken to control or kill rodent vectors of human disease present in baggage, cargo, containers, conveyances, facilities, goods and postal parcels at the point of entry;

"灭鼠"系指在入境口岸采取卫生措施控制或杀灭行李、货物、集装箱、交通工具、设施、物品和邮包中存在的传播人类疾病的啮齿类媒介的程序；

"Director – General" means the Director – General of the World Health Organization;

"总干事"系指世界卫生组织总干事；

"disease" means an illness or medical condition, irrespective of origin or source, that presents or could present significant harm to humans;

"疾病"系指对人类构成或可能构成严重危害的任何疾病或病症，无论其病因或来源如何；

"disinfection" means the procedure whereby health measures are taken to control or kill infectious agents on a human or animal body surface or in or on baggage, cargo, containers, conveyances, goods and postal parcels by direct exposure to chemical or physical agents;

"消毒"系指采用卫生措施利用化学或物理制剂的直接作用控制或杀灭人体或动物身体表面或行李、货物、集装箱、交通工具、物品和邮包中（上）的传染性病原体的程序；

"disinsection" means the procedure whereby health measures are taken to control or kill the insect vectors of human diseases present in baggage, cargo, containers, conveyances, goods and postal parcels;

"除虫"系指采用卫生措施控制或杀灭行李、货物、集装箱、交通工具、物品和邮包中传播人类疾病的昆虫媒介的程序；

"event" means a manifestation of disease or an occurrence that creates a potential for disease;

"事件"系指发生疾病或可能发生疾病的情况；

"*free pratique*" means permission for a ship to enter a port, embark or disembark, discharge or load cargo or stores; permission for an aircraft, after landing, to embark or disembark, discharge or load cargo or stores; and permission for a ground transport vehicle, upon arrival, to embark or disembark, discharge or load cargo or stores;

"无疫通行"系指允许船舶进入港口、离岸或登岸、卸载货物或储备用品；允许飞机着陆后登机或下机、卸载货物或储备用品；允许陆地车辆到达后上车或下车、卸载货物或储备用品；

"goods" mean tangible products, including animals and plants, transported on an international voyage, including for utilization on board a conveyance;

"物品"系指国际航行中运输的有形产品（包括动物和植物），以及在交通工具上使用的物品；

"ground crossing" means a point of land entry in a State Party, including one utilized by road vehicles and trains;

"陆地过境点"系指一个缔约国内的陆地入境口岸，包括道路车辆和火车使用的口岸；

"ground transport vehicle" means a motorized conveyance for overland transport on an international voyage, including trains, coaches, lorries and automobiles;

"陆地运输车辆"系指国际航行中用于陆地运输的机动交通工具，包括火车、客车、卡车和汽车；

"卫生措施"系指为预防疾病或污染传播实行的程序；卫生措施不包括执行法律或安全措施；

"health measure" means procedures applied to prevent the spread of disease or contamination; a health measure does not include law enforcement or security measures;

“病人”系指患有或感染可造成公共卫生危害的身体疾患的个人；

“ill person” means an individual suffering from or affected with a physical ailment that may pose a public health risk;

“感染”系指感染性病原体进入人体和动物身体并在体内发育或繁殖，并可能构成公共卫生危害；

“infection” means the entry and development or multiplication of an infectious agent in the body of humans and animals that may constitute a public health risk;

“检查”系指由主管当局或在其监督下检查地区、行李、集装箱、交通工具、设施、物品或邮包（包括相关资料和文件），以确定是否存在公共卫生危害；

“inspection” means the examination, by the competent authority or under its supervision, of areas, baggage, containers, conveyances, facilities, goods or postal parcels, including relevant data and documentation, to determine if a public health risk exists;

“国际交通”系指个人、行李、货物、集装箱、交通工具、物品或邮包跨越国际边境的流动，包括国际贸易；

“international traffic” means the movement of persons, baggage, cargo, containers, conveyances, goods or postal parcels across an international border, including international trade;

“international voyage” means:

(a) in the case of a conveyance, a voyage between points of entry in the territories of more than one State, or a voyage between points of entry in the territory or territories of the same State if the conveyance has contacts with the territory of any other State on its voyage but only as regards those contacts;

（b）in the case of a traveller, a voyage involving entry into the territory of a State other than the territory of the State in which that traveller commences the voyage;

"国际航行"系指：

（1）如为交通工具，是指在不止一个国家领土的入境口岸之间的航行，或者在同一国家领土或各管区的入境口岸之间的航行（该交通工具在航行中必须经停任何其他国家，但只限于有停靠的航程）；

（2）如为旅行者，是指进入某个国家领土的旅行，而此领土不属该旅行者启程的国家；

"intrusive" means possibly provoking discomfort through close or intimate contact or questioning;

"干扰性"系指通过深入或密切的接触或盘问可能引起的不适；

"invasive" means the puncture or incision of the skin or insertion of an instrument or foreign material into the body or the examination of a body cavity. For the purposes of these Regulations, medical examination of the ear, nose and mouth, temperature assessment using an ear, oral or cutaneous thermometer, or thermal imaging; medical inspection; auscultation; external palpation; retinoscopy; external collection of urine, faeces or saliva samples; external measurement of blood pressure; and electrocardiography shall be considered to be non-invasive;

"创伤性"系指皮肤被刺伤或切开，或者器具或异物插入身体或体腔。对本条例而言，对耳、鼻、口进行医学检查，使用耳内、口腔或皮肤温度计评估体温，或者采用热感应成像术；医学检查；听诊；体外触诊；视网膜检影；体外采集尿、粪或唾液标本；体外测量血压；以及心电图应被视为非创伤性的；

"isolation" means separation of ill or contaminated persons or affected baggage, containers, conveyances, goods or postal parcels from others in such a manner as to prevent the spread of infection or contamination;

“隔离”系指将病人或受染者或受染的行李、集装箱、交通工具、物品或邮包与其他个人和物体隔离，以防止感染或污染扩散；

“medical examination” means the preliminary assessment of a person by an authorized health worker or by a person under the direct supervision of the competent authority, to determine the person's health status and potential public health risk to others, and may include the scrutiny of health documents, and a physical examination when justified by the circumstances of the individual case;

“医学检查”系指经授权的卫生人员或有关当局直接监督下的人员对个人的初步评估，以确定其健康状况和对他人的潜在公共卫生危害，这可包括检查健康证书以及根据个案情况需要而进行的体格检查；

“National IHR Focal Point” means the national centre, designated by each State Party, which shall be accessible at all times for communications with WHO IHR Contact Points under these Regulations;

“《国际卫生条例》国家归口单位”系指每一缔约国指定的、世卫组织《国际卫生条例》联络点按本条例随时可与之沟通的国家中心；

“Organization” or “WHO” means the World Health Organization;

“本组织”或“世卫组织”系指世界卫生组织；

“permanent residence” has the meaning as determined in the national law of the State Party concerned;

“永久居留”的含义由有关缔约国的国家法律界定；

“personal data” means any information relating to an identified or identifiable natural person;

“个人数据”系指与已确认或可确认的自然人有关的任何信息；

“point of entry” means a passage for international entry or exit of travellers, baggage, cargo, containers, conveyances, goods and postal parcels as well as agencies and areas providing services to them on entry or exit;

"入境口岸"系指旅行者、行李、货物、集装箱、交通工具、物品和邮包入境或出境的国际关口，以及为入境或出境的旅行者、行李、货物、集装箱、交通工具、物品和邮包服务的单位和区域；

"port" means a seaport or a port on an inland body of water where ships on an international voyage arrive or depart;

"港口"系指国际航行的船舶到达或离开的一个海港或内陆水路港口；

"postal parcel" means an addressed article or package carried internationally by postal or courier services;

"邮包"系指由邮件或快递服务部门进行国际输送的注明收件地址的物件或包裹；

"public health emergency of international concern" means an extraordinary event which is

determined, as provided in these Regulations:

(a) to constitute a public health risk to other States through the international spread of disease;

and

(b) to potentially require a coordinated international response;

"国际关注的突发公共卫生事件"系指按本条例规定所确定的不同寻常的事件：

(1) 通过疾病的国际传播构成对其他国家的公共卫生危害；以及

(2) 可能需要采取协调一致的国际应对措施；

"public health observation" means the monitoring of the health status of a traveller over time for the purpose of determining the risk of disease transmission;

"公共卫生观察"系指为了确定疾病传播的危险性在一段时间内监测

旅行者的健康状况;

“public health risk” means a likelihood of an event that may affect adversely the health of human populations, with an emphasis on one which may spread internationally or may present a serious and direct danger;

“公共卫生危害”系指具有损及人群健康可能性的事件，特别是可在国际上传播或构成严重和直接危险的事件;

“quarantine” means the restriction of activities and/or separation from others of suspect persons who are not ill or of suspect baggage, containers, conveyances or goods in such a manner as to prevent the possible spread of infection or contamination;

“检疫”系指限制有嫌疑但无症状的个人或有嫌疑的行李、集装箱、交通工具或物品的活动和（或）将其与其他的个人和物体隔离，以防止感染或污染的可能传播;

“recommendation” and “recommended” refer to temporary or standing recommendations issued under these Regulations;

“建议”和“建议的”系指根据本条例发布的临时或长期建议;

“reservoir” means an animal, plant or substance in which an infectious agent normally lives and whose presence may constitute a public health risk;

“宿主”系指感染性病原体通常寄居的动物、植物或物质，其存在可构成公共卫生危害;

“road vehicle” means a ground transport vehicle other than a train;

“公路车辆”系指火车之外的陆地运输车辆;

“scientific evidence” means information furnishing a level of proof based on the established and accepted methods of science;

“科学依据”系指根据既定和公认的科学方法提供某一层证据的信息;

“scientific principles” means the accepted fundamental laws and facts of nature known through the methods of science;

"科学原则" 系指通过科学方法了解的公认基本自然法则和事实;

"ship" means a seagoing or inland navigation vessel on an international voyage;

"船舶" 系指国际航行中的远洋或内河航运船舶;

"standing recommendation" means non – binding advice issued by WHO for specific ongoing public health risks pursuant to Article 16 regarding appropriate health measures for routine or periodic application needed to prevent or reduce the international spread of disease and minimize interference with international traffic;

"长期建议" 系指世卫组织根据第十六条提出的有关适宜卫生措施的非约束性建议,建议系针对现有的特定公共卫生危害、为防止或减少疾病的国际传播和尽量减少对国际交通的干扰而需要常规或定期采取的措施;

"surveillance" means the systematic ongoing collection, collation and analysis of data for public health purposes and the timely dissemination of public health information for assessment and public health response as necessary;

"监测" 系指出于公共卫生目的系统地不断收集、核对和分析数据以及及时传播公共卫生信息,以供评估和采取必要的公共卫生应对措施;

"suspect" means those persons, baggage, cargo, containers, conveyances, goods or postal parcels considered by a State Party as having been exposed, or possibly exposed, to a public health risk and that could be a possible source of spread of disease;

"嫌疑" 系指缔约国认为个人、行李、货物、集装箱、交通工具、物品或邮包已经暴露于或可能暴露于公共卫生危害并且有可能是传播疾病的可能来源;

"temporary recommendation" means non – binding advice issued by WHO pursuant to Article 15 for application on a time - limited, risk - specific basis, in response to a public health emergency of international concern, so as to prevent or reduce the international spread of disease and minimize interference with international traffic;

"临时建议"系指世卫组织根据第十五条在应对国际关注的突发公共卫生事件时提出的、有时间限定并建立在特定风险基础上的非约束性建议，以便防止或减少疾病的国际传播和尽量减少对国际交通的干扰；

"temporary residence" has the meaning as determined in the national law of the State Party concerned;

"临时居留"的含义由有关缔约国的国家法律界定；

"traveller" means a natural person undertaking an international voyage;

"旅行者"系指进行国际旅行的自然人；

"vector" means an insect or other animal which normally transports an infectious agent that constitutes a public health risk;

"媒介"系指通常传播构成公共卫生危害的传染性病原体的昆虫或其他动物；

"verification" means the provision of information by a State Party to WHO confirming the status of an event within the territory or territories of that State Party;

"核实"系指一个缔约国向世卫组织提供信息确认该国一处或多处领土内事件的状况；

"WHO IHR Contact Point" means the unit within WHO which shall be accessible at all times for communications with the National IHR Focal Point.

"世卫组织《国际卫生条例》联络点"系指《国际卫生条例》国家归口单位随时可与之沟通的世卫组织内的单位。

2. Unless otherwise specified or determined by the context, reference to

these Regulations includes the annexes thereto.

2. 除非条款中另有规定或定义，提及本条例时包括其附件。

Article 2 Purpose and scope

第二条　目的和范围

The purpose and scope of these Regulations are to prevent, protect against, control and provide a public health response to the international spread of disease in ways that are commensurate with and restricted to public health risks, and which avoid unnecessary interference with international traffic and trade.

本条例的目的和范围是以针对公共卫生危害、同时又避免对国际交通和贸易造成不必要干扰的适当方式预防、抵御和控制疾病的国际传播，并提供公共卫生应对措施。

Article 3 Principles

第三条　原则

1. The implementation of these Regulations shall be with full respect for the dignity, human rights and fundamental freedoms of persons.

1. 本条例的执行应充分尊重人的尊严、人权和基本自由。

2. The implementation of these Regulations shall be guided by the Charter of the United Nations and the Constitution of the World Health Organization.

2. 本条例应在联合国宪章和世界卫生组织《组织法》的指导之下执行。

3. The implementation of these Regulations shall be guided by the goal of their universal application for the protection of all people of the world from the international spread of disease.

3. 本条例的执行应以其广泛用以保护世界上所有人民不受疾病国际传播之害的目标为指导。

4. States have, in accordance with the Charter of the United Nations and the principles of international law, the sovereign right to legislate and to implement legislation in pursuance of their health policies. In doing so they should uphold the purpose of these Regulations.

4. 根据联合国宪章和国际法的原则，国家具有主权权利根据其卫生政策立法和实施法规。在这样做时，它们应遵循本条例的目的。

Article 4 Responsible authorities

第四条 负责当局

1. Each State Party shall designate or establish a National IHR Focal Point and the authorities responsible within its respective jurisdiction for the implementation of health measures under these Regulations.

1. 每个缔约国应当指定或建立《国际卫生条例》国家归口单位以及在各自管辖行政范围内负责按本条例实施卫生措施的当局。

2. National IHR Focal Points shall be accessible at all times for communications with the WHO IHR Contact Points provided for in paragraph 3 of this Article. The functions of National IHR Focal Points shall include:

(a) sending to WHO IHR Contact Points, on behalf of the State Party concerned, urgent communications concerning the implementation of these Regulations, in particular under Articles 6 to 12; and

(b) disseminating information to, and consolidating input from, relevant sectors of the administration of the State Party concerned, including those responsible for surveillance and reporting, points of entry, public health services, clinics and hospitals and other government departments.

2. 《国际卫生条例》国家归口单位应随时能够同根据本条 3 款设立的世卫组织《国际卫生条例》联络点保持联系。《国际卫生条例》国家归口单位的职责应该包括：

（1）代表有关缔约国同世卫组织《国际卫生条例》联络点就有关本条例实施的紧急情况进行沟通，特别是根据第六至十二条的规定；以及

（2）向有关缔约国的相关行政管理部门传播信息，并汇总反馈意见，其中包括负责监测和报告的部门、入境口岸、公共卫生服务机构、诊所、医院和其他政府机构。

3. WHO shall designate IHR Contact Points, which shall be accessible at all times for communications with National IHR Focal Points. WHO IHR Contact Points shall send urgent communications concerning the implementation of these Regulations, in particular under Articles 6 to 12, to the National IHR Focal Point of the States Parties concerned. WHO IHR Contact Points may be designated by WHO at the headquarters or at the regional level of the Organization.

3. 世卫组织应当指定《国际卫生条例》联络点，后者应与《国际卫生条例》国家归口单位随时保持联系。世卫组织《国际卫生条例》联络点应将本条例的执行情况（特别是根据第六至十二条的规定）及时分送有关缔约国的《国际卫生条例》国家归口单位。世卫组织《国际卫生条例》联络点可由世卫组织在本组织总部或区域一级任命。

4. States Parties shall provide WHO with contact details of their National IHR Focal Point and WHO shall provide States Parties with contact details of WHO IHR Contact Points. These contact details shall be continuously updated and annually confirmed. WHO shall make available to all States Parties the contact details of National IHR Focal Points it receives pursuant to this Article.

4. 缔约国应当向世卫组织提供本国《国际卫生条例》国家归口单位的详细联系方式，同时世卫组织应当向缔约国提供世卫组织《国际卫生条例》联络点的详细联系方式。以上联系细节应不断更新并每年予以确认。世卫组织应当让所有缔约国了解世卫组织按本条规定所收到的《国际卫生条例》国家归口单位的联系细节。

PART II—INFORMATION AND PUBLIC HEALTH RESPONSE

第二编——信息和公共卫生应对措施

Article 5 Surveillance

第五条 监测

1. Each State Party shall develop, strengthen and maintain, as soon as possible but no later than five years from the entry into force of these Regulations for that State Party, the capacity to detect, assess, notify and report events in accordance with these Regulations, as specified in Annex 1.

1. 每个缔约国应当根据本条例附件 1 的具体规定尽快，但不迟于本条例在该缔约国生效后五年发展、加强和维持发现、评估、通报和报告事件的能力建设。

2. Following the assessment referred to in paragraph 2, Part A of Annex 1, a State Party may report to WHO on the basis of a justified need and an implementation plan and, in so doing, obtain an extension of two years in which to fulfil the obligation in paragraph 1 of this Article. In exceptional circumstances, and supported by a new implementation plan, the State Party may request a further extension not exceeding two years from the Director - General, who shall make the decision, taking into account the technical advice of the Committee established under Article 50 (hereinafter the "Review Committee"). After the period mentioned in paragraph 1 of this Article, the State Party that has obtained an extension shall report annually to WHO on progress made towards the full implementation.

2. 在附件 1A 部分第 2 款所述的评估之后，缔约国可根据正当需要和实施计划向世卫组织报告，从而获得两年的延长期以履行本条第 1 款规定的义务。在特殊情况下并在一项新的实施计划的支持下，缔约国可向总干事要求不超过两年的进一步延长，总干事应该考虑按第五十条成立的委员会（以下称“审查委员会”）的技术意见并作出决定。在本条第 1 款所述的时期之后，获得延期的缔约国应每年向世卫组织报告全面实施方面的进展。

3. WHO shall assist States Parties, upon request, to develop, strengthen and maintain the capacities referred to in paragraph 1 of this Article.

3. 世卫组织应按要求帮助缔约国发展、加强和维持本条第 1 款所述的能力。

4. WHO shall collect information regarding events through its surveillance activities and assess their potential to cause international disease spread and possible interference with international traffic. Information received by WHO under this paragraph shall be handled in accordance with Articles 11and 45 where appropriate.

4. 世卫组织应当通过监测活动收集有关事件的信息，并评估事件引起疾病国际传播的潜力和对国际交通的可能干扰。将根据第十一条并酌情根据第四十五条来处理世卫组织按本款收到的信息。

Article 6 Notification

第六条　通报

1. Each State Party shall assess events occurring within its territory by using the decision instrument in Annex 2. Each State Party shall notify WHO, by the most efficient means of communication available, by way of the National IHR Focal Point, and within 24 hours of assessment of public health information, of all events which may constitute a public health emergency of international concern within its territory in accordance with the decision instrument, as well as any health measure implemented in response to those events. If the notification received by WHO involves the competency of the International Atomic Energy

Agency (IAEA), WHO shall immediately notify the IAEA.

1. 每个缔约国应当利用附件2的决策文件评估本国领土内发生的事件。每个缔约国应当以现有最有效的通讯方式通过《国际卫生条例》国家归口单位在评估公共卫生信息后24小时内向世卫组织通报在本国领土内发生、并按决策文件有可能构成国际关注的突发公共卫生情况的所有事件，以及为应对这些事件所采取的任何卫生措施。如果世卫组织接到的通报涉及国际原子能机构的权限，世卫组织应立刻通报国际原子能机构。

2. Following a notification, a State Party shall continue to communicate to WHO timely, accurate and sufficiently detailed public health information available to it on the notified event, where possible including case definitions, laboratory results, source and type of the risk, number of cases and deaths, conditions affecting the spread of the disease and the health measures employed; and report, when necessary, the difficulties faced and support needed in responding to the potential public health emergency of international concern.

2. 通报后，缔约国应当继续及时向世卫组织报告它得到的关于所通报事件的确切和充分详细的公共卫生信息，在可能时其中包括病例定义、实验室检测结果、危险的来源和类型、病例数和死亡数、影响疾病传播的情况及所采取的卫生措施；必要时，应当报告在应对国际关注的潜在突发公共卫生事件时面临的困难和需要的支持。

Article 7 Information – sharing during unexpected or unusual public health events

第七条　在出乎预料或不寻常公共卫生事件期间的信息共享

If a State Party has evidence of an unexpected or unusual public health event within its territory, irrespective of origin or source, which may constitute a public health emergency of international concern, it shall provide to WHO all relevant public health information. In such a case, the provisions of Article 6 shall apply in full.

缔约国如果有证据表明在其领土内存在可能构成国际关注的突发公共卫生事件的出乎预料或不寻常的公共卫生事件，不论其起源或来源如何，即应向世卫组织提供所有相关的公共卫生信息。在此情况下，第六条的规定得充分适用。

Article 8 Consultation

第八条　磋商

In the case of events occurring within its territory not requiring notification as provided in Article 6, in particular those events for which there is insufficient information available to complete the decision instrument, a State Party may nevertheless keep WHO advised thereof through the National IHR Focal Point and consult with WHO on appropriate health measures. Such communications shall be treated in accordance with paragraphs 2 to 4 of Article 11. The State Party in whose territory the event has occurred may request WHO assistance to assess any epidemiological evidence obtained by that State Party.

若发生在本国领土的事件无须按第六条通报，特别是现有的信息不足以填写决策文件，缔约国仍可通过《国际卫生条例》国家归口单位随时让世卫组织对此事件知情，并同世卫组织就适宜的卫生措施进行磋商。此类联系应按第十一条第2~第4款处理。在本国领土发生事件的缔约国可要求世卫组织协助评估该缔约国获取的任何流行病学证据。

Article 9 Other reports

第九条　其他报告

1. WHO may take into account reports from sources other than notifications or consultations and shall assess these reports according to established epidemiological principles and then communicate information on the event to the

State Party in whose territory the event is allegedly occurring. Before taking any action based on such reports, WHO shall consult with and attempt to obtain verification from the State Party in whose territory the event is allegedly occurring in accordance with the procedure set forth in Article 10. To this end, WHO shall make the information received available to the States Parties and only where it is duly justified may WHO maintain the confidentiality of the source. This information will be used in accordance with the procedure set forth in Article 11.

1. 世卫组织可考虑除通报或磋商外来自其他来源的报告，根据既定的流行病学原则评估这些报告，并然后将事件信息通报在其领土内据称发生事件的缔约国。在根据这类报告采取任何行动前，世卫组织应当按照第十条规定的程序与据称在其领土内发生事件的缔约国进行协商并设法获得核实。为此目的，世卫组织应将获得的信息通报各缔约国，并且只有在充分合理的情况下世卫组织才可对信息来源进行保密。这类信息将根据第十一条规定的程序加以使用。

2. States Parties shall, as far as practicable, inform WHO within 24 hours of receipt of evidence of a public health risk identified outside their territory that may cause international disease spread, as manifested by exported or imported:

(a) human cases;

(b) vectors which carry infection or contamination; or

(c) goods that are contaminated.

2. 在可行的情况下，缔约国应当在获得在本国领土外确认发生有可能引起疾病国际传播的公共卫生危害证据后的24小时内报告世卫组织，其依据为出现以下输出或输入性：

(1) 人间病例；

(2) 携带感染或污染的媒介；或

（3）受污染物品。

Article 10 Verification

第十条 核实

1. WHO shall request, in accordance with Article 9, verification from a State Party of reports from sources other than notifications or consultations of events which may constitute a public health emergency of international concern allegedly occurring in the State's territory. In such cases, WHO shall inform the State Party concerned regarding the reports it is seeking to verify.

1. 根据第九条的规定，世卫组织应当要求缔约国对除通报和磋商以外的其他来源的、声称该国正发生可能构成国际关注的突发公共卫生事件的报告进行核实。在此情况下，世卫组织应就正设法核实的报告通知有关缔约国。

2. Pursuant to the foregoing paragraph and to Article 9, each State Party, when requested by WHO, shall verify and provide:

(a) within 24 hours, an initial reply to, or acknowledgement of, the request from WHO;

(b) within 24 hours, available public health information on the status of events referred to in WHO's request; and

(c) information to WHO in the context of an assessment under Article 6, including relevant information as described in that Article.

2. 按照上一款和第九条，当世卫组织提出要求时，每个缔约国应当核实和提供：

（1）在24小时内对世卫组织的要求做出的初步答复或确认；

（2）在24小时内提供的关于世卫组织要求中所提及状况的现有公共卫生信息；以及

（3）在第六条所规定评估的前提下向世卫组织报告的信息，其中包括该条陈述的相关信息。

3. When WHO receives information of an event that may constitute a public health emergency of international concern, it shall offer to collaborate with the State Party concerned in assessing the potential for international disease spread, possible interference with international traffic and the adequacy of control measures. Such activities may include collaboration with other standard - setting organizations and the offer to mobilize international assistance in order to support the national authorities in conducting and coordinating on - site assessments. When requested by the State Party, WHO shall provide information supporting such an offer.

3. 世卫组织在收到可能构成国际关注的突发公共卫生事件的信息后，应当表示愿意就评估疾病国际传播的潜势、对国际交通的可能干扰和控制措施是否适当与有关缔约国合作。这种活动可包括与其他制定标准的组织合作以及建议动员国际援助以支持国家当局开展和协调现场评估。在缔约国提出要求时，世卫组织应当提供支持上述建议的信息。

4. If the State Party does not accept the offer of collaboration, WHO may, when justified by the magnitude of the public health risk, share with other States Parties the information available to it, whilst encouraging the State Party to accept the offer of collaboration by WHO, taking into account the views of the State Party concerned.

4. 倘若该缔约国不接受合作建议，当公共卫生危害的规模证实有必要时，世卫组织可与其他缔约国共享可获得的信息，并在考虑到有关缔约国意见的情况下鼓励该缔约国接受世卫组织的合作建议。

Article 11 Provision of information by WHO

第十一条　世卫组织提供信息

1. Subject to paragraph 2 of this Article, WHO shall send to all States

Parties and, as appropriate, to relevant intergovernmental organizations, as soon as possible and by the most efficient means available, in confidence, such public health information which it has received under Articles 5 to 10 inclusive and which is necessary to enable States Parties to respond to a public health risk. WHO should communicate information to other States Parties that might help them in preventing the occurrence of similar incidents.

1. 按照本条第2款，世卫组织应当通过目前最有效的途径尽快秘密向所有缔约国并酌情向相关政府间组织发送按第五～十条（含第十条）规定收到并是使该缔约国能够应付公共卫生危害所必需的公共卫生信息。世卫组织应向其他缔约国通报可帮助它们防范发生类似事件的信息。

2. WHO shall use information received under Articles 6 and 8 and paragraph 2 of Article 9 for verification, assessment and assistance purposes under these Regulations and, unless otherwise agreed with the States Parties referred to in those provisions, shall not make this information generally available to other States Parties, until such time as:

(a) the event is determined to constitute a public health emergency of international concern in accordance with Article 12; or

(b) information evidencing the international spread of the infection or contamination has been confirmed by WHO in accordance with established epidemiological principles; or

(c) there is evidence that:

(i) control measures against the international spread are unlikely to succeed because of the nature of the contamination, disease agent, vector or reservoir; or

(ii) the State Party lacks sufficient operational capacity to carry out necessary measures to prevent further spread of disease; or

(d) the nature and scope of the international movement of travellers, baggage, cargo, containers, conveyances, goods or postal parcels that may be affected by the infection or contamination requires the immediate application of international control measures.

2. 世卫组织应当利用按第六条和第八条及第九条第 2 款收到的信息，根据本条例的规定进行核实、评估和援助，但不得将此类信息广泛提供给其他缔约国，除非与以上条款所涉的缔约国另有协议，直至：

（1）按第十二条该事件被确定为构成国际关注的突发公共卫生事件；或

（2）根据既定的流行病学原则，世卫组织确认了证明感染或污染在国际间传播的信息；或

（3）有证据表明：

①由于污染、病原体、媒介或宿主的性质，控制国际传播的措施不可能取得成功；或

②缔约国缺乏为防止疾病进一步传播采取必要措施的实际能力；或

（4）鉴于可能受到感染或污染的旅行者、行李、货物、集装箱、交通工具、物品或邮包国际流动的性质和范围，必须立即采取国际控制措施。

3. WHO shall consult with the State Party in whose territory the event is occurring as to its intent to make information available under this Article.

3. 世卫组织应当与在其领土内发生事件的缔约国就按本条公开信息的意图进行协商。

4. When information received by WHO under paragraph 2 of this Article is made available to States Parties in accordance with these Regulations, WHO may also make it available to the public if other information about the same event has already become publicly available and there is a need for the dissemination of authoritative and independent information.

4. 如果有关同一事件的其他信息已经公开，而且有必要宣传有权威和独立的信息，根据本条例，世卫组织在将按本条第 2 款收到的信息通报缔约国的同时，也可向公众公开上述信息。

Article 12 Determination of a public health emergency of international concern

第十二条 国际关注的突发公共卫生事件的确定

1. The Director – General shall determine, on the basis of the information received, in particular from the State Party within whose territory an event is occurring, whether an event constitutes a public health emergency of international concern in accordance with the criteria and the procedure set out in these Regulations.

1. 根据收到的信息，特别是从本国领土上正发生事件的缔约国收到的信息，总干事应当按照本条例规定的标准和程序确定该事件是否构成国际关注的突发公共卫生事件。

2. If the Director – General considers, based on an assessment under these Regulations, that a public health emergency of international concern is occurring, the Director – General shall consult with the State Party in whose territory the event arises regarding this preliminary determination. If the Director – General and the State Party are in agreement regarding this determination, the Director – General shall, in accordance with the procedure set forth in Article 49, seek the views of the Committee established under Article 48 (hereinafter the "Emergency Committee") on appropriate temporary recommendations.

2. 如果依据本条例规定进行的评估总干事认为正发生国际关注的突发公共卫生事件，则应当与本国领土上发生事件的缔约国就初步决定进行磋商。如果总干事和缔约国对决定意见一致，总干事应当根据第四十九条规定的程序就适宜的临时建议征求按第四十八条成立的委员会(以下统称“突发事件委员会”)的意见。

3. If, following the consultation in paragraph 2 above, the Director - General and the State Party in whose territory the event arises do not come to a consensus within 48 hours on whether the event constitutes a public health emergency of international concern, a determination shall be made in accordance with the procedure set forth in Article 49.

3. 在以上第2款的磋商之后,如果总干事和本国领土上发生事件的缔约国未能在48小时内就事件是否构成国际关注的突发公共卫生事件取得一致意见,应当按照第四十九条规定的程序做出决定。

4. In determining whether an event constitutes a public health emergency of international concern, the Director - General shall consider:

(a) information provided by the State Party;

(b) the decision instrument contained in Annex 2;

(c) the advice of the Emergency Committee;

(d) scientific principles as well as the available scientific evidence and other relevant information; and

(e) an assessment of the risk to human health, of the risk of international spread of disease and of the risk of interference with international traffic.

4. 在决定某个事件是否构成国际关注的突发公共卫生事件时,总干事应当考虑:

(1) 缔约国提供的信息;

(2) 附件2所含的决策文件;

(3) 突发事件委员会的建议;

(4) 科学原则以及现有的科学依据和其他有关信息;以及

(5) 对人类健康危险度、疾病国际传播风险和对国际交通干扰危险度的评估。

5. If the Director – General, following consultations with the State Party within whose territory the public health emergency of international concern has occurred, considers that a public health emergency of international concern has ended, the Director – General shall take a decision in accordance with the procedure set out in Article 49.

5. 经与本国领土上发生国际关注的突发公共卫生事件的缔约国磋商后，如果总干事认为一起国际关注的突发公共卫生事件业已结束，总干事应当按照第四十九条规定的程序做出决定。

Article 13 Public health response

第十三条　公共卫生应对措施

1. Each State Party shall develop, strengthen and maintain, as soon as possible but no later than five years from the entry into force of these Regulations for that State Party, the capacity to respond promptly and effectively to public health risks and public health emergencies of international concern as set out in Annex 1. WHO shall publish, in consultation with Member States, guidelines to support States Parties in the development of public health response capacities.

1. 每一缔约国应当按照附件 1 的要求尽速、但自本条例对该缔约国生效之日起不迟于五年，发展、加强和维持快速和有效应对公共卫生危害和国际关注的突发公共卫生事件的能力。世卫组织应当与会员国协商，发表指导方针以支持缔约国发展公共卫生应对能力。

2. Following the assessment referred to in paragraph 2, Part A of Annex 1, a State Party may report to WHO on the basis of a justified need and an implementation plan and, in so doing, obtain an extension of two years in which to fulfil the obligation in paragraph 1 of this Article. In exceptional circumstances and supported by a new implementation plan, the State Party may

request a further extension not exceeding two years from the Director – General, who shall make the decision, taking into account the technical advice of the Review Committee. After the period mentioned in paragraph 1 of this Article, the State Party that has obtained an extension shall report annually to WHO on progress made towards the full implementation.

2. 在附件1A部分第2款所述的评估之后，缔约国可根据正当需要和实施计划向世卫组织报告，从而获得两年的延长期以履行本条第1款规定的义务。在特殊情况下并在一项新的实施计划的支持下，缔约国可向总干事要求不超过两年的进一步延长，总干事应该考虑审评委员会的技术意见并做出决定。在本条第1款所述的时期之后，获得延期的缔约国应每年向世卫组织报告全面实施方面的进展。

3. At the request of a State Party, WHO shall collaborate in the response to public health risks and other events by providing technical guidance and assistance and by assessing the effectiveness of the control measures in place, including the mobilization of international teams of experts for on – site assistance, when necessary.

3. 在缔约国的要求下，世卫组织应当通过提供技术指导和援助以及通过对所采取的控制措施的有效性评估（包括在必要时调动开展现场援助国际专家组）进行合作，以应对公共卫生危害和其他事件。

4. If WHO, in consultation with the States Parties concerned as provided in Article 12, determines that a public health emergency of international concern is occurring, it may offer, in addition to the support indicated in paragraph 3 of this Article, further assistance to the State Party, including an assessment of the severity of the international risk and the adequacy of control measures. Such collaboration may include the offer to mobilize international assistance in order to support the national authorities in conducting and coordinating on – site

assessments. When requested by the State Party, WHO shall provide information supporting such an offer.

4. 根据第十二条经与有关缔约国磋商后，如果世卫组织确定正发生国际关注的突发公共卫生事件，除本条第3款所示的支持外，它还可向缔约国提供进一步的援助，其中包括评估国际危害的严重性和控制措施是否适当。这种合作可包括建议动员国际援助以支持国家当局开展和协调现场评估。当缔约国提出要求时，世卫组织应当提供支持此类建议的信息。

5. When requested by WHO, States Parties should provide, to the extent possible, support to WHO – coordinated response activities.

5. 在世卫组织的要求下，缔约国应当尽最大可能对世卫组织协调的应对活动提供支持。

6. When requested, WHO shall provide appropriate guidance and assistance to other States Parties affected or threatened by the public health emergency of international concern.

6. 当有要求时，世卫组织应当向受到国际关注的突发公共卫生事件影响或威胁的其他缔约国提供适宜的指导和援助。

Article 14 Cooperation of WHO with intergovernmental organizations and international bodies

第十四条　世卫组织与政府间组织和国际机构的合作

1. WHO shall cooperate and coordinate its activities, as appropriate, with other competent intergovernmental organizations or international bodies in the implementation of these Regulations, including through the conclusion of agreements and other similar arrangements.

1. 世卫组织在实施本条例时应当酌情与其他有关政府间组织或国际机构合作并协调其活动，其中包括通过缔结协定和其他类似的安排。

2. In cases in which notification or verification of, or response to, an event

is primarily within the competence of other intergovernmental organizations or international bodies, WHO shall coordinate its activities with such organizations or bodies in order to ensure the application of adequate measures for the protection of public health.

2. 如果通报、核实或应对某个事件主要属于其他政府间组织或国际机构的职责范围，则世卫组织应当与该组织或机构协调活动，以便确保为保护公众健康采取适当的措施。

3. Notwithstanding the foregoing, nothing in these Regulations shall preclude or limit the provision by WHO of advice, support, or technical or other assistance for public health purposes.

3. 尽管如前所述，本条例不应阻止或限制世卫组织出于公共卫生目的而提供建议、支持或给予技术或其他援助。

PART III—RECOMMENDATIONS

第三编——建议

Article 15 Temporary recommendations

第十五条　临时建议

1. If it has been determined in accordance with Article 12 that a public health emergency of international concern is occurring, the Director – General shall issue temporary recommendations in accordance with the procedure set out in Article 49. Such temporary recommendations may be modified or extended as appropriate, including after it has been determined that a public health emergency of international concern has ended, at which time other temporary recommendations may be issued as necessary for the purpose of preventing or promptly detecting its recurrence.

1. 若按第十二条确定正发生国际关注的突发公共卫生事件，总干事应当根据第四十九条规定的程序发布临时建议。可酌情（包括在确定国际关注的突发公共卫生事件已经结束后）修改或延续此类临时建议，此时也可按需要发布旨在预防或迅速发现其卷土重来的其他临时建议。

2. Temporary recommendations may include health measures to be implemented by the State Party experiencing the public health emergency of international concern, or by other States Parties, regarding persons, baggage, cargo, containers, conveyances, goods and/or postal parcels to prevent or reduce the international spread of disease and avoid unnecessary interference with international traffic.

2. 临时建议可包括遭遇国际关注的突发公共卫生事件的缔约国或其他缔约国对人员、行李、货物、集装箱、交通工具、物品和（或）邮包拟采取的卫生措施，其目的在于防止或减少疾病的国际传播和避免对国际交通的不必要干扰。

3. Temporary recommendations may be terminated in accordance with the procedure set out in Article 49 at any time and shall automatically expire three months after their issuance. They may be modified or extended for additional periods of up to three months. Temporary recommendations may not continue beyond the second World Health Assembly after the determination of the public health emergency of international concern to which they relate.

3. 临时建议可根据第四十九条规定的程序随时撤消，并应在公布三个月后自动失效。临时建议可修改或再延续三个月。临时建议至多可持续到确定与其有关的国际关注的突发公共卫生事件之后的第二届世界卫生大会。

Article 16 Standing recommendations

第十六条　长期建议

WHO may make standing recommendations of appropriate health measures in accordance with Article 53 for routine or periodic application. Such measures may be applied by States Parties regarding persons, baggage, cargo, containers, conveyances, goods and/or postal parcels for specific, ongoing public health risks in order to prevent or reduce the international spread of disease and avoid unnecessary interference with international traffic. WHO may, in accordance with Article 53, modify or terminate such recommendations, as appropriate.

世卫组织可根据第五十三条提出关于常规或定期采取适宜卫生措施的长期建议。缔约国可针对正发生的特定公共卫生危害对人员、行李、货物、集装箱、交通工具、物品和（或）邮包采取以上措施，其目的为防止或减少疾病的国际传播和避免对国际交通的不必要干扰。世卫组织可根据第五十三条适时修改或撤消长期建议。

Article 17 Criteria for recommendations

第十七条　建议的标准

When issuing, modifying or terminating temporary or standing recommendations, the Director – General shall consider:

(a) the views of the States Parties directly concerned;

(b) the advice of the Emergency Committee or the Review Committee, as the case may be;

(c) scientific principles as well as available scientific evidence and information;

(d) health measures that, on the basis of a risk assessment appropriate to the circumstances, are not more restrictive of international traffic and trade and are not more intrusive to persons than reasonably available alternatives that would achieve the appropriate level of health protection;

(e) relevant international standards and instruments;

(f) activities undertaken by other relevant intergovernmental organizations and international bodies; and

(g) other appropriate and specific information relevant to the event.

With respect to temporary recommendations, the consideration by the Director – General of subparagraphs (e) and (f) of this Article may be subject to limitations imposed by urgent circumstances.

总干事在发布、修改或撤消临时或长期建议时应当考虑:

(1) 有直接关系的缔约国的意见;

(2) 视情况,突发事件委员会或审查委员会的建议;

(3) 科学原则以及现有的科学证据和信息;

(4) 根据符合实际情况的危险度评估所采取的卫生措施对国际交通和贸易的限制和对人员的干扰并不大于可合理采取并能实现适当程度保护健康的其他措施;

(5) 相应的国际标准和文件;

(6) 其他相关政府间组织和国际机构开展的活动;以及

(7) 其他有关事件的适宜和具体信息。

对于临时建议,总干事在本条第(4)款和第(5)款中的考虑可因情况紧急而受到限制。

Article 18 Recommendations with respect to persons, baggage, cargo, containers, conveyances, goods and postal parcels

第十八条 针对人员、行李、货物、集装箱、交通工具、物品和邮包的建议

1. Recommendations issued by WHO to States Parties with respect to persons may include the following advice:

—no specific health measures are advised;

—review travel history in affected areas;

—review proof of medical examination and any laboratory analysis;

—require medical examinations;

—review proof of vaccination or other prophylaxis;

—require vaccination or other prophylaxis;

—place suspect persons under public health observation;

—implement quarantine or other health measures for suspect persons;

—implement isolation and treatment where necessary of affected persons;

—implement tracing of contacts of suspect or affected persons;

—refuse entry of suspect and affected persons;

—refuse entry of unaffected persons to affected areas; and

—implement exit screening and/or restrictions on persons from affected areas.

1. 世卫组织针对人员向缔约国发布的建议可包括以下意见：

—不必采取特定的卫生措施；

—审查在受染地区的旅行史；

—审查医学检查证明和任何实验室分析结果；

—需要做医学检查；

—审查疫苗接种或其他预防措施的证明；

—需要接种疫苗或采取其他预防措施；

—对嫌疑者进行公共卫生观察；

—对嫌疑者实行检疫或其他卫生措施；

—对受染者实行隔离并进行必要的治疗；

—追踪与嫌疑或受染者接触的人员；

—不准嫌疑或受染者入境；

—拒绝未感染的人员进入受染地区；以及

—进行出境检查并（或）限制来自受染地区的人员出境。

2. Recommendations issued by WHO to States Parties with respect to

baggage, cargo, containers, conveyances, goods and postal parcels may include the following advice:

—no specific health measures are advised;

—review manifest and routing;

—implement inspections;

—review proof of measures taken on departure or in transit to eliminate infection or contamination;

—implement treatment of the baggage, cargo, containers, conveyances, goods, postal parcels or human remains to remove infection or contamination, including vectors and reservoirs;

—the use of specific health measures to ensure the safe handling and transport of human remains;

—implement isolation or quarantine;

—seizure and destruction of infected or contaminated or suspect baggage, cargo, containers, conveyances, goods or postal parcels under controlled conditions if no available treatment or process will otherwise be successful; and

—refuse departure or entry.

2. 世卫组织针对行李、货物、集装箱、交通工具、物品和邮包向缔约国发布的建议可包括以下意见:

—不必采取特定的卫生措施;

—审查载货清单和航行路线;

—实行检查;

—审查离境或过境时采取消除感染或污染措施的证明;

—处理行李、货物、集装箱、交通工具、物品、邮包或骸骨以消除感染或污染源(包括病媒和宿主);

—采取具体卫生措施以确保安全处理和运输骸骨;

—实行隔离或检疫；

—如果现有的一切处理或操作方法均不成功，则在监控的情况下查封和销毁受感染或污染或者嫌疑的行李、货物、集装箱、交通工具、物品或邮包；以及

—不准离境或入境。

PART IV—POINTS OF ENTRY

第四编——入境口岸

Article 19 General obligations

第十九条　总职责

Each State Party shall, in addition to the other obligations provided for under these Regulations:

(a) ensure that the capacities set forth in Annex 1 for designated points of entry are developed within the timeframe provided in paragraph 1 of Article 5 and paragraph 1 of Article 13;

(b) identify the competent authorities at each designated point of entry in its territory; and

(c) furnish to WHO, as far as practicable, when requested in response to a specific potential public health risk, relevant data concerning sources of infection or contamination, including vectors and reservoirs, at its points of entry, which could result in international disease spread.

除本条例规定的其他职责外，每个缔约国应当：

(1) 确保附件 1 规定的指定入境口岸的能力按第五条第 1 款和第十三条第 1 款规定的期限内得到加强；

(2) 确定负责本国领土上每个指定入境口岸的主管当局；并

(3) 当为应对特定的潜在公共卫生危害提出要求时，尽量切实可行地

向世卫组织提供有关入境口岸感染或污染源（包括媒介和宿主）的相关资料，因此类感染或污染有可能导致疾病的国际传播。

Article 20 Airports and ports

第二十条　机场和港口

1. States Parties shall designate the airports and ports that shall develop the capacities provided in Annex 1.

1. 缔约国应当指定理应加强附件 1 规定的能力的机场和港口。

2. States Parties shall ensure that Ship Sanitation Control Exemption Certificates and Ship Sanitation Control Certificates are issued in accordance with the requirements in Article 39 and the model provided in Annex 3.

2. 缔约国应当确保：根据第三十九条的要求和附件 3 的示范格式签发船舶免予卫生控制证书和船舶卫生控制证书。

3. Each State Party shall send to WHO a list of ports authorized to offer：

（a）the issuance of Ship Sanitation Control Certificates and the provision of the services referred to in Annexes 1 and 3；or

（b） the issuance of Ship Sanitation Control Exemption Certificates only；and

（c）extension of the Ship Sanitation Control Exemption Certificate for a period of one month until the arrival of the ship in the port at which the Certificate may be received. Each State Party shall inform WHO of any changes which may occur to the status of the listed ports. WHO shall publish the information received under this paragraph.

3. 每个缔约国应当向世卫组织寄送被授予以下权限的港口名单：

（1）签发船舶卫生控制证书和提供附件 1 和附件 3 提及的服务；或

（2）只签发船舶免予卫生控制证书；以及

(3) 延长船舶免于卫生控制证书一个月，直至船舶抵达可能收到证书的港口。每个缔约国应当将列入名单的港口情况可能发生的任何改变通知世卫组织。世卫组织应当公布根据本款收到的信息。

4. WHO may, at the request of the State Party concerned, arrange to certify, after an appropriate investigation, that an airport or port in its territory meets the requirements referred to in paragraphs 1 and 3 of this Article. These certifications may be subject to periodic review by WHO, in consultation with the State Party.

4. 在有关缔约国的要求下，世卫组织可以在经适当调查后设法证明：在其领土上的机场或港口符合本条第 1 款和第 3 款的要求。以上证明材料可由世卫组织在与缔约国协商下定期审核。

5. WHO, in collaboration with competent intergovernmental organizations and international bodies, shall develop and publish the certification guidelines for airports and ports under this Article. WHO shall also publish a list of certified airports and ports.

5. 世卫组织在与相关政府间组织和国际机构的合作下，应当制订和公布按本条规定为机场和港口颁发证书的准则。世卫组织还应该发布经认证的机场和港口的清单。

Article 21 Ground crossings

第二十一条 陆地过境点

1. Where justified for public health reasons, a State Party may designate ground crossings that shall develop the capacities provided in Annex 1, taking into consideration:

(a) the volume and frequency of the various types of international traffic, as compared to other points of entry, at a State Party's ground crossings which might be designated; and

(b) the public health risks existing in areas in which the international traffic originates, or through which it passes, prior to arrival at a particular ground crossing.

1. 当出于公共卫生原因有正当理由时，缔约国可指定陆地过境点，后者应加强附件1规定的能力，并考虑到：

(1) 缔约国可能指定的陆地过境点与其他入境口岸相比，各类型国际交通的流量和频率；以及

(2) 国际交通起源地或到达特定陆地过境点之前所通过地区存在的公共卫生危害。

2. States Parties sharing common borders should consider:

(a) entering into bilateral or multilateral agreements or arrangements concerning prevention or control of international transmission of disease at ground crossings in accordance with Article 57; and

(b) joint designation of adjacent ground crossings for the capacities in Annex 1 in accordance with paragraph 1 of this Article.

2. 拥有共同边界的缔约国应考虑：

(1) 根据第五十七条就预防或控制疾病在陆地过境点的国际传播达成双边或多边协定或安排；以及

(2) 按本条第1款联合指定具备附件1中所规定能力的邻近陆地过境点。

Article 22 Role of competent authorities

第二十二条　主管当局的作用

1. The competent authorities shall:

(a) be responsible for monitoring baggage, cargo, containers, conveyances, goods, postal parcels and human remains departing and arriving from affected areas, so that they are maintained in such a condition that they are free of sources of infection or contamination, including vectors and reservoirs;

(b) ensure, as far as practicable, that facilities used by travellers at points of entry are maintained in a sanitary condition and are kept free of sources of infection or contamination, including vectors and reservoirs;

(c) be responsible for the supervision of any deratting, disinfection, disinsection or decontamination of baggage, cargo, containers, conveyances, goods, postal parcels and human remains or sanitary measures for persons, as appropriate under these Regulations;

(d) advise conveyance operators, as far in advance as possible, of their intent to apply control measures to a conveyance, and shall provide, where available, written information concerning the methods to be employed;

(e) be responsible for the supervision of the removal and safe disposal of any contaminated water or food, human or animal dejecta, wastewater and any other contaminated matter from a conveyance;

(f) take all practicable measures consistent with these Regulations to monitor and control the discharge by ships of sewage, refuse, ballast water and other potentially disease - causing matter which might contaminate the waters of a port, river, canal, strait, lake or other international waterway;

(g) be responsible for supervision of service providers for services concerning travellers, baggage, cargo, containers, conveyances, goods, postal parcels and human remains at points of entry, including the conduct of inspections and medical examinations as necessary;

(h) have effective contingency arrangements to deal with an unexpected public health event; and

(i) communicate with the National IHR Focal Point on the relevant public health measures taken pursuant to these Regulations.

1. 主管当局应当：

（1）负责检测从受染地区离开或到达的行李、货物、集装箱、交通工具、物品、邮包和骸骨，以便其始终保持无感染或污染源（包括媒介和宿主）的状态；

（2）尽量切实可行地确保旅行者在入境口岸使用的设施维持合乎卫生的状态并保持无感染或污染源（包括媒介和宿主）；

（3）按本条例要求负责监督对行李、货物、集装箱、交通工具、物品、邮包和骸骨采取的任何灭鼠、消毒、灭虫或除污措施或对人员采取的任何卫生措施；

（4）尽可能事先告知交通工具运营者对交通工具采取控制措施的意向，并应在有条件的情况下提供有关使用方法的书面信息；

（5）负责监督清除和安全处理交通工具中任何受污染的水或食品、人或动物排泄物、废水和任何其他污染物；

（6）采取与本条例相符的一切可行措施，检测和控制船舶排放的污水、垃圾、压舱水和其他有可能引起疾病的物质，因这些均可污染港口、河流、运河、海峡、湖泊或其他国际水道的水域；

（7）负责监督在入境口岸向旅行者、行李、货物、集装箱、交通工具、物品、邮包和骸骨提供服务的人员，必要时包括实施检查和医学检查；

（8）具备有效的应急措施以应对突发公共卫生事件；并

（9）就按本条例采取的相关公共卫生措施同《国际卫生条例》国家归口单位联系。

2. Health measures recommended by WHO for travellers, baggage, cargo, containers, conveyances, goods, postal parcels and human remains arriving from an affected area may be reapplied on arrival, if there are verifiable indications and/or evidence that the measures applied on departure from the

affected area were unsuccessful.

2. 如有确实迹象和(或)证据表明从受染地区出发时采取的措施并不成功,则可对来自该受染地区的旅行者、行李、货物、集装箱、交通工具、物品、邮包和骸骨在到达时重新采取世卫组织建议的卫生措施。

3. Disinsection, deratting, disinfection, decontamination and other sanitary procedures shall be carried out so as to avoid injury and as far as possible discomfort to persons, or damage to the environment in a way which impacts on public health, or damage to baggage, cargo, containers, conveyances, goods and postal parcels.

3. 在进行灭虫、灭鼠、消毒、除污和其他卫生措施时,应避免伤害个人并尽可能避免造成不适,或避免损害环境以致影响公共卫生,或损坏行李、货物、集装箱、交通工具、物品和邮包。

PART V—PUBLIC HEALTH MEASURES

第五编——公共卫生措施

Chapter I—General provisions

第一章——总则

Article 23 Health measures on arrival and departure

第二十三条 到达和离开时的卫生措施

1. Subject to applicable international agreements and relevant articles of these Regulations, a State Party may require for public health purposes, on arrival or departure:

(a) with regard to travellers:

(i) information concerning the traveller's destination so that the traveller may be contacted;

(ii) information concerning the traveller's itinerary to ascertain if there was any travel in or near an affected area or other possible contacts with infection or contamination prior to arrival, as well as review of the traveller's health documents if they are required under these Regulations; and/or

(iii) a non-invasive medical examination which is the least intrusive examination that would achieve the public health objective;

(b) inspection of baggage, cargo, containers, conveyances, goods, postal parcels and human remains.

1. 遵循适用的国际协议和本条例各有关条款，缔约国出于公共卫生目的可要求在到达或离开时：

(1) 对旅行者：

①了解有关该旅行者旅行目的地的情况，以便与其取得联系；

②了解有关该旅行者旅行路线以确认到达前是否在受染地区或其附近进行过旅行或可能接触感染或污染，以及检查旅行者的健康文件（如果按本条例需要此类文件）；和（或）

③进行能够实现公共卫生目标的干扰性最小的非创伤性医学检查；

(2) 对行李、货物、集装箱、交通工具、物品、邮包和骸骨进行检查。

2. On the basis of evidence of a public health risk obtained through the measures provided in paragraph 1 of this Article, or through other means, States Parties may apply additional health measures, in accordance with these Regulations, in particular, with regard to a suspect or affected traveller, on a case-by-case basis, the least intrusive and invasive medical examination that would achieve the public health objective of preventing the international spread of disease.

2. 如通过本条第1款规定的措施或通过其他手段取得的证据表明存在公共卫生危害，缔约国尤其对嫌疑或受染旅行者可在个别情况个别处理的基础上按本条例采取能够实现防范疾病国际传播的公共卫生目标的干扰性和创伤性最小的医学检查等额外卫生措施。

3. No medical examination, vaccination, prophylaxis or health measure under these Regulations shall be carried out on travellers without their prior express informed consent or that of their parents or guardians, except as provided in paragraph 2 of Article 31, and in accordance with the law and international obligations of the State Party.

3. 根据缔约国的法律和国际义务，未经旅行者本人或其父母或监护人的事先知情同意，不得进行本条例规定的医学检查、疫苗接种、预防或卫生措施，但第三十一条第 2 款不在此列。

4. Travellers to be vaccinated or offered prophylaxis pursuant to these Regulations, or their parents or guardians, shall be informed of any risk associated with vaccination or with non – vaccination and with the use or non – use of prophylaxis in accordance with the law and international obligations of the State Party. States Parties shall inform medical practitioners of these requirements in accordance with the law of the State Party.

4. 根据缔约国的法律和国际义务，按本条例接种疫苗或接受预防措施的旅行者本人或其父母或监护人应当被告知接种或不接种疫苗以及采用或不采用预防措施引起的任何风险。缔约国应当根据该国的法律将此要求通知医生。

5. Any medical examination, medical procedure, vaccination or other prophylaxis which involves a risk of disease transmission shall only be performed on, or administered to, a traveller in accordance with established national or international safety guidelines and standards so as to minimize such a risk.

5. 对旅行者实行或施行涉及疾病传播危险的任何医学检查、医学操作、疫苗接种或其他预防措施时，必须根据既定的国家或国际安全准则和标准，以尽量减少这种危险。

Chapter II—Special provisions for conveyances and conveyance operators

第二章——对交通工具和交通工具运营者的特别条款

Article 24 Conveyance operators

第二十四条　交通工具运营者

1. States Parties shall take all practicable measures consistent with these Regulations to ensure that conveyance operators:

(a) comply with the health measures recommended by WHO and adopted by the State Party;

(b) inform travellers of the health measures recommended by WHO and adopted by the State Party for application on board;

and (c) permanently keep conveyances for which they are responsible free of sources of infection or contamination, including vectors and reservoirs. The application of measures to control sources of infection or contamination may be required if evidence is found.

1. 缔约国应当采取符合本条例的一切可行措施，确保交通工具运营者：

（1）遵守世卫组织建议并经缔约国采纳的卫生措施；

（2）告知旅行者世卫组织建议并经缔约国采纳的舱内卫生措施；并

（3）经常保持所负责的交通工具无感染或污染源（包括媒介和宿主）状态。如果发现有感染或污染源的证据，需要采取相应的控制措施。

2. Specific provisions pertaining to conveyances and conveyance operators under this Article are provided in Annex 4. Specific measures applicable to conveyances and conveyance operators with regard to vector - borne diseases are provided in Annex 5.

2. 本条对交通工具和交通工具运营者的具体规定见附件4。在媒介传播疾病方面，适用于交通工具和交通工具运营者的具体措施见附件5。

Article 25 Ships and aircraft in transit

第二十五条　过境船舶和飞机

Subject to Articles 27 and 43 or unless authorized by applicable international agreements, no health measure shall be applied by a State Party to:

(a) a ship not coming from an affected area which passes through a maritime canal or waterway in the territory of that State Party on its way to a port in the territory of another State. Any such ship shall be permitted to take on, under the supervision of the competent authority, fuel, water, food and supplies;

(b) a ship which passes through waters within its jurisdiction without calling at a port or on the coast; and

(c) an aircraft in transit at an airport within its jurisdiction, except that the aircraft may be restricted to a particular area of the airport with no embarking and disembarking or loading and discharging. However, any such aircraft shall be permitted to take on, under the supervision of the competent authority, fuel, water, food and supplies.

除第二十七和四十三条另有规定或经适用的国际协议授权之外，缔约国对以下情况不得采取卫生措施：

（1）不是来自受染地区、在前往另一国家领土港口的途中经过该缔约国领土的沿海运河或航道的船舶。在主管当局监督下应当允许任何此类船舶添加燃料、水、食物和供应品；

（2）通过该缔约国管辖的航道、但不在港口或沿岸停靠的任何船舶；以及

（3）在该缔约国管辖的机场过境的飞机，但可限制飞机停靠在机场的特定区域，不得上下人员和装卸货物。然而，在主管当局监督下应当允许任何此类飞机添加燃料、水、食物和供应品。

Article 26 Civilian lorries, trains and coaches in transit

第二十六条　过境的民用卡车、火车和客车

Subject to Articles 27 and 43 or unless authorized by applicable international agreements, no health measure shall be applied to a civilian lorry, train or coach not coming from an affected area which passes through a territory without embarking, disembarking, loading or discharging.

除第二十七条和第四十三条另有规定或经适用的国际协议授权之外，不得对来自非疫区并在无人员上下和装卸货物的情况下通过领土的民用卡车、火车或客车采取卫生措施。

Article 27 Affected conveyances

第二十七条　受染交通工具

1. If clinical signs or symptoms and information based on fact or evidence of a public health risk, including sources of infection and contamination, are found on board a conveyance, the competent authority shall consider the conveyance as affected and may:

(a) disinfect, decontaminate, disinsect or derat the conveyance, as appropriate, or cause these measures to be carried out under its supervision; and

(b) decide in each case the technique employed to secure an adequate level of control of the public health risk as provided in these Regulations. Where there are methods or materials advised by WHO for these procedures, these should be employed, unless the competent authority determines that other methods are as safe and reliable.

The competent authority may implement additional health measures, including isolation of the conveyances, as necessary, to prevent the spread of disease. Such additional measures should be reported to the National IHR Focal Point.

1. 如果根据公共卫生危害的事实和证据发现交通工具舱内存在着临床迹象或症状和情况（包括感染和污染源），主管当局应当认为该交通工具受染，并可：

（1）对交通工具进行适宜的消毒、除污、除虫或灭鼠，或使上述措施在其监督下进行；并

（2）结合每个具体情况决定所采取的技术，以保证按本条例的规定充分控制公共卫生危害。若世卫组织为此程序有建议的方法或材料，应予以采用，除非主管当局认为其他方法也同样安全和可靠。

主管当局可执行补充卫生措施，包括必要时隔离交通工具，以预防疾病传播。应该向《国际卫生条例》国家归口单位报告这类补充措施。

2. If the competent authority for the point of entry is not able to carry out the control measures required under this Article, the affected conveyance may nevertheless be allowed to depart, subject to the following conditions:

(a) the competent authority shall, at the time of departure, inform the competent authority for the next known point of entry of the type of information referred to under subparagraph (b); and

(b) in the case of a ship, the evidence found and the control measures required shall be noted in the Ship Sanitation Control Certificate.

Any such conveyance shall be permitted to take on, under the supervision of the competent authority, fuel, water, food and supplies.

2. 如果入境口岸的主管当局不具备执行本条要求的控制措施的实力，受染交通工具在符合以下条件的情况下可允许离港：

（1）主管当局应当在离港之际向下一个已知入境口岸的主管当局提供第（2）项提及的信息；以及

（2）如为船舶，则在船舶卫生控制证书中应当注明所发现的证据和需要采取的控制措施。

应当允许任何此类船舶在主管当局监督下添加燃料、水、食品和供应品。

3. A conveyance that has been considered as affected shall cease to be regarded as such when the competent authority is satisfied that:

（a）the measures provided in paragraph 1 of this Article have been effectively carried out；and

（b）there are no conditions on board that could constitute a public health risk.

3. 主管当局对以下情况表示满意时，曾被认为受染的交通工具应不再被如是对待：

（1）本条第 1 款规定的措施已得到有效执行；以及

（2）舱内无构成公共卫生危害的情况。

Article 28 Ships and aircraft at points of entry

第二十八条　入境口岸的船舶和飞机

1. Subject to Article 43 or as provided in applicable international agreements, a ship or an aircraft shall not be prevented for public health reasons from calling at any point of entry. However, if the point of entry is not equipped for applying health measures under these Regulations, the ship or aircraft may be ordered to proceed at its own risk to the nearest suitable point of entry available to it, unless the ship or aircraft has an operational problem which would make this diversion unsafe.

1. 除第四十三条或适用的国际协议另有规定之外，不应当因公共卫生原因而阻止船舶或飞机在任何入境口岸停靠。但是，如果入境口岸不具备执行本条例规定的卫生措施的能力，可命令船舶或飞机在自担风险的情况下驶往可到达的最近适宜入境口岸，除非该船舶或飞机有会使更改航程不安全的操作问题。

2. Subject to Article 43 or as provided in applicable international agreements, ships or aircraft shall not be refused free pratique by States Parties for public health reasons；in particular they shall not be prevented from embarking or disembarking, discharging or loading cargo or stores, or taking

on fuel, water, food and supplies. States Parties may subject the granting of free pratique to inspection and, if a source of infection or contamination is found on board, the carrying out of necessary disinfection, decontamination, disinsection or deratting, or other measures necessary to prevent the spread of the infection or contamination.

2. 除第四十三条或适用的国际协议另有规定之外，缔约国不应当出于公共卫生理由拒绝授予船舶或飞机“无疫通行”；特别是不应当阻止它上下乘员、装卸货物或储备用品，或添加燃料、水、食品和供应品。缔约国可在授予“无疫通行”前进行检查，若舱内发现感染或污染源，则可要求进行必要的消毒、除污、灭虫或灭鼠，或者采取其他必要措施防止感染或污染传播。

3. Whenever practicable and subject to the previous paragraph, a State Party shall authorize the granting of free pratique by radio or other communication means to a ship or an aircraft when, on the basis of information received from it prior to its arrival, the State Party is of the opinion that the arrival of the ship or aircraft will not result in the introduction or spread of disease.

3. 在可行的情况下和按上一款，缔约国如根据船舶或飞机到达前收到的信息认为该船舶或飞机的到达不会引起或传播疾病，则应当通过无线通讯或其他通讯方式授予无疫。

4. Officers in command of ships or pilots in command of aircraft, or their agents, shall make known to the port or airport control as early as possible before arrival at the port or airport of destination any cases of illness indicative of a disease of an infectious nature or evidence of a public health risk on board as soon as such illnesses or public health risks are made known to the officer or pilot. This information must be immediately relayed to the competent authority for the port or airport. In urgent circumstances, such information should be

communicated directly by the officers or pilots to the relevant port or airport authority.

4. 船舶的负责官员或飞机的机长或其代理在到达目的地港口或机场前应当将舱内任何显示出某种传染病迹象的患病者的情况或存在公共卫生危害的证据在负责官员或机长一俟获知存在这类病情或公共卫生危害后便尽早通知港口或机场管制部门。此信息必须立即告知港口或机场的主管当局。在紧急情况下，负责官员或机长应直接向有关港口或机场主管当局通报此类信息。

5. The following shall apply if a suspect or affected aircraft or ship, for reasons beyond the control of the pilot in command of the aircraft or the officer in command of the ship, lands elsewhere than at the airport at which the aircraft was due to land or berths elsewhere than at the port at which the ship was due to berth：

（a）the pilot in command of the aircraft or the officer in command of the ship or other person in charge shall make every effort to communicate without delay with the nearest competent authority；

（b）as soon as the competent authority has been informed of the landing it may apply health measures recommended by WHO or other health measures provided in these Regulations；

（c）unless required for emergency purposes or for communication with the competent authority, no traveller on board the aircraft or ship shall leave its vicinity and no cargo shall be removed from that vicinity, unless authorized by the competent authority；and

（d）when all health measures required by the competent authority have been completed, the aircraft or ship may, so far as such health measures are concerned, proceed either to the airport or port at which it was due to land or berth, or, if for technical reasons it cannot do so, to a conveniently situated airport or port.

5. 如由于非飞机机长或船舶负责官员所能控制的原因，嫌疑受染或受染的飞机或船舶着陆或停泊于不是原定到达的机场或港口，则应当采取以下措施：

(1) 飞机机长或船舶负责官员或其他负责人应当尽一切努力立即与最近的主管当局联系；

(2) 主管当局一旦得知飞机着陆，可采取世卫组织建议的卫生措施或本条例规定的其他卫生措施；

(3) 除非出于紧急情况或与主管当局进行联系的需要，或得到主管当局的批准，否则搭乘飞机或船舶的旅客不得离开飞机或船舶附近，也不得从飞机或船舶附近移动货物；以及

(4) 在执行主管当局要求的所有卫生措施后，如果此类措施圆满完成，飞机或船舶可继续前往原定着陆或停泊的机场或港口，或如因技术原因不能在这里着陆或停泊，可前往位置方便的机场或港口。

6. Notwithstanding the provisions contained in this Article, the officer in command of a ship or pilot in command of an aircraft may take such emergency measures as may be necessary for the health and safety of travellers on board. He or she shall inform the competent authority as early as possible concerning any measures taken pursuant to this paragraph.

6. 虽然有本条所含的条款，船舶的负责官员或飞机的机长可为了舱内旅客的健康和安全而采取认为必需的紧急措施。负责官员或机长应就按本款采取的任何措施尽早告知主管当局。

Article 29 Civilian lorries, trains and coaches at points of entry

第二十九条 入境口岸的民用卡车、火车和客车

WHO, in consultation with States Parties, shall develop guiding principles for applying health measures to civilian lorries, trains and coaches at points of entry and passing through ground crossings.

世卫组织应与缔约国协商，制定对入境口岸和通过陆地过境点的民用卡车、火车和客车所采取卫生措施的指导原则。

Chapter III—Special provisions for travellers

第三章——对旅行者的特别条款

Article 30 Travellers under public health observation

第三十条　接受公共卫生观察的旅行者

Subject to Article 43 or as authorized in applicable international agreements, a suspect traveller who on arrival is placed under public health observation may continue an international voyage, if the traveller does not pose an imminent public health risk and the State Party informs the competent authority of the point of entry at destination, if known, of the traveller's expected arrival. On arrival, the traveller shall report to that authority.

除第四十三条另有规定外或按照适用的国际协议的规定，如在抵达时接受公共卫生观察的可疑旅行者不构成直接的公共卫生危害，而缔约国将其预期到达的时间通知入境口岸的主管当局（如知道），则该旅行者可允许继续国际旅行。该旅行者在抵达后应报告该主管当局。

Article 31 Health measures relating to entry of travellers

第三十一条　与旅行者入境有关的卫生措施

1. Invasive medical examination, vaccination or other prophylaxis shall not be required as a condition of entry of any traveller to the territory of a State Party, except that, subject to Articles 32, 42 and 45, these Regulations do not preclude States Parties from requiring medical examination, vaccination or other prophylaxis or proof of vaccination or other prophylaxis:

(a) when necessary to determine whether a public health risk exists;

（b） as a condition of entry for any travellers seeking temporary or permanent residence;

（c） as a condition of entry for any travellers pursuant to Article 43 or Annexes 6 and 7; or

（d） which may be carried out pursuant to Article 23.

1. 不得将创伤性医学检查、疫苗接种或其他预防措施作为任何旅行者进入某个缔约国领土的条件。但除第三十二条、第四十二条和第四十五条另有规定外，本条例不排除缔约国在以下情况中要求实行医学检查、疫苗接种或其他预防措施或者提供疫苗接种或其他预防措施的证明：

（1） 必要时确定是否存在公共卫生危害；

（2） 作为寻求临时或长期居留的任何旅行者入境的条件；

（3） 按照第四十三条或附件 6 和附件 7 作为任何旅行者入境的条件；或

（4） 按照第二十三条可予以实行。

2. If a traveller for whom a State Party may require a medical examination, vaccination or other prophylaxis under paragraph 1 of this Article fails to consent to any such measure, or refuses to provide the information or the documents referred to in paragraph 1 （a） of Article 23, the State Party concerned may, subject to Articles 32, 42 and 45, deny entry to that traveller. If there is evidence of an imminent public health risk, the State Party may, in accordance with its national law and to the extent necessary to control such a risk, compel the traveller to undergo or advise the traveller, pursuant to paragraph 3 of Article 23, to undergo:

（a） the least invasive and intrusive medical examination that would achieve the public health objective;

（b） vaccination or other prophylaxis; or

（c） additional established health measures that prevent or control the spread of disease, including isolation, quarantine or placing the traveller under public health observation.

2. 如果缔约国按本条第1款要求旅行者接受医学检查、疫苗接种或其他预防措施，而旅行者本人不同意采取任何此类措施或拒绝提供第二十三条第1（1）款提及的信息或文件，则有关缔约国可根据第三十二条、第四十二条和第四十五条拒绝该旅行者入境。若有证据表明存在危急的公共卫生危害，则缔约国根据其国家法规并出于控制此危害的必要，可强迫旅行者接受或根据第二十三条第3款建议旅行者接受：

（1）创伤性和干扰性最小、但可达到公共卫生目的的医学检查；

（2）疫苗接种或其他预防措施；或

（3）预防或控制疾病传播的其他常用的卫生措施，包括隔离、检疫或让旅行者接受公共卫生观察。

第三十二条　旅行者的待遇

Article 32 Treatment of travellers

In implementing health measures under these Regulations, States Parties shall treat travellers with respect for their dignity, human rights and fundamental freedoms and minimize any discomfort or distress associated with such measures, including by:

(a) treating all travellers with courtesy and respect;

(b) taking into consideration the gender, sociocultural, ethnic or religious concerns of travellers; and

(c) providing or arranging for adequate food and water, appropriate accommodation and clothing, protection for baggage and other possessions, appropriate medical treatment, means of necessary communication if possible in a language that they can understand and other appropriate assistance for travellers who are quarantined, isolated or subject to medical examinations or other procedures for public health purposes.

在实行本条例规定的卫生措施时，缔约国应当以尊重其尊严、人权和基本自由的态度对待旅行者，并尽量减少此类措施引起的任何不适或痛苦，其中包括：

（1）以礼待人，尊重所有旅行者；

（2）考虑旅行者在性别、社会文化、种族或宗教方面所关注的问题；以及

（3）向接受检疫、隔离、医学检查或其他公共卫生措施的旅行者提供或安排提供足够的食品和饮水、适宜的住处和衣服，保护其行李和其他财物，给予适宜的医疗、以能被听懂的语言（如可能）提供的必要联络手段和其他适当的帮助。

Chapter IV—Special provisions for goods, containers and container loading areas

第四章——对货物、集装箱和集装箱装卸区的特别条款

Article 33 Goods in transit

第三十三条　转口货物

Subject to Article 43 or unless authorized by applicable international agreements, goods, other than live animals, in transit without transhipment shall not be subject to health measures under these Regulations or detained for public health purposes.

除非第四十三条另有规定或经适用的国际协议授权，否则除活的动物外，无须转运的转口货物不应当接受本条例规定的卫生措施或出于公共卫生目的而被扣留。

Article 34 Container and container loading areas

第三十四条　集装箱和集装箱装卸区

1. States Parties shall ensure, as far as practicable, that container shippers

use international traffic containers that are kept free from sources of infection or contamination, including vectors and reservoirs, particularly during the course of packing.

1. 缔约国应当在可行的情况下确保集装箱托运人在国际航行中使用的集装箱保持无感染或污染源（包括媒介和宿主），特别是在打包过程中。

2. States Parties shall ensure, as far as practicable, that container loading areas are kept free from sources of infection or contamination, including vectors and reservoirs.

2. 缔约国应当在可行的情况下确保集装箱装卸区保持无感染或污染源（包括媒介和宿主）。

3. Whenever, in the opinion of a State Party, the volume of international container traffic is sufficiently large, the competent authorities shall take all practicable measures consistent with these Regulations, including carrying out inspections, to assess the sanitary condition of container loading areas and containers in order to ensure that the obligations contained in these Regulations are implemented.

3. 一旦缔约国认为国际集装箱装卸量非常繁重时，主管当局应当采取符合本条例的一切可行措施（包括进行检查）评估集装箱装卸区和集装箱的卫生状况，以确保本条例规定的义务得到履行。

4. Facilities for the inspection and isolation of containers shall, as far as practicable, be available at container loading areas.

4. 在可行的情况下，集装箱装卸区应配备检查和隔离集装箱的设施。

5. Container consignees and consignors shall make every effort to avoid cross - contamination when multiple - use loading of containers is employed.

5. 如集装箱装卸区具有多种用途，集装箱托运人和受托人应当尽力避免交叉污染。

PART VI—HEALTH DOCUMENTS

第六编——卫生文件

Article 35 General rule

第三十五条 一般规定

No health documents, other than those provided for under these Regulations or in recommendations issued by WHO, shall be required in international traffic, provided however that this Article shall not apply to travellers seeking temporary or permanent residence, nor shall it apply to document requirements concerning the public health status of goods or cargo in international trade pursuant to applicable international agreements. The competent authority may request travellers to complete contact information forms and questionnaires on the health of travellers, provided that they meet the requirements set out in Article 23.

除本条例或世卫组织发布的建议所规定的卫生文件外，在国际航行中不应要求其他卫生文件，但本条不适用于寻求临时或长期居留的旅行者，也不适用于根据适用的国际协议有关国际贸易中物品或货物公共卫生状况的文件要求。主管当局可要求旅行者填写符合第二十三条所规定要求的通讯地址表和关于旅行者健康情况的调查表。

Article 36 Certificates of vaccination or other prophylaxis

第三十六条 疫苗接种或其他预防措施证书

1. Vaccines and prophylaxis for travellers administered pursuant to these Regulations, or to recommendations and certificates relating thereto, shall conform to the provisions of Annex 6 and, when applicable, Annex 7 with regard to specific diseases.

1. 按本条例或建议对旅行者进行的疫苗接种或预防措施以及与此相关的

证书应当符合附件6的规定，适用时应当符合附件7有关特殊疾病的规定。

2. A traveller in possession of a certificate of vaccination or other prophylaxis issued in conformity with Annex 6 and, when applicable, Annex 7, shall not be denied entry as a consequence of the disease to which the certificate refers, even if coming from an affected area, unless the competent authority has verifiable indications and/or evidence that the vaccination or other prophylaxis was not effective.

2. 除非主管当局有可证实的迹象和（或）证据表明疫苗接种或其他预防措施无效，否则持有与附件6和（适用时）附件7相符的疫苗接种或其他预防措施证书的旅行者不应当由于证明中提及的疾病而被拒绝入境，即使该旅行者来自受染地区。

Article 37 Maritime Declaration of Health

第三十七条　海事健康申报单

1. The master of a ship, before arrival at its first port of call in the territory of a State Party, shall ascertain the state of health on board, and, except when that State Party does not require it, the master shall, on arrival, or in advance of the vessel's arrival if the vessel is so equipped and the State Party requires such advance delivery, complete and deliver to the competent authority for that port a Maritime Declaration of Health which shall be countersigned by the ship's surgeon, if one is carried.

1. 船长在到达缔约国领土的第一个停靠港口前应当查清船上的健康情况，而且除非缔约国不要求，否则船长应当在船舶到达后，或到达之前（如果船舶有此配备且缔约国要求事先提交），填写海事健康申报单，并提交给该港口的主管当局；如果带有船医，海事健康申报单则应当有后者的副签。

2. The master of a ship, or the ship's surgeon if one is carried, shall

supply any information required by the competent authority as to health conditions on board during an international voyage.

2. 船长或船医(如果有)应当提供主管当局所要求的有关国际航行中船上卫生状况的任何信息。

3. A Maritime Declaration of Health shall conform to the model provided in Annex 8.

3. 海事健康申报单应当符合附件 8 规定的示范格式。

4. A State Party may decide:

(a) to dispense with the submission of the Maritime Declaration of Health by all arriving ships; or

(b) to require the submission of the Maritime Declaration of Health under a recommendation concerning ships arriving from affected areas or to require it from ships which might otherwise carry infection or contamination.

The State Party shall inform shipping operators or their agents of these requirements.

4. 缔约国可决定:

(1) 免予所有到港船舶提交海事健康申报单;或

(2) 根据对来自受染地区的船舶的建议,要求提交海事健康申报单或要求可能携带感染或污染的船舶提交此文件。

缔约国应当将以上要求通知船舶运营者或其代理。

Article 38 Health Part of the Aircraft General Declaration

第三十八条 飞机总申报单的卫生部分

1. The pilot in command of an aircraft or the pilot's agent, in flight or upon landing at the first airport in the territory of a State Party, shall, to the best of his or her ability, except when that State Party does not require it, complete and deliver to the competent authority for that airport the Health Part

of the Aircraft General Declaration which shall conform to the model specified in Annex 9.

1. 除非缔约国无此要求，飞机机长或其代表在飞行期间或在着陆于缔约国领土的第一个机场后应当尽其所能填写并向该机场的主管当局提交飞机总申报单的卫生部分，后者应符合附件9规定的示范格式。

2. The pilot in command of an aircraft or the pilot's agent shall supply any information required by the State Party as to health conditions on board during an international voyage and any health measure applied to the aircraft.

2. 飞机机长或其代表应当提供缔约国所要求的有关国际航行中机舱卫生状况和飞机采取的卫生措施的任何信息。

3. A State Party may decide:

(a) to dispense with the submission of the Health Part of the Aircraft General Declaration by all arriving aircraft; or

(b) to require the submission of the Health Part of the Aircraft General Declaration under a recommendation concerning aircraft arriving from affected areas or to require it from aircraft which might otherwise carry infection or contamination.

The State Party shall inform aircraft operators or their agents of these requirements.

3. 缔约国可决定：

（1）免予所有到达的飞机提交飞机总申报单的卫生部分；或

（2）根据对来自受染地区飞机的建议要求提交飞机总申报单的卫生部分或要求可能携带感染或污染的飞机提交此文件。

缔约国应当将以上要求通知飞机运营者或其代理。

Article 39 Ship sanitation certificates

第三十九条　船舶卫生证书

1. Ship Sanitation Control Exemption Certificates and Ship Sanitation

Control Certificates shall be valid for a maximum period of six months. This period may be extended by one month if the inspection or control measures required cannot be accomplished at the port.

1. 船舶免于卫生控制措施证书和船舶卫生控制措施证书的有效期最长应为六个月。如果所要求的检查或控制措施不能在港口完成，此期限可延长一个月。

2. If a valid Ship Sanitation Control Exemption Certificate or Ship Sanitation Control Certificate is not produced or evidence of a public health risk is found on board a ship, the State Party may proceed as provided in paragraph 1 of Article 27.

2. 如果未出示有效的船舶免于卫生控制措施证书或船舶卫生控制措施证书，或在舱内发现公共卫生危害的证据，缔约国可根据第二十七条第 1 款行事。

3. The certificates referred to in this Article shall conform to the model in Annex 3.

3. 本条提及的证书应当符合附件 3 的示范格式。

4. Whenever possible, control measures shall be carried out when the ship and holds are empty. In the case of a ship in ballast, they shall be carried out before loading.

4. 只要有可能，控制措施应当在船舶和船舱腾空时进行。如果船舶有压舱物，应在装货前进行。

5. When control measures are required and have been satisfactorily completed, the competent authority shall issue a Ship Sanitation Control Certificate, noting the evidence found and the control measures taken.

5. 如需要进行控制措施，并圆满完成，主管当局应当签发船舶卫生控制措施证书，注明发现的证据和采取的控制措施。

6. The competent authority may issue a Ship Sanitation Control Exemption Certificate at any port specified under Article 20 if it is satisfied that the ship is free of infection and contamination, including vectors and reservoirs. Such a certificate shall normally be issued only if the inspection of the ship has been carried out when the ship and holds are empty or when they contain only ballast or other material, of such a nature or so disposed as to make a thorough inspection of the holds possible.

6. 主管当局如对船舶无感染或污染（包括媒介和宿主）状况表示满意，可在第二十条规定的任何港口签发船舶免于卫生控制措施证书。当船舶和船舱腾空时或只剩下压舱物或其他材料（按其性质和摆放方式可对船舱进行彻底检查）时只有对船舶进行检查后一般才应签发证书。

7. If the conditions under which control measures are carried out are such that, in the opinion of the competent authority for the port where the operation was performed, a satisfactory result cannot be obtained, the competent authority shall make a note to that effect on the Ship Sanitation Control Certificate.

7. 如果执行控制措施的港口主管当局认为，由于执行措施的条件有限，不可能取得满意的结果，主管当局应当在船舶卫生控制措施证书上如实注明。

PART VII—CHARGES

第七编——收费

Article 40 Charges for health measures regarding travellers

第四十条　针对旅行者的卫生措施收费

1. Except for travellers seeking temporary or permanent residence, and subject to paragraph 2 of this Article, no charge shall be made by a State Party pursuant to these Regulations for the following measures for the protection of

public health:

(a) any medical examination provided for in these Regulations, or any supplementary examination which may be required by that State Party to ascertain the health status of the traveller examined;

(b) any vaccination or other prophylaxis provided to a traveller on arrival that is not a published requirement or is a requirement published less than 10 days prior to provision of the vaccination or other prophylaxis;

(c) appropriate isolation or quarantine requirements of travellers;

(d) any certificate issued to the traveller specifying the measures applied and the date of application; or

(e) any health measures applied to baggage accompanying the traveller.

1. 除寻求临时或长期居留的旅行者外，并除本条第 2 款另有规定外，缔约国根据本条例对以下公共卫生保护措施不得收取费用：

（1）根据本条例进行的医学检查，或缔约国为确定被检查旅行者健康状况而可能要求进行的任何补充检查；

（2）为到达旅行者进行的任何疫苗接种或其他预防措施，如其属于非经公布的要求或者在进行疫苗接种或其他预防措施之前不足 10 天公布的要求；

（3）要求对旅行者进行的适当隔离或检疫；

（4）为说明采取的措施和采取措施日期向旅行者颁发的任何证书；或

（5）对旅行者随身行李采取的任何卫生措施。

2. States Parties may charge for health measures other than those referred to in paragraph 1 of this Article, including those primarily for the benefit of the traveller.

2. 缔约国可对除本条第 1 款中提及的卫生措施之外的其他卫生措施，包括主要有益于旅行者的措施，收取费用。

3. Where charges are made for applying such health measures to travellers under these Regulations, there shall be in each State Party only one tariff for such charges and every charge shall:

(a) conform to this tariff;

(b) not exceed the actual cost of the service rendered; and

(c) be levied without distinction as to the nationality, domicile or residence of the traveller concerned.

3. 对按本条例规定对旅行者采取的此类卫生措施收费时，每个缔约国对此类收费只应有一种价目表，而且每次收费应：

（1）与价目表相符；

（2）不超过提供服务的实际成本；以及

（3）一视同仁，对有关旅行者不分国籍、住所或居留地。

4. The tariff, and any amendment thereto, shall be published at least 10 days in advance of any levy thereunder.

4. 价格表及其任何修订应当至少在征收前10天公布。

5. Nothing in these Regulations shall preclude States Parties from seeking reimbursement for expenses incurred in providing the health measures in paragraph 1 of this Article:

(a) from conveyance operators or owners with regard to their employees; or

(b) from applicable insurance sources.

5. 本条例决不阻止缔约国寻求收回在采取本条第1款中卫生措施时产生的费用：

（1）向交通工具运营者或所有者收取的用于其雇员的费用；或

（2）向有关保险来源收取的费用。

6. Under no circumstances shall travellers or conveyance operators be denied the ability to depart from the territory of a State Party pending payment

of the charges referred to in paragraphs 1 or 2 of this Article.

6. 在任何情况下都不得因有待交付本条第 1 款或第 2 款中提及的费用而阻碍旅行者或交通工具运营者离开缔约国领土。

Article 41 Charges for baggage, cargo, containers, conveyances, goods or postal parcels

第四十一条　对行李、货物、集装箱、交通工具、物品或邮包的收费

1. Where charges are made for applying health measures to baggage, cargo, containers, conveyances, goods or postal parcels under these Regulations, there shall be in each State Party only one tariff for such charges and every charge shall:

(a) conform to this tariff;

(b) not exceed the actual cost of the service rendered; and

(c) be levied without distinction as to the nationality, flag, registry or ownership of the baggage, cargo, containers, conveyances, goods or postal parcels concerned. In particular, there shall be no distinction made between national and foreign baggage, cargo, containers, conveyances, goods or postal parcels.

1. 对按本条例规定对行李、货物、集装箱、交通工具、物品或邮包采取的卫生措施收费时，每个缔约国对此类收费只应有一种价目表，而且每次收费应：

（1）与价目表相符；

（2）不超过提供服务的实际成本；以及

（3）一视同仁，对有关行李、货物、集装箱、交通工具、物品或邮包不分国籍、旗帜、注册或所有权。特别是，不应区分是本国的还是外国的行李、货物、集装箱、交通工具、物品或邮包。

2. The tariff, and any amendment thereto, shall be published at least 10

days in advance of any levy thereunder.

2. 价格表及其任何修订应当至少在征收前 10 天公布。

PART VIII—GENERAL PROVISIONS

第八编——一般条款

Article 42 Implementation of health measures

第四十二条　卫生措施的执行

Health measures taken pursuant to these Regulations shall be initiated and completed without delay, and applied in a transparent and non – discriminatory manner.

根据本条例采取的卫生措施应当迅速开始和完成，以透明和无歧视的方式实施。

Article 43 Additional health measures

第四十三条　额外的卫生措施

1. These Regulations shall not preclude States Parties from implementing health measures, in accordance with their relevant national law and obligations under international law, in response to specific public health risks or public health emergencies of international concern, which:

(a) achieve the same or greater level of health protection than WHO recommendations; or

(b) are otherwise prohibited under Article 25, Article 26, paragraphs 1 and 2 of Article 28, Article 30, paragraph 1 (c) of Article 31 and Article 33, provided such measures are otherwise consistent with these Regulations.

Such measures shall not be more restrictive of international traffic and not more invasive or intrusive to persons than reasonably available alternatives that would achieve the appropriate level of health protection.

1. 本条例不应妨碍缔约国按照其国家有关法律和国际法之下的义务执行为了应对特定公共卫生危害或国际关注的突发公共卫生事件而采取的卫生措施。此类措施：

（1）可产生与世卫组织的建议相比同样或更大程度的健康保护；或

（2）按第二十五条、第二十六条、第二十八条第1款和第2款、第三十条、第三十一条第1（3）款和第三十三条原本禁止使用，但这些措施须符合本条例。

这些措施对国际交通造成的限制以及对人员的创伤性或干扰性不应大于可合理采取并能实现适当程度保护健康的其他措施。

2. In determining whether to implement the health measures referred to in paragraph 1 of this Article or additional health measures under paragraph 2 of Article 23, paragraph 1 of Article 27, paragraph 2 of Article 28 and paragraph 2（c）of Article 31, States Parties shall base their determinations upon:（a）scientific principles;（b）available scientific evidence of a risk to human health, or where such evidence is insufficient, the available information including from WHO and other relevant intergovernmental organizations and international bodies; and（c）any available specific guidance or advice from WHO.

2. 在决定是否执行本条第1款提及的卫生措施或第二十三条第2款、第二十七条第1款、第二十八条第2款和第三十一条第2（3）款规定的额外卫生措施时，缔约国的决定应基于：

（1）科学原则；

（2）对于人类健康危险的现有科学证据；或者此类证据不足时，现有信息包括来自世卫组织和其他相关政府间组织和国际机构的信息；以及

（3）世卫组织的任何现有特定指导或建议。

3. A State Party implementing additional health measures referred to in

paragraph 1 of this Article which significantly interfere with international traffic shall provide to WHO the public health rationale and relevant scientific information for it. WHO shall share this information with other States Parties and shall share information regarding the health measures implemented. For the purpose of this Article, significant interference generally means refusal of entry or departure of international travellers, baggage, cargo, containers, conveyances, goods, and the like, or their delay, for more than 24 hours.

3. 执行本条第 1 款所述并对国际交通造成明显干扰措施的额外卫生措施的缔约国应当向世卫组织提供采取此类措施的公共卫生依据和有关科学信息。世卫组织应与其他缔约国分享这种信息并应分享关于所执行卫生措施的信息。就本条而言，明显干扰一般系指拒绝国际旅行者、行李、货物、集装箱、交通工具、物品等入境或出境或延误入境或出境 24 小时以上。

4. After assessing information provided pursuant to paragraph 3 and 5 of this Article and other relevant information, WHO may request that the State Party concerned reconsider the application of the measures.

4. 对本条第 3 款和第 5 款提供的信息和其他相关信息进行评估后，世卫组织可要求有关缔约国重新考虑对此类措施的执行。

5. A State Party implementing additional health measures referred to in paragraphs 1 and 2 of this Article that significantly interfere with international traffic shall inform WHO, within 48 hours of implementation, of such measures and their health rationale unless these are covered by a temporary or standing recommendation.

5. 采取本条第 1 款和第 2 款所提及的对国际交通造成明显干扰的额外卫生措施的缔约国应当在实施 48 小时内向世卫组织报告此类措施及其卫生方面的理由，但在临时或长期建议中涵盖的措施除外。

6. A State Party implementing a health measure pursuant to paragraph 1 or 2 of this Article shall within three months review such a measure taking into account the advice of WHO and the criteria in paragraph 2 of this Article.

6. 按本条第1款或第2款执行卫生措施的缔约国应当考虑世卫组织的意见和本条第2款中的标准，在三个月内对这种措施进行复查。

7. Without prejudice to its rights under Article 56, any State Party impacted by a measure taken pursuant to paragraph 1 or 2 of this Article may request the State Party implementing such a measure to consult with it. The purpose of such consultations is to clarify the scientific information and public health rationale underlying the measure and to find a mutually acceptable solution.

7. 在不侵害按其按第五十六条所享有权利的情况下，受按本条第1款或第2款所采取措施影响的任何缔约国可要求执行此类措施的缔约国与之协商。协商的目的是为了明确该措施所基于的科学信息和公共卫生依据并找到共同接受的解决方案。

8. The provisions of this Article may apply to implementation of measures concerning travellers taking part in mass congregations.

8. 本条的规定可适用于执行涉及参加群众性集会的旅行者的措施。

Article 44 Collaboration and assistance

第四十四条　合作和援助

1. States Parties shall undertake to collaborate with each other, to the extent possible, in:

(a) the detection and assessment of, and response to, events as provided under these Regulations;

(b) the provision or facilitation of technical cooperation and logistical support, particularly in the development, strengthening and maintenance of the public health capacities required under these Regulations；

（c）the mobilization of financial resources to facilitate implementation of their obligations under these Regulations；and（d）the formulation of proposed laws and other legal and administrative provisions for the implementation of these Regulations.

1. 缔约国应保证尽可能在以下方面相互合作：

（1）对本条例所涉的事件进行检测和评估并采取应对措施；

（2）提供技术合作和后勤支持或给予方便，特别在发展、加强和维持本条例所要求的公共卫生能力方面；

（3）为促进执行其根据本条例承担的义务动员财政资源；以及

（4）为执行本条例制订法律草案和其他法律和行政管理规定。

2. WHO shall collaborate with States Parties，upon request，to the extent possible，in：

（a）the evaluation and assessment of their public health capacities in order to facilitate the effective implementation of these Regulations；

（b）the provision or facilitation of technical cooperation and logistical support to States Parties；and

（c）the mobilization of financial resources to support developing countries in building，strengthening and maintaining the capacities provided for in Annex 1.

2. 世卫组织应当应要求尽可能在以下方面与缔约国合作：

（1）评价和评估其公共卫生能力，以便促进本条例的有效执行；

（2）向缔约国提供技术合作和后勤支持或给予方便；并

（3）动员财政资源以支持发展中国家建设、加强和维持附件 1 所规定的能力。

3. Collaboration under this Article may be implemented through multiple channels，including bilaterally，through regional networks and the WHO regional

offices, and through intergovernmental organizations and international bodies.

3. 本条所涉的合作可通过多渠道（包括双边渠道）实施，也可通过区域网络和世卫组织区域办事处以及通过政府间组织和国际机构。

Article 45 Treatment of personal data

第四十五条　个人数据的处理

1. Health information collected or received by a State Party pursuant to these Regulations from another State Party or from WHO which refers to an identified or identifiable person shall be kept confidential and processed anonymously as required by national law.

1. 按照国家法律，缔约国根据本条例从另一缔约国或从世卫组织收集或收到的、涉及身份明确或可查明身份的个人的健康信息，应保守秘密并匿名处理。

2. Notwithstanding paragraph 1, States Parties may disclose and process personal data where essential for the purposes of assessing and managing a public health risk, but State Parties, in accordance with national law, and WHO must ensure that the personal data are:

(a) processed fairly and lawfully, and not further processed in a way incompatible with that purpose;

(b) adequate, relevant and not excessive in relation to that purpose;

(c) accurate and, where necessary, kept up to date; every reasonable step must be taken to ensure that data which are inaccurate or incomplete are erased or rectified; and

(d) not kept longer than necessary.

2. 虽然有第1款的规定，缔约国为了评估和管理公共卫生危害，可透露和处理个人数据，但缔约国（根据国家法律）和世卫组织必须确保个人数据：

（1）得到公平、合法处理；并且不以与该目的不一致的方式予以进一步处理；

（2）与该目的相比充分、相关且不过量；

（3）准确且在必要时保持最新；必须采取一切合理措施确保删除或纠正不准确或不完整的数据；以及

（4）保留期限不超过必需的时间。

3. Upon request, WHO shall as far as practicable provide an individual with his or her personal data referred to in this Article in an intelligible form, without undue delay or expense and, when necessary, allow for correction.

3. 应要求，世卫组织应当在可行的情况下以可理解的形式向个人提供本条中提及的个人数据，无不当延误或费用，且在必要时允许予以纠正。

Article 46 Transport and handling of biological substances, reagents and materials for diagnostic purposes

第四十六条　诊断用生物物质、试剂和材料的运输和处理

States Parties shall, subject to national law and taking into account relevant international guidelines, facilitate the transport, entry, exit, processing and disposal of biological substances and diagnostic specimens, reagents and other diagnostic materials for verification and public health response purposes under these Regulations.

缔约国应当根据国家法律并考虑到有关国际准则，促进按本条例用于核实和公共卫生应对目的的生物物质、诊断样本、试剂和其他诊断材料的运输、入境、出境、处理和销毁过程。

PART IX—THE IHR ROSTER OF EXPERTS, THE EMERGENCY COMMITTEE AND THE REVIEW COMMITTEE

第九编——《国际卫生条例》专家名册、突发事件委员会和审查委员会

Chapter I—The IHR Roster of Experts

第一章——《国际卫生条例》专家名册

Article 47 Composition

第四十七条　组成

The Director - General shall establish a roster composed of experts in all relevant fields of expertise (hereinafter the "IHR Expert Roster"). The Director - General shall appoint the members of the IHR Expert Roster in accordance with the WHO Regulations for Expert Advisory Panels and Committees (hereinafter the "WHO Advisory Panel Regulations"), unless otherwise provided in these Regulations. In addition, the Director - General shall appoint one member at the request of each State Party and, where appropriate, experts proposed by relevant intergovernmental and regional economic integration organizations. Interested States Parties shall notify the Director - General of the qualifications and fields of expertise of each of the experts they propose for membership. The Director - General shall periodically inform the States Parties, and relevant intergovernmental and regional economic integration organizations, of the composition of the IHR Expert Roster.

总干事应当确立由所有相关领域专业的专家组成的名册（以下统称"《国际卫生条例》专家名册"）。除非本条例另有规定，总干事应当根据世卫组织专家咨询团和专家委员会条例（以下统称"世卫组织咨询团条例"）任命《国际卫生条例》专家名册成员。此外，总干事应按每个缔约

国的要求任命一名成员，并酌情任命有关政府间组织和区域经济一体化组织建议的专家。有意的缔约国应将拟推荐为咨询团成员的每位专家的资历和专业领域报告总干事。总干事应将《国际卫生条例》专家名册的组成情况定期通知缔约国以及有关政府间组织和区域经济一体化组织。

Chapter II—The Emergency Committee

第二章——突发事件委员会

Article 48 Terms of reference and composition

第四十八条　职责和组成

1. The Director – General shall establish an Emergency Committee that at the request of the Director – General shall provide its views on:

(a) whether an event constitutes a public health emergency of international concern;

(b) the termination of a public health emergency of international concern; and (c) the proposed issuance, modification, extension or termination of temporary recommendations.

1. 总干事应成立突发事件委员会，应总干事要求就以下方面提出意见：

(1) 某个事件是否构成国际关注的突发公共卫生事件；

(2) 国际关注的突发公共卫生事件的结束；以及

(3) 建议发布、修改、延续或撤销临时建议。

2. The Emergency Committee shall be composed of experts selected by the Director – General from the IHR Expert Roster and, when appropriate, other expert advisory panels of the Organization. The Director – General shall determine the duration of membership with a view to ensuring its continuity in the consideration of a specific event and its consequences. The Director – General shall select the members of the Emergency Committee on the basis of

the expertise and experience required for any particular session and with due regard to the principles of equitable geographical representation. At least one member of the Emergency Committee should be an expert nominated by a State Party within whose territory the event arises.

2. 突发事件委员会应由总干事从《国际卫生条例》专家名册和酌情从本组织其他专家咨询团选出的专家组成。总干事应从保证审议某个具体事件及其后果连续性的角度出发确定委员的任期。总干事应根据任何特定会议所需要的专业知识和经验并适当考虑地域代表性的公平原则选定突发事件委员会的成员。突发事件委员会至少有一名成员应当是在其领土内发生事件的缔约国提名的专家。

3. The Director – General may, on his or her own initiative or at the request of the Emergency Committee, appoint one or more technical experts to advise the Committee.

3. 总干事根据本人的动议或应突发事件委员会的要求可任命一名或多名技术专家担任该委员会的顾问。

Article 49 Procedure

第四十九条　程序

1. The Director – General shall convene meetings of the Emergency Committee by selecting a number of experts from among those referred to in paragraph 2 of Article 48, according to the fields of expertise and experience most relevant to the specific event that is occurring. For the purpose of this Article, "meetings" of the Emergency Committee may include teleconferences, videoconferences or electronic communications.

1. 总干事应按最贴近正发生的具体事件的专业领域和经验从第四十八条第 2 款提及的专家中选出若干专家，召开突发事件委员会会议。为本条的目的，突发事件委员会“会议”可包括远程会议、电视会议或电子通讯。

2. The Director – General shall provide the Emergency Committee with the agenda and any relevant information concerning the event, including information provided by the States Parties, as well as any temporary recommendation that the Director – General proposes for issuance.

2. 总干事应向突发事件委员会提供会议议程和有关事件的任何信息，包括缔约国提供的信息，以及总干事拟发布的任何临时建议。

3. The Emergency Committee shall elect its Chairperson and prepare following each meeting a brief summary report of its proceedings and deliberations, including any advice on recommendations.

3. 突发事件委员会应当选出其主席并在每次会议之后编写关于会议进程和讨论（包括任何关于建议的意见）的简短概要报告。

4. The Director – General shall invite the State Party in whose territory the event arises to present its views to the Emergency Committee. To that effect, the Director – General shall notify to it the dates and the agenda of the meeting of the Emergency Committee with as much advance notice as necessary. The State Party concerned, however, may not seek a postponement of the meeting of the Emergency Committee for the purpose of presenting its views thereto.

4. 总干事应邀请在本国领土上发生事件的缔约国向突发事件委员会陈述意见。就此而言，总干事应按需要提前将突发事件委员会的开会日期和会议议程通知对方。但有关缔约国不可因陈述意见而要求推迟突发事件委员会会议。

5. The views of the Emergency Committee shall be forwarded to the Director – General for consideration. The Director – General shall make the final determination on these matters.

5. 突发事件委员会的意见应提交总干事酌定。总干事应对此做出最终决定。

6. The Director – General shall communicate to States Parties the determination and the termination of a public health emergency of international concern, any health measure taken by the State Party concerned, any temporary recommendation, and the modification, extension and termination of such recommendations, together with the views of the Emergency Committee. The Director – General shall inform conveyance operators through States Parties and the relevant international agencies of such temporary recommendations, including their modification, extension or termination. The Director – General shall subsequently make such information and recommendations available to the general public.

6. 总干事应就国际关注的突发公共卫生事件的确定和结束、有关缔约国采取的任何卫生措施、任何临时建议及此类建议的修改、延续和撤消以及突发事件委员会的意见与缔约国进行沟通。总干事应通过缔约国向交通工具运营者并向有关国际机构通报此类临时建议，包括其修改、延续或撤销。总干事应随后向公众公布此类信息和建议。

7. States Parties in whose territories the event has occurred may propose to the Director – General the termination of a public health emergency of international concern and/or the temporary recommendations, and may make a presentation to that effect to the Emergency Committee.

7. 在本国领土上发生事件的缔约国可向总干事提出国际关注的突发公共卫生事件已经结束和（或）建议撤销临时建议，并可就此向突发事件委员会陈诉意见。

Chapter III—The Review Committee

第三章——审查委员会

Article 50 Terms of reference and composition

第五十条　职责和组成

1. The Director – General shall establish a Review Committee, which shall

carry out the following functions:

(a) make technical recommendations to the Director – General regarding amendments to these Regulations;

(b) provide technical advice to the Director – General with respect to standing recommendations, and any modifications or termination thereof;

(c) provide technical advice to the Director – General on any matter referred to it by the Director – General regarding the functioning of these Regulations.

1. 总干事应当成立审查委员会，其职责如下：

（1）就本条例的修订，向总干事提出技术性建议；

（2）向总干事提出有关长期建议和对其修改或撤消的技术性意见；

（3）向总干事就所交付与本条例的实施有关的任何事宜提供技术性意见。

2. The Review Committee shall be considered an expert committee and shall be subject to the WHO Advisory Panel Regulations, unless otherwise provided in this Article.

2. 审查委员会应被视为专家委员会，应服从于世卫组织咨询团条例，除非本条另有规定。

3. The Members of the Review Committee shall be selected and appointed by the Director – General from among the persons serving on the IHR Expert Roster and, when appropriate, other expert advisory panels of the Organization.

3. 总干事应从《国际卫生条例》专家名册成员和适当时从本组织其他专家咨询团成员中挑选和任命审查委员会成员。

4. The Director – General shall establish the number of members to be invited to a meeting of the Review Committee, determine its date and duration, and convene the Committee.

4. 总干事应确定应邀参加审查委员会会议的专家人数，决定开会日期和会期，并召集会议。

5. The Director – General shall appoint members to the Review Committee for the duration of the work of a session only.

5. 总干事任命的审查委员会成员只应在一次会议工作期间任职。

6. The Director – General shall select the members of the Review Committee on the basis of the principles of equitable geographical representation, gender balance, a balance of experts from developed and developing countries, representation of a diversity of scientific opinion, approaches and practical experience in various parts of the world, and an appropriate interdisciplinary balance. Article 51 Conduct of business 1. Decisions of the Review Committee shall be taken by a majority of the members present and voting. 2. The Director-General shall invite Member States, the United Nations and its specialized agencies and other relevant intergovernmental organizations or nongovernmental organizations in official relations with WHO to designate representatives to attend the Committee sessions. Such representatives may submit memoranda and, with the consent of the Chairperson, make statements on the subjects under discussion. They shall not have the right to vote.

6. 总干事在挑选审查委员会成员时应遵循地域代表性的公平原则、性别平衡、来自发达国家和发展中国家专家之间的平衡、世界不同地区各种科学意见、做法和实际经验的代表性以及适当的学科间平衡。

Article 51 Conduct of business

第五十一条　会议进程的掌握

1. Decisions of the Review Committee shall be taken by a majority of the members present and voting.

1. 审查委员会的决定应当以出席和投票的成员多数通过。

2. The Director – General shall invite Member States, the United Nations and its specialized agencies and other relevant intergovernmental organizations or nongovernmental organizations in official relations with WHO to designate representatives to attend the Committee sessions. Such representatives may submit memoranda and, with the consent of the Chairperson, make statements on the subjects under discussion. They shall not have the right to vote.

2. 总干事应当邀请会员国、联合国及其专门机构和其他相关政府间组织或与世卫组织有正式关系的非政府组织指定代表出席委员会会议。以上代表可提交备忘录，并经主席同意就讨论中的议题发言，但无表决权。

Article 52 Reports

第五十二条　报告

1. For each session, the Review Committee shall draw up a report setting forth the Committee's views and advice. This report shall be approved by the Review Committee before the end of the session. Its views and advice shall not commit the Organization and shall be formulated as advice to the Director – General. The text of the report may not be modified without the Committee's consent.

1. 审查委员会应当为每次会议起草申述委员会意见和建议的报告。此报告应在本次会议结束前经审查委员会批准。报告中的意见和建议对世卫组织无约束力，应作为对总干事的建议提出。报告文本未经委员会同意不可加以修改。

2. If the Review Committee is not unanimous in its findings, any member shall be entitled to express his or her dissenting professional views in an individual or group report, which shall state the reasons why a divergent opinion is held and shall form part of the Committee's report.

2. 如果审查委员会对审查结果意见不一，任何成员有权在个人或集体报告中表示其不同意的专业观点，申述坚持不同意见的理由，而此类报告应成为审查委员会报告的一部分。

3. The Review Committee's report shall be submitted to the Director – General, who shall communicate its views and advice to the Health Assembly or the Executive Board for their consideration and action.

3. 审查委员会的报告应提交总干事，而总干事应将委员会的意见和建议提请卫生大会或执行委员会审议和采取行动。

Article 53 Procedures for standing recommendations

第五十三条 长期建议的程序

When the Director – General considers that a standing recommendation is necessary and appropriate for a specific public health risk, the Director – General shall seek the views of the Review Committee. In addition to the relevant paragraphs of Articles 50 to 52, the following provisions shall apply:

(a) proposals for standing recommendations, their modification or termination may be submitted to the Review Committee by the Director – General or by States Parties through the Director – General;

(b) any State Party may submit relevant information for consideration by the Review Committee;

(c) the Director – General may request any State Party, intergovernmental organization or nongovernmental organization in official relations with WHO to place at the disposal of the Review Committee information in its possession concerning the subject of the proposed standing recommendation as specified by the Review Committee;

(d) the Director – General may, at the request of the Review Committee or on the Director General's own initiative, appoint one or more technical experts to advise the Review Committee. They shall not have the right to vote;

(e) any report containing the views and advice of the Review Committee regarding standing recommendations shall be forwarded to the Director – General for consideration and decision. The Director – General shall communicate the Review Committee's views and advice to the Health Assembly;

(f) the Director – General shall communicate to States Parties any standing recommendation, as well as the modifications or termination of such recommendations, together with the views of the Review Committee;

(g) standing recommendations shall be submitted by the Director – General to the subsequent Health Assembly for its consideration.

如果总干事认为长期建议对于某个特定的公共卫生危害是必要和适当的，总干事应当征询审查委员会的意见。除第五十条至第五十二条的相关条款外，以下条款亦应适用：

(1) 有关长期建议，其修改或撤销的提议可由总干事或由缔约国通过总干事提交审查委员会；

(2) 任何缔约国可提交供审查委员会参考的相关信息；

(3) 总干事可要求任何缔约国、政府间组织或与世卫组织有正式关系的非政府组织向审查委员会提供所掌握的有关审查委员会提议的长期建议问题的信息，供其参考；

(4) 总干事可应审查委员会要求或主动任命一名或数名技术专家担任审查委员会的顾问。顾问无表决权；

(5) 任何包含审查委员会有关长期建议的意见和建议的报告应当提请总干事审议和作出决定。总干事应当向卫生大会报告审查委员会的意见和建议；

(6) 总干事应当将任何长期建议、对此类建议的修改或撤销以及审查委员会的意见一并通报缔约国；

(7) 长期建议应当由总干事向随后一届卫生大会提交供审议。

PART X—FINAL PROVISIONS

第十编——最终条款

Article 54 Reporting and review

第五十四条 报告和审查

1. States Parties and the Director – General shall report to the Health Assembly on the implementation of these Regulations as decided by the Health Assembly.

1. 缔约国和总干事应当向卫生大会报告本条例的执行情况，由卫生大会决定报告的时间。

2. The Health Assembly shall periodically review the functioning of these Regulations. To that end it may request the advice of the Review Committee, through the Director – General. The first such review shall take place no later than five years after the entry into force of these Regulations.

2. 卫生大会应当定期审查本条例的实施情况。为此目的，卫生大会可通过总干事要求审查委员会提出意见。第一次审查应不迟于本条例生效后五年进行。

3. WHO shall periodically conduct studies to review and evaluate the functioning of Annex 2. The first such review shall commence no later than one year after the entry into force of these Regulations. The results of such reviews shall be submitted to the Health Assembly for its consideration, as appropriate.

3. 世卫组织应定期开展研究以审查和评价附件 2 的实施情况。第一次审查应不迟于本条例生效后一年开始。此类审查的结果应提交卫生大会供其酌情考虑。

Article 55 Amendments

第五十五条 修正

1. Amendments to these Regulations may be proposed by any State Party or

by the Director – General. Such proposals for amendments shall be submitted to the Health Assembly for its consideration.

1. 对本条例的修正可由任何缔约国或总干事提出。修正提案应当提交卫生大会审议。

2. The text of any proposed amendment shall be communicated to all States Parties by the Director – General at least four months before the Health Assembly at which it is proposed for consideration.

2. 建议的任何修正案的文本应当由总干事至少在拟审议此修正案的卫生大会召开前四个月通报给所有缔约国。

3. Amendments to these Regulations adopted by the Health Assembly pursuant to this Article shall come into force for all States Parties on the same terms, and subject to the same rights and obligations, as provided for in Article 22 of the Constitution of WHO and Articles 59 to 64 of these Regulations.

3. 按本条经卫生大会通过的本条例修正应当以同样条件在所有缔约国中生效，且受制于世卫组织《组织法》第二十二条和本条例第五十九条至第六十四条规定的同样权利和义务。

Article 56 Settlement of disputes

第五十六条　争端的解决

1. In the event of a dispute between two or more States Parties concerning the interpretation or application of these Regulations, the States Parties concerned shall seek in the first instance to settle 34the dispute through negotiation or any other peaceful means of their own choice, including good offices, mediation or conciliation. Failure to reach agreement shall not absolve the parties to the dispute from the responsibility of continuing to seek to resolve it.

1. 如两个或两个以上缔约国之间就本条例的解释或执行发生争端时，有关缔约国应首先通过谈判或其自行选择的任何其他和平方式寻求解决此争端，包括斡旋、调停或和解。未能达成一致的，并不免除争端各当事方继续寻求解决该争端的责任。

2. In the event that the dispute is not settled by the means described under paragraph 1 of this Article, the States Parties concerned may agree to refer the dispute to the Director – General, who shall make every effort to settle it.

2. 如果通过本条第1款描述的手段未能解决争端，有关缔约国可商定将争端提交总干事，总干事应当尽全力予以解决。

3. A State Party may at any time declare in writing to the Director – General that it accepts arbitration as compulsory with regard to all disputes concerning the interpretation or application of these Regulations to which it is a party or with regard to a specific dispute in relation to any other State Party accepting the same obligation. The arbitration shall be conducted in accordance with the Permanent Court of Arbitration Optional Rules for Arbitrating Disputes between Two States applicable at the time a request for arbitration is made. The States Parties that have agreed to accept arbitration as compulsory shall accept the arbitral award as binding and final. The Director – General shall inform the Health Assembly regarding such action as appropriate.

3. 缔约国可在任何时候以书面方式向总干事宣布，对于以本国为缔约国的本条例解释或执行方面的所有争端或对于与接受同样义务的任何其他缔约国有关的某个具体争端，它认定仲裁是强制性的。进行仲裁时应根据提出仲裁要求时适用的常设仲裁法庭仲裁两个国家间争端的任择规则。同意认定仲裁为强制性的缔约国应当认定仲裁裁决具有约束性而且是最终的。总干事应酌情向卫生大会通报此类行动。

4. Nothing in these Regulations shall impair the rights of States Parties under any international agreement to which they may be parties to resort to the dispute settlement mechanisms of other intergovernmental organizations or

established under any international agreement.

4. 本条例不应侵害可能作为任何国际协议缔约国而寻求其他政府间组织或根据任何国际协议建立的争端解决机制的缔约国的权利。

5. In the event of a dispute between WHO and one or more States Parties concerning the interpretation or application of these Regulations, the matter shall be submitted to the Health Assembly.

5. 如果世卫组织与一个或多个缔约国之间就本条例的解释或适用发生争端，此事应提交卫生大会。

Article 57 Relationship with other international agreements

第五十七条　与其他国际协议的关系

1. States Parties recognize that the IHR and other relevant international agreements should be interpreted so as to be compatible. The provisions of the IHR shall not affect the rights and obligations of any State Party deriving from other international agreements.

1. 缔约国认识到，《国际卫生条例》和其他相关的国际协议理应理解为是协调一致的。《国际卫生条例》的规定不应当影响任何缔约国根据其他国际协议享有的权利和承担的义务。

2. Subject to paragraph 1 of this Article, nothing in these Regulations shall prevent States Parties having certain interests in common owing to their health, geographical, social or economic conditions, from concluding special treaties or arrangements in order to facilitate the application of these Regulations, and in particular with regard to:

(a) the direct and rapid exchange of public health information between neighbouring territories of different States;

(b) the health measures to be applied to international coastal traffic and to international traffic in waters within their jurisdiction;

(c) the health measures to be applied in contiguous territories of different States at their common frontier;

(d) arrangements for carrying affected persons or affected human remains by means of transport specially adapted for the purpose; and

(e) deratting, disinsection, disinfection, decontamination or other treatment designed to render goods free of disease – causing agents.

2. 按本条第1款，本条例不应妨碍缔约国由于卫生、地域和社会或经济方面的某些共同利益而缔结特别条约或协议，以促进本条例的实施，特别在以下方面：

(1) 在不同国家的毗邻领土之间直接快速交流公共卫生信息；

(2) 对国际沿海交通和其管辖范围内水域的国际交通拟采取的卫生措施；

(3) 在不同国家毗邻领土的共同边境拟采取的卫生措施；

(4) 用专门改装的运输工具运送受染人员或受染遗体的安排；以及

(5) 灭鼠、灭虫、消毒、除污或使物品无致病因素的其他处理措施。

3. Without prejudice to their obligations under these Regulations, States Parties that are members of a regional economic integration organization shall apply in their mutual relations the common rules in force in that regional economic integration organization.

3. 在不损害本条例规定义务的情况下，作为某个区域经济一体化组织成员国的缔约国应该在其相互关系中实行该区域经济一体化组织中施行的共同规则。

Article 58 International sanitary agreements and regulations

第五十八条 国际卫生协议和条例

1. These Regulations, subject to the provisions of Article 62 and the exceptions hereinafter provided, shall replace as between the States bound by

these Regulations and as between these States and WHO, the provisions of the following international sanitary agreements and regulations:

(a) International Sanitary Convention, signed in Paris, 21 June 1926;

(b) International Sanitary Convention for Aerial Navigation, signed at The Hague, 12 April 1933;

(c) International Agreement for dispensing with Bills of Health, signed in Paris, 22 December 1934;

(d) International Agreement for dispensing with Consular Visas on Bills of Health, signed in Paris, 22 December 1934;

(e) Convention modifying the International Sanitary Convention of 21 June 1926, signed in Paris, 31 October 1938;

(f) International Sanitary Convention, 1944, modifying the International Sanitary Convention of 21 June 1926, opened for signature in Washington, 15 December 1944;

(g) International Sanitary Convention for Aerial Navigation, 1944, modifying the International Sanitary Convention of 12 April 1933, opened for signature in Washington, 15 December 1944;

(h) Protocol of 23 April 1946 to prolong the International Sanitary Convention, 1944, signed in Washington;

(i) Protocol of 23 April 1946 to prolong the International Sanitary Convention for Aerial Navigation, 1944, signed in Washington;

(j) International Sanitary Regulations, 1951, and the Additional Regulations of 1955, 1956, 1960, 1963 and 1965; and

(k) the International Health Regulations of 1969 and the amendments of 1973 and 1981.

1. 除非第六十二条另有规定并除了下述的例外，在受本条例约束的国家之间以及这些国家和世卫组织之间，本条例应当取代下列国际卫生协议和条例：

（1）1926年6月21日于巴黎签署的国际卫生公约；

（2）1933年4月12日于海牙签署的国际航空卫生公约；

（3）1934年12月22日于巴黎签署的免予健康证书的国际协议；

（4）1934年12月22日于巴黎签署的免予健康证书领事签证的国际协议；

（5）1938年10月31日于巴黎签署的修正1926年6月21日国际卫生公约的公约；

（6）1944年12月15日于华盛顿开放供签署的1944年国际卫生公约（修改1926年6月21日的国际卫生公约）；

（7）1944年12月15日于华盛顿开放供签署的1944年国际航空卫生公约（修改1933年4月12日的国际卫生公约）；

（8）于华盛顿签署的延长1944年国际卫生公约的1946年4月23日议定书；

（9）于华盛顿签署的延长1944年国际航空卫生公约的1946年4月23日议定书；

（10）1951年《国际卫生条例》和1955年、1956年、1960年、1963年和1965年的补充条例；以及

（11）1969年《国际卫生条例》和1973年和1981年的修正。

2. The Pan American Sanitary Code, signed at Havana, 14 November 1924, shall remain in force with the exception of Articles 2, 9, 10, 11, 16 to 53 inclusive, 61 and 62, to which the relevant part of paragraph 1 of this Article shall apply.

2. 1924年11月14日于哈瓦那签署的泛美卫生法典依然有效，但第二条、第九条、第十条、第十一条、第十六条至第五十三条（含第五十三

条)、第六十一条和第六十二条除外，本条第1款的相关部分应对此适用。

Article 59 Entry into force; period for rejection or reservations

第五十九条　生效；拒绝或保留的期限

1. The period provided in execution of Article 22 of the Constitution of WHO for rejection of, or reservation to, these Regulations or an amendment thereto, shall be 18 months from the date of the notification by the Director – General of the adoption of these Regulations or of an amendment to these Regulations by the Health Assembly. Any rejection or reservation received by the Director – General after the expiry of that period shall have no effect.

1. 世卫组织《组织法》第二十二条规定的对本条例或其修正的拒绝或保留的期限应当为自总干事通报卫生大会通过本条例或其修正之日起18个月。总干事在此期限以后收到的任何拒绝或保留应属无效。

2. These Regulations shall enter into force 24 months after the date of notification referred to in paragraph 1 of this Article, except for:

(a) a State that has rejected these Regulations or an amendment thereto in accordance with Article 61;

(b) a State that has made a reservation, for which these Regulations shall enter into force as provided in Article 62;

(c) a State that becomes a Member of WHO after the date of the notification by the Director – General referred to in paragraph 1 of this Article, and which is not already a party to these Regulations, for which these Regulations shall enter into force as provided in Article 60; and

(d) a State not a Member of WHO that accepts these Regulations, for which they shall enter into force in accordance with paragraph 1 of Article 64.

2. 本条例应当在本条第1款提及的通报日后24个月生效，但以下缔约国不在此列：

（1）按第六十一条拒绝本条例或其修正的国家；

（2）虽提出保留、但本条例仍应按第六十二条规定对其生效的国家；

（3）在本条第1款提及的总干事通报日后成为世卫组织会员国并且尚不是本条例缔约国的国家，本条例应当按第六十条的规定对其生效；以及

（4）接受本条例、但不是世卫组织会员国的国家，本条例应当按第六十四条第1款的规定对其生效。

3. If a State is not able to adjust its domestic legislative and administrative arrangements fully with these Regulations within the period set out in paragraph 2 of this Article, that State shall submit within the period specified in paragraph 1 of this Article a declaration to the Director – General regarding the outstanding adjustments and achieve them no later than 12 months after the entry into force of these Regulations for that State Party.

3. 如果一个国家不能在本条第2款规定的期限内完全按照本条例调整其国内立法和行政安排，该国应在本条第1款规定的期限内向总干事申报有待作出的调整并最迟在本条例对该缔约国生效后12个月实现这些调整。

Article 60 New Member States of WHO

第六十条 世卫组织的新会员国

Any State which becomes a Member of WHO after the date of the notification by the Director – General referred to in paragraph 1 of Article 59, and which is not already a party to these Regulations, may communicate its rejection of, or any reservation to, these Regulations within a period of twelve months from the date of the notification to it by the Director – General after becoming a Member of WHO. Unless rejected, these Regulations shall enter into force with respect to that State, subject to the provisions of Articles 62 and 63, upon expiry of that period. In no case shall these Regulations enter into force in respect to that State earlier than 24 months after the date of notification referred to in paragraph 1 of Article 59.

在第五十九条第1款提及的总干事通知日以后成为世卫组织会员国、但当时尚不是本条例缔约国的任何国家可在成为世卫组织会员国后自总干事向其通报之日起的12个月内告知其对本条例的拒绝或任何保留。除非拒绝有效，否则除第六十二条和第六十三条另有规定以外，本条例应当在超过12个月的期限后对该国生效。本条例在任何情况下都不得早于第五十九条第1款提及的通知日期后24个月对该国生效。

Article 61 Rejection

第六十一条　拒绝

If a State notifies the Director – General of its rejection of these Regulations or of an amendment thereto within the period provided in paragraph 1 of Article 59, these Regulations or the amendment concerned shall not enter into force with respect to that State. Any international sanitary agreement or regulations listed in Article 58 to which such State is already a party shall remain in force as far as such State is concerned.

如果缔约国在第五十九条第1款规定的期限内通知总干事拒绝本条例或其修正，则本条例或其修正不应对该缔约国生效。但第五十八条所列、已经由该国签署的任何国际卫生协议或条例应仍然对该国有效。

Article 62 Reservations

第六十二条　保留

1. States may make reservations to these Regulations in accordance with this Article. Such reservations shall not be incompatible with the object and purpose of these Regulations.

1. 国家可根据本条对本条例提出保留。这种保留不应与本条例的宗旨和目的不相容。

2. Reservations to these Regulations shall be notified to the Director –

General in accordance with paragraph 1 of Article 59 and Article 60, paragraph 1 of Article 63 or paragraph 1 of Article 64, as the case may be. A State not a Member of WHO shall notify the Director – General of any reservation with its notification of acceptance of these Regulations. States formulating reservations should provide the Director – General with reasons for the reservations.

2. 应酌情根据第五十九条第 1 款和第六十条、第六十三条第 1 款或第六十四条第 1 款向总干事通报对本条例的保留。非世卫组织会员国的国家如有任何保留意见，应在通知接受本条例时通知总干事。提出保留的国家应向总干事提供提出保留的理由。

3. A rejection in part of these Regulations shall be considered as a reservation.

3. 拒绝本条例的部分内容应被视为一种保留。

4. The Director – General shall, in accordance with paragraph 2 of Article 65, issue notification of each reservation received pursuant to paragraph 2 of this Article. The Director – General shall:

(a) if the reservation was made before the entry into force of these Regulations, request those Member States that have not rejected these Regulations to notify him or her within six months of any objection to the reservation, or

(b) if the reservation was made after the entry into force of these Regulations, request States Parties to notify him or her within six months of any objection to the reservation.

States objecting to a reservation should provide the Director – General with reasons for the objection.

4. 根据第六十五条第 2 款，总干事应通报按照本条第 2 款收到的每项保留。总干事应：

（1）如果保留是在本条例生效之前提出的，则要求未拒绝本条例的会员国在六个月内向其报告对保留的任何反对意见，或者

（2）如果保留是在本条例生效之后提出的，则要求缔约国在六个月内向其报告对保留的任何反对意见。

对一项保留提出反对的国家应向总干事提供反对的理由。

5. After this period, the Director – General shall notify all States Parties of the objections he or she has received with regard to reservations. Unless by the end of six months from the date of the notification referred to in paragraph 4 of this Article a reservation has been objected to by one – third of the States referred to in paragraph 4 of this Article, it shall be deemed to be accepted and these Regulations shall enter into force for the reserving State, subject to the reservation.

5. 在此期限之后，总干事应向所有缔约国通报其收到的对保留的反对意见。除非在本条第 4 款提及的通报之日起六个月期限结束时一项保留已遭到本条第 4 款中提及的三分之一国家的反对，否则应认为该保留被接受，而且本条例应对保留国生效，但以保留为条件。

6. If at least one – third of the States referred to in paragraph 4 of this Article object to the reservation by the end of six months from the date of the notification referred to in paragraph 4 of this Article, the Director – General shall notify the reserving State with a view to its considering withdrawing the reservation within three months from the date of the notification by the Director General.

6. 如果在本条第 4 款提及的通报之日起六个月期限结束时本条第 4 款中提及的国家至有三分之一对保留提出反对意见，则总干事应通知保留国以便考虑在总干事通知之日起三个月内撤回保留。

7. The reserving State shall continue to fulfil any obligations corresponding

to the subject matter of the reservation, which the State has accepted under any of the international sanitary agreements or regulations listed in Article 58.

7. 保留国应继续履行该国在第五十八条所列的任何国际卫生协议或条例中已经同意的任何与保留事宜相应的义务。

8. If the reserving State does not withdraw the reservation within three months from the date of the notification by the Director – General referred to in paragraph 6 of this Article, the Director – General shall seek the view of the Review Committee if the reserving State so requests. The Review Committee shall advise the Director – General as soon as possible and in accordance with Article 50 on the practical impact of the reservation on the operation of these Regulations.

8. 如果保留国在本条第 6 款中提及的总干事通知之日起三个月内不撤回保留，且如果保留国提出要求，则总干事应征求审查委员会的意见。审查委员会应根据第五十条，就该保留对本条例实施工作的实际影响尽快向总干事提出意见。

9. The Director – General shall submit the reservation, and the views of the Review Committee if applicable, to the Health Assembly for its consideration. If the Health Assembly, by a majority vote, objects to the reservation on the ground that it is incompatible with the object and purpose of these Regulations, the reservation shall not be accepted and these Regulations shall enter into force for the reserving State only after it withdraws its reservation pursuant to Article 63. If the Health Assembly accepts the reservation, these Regulations shall enter into force for the reserving State, subject to its reservation.

9. 总干事应将保留意见和审查委员会的意见（如有）提交卫生大会审议。如果卫生大会因为保留意见与本条例的宗旨和目的不相容，以多数票予以反对，则该保留意见将不被接受，而本条例只有在保留国根据第六十三条撤回其保留后才能对之生效。如卫生大会接受保留意见，则本条例应对保留国生效，但以保留为条件。

Article 63 Withdrawal of rejection and reservation

第六十三条　拒绝和保留的撤回

1. A rejection made under Article 61 may at any time be withdrawn by a State by notifying the Director – General. In such cases, these Regulations shall enter into force with regard to that State upon receipt by the Director – General of the notification, except where the State makes a reservation when withdrawing its rejection, in which case these Regulations shall enter into force as provided in Article 62. In no case shall these Regulations enter into force in respect to that State earlier than 24 months after the date of notification referred to in paragraph 1 of Article 59.

1. 国家可在任何时候通知总干事撤回根据第六十一条所作的拒绝。如果是那样，本条例将在总干事收到通知之日后对该国生效，除非该国在撤回拒绝时提出保留。在此情况下本条例应根据第六十二条的规定生效。本条例在任何情况下都不得早于第五十九条第1款提及的通知日期后24个月对该国生效。

2. The whole or part of any reservation may at any time be withdrawn by the State Party concerned by notifying the Director – General. In such cases, the withdrawal will be effective from the date of receipt by the Director – General of the notification.

2. 有关缔约国可在任何时候通知总干事撤回全部或部分保留。在此情况下，该撤回应在总干事收到通知之日起生效。

Article 64 States not Members of WHO

第六十四条　非世卫组织会员国的国家

1. Any State not a Member of WHO, which is a party to any international

sanitary agreement or regulations listed in Article 58 or to which the Director - General has notified the adoption of these Regulations by the World Health Assembly, may become a party hereto by notifying its acceptance to the Director - General and, subject to the provisions of Article 62, such acceptance shall become effective upon the date of entry into force of these Regulations, or, if such acceptance is notified after that date, three months after the date of receipt by the Director - General of the notification of acceptance.

1. 非世卫组织会员国的任何国家，如为第五十八条所列的任何国际卫生协议或条例的缔约国或总干事已通报本条例得到世界卫生大会通过，可通知总干事接受本条例后成为本条例的缔约国，并除第六十二条另有规定以外，此接受应当在本条例施行之日开始生效，或者，如果关于接受本条例的通知在此日期后发出，则在总干事收到通知之日后三个月生效。

2. Any State not a Member of WHO which has become a party to these Regulations may at any time withdraw from participation in these Regulations, by means of a notification addressed to the Director - General which shall take effect six months after the Director - General has received it. The State which has withdrawn shall, as from that date, resume application of the provisions of any international sanitary agreement or regulations listed in Article 58 to which it was previously a party.

2. 成为本条例缔约国的非世卫组织会员国的任何国家可以在任何时候通过通知总干事的方式撤回对本条例的参加，此撤回应在总干事收到通知后六个月生效。撤回的国家自此日起应恢复实施第五十八条所列、以前签署的任何国际协议或条例的条款。

Article 65 Notifications by the Director - General

第六十五条　总干事的通报

1. The Director - General shall notify all States Members and Associate

Members of WHO, and also other parties to any international sanitary agreement or regulations listed in Article 58, of the adoption by the Health Assembly of these Regulations.

1. 总干事应当将卫生大会通过本条例一事通报所有世卫组织会员国和准会员以及第五十八条所列的任何国际卫生协议或条例的其他缔约国。

2. The Director - General shall also notify these States, as well as any other State which has become a party to these Regulations or to any amendment to these Regulations, of any notification received by WHO under Articles 60 to 64 respectively, as well as of any decision taken by the Health Assembly under Article 62.

2. 总干事还应当将按第六十条至第六十四条世卫组织分别收到的通知以及卫生大会根据第六十二条做出的任何决定通报这些国家以及签署本条例或其任何修正的任何其他国家。

Article 66 Authentic texts

第六十六条　作准文本

1. The Arabic, Chinese, English, French, Russian and Spanish texts of these Regulations shall be equally authentic. The original texts of these Regulations shall be deposited with WHO.

1. 本条例的阿拉伯文、中文、英文、法文、俄文和西班牙文文本应具有同等效力。本条例的原文文本应留存于世卫组织档案。

2. The Director - General shall send, with the notification provided in paragraph 1 of Article 59, certified copies of these Regulations to all Members and Associate Members, and also to other parties to any of the international sanitary agreements or regulations listed in Article 58.

2. 总干事应当随同第五十九条第 1 款规定的通报将经证明无误的副本寄送给所有会员国和准会员以及第五十八条所列的任何一项国际卫生协议

或条例的其他缔约国。

3. Upon the entry into force of these Regulations, the Director - General shall deliver certified copies thereof to the Secretary - General of the United Nations for registration in accordance with Article 102 of the Charter of the United Nations.

3. 本条例一旦生效，根据联合国宪章第一百零二条总干事应当将经证明无误的副本交联合国秘书长备案。

附件二　2005 年《国际卫生条例（附件一）》

A. 监测和应对的核心能力要求

1. 缔约国应当利用现有的国家机构和资源，满足本条例的核心能力要求，包括在以下方面：

（1）监测、报告、通报、核实、应对和合作活动；以及

（2）指定机场、港口和陆地过境点的活动。

2. 每个缔约国应当在本条例对本国生效后两年内评估现有国家机构和资源满足本附件所述的最低要求的能力。按评估结果，缔约国应制定和实施行动计划，以确保按第五条第 1 款和第十三条第 1 款的规定在本国全部领土内使上述核心能力到位，并发挥作用。

3. 缔约国和世卫组织应支持本附件所述的评估、计划和实施过程。

4. 在当地社区层次和（或）基层公共卫生应对层次具备以下能力：

（1）发现在缔约国领土的所有地区于特定时间和地点发生的超过预期水平的涉及疾病或死亡的事件；和

（2）立即向相应的卫生保健应对层报告所掌握的一切重要信息。在社区层，应该向当地社区卫生保健机构或适宜的卫生人员报告。在基层公共卫生应对层，应该根据组织结构向中层或国家应对层报告。就本附件而言，重要信息包括：临床描述、实验室结果、危险的来源和类型、人患病例和死亡人数、影响疾病传播的条件和所采取的卫生措施；以及

（3）立即采取初步控制措施。

5. 在中层的公共卫生应对层次。

具备以下能力：

（1）确认所报告事件的状况并支持或采取额外控制措施；和

（2）立即评估报告的事件，如发现情况紧急，则向国家级机构报告所有重要信息。就本附件而言，紧急事件的标准包括严重的公共卫生影响和（或）具有巨大传播潜力的不寻常或出乎预料的性质。

6. 在国家层次。

评估和通报。具备以下能力：

（1）在48小时内评估紧急事件的所有报告；和

（2）如评估结果表明，根据第六条第1款和附件2该事件属法定报告事件，则通过《国际卫生条例》国家归口单位立即通报世卫组织，以及按第七条和第九条第2款的要求报告世卫组织。

公共卫生应对。具备以下能力：

（1）迅速决定为预防国内和国际传播必须采取的控制措施；

（2）通过专业人员、对样品的检测分析（国内或通过合作中心）和后勤援助（如设备、供应和交通运输）提供支持；

（3）提供必须的现场支持，以补充当地的调查；

（4）与高级卫生官员和其他官员建立直接业务联系，以迅速批准和执行遏制和控制措施；

（5）与其他有关政府部委建立直接联系；

（6）以现有最有效的通讯方式与医院、诊所、机场、港口、陆地过境点、检验室和其他关键的业务领域联系，以便传达从世卫组织收到的关于在缔约国本国领土和其他缔约国领土上发生的事件的信息和建议；

（7）制定、实施和保持国家突发公共卫生事件应急计划，包括建立多学科/多部门小组以应对可构成国际关注的突发公共卫生情况的事件；并

（8）昼夜24小时执行上述措施。

B. 指定机场、港口和陆地过境点的核心能力要求

1. 随时。

具备以下能力：

（1）能利用

①当地适宜的医疗服务（包括诊断设施），以使患病的旅行者得到迅速的诊治，并②调动足够的医务人员、设备和场所；

（2）能调动设备和人员，以便将患病的旅行者运送至适当的医疗设施；

（3）配备受过培训的人员检查交通工具；

（4）通过酌情开展检查项目，确保使用入境口岸设施的旅行者拥有安全的环境，包括饮水供应、餐饮点、班机服务设施、公共洗手间、适宜的固体和液体废物处理服务和其他潜在的危险领域；以及

（5）制定尽可能切实可行的计划并提供受过培训的人员，以控制入境口岸及其附近的媒介和宿主。

2. 应对可能构成国际关注的突发公共卫生情况的事件。

具备以下能力：

（1）对突发公共卫生事件采取适当的应对措施，为此，制定和坚持突发公共卫生事件应急预案，包括在相应的入境口岸、公共卫生和其他机构和服务部门任命协调员和指定联系点；

（2）评估和诊治受染的旅行者或动物，为此与当地医疗和兽医机构就其隔离、治疗和可能需要的其他支持性服务做出安排；

（3）提供与其他旅行者分开的适当场地，以便对嫌疑受染或受染的人员进行访视；

（4）对嫌疑旅行者进行评估，必要时进行检疫，检疫设施最好远离入境口岸；

（5）采取建议的措施，对行李、货物、集装箱、交通工具、物品或邮包进行灭虫、灭鼠、消毒、除污，或进行其他处理，包括适当时在为此目的特别指定和装备的场所采取这些措施；

（6）对到达和离港的旅行者采取出入境控制措施；并

（7）调动专用设备和穿戴合适个人防护服的受过培训的人员，以便运送可能携带感染或污染的旅行者。

附件三 《国际卫生条例(2005)》口岸核心能力动态监督管理规定

第一章 总 则

第一条 为切实履行《国际卫生条例（2005）》缔约国义务，建立长效机制，持续巩固和提升口岸预防、控制和应对公共卫生风险和突发公共卫生事件的核心能力，制定本规定。

第二条 本规定依照《国际卫生条例（2005）》、《中华人民共和国国境卫生检疫法》及其实施细则、《中华人民共和国突发事件应对法》、《中华人民共和国反恐怖主义法》、《国务院办公厅转发卫生计生委等部门关于切实履行〈国际卫生条例（2005）〉加快推进公共卫生应急核心能力建设指导意见的通知》（国办发〔2013〕84号）等相关法律法规和文件制定。

第三条 本规定适用于所有国家对外开放口岸公共卫生核心能力建设的监督管理工作。包括新开设口岸、停运重新启用口岸、改（扩）建口岸的验收达标以及达标后口岸的复核督导检查。

第四条 国家质量监督检验检疫总局（以下简称质检总局）负责全国口岸核心能力动态监督管理工作。

各直属检验检疫局应按照《国际卫生条例（2005）》和相关文件要求，配齐必要的专业工作人员，完善各类突发公共卫生事件应急预案和现场工作机制。积极推动口岸所在的地方政府开展口岸核心能力建设，将所需必要经费纳入财政预算，加强口岸基础设施建设和技术设备的投入。

各直属检验检疫局应督促指导口岸运营者按照口岸核心能力建设要求，积极强化口岸卫生管理，提升卫生环境，改善卫生设施设备。

第五条 口岸核心能力动态监督管理按照“统一领导、各负其责”的原则，建立直属局自查、总局督查、定期通报和取消达标资格等工作机制。

第二章 能力建设要求

第六条 本规定通过对口岸实施动态监督管理，巩固和提高《国际卫生条例（2005）》规定的沟通协调能力、常规能力以及国际关注的突发公共卫生事件应急能力等3种口岸公共卫生风险防控主要能力。考核标准根据口岸发展、疫情防控形势等要求，由质检总局制订并发布。

第三章 动态管理

第七条 新开设口岸、停运一年以上重新启用口岸、改（扩）建口岸，应在正式启用后一年内申请口岸核心能力建设达标验收。达标验收由口岸所在地直属检验检疫局向质检总局提出申请并提交自评报告，质检总局按照《〈国际卫生条例（2005）〉口岸核心能力建设考核表》（见附件）组织材料审核与现场考核。

第八条 对已通过达标考核验收的口岸，质检总局制定复核督导检查计划，每年随机抽取约20%的口岸进行复核督导检查，5年内覆盖全部口岸。质检总局制定统一的复核督导检查标准，组建口岸核心能力考核专家库，并对考核专家进行统一培训，保证复核督导检查标准执行的一致性。

第九条 各直属局应当组织对各分支机构口岸核心能力巩固和提高情况的自查。每两年为一周期，周期结束的偶数年12月上报自查报告。

第十条 复核督导检查分为专家组督查和联合督查两种形式。

专家组督查：组织质检系统内专家实施的督导检查。

联合督查：与相关部委或质检总局内设各司局联合组织的督导检查。

第十一条 复核督查采取听取汇报、审核材料、现场检查和书面考核等方法进行。督查内容在口岸核心能力达标验收标准基础上增加能力提升标准部分，由复核督查组全体成员以及被检查口岸当局主要负责人签字确认。

第十二条 直属局负责监督被督查口岸复核督查中发现问题的整改工作，在督查组规定的限期内将整改落实情况或措施书面报告质检总局，限期最多不超过6个月。质检总局视情况对整改结果进行验证。

第十三条 发生以下情况之一的口岸，由质检总局取消其核心能力达标资格，被取消达标资格的口岸一年后方可重新申请口岸核心能力考核验收，且验收按复核督查标准执行。

（一）核心能力复核督查考核得分在80分以下，且经限期整改无效的；

（二）《〈国际卫生条例（2005）〉口岸核心能力建设考核表》中存在关键项不符合，且经限期整改无效的；

（三）对重大公共卫生安全事件未能有效处置，引起严重后果的。

第十四条 被取消达标资格的口岸将采取以下卫生控制措施：

（一）国际关注突发公共卫生事件发生时，来自受染地区的交通工具不得在本口岸入境；

（二）考核能力中存在不合格项目且整改后无法达到要求的，则不得开展实施相关服务。如：食品饮用水项目无法达到标准要求的，本口岸不得为出境交通工具供应食品和饮用水；医学媒介生物控制无法达到考核要求的，本口岸出境的交通工具将扩大查验比例，实施严格出境检疫措施等；

（三）海（河）港口岸取消检查与签发《船舶免予卫生控制措施证

书/船舶卫生控制措施证书》资质，并向世界卫生组织进行通报；

（四）在毗邻国家或地区发生检疫传染病疫情或者全球重大突发公共卫生事件时，质检总局提请国务院临时关闭该口岸。

第十五条 质检总局定期通过官方网站通报口岸核心能力动态监督管理情况，并向世界卫生组织通报并备案。

第十六条 对经质检总局口岸核心能力复核督导检查得分在95分以上的口岸，方可向质检总局申请创建“国际卫生港口”或“国际卫生机场”。

已取得“国际卫生机场/港口”在后续复核督导检查得分在90分以下的，质检总局将向世界卫生组织建议取消“国际卫生机场/港口”称号。

第四章 附 则

第十七条 受染交通工具：在交通工具上发现有临床体征或症状，或者基于公共卫生风险事实或证据的信息，包括感染源和污染源，该交通工具为受染交通工具。

第十八条 口岸核心能力建设相关文件中与本办法不一致的，以本办法规定为准。

第十九条 本办法由质检总局负责解释，自发布之日起施行。

2016年7月18日

附件四 新冠疫情期间指导船员换班的主要文件

关于妥善做好新冠肺炎疫情期间中国籍国际航行船舶在船船员换班安排的公告

为支持新冠肺炎疫情防控期间航运公司正常运营，妥善解决中国籍国际航行船舶的在船船员换班困难问题，保护船员劳动权益，依据我国法律法规相关规定，现就新冠肺炎疫情期间中国籍国际航行船舶在船船员换班安排有关事宜公告如下：

一、航运公司应及时掌握新冠肺炎疫情期间船舶到达港口的疫情防控措施，制定船员换班和船舶航行计划，及时安排船员劳动合同或上船协议到期的在船船员换班。

二、对于船员劳动合同或上船协议到期且船舶到达港口因疫情禁止船员换班的，航运公司可采取以下措施：

（一）在经船员书面同意后，可延续船员劳动合同或上船协议的期限，签订补充合同或协议，船员在船前后连续服务期限不超过 12 个月；

（二）合同或协议延期后一个月内，航运公司应当向船籍港海事管理机构报备。

三、对于在船连续服务达到 12 个月的船员，航运公司应当立即安排船员换班，确因相关港口疫情防控措施不能安排船员换班的，应当立即安排船员在船休息，若涉及船舶配员减员的应符合《船舶最低安全配员证书》的要求，符合相关规定的，航运公司可向海事管理机构申请配员减员或特免证明。

特此公告。

交通运输部

人力资源和社会保障部

2020 年 3 月 12 日

关于精准做好国际航行船舶船员疫情防控工作的通知

交海明电〔2020〕142号

各省、自治区、直辖市、新疆生产建设兵团应对新冠肺炎疫情联防联控机制，各省、自治区、直辖市、新疆生产建设兵团交通运输厅（局、委）、外事办、卫生健康委，海关总署广东分署、各直属海关，各出入境边防检查总站，民航各地区管理局，长江航务管理局，各直属海事局：

为深入贯彻习近平总书记等中央领导同志重要指示批示精神，推动落实党中央、国务院关于统筹推进疫情防控和经济社会发展工作的决策部署，精准做好国际航行船舶船员疫情防控工作，有序保障中国籍船员换班、合同到期回国等，依法保障船员合法权益，按照国务院应对新冠肺炎疫情联防联控机制部署要求，现就精准做好国际航行船舶船员疫情防控工作通知如下：

一、严格落实新冠肺炎疫情防控责任

（一）严格落实企业主体责任。航运企业、海员外派机构是船员疫情防控第一责任人，要进一步完善公司管理体系和制度，严格落实船舶、船员疫情防控各项要求，遵守检疫检测规定，切实加强对在船船员的管理，开展船员疫情防控知识培训，指导船舶督促船员做好在船和生产作业期间的自我防护，配足配齐船上各类防护用品，保障船舶物料、船员膳食和生活必需品供给。

（二）严格落实行业监管责任。交通运输主管部门、直属海事局要按照职责分工加强对航运企业、海员外派机构的依法监管，督促指导建立健全并严格执行疫情防控工作各项制度，积极配合地方政府和各口岸查验单位落实防范境外疫情输入工作。各地交通运输、口岸查验和卫生健康单位要根据自身职责，进一步优化相关联防联控措施，做好国际航行船舶船员出入境管理。

（三）严格落实地方政府属地责任。港口所在地人民政府要严格落实属地责任，严格执行中国籍船员换班的规定，满足船员合理的离船请求；要组织交通运输、公安、卫生健康等相关部门，安排专门力量，切实加强对入境船员的管理，有效控制潜在的疫情传播风险。

二、对国际航行船舶船员实施严格封闭管理

（四）国际航行船舶在航行、停泊期间，要参照《船舶船员新冠肺炎疫情防控操作指南》做好疫情防控，实行在船封闭管理。要落实船长负责制，加强对在船船员健康状况的监测，每日不少于两次对船员体温进行测量，并进行连续记录；发现异常情况，要及时向航运企业、海员外派机构报告。

（五）船舶靠港后，除正常的中国籍船员换班、对伤病船员紧急救助必需等之外，不安排船员上岸活动；船舶应当加强舷梯口值班，严禁无关人员上下船，确需下船人员须做好个人防护。

三、优化中国籍船员换班出入境通关防控措施

（六）对于境内港口换班上船的中国籍船员，按照国家相关规定到达换班港口，满足当地人民政府疫情防控要求的，经海关检疫无异常后，可以换班上船。

（七）国际航行船舶入境后，计划换班下船的中国籍船员经海关检疫无异常且核酸检测阴性后，自船舶驶离上一港口满 14 天、健康记录显示连续 14 天及以上正常的，在办理换班入境手续后，港口所在地人民政府应当给予便利。不满足上述条件的，在办理换班入境手续后，对于海关检疫有异常或核酸检测阳性的船员，由港口所在地人民政府按照联防联控机制相关要求处置；对于海关检疫无异常且核酸检测阴性的船员，要严格遵守港口所在地关于境外返回非“四类人员”疫情防控相关规定和要求。

（八）船员在换班全过程应当做好个人防护外，在隔离期间必须严格遵守隔离规定，并定时按规定向航运企业、海员外派机构报告每日健康状况。

四、稳妥做好境外中国籍船员的回国安排

（九）针对境外中国籍船员在疫情期间面临的合同到期、签证失效等突出问题，我驻外使领馆应当畅通信息报告的接收渠道，积极做好领事保护工作。

（十）对于身处困境并强烈请求安排回国的中国籍船员，可研究以适当方式稳妥安排。相关交通运输、外事、民航部门、口岸查验和卫生健康等单位要在地方人民政府和上级主管部门领导下，积极协调航运企业、海员外派机构等做好船员权益保障和回国入境管理工作。

五、加强内外贸兼营船舶由国际航线转国内航线的管理

（十一）实施精准管理。内外贸兼营散装液体危险货物运输船舶由国际航线转国内航线（仅限一个国内航次）时，所有船员未出现任何症状且核酸检测结果为阴性的，由海关办理改营手续，可不再要求隔离14天，但须由航运企业和船舶向口岸所在地交通运输主管部门、海事管理机构分别作出自离开境外最后一个港口14天内除伤病船员紧急救助外不在我国港口下船、不进行船员换班、非执行公务人员不上船的书面承诺。

（十二）加强信息通报和监督。内外贸兼营散装液体危险货物运输船舶由国际航线转国内航线（仅限一个国内航次）时，自船舶离开境外最后一个港口不足14天的，进出国内港口要向海事管理机构如实报告国际航线转国内航线情况，以及船舶离开境外最后一个港口信息、船员及健康信息、拟靠泊内贸港口信息、14天内人员上下船信息等，并提前将上述相关信息及时通报国内航线有关港口企业。港口企业发现船舶在港期间违反承诺的，及时向有关管理部门报告。对不遵守承诺的航运企业，由口岸所在地交通运输主管部门纳入水路运输领域信用信息管理，并向口岸查验单位进行通报，疫情期间海关不再为其所属船舶办理由国际航线转国内航线的改营手续。对于造成疫情传播扩散的，依法追究相关企业和个人责任。

请各省、自治区、直辖市、新疆生产建设兵团应对新冠肺炎疫情联防联控机制将本通知精神传达到开通国际航运口岸城市人民政府应对新冠肺炎疫情联防联控机制，督促抓好贯彻落实。

交通运输部

外交部

国家卫生健康委

海关总署

国家移民管理局

中国民用航空局

2020 年 4 月 22 日

交通运输部　海关总署　国家移民管理局关于暂停部分航运公司所属船舶在我境内实施外国籍船员换班的公告

近日，在我国港口检疫过程中发现利比里亚籍“欧米克朗天空”轮（IMO：9330329）15名船员新冠肺炎病毒核酸检测呈阳性、巴拿马籍“亚洲春天”轮（IMO：9223320）21名船员新冠肺炎病毒核酸检测呈阳性，暴露出船舶或船舶所属航运公司未能有效履行新冠肺炎疫情防控主体责任，防范措施不到位，防控效果不明显。因上述船舶核酸检测呈阳性的在船船员数量达到有关规定关于暂停船员换班的要求，现决定自本公告之日起30日内，暂停批准“欧米克朗天空”轮管理公司Omicron Ship Management Inc. 和“亚洲春天”轮管理公司Dia Yuan International Shipping Co. , Ltd. 所属全部船舶（见附件）在我国境内港口开展外国籍船员换班。暂停换班期间，上述公司所属船舶船员再次出现海关新冠肺炎核酸检测结果呈阳性的，在经过相关部门重新评估同意前，持续暂停其外国籍船员在我国境内港口换班资格。

针对“欧米克朗天空”轮和“亚洲春天”轮出现的聚集性感染事件，当地海关部门依据相关法律法规要求，已对涉疫船舶、船员采取严格的检疫措施。上述船舶在有关卫生检疫、人员离境等手续未办结前，各级海事管理机构不予办理船舶出口岸手续。

“欧米克朗天空”和“亚洲春天”轮及其所属公司应严格按照《交通运输部 外交部 国家卫生健康委 海关总署 国家移民管理局 中国民用航空局关于精准做好国际航行船舶船员疫情防控工作的通知》（交海明电〔2020〕142号）等相关文件要求，切实履行新冠肺炎疫情防控和安全生产责任。其他航运企业要以此为戒，切实落实船舶船员疫情防控有关要求，有效防范疫情通过境内水运口岸传播风险。

特此公告。

附件：相关航运公司所属船舶列表

交通运输部

海关总署

国家移民管理局

2021 年 2 月 2 日

附件

相关航运公司所属船舶列表

1. Omicron Ship Management Inc. （IMO：5023735）所属船舶列表

序号	船舶名称	IMO 号码	呼号	MMSI
1	OMICRON ATLAS	9464510	D5TQ2	636019249
2	OMICRON CREST	9304203	D5XV8	636020137
3	OMICRON LIGHT	9302774	D5NG9	636017906
4	OMICRON NIKOS	9268980	D5HG6	636016680
5	OMICRON SKY	9330329	D5JP8	636017169
6	OMICRON TITINA	9304277	D5QP5	636018628

2. Dia Yuan International Shipping Co. , Ltd. （IMO：5513878）所属船舶列表

序号	船舶名称	IMO 号码	呼号	MMSI
1	ASIA SPRING	9223320	3EBY4	352377000
2	DE YUAN	9161467	3ERW4	370184000

续表

序号	船舶名称	IMO 号码	呼号	MMSI
3	GERM	9050369	3EYT	373729000
4	GERM SOPHIA	9342891	H9NC	374891000
5	GERM SPRING	9071765	H8SG	352750000
6	GERM SUCCESS	9121730	3EUU7	374232000
7	GUANG YUAN	9218521	3FNT8	371741000
8	HE DA	9122863	3EBJ3	372722000
9	HE YUAN	9146950	3ECW5	371073000
10	LONG YUAN	8803886	3EZT8	373873000
11	MAPLE RISING	9291341	3FBQ9	371360000
12	NENG YUAN	9185762	3FDR4	370208000
13	QI YUAN	8408715	3FNC3	373469000
14	RONG YUAN	9157507	3FXE7	351761000
15	TEN SPRING	9196826	H3DH	357902000
16	YU XIAO 1	9228095	3EVK8	374630000
17	YU XIAO 2	9227704	3ESI	371108000

以上船舶列表通过有关国际组织网站获取，执行具体措施时应以船舶持有的符合证明副本和船舶安全管理证书所载明的信息为准。

关于进一步加强国际转国内航线船舶疫情防控工作的通知

各省、自治区、直辖市、新疆生产建设兵团交通运输厅（局、委）、外事办、卫生健康委，海关总署广东分署、各直属海关，各出入境边防检查总站，各直属海事局：

为深入贯彻落实党中央、国务院关于加强新冠肺炎疫情防控工作的决策部署，按照国务院联防联控机制关于“外防输入、内防反弹”部署要求，筑牢境外疫情输入防线，现就进一步加强国际转国内航线船舶疫情防控工作有关事项通知如下：

一、倡导国际和国内航线船舶相对固定经营。自本通知发布之日起至2022年6月30日，倡导同时具备国际和国内运输经营资格的船舶固定从事国际航线经营或固定从事国内航线经营。确需转入国内航线营运的国际航行船舶，应当自抵达境内入境口岸后满14天，所有船员未出现任何疑似新冠肺炎症状，并在入境口岸由海关对全体船员采集2份鼻咽拭子样本，分别使用不同试剂进行核酸检测，其中一份由海关进行检测；另一份交由入境口岸所在地联防联控机制明确的检测单位检测（并将检测结果反馈海关），其所需费用可由船方承担。两份检测结果均为阴性的，由海关按规定办理转兼营手续，并通报给入境口岸所在地联防联控机制。船员核酸检测为阳性的，按照疫情防控期间针对伤病船员紧急救助处置的相关文件执行。按照国务院联防联控机制和入境口岸所在地联防联控机制规定，需满21天后方可入境的船舶，从其规定。

二、加强船员换班管理及疫苗接种。拟转入国内航线营运的国际航行船舶，如需进行船员换班，应当在入境口岸按照当地国际船员换班有关规定进行。国际航行船舶办理转兼营手续后，船舶所属航运企业继续对全体船员进行14天的健康监测，发现船员健康情况有异常的，应及时报告船舶靠泊地联防联控机制（航行途中报告下一靠泊地联防联控机制）。14天健康监测期间船员不得离船，并严格做好个人健康防护，确有特殊情况需要离船的，应报当地联防联控机制同意，并按当地疫情防控措施执行。经14天健康监测无异常且核酸检测为阴性的，报当地联防联控机制同意后，按国内航行船舶船员进行换班。船舶转入国内航线营运后，航运公司要按照相关规定加快推进船员疫苗接种，尽快做到“应接尽接”。

三、加强国际转国内航线船舶生活垃圾、生活污水管理。拟转入国内航线营运的国际航行船舶产生的生活垃圾、生活污水应当在入境口岸接收上岸后，方可转入国内航线运营。要落实国务院联防联控机制通知要求，由当地联防联控机制对入境的国际航行船舶产生的生活垃圾、生活污水进行接收，并依据医疗废物管理有关规定开展分类收运处置。

四、从事内地与港澳、大陆与台湾航线营运的船舶原则上参照国际航行船舶疫情防控要求执行。当地联防联控机制另有规定的，从其规定。

五、请所在地交通运输主管部门将本通知精神传达至辖区内各航运企业、港口经营人。此前发布的有关国际航线转国内航线营运船舶疫情防控要求与本通知不一致的，按本通知要求执行。

交通运输部

外交部

国家卫生健康委

海关总署

国家移民管理局

2021年9月29日

关于进一步做好国际航行船舶船员疫情防控工作的通知

联防联控机制综发〔2021〕136号

各省、自治区、直辖市及新疆生产建设兵团应对新型冠状病毒肺炎疫情联防联控机制（领导小组、指挥部），外交部、交通运输部、国家卫生健康委、海关总署，国家移民局：

为深入贯彻习近平总书记重要指示批示精神，认真落实党中央、国务院关于统筹推进新冠肺炎疫情防控和经济社会发展的决策部署，毫不放松做好外防输入工作，精准做好国际航行船舶船员疫情防控，保障国际海上物流供应链畅通，切实维护船员合法权益，现通知如下：

一、严格落实船员新冠肺炎疫情防控责任

（一）外交、交通运输、卫生健康、海关、移民等部门要严格按照职责分工加强国际航行船舶船员新冠肺炎疫情防控工作，制定针对海员的境外遣返保障和入境通关政策，设立专门入境、隔离、救助通道，保障我国海员境外下地回国和入境畅通，督促指导驻外使（领）馆、航运企业、船员服务机构建立健全并严格执行疫情防控工作各项制度，积极做好国际航行船舶船员疫情防控和船员权益保障工作。

（二）各港口所在地联防联控机制（领导小组、指挥部）要严格落实属地责任，切实做好到港国际航行船舶船员疫情防控工作，安全有序做好船员换班和伤病船员救助等工作，积极组织当地交通运输、卫生健康、海关、移民等部门，安排专门力量，加强对入境船员的管理和服务，为船员接种疫苗创造条件、做好保障，有效控制潜在的疫情风险。

（三）各航运企业、船员服务机构是船舶船员疫情防控责任主体，要进一步完善公司管理体系，健全工作机制，持续完善船舶船员防疫制度和应急预案，严格落实船舶、船员疫情防控各项要求和远端防控举措，加强船员疫情防控知识的宣传培训，有效指导船舶、督促船员做好在船和生产作业期间的自我防护，配足配齐船上防护设施设备和防疫物资，保障船舶物料、船员膳食和生活必需品供给。

（四）各航运企业、船员服务机构要督促指导船舶、船员按照相关防疫指南开展疫情防控工作，提高防控意识，增强防控能力，严格遵守地方联防联控机制（领导小组、指挥部）及相关部门关于疫情防控的要求。自2022年2月15日起，疫情防控期间，拟入境并计划在境内港口换班的国际航行船舶在驶离境外最后一港口前，所有在船船员应进行新冠病毒检测，检测呈阳性的船员及时就近治疗；同时，在航行途中，要按照高危人群处理方法，落实船员定期检测制度和检测呈阳性情况下的紧急隔离及在船救治具体措施，避免扩大感染范围，降低船员带疫来华风险；船舶应将检测信息连同进出口岸审批材料一并报送至拟靠第一入境港口所在地海事管理机构，发现船员健康情况有异常的，船舶应将有关信息及时报第一入境港口所在地联防联控机制（领导小组、指挥部）处置。新冠病毒检测应优先选用核酸检测。有关部门应出台有关实施细则。

（五）对于国际航行船舶的所有下船船员，海关要严格实施采样检测。对于不下船船员，检疫有异常的及其密切接触者、船舶申请改为经营境内运输的、14天内在境外换班上船的，海关实施采样检测；对港口运营单位通过书面方式承诺船员和登轮作业人员有效防护并避免不必要接触的，经报地方联防联控机制（领导小组、指挥部）后，入境港海关可不对14天内在境外换班上船的不下船船员进行采样检测。各港口所在地联防联控机制（领导小组、指挥部）应加强对国际航行船舶修造船厂疫情防控的指导，确需实施修理的国际航行船舶在停靠第一港时，海关对全部船员采样检测；维修期间，由维修港所在地联防联控机制（领导小组、指挥部）负责确定修船船员的核酸检测频次，并组织实施采样检测。

各港口所在地联防联控机制（领导小组、指挥部）指定相关机构及时将海关检疫发现的确诊病例、无症状感染者、疑似病例、有发热和呼吸道等症状及核酸检测阳性船员转运至定点医疗机构；上述船员不能下船或确需返船的，经船长申请，由各港口所在地联防联控机制（领导小组、指挥部）批准，应在船上做好个人防护后立即离境。

二、切实做好国际航行船舶中国籍船员换班工作

（一）各港口所在地联防联控机制（领导小组、指挥部）应按照《关于新冠肺炎疫情防控期间国际航行船舶中国籍船员换班操作要求》（附件1），制定船员换班工作具体流程和要求，明确首问责任制，对船方提出的船员换班申请应予以及时落实，不得以“中外船员混派”“离开境外最后一个港口时限不符合要求”“来自境外疫情高发地区”等理由拒绝或拖延船员换班；确因特殊原因无法换班的（如本地区被列为中高风险地区等），其他港口不得以“非第一入境港”等理由拒绝或拖延船员换班。

（二）各港口所在地联防联控机制（领导小组、指挥部）应综合分析研判本地区船员换班情况，统筹配置满足换班下船集中隔离船员所需的医院、场所、床位、核酸检测和疫苗接种等资源，切实保障合理的船员换班和疫苗接种需求，实现“应换尽换”“应接尽接”。

（三）各港口所在地联防联控机制（领导小组、指挥部）应将本辖区船员换班申请程序和要求、隔离资源配置及使用、核酸检测能力以及保障船员换班专班名称、地址及联系方式等情况报上一级联防联控机制（领导小组、指挥部），相应省级联防联控机制（领导小组、指挥部）汇总后，于2022年2月1日前报交通运输部统一对外公布。

（四）各部门要切实采取措施关心关爱船员，为换班船员顺利安全回国入境等提供保障服务。各地应将国际航行船舶在境内港口换班下船船员按照入境人员进行管理，根据新冠肺炎疫情防控方案的规定，在入境地实施14天集中隔离，解除隔离后在居住地实施7天居家健康监测，落实核酸检测、健康管理等相关要求。如国家对入境人员隔离政策进行调整的，按最新要求执行。

三、切实做好伤病船员救助工作

（一）各地联防联控机制（领导小组、指挥部）应按照《关于新冠肺炎疫情防控期间伤病船员紧急救助处置要求》（附件2）制定伤病船员救助具体工作流程、要求及收费标准，并对外公布；积极就地、及时、有效做好伤病船员紧急救助工作，不得无故拒绝或拖延。

（二）各航运企业、船员服务机构要积极配合地方联防联控机制（领导小组、指挥部）按照《关于新冠肺炎疫情防控期间伤病船员紧急救助处置要求》，切实做好伤病船员紧急救助工作。

四、严格防控监督和责任落实

（一）各省级联防联控机制（领导小组、指挥部）要提高政治站位，加强对本地区口岸疫情防控、船员换班和伤病船员救助工作的督导，依法科学、精准防控；要强化闭环管理，分区分级、从严从紧抓好口岸疫情防控关键环节、重点部位、重点人员管控，不留隐患；要全面落实船员换班和伤病船员救助政策，确保口岸管理、船员换班和伤病救助安全有序畅通，为国际海上物流供应链畅通提供保障。

（二）外交部、交通运输部、国家卫生健康委、海关总署、国家移民局等部门应进一步建立健全联席会议机制，及时通报国际航行船舶船员疫情防控有关信息，认真评估总结，适时调整有关政策，协同推动疫情期间船舶船员疫情防控、船员换班、伤病船员救助等工作有效开展。

（三）将落实国际航行船舶船员疫情防控、船员换班和伤病救助等工作情况，纳入国务院联防联控机制有关外防输入专项检查重点内容；对落实不力的，按常态化疫情防控监督检查有关要求处理。

五、做好信息发布和政策解读等工作

各港口所在地联防联控机制（领导小组、指挥部）要及时公布口岸疫情信息，切实做好口岸疫情防控、船员换班和伤病船员救助等政策解读，回应社会关切；加大口岸疫情防控知识宣传普及力度，提高口岸一线人员防范意识。航运企业、船员服务机构要注意排查和化解涉船舶疫情、船员换班、伤病船员救助等矛盾，指导船员通过合理途径反映相关诉求，通过合法渠道维护自身权益，维护社会和谐稳定。

本通知自发布之日起生效，之前关于国际航行船舶船员疫情防控工作要求与本通知不一致的，以本通知为准。

国务院应对新型冠状病毒肺炎疫情联防联控机制综合组

2021 年 12 月 10 日

附件：

1. 关于新冠肺炎疫情防控期间国际航行船舶中国籍船员换班操作要求

2. 关于新冠肺炎疫情防控期间伤病船员紧急救助处置要求

附件 1

关于新冠肺炎疫情防控期间国际航行船舶中国籍船员换班操作要求

一、严格落实国际航行船舶船员疫情防控措施

（一）国际航行船舶要参照现行《船舶船员新冠肺炎疫情防控操作指南》做好疫情防控，实行在船封闭管理。靠港或锚泊期间，除正常的中国籍船员换班、对伤病船员紧急救助等之外，尽量不安排船员上岸活动；严格限制登轮外来人员活动区域，严禁无关人员上下船。

（二）严格落实船长负责制，加强在船船员健康状况监测，每日不少于两次对船员进行体温测量，并做好连续记录；发现异常情况，要及时向航运企业、船员服务机构报告。

（三）船员在换班全过程应当做好个人防护，在隔离期间必须严格遵守隔离规定，并定时按规定向航运企业、船员服务机构报告每日健康状况。

（四）船员健康状况异常、换班上下船过程中出现健康异常状况或经海关卫生检疫有异常的，应当立即暂停本次换班，并通报港口所在地联防联控机制（领导小组、指挥部），由地方联防联控机制（领导小组、指挥部）开展处置。对被判定为无症状感染者的船员，按照国家有关规定执行。

（五）交通运输管理部门、海事管理机构要督促各航运公司、船员服务机构及时了解出入境口岸涉外疫情防控要求，有效落实船舶在港作业和船员换班期间疫情防控和个人防护措施，按照“一船一议一方案”，提前研判风险，指定专班专人负责，协同地方联防联控机制（领导小组、指挥部）做好船员换班工作，确保安全、有序开展船员换班，尽最大可能降低境外疫情输入风险。

二、认真做好境内港口船员换班上下船操作程序

（六）船员换班上船。

1. 航运公司或船员服务机构应当制定《新冠肺炎疫情防控期间船员换班上船计划》，内容应当至少包括拟换班上船船员姓名、身份证号码、拟任职务、换班船舶、健康状况、疫苗接种信息、上船时间、船舶下一目的港、抵达换班地的交通方式、家庭住址和联系方式等信息。

2. 航运公司或船员服务机构原则上应安排已完成新冠病毒疫苗接种的船员换班上船，并确保船员换班上船前至少 14 天健康状况正常，并督促船员做好个人防护。

3. 航运公司或船员服务机构应当在船员换班上船前，按要求将《新冠肺炎疫情防控期间船员换班上船计划》、换班上船船员 14 天内的行程码和健康码以及抵达登轮港口或换班上船前 72 小时内的核酸检测报告（电子版）等相关材料提交换班地联防联控机制（领导小组、指挥部）明确的责任部门或机制，经准许后船员可换班上船。

4. 航运公司或船员服务机构应当做好船员上船前的交通保障等工作。

（七）船员换班离船。

1. 航运公司或船员服务机构应当制定《新冠肺炎疫情防控期间船员换班离船计划》，内容应当至少包括拟换班离船船员名单、船上职务、身份证号码、所在船舶、健康状况、防护措施、离船时间、目的地、返程交通方式、家庭住址和联系方式等信息。

2. 航运公司或船员服务机构应当指导船员在船做好个人防护，每天检测体温（不少于两次），船员本人应当认真填写《船员船上健康记录登记表》（见附表），并签字承诺属实，由船长审核签字确认，船长的登记记录由大副或者其他船上高级船员审核签字确认。

3. 航运公司或船员服务机构应当督促拟进入境内港口的船舶在预计抵达港口或锚地 48 小时前，向海关、边检、海事等口岸查验单位报告在船船员健康信息，航行时间不足 48 小时的，应当在驶离上一港口时立即报告；应当将《新冠肺炎疫情防控期间船员换班离船计划》《船员船上健康记录登记表》等相关材料按要求提交换班地联防联控机制（领导小组、指挥部）明确的责任部门或机制。

4. 船员换班下船后，应当在入境地按有关要求进行隔离，隔离期间每天向航运公司或船员服务机构报告健康情况。

附件2

关于新冠肺炎疫情防控期间伤病船员紧急救助处置要求

一、船员在我国境内港口出现伤病情况处置要求

（一）船舶请求救助时，对在我国境内港口出现伤病的船员，无论是否属于“四类人员”，各地联防联控机制（领导小组、指挥部）均应采取救治措施，必要时转运至港口所在地相关医疗机构就诊，保障船员及时得到救助。在接到船舶救助请求后，所属辖区海（水）上搜救中心应及时掌握船上需救助船员的信息，以及所有在船船员健康状况，按程序向海关、边防（移民）、卫生健康、地方联防联控机制（领导小组、指挥部）报告，配合有关部门做好船上是否存在疫情的确认工作，以便在存在疫情情况下，对“四类人员”采取合理的救助处置方式。出现伤病船员未得到及时救治而威胁健康安全的紧急情况时，要按有关程序及时向上级部门报告。

（二）海（水）上搜救中心根据相关应急处置程序做好救助行动的相关协调处理，并配合相关部门按照港口所在地联防联控机制（领导小组、指挥部）关于疫情防控期间的相关规定进行处置，及时、稳妥对伤病船员进行救助。

（三）必要时，海事管理机构应当对船员转运和救助过程中的水上交通秩序进行重点维护，配合相关部门开展救助工作。

（四）涉及外国籍船舶和船员的，各地人民政府根据有关情况做好对外国驻华使（领）馆通报工作。

二、中国籍船舶在境外期间，在船船员伤病情况处置要求

（一）中国籍船舶第一时间向航运公司报告，航运公司接报后应当及时报告所在地人民政府有关部门和海事管理机构，船舶同时可以按程序和相关国际指南申请远程医疗指导。

（二）船员需要送岸紧急救助的，船舶可向我驻外相关使（领）馆报

告求助，请使（领）馆根据船上求助需求、船员伤病情况和当地医疗条件，协调当地政府及医疗部门履行《2006年海事劳工公约》《国际卫生条例》等规定的国际义务，救助伤病船员。航运公司作为责任主体应当提供必要的资源保障。

（三）航运公司所在地人民政府要积极配合驻外使（领）馆做好伤病船员救助处置工作，督促航运公司为伤病船员提供紧急救助所必需的保障，海事管理机构予以配合。

（四）若船舶发现确诊或疑似新冠肺炎病例，且沿岸国或港口国拒绝提供紧急救助情况下，由航运公司所在地人民政府联合交通运输部及时通报外交部，通过外交渠道敦促外方就近安排伤病船员实施紧急救助；船舶、船员可根据《2006年海事劳工公约》有关规定向当地港口当局求助。

三、外国籍船舶在境外期间，在船中国籍船员伤病情况处置要求

（一）船员服务机构接报后，应先与船东（船舶经营人）联系，要求船东（船舶经营人）履行主体责任，做好伤病船员救助及相关协调工作。按照“谁派出，谁负责”的原则，船员服务机构及时向我驻外相关使（领）馆报告求助，并将有关情况向船员服务机构所在地人民政府有关部门和海事管理机构报告。

（二）船员服务机构所在地方人民政府要积极配合驻外使（领）馆做好伤病船员救助处置工作，督促船员服务机构为伤病船员提供紧急救助所必需的保障，所在地海事管理机构予以配合。

（三）若船舶发现新冠肺炎确诊或疑似病例，且在沿岸国或港口国拒绝提供紧急救助情况下，由船员服务机构所在地人民政府联合交通运输部及时通报外交部和船旗国主管机关，通过外交渠道敦促外方就近安排伤病船员实施紧急救助；船舶、船员也可根据《2006年海事劳工公约》有关规定向当地港口当局求助。

“四类人员”系指新冠肺炎感染确诊患者、疑似患者、不能排除感染可能的发热患者、确诊患者的密切接触者。

交通运输部关于进一步做好国际航行船舶船员疫情防控工作的通知

天津、河北、辽宁、黑龙江、上海、江苏、浙江、安徽、福建、江西、山东、湖北、湖南、广东、广西、海南、重庆、云南省（区、市）交通运输部厅（局、委），长江航务管理局，各直属海事局：

为贯彻落实《国务院应对新型冠状病毒肺炎疫情联防联控机制综合组关于进一步做好国际航行船舶船员疫情防控工作的通知》（联防联控机制综发〔2021〕136 号）（以下简称《通知》）要求，现就有关事项通知如下：

一、提高政治站位，全面落实船舶船员疫情防控责任

各单位要深入贯彻习近平总书记重要指示精神，认真落实党中央、国务院关于统筹推进疫情防控和经济社会发展的决策部署，坚持常态化防控和应急处置相结合，持续强化做好"外防输入"工作的政治自觉、思想自觉和行动自觉，进一步增强责任感、使命感，全面落实船舶船员新冠肺炎疫情防控责任，保障国际海上物流供应链畅通，切实维护船员合法权益。

二、加强协同联动，做好中国籍船员换班及伤病救助工作

各级交通运输主管部门、海事管理机构要按照职责分工加强对航运企业、船员服务机构的依法监管，督促指导其建立健全并严格执行船舶船员疫情防控制度；积极协调地方政府和海关、移民、卫健等单位共同落实《通知》要求，做好水运口岸"外防输入"工作，进一步优化相关联防联控机制，加强口岸所在地防疫能力建设，配备足够的隔离、核酸检测、医疗救助等资源，确保中国籍船员换班"应换尽换"，确保船员伤病救助"应救尽救"。对口岸所在地因隔离资源不足、本地区划定为中高风险地区等原因暂时无法保证船员换班的，各级交通运输主管部门、海事管理机构要推动各地联防联控机制，统筹在本市或本省范围内其他口岸安排船员换班。同时对隔离资源不足的口岸所在地，应推动相关联防联控机制加强隔离资源建设和整合，尽快满足船员换班需求。

三、畅通信息渠道，做好信息发布和报告工作

各级交通运输主管部门、海事管理机构要积极配合当地政府，做好对辖区航运企业、船员服务机构有关口岸疫情防控、船员换班和伤病船员救助等政策解读和宣传工作，及时掌握涉船舶疫情、船员换班、伤病船员救助等矛盾情况，指导航运企业、船员服务机构做好矛盾化解工作。

请各省级交通运输主管部门、各直属海事局于2022年2月1日前将落实《通知》情况（内容包括基本情况、主要工作、存在问题、工作建议和下一步工作安排等）报部。

联系人：张芳亮，电话：010－65293481，传真：010－65293482，邮箱：cygl@ msa. gov. cn

交通运输部

2021年12月24日

交通运输部关于成立国际航行船舶船员换班工作专班的通知

天津、河北、辽宁、黑龙江、上海、江苏、浙江、安徽、福建、江西、山东、湖北、湖南、广东、广西、海南、重庆、云南省（区、市）交通运输厅（局、委），各直属海事局：

为认真贯彻落实国务院应对新型冠状病毒肺炎疫情联防联控机制综合组印发的《关于进一步做好国际航行船舶船员疫情防控工作的通知》（联防联控机制综发〔2021〕136号）要求，切实做好国际航行船舶中国籍船员在国内港口换班工作，保障船员合法权益。交通运输部决定成立国际航行船舶船员换班工作专班，并就有关事项通知如下：

一、专班工作职责

全面掌握国际航行船舶中国籍船员在境内港口换班工作开展情况；对船员换班工作进行调度；协调推动解决船员换班遇到的困难和问题。

二、联系方式

专班联系电话：010－65299809

专班工作邮箱：cyhb@ msa. gov. cn

三、其他事项

自本通知发布之日起，各航运企业、船员服务机构、船舶代理机构及国际航行船舶中国籍船员在境内港口合规换班遇到困难和问题时，均可通过以上联系方式向专班反映。专班将及时与有关部门和地方政府联系沟通，努力推动解决相关问题。

交通运输部

2021年12月31日

交通运输部 外交部 海关总署
关于做好国际航行船舶船员新冠肺炎疫情远端防控的公告

交通运输部 外交部 海关总署公告2022年第14号

为进一步做好新冠肺炎疫情防控“外防输入”工作，保障国际航行船舶船员身体健康，依据《中华人民共和国国境卫生检疫法》、《中华人民共和国突发事件应对法》、《中华人民共和国海上交通安全法》和国务院应对新型冠状病毒肺炎疫情联防联控机制综合组《关于进一步做好国际航行船舶船员疫情防控工作的通知》等有关规定，现就加强国际航行船舶船员新冠肺炎疫情远端防控有关事项公告如下：

一、本公告适用于所有拟入境并计划在中华人民共和国境内港口进行船员换班的国际航行船舶。

二、本公告适用船舶在驶离境外最后一港口前48小时内，所有在船船员应进行新冠病毒检测，检测呈阳性的船员应及时就近治疗；在驶离境外最后一港口后的航行途中要参照中华人民共和国国家卫生健康委员会发布的最新版《新型冠状病毒肺炎防控方案》要求，落实船员新冠病毒定期检测制度以及检测呈阳性情况下的紧急隔离和救治举措，避免扩大感染，保障船员身体健康。

新冠病毒检测应优先使用核酸检测，在不具备核酸检测的条件下，可选用抗原等其他快速检测方式。选用新冠病毒快速检测应使用获得中华人民共和国或境外有关国家和地区药品监督管理部门批准的新冠病毒快速检测产品。

三、本公告适用船舶应参照中华人民共和国国家卫生健康委员会发布的最新版《新型冠状病毒肺炎防控方案》对入境人员的管理要求，组织在船人员在航程的第 1、4、7、14 天（如有），及到港日前 1 天进行新冠病毒检测，记录并保存检测结果。靠港前 1 天按要求完成所有在船船员新冠病毒检测后，连同航行期间船员检测信息报送至拟靠第一入境港口所在地海事管理机构和海关等部门。《国际航行船舶远端防控新冠病毒在船检测和信息报送指南》见附件。

在驶离境外最后一港口后的航行途中，发现船员健康及检测信息有异常的，船长应及时将异常船员情况报所属航运公司或船员服务机构，并采取紧急响应，落实隔离和救治举措。接收船员检测信息的海事管理机构以及当事船舶应将有关信息及时报第一入境港口所在地联防联控机制（领导小组、指挥部）处置。

四、本公告要求的新冠病毒检测是落实国际航行船舶船员远端防控的要求，不得作为船员换班的前置条件，不免除海关已实施的入境时的核酸检测。

五、各驻外使领馆应为船舶在境外新冠病毒检测及检测结果呈阳性的中国籍船员救治提供帮助。海关应为境内新冠病毒抗原检测试剂出境卫生检疫审批和试剂上船提供便利。

六、各相关航运公司、船员服务机构要严格执行本公告，并提前做好相应准备工作。本公告适用航运公司、船员服务机构、船舶或相关人员违反本公告要求和违反中华人民共和国相关法律法规规定的，依法严肃处理。

七、本公告自 2022 年 2 月 15 日起实施。计划入境换班的国际航行船舶驶离境外最后一港口时间为 2022 年 2 月 15 日后的，应按本公告要求执行。

特此公告。

交通运输部

外交部

海关总署

2022 年 1 月 28 日

附件：国际航行船舶远端防控新冠病毒在船检测和信息报送指南

国际航行船舶远端防控新冠病毒在船检测和信息报送指南

国际航行船舶远端防控新冠病毒在船检测和信息报送有两种方式，具体如下：

方式一：通过船员健康在线（App）报送

船员健康在线（App）是船舶远端防控新冠病毒检测信息报送平台，适用于安卓应用程序移动端。航运公司使用指南如下：

一、主要用户

航运公司可以为船舶所有人、管理人、经营人、代理人，主体落实其旗下国际航行船舶船员在船新冠病毒检测保障、管理和应急组织响应工作。航运公司账户可查阅旗下船舶船员检测结果信息。在船船员新冠病毒检测所需试剂应提前送至船舶。

航运公司应指定操作人员，具体组织实施本船船员在船新冠病毒检测及信息报送，并接受船长的管理。

船长作为在船新冠病毒检测实施的负责人，负责督导所有在船人员按要求实施在船检测及结果上传工作，组织对新冠病毒检测结果呈阳性人员在船隔离、救治，报告相关信息。

二、开户及操作须知

（一）航运公司注册

航运公司在船员健康在线（App）登记相关信息后，提交注册账户需求，后台校核通过后，发送户名及密码至指定邮箱。航运公司登录账户，录入所管理拟来华船舶基本信息和新冠病毒检测指定操作人员，同时可通过船员健康在线（App）查阅有关信息。

（二）指定操作人员信息录入

指定操作人员下载船员健康在线（App），自行注册登录后，录入所在船舶及所有船员信息。

船舶在离开境外最后一港口驶往中国境内港口前48小时内，在有网络的情况下，指定操作人员应在个人账户中填报所在船舶和每名船员信息以及最后驶离的境外港口名称与离港时间、预计达到的中国境内港口名称与到港时间及离港前新冠病毒检测结果。填毕后，按要求实施在船检测，上传检测结果。

三、在船检测

船员健康在线（App）会及时提示船公司和指定操作人员实施在船检测，对于未按要求落实检测以及情况异常的，系统会予以警示。

指定操作人员分别拍摄每名船员的检测结果照片，检测结果照片应清楚显示试剂卡，检测结果标识线和船员服务簿个人信息页，并填报检测结果选项——阴性、阳性后报送，或在App中填写《国际航行船舶航行期间船员新冠病毒检测信息汇总表》，汇总报送航行期间船员检测信息，相关检测信息报送至海事管理机构和海关等部门。船员健康在线（App）可以在航行中没有网络的情况下使用，全船船员检测结束后，所有数据自动保存，船员健康在线（App）根据船舶网络信号情况在第一时间上传所有检测数据。

检测结果在船上判断为无效的，需重新按照上述步骤及产品使用说明要求再次实施检测，直至检出阴性或阳性；检测结果显示为阳性的，需再检测1次，两次检测结果均应在系统中填报。

实施新冠病毒在船检测及信息报送的，船员健康在线（App）生成船舶远端防控检测码，本检测码分“绿、蓝、黄、红”四色。绿色表示按要求检测和报送并未检出阳性，蓝色表示未按要求检测或报送但未检出阳性，黄色表示按要求检测和报送但检出阳性，红色表示未按要求检测或报送并检出阳性。

方式二：通过船舶代理报送

在船船员按要求完成航行期间新冠病毒检测后（靠港前一天），船方填写《国际航行船舶航行期间船员新冠病毒检测信息汇总表》（见附表），该信息可通过船舶代理报送至海事管理机构和海关等部门。

两种报送方式由船方自行决定

交通运输部　海关总署　国家移民管理局关于暂停部分航运公司所属船舶在我境内实施外国籍船员换班的通知

交海明电〔2022〕158 号

天津市、辽宁省、上海市、浙江省、福建省、山东省、广东省、海南省交通运输厅（委），海关总署广东分署、各直属海关，各出入境边防检查总站，交通运输部长江航务管理局、各直属海事局：

近期，在我国水运口岸检疫过程中发现“RUN SHENG”轮（IMO 编号：9179464）、“TRUONG LONG 01”轮（IMO 编号：9000326）、“GLORIOUS OCEAN”轮（IMO 编号：9145906）、“HONG LONG ZHI XING”轮（IMO 编号：9287986）、“TC SYMPHONY”轮（IMO 编号：9318242）、“JIN RONG”轮（IMO 编号：9403061）、“BAO PROSPER”轮（IMO 编号：9515759）、“JUBILANT TREASURE”轮（IMO 编号：9512018）、“KM LONDON”轮（IMO 编号：9811957）、“MAERSK DAVAO”轮（IMO 编号：9858711）、“BIG SEA 104”轮（IMO 编号：9635535）、“SAKHALIN－10”轮（IMO 编号：8857667）、“JIA YI 6”轮（IMO 编号：9578452）、“V RICH”轮（IMO 编号：9626986）、“YANGTZE HARMONY”轮（IMO 编号：9318917）、“TONG MAO 1”轮（IMO 编号：9397561）多名船员新冠肺炎核酸检测呈阳性，暴露出船舶及其航运公司未能有效履行疫情防控责任、防范措施不到位等问题。因上述核酸检测呈阳性的在船船员数量达到有关暂停船员换班的规定要

求，现决定：

一、自本通知发布之日起15日内，暂停批准“TRUONG LONG 01”轮管理公司Truong Long VN JSC、“GLORIOUS OCEAN”轮管理公司Weihai Yunhao International Ship Management Co., Ltd.，“TC SYMPHONY”轮管理公司Tan Cang Shipping JSC、“JIN RONG”轮管理公司Goldbeam International Ltd.、“BAO PROSPER”轮管理公司Bao Fortune Shipmanagement Co., Ltd.、“KM LONDON”轮管理公司Kuang Ming Shipping Corp、“BIG SEA 104”轮管理公司Big Sea Co., Ltd.、“SAKHALIN-10”轮管理公司Sakhalin Shipping Co.、“JIA YI 6”轮管理公司Gold Glory International Ship Management Ltd.、“V RICH”轮管理公司Shanghai Qiguan Ship Management Co., Ltd.、“YANGTZE HARMONY”轮管理公司UMMS Projects & Livestock Pte Ltd.所属全部船舶（见附件）在我国境内港口开展外国籍船员换班。

二、自本通知发布之日起30日内，暂停批准“RUN SHENG”轮管理公司Fonway Shipping Pte Ltd.、“HONG LONG ZHI XING”轮管理公司Guangdong Yuean Shipping Co., Ltd.、“JUBILANT TREASURE”轮管理公司Toshin Kisen Co., Ltd.、“MAERSK DAVAO”轮管理公司Dalian Dongrong Ship Management Co., Ltd.、“TONG MAO 1”轮管理公司Tong Mao Ship Management Ltd.所属全部船舶（见附件）在我国境内港口开展外国籍船员换班。

三、暂停换班期间，如上述公司所属船舶船员再次出现新冠肺炎核酸检测结果呈阳性，在经相关部门重新评估同意前，持续暂停其外国籍船员在我国境内港口换班。

各有关单位要根据《交通运输部 外交部 国家卫生健康委 海关总署 国家移民管理局 中国民用航空局关于精准做好国际航行船舶船员疫情防控

工作的通知》（交海明电〔2020〕142 号）等相关要求，督促航运企业切实履行疫情防控责任，严格落实船舶船员疫情防控有关要求，有效防范疫情通过境内水运口岸传播风险。

交通运输部

海关总署

国家移民管理局

2022 年 5 月 11 日

关于调整国际转国内航线船舶疫情防控工作有关事项的通知

交水明电〔2022〕198号

各省、自治区、直辖市、新疆生产建设兵团交通运输厅（局、委）、外事办、卫生健康委，海关总署广东分署、各直属海关，各出入境边防检查总站，各直属海事局：

为深入贯彻落实党中央、国务院关于科学精准做好新冠肺炎疫情防控工作的决策部署，全面落实“外防输入、内防反弹”总策略和“动态清零”总方针，筑牢境外疫情输入防线，最大限度统筹疫情防控和经济社会发展，根据《新型冠状病毒肺炎防控方案（第九版）》要求，现就调整国际转国内航线船舶疫情防控工作有关事项通知如下：

一、拟转入国内航线营运的国际航行船舶，应当自抵达境内入境口岸后的7天内开展5次核酸检测（其中第1天由海关对船员进行核酸检测；第2、3、5、7天由入境口岸所在地联防联控机制明确的检测单位对船员进行核酸检测，其所需费用可由船方承担），采集口咽拭子，5次核酸检测结果均为阴性的，由海关按规定办理改营手续，并通报给入境口岸所在地联防联控机制。船员核酸检测为阳性的，按照疫情防控期间针对伤病船员紧急救助处置的相关文件执行。

二、加强船员换班管理及疫苗接种。拟转入国内航线营运的国际航行船舶，如需进行船员换班，应当在入境口岸按照当地国际船员换班有关规定进行。国际航行船舶办理改营手续后，船舶所属航运企业继续对全体船员进行3天的健康监测，发现船员健康情况有异常的，应及时报告船舶靠泊地联防联控机制（航行途中报告下一靠泊地联防联控机制）。3 天健康监测期间船员不得离船，并严格做好个人健康防护，确有特殊情况需要离船的，应报当地联防联控机制同意，并按当地疫情防控措施执行。经 3 天健康监测无异常且第 3 天核酸检测（采集口咽拭子）为阴性的，报当地联防联控机制同意后，按国内航行船舶船员进行换班。船舶转入国内航线营运后，航运公司要按照相关规定加快推进船员疫苗接种，尽快做到“应接尽接”。

三、加强国际转国内航线船舶生活垃圾、生活污水管理。拟转入国内航线营运的国际航行船舶产生的生活垃圾、生活污水应当在入境口岸接收上岸后，方可转入国内航线运营。要落实国务院联防联控机制通知要求，由当地联防联控机制对入境的国际航行船舶产生的生活垃圾、生活污水进行接收，并依据医疗废物管理有关规定开展分类收运处置。

四、从事内地与港澳、大陆与台湾航线营运的船舶原则上参照国际航行船舶疫情防控要求执行。当地联防联控机制另有规定的，从其规定。

五、请所在地交通运输主管部门将本通知精神传达至辖区内各航运企业、港口经营人。此前发布的有关国际航线转国内航线营运船舶疫情防控要求与本通知不一致的，按本通知要求执行。

交通运输部

外交部

国家卫生健康委

海关总署

国家移民管理局

2022 年 7 月 1 日

交通运输部关于做好2023年道路水路春运疫情防控和运输服务保障工作的通知

交运明电〔2022〕357号

各省、自治区、直辖市、新疆生产建设兵团交通运输厅（局、委），长江航务管理局、珠江航务管理局，各直属海事局，各救助局、打捞局：

2023年春运从1月7日开始，至2月15日结束，共40天。各级交通运输主管部门要坚决贯彻《中共中央办公厅 国务院办公厅关于做好2023年元旦春节期间有关工作的通知》部署，认真落实《2023年综合运输春运疫情防控和运输服务保障总体工作方案》要求，进一步提高思想认识，坚持系统谋划，强化分类施策，高效统筹客货运输，优化道路水路运输组织，以最大能力、最佳状态、最优服务，确保春运期间人民群众平安健康便捷舒畅出行，确保重点物资运输畅通有序。现将有关事项通知如下：

一、强化客运组织保障

（一）严格落实公众出行优化保障政策。各地交通运输主管部门要严格执行国务院应对新型冠状病毒感染疫情联防联控机制相关政策规定，科学精准执行疫情防控优化措施和“乙类乙管”各项措施，对乘客不再查验核酸检测阴性证明和健康码、不再开展落地检，不再实施测温。严禁擅自阻断或关闭高速公路及服务区、普通公路、航道船闸，不得随意暂停或限制客运服务，不得限制跨区域车辆和人员流动，加快恢复已暂停的道路水路客运服务，切实保障人民群众有序出行。当地疫情防控领导机构依法采取的临时限制聚集性活动和人员流动等平抑疫情高峰的措施，道路水路客运及客运站经营者应予以积极配合，认真贯彻实施。

（二）切实做好道路客运组织。各地交通运输主管部门要充分考虑社会公众出行预期，加强春运客流分析研判，统筹道路客运运力资源，按照充分准备、按需投入、及时响应的原则，强化道路客运组织，保障人民群众出行需要。加强与教育、公安、人力资源社会保障、文化和旅游、卫生健康、铁路、民航等部门和单位协同协作，准确把握春运探亲流、务工流、旅游流、学生流新特点，有针对性制定道路客运保障计划，增强运输组织弹性，合理安排班次计划，动态优化运力调配，服务乘客错峰出行。通过加密既有线路发班频次、开通定制客运班线等措施，满足乘客多样化出行需求。对于出行需求相对集中的务工人员、学生，积极开展团体服务、上门服务，具备条件的可组织“点对点”包车运输，保障务工人员有序返乡返岗、学生错峰离校返校。会同人力资源社会保障等部门组织实施好2023年春节期间“春暖农民工”服务行动、春风行动。

（三）切实做好水路客运组织。各地交通运输主管部门要督促港航企业严格落实水路客运服务质量标准，加强水路运输组织管理，着力提升运输服务水平。加强琼州海峡水路客运组织，认真落实班轮化运营模式。要督促重点水域客（滚）运输企业严格按照公布的班期、班次、票价营运，切实维护良好市场秩序。要加强航道养护，做好航标、通航建筑物等航道设施的检查维护，通航建筑物运行单位要按照有关规定保障客运船舶优先过闸。长江干线航运的春运工作，由长江航务管理局会同沿江省、市交通运输主管部门负责组织实施。

（四）切实做好城乡客运组织。各地交通运输主管部门要加强客运枢纽场站、火车站、渡口码头、机场、旅游景区景点等重点场所城市交通运力投放和组织调度，强化城市公共交通、出租车运力与铁路列车、道路水路客运班线、民航班机等信息共享和衔接，加强在运营时刻、组织调度、运力安排等方面的协同衔接和应急响应，畅通出行“最后一公里”。指导城市公共汽电车、城市轨道交通运营单位采取缩短发车间隔、开行区间车和快车、开通夜班公交、定制公交、接驳公交等措施，提高乘客集疏运能力，减少聚集和长时间等待。强化春运期间农村客运服务保障，加大运力投入力度，通过增开赶集班、增加定制线路、提供预约响应和包车服务等措施，切实保障农村地区群众出行需求。

二、加强交通物流保通保畅

（一）保障交通物流持续稳定运行。各地交通运输主管部门要充分发挥物流保通保畅工作领导小组办公室作用，严格落实交通物流保通保畅优化政策，确保交通物流畅通高效。不再查验货车司乘人员、船舶船员的核酸检测阴性证明和健康码，不再对跨区域流动货车司乘人员开展落地检。严禁擅自关停关闭交通物流基础设施，严禁以防疫为由擅自限制货运服务，严禁擅自限制船员上岸流动。要督促重点港口、机场、铁路货站、物流园区、邮政快递分拨中心以及航道、通航建筑物、引航机构等运营单位健全完善应急预案，建立一线人员预备队，必要时可实施轮岗备岗制度，进行封闭管理，确保突发情况下重点物流枢纽运行稳定。

（二）保障医疗物资运输安全高效。各地交通运输主管部门要加强与工业和信息化、卫生健康等部门的沟通对接，及时共享医疗物资生产供应、运输需求等信息，组织辖区内重点物流企业加强与国务院应对新型冠状病毒感染疫情联防联控机制医疗物资保障组确定的重点医疗物资保供企业的对接，“一企一策”制定运输保障方案，强化组织调度和运力储备，做好保供企业关键物料和产成品运输保障。指导大型骨干物流运输企业研究制定春节假期期间医疗物资运输保障方案，通过安排员工轮岗、错峰休假，以及发放稳岗补贴、加班费等措施，鼓励一线从业人员在春节假期期间继续开展物流运输服务，确保春节假期期间医疗物资运输服务不中断。持续落实新冠病毒疫苗货物运输车辆收费公路免费优先通行政策，确保疫苗、抗原检测试剂、药品、口罩等医疗物资运输高效顺畅。

（三）保障邮政快递末端服务畅通。各地交通运输主管部门要充分发挥物流保通保畅工作领导小组办公室作用，严格规范邮政快递基础设施关停关闭，按要求履行关停关闭审批程序。对于已经关停关闭的邮政快递营业网点，满足条件的要尽快恢复运行；对于符合防疫要求可以上岗的邮政快递从业人员，要尽快返岗复工。加大对邮政快递企业在人员调配、防疫物资配备、疫苗接种等方面的支持力度，充分发挥大型骨干邮政快递企业作用，指导企业健全完善春节假期期间应急运输保障预案，加强邮政快递人员、物资储备，切实畅通物流运输末端“微循环”，着力保障各类医疗物资、民生物资有序运输。

（四）保障能源粮食等重点物资运输有序。各地交通运输主管部门要加强与发展改革、工业和信息化、商务、农业农村、能源、粮食等有关部门的沟通对接，了解各类重点物资运输需求，强化统筹调度，完善保障预案，做好组织协调。保障重点物资运输车辆优先便捷通行，对重点物资运输船舶实行优先引航、优先过闸、优先锚泊、优先靠离泊，配合有关部门巩固公路及航道、船闸防疫检查点“应撤尽撤”成果，全力保障能源、粮食、农资农机、外贸，以及各类生活物资高效顺畅运输。统筹考虑大范围疫情感染、极端恶劣天气、长时间严重拥堵等对重点物资运输保障的影响，研究制定春节假期期间重点物资运输保障应急预案，组织开展专项演练，切实提升应急保障能力。

（五）强化交通物流从业人员服务保障。各地交通运输主管部门要积极协调属地联防联控机制，加强对货车司机、快递员、船员的生活保障，出现滞留的，为其提供必要的饮水、用餐、如厕等基本生活服务和基本医疗救助服务。高速公路和水上服务区确需关闭部分区域的，要保证加油、如厕等基本公共服务功能正常运转。严禁随意暂停或拒绝国际航行船舶船员换班，保障国际海上物流供应链畅通和船员合法权益。

三、科学精准做好疫情防控

（一）严格落实春运期间疫情防控措施。各地交通运输主管部门要督促指导运输、场站经营者及公路服务区等经营管理单位，加强从业人员健康监测，实施症状管理，出现发热等症状的，第一时间报告、停止作业，必要时开展抗原或核酸检测；加强个人防护，上岗期间佩戴口罩，做好手卫生，鼓励客流量大的客运场站一线从业人员佩戴 N95/KN95 颗粒物防护口罩；做好道路水路运输场站和城市公共交通场站、高速公路服务区、车辆（船舶）等清洁消毒、通风换气。加强道路水路客运场站客流引导，组织乘客尽量分散候乘，减少人员聚集。积极推动地方疫情防控领导机构将交通运输从业人员纳入“白名单”管理，优先保障交通运输行业防疫物资供应和从业人员新冠病毒疫苗接种。

（二）有效防范从业人员大面积感染。各地交通运输主管部门要督促指导运输企业加强从业人员防疫管理，必要时可对驾驶员等一线从业人员实施“两点一线”管理。加强对已感染从业人员的关心关爱和救助服务，帮助其早日康复和返岗。对出现症状超过 7 天或症状消失的从业人员，可在严格个人防护的情况下恢复相关工作，其中对驾驶员上岗要坚持从严审慎原则，确保身体状况胜任安全行车要求。建立实施关键岗位轮岗备岗制度，一旦出现关键岗位人员感染，及时轮换，确保工作有效接续，减少疫情对行业运转的影响。

（三）精准实施疫情防控应急处置。各地交通运输主管部门要配合属地疫情防控领导机构精准实施疫情防控处置，督促指导运输企业、枢纽场站、重点物流园区、港口码头、航道、通航建筑物、引航机构等运营单位坚持底线思维、极限思维，完善疫情防控应急预案，一般情况下不得对涉疫客货运输场站、车辆（船舶）等进行封控，同工作场所人员不进行隔离。在从业人员出现大面积感染的极端情况下，要完善应急处置措施，并加强应急演练，提高应急处置水平。统筹建立本地从业人员、运力调配机制以及跨区域调配机制，加强人员、运力应急储备，确保一旦出现突发规模性疫情，及时调度投用储备力量，确保春运期间重点枢纽场站不关停、重要运输通道和线路服务不中断、重点物资运输不断链。

（四）着力加强防疫宣传引导。各地交通运输主管部门要创新宣传手段和形式，积极运用交通设施和服务窗口等载体，广泛宣传倡导“每个人都是自己健康第一责任人”的理念，引导乘客出行期间提高防护意识，进站乘车期间全程佩戴口罩、主动减少聚集、遵守咳嗽礼仪、保持人际距离、做好手卫生。引导乘客加强个人健康监测，出现发热等症状时，避免乘坐公共交通工具。倡导患有基础疾病的老年人及孕妇、儿童等人员健康理性出行，降低自身及家人感染风险。

四、强化安全应急保障

（一）压紧压实经营者安全主体责任。各地交通运输主管部门要督促运输经营者严格落实安全生产主体责任，针对春运前运输工具长期停运或低频运行、驾驶员技能生疏可能导致的安全隐患，以及春运期间恶劣天气和客流大规模增长对运输安全带来的风险挑战，全面开展一次从业人员安全培训和交通运输工具技术状况检查维护。合理安排运输任务，及时排查和消除各类安全隐患，避免交通运输工具技术状况不良、带病运行，以及运输企业抢生产、抢进度、抢效益等带来的安全风险。督促800公里以上道路客运班线严格落实固定班次、固定车辆要求，依托动态监控强化重点监管。加强监督检查，督促长途客车严格落实凌晨2时至5时停车休息或接驳运输规定，对接驳运输车辆虚假接驳、接驳点不规范运行等情况，通报车籍地交通运输主管部门责成整改，相关车辆取消当季度接驳运输资格；除机场、高铁快线以及短途驳载线路外，不得安排凌晨2时至5时运行的加班车或包车。严格按规定执行道路水路乘客实名制管理制度，强化安检查危工作，加强航道及其设施设备运行监测，做好桥梁隧道、长大下坡、急弯陡坡、临水临崖等重点路段安全保障。

（二）持续加强安全监督执法。各地交通运输主管部门要建立健全明查暗访与自检自查相结合的检查整改机制，全面排查治理安全风险隐患，对发现的问题依法处置并加大公开曝光力度。围绕道路水路客运枢纽场站、危险货物运输及港口作业、农村客运、城市交通、农村渡口渡船、“六区一线”重点水域和四类重点船舶等重点环节，深入开展各类风险隐患排查整治。强化与公安、市场监管等部门协同合作，加大道路水路客运场站、公路服务区、高速公路出入口等重点场所执法力量投入，依法从严查处春运期间非法营运、客车违规异地经营、违规涨价、货车违法载人及超限超载等违法违规行为。会同公安、应急、市场监管等部门加强长途客车中途停靠就餐场所监督检查，依法查处宰客、强制交易和食品卫生、消防安全等方面的违法违规行为；对勾结餐饮经营者宰客的，依法严肃处理，责令春运期间不得执行客运任务。

（三）强化安全应急保障。各地交通运输主管部门要强化与公安、卫生健康、气象等部门的工作协同和信息共享机制，针对恶劣天气、安全生产事故和险情、运输受阻、乘客集中聚集等情况，建立完善应急预案，统筹做好春运应急运输组织、响应程序、应急措施等部署安排。科学部署应急力量，保持救助人员、车辆、船艇、直升机等处于应急待命状态，确保一旦发生突发情况，能够及时启动应急响应，迅速有效处置各类突发事件。多渠道及时发布恶劣天气预警信息，一旦出现强降温、大范围雨雪冰冻等预警，督促道路水路客运企业及时调整运输计划，严格落实限行、禁航规定，杜绝涉险运输、冒险作业，保障乘客安全有序出行。遇运力不足需跨区域调配运力的，从严检查维护交通运输工具，加强从业人员安全培训，确保驾驶员熟悉线路走向和运营环境，最大限度确保运输安全。

（四）有力维护行业稳定。各地交通运输主管部门要指导运输经营者用好用足助企纾困政策，深入推进免征公共交通服务增值税、免征客运场站城镇土地使用税等政策落地落实，发挥好中央农村客运补贴、城市交通发展奖励资金等作用，保障行业持续稳定运行。深入排查风险隐患，切实采取有效措施，将矛盾风险化解在基层和萌芽状态，保障道路货运、出租汽车、城市公交等平稳运行。重点针对互联网道路货运平台恶意压低运价、扰乱市场公平竞争秩序等行为，督促企业严格落实主体责任，进一步规范经营行为，保障广大货车司机合法权益。

五、强化路网运行保障

（一）加强路网通行保障。各地交通运输主管部门要加强公路养护检查，及时排查整治公路病害。合理安排干线公路养护施工计划，除保障公路安全运行开展的应急养护工程外，避免在春运出行高峰期间开展影响通行的公路养护作业。加强高速公路救援力量配备，发生交通事故或车辆故障时快速处理，及时清理现场，尽早恢复交通。加强服务区停车管理和秩序维护，严防车辆倒灌主线引发事故。

（二）加强路网运行监测。各地交通运输主管部门要加强春运高峰时段易受恶劣天气影响路段、事故多发路段、城市周边等路网运行动态监测，多渠道及时向公众发布实时路况等信息，引导公众合理安排出行。加强省际、市际信息共享与协调联动，确保跨省通道等重要路段衔接顺畅。加强与公安等部门沟通合作，对重点路段制定疏堵和分流绕行预案。加强部省视频联网，发生重大突发事件及时传输现场视频资源，确保部与现场协同会商。

（三）加强路网运行服务保障。各地交通运输主管部门要切实做好高速公路通行服务保障，严格落实春节假期免收小型客车通行费政策。加强收费站通行管理，强化电子不停车收费（ETC）车道运行监测，及时处置异常情况，避免造成车辆拥堵和人员聚集。加强高速公路服务区运营管理，督促做好服务区加油、用餐、如厕等服务管理，必要时采取增设临时卫生间等措施，解决公众如厕难问题，确保商品供应充足、设施安全有效、环境卫生可靠、服务便捷高效。

六、加强运输服务保障

（一）优化乘客票务服务。各地交通运输主管部门要指导客运经营者完善道路水路客运售票服务，多渠道及时发布客运服务信息，延长客票预售期，方便乘客错峰出行。根据客流变化及时增开售票窗口、延长售票时间，拓展互联网、手机客户端、小程序等售票渠道，以及手机支付、扫码乘车船等应用范围，积极推广应用电子客票售票终端、实名检票终端、移动服务终端等智能设备，切实便捷乘客购票乘车乘船。根据需要适当保留人工售票窗口，便利老年人等群体购票。督促客运经营者严格实行明码标价，保持价格基本稳定。班车客运等领域按照规定调整价格，至少提前7日向社会公布。因政策调整或运输经营者原因导致不能提供运输服务的，相关经营者应当为乘客免费退票或统筹解决乘客出行问题。

（二）提升乘客候乘体验。各地交通运输主管部门要督促指导客运站经营者严格落实环境卫生要求和客运服务标准。视客流情况，及时增开进出站和安检通道、增配服务人员和设施设备。加快推进铁路、民航和城市轨道交通安检流程优化，切实提升乘客换乘效率。督促道路水路客运站经营者加强口罩、发热药品等防疫物品储备。

（三）强化重点群体出行保障。各地交通运输主管部门要指导道路水路客运站和客运经营者积极关爱帮扶老幼病残孕等重点乘客，开通快速通道，完善无障碍设施，提供必要帮助。加强军人、消防救援人员、“三属”出行优待和儿童客票优惠政策公示并依法落实，耐心细致向携带儿童出行的乘客加强政策解释，避免服务纠纷。鼓励会同当地工会、共青团组织等，在客运场站组建志愿服务团队，为老年人、残疾人等群体提供多元化志愿服务。

（四）加大服务监督力度。各地交通运输主管部门要畅通12328等服务热线投诉举报渠道，解答乘客信息咨询，收集整理乘客利益诉求，采取有力措施协调解决，保障乘客合法权益。寓交通执法于服务之中，帮助司乘人员排忧解难，持续改善春运出行体验。

七、营造春运良好氛围

（一）引导乘客文明出行。各地交通运输主管部门要利用微博、微信、广播、电视、海报等多种方式，运用“车、船、路、港、站”交通设施和服务窗口等载体，及时发布出行服务信息，引导公众错峰避峰出行。加大安全文明乘车宣传力度，引导公众诚信文明出行。会同公安机关加强农村地区出行安全宣传，引导公众选择合规车、系好安全带。

（二）有序做好春运宣传。各地交通运输主管部门要按照部春运宣传工作方案部署，严格规范做好信息发布和宣传报道。大力宣传一线干部职工坚守岗位、无私奉献、真情服务和交通运输企业全力保障公众出行和重点物资运输的感人事迹，积极营造春运工作良好氛围。

八、切实做好值班值守和信息报送

（一）加强春运值班值守。春运期间，各级交通运输主管部门要严格执行24小时专人值班和领导带班制度，并安排信息技术保障人员一并参与值班，确保节日期间各项工作正常运转。认真做好值班记录，保障信息联络渠道畅通，全面掌握春运期间道路水路运输生产和稳定运行情况，妥善处置道路水路突发事件。

（二）做好交通物流保通保畅值班值守。春运期间，各级交通运输主管部门要发挥好物流保通保畅领导小组办公室作用，加强交通物流运行监测，继续做好7×24小时值班值守，强化督办转办，“一事一协调”解决各类交通物流不通不畅问题诉求，“一事一处理”保障各类重点物资运输需求，确保交通物流运行畅通高效，重要情况及时报部。联系电话：010－65292831。

（三）做好道路春运信息报送工作。春运期间，各省级交通运输主管部门要依托全国道路客运接驳运输管理平台，每日9：00前在重点时段道路客运信息“春运期间客运信息”模块报送前一日道路客运运力、客运量等基本情况和应急情况。加强阻断信息报送工作，通过部“路况信息子系统”上报信息，确保公路突发事件及时上报。2023 年 1 月 12 日前将春节假期公路网运行研判分析报告、值班表、值班电话等信息报部（路网监测与应急处置中心）；春节假期期间每日 12：00 前通过部“免通数据填报系统”完成数据报送。2023 年 1 月 28 日、2 月 16 日 12：00 前将春节假期、春运期间公路网运行保障工作总结报部（路网监测与应急处置中心），联系电话：010－65293705，传真：010－65292992。

（四）做好水路春运信息报送工作。春运开始前，各省级交通运输主管部门、重点水域设区的市级交通运输主管部门要将工作联系人信息通过部水路运输建设综合管理信息系统报部（水运局）。请长江航务管理局、珠江航务管理局，京杭运河沿线省级交通运输主管部门继续做好三峡船闸、长洲船闸、京杭运河船闸运行情况信息报送工作。联系电话：010－65292636/65292824。

（五）做好安全事故和突发事件信息报送工作。春运期间，各省级交通运输主管部门、海上搜救中心要多渠道收集相关信息，如发生交通运输突发事件，及时视情提升等级报送，重要情况边核边报部（应急办）。联系电话：010－65292218，传真：010－65292245。

（六）做好值班信息和工作总结报送。2023 年 1 月 28 日前，各省级交通运输主管部门、各直属海事局将春节期间行业运行情况、值班值守情况以值班信息形式简要报送部（应急办），电子邮箱：cnmrcc@ mot. gov. cn。

铁路、民航、邮政领域春运疫情防控和运输服务保障工作由国家铁路局、中国民用航空局、国家邮政局分别部署。

交通运输部

2022 年 12 月 28 日

关于做好新型冠状病毒感染“乙类乙管”后国际航行船舶船员换班工作的通知

交海明电〔2023〕2号

各省、自治区、直辖市交通运输厅（局、委）、外事办、卫生健康委，海关总署广东分署、各直属海关，各出入境边防检查总站，长江航务管理局，各直属海事局：

为深入贯彻党中央、国务院决策部署，全面落实《国务院应对新型冠状病毒感染疫情联防联控机制综合组关于印发对新型冠状病毒感染实施“乙类乙管”总体方案的通知》《国务院应对新型冠状病毒感染疫情联防联控机制外事组关于中外人员往来暂行措施的通知》要求，切实做好新型冠状病毒感染“乙类乙管”后国际航行船舶船员换班工作。现就有关事项通知如下：

一、取消船员换班审批

各地不再对国际航行船舶船员在境内港口换班（含登陆）实行审批制，仅履行船员出入境查验及临时入境许可审核签发手续。

二、便利船员换班入境

（一）不再对换班入境船员实施全员核酸检测和集中隔离。拟来华并在境内港口换班的国际航行船舶船员，应在船舶驶离境外最后一港口前48小时开展核酸检测，检测呈阳性的船员应及时就近治疗。

（二）对确因行程原因无法申报入境前48小时核酸检测结果的船员，可接受抗原结果的申报。

（三）健康申报正常且海关口岸常规检疫无异常者，可放行进入社会面。健康申报异常或出现发热等症状的，海关将根据排查情况实施分类处置。

本通知自 2023 年 1 月 8 日起实施，之前关于国际航行船舶船员换班、远端防控等要求与本通知不一致的，以本通知为准。各省、自治区、直辖市交通运输厅（局、委）要将本通知相关事项报告至各省、自治区、直辖市应对新型冠状病毒感染疫情联防联控机制（领导小组、指挥部），并协调做好贯彻落实，为船员出入境提供便利。

交通运输部

外交部

国家卫生健康委

海关总署

国家移民管理局

国家疾病预防控制局

2023 年 1 月 6 日